# 은퇴
# 재무설계
# 바이블

변화의 시대를 준비하는
**은퇴 재무설계 키워드 30**

# 은퇴
# 재무설계
# 바이블

권도형 지음

한스컨텐츠

서문

# 은퇴설계 4.0: 변화의 시대를 준비하며

은퇴설계는 시대와 함께 끊임없이 변화해왔다. 과거의 은퇴설계는 주로 재정적 준비에만 초점을 맞추었지만, 오늘날의 은퇴설계는 그 이상을 요구하고 있다. 이제 우리는 재정적 안정뿐만 아니라, 전반적인 삶의 질과 지속 가능성을 고려한 새로운 접근이 필요하다는 점을 깨닫고 있다. 은퇴는 단순히 일과 수입의 종착점이 아니다. 오히려 인생의 새로운 시작이며, 이 시작을 어떻게 준비하느냐에 따라 은퇴 후 삶의 질이 크게 달라질 수 있다.

한국에서 은퇴설계의 발전을 살펴보면, 크게 네 가지 세대로 나눌 수 있다. 첫 번째 세대는 1988년 국민연금의 도입과 함께 시작되었다. 당시 은퇴설계는 국민연금과 퇴직금에 의존하여 기본적인 생활을 보장하는 것이 주요 목표였다. 그러나 이 시기의 한계는 분명했다. 국민연금 제도는 고령화와 저출산 문제를 충분히 고려하지 못했다. 국민연금 도입 당시만 하더라도 평균수명도 짧고 출산율도 높았기 때문에, 연금 재정이 장기적으로 위협받을 가능성은 미미하게 여겨졌다. 그러나 시간이 지나면서 대한민국은 세계에서 가장 빠른 속도로 고령화가 진행되었고, 출산율은 급격히 하락하며 연금 재정의 지속 가능성에 큰 도전이 발생했다. 이러한 한계는 곧 다음 세대의 필요성을 불러왔다.

두 번째 세대는 2000년대 밀레니엄 시대의 도래와 함께 등장했다. 정보화 시대가 열리면서 재정관리의 중요성이 부각되었고, 개인연금, 주식, 부동산 등 다양한 방식으로 자산을 증식하려는 노력이 활발해졌다. 이 시기의 특징은 다양한 소득원을 확보하고, 더욱 적극적으로 재정계획을 세우는 것이었다. 그러나 지나치게 자산 증식에만 치중하면서 균형을 잃는 경우가 많았다. 과도한 투자와 투기성 자산관리에 집중한 나머지, 합리적인 소비와 예산관리는 소홀히 되어 불안정한 재정 구조가 형성되기도 했다. 이로 인해 개인의 재정 불안이 가중되었고, 다양한 금융 리스크에 대한 대비 부족이 새로운 문제로 대두되었다.

2013년에 이르러, 나는 '한국은퇴설계연구소'를 설립하며 세 번째 세대, 즉 은퇴설계 3.0 시대를 열었다. 핵심은 재무적 요소와 비재무적 요소의 균형이었다. 단순히 돈을 모으는 것만이 아니라, 삶의 질을 고려한 전인적 은퇴설계가 중요해졌다. 건강, 사회적 관계, 시간관리, 경력설계 및 자아실현 등의 비재무적 요소가 포함된 포괄적인 은퇴설계를 통해 사람들은 은퇴 후에도 풍요롭고 의미 있는 삶을 영위할 방법을 찾기 시작했다. 이 시기에는 맞춤형 교육과 컨설팅이 더욱 강조되었으며, 개인의 라이프스타일에 맞춘 은퇴설계가 주류로 자리 잡았다.

그러나 3.0 시대의 은퇴설계도 한계에 부딪혔다. 팬데믹이라는 전대미문의 글로벌 리스크가 경제 전반에 걸쳐 개인의 삶에 큰 영향을 미쳤다. 세계적 경제 불황과 함께 불확실성이 증대되면서, 많은 사람의 은퇴 시기가 계획과 관계없이 불투명해졌고, 기존 재정적 준비는 그 적정성을 재고해야만 했다. 경제활동의 갑작스러운 중단과 연이은 고용 불안은 예상치 못한 재정적 공백을 초래했으며, 이는 기존의 은퇴설계가 팬데믹과 같은 극단적 상황에 대해 충분한 대비가 없었다는 것을 명확히 드러냈다.

또한, 우리는 유병장수와 무전장수의 시대에 접어들었다. 한국인의 기대수명은 평균 83세에 이르렀고, 건강한 노년을 기대하기보다는 만성질환을 안고 살아가는 시간이 길어지고 있다. 이는 의료비와 건강관리 비용이 크게 증가하는 상황을 초래하며, 노후 재정계획에 있어 중요한 고려 요소가 되었다. 오래 살지만 건강하지 않은 상태에서 발생하는 비용들은 개인 재정에 심각한 부담을 준다.

한편, 모으지 않고, 많이 지출하고, 인플레이션의 공격을 피하지 못해 발생하는 무전장수의 문제가 심각하다. 여기에서 말하는 많은 지출은 소비뿐만 아니라 사업과 투자 실패, 사기를 포함한다. 이런 이유로 많은 사람이 예상보다 더 오랜 기간 돈 없이 노후를 보내야 하는 상황에 직면한다. 이는 노후 빈곤의 위험을 증가시키며, 특히 부동산에 매몰되어 연금이나 금융투자를 소홀히 했을 경우 어려움이 가중될 수 있다.

10년 더 사는 여성의 노후준비는 더욱 절실하다. 한국 여성의 기대수명은 남성보다 평균 7년 더 길고, 대부분의 가정에서 남편이 아내보다 3~4세 더 많다. 결과적으로 많은 여성이 남성보다 약 10년 더 오래 살게 된다. 이로 인해 여성들은 남편 사후에도 상당 기간 독립적인 경제적 기반을 유지해야 하며, 이 기간의 재정적 준비가 매우 중요해진다. 그러나 현실적으로 한국 여성의 노후준비는 매우 취약하다. OECD 자료에 따르면, 한국 여성 노인의 빈곤율은 OECD 국가 중 가장 높은 수준이다. 이는 과거 남성 중심의 가정경제 구조와 여성의 경제활동 참여가 상대적으로 낮았던 상황에서 기인한 결과다.

이러한 상황은 여성들에게 새로운 재정 전략과 더 적극적인 경제활동 참여를 요구한다. 먼슬리 이코노미\*라는 개념을 통해 여성들이 지속해서 월간 경제활동에 참여하고, 자신만의 재정적 기반을 마련하는 것이 필수적이다. 이는 단순히 자산 축적을 넘어, 노후의 재정적 독립과 안정을 위한 필수적인 조치로 자리 잡아야 한다. 또한, 남성의 경우 은퇴 후 장기적인 간병기에 대비한 준비가 중요해졌다. 간병기는 간병을 받는 사람뿐만 아니라, 이를 돌보는 가족에게도 상당한 부담을 준다. 가족 전체를 고려한 포괄적인 재정계획이 필요하며, 이를 통해 간병 기간 발생할 수 있는 경제적·정신적 부담을 미리 줄여야 한다.

더불어, 은퇴 전환기의 등장은 기존의 생애주기 가설을 무의미하게 만들었다. 은퇴가 과거처럼 인생의 단일한 사건이 아니라 점진적이고 다단계적인 과정으로 변화하면서, 한 번의 은퇴로 모든 것이 정리되던 기존의 가설은 더 이상 현실을 반영하지 못하고 있다. 오늘날 평균적으로 49.3세에 첫 번째 은퇴를 경험하고, 이후에도 재취업을 통해 다시 일터로 복귀하는 사례가 늘고 있다. 이러한 변화는 은퇴설계에 있어 더욱 탄력적이고 유연한 접근이 필요함을 시사한다.

이 모든 현실적 한계와 도전들은 은퇴설계 4.0\* 시대의 필요성을 강하게 제기한다. 디지털 혁신과 지속 가능한 개인 재정관리 전략을 통해, 우리는 더 탄력적이고 현실에 부합하는 은퇴설계를 할 수 있어야 한다. 이 책에서는 이러한 변화를 반영한 새로운 단어와 개념들을 제시하며, 이를 바탕으로 효과적인 은퇴설계 방법론을 위한 키워드 30가지를 제시하고자 한다. 기존 방식을 넘어, 복잡해진 현대 사회에서 진정한 의미의 은퇴설계를 이루기 위한 전략을 모색하고자 한다.

**차례**

서문 은퇴설계 4.0: 변화의 시대를 준비하며     004

### 키워드 1    **은퇴 후 삶의 목표**     017

1. 인생설계 슈퍼J의 탄생     019
2. 목표를 설정한 실제 사례와 구체적 실행계획     021
3. 목표를 설정해야 하는 이유     028
4. 내 인생의 버킷리스트     031
5. 다시 그리는 라이프사이클:
   기존의 생애주기 가설의 종말과 뉴-라이프사이클의 시대     037

### 키워드 2    **합리적 소비와 예산관리**     041

1. 안타깝지만 소득은 정해져 있다: 예산관리가 필수다     043
2. 미래 소비를 예측하라     044
3. 예산 설정을 위한 도구들     048
4. 예산과 합리적 소비와의 상관관계: 상시 예산 점검     053
5. 합리적 소비란 단순히 적게 쓰는 것이 아니다     056
6. 이제, 예산관리의 세분화가 필요하다: 분 단위 예산관리 제안     061
7. 소비 자산화     064

### 키워드 3    **부채관리와 청산 전략**     069

1. 은퇴 후까지 부채를 안고 가는 사람들과 청산을 마친 사람들의 삶의 질     071
2. 부채 청산을 위한 첫 번째 스텝: 부채 줄 세우기     073
3. 부채 청산을 위한 두 번째 스텝:
   이자 비용이 큰 것들과 기간이 얼마 남지 않은 것들 골라내기     074
4. 부채 청산을 위한 세 번째 스텝: 개인 부채 통합 시스템 구축     077
5. 갚아나가기: 셀프 부채 청산 챌린지     080
6. 레버리지에 대한 단상     081

## 키워드 4  퇴직연금의 운용 ........ 085

1. 공적연금의 1차 보완재 ........ 087
2. 퇴직연금의 올바른 이해:
   DC형, DB형, 개인형 IRP, 디폴트 옵션의 장단점 ........ 088
3. 나에게 맞는 연금상품을 선택하기: 연금펀드 3총사 TDF·TIF·ETF ........ 092
4. 은퇴 전환기 퇴직연금 체크리스트 ........ 098
5. 퇴직연금 지혜롭게 수령하는 7가지 방법 ........ 101

## 키워드 5  은퇴 필요 자금에 맞춘 저축과 투자 전략 ........ 107

1. 은퇴 후, 통상적으로 필요한 것들 ........ 109
2. 개인적으로 필요한 것들 ........ 111
3. 구체적인 금액에 대한 목표: 예시와 계산 방법 ........ 113
4. 저축으로 준비하는 방법 ........ 117
5. 투자로 준비하는 방법 ........ 121
6. 목표 달성 체크포인트: 중간 점검 ........ 125
7. 연구 사례 및 성공 이야기 ........ 129

## 키워드 6  가입된 모든 연금 평가 ........ 137

1. 공적연금 파악하기 ........ 139
2. 사적연금 나열하고 파악하기 ........ 143
3. 자산의 연금화 ........ 148
4. 마법 같은 연금은 없는지 확인하기 ........ 153
5. 언제 어떤 방식으로 받을 것인가? ........ 157
6. 통합연금포털서비스 활용 ........ 161

## 키워드 7  가입된 모든 보험 평가 ........ 165

1. 합리적 보험: 장거리 달리기, 과연 무엇을 가지고 뛸 것인가? ........ 167
2. 보험은 자산일까, 비용일까? ........ 168
3. 좋은 보험 체크리스트: 보험료, 보험금, 보험기간, 보장 크기 ........ 170
4. 초고령사회의 필수 보험:
   미래 3대 리스크를 책임지는 보험 (유병장수, 무전장수, 인플레이션 극복) ........ 174

5. 보험상품의 변경 177
6. 보험 셀프 리모델링 181

## 키워드 8  주식투자의 본질을 통한 투자 전략 설정  185

1. 첫눈에 반해서 투자하지 말라: 본질은 배당이다 187
2. 미국의 슈퍼 배당주와 은퇴 생활 189
3. 기업의 생명주기를 검토하고 나보다 오래 살 수 있는 기업을 선택하자 191
4. 내가 안 되면 전문가에게 맡기자: 배당을 목적으로 하는 간접투자 194
5. 현명한 직접투자 전략: 소수점투자와 Dollar-Cost Averaging(DCA) 196
6. 포트폴리오관리와 시장 변동성 대응 전략 200

## 키워드 9  부동산투자의 본질을 통한 투자 전략 설정  203

1. 조물주 위에 건물주: 결국 본질은 월세 205
2. 소액 부동산투자: 경매, 갭, 기타 부동산 간접투자 207
3. 감가상각과 세금 혜택: 은퇴설계를 위한 균형 있는 건물 투자 전략 210
4. 부동산 르네상스는 끝났다: 인구구조의 변화와 새로운 트렌드 213
5. 자산보다는 거주: 초소형 아파트의 부상 216
6. 은퇴설계 부동산투자에서 하지 말아야 할 것들:
   부동산투자에서 피해야 할 함정 219
7. 부동산투자 후 가치를 올리는 방법: 스마트 부동산 관리 223
8. 은퇴설계 부동산투자 원칙 225

## 키워드 10  은퇴 후 주거계획  229

1. 어디서 나이 들어갈 것인가? 고려해야 할 7가지 231
2. 어떻게 계획할 것인가? 234
3. 합리적 주거계획 236
4. 자산과 주거를 분리하라 239
5. 귀촌에 대하여 241
6. 에코프렌들리 주거: 친환경과 에너지 절감 244
7. 최신 주거 트렌드: 소형 주택, 스마트 홈, 공동체 주택 246
8. 은퇴 후 주거 체크리스트 247

## 키워드 11 퇴직 시점의 자산-부채 현황표  253

1. 퇴직 시점의 자산-부채 현황표  255
2. 퇴직 시점의 자산 시각화: 자산 다각화는 리크스 분산  257
3. 퇴직 시점의 부채들  267
4. 퇴직 시점의 순자산  272
5. 순자산의 증감을 파악하는 방법: 백지 자산-부채 현황  277

## 키워드 12 연금 GAP 분석 및 대응 전략  283

1. 연금의 갭을 예측하라  285
2. 퇴직 시점과 공적연금과의 거리의 갭(국가가 도와주지 못해서)  288
3. 내가 모은 돈과 나의 생활비와의 갭: 미흡한 연금계획의 결과(안 모아서)  291
4. 내가 모은 돈과 나의 수명과의 갭(오래 살아서)  295
5. 둘이 받다가 한 명이 사망했을 때 최후 생존자의 생활비 갭  298
6. 내가 생각하는 돈과 인플레이션의 갭: 물가 상승의 피해(못 피해서)  301
7. 예상치 못한 지출로 인한 갭(질병, 긴급사항, 사기를 중심으로)  304
8. 갭을 메꾸는 방법  308
9. 연금 갭 체크리스트 20가지  313
10. 미래 시나리오: 다양한 경제 상황 변화 시나리오를 통한 대비  315

## 키워드 13 은퇴 후 목돈 수요 계획  321

1. 목돈 수요, 긴급 예비 자금과 구별하라  323
2. 은퇴 후 목돈 수요 10가지를 준비하라  328
3. 은퇴 후 목적 자금의 우선순위를 정하라  335
4. 은퇴 후 목적 자금의 크기를 예측하라  339
5. 은퇴 후 목적 자금의 크기를 줄이는 현명한 방법 10가지  345
6. 은퇴 후 목돈 수요 계획의 중요성  350

## 키워드 14 국민건강보험 관리 계획  355

1. 우리나라 좋은 나라: 국민건강보험의 혜택  357
2. 국민건강보험 제대로 알기: 가입자의 종류-직장, 지역, 피부양자  359
3. 은퇴 후에는 피할 수 없는 지역 가입자: 얼마나 올라갈까?  361

4. 합법적으로 줄이는 방법 　　　　　　　　　　　　363

## 키워드 15 은퇴 세금설계 최적화 계획　　　　　　389

1. 모든 소득에 세금이 있다　　　　　　　　　　　391
2. 부동산 부자의 양도소득세　　　　　　　　　　395
3. 연금 수령과 세금　　　　　　　　　　　　　　397
4. 은퇴 후 금융소득종합과세　　　　　　　　　　403
5. 스스로 하는 연말정산: 환급의 생활화　　　　　407
6. 스마트 연말정산 도구 활용　　　　　　　　　　414
7. 은퇴 후 종합소득세와 절세 전략　　　　　　　419

## 키워드 16 장기 간병 및 의료비 계획　　　　　　429

1. 장기 간병의 중요성과 이해　　　　　　　　　　431
2. 장기 간병의 이유　　　　　　　　　　　　　　433
3. 장기 간병 상태에서의 변화　　　　　　　　　　435
4. 지금부터 시작하는 장기 간병 예방과 준비　　　437
5. 성인병은 습관병　　　　　　　　　　　　　　440
6. 장기간병보험: 이해와 선택　　　　　　　　　　443
7. 간병 비용 절감 방법과 제도　　　　　　　　　445
8. 한국은퇴설계연구소의 사례 연구　　　　　　　448
9. 장기 간병 계획의 실천　　　　　　　　　　　　451

## 키워드 17 긴급 예비 자금　　　　　　　　　　　455

1. 긴급 예비 자금, 왜 있어야 하는가?　　　　　　457
2. 긴급 예비 자금, 얼마나 모아 놓을 것인가?　　　461
3. 긴급 예비 자금, 어디에 보관할 것인가?　　　　466
4. 긴급 예비 자금, 어떻게 모을 것인가?　　　　　470
5. 긴급 상황에서의 사용 전략: 어떻게 사용할 것인가?　474
6. 긴급 예비 자금을 위한 체크리스트　　　　　　478

## 키워드 18 인플레이션 대비 전략     481

    1. 인플레이션의 이해     483
    2. 인플레이션 지표 모니터링     486
    3. 장기 생존에 미치는 영향     489
    4. 인플레이션을 극복할 방법들     493
    5. 인플레이션 헤지를 위한 상품 전략     496
    6. 인플레이션의 극복은 결국 장기투자     500
    7. 연구 사례     503

## 키워드 19 보험사고 시 대응 전략     507

    1. 은퇴 후 보험사고의 이해     509
    2. 보험사고 발생 시의 대응 매뉴얼     514
    3. 보험 재설계: 보장 분석 및 최적화 전략     518
    4. 비용 효율적인 보험 선택 및 관리     523
    5. 은퇴 후 의료비 및 장기 요양 대비     527
    6. 일상생활 속 사고 대비 전략     532
    7. 사고 이후의 보험 재조정 및 예방 전략     537

## 키워드 20 자산 유동화 전략     541

    1. 자산 유동화의 필요성     543
    2. 자산 비유동화의 위험성     546
    3. 자산 유동화의 기본 원칙     550
    4. 자산 유동화를 위한 실질적인 방법     555
    5. 투자 포트폴리오와 유동화 계획의 연관성     560
    6. 자산 유동화 전략 수립     564
    7. 자산 유동화를 위한 법적 및 세금 고려사항     568

## 키워드 21 소득대체율과 은퇴 후 정기적인 현금흐름 관리     573

    1. 현금흐름 예측 도구: A4용지 현금흐름표     575
    2. 퇴직 후 다음 달 급여일에 통장에 들어오는 돈은 얼마나 됩니까?     578

| | |
|---|---|
| 3. 소득대체율 공식을 통한 소득대체율 높이는 방법 | 583 |
| 4. 매달 그 날짜에 꼬박꼬박 들어오는 돈의 관리: 부동산, 주식, 연금, 경력설계를 통한 수입 | 588 |
| 5. 아무것도 없다면 있게 하라(최선의 대처 방안): 연금과 일을 병행하라! | 591 |

## 키워드 22 은퇴 후 소득 다변화 전략     595

| | |
|---|---|
| 1. 은퇴 후 재정의 질적 변화 | 597 |
| 2. 퇴직 후 다음 달 급여일에 통장에 들어오는 돈은 어디서 나옵니까? | 598 |
| 3. 아이젠하워 매트릭스에 맞춘 소득 다변화 전략 | 602 |
| 4. 디지털 노마드로서 소득을 다변화하라! | 606 |
| 5. 창업 및 자영업을 통한 소득 다변화 전략 | 609 |
| 6. 지속 가능한 은퇴 생활을 위한 소득 다변화 전략 | 614 |

## 키워드 23 연금 인출 전략     619

| | |
|---|---|
| 1. 은퇴 후 안정적인 삶을 위한 연금 인출 전략의 중요성 | 621 |
| 2. 연금 개시 요건과 인출 시기 결정 | 623 |
| 3. 연금 가입 상태 점검 | 627 |
| 4. 매년 연금 수령 한도의 중요성 | 630 |
| 5. 인출과 절세를 동시에 고려하기 | 632 |
| 6. 목돈이 필요할 때의 일부 인출 전략 | 636 |
| 7. 인출 시기 시뮬레이션 | 638 |
| 8. 경제 상황에 따른 유연한 인출 플랜 조정 | 642 |

## 키워드 24 보유 부동산의 가치 변화에 대한 대응 전략     647

| | |
|---|---|
| 1. 부동산과 은퇴설계 | 649 |
| 2. 가치 평가 도구들 | 652 |
| 3. 가치를 높이는 리노베이션과 업그레이드 방법 | 655 |
| 4. 부동산시장 모니터링과 예측 도구들 | 658 |
| 5. 발생할 수 있는 문제 | 662 |
| 6. 대응 전략 | 666 |
| 7. 감가상각과 부동산 가치 하락: 실질적 이해와 전략 | 671 |
| 8. 은퇴 부동산투자: 장기적인 관점을 유지하라 | 676 |

## 키워드 25 사기 예방 및 대응 전략     681

    1. 은퇴 후 빈번하게 발생하는 사기 사례     683
    2. 사기 예방 앱 및 도구     685
    3. 사기 후 발생하는 가정경제의 치명상: 무전장수로 가는 빠른 길     687
    4. 사기를 이기는 방법 1: 사기를 당하는 자의 심리 분석     690
    5. 사기를 이기는 방법 2: 사기를 치는 자의 심리 분석     692
    6. 사기를 예방하는 10가지 방법     694
    7. 지인이 무섭다: 지인의 투자 권유를 피하는 방법     700
    8. 사기를 당했을 때 대처 방법     703
    9. 은퇴자 커뮤니티의 역할     706

## 키워드 26 상속설계     709

    1. 상속설계의 중요성     711
    2. 상속 계획과 은퇴 재무설계의 상관관계     712
    3. 사람은 죽어서 유산을 남깁니다: 유산의 종류와 상속 준비 체크리스트     714
    4. 돈은 다 쓰고 죽는 게 가장 현명합니다     720
    5. 유산이 남겨졌을 때는 반드시 세금이 발생합니다     725
    6. 한국 사회의 상속세 관련 트렌드 변화와 예측     727
    7. 계산법: 상속 공제의 중요성, 산출세액 시뮬레이션     731
    8. 자산, 대상 및 세금 재원 마련:
        얼마를 줄 건지, 누구에게 줄 건지, 세금 재원은 마련해줄 건지     734

## 키워드 27 신탁설계     743

    1. 은퇴 재무설계 키워드에 '신탁'이 등장한 이유     745
    2. 신탁의 의미와 종류     746
    3. 신탁과 상속의 차이     749
    4. 은퇴설계에서 신탁이 갖는 의미     751
    5. 신탁의 절차와 방법     754
    6. 신탁을 통한 은퇴자산의 최적화     757
    7. 한국에서 신탁설계 시 주의사항     763
    8. 신탁을 통한 지속 가능한 은퇴 생활 만들기     766

## 키워드 28 은퇴설계 전문가 활용   769

    1. 왜 은퇴설계 전문가인가?   771
    2. 전문가를 통한 정기적인 검토 및 조정이 필요한 10가지 이유   774
    3. 전문가 선택 기준: 지식, 태도, 상담력, 전문가적 자질   780
    4. 한국은퇴설계연구소 은퇴설계 전문가의 대표 상담 사례 5가지   784
    5. 전문가 네트워크를 구성하라. 관계가 자산이 된다   790
    6. 원한다면 당신도 은퇴설계 전문가가 될 수 있다   794

## 키워드 29 사회보장제도의 활용   799

    1. 사회보장제도의 중요성과 활용의 필요성   801
    2. 기초연금   805
    3. 국민연금   809
    4. 실업급여   814
    5. 주택연금   818
    6. 국민기초생활보장제도   823
    7. 노인장기요양보험   826
    8. 제도 변경 시 업데이트 방법   829
    9. 활용 가능한 사회보장제도를 찾아서 혜택을 보자   833

## 키워드 30 자녀 재정 지원 전략: 글로벌 아이디어로 완성하는 한국형 은퇴 재무설계 속 자녀 재정 지원 전략   837

    1. 한국의 은퇴와 자녀 문제: 글로벌 사례로 보는 현실   839
    2. 자녀의 재정 독립을 위한 글로벌 전략 로드맵   843
    3. 가정 내 재정 교육 프로그램: 글로벌 모범 사례와 한국형 적용   848
    4. 자녀 결혼 및 독립 지원: 글로벌 사례와 한국형 전략   852
    5. 은퇴식과 재정계획협의서: 글로벌 관점에서의 한국형 접근   855
    6. 긴급 재정 지원과 지속 가능한 도움: 글로벌 사례와 한국형 전략   862
    7. 은퇴 후 새로운 가족 관계: 글로벌 경험과 한국형 실천 가이드   866

    마무리하며   872
    감사의 글   875
    이 책에 새롭게 등장한 개념들   877

키워드 1

# 은퇴 후 삶의 목표

1. 인생설계 슈퍼J의 탄생
2. 목표를 설정한 실제 사례와 구체적 실행계획
3. 목표를 설정해야 하는 이유
4. 내 인생의 버킷리스트
5. 다시 그리는 라이프사이클: 기존의 생애주기 가설의 종말과 뉴-라이프사이클의 시대

# 1. 인생설계 슈퍼J*의 탄생

인생을 계획적으로 사는 사람, 이른바 'J형 인간'의 특징은 무엇일까? MBTI 검사에서 'J'로 분류되는 이들은 항상 계획을 세우고 그 계획에 따라 행동하는 사람들이다. 이들은 시간을 낭비하지 않으며, 어떤 일이든 체계적으로 접근해 효율성을 극대화한다. 계획적이지 않은 이들보다 더 훌륭한 삶을 사는 것은 아니지만, 우리는 인생설계에서만큼은 이런 'J형 인간'이 되어야 한다. 은퇴 후 삶을 어떻게 살 것인가에 대한 고민은 단순히 미래의 일이 아니기 때문이다. 이제 이 시대 우리에게 이 고민은 현실이다. 20대·30대·40대를 지나며 우리는 누구나 무언가를 이루기 위해 달려왔다. 하지만 은퇴 후에는 달리기보다는 걸음을 멈추고 그동안의 여정을 되돌아보며 새로운 여정을 준비해야 한다. 이때 중요한 것이 바로 '계획'이다.

친구 중에 언제나 계획적으로 움직이는 이가 있다. 그는 언제나 일찍 일어나고, 일정한 시각에 식사하며, 저녁에는 반드시 운동한다. 그 결과 그는 언제나 건강하고 활기차다. 반면에 계획 없이 살아가는 또 다른 친구는 늘 피곤해 보이고, 중요한 일들을 놓치는 경우가 많다. 이처럼 계획적인 삶이 주는 안정감과 효율성은 무시할 수 없다. 현재는 계획을 세우는 것이 당장 큰 차이를 만들지 않을 것처럼 보일 수 있다. 그러나 50세가 되어 이 친구들을 다시 만난다면 그 모습은 어떻게 달라질까? 계획적인 삶이 지금 당장에는 그다지 중요하지 않게 느껴질 수도 있다. 하지만 하루하루 차근차근 쌓아온 그 미래는 분명히 다르다. 계획을 세우고 실행해나가는 작은 습관들이 결국 큰 변화를 만들어내는 것이다. 이는 은퇴 후의 삶에서도 마찬가지다. 지금 당장 은퇴계획을 세우고 실행하는 것이 큰 차이를 만들어내지 않는 것처럼 보일 수 있지만, 이러한 작은 습관들이 쌓여 결국 안정적이고 풍요로운 은퇴 생활을 만들어낸다.

왜 우리는 인생설계에서 '슈퍼J'가 되어야 할까? 은퇴 후의 삶은 더 이상 '일'이 중심이 아닌 '삶' 그 자체가 중심이 되기 때문이다. 이때 삶의 목표를 분명히 설정하고, 그 목표를 이루기 위한 재무계획을 세우는 것이 무엇보다 중요하다. 단순히 '돈'을 벌기 위한 계획이 아닌, 내가 원하는 삶을 살기 위해 필요한 자금을 확보하는 계획이다. 비록 지금까지 계획적이지 않았더라도, 은퇴설계만큼은 철저하게 계획적이어야 한다. 이제는 'J형 인간'의 장점을 활용할 때이다.

예를 들어보자. 당신이 은퇴 후 전 세계를 여행하고 싶다면, 그에 필요한 자금을 미리 준비해야 한다. 여기서 중요한 것은 여행 경비뿐만 아니라 여행 중 발생할 수 있는 예기치 못한 상황에 대비하는 것이다. 여행 도중 건강 문제가 발생하거나, 예산을 초과하는 경우 등을 대비해 예비 자금을 마련해두어야 한다. 또 다른 예로, 은퇴 후 작은 카페를 운영하고 싶다면, 그에 필요한 초기자본과 운영비용을 미리 계산해야 한다. 카페 운영에 필요한 자금, 예상 수익, 그리고 만약의 경우를 대비한 비상 자금까지 꼼꼼하게 계획하는 것이 중요하다. 이렇게 구체적인 목표와 계획이 있다면, 은퇴 후의 삶이 더욱 풍요로워질 것이다.

지금부터 지속 가능한 은퇴 후 삶의 목표를 세우자. 건강한 노후를 보내기 위해 운동과 건강관리를 하고 싶다면, 그에 맞는 생활비와 의료비를 고려해야 한다. 주변 사람들과 좋은 관계에서 멋진 시간을 보내며 여유로운 삶을 즐기고 싶다면, 그에 맞는 재무계획이 필요하다.

재무계획이 지금 바로 시작되어야 한다는 점을 잊지 말자. 시간을 되돌릴 수는 없지만, 앞으로의 시간을 어떻게 보낼지는 우리의 '지금' 계획에 달려 있다. 지금부터라도 슈퍼J가 되어보자. 인생설계에서 가장 중요한 것은 목표를 설정하고, 그 목표를 이루기 위한 구체적인 계획을 세우는 것이다. 그리고 그 계획을 실천하는 것, 그것이 바로 성공적인 은퇴 재무설계의 시작이다.

## 2. 목표를 설정한 실제 사례와 구체적 실행계획

은퇴준비의 첫걸음은 명확한 재무 목표를 설정하는 것이다. 목표 없이 걷는 길은 어디로 가야 할지 모르고, 계획 없는 은퇴준비는 불확실한 미래를 가져올 수밖에 없다. 여기서는 SMART 목표 설정법과 OKR 기법을 활용하여 구체적인 재무 목표와 실행계획을 세우는 방법을 비롯하여 여러 가지 목표설정 기법을 실제 사례를 통해 소개하고자 한다.

### (1) SMART 목표 설정법과 OKR 기법의 믹스

#### 1) SMART 목표 설정

SMART 목표 설정법은 Specific(구체적), Measurable(측정 가능), Achievable(달성 가능), Relevant(관련성 있는), Time-bound(기한이 있는)의 약자를 통해 목표의 구체적인 요건을 기억하기 쉽게 제시한다. 이것은 목표를 체계적으로 설정하는 데 유용하다.

### 2) OKR 활용

OKR(Objectives and Key Results)은 목표와 그 목표를 달성하기 위한 핵심 결과를 설정하는 방법이다. 이 기법은 목표를 명확히 하고, 구체적인 실행계획을 수립하는 데 큰 도움이 된다.

### 3) 연구 사례: 50대 후반 이지은(가명) 씨의 은퇴 재무계획

50대 후반의 이지은 씨는 은퇴가 5년 앞으로 다가온 시점에서, 막연한 불안 대신 구체적인 숫자와 전략으로 자신의 노후를 설계하기로 결심했다. 그녀는 단순한 희망이 아닌, 실행 가능한 재무 목표를 세우고, 이를 SMART 목표와 OKR 시스템으로 구체화해 '내가 원하는 은퇴'가 가능해지는 과정을 설계해 나갔다.

① SMART 프레임을 통한 목표 구조화

이지은 씨는 가장 먼저 은퇴 생활의 목표 수준을 설정하고, 이를 SMART 프레임에 따라 구체화했다.

- Specific(구체적): 은퇴 후 25년 동안 매월 400만 원 생활비 확보
  - 현재 월 지출 550만 원의 약 70% 수준으로 현실적 목표 설정
- Measurable(측정 가능): 목표 은퇴자산 12억 원 확보(연 4% 인출률 기준)
  - 월 400만 원 × 12개월 ÷ 4% = 12억 원으로 수치화
- Achievable(달성 가능): 현재 4억 원에서 5년 내 12억 원 달성 가능성 검증
  - 연평균 25% 자산 증가율 필요(저축 70% + 투자 수익 30% 조합)
  - 시뮬레이션을 통해 현실성 확보
- Relevant(관련성): 은퇴 이후 경제적 자립을 유지하며, 자녀에게

의존하지 않는 삶을 위한 본질적 목표를 설정

- Time-bound(기한 설정): 퇴직 시점인 60세까지, 정확히 5년 내 목표 자산 달성

② OKR로 실행력을 강화한 전략 설정

SMART 목표가 '방향'을 설정했다면, OKR은 그 목표를 구체적 행동으로 전환하는 도구였다.

- Objective(핵심 목표): 은퇴 후 25년 동안 안정적이고 자립적인 생활을 유지할 수 있는 재무 기반 확보
- Key Results(핵심 성과 지표)
  - 현재 자산 4억 원 → 5년 내 12억 원으로 증대(200% 증가)
  - 연평균 투자 수익률 8% 달성으로 포트폴리오 최적화
  - 매월 200만 원 추가 저축 + 부수입 100만 원 창출
  - 부동산 임대소득을 통한 월 120만 원의 안정적 현금흐름 확보

**4) 실행계획: SMART & OKR 기반의 실천 전략**

① 자산 증대 전략

- 자산 현황 진단: 이지은 씨는 먼저 총자산의 구조를 면밀하게 분석했다. 부동산 2.5억 원, 금융자산 1.5억 원으로 총 4억 원의 현재 자산을 정확히 파악했다.
- 투자 포트폴리오 설계: 전문가의 자문을 받아 체계적인 분산투자 전략을 구축했다.
  - 안전 자산 40%: 예금, 국채 등으로 기본 안전판 구축
  - 성장 자산 50%: 국내외 주식 ETF, 배당주 중심 포트폴리오 구성

- 대안 투자 10%: REITs, 원자재 등으로 포트폴리오 다각화
- 리스크 관리: 시장 변동성에 대비해 분기마다 리밸런싱하고, 급락 시 기회 매수를 위한 현금 포지션 20%를 상시 유지했다.

② 저축 증대 전략

- 자동화 시스템 구축: 매월 200만 원 자동이체를 설정하여 감정에 휘둘리지 않는 저축 습관을 정착시켰다. 급여 입금과 동시에 저축하는 페이 유어셀프 퍼스트(Pay Yourself First) 원칙을 실천했다.
- 지출 절감 프로젝트: 불필요한 정기 구독 해지, 고정비 재검토, 주간 가계부 분석 등으로 지출을 정밀 조정해 월 80만 원 절약에 성공했다. 저축 여력을 확장하는 동시에 소비 효율성도 높였다.

③ 추가 소득 확보 전략

- 전문성 활용한 부수입: 기존 경력을 살려 주말 컨설팅 일자리를 구해 월평균 70만 원의 추가 수입을 창출했다. 퇴직 전까지 지속 가능한 현실적인 접근이었다.
- 임대 수익 확보: 경매를 통해 소형 오피스텔을 매입하여 월 120만 원의 임대 수익을 확보했다. 신도시 배후지 수요를 분석해 공실 리스크를 최소화하고, 레버리지를 활용해 적은 자본으로 큰 현금흐름을 만들어냈다.

④ 3년차 중간 성과 및 피드백

- 정량적 성과

  - 목표 자산 달성률 75%(현재 9억 원 달성)
  - 연평균 실제 수익률 9.1%(목표 8% 초과 달성)
  - 월평균 저축액 210만 원(목표 200만 원 초과 달성)

- 부수입 창출 105%(월평균 105만 원 달성)
- 핵심 성공 요인 분석
  - 체계적 목표 설정: SMART 프레임을 통한 구체적이고 측정 가능한 목표
  - 자동화된 실행: 감정에 좌우되지 않는 시스템 기반 저축과 투자
  - 전문가 네트워크: 재무설계사, 세무사 등 전문가 조언 적극 활용
  - 유연한 전략 조정: 시장 상황에 따른 포트폴리오 리밸런싱과 전략 수정

**5) 핵심 교훈: 은퇴 재무설계는 기술이자 훈련이다**

이지은 씨의 사례는 단순한 '성공담'이 아니다. 그녀는 "계획이 있으면 불안이 줄고, 수치가 있으면 실행이 시작된다"라는 원칙을 실천했다. SMART 프레임으로 방향을 세우고, OKR로 실행력을 강화하고, 데이터 기반의 판단으로 흐트러짐 없이 유지한 결과였다.

지금부터 나만의 은퇴 목표를 설정하고, 정확한 모델을 그리자. 은퇴 후 자립적인 삶을 원한다면, 지금 이 순간이 설계의 출발점이다. 이지은 씨처럼 자신만의 SMART 목표를 만들고, OKR을 활용해 실천 가능한 전략을 구축하라. 은퇴설계는 막연한 불안을 치유하는 가장 효과적인 도구이며, 숫자는 우리 삶을 안전하게 지켜주는 언어다.

**(2) 가치 기반 목표 설정**

가치 기반 목표 설정은 개인의 핵심 가치를 기준으로 목표를 설정하는 방법이다. 이는 자신이 진정으로 중요하게 생각하는 가치에 따라 은

퇴 후의 삶을 설계하는 것이다.
- 가치 발견: 먼저 자신의 핵심 가치를 발견해야 한다. 이를 위해 삶에서 가장 중요하게 생각하는 것들을 적어보고, 그 가치들이 반영된 목표를 설정한다. 예를 들어, 가족과의 시간을 소중히 여긴다면, 가족과 함께하는 활동을 목표로 설정할 수 있다.
- 목표와 가치의 일치: 설정한 목표가 자신의 가치와 일치하는지 확인한다. 가치와 일치하는 목표는 더 큰 동기부여와 만족감을 제공한다.
- 실행계획 수립: 가치 기반 목표를 달성하기 위한 구체적인 실행계획을 수립한다. 예를 들어, '가족과의 시간'이라는 목표를 위해 매주 가족모임을 계획하거나, 정기적인 가족여행을 준비할 수 있다.

### (3) 비전 보드 만들기

비전 보드는 자신의 꿈과 목표를 시각적으로 표현한 도구이다. 이는 목표를 더 명확하게 인식하고, 시각적으로 확인함으로써 동기부여를 높이는 데 도움이 된다.
- 비전 보드 준비: 큰 보드나 포스터를 준비하고, 자신의 목표와 관련된 사진, 글귀, 그림 등을 모은다.
- 시각적 표현: 목표를 시각적으로 표현한 자료들을 보드에 붙인다. 예를 들어, 여행을 목표로 한다면 여행지의 사진을, 건강을 목표로 한다면 운동하는 사람들의 사진을 붙일 수 있다.
- 주기적 확인: 비전 보드를 잘 보이는 곳에 두고, 주기적으로 확인하며 동기부여를 유지한다. 비전 보드는 목표를 명확히 하고, 매

일 그 목표를 상기시키는 역할을 한다.

### (4) 역할 모델 찾기

은퇴 후 삶을 성공적으로 보내고 있는 역할 모델을 찾는 것도 좋은 방법이다. 그들의 경험과 조언을 통해 자신의 목표를 설정하고, 구체적인 계획을 세우는 데 도움을 받을 수 있다.

- 역할 모델 선정: 은퇴 후 삶을 잘 보내고 있는 사람들을 찾는다. 이는 주변의 은퇴자나 유명 인사일 수도 있다.
- 경험과 조언 청취: 그들의 경험담과 조언을 듣고, 자신의 상황에 맞게 적용할 방법을 찾는다. 예를 들어, 성공적인 은퇴 생활을 하고 있는 사람의 인터뷰나 자서전을 읽는 것도 도움이 된다.
- 목표와 계획 수립: 역할 모델의 경험을 참고하여 자신의 목표를 설정하고, 구체적인 실행계획을 세운다. 이는 목표를 더 현실적이고 구체적으로 만드는 데 도움이 된다.

은퇴 후 삶을 위한 목표 설정은 단순히 미래의 재정 상태를 예측하는 것 이상의 의미이다. 우리 삶의 방향을 명확히 하고, 안정적이고 여유로운 은퇴 생활을 가능하게 하는 중요한 요소이다. 지금 당장, 당신의 은퇴 후 삶을 위한 재무 목표를 설정하고 구체적인 실행계획을 세워라. 비록 지금까지 계획적이지 않았더라도, 지금부터라도 계획적인 '슈퍼J'가 되어 인생설계를 시작하자. 그것이 바로 당신의 은퇴 후 삶을 풍요롭게 만드는 첫걸음이 될 것이다.

## 3. 목표를 설정해야 하는 이유

재무 목표를 선명하게 설정하는 것은 단순히 미래의 재정 상태를 예측하는 것 이상의 의미를 지닌다. 이는 우리의 삶의 방향을 명확히 하고, 안정적이고 여유로운 은퇴 생활을 가능하게 하는 중요한 요소이다. 목표가 있는 삶과 목표가 없는 삶의 차이는 단순히 점심때 무엇을 먹을지 고민하는 것과는 전혀 다른 차원이다.

목표가 있는 삶은 명확한 방향성을 가지고 행동하는 삶이다. 예를 들어, 점심 메뉴를 정하는 것과 같은 단기적인 결정에도 계획이 포함된다. 반면에, 목표가 없는 삶은 방향성을 잃고 그때그때 상황에 따라 행동하는 삶이다. 은퇴준비에서도 마찬가지다. 목표가 있는 사람은 구체적인 계획을 세우고, 그 계획에 따라 행동하여 안정적인 노후를 준비한다. 반면에, 목표가 없는 사람은 은퇴 후의 불확실성에 대해 준비가 부족해지기 쉽다.

**(1) 연구 사례: 명확한 목표 설정의 힘**

**연구 사례 1: 명확한 재무 목표의 설정과 성공적인 은퇴**

이재훈(가명) 씨는 50대 초반에 은퇴를 준비하면서 명확한 재무 목표를 설정한 성공적인 사례이다. 이 씨는 글로벌 금융 회사에서 25년간 일하며 다양한 재무 관리 경험을 쌓았다. 그는 은퇴 후 매월 500만 원의 생활비를 마련하기 위해 다음과 같은 전략을 수립했다.

① 현재 자산 분석 및 목표 설정

- **현 자산 분석**: 이 씨는 현재 자산을 철저히 분석했다. 그는 주식, 채권, 부동산, 연금 등 다양한 자산을 보유하고 있었으며, 총자산은 약 10억 원이었다.
- **목표 설정**: 은퇴 후 매월 500만 원의 생활비를 위해 은퇴 시점까지 12억 원의 자산을 확보하기로 목표를 설정했다.

② 재무계획 수립

- **투자 포트폴리오 재조정**: 이 씨는 은퇴 후 안정적인 수익을 위해 포트폴리오를 재조정했다. 주식 비중을 줄이고, 안정적인 배당주와 고수익 채권 투자 비중을 높였다.
- **부동산자산 활용**: 보유한 부동산 중 일부를 매각하고, 임대 수익이 높은 상업용 부동산에 투자했다. 이를 통해 매월 고정적인 임대 수익을 확보했다.
- **세금 절감 전략**: 은퇴 후 세금을 최소화하기 위해 다양한 세금 절감 전략을 도입했다. 세금우대 상품 투자, 연금 수령 방식 최적화 등을 포함했다.

③ 추가 수입원 확보

- **자문 활동**: 은퇴 후에도 금융 자문 활동을 통해 추가 수입을 창출했다. 이 활동은 매월 100만 원 이상의 고정수입을 가져다주었다.
- **컨설팅**: 기업과 개인을 대상으로 재무 컨설팅을 제공해 추가적인 수익을 올렸다.

이재훈 씨는 이러한 명확한 목표 설정과 철저한 계획을 통해 은퇴 시점에 목표 자산을 초과 달성했고, 안정적이고 여유로운 은퇴 생활을 누릴 수 있었다.

### 연구 사례 2: 목표 없는 은퇴준비의 실패

박현수(가명) 씨는 50대 중반에 은퇴를 맞이했지만, 명확한 재무 목표를 설정하지 않은 사례이다. 박 씨는 중견 기업에서 30년간 근무하며 어느 정도 자산을 모았지만, 구체적인 은퇴계획을 세우지 않았다. 그의 실패 원인은 다음과 같다.

① 목표 설정 부재: 불명확한 재무 목표: 박 씨는 은퇴 후 필요한 생활비를 명확히 계산하지 않았다. 막연히 저축한 돈이 충분할 것이라고 생각했지만, 구체적인 목표가 없었다.

② 재무계획 부족
- 투자 포트폴리오 미비: 은퇴를 앞두고도 주식과 부동산에 집중 투자한 결과, 시장 변동성에 크게 노출되었다. 이는 은퇴 직후 주식시장 하락과 부동산 가격 하락으로 인해 큰 손실을 초래했다.
- 지출 관리 미흡: 은퇴 후 예상치 못한 의료비와 생활비 증가로 인해 재정적 불안정성을 겪었다. 구체적인 지출 계획이 없었던 것이 큰 문제였다.

③ 추가 수입원 미확보: 추가 수입 계획 부재: 은퇴 후 추가적인 수입원을 마련하지 못해, 생활비 충당에 어려움을 겪었다.

박현수 씨의 사례는 명확한 재무 목표와 철저한 계획의 부재가 은퇴 후 재정적 불안정성을 초래할 수 있음을 보여준다. 이는 은퇴준비에서 목표 설정이 얼마나 중요한지, 그리고 구체적인 실행계획이 필수적임을 다시 한번 강조해준다.

몇 가지 연구결과는 명확한 재무 목표 설정이 왜 중요한지 잘 보여준다. 《하버드 비즈니스 리뷰(Harvard Business Review)》에 발표된 연구에 따르면, 명확한 재무 목표를 가진 사람들은 그렇지 않은 사람들보다 더 높은 저축률과 투자 수익률을 기록했다. 또한, 재무 목표를 설정한 사람들은 재정적인 스트레스를 덜 받으며, 더 긍정적인 미래 전망이 있는 것으로 나타났다. 재무 목표를 선명하게 설정하는 것은 우리의 삶의 질을 향상하고, 안정적인 은퇴 생활을 가능하게 한다. 목표가 있는 삶은 명확한 방향성을 가지고 행동할 수 있게 한다. 이것은 점심으로 무엇을 먹을지 고민하는 것과는 전혀 다른 차원의 문제다. 연구결과와 사례를 통해, 명확한 재무 목표 설정의 중요성을 이해하고, 이를 통해 더욱 풍요롭고 안정적인 미래를 준비하자.

당신의 은퇴 후 삶을 위한 명확한 재무 목표를 설정하고 구체적인 실행계획을 세워라. 이를 통해 당신의 은퇴 후 삶이 더욱 풍요롭고 안정적일 것이다.

## 4. 내 인생의 버킷리스트

은퇴 후의 삶을 계획하는 것은 단순히 시간을 보내기 위한 활동을 고르는 것 이상의 의미이다. 우리의 남은 삶을 어떻게 보낼지에 대한 중요한 결정이며, 이를 체계적으로 준비하는 것이 필요하다. 여기서 '버킷리스트'는 매우 유용한 도구가 된다. 이번에는 버킷리스트 작성법과 필요 이유, 그리고 은퇴 후 삶의 목표 설정에 버킷리스트가 왜 유용한지 살펴보겠다.

### (1) 버킷리스트 작성법

버킷리스트는 인생에서 죽기 전에 꼭 해보고 싶은 일들을 목록으로 정리한 것이다. 이를 작성할 때는 다음과 같은 요소들을 고려해야 한다.

- 구체적일 것: 수박 겉핥기식의 버킷리스트는 무의미하다.

예를 들어, '봉사하기'보다 '은퇴 후 벽지에 사는 노인들에게 1년에 자장면 200그릇 대접하기'와 같은 버킷리스트라면 해야 할 일에 대한 구체적인 실행계획이 생기게 된다.

- 분명한 날짜: 버킷리스트의 각 항목에는 목표 달성 기한을 명시해야 한다. 예를 들어, '2030년까지 세계 일주 여행'과 같이 구체적인 날짜를 설정한다.
- 선명한 재정 수준: 각 항목 달성에 필요한 재정적 요건을 명확히 한다. 예를 들어, "매년 1,000만 원씩 저축해 2025년에 3,000만 원을 마련한다"와 같은 구체적인 재정계획을 세운다.
- 우선순위: 리스트 항목들을 중요도에 따라 우선순위를 매긴다. 이를 통해 가장 중요한 목표부터 차근차근 실행할 수 있다.

버킷리스트를 작성하는 이유는 단순히 '해야 할 일'을 정리하는 것이 아니라, 우리의 삶을 더욱 의미 있고 충만하게 만들기 위함이다. 버킷리스트는 다음과 같은 이유로 필요하다.

- 목표 설정: 버킷리스트는 우리가 무엇을 원하고, 무엇을 성취하고 싶은지 명확히 할 수 있게 도와준다.

- 동기부여: 리스트를 작성하면 각 항목을 달성하기 위해 노력할 동기를 얻을 수 있다.
- 삶의 방향성: 버킷리스트는 우리의 인생에 방향을 제시하고, 중요한 일들에 집중할 수 있게 한다.

버킷리스트는 특히 은퇴 후 삶의 목표 설정에 매우 유용하다. 그 이유는 다음과 같다.

- 구체적 계획 수립: 은퇴 후의 막연한 목표를 구체적이고 명확한 계획으로 전환할 수 있다. 예를 들어, '은퇴 후 여유로운 여행'이라는 막연한 목표를 '2027년부터 매년 한 달간 해외여행'으로 구체화할 수 있다.
- 재정계획 통합: 각 항목을 달성하기 위한 재정적 요구사항을 명확히 하여, 전체적인 재정계획에 통합할 수 있다. 이는 은퇴 후의 재정 안정성을 높이는 데 도움이 된다.
- 삶의 질 향상: 버킷리스트를 통해 다양한 경험을 계획하고 실행함으로써, 은퇴 후의 삶을 더욱 풍요롭고 즐겁게 만들 수 있다.

**(2) 버킷리스트 작성의 예**

은퇴 후 삶을 더욱 풍요롭고 의미 있게 만들기 위해 재무계획을 동반한 버킷리스트를 작성하는 것은 필수적이다. 인플레이션과 투자 수익을 고려하여 은퇴 후 목표 설정과 실행 방안을 포함한 5가지 사례를 살펴보자. 현재 시점은 2025년이며, 목표는 2027년 이후로 설정했다. 그리고

인플레이션율을 2~3%로 가정했다.[1]

**1) 2027년 지중해 크루즈 여행**

- 기한: 2027년
- 재정계획: 매년 530만 원씩 저축해 총 1,590만 원 마련(인플레이션 3% 가정)
- 투자 수익: 평균 연 5% 수익률을 목표로 하는 안정적인 투자상품에 분산투자
- 우선순위: 1순위(문화 체험과 휴식)
- 실행 방안
  - 저축 계획: 월 44만 원씩 저축해 연간 530만 원을 마련한다.
  - 비용 절감 전략: 여행사를 통해 조기 예약 할인 및 다양한 패키지 혜택을 이용해 비용을 절감한다.
  - 여행 준비: 여행 전에 크루즈 여행 관련 서적과 다큐멘터리를 통

---

1 인플레이션을 2~3%로 가정한 이유는 다음과 같다.
- 역사적 평균: 지난 몇십 년 동안 많은 선진국의 평균 인플레이션율은 연간 약 2~3% 수준을 유지했다. 이는 중앙은행의 목표치와도 일치한다. 예를 들어, 미국 연방준비제도(Fed)와 유럽중앙은행(ECB)은 대체로 2%의 인플레이션 목표를 가지고 있다.
- 미래 예측: 경제학자와 금융 분석가들은 앞으로도 비슷한 수준의 인플레이션율이 유지될 것으로 예상한다. 이는 현재의 경제 상황과 정책 방향을 고려한 예측이다.
- 안전한 예측 범위: 3% 인플레이션율은 비교적 보수적인 예측이다. 실제 인플레이션율이 3%보다 낮다면, 이는 예측보다 더 많은 실질 자산을 확보할 수 있다는 의미가 된다. 반대로, 만약 인플레이션율이 3%보다 높다면, 이는 예측의 타당성을 보장하기 위한 안전 마진을 제공하게 된다.
- 라이프사이클 계획: 은퇴 후 장기간의 생활을 계획할 때, 인플레이션은 필수적으로 고려해야 할 요소다. 통상 2~3%의 인플레이션율을 가정하면, 장기적인 생활비 증가를 대비할 수 있을 것으로 예상한다.

해 지중해 지역의 역사와 문화를 공부한다.

### 2) 2028년까지 지역사회 봉사 프로젝트 완수

- 기한: 2028년
- 재정계획: 월 12만 원씩 기부해 연간 144만 원 마련(인플레이션 3% 가정)
- 투자 수익: 연 4% 수익률의 안정적인 채권형 펀드에 투자
- 우선순위: 2순위(사회 공헌과 의미 있는 활동)
- 실행 방안
  - 기부 계획: 월 12만 원씩 지역사회 복지 단체에 기부해 봉사 프로젝트를 지원한다.
  - 봉사활동 참여: 매주 주말마다 지역사회 봉사활동에 직접 참여해 봉사의 기쁨을 느낀다.
  - 네트워킹: 봉사활동을 통해 새로운 사람들과 네트워크를 형성하고, 이를 통해 더 큰 사회적 영향을 미친다.

### 3) 2029년 유럽에서 6개월 동안 거주하기

- 기한: 2029년
- 재정계획: 매년 450만 원씩 저축해 총 2,250만 원 마련(인플레이션 3% 가정)
- 투자 수익: 연 6% 수익률을 목표로 하는 글로벌 주식형 펀드에 투자
- 우선순위: 3순위(문화 교류와 새로운 경험)
- 실행 방안

- 저축 계획: 월 38만 원씩 저축해 연간 450만 원을 마련한다.
- 비용 절감 전략: 현지 생활비를 줄이기 위해 주거지는 도시 외곽에 선택하고, 현지인처럼 생활하며 비용을 절감한다.
- 언어 학습: 여행 전에 현지 언어를 배우고, 현지 문화에 대한 이해를 높인다.

### 4) 2030년 자서전 출판하기

- 기한: 2030년
- 재정계획: 자서전 출판을 위한 편집·디자인·출판 비용으로 총 1,150만 원 마련(인플레이션 3% 가정)
- 투자 수익: 연 5% 수익률의 안정적인 배당주 펀드에 투자
- 우선순위: 4순위(자기표현과 후세에 남길 유산)
- 실행 방안
  - 저축 계획: 월 24만 원씩 저축해 출판 비용을 마련한다.
  - 글쓰기 계획: 매주 일정 시간을 정해 자서전을 작성하며, 이를 위해 글쓰기 워크숍에 참여한다.
  - 출판사 탐색: 여러 출판사와 접촉해 출판 계약을 체결하고, 자서전 출판을 위한 최적의 파트너를 찾는다.

### 5) 2031년까지 전 세계 요리 마스터 클래스 수강

- 기한: 2031년
- 재정계획: 매년 340만 원씩 저축해 총 1,700만 원 마련(인플레이션 3% 가정)

- 투자 수익: 연 6% 수익률의 혼합형 펀드에 투자
- 우선순위: 5순위(미식 탐험과 자기계발)
- 실행 방안
    - 저축 계획: 월 28만 원씩 저축해 연간 340만 원을 마련한다.
    - 수강 계획: 전 세계 유명 요리 학교에서 제공하는 마스터 클래스를 찾아 수강 일정을 조율한다.
    - 실습과 적용: 배운 요리법을 실제로 요리해보고, 친구들과 가족을 초대해 시식회를 열어 피드백을 받는다.

재무계획을 동반한 버킷리스트 작성은 은퇴 후 삶을 더 풍요롭고 만족스럽게 만들 수 있는 강력한 도구이다. 인플레이션과 투자 수익을 감안한 이 5가지 사례는 명확한 기한, 재정계획, 우선순위를 설정하고 구체적인 실행 방안을 마련함으로써 목표를 실현하는 과정을 보여준다. 이러한 계획적인 접근을 통해 은퇴 후에도 의미 있고 활기찬 삶을 누릴 수 있다. 지금 당장, 당신의 은퇴 후 삶을 위한 버킷리스트를 작성해보자. 이는 단순한 목록 작성이 아닌, 당신의 꿈을 현실로 만드는 첫걸음이 될 것이다.

## 5. 다시 그리는 라이프사이클: 기존의 생애주기 가설의 종말과 뉴-라이프사이클*의 시대

은퇴 후 삶을 계획하는 과정에서 우리는 기존 라이프사이클 개념을 재고할 필요가 있다. 전통적인 생애주기 가설로 알려진 모딜리아니의 이론은 더는 현대 사회의 복잡한 현실을 충분히 설명하지 못한다. 이번에는 모딜리아니의 생애주기 가설이 왜 끝났는지를 살피고 새로운 라이프사이클 모델을 제시함으로써 은퇴 후 삶의 목표를 어떻게 설정해야 하는지 살펴보겠다.

### (1) 모딜리아니의 생애주기 가설의 종말

모딜리아니의 생애주기 가설은 사람들이 젊을 때는 소비를 줄이고 저축을 하며, 은퇴 후에는 저축한 돈을 소비한다는 개념이다. 이 이론은 일정한 소득과 지출 패턴을 가정하고 있으며, 은퇴 후의 삶을 단순히 저축한 돈을 소비하는 기간으로 본다. 그러나 현대 사회에서는 이러한 단순한 모델이 더는 적합하지 않다. 그 이유는 다음과 같다.

- 수명의 증가: 평균수명이 크게 늘면서 은퇴 후의 삶이 훨씬 길어졌다. 단순히 저축한 돈을 소비하는 것만으로는 부족하다.
- 의료비 증가: 나이가 들수록 의료비 지출이 증가하는데, 이는 예

▶ **뉴-라이프사이클(New Life Chcle)**

- 라이프 3스텝, 4스테이지, 웰엔딩 완성을 위한 준비

측하기 어려운 변수이다.
- 다양한 은퇴 생활: 많은 사람이 은퇴 후에도 활동적으로 사회에 참여하고, 새로운 일자리를 찾거나 자원봉사를 하며 생활한다.
- 경제적 불확실성: 금융시장의 변동성, 연금제도의 불안정 등으로 인해 은퇴자금 관리가 더욱 복잡해졌다.

### (2) 은퇴설계 4.0세대의 뉴-라이프사이클 모델

이제는 새로운 라이프사이클 모델을 제시할 필요가 있다. 이 모델은 은퇴 전환기와 롱텀 케어(有病長壽, 無錢長壽)의 등장을 포함한다. 새로운 라이프사이클 모델은 다음과 같은 단계를 포함한다.

- 은퇴 전환기: 은퇴 전 몇 년간의 준비 단계로, 재정적 계획뿐만 아니라 정신적·사회적 준비가 포함된다.
- 활동적 은퇴기: 은퇴 직후 활발하게 활동하고, 새로운 취미나 일을 찾는 단계.
- 안정적 은퇴기: 조금 더 안정적으로 생활하며, 건강관리와 재정관리에 집중하는 단계.
- 롱텀 케어기: 유병장수(오랜 기간 질병을 잃으며 사는 경우) 또는 무전장수(연금자금의 고갈)에 대비하는 단계.

새로운 라이프사이클 핵심은 은퇴 전환기*를 어떻게 보내느냐다.

은퇴 전환기는 새로운 라이프사이클 모델에서 중요한 단계 중 하나이다. 어떻게 보내느냐에 따라 은퇴 후 삶의 질이 크게 달라질 수 있다. 다음은 은퇴 전환기를 효율적으로 보내기 위한 몇 가지 방법이다.

- 재정계획 수립: 은퇴 후 필요한 자금을 구체적으로 계산하고, 이를 위해 저축과 투자를 계획한다. 예를 들어, 연금, 투자 수익, 부동산 등을 고려해 종합적인 재정계획을 세운다.
- 건강관리: 정기적인 건강검진과 운동을 통해 건강을 유지하고, 만성질환을 예방한다. 이는 롱텀 케어기를 대비하는 데 중요한 요소이다.
- 사회적 네트워크 유지: 가족, 친구, 커뮤니티와의 관계를 유지하고, 새로운 사회적 활동을 찾아 참여한다. 이는 정신적 건강을 유지하는 데 도움을 준다.
- 정신적 준비: 은퇴 후의 삶에 대한 긍정적인 태도를 유지하고, 새로운 목표를 설정한다. 예를 들어, 여행, 자원봉사, 취미생활 등 은퇴 후 하고 싶은 일들을 구체적으로 계획한다.

모딜리아니의 생애주기 가설은 더는 현대 사회의 복잡한 현실을 충분히 설명하지 못한다. 수명의 증가, 의료비의 증가, 다양한 은퇴 생활, 경제적 불확실성 등으로 인해 새로운 라이프사이클 모델이 필요하다. 새로운 모델에서는 은퇴 전환기와 롱텀 케어기의 등장이 중요하다.

새롭게 맞이한 은퇴 전환기에는 필수적으로 효율적인 재정계획, 건강관리, 사회적 네트워크 유지, 정신적 준비가 필요하다. 이를 통해 은퇴 후의 삶을 더욱 풍요롭고 안정적으로 만들 수 있다. 지금 당장, 당신의 은퇴 후 삶을 위해 새로운 라이프사이클 모델을 고려하고, 은퇴 전환기를 준비해보자. 이는 당신의 은퇴 후 삶을 풍요롭게 만드는 첫걸음이 될 것이다.

키워드 2

# 합리적 소비와 예산관리

1. 안타깝지만 소득은 정해져 있다: 예산관리가 필수다
2. 미래 소비를 예측하라
3. 예산 설정을 위한 도구들
4. 예산과 합리적 소비와의 상관관계: 상시 예산 점검
5. 합리적 소비란 단순히 적게 쓰는 것이 아니다
6. 이제, 예산관리의 세분화가 필요하다: 분 단위 예산관리 제안
7. 소비 자산화

## 1. 안타깝지만 소득은 정해져 있다: 예산관리가 필수다

은퇴를 앞둔 사람이라면 누구나 한 번쯤은 고민했을 것이다. '내가 가지고 있는 자산이 은퇴 후에도 충분할까?' 이 질문의 답은 명확하다. '예산관리가 필수다.' 이유는 간단하다. 소득은 한정되어 있고, 그 한정된 소득을 어떻게 효율적으로 사용할지에 따라 은퇴 후의 삶의 질이 결정되기 때문이다.

은퇴 전환기의 사람들에게 예산관리는 단순한 선택이 아니라 필수다. 예산관리는 한정된 자원을 최대한 효율적으로 사용하는 방법을 제공해준다. 이를 통해 불필요한 지출을 막고, 필요한 지출에 집중할 수 있게 된다. 예산을 관리하지 않으면, 얼마 지나지 않아 돈이 빠르게 소진되는 것을 경험할 것이다. 그 결과, 은퇴 후 생활은 매우 불안정해질 수 있다.

김 씨는 60세에 은퇴했다. 그는 평생 열심히 일하며 모은 돈으로 은퇴 생활을 계획했다. 하지만 처음 몇 년 동안 예산관리를 하지 않아 돈이 빠르게 줄어드는 것을 경험했다. 그제야 예산관리를 시작한 김 씨는 매달 지출을 철저히 기록하고 분석하기 시작했다. 불필요한 지출을 줄이고 필요한 지출에 집중한 결과, 김 씨는 남은 자산을 더 오래 유지할 수 있었고, 재정적 안정감을 되찾았다.

김 씨의 사례에서 알 수 있듯이, 예산관리는 은퇴 후 삶의 질을 결정짓는 중요한 요소다. 은퇴 후에는 더 이상 정기적으로 들어오는 월급이 없다. 투자 수익이나 연금, 그리고 조금씩 인출할 수 있는 자산이 전부다. 한정된 소득원 속에서 생활해야 하는 은퇴자들에게 예산관리는 생존 기술이다. 그래서 예산관리를 통해 현재 가지고 있는 자산을 얼마나 오래 유지할 수 있을지 계산하고 계획하는 것이 필요하다. 이를 통해 예측 불가능한 상황에서도 안정적인 생활을 유지할 수 있다.

소득이 제한적이라는 것은 곧 불확실성을 의미한다. 하지만 그 불확실성을 최대한 줄이는 것이 예산관리의 목표다. 예산관리를 통해 매달 들어오는 돈과 나가는 돈을 철저히 기록하고 분석하면, 예기치 않은 상황에서도 대비할 수 있다. 한정된 소득원을 어떻게 잘 관리하느냐에 따라 은퇴 후의 삶이 달라진다. 예산관리는 단순히 돈을 아끼는 것이 아니다. 자원을 최적화하고, 장기적으로 더 많은 자유를 제공하는 것이다.

예산관리를 통해 지출을 통제하면, 더 많은 돈을 저축하고 투자할 수 있게 된다. 장기적으로 더 큰 재정적 안정을 제공한다. 또한, 예산관리는 재정적 스트레스를 줄여준다. 돈에 대한 걱정 없이 생활할 수 있다는 것은 매우 큰 장점이다. 지금 당장 예산관리를 시작하자. 예산관리는 당신의 미래를 더 밝고 안정적으로 만들어 줄 것이다.

## 2. 미래 소비를 예측하라

미래 소비를 예측하는 것은 은퇴 후 재정계획에서 매우 중요한 요소이다. 이를 통해 현재의 자산을 어떻게 배분하고 관리할지 결정할 수 있기 때문이다. 하지만 미래 소비를 예측하는 것은 단순한 일이 아니다. 다양한 변수와 개인의 소비 패턴을 고려해야 한다. 그렇다면 어떻게 미래의 소비를 예측할 수 있을까?

### (1) 미래 소비 예측 공식의 활용

먼저, 미래 소비를 예측하기 위한 기본 공식을 소개하겠다. 이 공식은 개인의 소비 패턴과 은퇴 후 예상되는 생활 수준을 반영하는 데 도움을 줄 것이다.

**미래 소비 = 기본 생활비 + (특별 지출 이벤트 빈도) + (예상 의료비 × 노후 의료비 증가율)**

- 기본 생활비: 월별 또는 연간 기본 생활비를 뜻한다. 이는 주거비, 식비, 공과금 등 필수 지출을 포함한다.
- 특별 지출 이벤트: 여행, 선물, 취미 활동 등 일상적이지 않은 지출을 의미한다.
- 빈도: 특별 지출 이벤트의 발생 빈도를 반영한다.
- 예상 의료비: 은퇴 후 예상되는 의료비를 뜻한다.
- 노후 의료비 증가율: 나이가 들면서 의료비가 증가하는 비율을 반영한다.

이 공식을 사용하면 기본적인 미래 소비 예측이 가능하나, 하지만 이 공식만으로는 개인의 소비 패턴을 완전히 반영하기 어렵다. 따라서 더 세밀한 개인 소비 패턴 분석이 필요하다.

### (2) 개인적인 소비 패턴 분석 방법

개인의 소비 패턴을 분석하기 위해 다음과 같은 방법을 제안한다.

### 1) 과거 지출 기록 분석

가장 먼저 해야 할 일은 과거의 지출 기록을 분석하는 것이다. 지난 2~3년간의 지출 내역을 살펴보고, 어떤 항목에 가장 많은 돈을 썼는지 파악해야 한다. 이를 통해 자신의 소비 습관을 이해할 수 있다.

### 2) 소비 항목 분류

지출 항목을 고정지출, 변동지출, 기타 잡지출로 분류한다. 고정지출에는 주거비, 식비, 공과금 등이 포함되고, 변동지출에는 외식, 취미, 여행 등이 포함된다. 기타 잡지출에는 예기치 않은 지출, 즉 갑작스러운 수리비나 의료비 등을 포함한다.

### 3) 미래 지출 예상

과거 지출 기록을 바탕으로, 앞으로 어떤 항목에 얼마나 지출할지 예상한다. 예를 들어, 주거비는 고정비용이므로 큰 변동이 없겠지만, 의료비는 나이가 들수록 증가할 가능성이 크다. 이런 식으로 항목별로 미래 지출을 예상해본다.

우리 연구소의 연구결과 은퇴 후 첫 10년 동안의 지출은 현역 시절의 지출과 큰 차이가 없지만, 그 이후에는 의료비 증가로 인해 지출이 급격히 늘어나는 것을 확인했다. 이는 은퇴자의 소비 패턴을 이해하는 데 중요한 시사점을 제공한다.

### (3) 미래 소비 예측* 방법을 적용한 연구 사례

김 씨는 65세에 은퇴를 앞두고 자신의 미래 소비를 예측해보기로 했다. 그는 지난 3년간의 지출 내역을 분석하여 매달 평균 200만 원을 생활비로 사용하고 있음을 확인했다. 여기에는 주거비, 식비, 공과금 등이 포함되었다. 김 씨는 은퇴 후에도 비슷한 생활 수준을 유지하기를 원했다.

김 씨는 특별 지출 이벤트로 매년 한 번씩 해외여행을 가는 것을 계획하고 있었고, 이로 인해 연간 약 500만 원의 추가 지출이 예상되었다. 또한, 나이가 들수록 증가할 것으로 예상되는 의료비를 반영하여, 현재 매달 20만 원 정도인 의료비가 10년 후에는 매달 30만 원으로 증가할 것으로 예상하였다.

이를 바탕으로 김 씨의 미래 소비를 예측한 결과는 다음과 같다.

기본 생활비 = 200만 원
특별 지출 이벤트 = 500만 원/12 = 약 42만 원
예상 의료비 = 20만 원 X(1 + 노후 의료비 증가율)

김 씨는 노후 의료비 증가율을 연 5%로 설정하여, 10년 후 예상 의료비를 계산하였다.

10년 후 의료비 = 20만 원 X$(1 + 0.05)^{10}$ = 약 30만 원

김 씨의 월별 미래 소비 예측은 다음과 같다.

**미래 소비 = 200만 원 + 42만 원 + 30만 원 = 272만 원**

김 씨는 이 예측을 바탕으로 은퇴 후 매달 약 272만 원의 생활비가 필요함을 알게 되었다. 이를 통해 김 씨는 은퇴자금을 더 효율적으로 관리하고, 필요시 추가 자산을 마련하기 위한 계획을 세울 수 있었다.

미래 소비를 예측하는 것은 은퇴 재무설계에서 매우 중요한 단계이다. 기본 공식을 사용해 미래 소비를 예측하고, 개인적인 소비 패턴을 분석하는 방법을 통해 더욱 정밀한 예측을 할 수 있다. 연구 논문과 전문 보고서를 참고하고, 기술적 도구를 활용하면 미래 소비를 더욱 정확하게 예측할 수 있을 것이다. 지금 당장 자신의 소비 패턴을 분석하고, 미래 소비를 예측해보자. 이는 당신의 은퇴 후 삶을 더욱 안정적이고 풍요롭게 만들어 줄 것이다.

## 3. 예산 설정을 위한 도구들

효과적인 예산 설정은 은퇴 후 안정적인 생활을 위해 필요하다. 예산 설정은 복잡해 보일 수 있지만, 실제로는 몇 가지 간단한 도구와 방법을 통해 손쉽게 관리할 수 있다. 여기서는 손으로 할 수 있는 예산 설정 방법을 위주로 설명하겠다.

### (1) 종이와 펜

가장 기본적이고 간단한 방법은 종이와 펜을 이용하는 것이다. 이는 누구나 쉽게 접근할 수 있으며, 특별한 기술이나 장비가 필요하지 않다. 다음은 종이와 펜을 이용한 예산 설정 방법이다.

### 1) 월간 예산표 작성

먼저, 월간 예산표를 작성한다. 월간 예산표에는 다음과 같은 항목이 포함될 수 있다.

- 소득: 월별 총소득을 기록한다. 예를 들어, 급여, 투자 수익, 연금 등을 포함한다.
- 고정지출: 주거비, 공과금, 보험료 등 매달 고정적으로 나가는 지출 항목을 기록한다. 예를 들어, 매달 나가는 집세, 공과금, 보험료 등이다.
- 변동지출: 식비, 교통비, 엔터테인먼트 비용 등 매달 변동되는 지출 항목을 기록한다. 예를 들어, 식비, 교통비, 여가비 등이다.
- 저축/투자/보험: 월별 저축/투자/보험 금액을 기록한다. 예를 들어, 정기적금, 주식투자, 생명보험, 손해보험 등이다.
- 여유 자금: 예상치 못한 지출에 대비한 여유 자금을 설정한다. 예를 들어, 비상금 등이다.

이렇게 항목별로 금액을 설정하고 기록하면, 자신의 수입과 지출을 한눈에 파악할 수 있다. 이를 통해 어디서 불필요한 지출이 발생하는지, 저축이나 투자가 적절히 이루어지고 있는지 확인할 수 있다.

2) 예시: 종이와 펜으로 월간 예산 작성

박 씨는 매달 월급을 받으면, 월간 예산표를 작성한다. 그는 월 소득에서 주거비, 공과금, 보험료와 같은 고정지출을 먼저 기록하고, 식비, 교통비, 여가비 등의 변동지출을 예산에 반영한다. 남은 금액은 저축 및 투자 항목에 배분하고, 비상금을 따로 설정하여 예상치 못한 지출에 대비한다.

(2) **봉투 시스템\***

봉투 시스템은 예산을 관리하는 매우 효과적인 방법이다. 이 방법은 지출 항목별로 봉투를 사용하여 예산을 설정하고, 실제로 봉투 안에 돈을 넣어 관리하는 방식이다. 각 봉투에는 해당 항목의 예산 금액을 적어둔다.

1) **봉투 준비 및 예산 배분**

먼저, 각 지출 항목별로 봉투를 준비한다. 예를 들어, 식비 봉투, 교통비 봉투, 엔터테인먼트 봉투 등을 준비한다. 그런 다음, 각 봉투에 월별 예산 금액을 배분하여 넣는다. 예를 들어, 식비 봉투에는 30만 원, 교통비 봉투에는 10만 원, 엔터테인먼트 봉투에는 5만 원을 넣는다. 지출할 때마다 해당 항목의 봉투에서 돈을 꺼내 사용한다. 봉투 안의 돈이 다 떨어지면, 해당 항목에 대한 추가 지출을 하지 않는다. 이를 통해 항목별 예산을 철저히 지킬 수 있다.

## 2) 예시: 봉투 시스템 사용

김 씨는 월말이 되면 다음 달의 지출을 계획하고, 봉투 시스템을 활용하여 각 봉투에 예산 금액을 나누어 넣는다. 식비 봉투에는 30만 원, 교통비 봉투에는 10만 원을 넣고, 엔터테인먼트 봉투에는 5만 원을 넣는다. 김 씨는 각 봉투에서 돈을 꺼내 사용할 때, 예산을 초과하지 않도록 관리한다.

### (3) 가계부

가계부는 예산 설정과 지출 관리를 더 체계적으로 할 수 있게 도와주는 도구다. 가계부는 사후적으로 지출 내역을 기록하고 분석하여 예산과 실제 지출을 비교 검토하는 기능을 한다. 이를 통해 예산의 적절성을 평가하고, 다음 달의 예산을 조정하는 데 유용하다.

### 1) 가계부의 주요 기능

- 지출 기록: 매일의 지출을 꼼꼼히 기록하여 지출 내역을 정확히 파악할 수 있다. 이를 통해 어디에서 지출이 많이 발생하는지, 불필요한 지출은 없는지 확인할 수 있다.
- 예산 대비 지출 분석: 가계부를 통해 예산과 실제 지출을 비교 분석할 수 있다. 이를 통해 예산 설정의 적절성을 평가하고, 다음 달 예산을 조정할 수 있다.

매일 지출한 내역을 빠짐없이 기록한다. 이는 지출 패턴을 파악하고, 불필요한 지출을 줄이는 데 큰 도움이 된다. 예를 들어, 매일 커피를 사 마시는 데 5천 원이 든다면, 한 달에 15만 원이 지출된다. 이를 기록함으로써 불필요한 지출을 줄일 수 있다.

일일 지출 기록을 바탕으로 주간 또는 월간 지출 요약을 작성한다. 이를 통해 예산과 실제 지출의 차이를 확인할 수 있다. 예를 들어, 한 달 동안의 식비 예산은 30만 원이었으나, 실제 지출은 35만 원이었다면, 다음 달에는 식비를 줄일 방안을 마련할 수 있다.

**2) 예시: 가계부 작성**

최 씨는 매일 저녁, 그날의 지출 내역을 가계부에 기록한다. 식비, 교통비, 엔터테인먼트 지출 등을 꼼꼼히 작성한 후, 주말마다 주간 지출 요약을 작성하여 예산과 실제 지출의 차이를 분석한다. 이를 통해 불필요한 지출을 줄이고, 더 나은 예산관리를 실천할 수 있다.

**(4) 정기적인 예산 점검**

예산을 설정하는 것만으로는 충분하지 않다. 정기적으로 예산을 점검하고, 필요에 따라 조정하는 것이 중요하다. 매달 말 또는 주기적으로 예산과 실제 지출을 비교하여 조정이 필요하다면 즉시 반영하자.

매달 예산표를 점검하고, 실제 지출과 비교하여 예산을 조정한다. 예를 들어, 예상치 못한 지출이 발생했을 경우, 다른 항목에서 지출을 줄이는 방식으로 예산을 조정한다. 이를 통해 예산 초과를 방지하고, 재정적 안정성을 유지할 수 있다.

▶ 예시: 정기적인 예산 점검

이 씨는 매달 말, 예산표를 점검하여 실제 지출과 비교 분석한다. 예상보다 많이 지출된 항목을 파악하고, 다음 달 예산을 조정한다. 또한, 절약된 금액을 저축하거나 투자에 돌린다. 이를 통해 이 씨는 매달 재정 상태를 점검하고, 더욱 효과적인 예산관리를 실천할 수 있다.

예산 설정은 재정관리를 위한 첫걸음이다. 종이와 펜을 사용하여 월간 예산표를 작성하고, 봉투 시스템을 통해 지출을 관리하며, 가계부를 통해 일일 지출을 기록하는 습관은 재정적 안정성을 높이는 데 큰 도움이 된다. 또한, 정기적으로 예산을 점검하고 조정함으로써 더욱 효과적인 재정관리를 실천할 수 있다. 지금 당장 예산을 설정하고, 효율적인 지출 관리를 통해 재정적 미래를 더욱 밝고 안정적으로 만들어보자.

## 4. 예산과 합리적 소비와의 상관관계: 상시 예산 점검*

합리적 소비는 단순한 절약과는 다르다. 단순히 지출을 줄이는 것이 아니라, 자신에게 진정으로 필요한 것에 돈을 쓰고, 그렇지 않은 것에는 지출을 억제하는 것을 의미한다. 이는 소비의 효율성을 극대화하고, 재정적 안정성을 유지하는 데 큰 도움이 된다. 예산 설정은 이러한 합리적 소비를 가능하게 하는 중요한 도구이다.

### (1) 합리적 소비란?

합리적 소비는 자신의 필요와 욕구를 충족시키면서도 자원을 효율적으로 사용하는 것을 말한다. 이는 충동적인 지출을 피하고, 계획된 지출을 통해 더 큰 가치를 얻는 것을 목표로 한다. 합리적 소비는 다음과 같은 요소들로 구성된다.

- 필요성 중심의 지출: 필요하지 않은 물건이나 서비스에 돈을 쓰지 않는다.
- 가치 중심의 소비: 가격 대비 가치를 고려하여 소비한다.
- 장기적 목표 설정: 단기적 쾌락보다는 장기적 재정 목표를 우선시한다.

### (2) 예산 설정의 중요성

예산 설정은 합리적 소비를 실천하는 첫걸음이다. 예산을 설정함으로써 우리는 지출을 계획하고, 이를 통해 자원을 효율적으로 사용할 수 있다. 예산 설정의 주요 장점은 다음과 같다.

- 지출 통제: 예산을 통해 지출 항목을 구체적으로 설정하고, 이를 기반으로 실제 지출을 통제할 수 있다.
- 재정적 안정성: 예산을 설정하면 예상치 못한 지출로 인한 재정적 불안정을 예방할 수 있다.
- 목표 달성: 예산을 통해 저축과 투자를 계획하고 실행할 수 있어 장기적 재정 목표를 달성할 수 있다.

### (3) 상시 예산 점검의 중요성

예산을 설정하는 것만으로는 충분하지 않다. 설정된 예산을 주기적으로 점검하고, 필요에 따라 조정하는 것이 중요하다. 상시 예산 점검의 주요 이유는 다음과 같다.

- 지출 패턴 분석: 정기적인 예산 점검을 통해 자신의 지출 패턴을 분석하고, 불필요한 지출을 줄일 수 있다.
- 목표 달성 여부 확인: 설정한 재정 목표를 달성하고 있는지 확인하고, 필요한 경우 목표를 재설정할 수 있다.
- 유연한 대응: 예상치 못한 상황 변화에 유연하게 대응할 수 있다.

### (4) 연구 사례

박 씨는 55세에 은퇴를 계획하고, 합리적 소비와 예산 설정을 통해 은퇴 후의 재정을 관리하기로 결심했다. 그는 먼저 월간 예산표를 작성하고, 매달 정기적으로 예산을 점검하였다. 이를 통해 불필요한 지출을 줄이고, 매달 일정 금액을 저축할 수 있었다. 10년 후, 박 씨는 은퇴 후에도 안정적인 재정 상태를 유지할 수 있었고, 예상치 못한 의료비나 기타 긴급 상황에도 대비할 수 있었다.

소비자 선택 이론에 따르면, 소비자는 주어진 예산 제약 내에서 최대한의 효용을 얻기 위해 합리적인 결정을 내린다. 이는 예산 설정과 합리적 소비가 긴밀히 연결되어 있음을 보여준다. 또한, 연구에 따르면, 예산을 설정하고 이를 철저히 지키는 것이 장기적으로 재정적 안정을 유지하는 데 큰 도움이 된다.

예산 설정은 합리적 소비를 실천하는 데 중요한 역할을 한다. 이를 통해 지출을 효율적으로 관리하고, 재정적 안정성을 유지할 수 있다. 정기적인 예산 점검은 이러한 과정을 지속해서 개선하고, 예상치 못한 상황에 대비하는 데 필수적이다. 지금 당장 예산을 설정하고, 합리적 소비를 실천해보자. 이는 당신의 재정적 미래를 더욱 밝고 안정적으로 만들어 줄 것이다.

## 5. 합리적 소비란 단순히 적게 쓰는 것이 아니다

합리적 소비는 단순히 지출을 줄이는 것과는 다르다. 돈을 더 효과적으로 사용하고, 필요에 맞게 지출을 조정하며, 장기적인 재정 목표를 달성하는 것을 의미한다. 합리적 소비 실행 가능한 10가지 방법을 실제 사례와 함께 소개하겠다.

### (1) 목표 지향적 소비

합리적 소비의 첫걸음은 명확한 재정 목표를 설정하는 것이다. 예를 들어, 노트북이나 자동차 구입을 목표로 한다면, 이에 맞춰 소비와 저축 계획을 세우는 것이 중요하다. 이를 통해 소비의 방향성을 잡고, 불필요한 지출을 줄일 수 있다.

▶ **실행 사례** 이 씨는 2년 내 새 노트북을 구입하기로 목표를 세웠다. 그는 최신형 노트북의 가격이 약 200만 원임을 확인하고, 이를 위해 매달 8만 원씩 저축하기로 계획했다. 이를 달성하기 위해 그는 외식과 여가비를 줄이고, 그 금액을 저축에 돌렸다. 또한, 매달 예산을 재조정하고 지출을 철저히 관리하였다. 2년 후, 이 씨는 신용카드나 할부 금융을 이용하지 않고, 저축한 금액으로 새 노트북을 구입할 수 있었다. 이 씨의 사례는 구체적인 목표 설정과 체계적인 예산관리가 어떻게 합리적 소비로 이어질 수 있는지를 잘 보여준다.

### (2) 우선순위 정하기

모든 소비 항목을 같은 수준으로 다룰 필요는 없다. 자신의 생활에 필수적인 항목과 그렇지 않은 항목을 구분하고, 우선순위를 정하자. 예를 들어, 건강과 관련된 지출은 절대 줄이지 않되, 여가 활동 지출은 조정할 수 있다.

▶ **실행 사례** 김 씨는 매달 헬스장에 투자하는 비용은 유지하면서도, 매주 외식하는 비용을 절반으로 줄였다. 김 씨는 건강을 유지하는 것이 중요하다고 판단했지만, 외식은 줄여도 된다고 생각했다. 그래서 주말마다 외식 대신 가족과 함께 집에서 요리하는 시간을 가졌다. 이를 통해 건강을 유지하면서도 재정적인 여유를 확보할 수 있었다.

### (3) 가격 비교와 할인 활용

항상 가격 비교를 통해 최적의 구매 결정을 내리자. 온라인 쇼핑의 경우, 다양한 가격 비교 사이트를 활용하여 가장 저렴한 가격을 찾을 수 있다. 또한, 할인 쿠폰과 세일 기간을 적극 활용하면 많은 돈을 절약할 수 있다.

▶ **실행 사례** 박 씨는 가전제품을 구입할 때, 여러 온라인 쇼핑몰을 비교하고, 블랙 프라이데이 세일 기간에 구매하여 정가 대비 30% 이상 절약할 수 있었다. 그는 가격 비교 사이트를 활용하여 가장 저렴한 쇼핑몰을 찾았고, 세일 기간을 적극 활용하여 추가 할인을 받았다.

### (4) 충동구매 억제

충동적인 구매는 피하는 것이 좋다. 구매를 결정하기 전에 24시간을 기다려보자. 그 시간이 지나도 여전히 필요하다고 느끼면 그때 구매해도 늦지 않다. 이는 불필요한 지출을 줄이는 데 큰 도움이 된다.

▶ **실행 사례**   최 씨는 쇼핑 목록을 작성한 후, 목록에 없는 물건은 24시간 동안 고민해본 후 결정하기로 했다. 이 방법을 통해 충동구매를 크게 줄이고, 필요한 물건만 구매할 수 있었다. 그는 구매를 망설이는 동안 실제로 필요하지 않다는 것을 깨닫게 되어 많은 불필요한 구매를 피할 수 있었다.

### (5) 중고품과 리퍼브 제품 구매

중고품이나 리퍼브 제품은 새로운 제품보다 저렴하면서도 품질이 좋은 경우가 많다. 특히 전자제품이나 가구의 경우, 중고품 시장에서 좋은 제품을 합리적인 가격에 구매할 수 있다.

▶ **실행 사례**   정 씨는 새로운 노트북 대신 리퍼브 제품을 구매하여 50% 이상의 비용을 절약했다. 그는 리퍼브 제품의 품질을 확인하기 위해 신뢰할 수 있는 판매자를 찾았고, 필요한 보증 기간도 포함된 제품을 선택했다. 제품의 성능과 품질도 매우 만족스러웠다.

### (6) 자신의 스킬 업그레이드

어떤 일을 외부에 맡기는 대신, 직접 해볼 수 있는 스킬을 익히자. 요리, 수리, 청소 등 다양한 스킬을 익히면 외부 서비스에 지출하는 비용을 줄일 수 있다.

▶ **실행 사례** 송 씨는 집수리를 직접 해보기로 결정하고, 인터넷 동영상을 참고하여 간단한 전기 작업과 배관수리를 배웠다. 그는 배관이 새는 문제를 해결하기 위해 인터넷 동영상을 참고하며 필요한 도구와 재료를 구매하고 직접 수리를 진행했다. 이를 통해 전문가를 부르지 않아도 되어 상당한 비용을 절감할 수 있었다.

### (7) 정기구독 서비스 검토

매달 자동으로 결제되는 정기구독 서비스를 점검하자. 자주 사용하지 않는 서비스는 과감히 취소하고, 필요한 서비스만 유지하자. 이는 매달 불필요한 지출을 줄이는 효과적인 방법이다.

▶ **실행 사례** 이 씨는 매달 결제되는 여러 정기구독 서비스를 점검한 결과, 실제로 자주 사용하지 않는 스트리밍 서비스와 온라인 잡지 구독을 취소하고, 필요한 서비스만 남겨두었다. 그는 각 서비스의 사용 빈도와 필요성을 분석하여 매달 30만 원 이상의 비용을 절약할 수 있었다.

### (8) 현금 사용 습관

카드보다는 현금을 사용하면 지출을 더 잘 통제할 수 있다. 현금은 물리적으로 손에서 빠져나가기 때문에 지출에 더 신중하게 된다. 매달 사용할 금액을 현금으로 인출해 사용해보자.

▶ **실행 사례** 박 씨는 매달 초, 예상되는 지출 금액을 현금으로 인출하여 항목별 봉투에 나누어 넣었다. 이를 통해 카드 사용을 줄이고, 지출을 더 신중하게 할 수 있었다. 그는 현금 사용을 통해 항목별로 지출을 명확히 파악하고, 필요할 때마다 봉투에서 돈을 꺼내 쓰며 지출을 통제

했다.

### (9) 친환경 소비

친환경 소비는 장기적으로 비용을 절약할 수 있는 좋은 방법이다. 에너지 효율이 높은 제품을 사용하거나, 재사용 가능한 제품을 선택하면 초기 비용은 조금 높을 수 있지만, 장기적으로는 비용 절감 효과가 크다.

▶ **실행 사례**  윤 씨는 전기 요금을 절약하기 위해 에너지 효율이 높은 LED 조명으로 교체하고, 재사용 가능한 물병과 쇼핑백을 사용하기로 했다. 그는 전기 요금을 줄이기 위해 스마트 전기계량기를 설치하고, 재사용 가능한 제품을 사용하여 일회용품 구매 비용을 절감했다. 초기 투자 비용은 있었지만, 장기적으로 전기 요금과 일회용품 구매 비용을 절감할 수 있었다.

### (10) 상시 예산 점검

예산을 설정하는 것만으로는 충분하지 않다. 매달 예산을 점검하고, 실제 지출과 비교하여 조정이 필요하다면 즉시 반영하자. 이는 자신의 소비 패턴을 파악하고, 예산을 더욱 효과적으로 관리하는 데 필수적이다.

최 씨는 매달 말, 예산표를 점검하여 실제 지출과 비교 분석했다. 그는 매달 예산을 점검하고, 예상보다 많이 지출된 항목을 파악하여 다음 달 예산을 조정하였다. 또한, 절약된 금액을 저축하거나 투자에 돌렸다. 그는 매달 말 예산과 실제 지출을 비교하여 조정함으로써 재정관리를 철저히 하였다.

▶ **실행 사례**  합리적 소비는 단순히 적게 쓰는 것이 아니라, 자신의 재정 목표를 달성하기 위해 돈을 효과적으로 사용하는 것이다. 목표를 설정하고, 우선순위를 정하며, 다양한 방법을 통해 지출을 통제함으로써 재정적 안정성을 유지할 수 있다. 합리적 소비는 당신의 재정적 미래를 더욱 밝고 안정적으로 만들어 줄 것이다.

## 6. 이제, 예산관리의 세분화가 필요하다: 분 단위 예산관리* 제안

기본적인 월 단위 예산관리는 이미 많은 사람이 알고 실천하고 있다. 하지만 시대가 변함에 따라, 우리는 더 정밀하고 세밀한 예산관리가 필요하게 되었다. 주, 일, 시간, 나아가 '분 단위'로 예산을 관리함으로써 우리는 더 효율적으로 자원을 사용하고, 재정적 안정성을 극대화할 수 있다. 야박하고 빡빡한 삶을 의미하는 것이 아니라, 은퇴 재무설계의 성공을 위한 현명한 방법이다. 여기서는 분 단위 예산관리의 필요성과 그 방법을 제시하고자 한다.

### (1) 분 단위 예산관리의 필요성

- 즉각적인 대응력 강화: 분 단위 예산관리는 실시간으로 재정 상황을 파악하고, 필요할 때 즉각적으로 대응할 수 있게 한다. 예를 들어, 특정 지출이 예상보다 많이 발생했을 때, 신속하게 다른 항

목의 지출을 줄일 수 있다.
- 세밀한 지출 통제: 적은 금액의 지출도 누적되면 큰 금액이 된다. 분 단위 예산관리를 통해 작은 지출까지도 철저히 관리함으로써 불필요한 지출을 줄일 수 있다.
- 실시간 소비 패턴 분석: 분 단위로 지출을 기록하고 분석하면, 자신의 소비 패턴을 더욱 정확히 파악할 수 있다. 이를 통해 불필요한 소비 습관을 고치고, 합리적인 소비를 실천할 수 있다.

### (2) 세분화된 소비 습관의 장점

세분화된 소비 습관은 우리의 소비를 더 정밀하게 관리하고, 자원을 효율적으로 사용하는 데 큰 도움이 된다. 이를 통해 재정적 스트레스를 줄이고, 장기적인 재정 목표를 달성할 수 있다. 세분화된 소비 습관의 주요 장점은 다음과 같다.

- 소비 통제력 향상: 작은 지출도 철저히 관리함으로써 소비 통제력을 높일 수 있다.
- 지출 최적화: 필요하지 않은 지출을 줄이고, 중요한 지출에 집중할 수 있다.
- 장기적 목표 달성: 세분화된 소비 관리를 통해 장기적인 재정 목표를 더 쉽게 달성할 수 있다.

### (3) 분 단위 예산관리의 방법

#### 1) 타이머와 알림 설정

타이머와 알림 기능을 활용하면 주기적으로 예산을 점검하고 관리할 수 있다. 하루에 몇 번씩 알림을 설정하여 지출 내역을 점검하고, 예산 초과 여부를 확인하는 습관을 들이자.

▶ 사례   김 씨는 매일 정해진 시간에 알림을 설정하여 지출 내역을 점검한다. 예를 들어, 오전 9시, 오후 1시, 오후 6시에 알림이 울리면 그동안의 지출 내역을 확인하고, 예산 초과 여부를 체크한다. 이를 통해 김 씨는 하루 중 어느 시간대에 지출이 많은지를 파악하고, 필요시 지출을 조정할 수 있었다.

#### 2) 세분화된 예산 항목 설정

예산을 더 세분화하여 관리하자. 월 단위 예산뿐만 아니라, 주, 일, 시간, 분 단위로 예산을 설정하고, 항목별로 세밀하게 관리한다.

▶ 사례   최 씨는 매달, 매주, 매일, 그리고 시간별로 예산을 설정하였다. 예를 들어, 하루에 사용할 수 있는 예산을 시간별로 나누어, 아침, 점심, 저녁 각각의 예산을 설정하고, 이를 분 단위로 기록하였다. 이를 통해 최 씨는 시간대별 지출 패턴을 파악하고, 필요할 때 즉각적으로 예산을 조정할 수 있었다.

#### 3) 실시간 예산 모니터링

실시간으로 예산을 모니터링하면, 현재 재정 상태를 정확히 파악할 수 있다. 이를 위해 예산 모니터링 시스템을 구축하고, 언제든지 쉽게 접근할 수 있도록 하자.

▶ **사례**  이 씨는 컴퓨터와 스마트폰을 연동하여 실시간으로 예산을 모니터링할 수 있는 시스템을 구축하였다. 이를 통해 언제든지 현재 예산 상태를 확인하고, 필요할 때 즉각적으로 조치할 수 있었다.

**4) 자동화된 예산 조정 시스템**

지출이 발생할 때마다 자동으로 예산을 조정하는 시스템을 도입하자. 이를 통해 실시간으로 예산을 관리하고, 예산 초과를 방지할 수 있다.

▶ **사례**  송 씨는 특정 금액 이상의 지출이 발생할 때마다 자동으로 다른 항목의 예산을 조정하는 시스템을 도입하였다. 예를 들어, 예상치 못한 의료비가 발생하면, 자동으로 여가비 예산이 줄어드는 시스템을 구축하였다. 이를 통해 송 씨는 예산 초과를 방지하고, 재정적 안정성을 유지할 수 있었다.

## 7. 소비 자산화*

우리가 앞서 다룬 주제들은 모두 하나의 목표를 향해 있다. 바로 재정적 안정성과 풍요로운 은퇴 생활을 실현하는 것이다. 이를 위해 마지막으로 논의할 주제는 '소비 자산화'이다. 소비 자산화란, 단순한 소비를 넘어, 소비를 통해 자산을 형성하고 이를 통해 재정적 자유를 이루는 새로운 개념이다.

### (1) 소비 자산화란?

소비 자산화는 소비를 자산으로 전환하는 전략적 접근을 의미한다. 이는 지출을 단순히 돈을 쓰는 행위로 보지 않고, 투자와 같은 자산 형성의 기회로 보는 것이다. 이를 통해 장기적으로 재정적 안정성을 확보하고, 나아가 재정적 자유를 실현할 수 있다.

### (2) 소비 자산화의 필요성

- 재정적 안정성: 소비를 자산으로 전환하면, 장기적으로 재정적 안정성을 확보할 수 있다. 예를 들어, 주택 구입은 단순한 지출이 아니라, 자산 형성의 일환이 된다.
- 수익 창출: 소비를 통해 수익을 창출할 수 있다. 예를 들어, 교육에 대한 투자는 장기적으로 더 높은 수익을 창출할 기회를 제공한다.
- 재정적 자유: 소비 자산화를 통해 자산을 형성하면, 은퇴 후에도 안정적인 수입을 유지할 수 있다. 이는 재정적 자유를 실현하는 데 중요한 역할을 한다.

### (3) 소비 자산화의 방법

#### 1) 자산 가치가 있는 소비

자산 가치가 있는 소비는 시간이 지나도 가치를 유지하거나 증가시키는 소비를 의미한다. 예를 들어, 부동산, 주식, 예술품 등에 투자하는 것이 이에 해당된다.

▶ 사례   김 씨는 매달 일정 금액을 저축하여 5년 후 부동산을 구입했다. 이는 단순한 소비가 아니라, 자산 형성을 위한 전략적 소비였다. 부동산 가치는 시간이 지나면서 상승했고, 김 씨는 이를 통해 재정적 안정성을 확보할 수 있었다.

### 2) 지식과 스킬에 대한 투자

교육과 자기계발에 대한 투자는 장기적으로 더 큰 수익을 창출할 기회를 제공한다. 이는 소비 자산화의 중요한 방법 중 하나이다.

▶ 사례   이 씨는 MBA 과정을 수료하기 위해 학비를 지출했다. 이를 통해 그는 더 높은 연봉을 받을 수 있는 직장으로 이직할 수 있었고, 이는 장기적으로 더 큰 재정적 수익을 가져왔다.

### 3) 사업 투자

자신의 사업에 투자하는 것도 소비 자산화의 한 방법이다. 이는 초기에는 큰 지출이 필요할 수 있지만, 장기적으로는 큰 수익을 창출할 기회를 제공한다.

▶ 사례   박 씨는 자신의 요식업 사업을 시작하기 위해 초기자본을 투자했다. 사업이 성장하면서 그는 더 큰 수익을 창출할 수 있었고, 이는 그의 재정적 자유를 실현하는 데 큰 도움이 되었다.

**4) 재사용 가능한 자원 구매**

친환경 제품이나 재사용 가능한 자원을 구매하는 것도 소비 자산화의 한 방법이다. 이는 장기적으로 비용을 절감하고, 자산 가치를 유지하는 데 도움이 된다.

▶ **사례** 최 씨는 에너지 효율이 높은 가전제품을 구입하여 전기 요금을 절감할 수 있었다. 이는 초기 비용은 높았지만, 장기적으로는 큰 비용 절감 효과를 가져왔다.

소비 자산화는 단순한 소비를 넘어, 소비를 통해 자산을 형성하고 이를 통해 재정적 자유를 이루는 전략적 접근이다. 자산 가치가 있는 소비, 지식과 스킬에 대한 투자, 사업 투자, 재사용 가능한 자원 구매 등 다양한 방법을 통해 소비를 자산으로 전환할 수 있다. 이를 통해 장기적으로 재정적 안정성과 풍요로운 은퇴 생활을 실현할 수 있다. 이제, 소비를 단순한 지출로 보지 말고, 자산 형성의 기회로 보자. 이는 당신의 재정적 미래를 더욱 밝고 안정적으로 만들어줄 것이다.

키워드 3

# 부채관리와 청산 전략

1. 은퇴 후까지 부채를 안고 가는 사람들과 청산을 마친 사람들의 삶의 질
2. 부채 청산을 위한 첫 번째 스텝: 부채 줄 세우기
3. 부채 청산을 위한 두 번째 스텝: 이자 비용이 큰 것들과 기간이 얼마 남지 않은 것들 골라내기
4. 부채 청산을 위한 세 번째 스텝: 개인 부채 통합 시스템 구축
5. 갚아나가기: 셀프 부채 청산 챌린지
6. 레버리지에 대한 단상

# 1. 은퇴 후까지 부채를 안고 가는 사람들과 청산을 마친 사람들의 삶의 질

은퇴설계에서 부채는 피할 수 없는 문제다. 많은 사람이 은퇴를 준비하면서 자산을 늘리는 것에 집중하지만, 부채관리 또한 중요한 부분임을 간과하기 쉽다. 부채가 은퇴 후 삶의 질에 미치는 영향은 생각보다 크다. 부채를 청산하지 못한 채 은퇴를 맞이한 사람들과 부채를 완전히 청산한 사람들의 삶의 질은 크게 다르다.

부채와 은퇴설계는 밀접한 관계에 있다. 부채가 많을수록 은퇴 후 생활비를 충당하기가 어려워지기 때문이다. 예를 들어, 강 씨는 은퇴 직전까지 부채를 가지고 있었다. 그는 은퇴 후에도 부채 상환을 위해 월 소득의 상당 부분을 할애해야 했다. 반면, 황 씨는 은퇴 전까지 모든 부채를 청산했다. 황 씨는 은퇴 후 생활비를 걱정하지 않고 여유로운 삶을 즐길 수 있었다. 이 두 사례는 부채가 은퇴 후 삶에 얼마나 큰 영향을 미치는지를 단적으로 보여준다.

부채 청산의 중요성은 아무리 강조해도 지나치지 않다. 은퇴 후에도 부채가 남아 있으면 경제적 스트레스기 키질 뿐만 아니라 심리적 불안도 증가한다. 이는 건강에도 부정적인 영향을 미칠 수 있다. 반면, 부채를 모두 청산하고 은퇴를 맞이한 사람은 경제적 자유를 누리며 심리적 안정감을 얻는다. 부채 청산은 단순한 경제적 문제를 넘어 삶의 질을 결정짓는 중요한 요소다. 부채 청산 유무에 따른 은퇴 후 삶의 질은 극명하게 차이가 난다. 부채를 청산하지 못한 사람은 경제적 어려움 속에서 불안한 노후를 보내야 한다. 이는 스트레스와 불안감을 초래하며, 이는 다시 건강 문제로 이어질 수 있다. 경제적 자유가 없는 상황에서는 다양한 활동에 참여하기도 어렵고, 사회적 고립감을 느낄 수도 있다. 강 씨의 경우, 그는 은퇴 후에도 꾸준히 일해야 했고, 이는 그의 건강을 악화시켰다.

반면, 부채를 청산한 사람은 경제적 여유를 누리며 다양한 취미생활을 즐길 수 있다. 이는 긍정적인 심리적 효과를 가져오며, 건강에도 좋은 영향을 미친다. 황 씨는 은퇴 후 여행을 다니며 새로운 경험을 쌓았고, 그의 삶의 질이 크게 향상되었다. 경제적 자유는 더 많은 선택지를 제공하며, 이는 궁극적으로 삶의 만족도를 높인다.

부채를 안고 은퇴를 맞이하는 것은 간병 상태만큼이나 무섭다. 부채는 경제적 어려움을 지속해서 초래하고, 이는 건강과 정신 상태에 악영향을 미친다. 은퇴 후에도 부채 상환을 위해 지속해서 일을 해야 하는 상황은 육체적, 정신적으로 큰 부담이 된다. 이는 결국 삶의 질을 떨어뜨리고, 건강을 악화시킬 수 있다. 부채가 있는 은퇴는 마치 무거운 짐을 계속 지고 살아가는 것과 같아서, 어느 순간에는 그 무게에 짓눌려 버릴 수 있다. 따라서 은퇴 후 행복한 삶을 위해 지금부터 부채 청산을 시작해야 한다. 부채를 청산하는 것은 단순히 재정적인 문제를 해결하는 것이 아니라, 은퇴 후의 삶의 질을 결정짓는 중요한 요소다. 경제적 자유와 심리적 안정감을 얻기 위해 부채 청산은 필수다.

## 2. 부채 청산을 위한 첫 번째 스텝: 부채 줄 세우기*

부채 청산의 첫 번째 스텝은 부채 줄 세우기다. 많은 사람이 부채를 청산하려는 목표를 가지지만, 정확히 어떻게 시작해야 할지 모르는 경우가 많다. 부채를 줄 세우는 과정은 이를 체계적으로 관리하고 청산하는 데 필수적이다.

부채가 있다면 줄을 세워야 하는 이유는 명확하다. 부채를 정확히 파악하지 못하면 청산 계획을 세우기가 어렵기 때문이다. 예를 들어, 다양한 종류의 부채가 있을 수 있다. 주택 담보 대출, 신용카드 빚, 자동차 할부금 등 여러 가지 부채가 존재한다. 이들 부채의 금리, 상환 기간, 월 상환액 등을 모두 파악하지 않으면, 효율적인 청산 계획을 세울 수 없다. 부채 줄 세우기를 통해 각 부채의 특성을 명확히 알고, 이를 기반으로 최적의 청산 전략을 세울 수 있다.

부채를 제대로 줄 세우지 않는 이유 중 하나는 심리적인 부담이다. 자신의 부채 상황을 직면하는 것은 두렵고 불편할 수 있다. 많은 사람이 자신의 부채가 얼마나 큰지 정확히 알고 싶지 않아 하며, 그로 인해 부채 줄 세우기를 미루게 된다. 또한, 부채의 종류가 많고 복잡하다 보니 이를 체계적으로 정리하는 것이 번거롭고 어려워 보일 수 있다. 하지만 이러한 이유로 부채 줄 세우기를 미루는 것은 오히려 문제를 악화시킨다.

이 방법은 비교적 간단하다. 먼저, 모든 부채를 항목별로 나열한다. 각 부채의 종류, 잔액, 이자율, 월 상환액, 상환 기간 등을 기록한다. 이를 통해 부채의 전반적인 현황을 파악할 수 있다. 예를 들어, 신용카드 빚이 여러 개 있다면, 각각의 카드별로 잔액과 이자율을 기록한다. 주택 담보 대출이나 자동차 할부금도 마찬가지로 세부 항목을 적어야 한다. 이러한 과정을 통해 부채의 전체 규모와 각 부채의 특성을 명확히 알 수 있다.

부채를 줄 세운 후에는 부채 청산의 시작이라는 동기부여를 얻을 수 있다. 이 과정은 단순히 정보를 정리하는 것이 아니라, 청산의 첫걸음을 내딛는 중요한 과정이다. 각 부채를 시각적으로 확인하고, 이를 기반으로 우선순위를 정할 수 있다. 예를 들어, 이자율이 높은 부채부터 우선 상환하는 전략을 세울 수 있다. 이를 통해 부채를 하나씩 청산해 나가는 과정에서 성취감을 느낄 수 있다. 또한, 부채 줄 세우기 작업을 통해 부채 청산 계획을 세우고 이를 실행함으로써, 경제적 자유를 향한 첫걸음을 내딛게 된다.

## 3. 부채 청산을 위한 두 번째 스텝: 이자 비용이 큰 것들과 기간이 얼마 남지 않은 것들 골라내기

부채 청산의 두 번째 스텝은 이자 비용이 큰 것들과 기간이 얼마 남지 않은 부채를 골라내는 것이다. 이는 부채를 효과적으로 관리하고 빠르게 청산하기 위해 중요한 과정이다. 이 단계에서는 부채의 종류와 특성을 분석하여, 가장 비용이 많이 드는 부채부터 청산하는 전략을 세운다.

부채를 줄 세우고 나면, 다음 단계로 각 부채의 이자율과 남은 기간을 확인해야 한다. 높은 이자율은 시간이 지날수록 원금 외에 지불해야 하는 금액이 늘어나기 때문에, 이자율이 높은 부채를 먼저 갚는 것이 경제적으로 유리하다. 예를 들어, 신용카드 부채는 대개 높은 이자율을 가지고 있으므로 우선 상환하는 것이 좋다. 이는 '데트 애벌랜치(Debt Avalanche)' 방법으로 알려져 있으며, 가장 높은 이자율을 가진 부채부터 상환하여 전체적으로 지불해야 할 이자 비용을 줄이는 전략이다.

이자 비용이 큰 부채 외에도, 상환 기간이 얼마 남지 않은 부채를 주목해야 한다. 상환 기간이 얼마 남지 않은 부채는 매월 상환 금액이 높아져 경제적 부담을 증가시킬 수 있다. 따라서, 이러한 부채를 빠르게 갚으면 매월 부담을 줄일 수 있어 다른 부채 상환에 더 많은 자원을 투입할 수 있다.

**(1) 부채 골라내기**

① 부채 리스트업: 첫 번째 스텝에서 리스트업한 부채 목록을 참고한다.

② 이자율 확인: 각 부채의 이자율을 확인하고 높은 순서대로 정렬한다.

③ 남은 기간 확인: 각 부채의 남은 상환 기간을 확인하고, 상환 기간이 짧은 순서대로 정렬한다.

④ 우선순위 결정: 이자율이 높고 상환 기간이 짧은 부채부터 우선 상환한다.

### (2) 시스템적 접근: 데트 애벌랜치법(Debt Avalanche)

이자 비용이 큰 부채를 먼저 갚는 것은 경제적 이점을 극대화하는 데 도움이 된다. 연구에 따르면, '데트 애벌랜치' 방법을 사용하면 전체 부채를 더 빠르고 효율적으로 상환할 수 있다. '데트 애벌랜치'법은 특정 개인이 고안한 것이 아니라, 금융 전문가와 경제학자들에 의해 개발되고 추천된 부채 상환 전략이다. 이 방법은 높은 이자율을 가진 부채부터 상환하는 것이 장기적으로 지불해야 할 이자 비용을 줄이는 데 효과적이라는 경제학적 원리에 기반을 두고 있다. 다양한 재정관리 서적과 전문가들이 이 방법을 소개하고 있으며, 이는 경제적 효율성을 극대화하는 데 도움이 되는 전략으로 널리 알려져 있다.

'데트 애벌랜치' 방법은 부채 상환 전략 중 하나로, 가장 높은 이자율을 가진 부채부터 먼저 갚아나가는 방식이다. 이 방법은 장기적으로 지불해야 하는 총 이자 비용을 줄이고, 부채 상환 기간을 단축하는 데 효과적이다. 다음은 데트 애벌랜치 방법의 구체적인 절차다.

부채를 관리하기 위해 모든 부채를 목록으로 작성해야 한다. 각 부채의 종류, 잔액, 이자율, 월 상환액 등을 포함하여 체계적으로 정리해야 한다. 예를 들어, 신용카드 빚, 자동차 대출, 학자금 대출 등이 있을 수 있다. 이러한 정보를 수집한 후, 이자율 순으로 부채를 정렬한다.

예를 들어, 김 씨는 다음과 같은 부채를 가지고 있다.

- 신용카드 빚 500만 원, 이자율 20%
- 자동차 대출 1000만 원, 이자율 5%
- 학자금 대출 1500만 원, 이자율 3%

김 씨는 모든 부채에 대해 최소 상환금을 지불한 후, 남은 여유 자금을 이자율이 가장 높은 신용카드 빚 상환에 집중한다. 신용카드 빚을 모두 갚으면, 다음으로 높은 이자율을 가진 자동차 대출로 이동하여 같은 방법으로 상환을 진행한다. 이러한 방식으로 부채를 하나씩 상환해 나가면, 장기적으로 지불해야 하는 이자 비용을 줄일 수 있다.

이 방법은 부채 상환의 효율성을 극대화하고, 총 상환 기간을 단축하는 데 효과적이다. 물론, 초기에는 작은 성과를 느끼기 어려울 수 있어 동기부여가 필요하다. 하지만 꾸준히 실천하면 장기적으로 큰 재정적 혜택을 얻을 수 있다. '데트 애벌랜치' 방법은 체계적이고 과학적인 부채 상환 전략으로, 부채에서 벗어나 경제적 자유를 찾는 데 큰 도움이 된다.

## 4. 부채 청산을 위한 세 번째 스텝: 개인 부채 통합 시스템* 구축

부채 청산의 세 번째 스텝은 부채 통합 시스템을 구축하는 것이다. 이는 개인 또는 가족 단위에서 부채를 효율적으로 관리하고 정산할 수 있도록 체계적인 시스템을 마련하는 과정이다. 이 시스템을 통해 부채 상환을 체계적으로 관리하고, 더 나은 재정적 결정을 내릴 수 있다.

부채를 관리하기 위한 통합 시스템은 부채를 명확하게 파악하고, 상환 계획을 효율적으로 세우기 위해 필수적이다. 부채가 여러 가지로 분산되어 있을 경우, 각 부채의 상환 일정과 조건을 모두 관리하기가 어려워진다. 통합 시스템을 구축하면 모든 부채를 한 곳에서 관리할 수 있어,

상환 계획을 더 쉽게 세울 수 있다.

### (1) 시스템 구축 방법

① 데이터 수집: 모든 부채의 세부 사항을 한곳에 모은다. 부채의 종류, 금액, 이자율, 상환 기간 등을 포함한 모든 정보를 수집한다.

② 소프트웨어 활용: 스프레드시트 프로그램(예: Excel)이나 재정관리 소프트웨어나 앱을 사용하여 데이터를 체계적으로 정리한다. 이러한 도구를 활용하면 자동 계산 및 시각화를 통해 부채관리를 더욱 용이하게 할 수 있다.

③ 우선순위 설정: 앞서 설명한 대로, 이자 비용이 큰 부채와 상환 기간이 얼마 남지 않은 부채를 우선적으로 상환할 수 있도록 설정한다. 이를 위해 '데트 애벌랜치' 또는 '데트 스노우볼' 방법을 활용할 수 있다.

④ 상환 계획 수립: 부채의 우선순위에 따라 월별 상환 계획을 세운다. 각 부채에 대해 최소 상환금을 지불하고, 여유 자금을 우선순위가 높은 부채 상환에 집중시킨다.

⑤ 진행 상황 모니터링: 정기적으로 부채 상환 진행 상황을 모니터링하고, 필요에 따라 계획을 조정한다. 이를 통해 상환 목표를 지속해서 추적하고, 부채 청산의 성취감을 높일 수 있다.

---

**참고 | 데트 스노우볼(Debt Snowball) 방법: 부채관리의 심리적 접근**

'데트 스노우볼' 방법은 부채관리의 심리적 접근법으로, 작은 부채부터 차례로 갚아

나가는 전략이다. 이는 '데트 애벌랜치' 방법과는 대조적으로, 이자율이 아닌 부채의 잔액 크기에 초점을 맞춘다. 데트 스노우볼 방법에서는 모든 부채의 목록을 작성하고, 잔액이 작은 부채부터 큰 부채 순으로 정렬한다. 각 부채에 대해 최소 상환금을 지불한 후, 남은 여유 자금을 잔액이 가장 작은 부채의 상환에 집중한다. 작은 부채를 먼저 청산하면, 그다음 작은 부채로 이동하여 같은 방법으로 상환을 진행한다.

예를 들어, 박 씨는 다음과 같은 부채를 가지고 있다.

- 신용카드 빚 200만 원, 이자율 20%
- 자동차 대출 1000만 원, 이자율 5%
- 학자금 대출 1500만 원, 이자율 3%

박 씨는 모든 부채에 대해 최소 상환금을 지불한 후, 남은 여유 자금을 잔액이 가장 작은 신용카드 빚 상환에 집중한다. 신용카드 빚을 모두 갚으면, 다음으로 잔액이 작은 자동차 대출로 이동하여 같은 방법으로 상환을 진행한다.

데트 애벌랜치 방법은 이자율이 높은 부채부터 상환하여 총 이자 비용을 절감하고 상환 기간을 단축시키는 데 효과적이다. 그러나 초기 성과가 작아 동기부여가 어려울 수 있다.

반면, 데트 스노우볼 방법은 작은 부채를 먼저 갚아 성취감을 느끼게 하여 동기를 지속해서 유지하는 데 중점을 둔다. 이는 심리적 성취감이 크지만, 총 이자 비용이 더 많이 들 수 있어 장기적 재정 효율성은 떨어질 수 있다.

부채관리는 단순한 숫자 계산 이상의 문제다. 데트 스노우볼 방법은 심리적 측면을 고려한 전략으로, 작은 성공을 통해 큰 동기를 얻고 꾸준한 상환을 가능하게 한다. 부채를 효과적으로 관리하고 경제적 자유를 얻기 위해서는 자신의 재정 상황과 성향에 맞는 방법을 선택하는 것이 중요하다.

(2) **시스템의 효과**

이 시스템을 구축하면 부채관리가 단순해지고, 재정적 스트레스를 줄일 수 있다. 연구에 따르면, 체계적인 부채관리 시스템은 부채 상환의 효율성을 높이고, 장기적으로 더 적은 이자 비용을 지불하게 한다. 또한, 가족이 함께 이 시스템을 구축하고 활용하면, 부채 상환에 대한 공동의 목표를 설정하고, 서로의 재정적 건강을 지원할 수 있다.

부채 통합 시스템 구축은 부채 청산의 과학적 접근법이다. 이를 통해 부채를 명확히 파악하고, 체계적인 상환 계획을 세울 수 있으며, 재정적 자유를 향한 여정을 더 효과적으로 진행할 수 있다. 개인적이든 가족 단위이든, 부채관리 시스템을 구축하여 부채 청산의 목표를 달성해 나가자.

## 5. 갚아나가기: 셀프 부채 청산 챌린지*

부채 청산은 덜 먹고 많이 움직이면 되는 다이어트와 같다. 아무리 좋은 계획을 세운다 해도 기본적인 실행이 없으면 몸에 아무런 변화가 없다. 부채 청산은 특히나 더 힘들다. 일상에서 부채를 갚아나가는 일은 엄청난 자기 절제와 인내심을 요구한다. 하지만 한 가지 분명한 사실은, 실행하면 반드시 성과가 있다는 것이다. 이제는 말이 아니라 행동이 필요한 때다.

부채 청산을 실행하는 데 필요한 몇 가지 실질적인 조언을 제시한다.

① 작은 성과부터 시작하기: 작은 부채부터 갚아나가며 성취감을 느껴라. 이는 '데트 스노우볼' 방식으로, 작은 부채를 먼저 갚아나가면서 점점 더 큰 부채로 넘어가는 방법이다. 작은 승리는 동기를 부여하고 지속할 힘을 준다.

② 일관성 유지하기: 매달 일정한 금액을 부채 상환에 할당하라. 초기에는 적은 금액이라도 괜찮다. 중요한 것은 일관성이다. 꾸준히 상환을 유지하면 결국 모든 부채를 청산할 수 있다.

③ 재정적 목표 설정하기: 명확한 목표를 설정하라. 예를 들어, '6개월 안에 신용카드 빚을 갚겠다'는 구체적인 목표는 동기부여에 도움이 된다. 목표를 설정하고 이를 달성하기 위해 계획을 세워라.

④ 지출 통제하기: 불필요한 지출을 줄이고 절약하는 습관을 길러라. 예산을 세우고 그에 맞춰 생활하라. 작은 절약이 모여 큰 변화를 만든다.

⑤ 셀프 부채 청산 챌린지: 스스로에게 도전하라. '한 달 동안 외식하지 않기', '한 달 동안 커피값 아끼기' 등과 같은 작은 챌린지를 설정하고 이를 통해 절약한 금액을 부채 상환에 사용하라. 이는 재미있고 효과적인 방법으로 부채 청산을 도울 수 있다.

부채 청산은 결코 쉬운 일이 아니다. 하지만 실행에 옮기면 반드시 성과가 있다. 지금 바로 시작하라. 오늘의 작은 노력들이 모여 내일의 큰 성과를 만든다. 부채 청산의 여정을 통해 경제적 자유를 얻고, 더 나은 미래를 향해 나아가자. 도전하고 실행하라. 성공은 반드시 당신의 것이 될 것이다.

## 6. 레버리지에 대한 단상

빚을 이용한 투자는 오랫동안 많은 사람에게 매력적으로 다가왔다.

특히 대한민국에서는 과거 부동산시장의 호황으로 인해 레버리지 투자가 유행했다. 많은 사람이 대출을 받아 부동산에 투자했고, 이는 단기간에 큰 이익을 가져다주기도 했다. 그러나 이러한 투자는 큰 위험을 내포하고 있다. 레버리지의 특성상 작은 시장 변동에도 큰 손실을 볼 수 있기 때문이다.

부동산시장의 유행이 지고, 이제는 빚을 지는 투자 패러다임이 변화해야 한다. 부채를 이용한 투자는 단기적인 이익을 추구할 수 있지만, 장기적으로는 불안정한 재정 상태를 초래할 수 있다. 특히 초고령사회로 이미 진입한 대한민국에서는 노인 부채의 위험성이 크다. 은퇴 후에도 부채를 상환해야 하는 상황은 경제적 부담을 가중시키며, 이는 노후 생활의 질을 크게 저하시킬 수 있다.

미래 사회에서 노인 부채는 심각한 사회적 문제로 대두될 가능성이 크다. 경제적 여유가 없는 노인들이 부채를 갚기 위해 노동 시장에 재진입하거나, 최소한의 생활비를 마련하기 위해 고군분투하는 상황은 매우 위험하다. 이는 개인의 건강과 복지에도 악영향을 미칠 수 있으며, 더 나아가 사회 전체의 경제적 안정성을 해칠 수 있다.

생활 속에서 생각 없이 만드는 부채 또한 매우 위험하다. 예를 들어, 충동적인 신용카드 사용이나 필요 이상의 대출은 눈덩이처럼 불어나는 부채를 초래할 수 있다. 이는 '부채가 부채를 부르는' 악순환을 일으킨다. 적은 금액의 부채가 시간이 지나면서 커지고, 이를 갚기 위해 또 다른 부채를 발생시키는 상황이 반복된다. 이는 재정적 불안정을 가중시키며, 결국 더 큰 경제적 문제를 초래할 수 있다. 따라서 이제는 레버리지 투자의 위험성을 명확히 인식하고, 새로운 재정 패러다임을 구축해야 한다. 안정적이고 지속 가능한 재정관리를 통해 부채 없이도 건강한 재정을 유지할 방법을 모색해야 한다. 특히, 은퇴를 준비하는 사람들은 부채를 줄이고, 경제적 자립을 위한 전략을 세워야 한다. 이는 미래의 경제적 불안정을 피하고, 안정된 노후를 보장하는 길이다.

레버리지에 대한 맹신은 이제 끝내야 한다. 현명한 재정관리와 신중한 투자 전략을 통해, 부채의 위험성을 최소화하고 경제적 안정을 추구해야 한다. 미래를 위한 준비는 지금부터 시작이다. 부채 없는 건강한 재정을 통해, 밝고 안정된 노후를 맞이하자.

키워드 4

# 퇴직연금의 운용

1. 공적연금의 1차 보완재
2. 퇴직연금의 올바른 이해: DC형, DB형, 개인형 IRP, 디폴트 옵션의 장단점
3. 나에게 맞는 연금상품을 선택하기: 연금펀드 3총사 TDF·TIF·ETF
4. 은퇴 전환기 퇴직연금 체크리스트
5. 퇴직연금 지혜롭게 수령하는 7가지 방법

## 1. 공적연금의 1차 보완재

　퇴직연금은 은퇴 후 안정적인 생활을 위한 중요한 재정적 자원이다. 대한민국의 많은 사람들은 국민연금에 의존하여 노후를 대비하려고 하지만, 국민연금만으로는 안정적인 노후를 보장하기 어렵다. 이러한 상황에서 퇴직연금은 그 공백을 메워주는 역할을 한다.

　퇴직연금은 공적연금의 부족분을 보완하는 중요한 재정적 자원이다. 공적연금이 기본적인 생활비를 충당한다면, 퇴직연금은 이를 보충하여 더욱 안정적이고 풍요로운 노후를 가능하게 한다. 특히, 소득이 있는 사람이라면 퇴직연금에 대한 이해가 필수적이다. DC형이나 개인형 IRP에 가입한 근로자는 직접 운용에 참여해야 하며, 운용방식에 따라 퇴직 후 연금 규모가 크게 달라질 수 있다. DB형에 가입한 근로자도 이직 또는 퇴직 시 IRP 계좌로 퇴직금을 받기 때문에 꾸준한 관심을 가지고 연금 운용방식에 대해 알아두는 것이 중요하다.

　우리나라는 사람들이 퇴직 시 퇴직연금을 목돈으로 찾아가는 경우가 많다. 목돈으로 찾아가면 단기적인 재정적 필요는 해결될 수 있겠지만, 장기적인 관점에서는 문제가 발생할 수 있다. 은퇴 후 장기간의 생활비를 감당하기 위해서는 목돈을 일시불로 받는 것보다는 연금화하여 꾸준히 받을 수 있도록 하는 것이 중요하다.

　해외의 경우를 살펴보면, 미국이나 유럽 등 많은 국가가 퇴직연금을 연금화하여 매달 일정한 금액을 지급하는 시스템을 도입하고 있다. 이는 퇴직자들이 장기적으로 안정된 수입을 얻을 수 있도록 돕기 위함이다. 이러한 시스템 덕분에 그들은 경제적으로 더 안정된 노후를 보내고 있다. 반면, 대한민국의 퇴직자들은 아직도 퇴직연금을 목돈으로 받는 경향이 강하다. 이는 노후에 재정적인 불안정을 초래할 수 있다.

퇴직연금을 연금화하여 꾸준히 수령할 수 있도록 한다면, 은퇴 후의 재정적 불안정성을 크게 줄일 수 있다. 또한, 이는 노후의 삶의 질을 향상하는 데 큰 도움이 된다.

우리 연구소의 실제 사례로, 조 씨는 퇴직 후 퇴직연금을 목돈으로 받아 작은 가게를 열었다. 초기에는 장사가 잘되어 안정적인 수입을 올릴 수 있었지만, 경기 침체와 팬데믹으로 인해 결국 가게를 접고 말았다. 이후 그는 경제적 어려움에 처하게 되었고, 다시 일자리를 찾기 어려운 상황에 놓였다. 반면, 임 씨는 퇴직연금을 연금화하여 매달 일정한 금액을 수령하고 있다. 그는 퇴직연금이 크지 않지만 안정적인 수입의 역할을 해 노후 생활을 잘 보내고 있다.

사례를 통해 퇴직연금을 연금화하여 꾸준히 수령하는 것이 얼마나 중요한지 알 수 있다. 디폴트 옵션 등 정부가 수익률 개선을 위한 제도를 마련해 추진하고 있는 상황에서, 퇴직연금을 현명하게 운용하여 안정적인 노후를 준비하는 것이 필요하다.

## 2. 퇴직연금의 올바른 이해: DC형, DB형, 개인형 IRP, 디폴트 옵션의 장단점

퇴직연금은 노후 자산관리를 위한 중요한 도구다. 이를 잘 이해하고 운용하는 것은 안정적인 노후 생활을 보장하는 데 필수적이다. DC형,

DB형, 개인형 IRP, 디폴트 옵션의 유형별 장단점을 살펴보고, 최근 연구 자료를 바탕으로 퇴직연금을 어떻게 효율적으로 운용할 수 있는지 알아보자.

### (1) 확정기여형(DC, Defined Contribution)

#### 1) 장점
- 투명성 및 자율성: DC형은 근로자가 매월 일정 금액을 적립하고, 이를 다양한 금융상품에 투자하여 운용 성과에 따라 연금액이 결정된다. 이는 근로자가 자신의 투자 성향에 맞춰 자산을 운용할 수 있는 자율성을 제공한다. 회사가 어려워져도 나의 퇴직금은 안전할 수 있다.
- 잠재적 고수익: 투자 성과에 따라 높은 수익률을 기대할 수 있다. 특히 장기적으로 주식시장의 성장을 기대할 수 있는 젊은 근로자에게 유리하다.

#### 2) 단점
- 변동성 및 리스크: 투자 성과에 따라 원금 손실의 위험이 존재한다. 시장 상황에 따라 수익이 크게 변동될 수 있다.
- 투자 지식 필요: 근로자가 직접투자 전략을 수립해야 하므로 금융 지식과 경험이 부족한 경우 어려움을 겪을 수 있다.

### (2) 확정급여형(DB, Defined Benefit)

#### 1) 장점
- 안정성: DB형은 근로자가 퇴직 시 받을 연금액이 근속연수와 평균 임금을 기준으로 사전에 결정된다. 이는 은퇴 후 일정한 수입을 보장받을 수 있어 안정적이다.
- 재정계획 용이: 연금액이 사전에 결정되므로 장기적인 재정계획 수립이 용이하다.

#### 2) 단점
- 회사 재정 상태 의존: 연금 지급 능력이 회사의 재정 상태에 따라 달라질 수 있다. 회사가 파산할 경우 연금 지급이 어려울 수 있다.
- 유연성 부족: 연금액이 사전에 정해져 있어 추가적인 투자나 자산 운용의 유연성이 부족하다.

### (3) 개인형 퇴직연금(IRP, Individual Retirement Pension)

#### 1) 장점
- 개인 맞춤형 운용: IRP는 개인이 직접 다양한 금융상품에 투자할 수 있어, 자신의 재정 상황과 목표에 맞춰 자산을 운용할 수 있다.
- 이동성과 자유도: 근로자가 이직하거나 퇴직하더라도 연금 자산을 계속해서 관리할 수 있는 유연성이 있다.

2) 단점
- 투자 책임: 개인이 직접 운용해야 하므로 투자 성과에 따른 책임이 크다.
- 금융 지식 필요: 다양한 금융상품을 이해하고 관리하기 위해 일정 수준의 금융 지식이 필요하다.

(4) 디폴트 옵션(Default Option)

1) 장점
- 자동 자산 배분: 디폴트 옵션은 근로자가 별도의 운용 지시를 하지 않아도 자동으로 자산이 배분되므로, 투자 결정을 내리기 어려운 사람들에게 유용하다.
- 안정적인 수익: 일반적으로 안정적인 수익을 목표로 자산 배분이 이루어지기 때문에 장기적인 투자에 적합하다.

2) 단점
- 맞춤형 전략 부족: 개인의 상황이나 목표에 맞춘 맞춤형 투자 전략이 부족할 수 있다.
- 수익률 한계: 자동화된 자산 배분으로 인해 개별 투자 전략보다 수익률이 낮을 수 있다.

최근 연구에 따르면, 다양한 퇴직연금 운용 전략 중에서도 디폴트 옵션과 라이프사이클 펀드가 안정적인 수익률을 제공하면서도 리스크를 관리할 수 있는 효과적인 방법으로 주목받고 있다. 또한, 정부는 퇴직연금의 수익률 개선을 위해 디폴트 옵션을 활성화하고, 다양한 세제 혜택을 제공하는 정책을 추진하고 있다. 정부는 퇴직연금의 수익률을 개선하기 위해 디폴트 옵션 제도를 마련했다. 이는 근로자가 투자 결정을 내리지 않아도 자동으로 자산이 배분되어 안정적인 수익을 추구할 수 있게 한다. 퇴직연금에 불입한 금액에 대해 소득세 세액공제를 받을 수 있으며, 연금 수령 시 세금이 감면되거나 면제되는 혜택이 제공된다. 이는 근로자들이 퇴직연금을 통해 장기적인 자산을 형성하고, 노후 생활의 질을 향상하는 데 큰 도움이 된다.

퇴직연금은 노후 자산관리를 위한 중요한 도구로, 각 유형의 장단점을 잘 이해하고 적절하게 운용하는 것이 중요하다. DC형, DB형, 개인형 IRP, 디폴트 옵션 등 다양한 선택지를 통해 자신의 재정 상황과 목표에 맞는 최적의 운용 전략을 세워야 한다. 정부의 정책과 세제 혜택을 최대한 활용하여 안정적이고 풍요로운 노후 생활을 준비하는 것이 필요하다. 최근 연구자료와 정부 정책을 참고하여 퇴직연금을 현명하게 운용한다면, 더욱 안정적인 노후 자산관리를 실현할 수 있을 것이다.

## 3. 나에게 맞는 연금상품을 선택하기: 연금펀드 3총사 TDF·TIF·ETF

퇴직연금 운용에서 나에게 맞는 연금상품을 선택하는 것은 매우 중요하다. 최근 연금자금이 몰리고 있는 핫한 연금펀드 3총사인

TDF·TIF·ETF에 대해 자세히 알아보고, 이들이 왜 인기를 끌고 있는지 분석하며, 경제 상황 변화에 대처하는 방법과 전략도 함께 살펴보자. 특히, 분산투자와 리밸런싱의 중요성을 강조한다.

### (1) TDF(Target Date Fund)

**1) TDF란 무엇인가?**

- 개념: TDF는 투자자의 은퇴 시점을 목표로 자산 배분을 자동으로 조정하는 펀드다. 은퇴 시점이 가까워질수록 주식 등 고위험 자산의 비중을 줄이고, 채권 등 저위험 자산의 비중을 늘려 안정성을 높인다.
- 장점: 투자자가 자산 배분을 신경 쓰지 않아도 자동으로 리밸런싱이 이루어져 편리하다. 은퇴 시점에 맞춰 리스크 관리가 자동으로 이루어지기 때문에 장기적인 투자에 적합하다.
- 단점: 각 펀드의 자산 배분 방식이 다를 수 있어, 투자자의 기대와 맞지 않을 수 있다. 또한, 수수료가 다소 높을 수 있다.

**2) 최근까지 동향**

TDF에 연금자금이 몰리는 이유는 자동화된 자산 배분과 리스크 관리의 편리성 때문이다. 특히, 은퇴 시점이 정해져 있는 근로자들에게 적합하며, 장기적인 투자 전략을 제공한다는 점이 큰 장점이다. 여러 연구 결과에 따르면, TDF는 장기적으로 안정적인 수익률을 제공하는 것으로 나타났다. 최근 경제 상황에서 인플레이션과 시장 변동성에 대응하기 위해 자산 배분을 자동으로 조정하는 TDF의 인기가 높아지고 있다.

### 3) 경제 상황 변화에 대처하는 전략
- 장기투자 유지: 경제 상황에 따른 단기 변동성에 대응하기 위해서는 장기적인 관점에서 투자를 유지하는 것이 중요하다. TDF는 자동으로 자산을 재배분하여 장기적인 리스크 관리를 도와준다.
- 분산투자: 다양한 자산군에 투자하여 리스크를 분산시키는 전략이 필요하다. TDF는 이러한 분산투자를 자동으로 수행하므로 효과적이다.

## (2) TIF(Target Income Fund)

### 1) TIF란 무엇인가?
- 개념: TIF는 일정한 목표 수익을 달성하기 위해 자산을 운용하는 펀드다. 주로 채권, 배당주, 리츠(REITs) 등에 투자하여 안정적인 인컴 수익을 추구한다. 변동성이 낮고 보수적인 투자자에게 적합하다.
- 장점: 꾸준한 수익 창출을 목표로 하기 때문에 은퇴 후 안정적인 현금흐름을 제공한다. 변동성이 낮아 보수적인 투자자에게 적합하다.
- 단점: 주식형 펀드보다 수익률이 낮을 수 있다. 인플레이션에 취약할 수 있다.

### 2) 최근까지 동향

TIF는 은퇴 후 정기적인 소득을 원하는 투자자들에게 인기가 있다. 최근 저금리 기조 속에서 안정적인 인컴 수익을 추구하는 투자자들이 늘어나면서 TIF에 대한 관심이 높아지고 있다. 안정적인 배당 수익과 낮은 변동성으로 인해 퇴직연금 자금이 많이 유입되고 있다.

### 3) 경제 상황 변화에 대처하는 전략
- 채권의 다양화: 금리 변동에 대응하기 위해 다양한 만기의 채권에 투자하여 리스크를 분산시키는 것이 중요하다.
- 배당주와 리츠 투자: 인플레이션에 대응하기 위해 배당주와 리츠에 투자하여 안정적인 인컴과 자산 가치 상승을 기대할 수 있다.

## (3) ETF(Exchange-Traded Fund)

### 1) ETF란 무엇인가?
- 개념: ETF는 특정 지수나 자산군을 추종하는 인덱스펀드로, 주식시장에서 자유롭게 거래된다. 주식, 채권, 원자재 등 다양한 자산에 투자할 수 있다.
- 장점: 거래가 용이하며, 낮은 비용으로 분산투자가 가능하다. 특정 시장 지수를 추종하기 때문에 안정적인 수익률을 기대할 수 있다.
- 단점: 시장 변동성에 직접적으로 노출될 수 있다. 특정 ETF의 경우 유동성 문제가 발생할 수 있다.

### 2) 최근 동향

ETF는 다양한 자산에 분산투자할 수 있는 장점과 낮은 수수료로 인해 인기가 높다. 특히, 주식형 ETF는 장기적인 성장 잠재력을 가진 자산으로 인식되어 많은 투자자가 선호하고 있다. 최근 연구자료에 따르면, ETF는 주식, 채권, 원자재 등 다양한 자산군에 투자할 수 있어 포트폴리오 다변화에 유리한 것으로 나타났다.

### 3) 경제 상황 변화에 대처하는 방법과 전략

- 적극적인 리밸런싱: 경제 상황의 변화에 따라 포트폴리오를 적극적으로 리밸런싱하여 리스크를 관리한다.
- 다양한 자산군 투자: 주식, 채권, 원자재 등 다양한 자산군에 투자하여 경제 상황 변화에 따른 리스크를 분산시킨다.

## (4) 분산투자와 리밸런싱

### 1) 분산투자란 무엇인가?

- 개념: 분산투자는 자산을 여러 종류의 투자상품에 나누어 투자하는 전략이다. 이를 통해 특정 자산의 가격 변동에 따른 리스크를 줄이고, 전체 포트폴리오의 안정성을 높인다.
- 장점: 리스크를 분산시켜 특정 자산군의 부진이 전체 포트폴리오에 미치는 영향을 최소화할 수 있다. 다양한 시장 상황에 대비할 수 있어 장기적인 투자 성과를 안정적으로 유지할 수 있다.

### 2) 리밸런싱이란 무엇인가?

- 개념: 리밸런싱은 일정 기간마다 포트폴리오의 자산 비중을 원래의 목표 비율로 조정하는 것을 말한다. 이는 시간이 지나면서 자산의 가치가 변동하여 목표 비율에서 벗어나는 것을 방지하기 위함이다.
- 장점: 리스크 관리가 용이해지고, 투자 성과를 지속해서 최적화할 수 있다. 시장 변동성에 대응하여 자산 비중을 조정함으로써 포트폴리오의 안정성을 유지할 수 있다.

### 3) 분산투자와 리밸런싱의 중요성

- 분산투자: 주식, 채권, 부동산, 원자재 등 다양한 자산에 투자함으로써 리스크를 분산시킬 수 있다. 예를 들어, 주식시장이 하락할 때 채권이 상승할 수 있어 전체 포트폴리오의 변동성을 줄일 수 있다.
- 리밸런싱: 정기적으로 자산 비중을 조정하여 목표 포트폴리오를 유지함으로써 예상치 못한 시장 변동성에 대응할 수 있다. 이는 장기적인 투자 성과를 안정적으로 유지하는 데 도움이 된다.

TDF, TIF, ETF는 각각의 특성과 장점이 있으며, 자신의 투자 목표와 성향에 맞는 연금상품을 선택하는 것이 중요하다. 최근 연금자금이 이들 펀드에 몰리고 있는 이유는 자동화된 자산 배분, 안정적인 인컴 수익, 낮은 비용 등 다양한 이유 때문이다. 경제 상황 변화에 효과적으로 대응하기 위해 장기적인 관점에서 투자 전략을 수립하고, 분산투자와 리밸런싱을 통해 리스크를 관리하는 것이 필요하다. 이를 통해 안정적이고 풍요로운 노후 생활을 준비할 수 있다.

## 4. 은퇴 전환기 퇴직연금 체크리스트

은퇴 전환기에 퇴직연금을 제대로 관리하기 위해서는 몇 가지 중요한 체크리스트를 따르는 것이 필요하다. 연금 중도인출, 절세 전략, 투자설명서의 중요한 항목들을 꼼꼼히 확인하여 안정적인 노후 생활을 준비할 수 있다.

### (1) 연금 중도인출: 꼭 필요하다면 체크해야 할 것들

연금 중도인출은 긴급한 상황에서 필요한 경우가 있지만, 그에 따른 여러 가지 중요한 사항들을 사전에 고려해야 한다.

- 필요성 평가: 중도인출이 정말 필요한지 먼저 평가해야 한다. 중도인출로 인해 장기적인 연금 수령액이 감소할 수 있으므로, 다른 대안이 없는지 확인하는 것이 중요하다.
- 인출 가능한 한도: 중도인출 가능한 금액의 한도를 확인해야 한다. 연금상품마다 인출 가능한 금액과 조건이 다르므로, 사전에 이를 확인하는 것이 필요하다.
- 미래 계획: 중도인출이 미래 재정계획에 미치는 영향을 평가해야 한다. 현재의 긴급한 필요를 해결하는 것과 장기적인 재정 안정성 사이에서 균형을 맞추는 것이 중요하다.

### (2) 절세 전략: 똑똑하게 줄이는 세테크 노하우

퇴직연금을 효과적으로 운용하면서 세금을 줄이는 방법에는 여러 가지가 있다. 다음은 대표적인 절세 전략들이다.

- 연금계좌 활용: 개인형 퇴직연금(IRP)이나 연금저축계좌 등을 활용하여 세제 혜택을 최대한 누려야 한다. 이들 계좌에 불입한 금액에 대해 소득공제를 받을 수 있어, 연간소득세 부담을 줄일 수 있다.
- 연금 수령 시기 조절: 연금 수령 시기를 조절하여 세금을 최적화할 수 있다. 소득이 적은 시기에 연금을 수령하면 낮은 세율이 적용될 수 있다.
- 연금 이체: 퇴직금을 일시불로 받기보다는 연금 형태로 이체하여 수령하면, 한 번에 많은 세금을 내지 않고 장기적으로 분산하여 세금을 낼 수 있다.
- 세액공제 한도 확인: 연금상품에 따라 세액공제 한도가 다르므로, 이를 확인하고 최대한 혜택을 받을 수 있도록 불입하는 것이 중요하다.

### (3) 퇴직금의 수령 방법과 세금

- 일시금 수령: 한 번에 큰 금액을 받을 수 있는 장점이 있지만 퇴직소득세를 전액 납부해야 한다(예: 퇴직소득세율 2.9%인 경우, 1억 원 퇴직금 중 290만 원 세금 납부).
- 연금 수령: 퇴직소득세의 30~40%의 절세가 가능하다. 하지만 연금으로 나눠 받는 동안 건강보험료가 부과될 수 있다.

- 퇴직금 수령 시 근속연수에 따른 세금 차이가 있으니 전략적으로 접근할 필요가 있다. 퇴직소득세는 근속연수에 따라 다르게 적용된다. 근속연수가 길수록 퇴직소득세 공제 혜택이 커지게 된다. 예를 들어 20년 근속 시 퇴직소득세율은 약 2.9%다. 즉, 회사의 퇴직연금 도입 당시 중간정산 받고, 1억 원의 퇴직금 있다면 이에 대해 290만 원의 세금이 부과되는 것이다.

또한, 퇴직소득세 절감 혜택은 근속연수에 따라 차등 적용된다는 것을 잊지 않아야 한다. 퇴직 후 10년 동안은 30%의 세금 절감 혜택, 이후 11년 차부터는 40%의 세금 절감 혜택을 받을 수 있다.

### (4) 투자설명서: 꼭 봐야 할 항목들

연금상품에 투자하기 전에 투자설명서를 꼼꼼히 읽고 중요한 항목들을 확인하는 것이 필수적이다.

- 수익률과 리스크: 해당 상품의 과거 수익률과 예상 수익률, 그리고 리스크 수준을 확인해야 한다. 이는 투자 결정에 중요한 기준이 된다.
- 수수료 구조: 연금상품에 부과되는 수수료를 확인해야 한다. 운용 수수료, 가입 수수료, 인출 수수료 등 다양한 수수료가 있을 수 있으며, 수수료가 높은 상품은 장기적으로 투자 수익에 영향을 미칠 수 있다.
- 투자 전략: 해당 상품의 투자 전략과 자산 배분 방식을 이해해야 한다. 투자설명서에는 어떤 자산에 얼마나 투자하는지, 리밸런싱 주기는 어떻게 되는지 등의 정보가 포함되어 있다.

- 상품의 특성 및 조건: 상품의 특성과 조건, 예를 들어 인출 제한, 최소 투자 기간, 페널티 등 중요한 조건들을 꼼꼼히 확인해야 한다.

은퇴 전환기에 퇴직연금을 잘 관리하기 위해서는 중도인출 시 고려해야 할 사항들, 절세 전략, 그리고 투자설명서의 중요한 항목들을 꼼꼼히 체크해야 한다. 이를 통해 안정적이고 효율적인 노후 자산관리를 할 수 있으며, 더 안정적이고 풍요로운 노후 생활을 준비할 수 있다.

## 5. 퇴직연금 지혜롭게 수령하는 7가지 방법

퇴직연금을 지혜롭게 수령하는 것은 은퇴 후 재정적인 안정과 풍요로운 생활을 위해 매우 중요하다. 퇴직연금을 효율적으로 수령할 수 있는 7가지 방법을 소개한다.

### (1) 초기 전략: 퇴직 직전 3개월평균 임금을 최대한 높이기

퇴직 직전 3개월평균 임금을 최대한 높이는 것은 DB형(확정급여형) 연금에서 특히 중요하다. DB형 연금의 경우, 퇴직금은 퇴직 직전 3개월의 평균 임금과 근속연수를 곱하여 산출된다. 따라서 퇴직 직전 임금을 높이면 퇴직금도 비례하여 증가한다. 이를 위해 승진, 보너스 지급 등을 조정하는 전략이 유효할 수 있다. 예를 들어, 퇴직 직전 몇 달간 성과급을 높이거나 직책을 승진시키는 것이 해당한다.

### (2) 연금 수령 시기 조절

연금 수령 시기를 조절하여 세금을 최적화할 수 있다. 예를 들어, 소득이 적은 시기에 연금을 수령하면 낮은 세율이 적용되어 세금 부담을 줄일 수 있다. 또한, 퇴직 후 연금이 당장 필요하지 않더라도 최소 금액이라도 인출하여 연차를 채우는 것도 중요하다. 연금을 수령하기 시작한 연도부터 10년 동안은 30%의 절세 혜택이 적용되며, 11년 차부터는 40%의 절세 혜택이 적용된다. 따라서 매년 최소 금액을 인출함으로써 혜택을 극대화할 수 있다. 이를 통해 장기적인 절세 효과를 누릴 수 있다.

### (3) 일시불 대신 연금 형태로 수령

퇴직금을 일시불로 받기보다는 연금 형태로 수령하는 것이 장기적으로 유리하다. 일시불로 받으면 높은 세율이 적용될 수 있지만, 연금 형태로 분산하여 수령하면 세금 부담을 줄일 수 있다. 퇴직금을 일시금으로 수령하는 대신 연금으로 나눠 받는 경우, 퇴직소득세의 30~40%를 절감할 수 있다. 10년 이상 연금을 수령하면 절세 혜택이 더욱 커진다. 이는 장기적으로 세금 부담을 줄이고 더 많은 자금을 유지할 수 있는 전략이다. 예를 들어, 퇴직 후 10년간 연금을 수령하면 30%의 절세 혜택을 받을 수 있으며, 11년 차부터는 40%의 절세 혜택을 받을 수 있다.

### (4) IRP 활용: 계좌 미리 만들어 추가 납입을 통해 세액공제 받기

IRP(개인형 퇴직연금)와 연금저축계좌 등을 활용하여 다양한 연금상품에 투자할 수 있다. 상품마다 세제 혜택이 다르므로, 이를 최대한 활용하여 세금을 줄이고, 안정적인 수익을 기대할 수 있다. IRP 계좌를 미리 만들어 추가 납입하는 것은 중요한 절세 전략 중 하나이다. 연간 최대 900만 원까지 세액공제를 받을 수 있으며, 추가 납입금에 대해 연말정산 시 세금 환급 혜택을 받을 수 있다. 이를 통해 세금 부담을 줄이고 퇴직 후 연금으로 받을 금액을 늘릴 수 있다. IRP 계좌를 통해 자산을 꾸준히 운용함으로써, 퇴직 후 안정적인 자금 확보가 가능하다.

또한, DB형 퇴직연금을 IRP 계좌로 이체하면 한 번에 많은 세금을 내지 않고, 장기적으로 분산하여 세금을 낼 수 있다. 우리 연구소의 퇴직 예정자 한 분은 퇴직 시 DB형 연금을 IRP로 이체하여 세금을 분산했다. DB형 연금을 IRP로 이체함으로써 퇴직 당시 높은 세율을 피할 수 있었고, 매년 분산된 세금 부담으로 인해 장기적인 재정계획을 수립하는 데 도움이 되었다.

### (5) 투자 다변화

연금 자산을 다양한 투자상품에 분산투자하여 리스크를 줄이고, 안정적인 수익을 추구해야 한다. 주식, 채권, 부동산, 원자재 등 다양한 자산군에 분산투자함으로써 특정 자산군의 성과에 의존하지 않고, 전체 포트폴리오의 안정성을 높일 수 있다.

▶ **사례** 최 씨(62세): 최 씨는 퇴직연금을 주식, 채권, 부동산, 원자재 등 다양한 자산에 분산투자했다. 주식시장의 변동성에도 불구하고, 채권과 부동산투자로 안정적인 수익을 확보할 수 있었고, 전체 포트폴리오의 안정성을 유지할 수 있었다.

### (6) 리밸런싱 전략

주기적으로 포트폴리오를 리밸런싱하여 자산 비중을 조정해야 한다. 특정 자산군의 비중이 너무 커지거나 작아지지 않도록, 원래의 목표 비율로 조정함으로써 리스크를 관리하고, 투자 성과를 최적화할 수 있다.

▶ **사례** 윤 씨(65세): 윤 씨는 매년 자신의 포트폴리오를 리밸런싱했다. 주식시장이 급등한 해에는 일부 주식을 매도하고, 채권과 현금 비중을 늘려 포트폴리오를 안정적으로 유지했다. 이를 통해 시장 변동성에 유연하게 대응할 수 있었다.

### (7) 전문가의 도움 받기

퇴직연금을 효율적으로 관리하기 위해 금융 전문가의 도움을 받는 것이 좋다. 전문가의 조언을 통해 세제 혜택을 최대한 활용하고, 적절한 투자 전략을 수립할 수 있다.

▶ **사례** 장 씨(63세): 장 씨는 금융 전문가와 상담하여 자신의 재정 상황에 맞는 맞춤형 연금 수령 전략을 수립했다. 전문가의 도움으로 다양한 연금상품을 활용하여 세제 혜택을 극대화하고, 안정적인 투자 포트폴리오를 구성할 수 있었다.

퇴직연금을 지혜롭게 수령하기 위해서는 연금 수령 시기 조절, 일시불 대신 연금 형태로 수령, 다양한 연금상품 활용, 연금계좌 간 이체, 투자 다변화, 리밸런싱 전략, 그리고 전문가의 도움을 받는 것 등을 효과적으로 고려해야 한다. 이러한 전략들을 통해 안정적이고 풍요로운 노후 생활을 준비할 수 있다.

그리고 각 전략의 장단점을 잘 이해하고, 자신의 상황에 맞는 최적의 방법을 선택하는 것이 필요하다.

키워드 5

# 은퇴 필요 자금에 맞춘
# 저축과 투자 전략

1. 은퇴 후, 통상적으로 필요한 것들
2. 개인적으로 필요한 것들
3. 구체적인 금액에 대한 목표: 예시와 계산 방법
4. 저축으로 준비하는 방법
5. 투자로 준비하는 방법
6. 목표 달성 체크포인트: 중간 점검
7. 연구 사례 및 성공 이야기

# 1. 은퇴 후, 통상적으로 필요한 것들

은퇴 후 필요 자금을 산정하는 것은 성공적인 은퇴계획의 첫 단계이다. 기본적으로 은퇴자금에는 생활비, 의료비, 여가 활동 비용 등이 포함된다.

① 기본 생활비: 한국의 평균적인 은퇴 생활비는 월 약 200만 원에서 300만 원으로 추산된다. 여기에는 주거비, 식비, 교통비 등이 포함된다. 이는 2023년 기준 한국의 가구당 월평균 소비지출이 약 245만 원임을 고려한 것이다. 한국은행에 따르면, 가구당 월평균 소비지출은 약 245만 원으로 나타났다.

② 의료비: 한국의 고령 인구는 평균적으로 연간 약 100만 원에서 150만 원의 의료비를 지출한다. 건강보험 혜택이 있지만, 추가적인 의료비를 고려해야 한다. 예를 들어, 건강보험의 본인부담금 비율과 만성질환 관리 비용 등이 있다. 보건복지부에 따르면, 고령자의 연간 의료비는 평균 약 120만 원으로 추산된다.

③ 여가 및 취미 활동 비용: 은퇴 후 여가와 취미생활을 유지하기 위해 월 50만 원에서 100만 원 정도의 추가 비용이 필요할 수 있다. 이는 국내 여행, 문화생활, 취미 활동 등의 비용을 포함한 추정치이다. 예를 들어, 한국관광공사에 따르면, 국내 여행 비용은 1인당 연평균 약 60만 원이다.

④ 주거비: 주택 유지비, 관리비 및 임대료 등이 포함되며 월평균 50만 원에서 100만 원 정도 소요될 수 있다. 서울의 경우 1인 가구 기준 월 임대료가 약 70만 원에서 150만 원 수준이다. 부동산

정보업체 부동산114에 따르면, 서울의 평균 전세가격은 약 1억 원에서 1억 5천만 원 수준이다.

⑤ 공공요금: 전기, 수도, 가스 등의 공공요금으로 월평균 20만 원에서 30만 원 정도가 필요하다. 이는 주택의 크기와 계절에 따라 변동될 수 있다. 한국전력공사에 따르면, 월평균 전기료는 약 10만 원에서 15만 원 수준이다.

⑥ 식비: 은퇴 후에도 균형 잡힌 식사를 위해 월평균 40만 원에서 60만 원 정도의 식비가 필요하다. 이는 외식과 가정식 식사의 평균 비용을 고려한 것이다. 농림축산식품부에 따르면, 가구당 월평균 식비는 약 50만 원이다.

⑦ 교통비: 대중교통 이용이나 자가용 유지비로 월평균 10만 원에서 20만 원 정도가 필요할 수 있다. 대중교통 월간 이용권 비용을 기준으로 산정한 것이다. 서울교통공사에 따르면, 지하철 월 정기권 비용은 약 6만 원이다.

⑧ 통신비: 전화, 인터넷 등의 통신비로 월평균 10만 원에서 15만 원 정도가 필요하다. 이는 스마트폰 요금제와 가정용 인터넷 요금을 포함한 평균 비용이다. 과학기술정보통신부에 따르면, 월평균 인터넷 요금은 약 3만 원에서 4만 원 수준이다.

⑨ 보험료: 건강보험, 자동차보험 등의 보험료로 월평균 20만 원에서 30만 원 정도가 소요된다. 기존 가입된 보험 중 갱신형 보험의 경우 비용이 더 증가할 수 있다. 금융감독원에 따르면, 건강보험료와 자동차보험료의 평균 비용은 각각 약 10만 원에서 15만 원 수준이다.

⑩ 기타 생활비: 의류, 개인용품, 외식 등의 추가 생활비로 월평균 20만 원에서 30만 원 정도가 필요하다. 이는 개인의 소비 패턴에 따라 다를 수 있다. 통계청에 따르면, 가구당 월평균 의류와 개인용품 지출은 약 25만 원이다.

## 2. 개인적으로 필요한 것들

개인의 생활 방식과 목표에 따라 은퇴자금은 크게 달라질 수 있다. 개인적인 필요를 고려하여 자금을 산정하는 것이 중요하다.

① 라이프스타일 비용: 여행을 자주 다니거나 고급 주거지를 원하는 경우 추가 비용이 발생할 수 있다. 예를 들어, 연 2회 해외여행을 계획한다면 연간 약 500만 원에서 1,000만 원 정도의 추가 비용이 필요하다. 한국관광공사에 따르면, 평균 해외여행 비용은 1회당 약 250만 원에서 500만 원이다.

② 가족 구성: 자녀나 손자 손녀와 함께 생활하거나 그들을 지원하는 경우 추가 자금이 필요하다. 예를 들어, 자녀의 결혼 비용 지원이나 손자 손녀의 교육비 지원 등을 고려할 수 있다. 통계청에 따르면, 자녀 1명의 대학 등록금은 연평균 약 700만 원에서 1,000만 원 수준이다.

③ 특별한 목표: 은퇴 후 창업이나 새로운 취미를 시작하고자 하는 경우 이에 필요한 비용을 추가로 산정해야 한다. 예를 들어, 소규모 창업을 위해 초기 자금 3천만 원에서 5천만 원이 필요할 수 있

다. 중소기업청에 따르면, 소규모 창업 비용은 평균 약 5천만 원에서 1억 원 수준이다.

④ 주택 구매·이전 비용: 은퇴 후 주택을 구매하거나 이사 계획이 있다면 이에 따른 추가 비용이 발생할 수 있다. 평균적으로 1억 원 이상의 자금이 필요할 수 있다. 부동산 정보업체 부동산114에 따르면, 서울의 평균 전세가격은 약 1억 원에서 1억 5천만 원 수준이다.

⑤ 건강관리: 건강 상태에 따라 추가적인 건강관리 비용이 필요할 수 있다. 예를 들어, 개인 트레이너와의 운동이나 영양 관리 서비스에 연간 200만 원에서 500만 원 정도가 필요할 수 있다. 건강보험심사평가원에 따르면, 개인 트레이너 비용은 월평균 약 20만 원에서 30만 원 수준이다.

⑥ 사회 활동 비용: 동호회, 자원봉사 등 사회 활동을 유지하기 위해 연간 약 100만 원에서 300만 원의 추가 비용이 필요할 수 있다. 한국사회복지협의회에 따르면, 동호회 활동 비용은 연간 약 200만 원 수준이다.

⑦ 교육비: 새로운 기술 습득이나 자기계발을 위해 연간 약 100만 원에서 200만 원의 교육비가 필요할 수 있다. 교육부에 따르면, 성인 교육비는 연평균 약 150만 원 수준이다.

⑧ 차량 유지비: 자가용을 유지하거나 새 차량을 사는 경우 추가 비용이 발생할 수 있다. 연간 차량 유지비는 약 200만 원에서 300만 원이 필요하다. 국토교통부에 따르면, 차량 유지비는 연간 약 250만 원 수준이다.

⑨ 비상 자금: 예상치 못한 상황에 대비한 비상 자금으로 500만 원에서 1,000만 원 정도를 별도로 준비해야 한다. 이는 금융위원회의 권고에 따른 것이다.

⑩ 유산 계획 비용: 유산을 계획하고 관리하는 비용이 필요할 수 있다. 예를 들어, 법률 상담 및 재산 관리 비용으로 연간 약 100만 원에서 200만 원이 소요될 수 있다. 대한변호사협회에 따르면, 유산 관리 비용은 연간 약 150만 원 수준이다.

## 3. 구체적인 금액에 대한 목표: 예시와 계산 방법

**(1) 목표 금액 설정 방법**

은퇴 후 필요한 자금을 설정하는 것은 미래의 안정적인 삶을 위해 매우 중요한 단계이다. 자, 먼저 우리가 알아볼 것은 월간 생활비. 여기서 중요한 것은 현재 생활비를 기준으로 하고, 물가 상승률과 은퇴 후 추가로 필요한 비용을 고려하는 것이다. 평균 물가 상승률은 연 2%로 예상해 본다.

① 현재 생활비 추산: 예를 들어, 유 씨가 현재 매달 300만 원을 생활비로 쓰고 있다고 하자.

② 추가 비용 고려: 은퇴 후에는 의료비, 여가비 등 추가 비용이 발생한다. 이를 월 50만 원으로 잡는다.

③ 물가 상승률 적용: 60세에 은퇴할 때까지 10년 동안 매년 2%의

물가 상승률을 반영하여 미래의 필요 자금을 계산한다.

### (2) 간단한 예시와 계산법

50세의 한 씨는 60세에 은퇴할 계획이다. 현재 생활비는 월 300만 원이고, 은퇴 후 예상 추가 비용은 월 50만 원이다. 한 씨는 83세까지 살 것으로 예상된다. 이제 한 씨에게 은퇴 후 필요한 자금을 계산해보자.

#### 1) 기본 생활비 및 추가 비용 합산

- 현재 생활비: 300만 원
- 추가 비용: 50만 원
- 총 월 생활비: 350만 원

#### 2) 물가 상승률 반영

- 60세 은퇴 시점까지 10년 동안 매년 2%의 물가 상승률을 반영하여 필요한 금액을 계산한다.
- 미래의 월 생활비 = 350만 원 × $(1+0.02)^{10}$ = 약 427만 원

#### 3) 은퇴 후 총 필요 자금 계산

- 은퇴 후 23년 동안 필요한 총 자금 = 미래의 월 생활비 × 12개월 × 은퇴 후 예상 수명
- 총 필요 자금 = 427만 원 × 12개월 × 23년 = 약 118억 2천만 원

이렇게 계산한 값이 너무 커 보일 수 있지만, 놀라지 마시라.

예를 들어, 우리가 매년 2%의 물가 상승률을 적용하는 것은 마치 매년 월급이 살짝 오르는 것과 비슷하다. 매년 조금씩 오르는 비용을 대비하는 것이니 놀랄 필요가 없다. 현재 월 350만 원을 사용하고 있다면, 10년 후엔 427만 원이 필요할 것이다.

여기에 통상적으로 필요한 것들 반영해 보면 다음과 같다.

한 씨의 은퇴 후 생활비에는 통상적인 생활비와 개인적인 필요가 모두 반영되어야 한다. 앞서 언급한 통상적인 필요와 개인적인 필요를 아래와 같이 반영해보자.

- 통상적인 생활비
- 주거비: 월 70만 원(서울 기준 임대료)
- 식비: 월 50만 원(농림축산식품부 자료 기준)
- 교통비: 월 10만 원(서울교통공사 기준)
- 공공요금: 월 20만 원(한국전력공사 기준)
- 통신비: 월 12만 원(과학기술정보통신부 자료)
- 보험료: 월 25만 원(금융감독원 자료)
- 여가 및 취미 활동 비용: 월 75만 원(한국관광공사 기준)
- 기타 생활비: 월 25만 원(통계청 자료)

개인적으로 필요한 것들을 더해보자.

- 해외여행: 연 500만 원(한국관광공사 기준)
- 자녀와 손자·손녀 지원: 연 1,000만 원(통계청 자료)
- 건강관리: 월 20만 원(건강보험심사평가원 자료)
- 교육비: 연 200만 원(교육부 자료)
- 비상 자금: 500만 원(금융위원회 권고)

이를 월별로 합산하면 통상적인 생활비는 약 350만 원, 개인적인 필요는 월 약 140만 원(연 기준 비용을 월로 나눈 것)으로 계산된다. 총 월 생활비는 490만 원이 된다.

### 1) 기본 생활비 및 추가 비용 합산
- 현재 생활비: 350만 원
- 추가 비용: 140만 원
- 총 월 생활비: 490만 원

### 2) 물가 상승률 반영
- 60세에 은퇴 시점까지 10년 동안 매년 2%의 물가 상승률을 반영하여 필요한 금액을 계산한다.
- 미래의 월 생활비 = 490만 원 × $(1+0.02)^{10}$ = 약 604만 원

### 3) 은퇴 후 총 필요 자금 계산
- 은퇴 후 23년 동안 필요한 총 자금 = 미래의 월 생활비 × 12개월 × 23년
- 총 필요 자금 = 604만 원 × 12개월 × 23년 = 약 166억 3천만 원

### (3) 온라인 도구와 계산기 활용법
더 정확한 은퇴자금 산정을 위해 온라인 도구와 계산기를 활용할 수 있다. 이러한 도구들은 다양한 변수를 입력하여 더 정교한 계산을 도와준다.

① 국민연금공단의 은퇴 계산기: 국민연금공단 웹사이트에서는 연금 수령액과 필요 은퇴자금을 계산할 수 있는 도구를 제공한다. 이 도구를 사용하면 개인의 연금 납부 현황과 예상 수령액을 기반으로 필요한 은퇴자금을 계산할 수 있다.

② 네이버 금융의 은퇴자금 계산기: 네이버 금융에서는 예상 월 생활비와 물가 상승률 등을 입력하여 필요한 은퇴자금을 계산할 수 있는 도구를 제공한다.

③ 다양한 금융기관의 은퇴자금 계산기: 은행, 보험사 등에서도 은퇴자금 계산기를 제공하고 있으며, 이를 통해 개인 맞춤형 자금 계획을 세울 수 있다. 예를 들어, 삼성생명이나 신한은행 등의 웹사이트에서 제공하는 계산기를 활용할 수 있다. 이러한 도구들을 활용하여 개별적인 상황에 맞춘 은퇴자금 계획을 세울 수 있다. 정확한 목표 금액 설정을 통해 더 안정적인 은퇴 생활을 준비할 수 있을 것이다.

## 4. 저축으로 준비하는 방법

은퇴 후 필요 자금을 마련하기 위해서는 연금과 더불어 저축이 필수적이다. 앞서 언급한 통상적인 필요 자금과 개인적인 필요 자금을 합산하여 목표 금액을 설정하고, 이를 달성하기 위한 저축 전략을 세워보자.

한 씨의 은퇴 후 목표 금액은 통상적인 필요와 개인적인 필요를 합산하여 월 490만 원, 이를 물가 상승률을 반영하여 604만 원으로 계산하였다. 따라서 한 씨는 23년간 매월 604만 원을 사용해야 하며, 총 필요 자금은 약 166억 3천만 원이 된다. 이 금액을 마련하기 위해 저축이 필요하다.

### (1) 저축의 중요성

연금만으로는 은퇴 후 생활비를 충분히 마련하기 어렵다. 한국의 국민연금은 평균적으로 은퇴 후 소득의 약 40%를 보장하므로, 나머지 60%는 저축과 투자를 통해 보완해야 한다. 예를 들어, 월 생활비가 400만 원인 경우, 국민연금으로 약 160만 원을 받게 된다. 나머지 240만 원은 저축을 통해 마련해야 한다.

### (2) 저축 비율 설정

저축 비율을 설정하는 것은 현재 소득과 지출 패턴을 고려하여 이루어져야 한다. 일반적으로 월 소득의 20%를 저축하는 것이 권장된다. 예를 들어, 한 씨의 월 소득이 500만 원인 경우, 100만 원을 저축하는 것이 바람직하다. 이는 연간 1,200만 원의 저축을 의미하며, 10년 후에는 1억 2천만 원의 자금을 마련할 수 있다. 하지만 은퇴 목표 금액을 달성하기 위해 더 높은 저축 비율이 필요할 수도 있다.

### (3) 저축 계좌 종류 및 활용 방법

저축 계좌는 다양한 종류가 있으며, 각각의 특성과 이점을 이해하고 활용하는 것이 중요하다.

① 정기예금: 일정 기간 돈을 맡겨 두고, 만기 시에 원금과 이자를 받

는 형태의 저축상품이다. 이자율이 상대적으로 높아 안정적인 수익을 기대할 수 있다.

② 적금: 매월 일정 금액을 저축하여 만기 시에 원금과 이자를 받는 상품이다. 정기예금보다 유연성이 높아 매달 저축할 수 있는 장점이 있다.

③ 연금저축: 연말정산 시 세제 혜택을 받을 수 있는 저축상품이다. 장기적인 노후 대비에 적합하다.

④ ISA(개인종합자산관리계좌): 다양한 금융상품을 하나의 계좌에서 관리할 수 있는 통합계좌로, 세제 혜택이 주어진다.

⑤ RP(환매조건부채권): 일정 기간 후에 다시 매수할 것을 조건으로 판매되는 채권으로, 안정적인 수익을 기대할 수 있다.

⑥ 보험상품: 저축성 보험이나 변액 보험 등을 통해 일정 금액을 저축하면서 보험 혜택도 동시에 누릴 수 있다.

**(4) 52주 저축 챌린지 소개**

52주 저축 챌린지는 저축 습관을 기르고, 점진적으로 저축액을 늘리는 데 도움이 되는 재미있는 방법이다. 이번에는 매주 1만 원씩 저축하는 방식으로 소개해보겠다.

① 첫 주: 1만 원 저축  ② 둘째 주: 2만 원 저축
③ 셋째 주: 3만 원 저축  ④ …
⑤ 마지막 주: 52만 원 저축

이 방법을 통해 1년간 약 1,378만 원을 저축할 수 있다. 이는 저축 습관을 기르고, 장기적인 목표를 달성하는 데 큰 도움이 된다.

### (5) 목표 자금을 위한 저축 전략

한 씨가 목표 자금을 마련하기 위해서는 적극적인 저축 계획이 필요하다. 연금으로 해결되지 않는 부분을 저축을 통해 보완하는 방법을 제안한다.

① 현재 소득의 30% 저축: 한 씨가 월 500만 원을 벌고 있다고 가정하면, 월 150만 원을 저축할 수 있다. 이를 통해 연간 1,800만 원을 저축할 수 있다.

② 적극적인 투자: 저축과 더불어 주식, 채권, 부동산 등 다양한 투자 방법을 통해 자산을 증대시킬 수 있다. 예를 들어, 연간 5%의 수익률을 목표로 투자한다면 10년 후에는 상당한 자산을 형성할 수 있다.

③ 저축 계좌의 다양화: 정기예금, 적금, 연금저축 등 다양한 저축 계좌를 활용하여 리스크를 분산하고, 안정적인 수익을 추구한다.

④ 52주 저축 챌린지 참여: 저축 습관을 기르기 위해 52주 저축 챌린지에 참여하여, 매주 저축액을 늘려나간다. 이를 통해 추가적인 자금을 마련할 수 있다.

⑤ 펀드 투자: 장기적인 수익을 기대할 수 있는 펀드에 일정 금액을 투자하여 자산을 증대시킨다.

⑥ ISA(개인종합자산관리계좌): 세제 혜택을 받을 수 있는 ISA 계좌를 활용하여 다양한 금융상품에 투자한다.

⑦ RP(환매조건부채권): 안정적인 수익을 기대할 수 있는 RP에 일정 금액을 투자하여 자산을 늘린다.

이러한 전략을 통해 한 씨는 은퇴 후 필요한 자금을 충분히 마련할 수 있다. 저축과 투자의 균형을 맞추고, 꾸준한 저축 습관을 통해 안정적인 노후를 준비하자.

## 5. 투자로 준비하는 방법

은퇴 후 목표 자금을 마련하기 위해서는 저축만으로는 한계가 있을 수 있다. 더 높은 수익을 기대할 수 있는 투자가 필요하며, 이를 통해 자산을 증대시킬 수 있다. 하지만 투자에는 리스크가 따르기 때문에 효과적인 리스크 관리와 포트폴리오 구성이 중요하다. 투자는 저축의 한계를 보완하고 자산을 증대시키기 위한 중요한 수단이다. 다양한 금융상품을 활용하여 장기적인 수익을 추구할 수 있다. 하지만 투자에는 리스크가 따르므로 철저한 계획과 리스크 관리가 필요하다.

### (1) 다양한 투자 방법: 주식, 채권, 펀드 등

**1) 주식**

주식투자는 높은 수익을 기대할 수 있는 반면, 리스크도 크다. 주식시장의 변동성에 따라 큰 손실을 볼 수 있으므로 신중한 접근이 필요하다.
- 예: 삼성전자, 현대차와 같은 대기업 주식투자
- 장점: 높은 수익 가능성
- 단점: 높은 변동성과 리스크

### 2) 채권

채권 투자는 주식보다 안정적이며, 정기적인 이자 수익을 기대할 수 있다. 국채, 회사채 등 다양한 종류가 있으며, 만기 시 원금을 돌려받을 수 있다.

- 예: 국채, 회사채
- 장점: 안정적인 수익
- 단점: 낮은 수익률

### 3) 펀드

펀드는 주식, 채권 등 다양한 자산에 투자하는 금융상품이다. 전문가가 관리하며, 리스크를 분산시킬 수 있다.

- 예: 주식형 펀드, 채권형 펀드, 혼합형 펀드
- 장점: 전문가의 관리, 리스크 분산
- 단점: 수수료 발생, 투자 수익의 변동성

### 4) ETF(상장지수펀드)

ETF는 주식시장에 상장된 펀드로, 주식처럼 거래할 수 있다. 특정 지수를 추종하며, 비용 효율적이고 리스크를 분산할 수 있다.

- 예: KODEX 200, TIGER 200
- 장점: 낮은 수수료, 다양화된 투자
- 단점: 시장 변동성에 따른 리스크

### 5) RP(환매조건부채권)

일정 기간 후에 다시 매수할 것을 조건으로 판매되는 채권으로, 안정적인 수익을 기대할 수 있다.

- 예: 한국은행 RP, 시중은행 RP
- 장점: 안정적인 수익
- 단점: 제한된 수익률

### 6) ISA(개인종합자산관리계좌)

다양한 금융상품을 하나의 계좌에서 관리할 수 있는 통합계좌로, 세제 혜택이 주어진다.

- 예: 신한은행 ISA, 국민은행 ISA
- 장점: 세제 혜택, 다양한 자산관리
- 단점: 일부 상품의 수수료

## (2) 리스크 관리 방법

① 다양화: 투자 포트폴리오를 다양화하여 리스크를 분산시킨다. 주식, 채권, 펀드 등 여러 자산에 분산투자함으로써 특정 자산군의 변동성이 전체 포트폴리오에 미치는 영향을 줄일 수 있다.

② 리스크 평가: 각 투자상품의 리스크를 사전에 평가하고, 자신의 리스크 허용 범위 내에서 투자한다. 예를 들어, 높은 리스크를 감수할 수 있는 젊은 투자자는 주식 비중을 높일 수 있지만, 리스크를 감수하기 어려운 은퇴자는 채권 비중을 높이는 것이 바람직하다.

③ 정기적 점검: 투자 포트폴리오를 정기적으로 점검하고, 시장 상황에 따라 조정한다. 이를 통해 리스크를 최소화하고 수익을 극대화할 수 있다.

### (3) 포트폴리오 구성 방법

① 균형 잡힌 포트폴리오: 주식, 채권, 펀드 등 다양한 자산에 분산 투자하여 균형 잡힌 포트폴리오를 구성한다.
② 목표 자산 배분: 자신의 투자 목표와 리스크 허용 범위에 따라 자산 배분 비율을 설정한다. 예를 들어, 주식 50%, 채권 30%, 펀드 20% 등의 비율로 구성할 수 있다.
③ 장기투자: 장기적인 관점에서 투자를 진행하며, 단기적인 시장 변동에 휘둘리지 않는다. 장기투자 시 복리 효과를 극대화할 수 있다.

### (4) 연령대별 투자 전략

① 20대~30대: 비교적 리스크를 감수할 수 있는 시기이므로 주식 비중을 높이는 것이 좋다. 성장 잠재력이 높은 주식에 투자하여 높은 수익을 추구한다.
- 예: 주식 70%, 채권 20%, 펀드 10%

② 40대~50대: 안정성과 수익성을 동시에 고려해야 하는 시기이다. 주식과 채권, 펀드의 비중을 균형 있게 배분하여 포트폴리오를 구성한다.
- 예: 주식 50%, 채권 30%, 펀드 20%

③ 60대 이후: 은퇴가 가까워지거나 이미 은퇴한 시기에는 안정성을 최우선으로 고려해야 한다. 채권과 펀드 비중을 높여 안정적인 수익을 추구한다.
- 예: 채권 50%, 펀드 30%, 주식 20%

### (5) 투자 성향 고려

투자 시 자신의 투자 성향을 고려하는 것이 중요하다. 투자 성향은 개인의 리스크 허용 범위, 투자 목표, 투자 기간 등에 따라 다를 수 있다. 보수적인 투자자는 안정적인 수익을 추구하며, 주로 채권과 안정적인 펀드에 투자하는 것이 좋다. 반면, 공격적인 투자자는 높은 수익을 기대하며 주식과 고위험 펀드에 투자할 수 있다. 자신의 투자 성향을 정확히 파악하고 이에 맞는 투자 전략을 세우는 것이 중요하다.

투자 전략과 리스크 관리는 은퇴 후 필요한 자금을 마련하는 데 중요한 역할을 한다. 다양한 금융상품을 활용하고, 철저한 리스크 관리를 통해 안정적인 수익을 추구하는 것이 중요하다. 자신의 투자 성향과 목표에 맞춘 포트폴리오를 구성하여 장기적인 관점에서 투자를 진행하면, 안정적이고 풍요로운 은퇴 생활을 준비할 수 있을 것이다.

## 6. 목표 달성 체크포인트: 중간 점검

은퇴 후 필요한 자금을 마련하는 것은 인생을 좌우하는 중요한 문제이다. 목표 달성을 위해서는 주기적인 점검과 조정이 필수적이며, 이를 통해 계획대로 진행되고 있는지 확인하고 필요한 조치를 할 수 있다.

중간 점검은 은퇴자금 목표를 향해 나아가는 과정에서 필수적인 부분이다. 이는 현재 자산 상태를 점검하고, 계획 대비 얼마나 도달했는지를 확인하는 중요한 과정이다.

- 현재 자산 상태 점검: 먼저, 현재의 저축 및 투자 상황을 점검한다. 목표 자금 대비 얼마나 도달했는지 파악하여 현재 위치를 확인하는 것이 중요하다. 이는 미래 계획을 조정하는 데 도움이 된다.
- 수익률 확인: 투자 수익률을 점검하여 목표 수익률과 비교한다. 목표 수익률에 미치지 못한다면 그 원인을 분석하고 개선 방안을 모색해야 한다. 예를 들어, 특정 주식의 성과가 기대에 못 미쳤다면, 다른 투자 대안으로 전환하는 것을 고려해 볼 수 있다.
- 지출 관리: 계획된 지출과 실제 지출을 비교하여 불필요한 지출이 발생하지 않도록 관리한다. 이는 자금의 유출을 최소화하고, 더 많은 저축을 가능하게 한다.

### (1) 주기적인 재평가와 조정

목표 달성을 위해 주기적인 재평가와 조정이 필수적이다. 재평가는 현재의 재정 상태를 평가하고, 계획을 재조정하는 과정이다.

① 재평가 주기 설정: 재평가는 최소 1년에 한 번씩, 필요에 따라 반기별로 진행하는 것이 좋다. 예를 들어, 연말에 한 해의 재정 상태를 점검하고, 새해 계획을 세우는 것이 바람직하다.

② 목표 수정: 생활 변화나 시장 상황에 따라 목표를 수정할 필요가 있다. 예를 들어, 예상치 못한 의료비 증가나 시장 변동으로 인해

자산이 감소한 경우 목표를 조정해야 한다.
③ 투자 포트폴리오 재조정: 시장 상황에 따라 투자 포트폴리오를 재조정한다. 예를 들어, 주식 비중이 너무 높아 리스크가 크다면 채권 비중을 늘려 안정성을 강화할 수 있다.

### (2) 목표 달성 여부 확인 방법

목표 달성 여부를 확인하는 방법은 다음과 같다.
① 목표 금액 대비 달성 비율: 목표 금액 대비 현재 자산이 어느 정도 도달했는지 비율로 확인한다. 예를 들어, 목표 금액이 10억 원이고 현재 자산이 5억 원이라면 달성 비율은 50%이다.
② 수익률 비교: 초기 계획 수익률과 현재 수익률을 비교하여 목표 수익률에 도달하고 있는지 확인한다. 예를 들어, 연평균 5% 수익률을 목표로 했는데 실제로는 3%에 그친다면, 목표 달성에 차질이 생길 수 있다.
③ 지출 관리 상태 확인: 계획된 지출과 실제 지출을 비교하여 계획대로 지출이 관리되고 있는지 확인한다. 지출이 계획보다 많이 발생한다면 지출 구조를 재검토하고 불필요한 지출을 줄여야 한다.

### (3) 필요시 전략 변경

목표 달성에 어려움이 발생하거나 시장 상황이 변동할 경우, 전략을 변경하는 것이 필요하다.
① 투자 전략 변경: 현재의 투자 전략이 목표 달성에 적합하지 않다면, 새로운 투자 전략을 수립한다. 예를 들어, 주식 비중을 줄이고

채권 비중을 늘리는 등 안정성을 강화할 수 있다.

② 저축 비율 조정: 저축 비율을 높여 목표 자금 마련 속도를 높인다. 예를 들어, 월 소득의 20%를 저축하던 것을 25%로 늘릴 수 있다.

③ 지출 구조 변경: 불필요한 지출을 줄이고, 저축액을 늘릴 수 있도록 지출 구조를 변경한다. 예를 들어, 외식비를 줄이고, 생활비를 절감하는 방법을 모색한다.

**(4) 예시와 설명**

조 씨는 50세에 은퇴자금 목표를 설정하고, 월 490만 원의 생활비를 기준으로 목표를 세웠다. 이를 위해 10년 동안 매월 150만 원을 저축하고, 연평균 5%의 수익률을 목표로 하였다. 그러나 5년 후 중간 점검을 통해 예상보다 낮은 3%의 수익률을 확인하고, 목표 달성에 차질이 있음을 알게 되었다.

이를 해결하기 위해 조 씨는 포트폴리오를 재조정하여 안정적인 채권의 비중을 높이고, 고위험 주식의 비중을 줄였다. 또한, 지출 구조를 변경하여 불필요한 소비를 줄이고, 저축 비율을 30%로 상향 조정하였다.

목표 달성을 위한 체크포인트는 중간 점검, 주기적인 재평가와 조정, 목표 달성 여부 확인, 필요시 전략 변경 등으로 구성된다. 지속적인 점검과 조정을 통해 목표에 맞게 나아가며, 변동하는 상황에 유연하게 대응하는 것이 중요하다. 이를 통해 안정적이고 풍요로운 은퇴 생활을 준비할 수 있을 것이다.

## 7. 연구 사례 및 성공 이야기

**(1) 실제 성공 사례 소개: 은퇴설계의 실전 전략**

은퇴 후 필요한 자금을 마련하기 위해, 단순히 생활비만이 아닌 개인적인 삶의 질까지 고려한 재무 목표 설정이 필요하다. 서로 다른 방식으로 목표를 달성한 두 명의 실제 사례를 통해, 은퇴 재무설계의 핵심 원리와 실행 전략을 구체적으로 살펴본다.

**1) 김철수(58세) 씨: 체계적 설계와 공격적 전략의 조화**

김철수 씨는 30년간의 직장 생활 동안 조기 은퇴를 염두에 두고 일찍부터 은퇴설계를 시작했다. 그의 목표는 은퇴 후 25년간 월 490만 원의 안정적인 현금흐름을 확보하는 것이었으며, 이를 위해 과학적 분석과 실행력 있는 전략을 병행했다.

▶ **저축 전략: 3단계 자동화 자산 적립 시스템**

- 목표 설정: 월 490만 원 × 12개월 ÷ 4% 인출률 → 목표 자산 14.7억 원 역산
- 핵심 저축: 월 소득 500만 원의 30%인 150만 원 자동이체 설정 → '먼저 저축' 원칙 철저 이행
- 52주 챌린지: 매주 1만 원씩 증액 저축 → 연간 1,378만 원의 추가 저축 성공

▶ **투자 전략: 생애주기형 포트폴리오 운용**

- 자산배분 전략:

- 30대: 주식 80% / 채권 20% (공격적 성장)
- 40대: 주식 70% / 채권 25% / 대안 투자 5%
- 50대: 주식 60% / 채권 30% / REITs 10% (안정화 진입)
- 리밸런싱 관리: 분기별 점검, ±5% 편차 발생 시 자동 조정 → 시장 하락기에는 기회 매수 전략 활용
- 리스크 최소화: 섹터, 국가, 시간 분산으로 변동성 대응 + 달러코스트 애버리징 기법 병행

▶ 성과 분석

김 씨는 55세 조기 은퇴에 성공하며 총 15.2억 원의 은퇴자산을 구축했다.

연평균 8.2% 수익률을 기록했고, 현재는 월 500만 원의 안정적 현금흐름으로 가족과 함께 여유 있는 생활을 누리고 있다.

### 2) 이영희(62세) 씨: 제한된 자원 속 보수적 전략의 정석

이영희 씨는 중소기업에서 25년간 근무하며 실질 소득의 한계를 극복하는 전략적 은퇴설계를 실천했다. 그녀는 안정성과 예측 가능성을 최우선 가치로 설정했고, 계획적인 저축과 신중한 투자를 통해 재정적 독립을 실현했다.

▶ 저축 전략: 다층 안전망 구축

- 현실 기반 목표 설정: 은퇴 후 현재 생활 수준의 80%인 월 390만 원 확보를 목표로 설정
- 기본 저축 실행: 월 400만 원 소득 중 25%인 100만 원 자동 적립
- 3층 연금 전략

- 국민연금 + 퇴직연금 + 개인연금 조합
- 개인연금 월 50만 원 납입, 퇴직연금은 DC형으로 전환하여 수익률 향상 유도

▶ 투자 전략: 보수적 구성과 세제 최적화

- 자산 배분 구성
  - 채권형 펀드 50%(시장 방어형 자산)
  - 배당주 중심 주식형 펀드 30%
  - 안정형 ETF 20% → 글로벌 리스크 분산
- 위험관리 원칙
  - 고수익 유혹보다 원금 보전을 최우선 가치로 설정
  - 우량 배당주, 국채와 회사채 혼합 포트폴리오 구축
  - 시장 타이밍 배제, 시간 복리 기반의 장기 전략
- 세제 전략
  - 연금저축과 IRP를 활용한 연간 700만 원 세액공제 극대화
  - 퇴직 연도 분산 수령 설계로 종합소득세 부담 분산

▶ 성과 분석

이영희 씨는 60세 정년퇴직 시점에 총 9.8억 원의 은퇴자산을 달성했고, 연평균 6.1% 수익률로 월 400만 원 수준의 안정적 연금소득을 확보하여 취미 활동과 여행을 여유롭게 즐기고 있다.

숫자가 있는 목표는 실현된다. 성공적인 은퇴는 단지 높은 소득의 결과가 아니라, '체계적인 설계, 실행력 있는 전략, 일관된 습관'의 총합이라는 사실을 두 사례는 명확히 보여준다.

### (2) 다양한 상황에서의 적용 방법

**1) 조기 은퇴준비**

조기 은퇴를 목표로 하는 사람들은 더 높은 저축 비율과 적극적인 투자 전략이 필요하다. 예를 들어, 45세에 은퇴를 계획하는 경우, 다음과 같은 방법을 사용할 수 있다.

- 높은 저축 비율: 월 소득의 40% 이상을 저축
- 적극적인 투자: 주식 비중을 70% 이상으로 높이고, 고수익 펀드에 투자
- 지출 절감: 생활비 절감을 통해 저축액 최대화

**2) 늦은 나이에 은퇴준비**

늦은 나이에 은퇴를 준비하는 경우에는 안정적인 수익을 추구하는 것이 중요하다. 예를 들어, 55세에 은퇴준비를 시작하는 사람들은 다음과 같은 방법을 사용할 수 있다.

- 안정적인 투자: 채권과 안정적인 펀드에 투자하여 리스크 최소화
- 연금 활용: 국민연금과 퇴직연금을 최대한 활용
- 저축 비율: 월 소득의 30%를 저축하여 자금 마련 속도 증가

**3) 중간 소득 가구의 은퇴준비**

중간 소득 가구는 다음과 같은 전략을 통해 목표를 달성할 수 있다.

- 저축 비율: 월 소득의 20%를 저축
- 분산투자: 주식 50%, 채권 30%, 펀드 20%로 분산투자

- 주기적인 재평가: 매년 재평가를 통해 투자 성과 점검 및 전략 조정

### (3) 성공 사례에서 배울 점: 실천이 만든 차이

김철수 씨와 이영희 씨의 은퇴설계 사례는 접근 방식과 자산 규모는 달랐지만, 체계적인 목표 설정과 일관된 실행력을 통해 재정적 자유를 이뤘다는 공통점이 있다. 이들의 성공에서 우리가 배울 수 있는 핵심 교훈은 단순히 '열심히 저축하고 투자하자'가 아니다. '전략을 만들고, 점검하고, 유지하는 시스템'을 가진 사람이 결국 성공한다는 것이다.

▶ 김철수 씨 사례에서 배우는 3가지 실전 원칙

① 목표 기반의 수치화 전략

은퇴 후 월 필요 생활비를 명확히 설정하고, 인출률(4%)을 기준으로 거꾸로 목표 자산을 역산한 방식은 합리성과 실행 가능성을 모두 확보한 모델이다.

② 자동화된 자산 축적 시스템 구축

자동이체 저축과 52주 챌린지 등 감정에 휘둘리지 않는 기계적 시스템을 통해 저축의 지속성을 확보했다.

③ 생애주기별 자산 배분과 시장 대응력 확보

나이에 따라 포트폴리오를 동적으로 설계하고, 분기별 리밸런싱과 기회 매수 전략으로 장기성과 단기 대응의 균형을 이뤘다.

▶ 이영희 씨 사례에서 배우는 3가지 핵심 전략

① 제한된 소득을 고려한 현실 기반 계획 수립

생활비의 80%를 목표로 삼은 보수적 접근은 지출 구조 변화에 대

한 이해와 재무 현실주의를 보여준다.

② 3층 연금 시스템으로 구축한 현금흐름 안전망

국민연금, 퇴직연금, 개인연금의 다층적 조합은 위험 분산과 세제 효율성 확보라는 관점에서도 이상적인 구조다.

③ 원금 보전 중심의 리스크 관리 전략

변동성이 높은 자산보다 안정성과 예측 가능성이 큰 자산에 집중함으로써, 심리적 안정을 기반으로 한 은퇴설계가 가능했다.

결국, 전략은 다르지만 원칙은 같다. 이처럼 서로 다른 배경과 성향의 두 사람 모두, ① 수치화된 목표 설정 → ② 자동화된 실천 시스템 → ③ 정기적 점검과 전략 조정 → ④ 리스크 관리의 내재화라는 공통된 원칙을 실천했다. 따라서 독자들도 자신의 자산 규모나 소득 수준에 구애받지 말고, 나만의 수치화된 목표와 실행 시스템을 갖춘다면, 누구나 안정적이고 지속 가능한 은퇴설계가 가능하다.

**1) 은퇴준비를 지속할 수 있는 셀프 동기부여**

은퇴준비는 긴 여정을 요구하며, 지속해서 동기를 부여받는 것이 중요하다. 다음은 은퇴준비를 지속할 수 있는 몇 가지 방법이다.

① 명확한 목표 설정: 구체적이고 현실적인 목표를 설정하는 것은 동기부여에 매우 중요하다. 목표 금액을 설정하고, 이를 달성하기 위한 구체적인 계획을 세운다. 목표를 달성할 때마다 작은 보상을 설정하는 것도 좋은 방법이다.

② 성공 사례 참고: 성공적인 은퇴준비를 마친 사람들의 이야기를 참

고하는 것은 큰 동기부여가 된다. 김철수 씨와 이영희 씨와 같은 실제 성공 사례를 통해 자신도 목표를 달성할 수 있다는 확신을 갖게 된다.

③ 진행 상황 시각화: 저축과 투자 성과를 시각적으로 표현하면 동기부여가 된다. 예를 들어, 목표 금액 대비 현재 자산을 그래프로 표현하거나, 매달 저축액을 시각화하는 것이다.

④ 가족과의 공유: 은퇴준비 과정을 가족과 공유하고, 서로 격려하는 것도 큰 동기부여가 된다. 가족의 응원은 지속적인 동기부여에 큰 도움이 된다.

## 2) 장기적인 계획 수립의 중요성

성공적인 은퇴준비를 위해서는 장기적인 계획이 필수적이다. 단기적인 변동에 흔들리지 않고, 꾸준히 계획을 실행해 나가는 것이 중요하다.

① 장기 목표 설정: 은퇴 후 필요한 자금, 생활비, 개인적인 목표 등을 포함한 장기적인 목표를 설정한다. 목표가 명확할수록 계획을 지속하기 쉽다.

② 주기적인 재평가와 조정: 정기적으로 자신의 재정 상태를 점검하고, 계획을 재조정한다. 이는 목표 달성에 중요한 역할을 한다. 예를 들어, 매년 또는 반기별로 재평가를 통해 투자 성과를 점검하고, 필요시 전략을 조정한다.

③ 리스크 관리: 장기적인 투자 계획에서는 리스크 관리가 중요하다. 주식, 채권, 펀드 등 다양한 자산에 분산투자하여 리스크를 최소화한다. 또한, 시장 상황에 따라 포트폴리오를 재조정하여 안정적

인 수익을 추구한다.

④ 지속적인 학습과 정보 수집: 재정관리와 투자에 대한 지속적인 학습은 장기적인 계획을 성공적으로 실행하는 데 중요하다. 최신 정보와 시장 동향을 파악하고, 이를 계획에 반영한다. 예를 들어, 금융 세미나나 투자 워크숍에 참여하거나 관련 도서를 읽는 것이 도움이 된다.

키워드 6

# 가입된 모든 연금 평가

1. 공적연금 파악하기
2. 사적연금 나열하고 파악하기
3. 자산의 연금화
4. 마법 같은 연금은 없는지 확인하기
5. 언제 어떤 방식으로 받을 것인가?
6. 통합연금포털서비스 활용

# 1. 공적연금 파악하기

### (1) 공적연금 파악하기

국민연금, 기초연금, 직역연금(공무원연금, 군인연금, 사립학교교직원연금, 별정우체국연금 등) 등 주요 공적연금의 종류와 특징을 파악해야 한다.

공적연금은 우리 사회에서 가장 기본적이고 중요한 노후 대비 수단 중 하나이다. 대표적인 공적연금으로는 국민연금, 기초연금, 그리고 직역연금이 있다. 이들 연금은 각각의 대상과 운영 방식이 다르다.

국민연금은 대한민국의 모든 국민을 대상으로 하며, 근로자와 자영업자, 심지어 일정한 소득이 없는 사람까지도 가입할 수 있다. 국민연금은 가입자가 납부한 보험료를 기반으로 연금 자산을 운용하여 노후에 연금으로 지급하는 방식이다. 국민연금의 가장 큰 장점은 전 국민을 대상으로 하여 상대적으로 안정적이라는 점이다. 반면, 보험료 납부 기간이 길고, 수령액이 상대적으로 낮다는 단점도 있다.

기초연금은 65세 이상의 노인 중 소득이 적은 사람들을 대상으로 하며, 소득 수준에 따라 월 최대 약 30만 원의 연금을 지급한다. 기초연금은 기본적인 생활비를 지원하여 노인 빈곤을 완화하는 것을 목표로 한다. 소득 하위 70%에 속하는 노인이 수급 대상이며, 국민연금과 중복 수급이 가능하다.

직역연금은 특정 직업군을 대상으로 하는 연금제도이다. 여기에는 공무원연금, 군인연금, 사립학교교직원연금, 별정우체국연금이 포함된다. 직역연금은 해당 직업군의 특수성을 반영하여 설계되었으며, 일반적으로 국민연금보다 더 높은 수준의 혜택을 제공한다.
- 공무원연금은 공무원을 대상으로 하며, 공무원의 월급에서 일정 비율을 공제하여 기금을 마련한다. 공무원연금의 장점은 높은 보장성과 안정성이다. 하지만 공무원이 아닌 사람은 가입할 수 없고, 정부의 재정 부담이 크다는 문제가 있다.
- 군인연금은 현역 군인과 군 출신 예비역을 대상으로 한다. 군인연금은 군인의 특수한 직무 특성을 반영하여 설계되었으며, 군 복무 기간 동안 납부한 보험료를 기반으로 한다. 군인연금의 특징은 높은 보장성과 군 복무 기간에 따라 달라지는 혜택이다. 그러나 군인연금 역시 정부의 재정 부담이 크다는 단점이 있다.
- 사립학교교직원연금은 사립학교 교직원을 대상으로 하며, 사립학교 교직원의 월급에서 일정 비율을 공제하여 기금을 마련한다. 이 연금의 장점은 공무원연금과 유사한 혜택을 제공한다는 점이다. 그러나 사립학교 교직원만 가입할 수 있다.
- 별정우체국연금은 별정우체국 직원들을 대상으로 하며, 별정우체국 직원의 월급에서 일정 비율을 공제하여 기금을 마련한다. 이 연금도 높은 보장성과 안정성을 제공하지만, 별정우체국 직원만 가입할 수 있다.

### (2) 각 공적연금의 수급 조건과 혜택

국민연금은 최소 10년 이상 보험료를 납부해야 수급 자격이 주어진다. 연금 수령 나이는 62세부터 시작되며, 2033년까지 단계적으로 65세로 연장될 예정이다. 연금 수령액은 납부 기간과 소득 수준에 따라 결정된다. 국민연금의 평균 수령액은 약 50만 원 정도이다.

기초연금은 만 65세 이상으로 소득 하위 70%에 해당하는 노인이 수급 자격을 가진다. 수급액은 소득 수준에 따라 다르며, 최대 월 30만 원까지 지급된다. 기초연금은 국민연금과 중복 수급이 가능하여, 국민연금을 받는 노인도 추가로 기초연금을 받을 수 있다.

공무원연금은 최소 20년 이상 근무한 공무원에게 수급 자격이 주어진다. 공무원연금의 수령 나이는 60세부터 시작되며, 연금 수령액은 근무 기간과 평균 임금에 따라 결정된다. 공무원연금의 평균 수령액은 약 250만 원 정도로 국민연금보다 높다.

군인연금은 최소 20년 이상 복무한 군인에게 수급 자격이 주어진다. 군인연금의 수령 나이는 55세부터 시작되며, 연금 수령액은 복무 기간과 최종 계급에 따라 결정된다. 군인연금의 평균 수령액은 약 200만 원 정도이다.

사립학교교직원연금은 최소 20년 이상 근무한 사립학교 교직원에게 수급 자격이 주어진다. 사립학교교직원연금의 수령 나이는 60세부터 시작되며, 연금 수령액은 근무 기간과 평균 임금에 따라 결정된다. 사립학교교직원연금의 평균 수령액은 약 230만 원 정도이다.

별정우체국연금은 최소 20년 이상 근무한 별정우체국 직원에게 수급 자격이 주어진다. 별정우체국연금의 수령 나이는 60세부터 시작되며, 연금 수령액은 근무 기간과 평균 임금에 따라 결정된다. 별정우체국연금의 평균 수령액은 약 210만 원 정도이다.

### (3) 공적연금의 현재 상황과 미래 전망

공적연금은 국민의 노후를 책임지는 중요한 제도이지만, 몇 가지 도전 과제에 직면해 있다. 첫째, 저출생과 빠른 고령화로 인해 연금 재정이 악화되고 있다. 국민연금의 경우, 보험료 납부자 수가 줄어들고 수급자 수가 증가하면서 재정적 부담이 커지고 있다. 둘째, 공무원연금과 군인연금 등 직역연금은 정부 재정에 큰 부담을 주고 있으며, 이는 장기적으로 지속 가능성을 위협한다.

미래를 대비하기 위해 정부는 여러 가지 개혁 방안을 모색하고 있다. 국민연금의 경우, 보험료율 인상과 수급 나이 연장이 검토되고 있다. 또한, 연금 기금의 효율적인 운용을 통해 수익성을 높이려는 노력도 이루어지고 있다. 공무원연금, 군인연금 등 직역연금은 연금 구조 조정과 재정 안정화를 위한 다양한 정책이 논의되고 있다.

기초연금의 경우, 소득 재분배 효과를 강화하기 위해 더 많은 재정 투입이 필요할 수 있다. 노인 빈곤 문제를 해결하기 위해 기초연금의 수급 대상 확대와 수급액 인상이 검토되고 있다.

개인적으로도 연금에 대한 관심과 준비가 필요하다. 국민연금의 경우, 본인의 예상 연금 수령액을 확인하고, 추가적인 저축이나 투자 계획을 세우는 것이 중요하다. 공무원, 군인, 사립학교 교직원, 별정우체국 직원의 경우, 연금 외에도 추가적인 노후 대비책을 마련하는 것이 좋다. 기초연금 수급 자격이 있는 노인들은 필요한 서류를 준비하여 신청 절차를 완료해야 한다.

연금제도는 복잡하고 변화하는 환경 속에서 개인의 노후를 안정적으로 보장하는 중요한 수단이다. 따라서, 각 연금의 특징과 혜택을 잘 이해하고, 자신의 상황에 맞는 전략을 세우는 것이 필요하다. 공적연금의 현재 상황과 미래 전망을 지속해서 모니터링하며, 변화에 대비하는 자세를 갖추는 것이 중요하다.

## 2. 사적연금 나열하고 파악하기

**(1) 사적연금 나열하기**

사적연금을 제대로 활용하기 위해서는 먼저 자신이 가입한 연금상품들을 체계적으로 나열하는 것이 중요하다. 다음은 사적연금을 나열하는 방법이다.

**1) 연금상품 목록 작성**
- 현재 가입한 모든 연금상품을 나열한다. 예를 들어, 개인연금, 퇴직연금 등.
- 각 연금상품의 이름, 가입 일자, 납입금액, 납입 주기 등을 기록한다.

**2) 연금상품 종류 구분**
- 개인연금: 연금저축보험, 연금저축펀드, 변액연금 등.
- 퇴직연금: 확정급여형(DB), 확정기여형(DC), 개인형 퇴직연금(IRP) 등.

### 3) 연금상품 세부 정보 기록

- 각 연금상품의 수익률, 보장 내용, 수령 조건 등을 상세히 기록한다.
- 세제 혜택 여부 및 조건을 포함한다.

다음은 예시로 작성한 연금상품 목록이다.

| 연금상품명 | 종류 | 가입일자 | 납입 금액 | 납입 주기 | 수익률 | 보장 내용 | 세제 혜택 |
|---|---|---|---|---|---|---|---|
| 연금저축보험 | 개인연금 | 2010-03-15 | 30만 원 | 매월 | 3% | 원금 보장 | 세액공제 |
| 연금저축펀드 | 개인연금 | 2015-06-20 | 20만 원 | 매월 | 5~7% | 투자 성과에 따라 | 세액공제 |
| 변액연금 | 개인연금 | 2018-11-30 | 25만 원 | 매월 | 6% | 투자 성과에 따라 | 없음 |
| 퇴직연금(DB) | 퇴직연금 | 2005-04-01 | 회사 부담 | 매년 | 4% | 퇴직 시 확정 금액 | 퇴직소득세 감면 |
| 개인형퇴직연금 | 퇴직연금 | 2019-09-10 | 50만 원 | 매월 | 5% | 투자 성과에 따라 | 세액공제 |

### (2) 연금상품 파악하기: 평가 기준

사적연금을 나열한 후에는 각 연금상품을 평가하고 파악하는 것이 중요하다. 연금상품을 평가할 때 고려해야 할 주요 기준은 수익률, 안전성, 유연성, 그리고 세금 혜택이다. 각 기준을 선정한 이유는 다음과 같다.

### 1) 수익률

- 이유: 연금상품의 성과를 나타내는 중요한 지표로, 높은 수익률

을 제공하는 연금상품은 노후 자금을 더욱 풍족하게 만들 수 있다. 이는 개인의 재정적 안정을 도모하는데 필수적이다.
- 평가 방법: 연금상품의 연평균 수익률을 확인하고, 과거 성과와 예상 미래 수익률을 비교한다.

### 2) 안전성

- 이유: 연금 자산의 보전 여부를 나타내며, 안정성이 높은 연금상품은 투자 원금이 보장되거나 손실 위험이 낮아 노후 자금을 안정적으로 운용할 수 있다. 이는 특히 위험을 피하고 싶은 투자자에게 중요하다.
- 평가 방법: 원금 보장 여부와 손실 위험을 확인한다. 안정적인 수익을 제공하는 상품을 선호한다.

### 3) 유연성

- 이유: 연금상품이 가입자의 재정 상황과 필요에 따라 조정될 수 있는 능력을 의미한다. 유연성이 높은 연금상품은 중도인출이나 납입금액 조정 등이 가능하여 예상치 못한 재정 변화에 대응하기 쉽다. 이는 생활비 변화나 긴급 자금 필요시 유용하다.
- 평가 방법: 중도인출 가능 여부, 납입금액 조정 가능 여부, 수령 방식의 유연성을 확인한다.

### 4) 세금 혜택

- 이유: 연금상품을 선택할 때 중요한 고려사항으로, 세제 혜택을

통해 추가적인 재정적 이익을 얻을 수 있다. 이는 세금을 절약하여 실질적인 수익률을 높이는 데 기여한다.
- 평가 방법: 세액공제 여부, 세금 감면 혜택 등을 확인한다. 세제 혜택을 최대한 활용할 수 있는 상품을 선호한다.

### (3) 실제 사례를 통한 연금상품 비교 및 평가

연금상품의 선택과 평가는 개인의 재정 상황과 노후 계획에 따라 다르다. 몇 가지 실제 사례를 통해 연금상품을 비교하고 평가해 보자.

#### 1) 사례 1: 40대 직장인 김 씨

김 씨는 현재 40대 중반으로, 매달 여유 자금을 활용하여 노후를 준비하고자 한다. 김 씨는 안정적인 연금 수익을 원하며, 위험을 최소화하고 싶다. 이 경우, 연금저축보험이 적합하다. 연금저축보험은 원금이 보장되며, 매달 일정 금액을 납입하여 안정적인 수익을 기대할 수 있다. 또한, 납입금액에 대해 세액공제를 받을 수 있어 세금 혜택도 크다. 수익률은 상대적으로 낮지만, 안전성이 높아 김 씨에게 적합한 선택이다.

#### 2) 사례 2: 30대 자영업자 이 씨

이 씨는 30대 초반으로, 사업 소득의 일부를 투자하여 높은 수익률을 기대한다. 이 씨는 위험을 감수할 의지가 있으며, 장기적인 투자 성향을 가지고 있다. 이 경우, 연금저축펀드가 적합하다. 연금저축펀드는 다양한 펀드에 투자할 수 있으며, 장기적으로 높은 수익률을 기대할 수 있다. 납입금액에 대해 세액공제를 받을 수 있고, 투자 성과에 따라 수익률이 변동된다. 하지만 투자 성과에 따라 원금 손실 위험이 있으므로 주의가 필요하다.

### 3) 사례 3: 50대 퇴직 예정자 박 씨

박 씨는 퇴직을 앞두고 있으며, 퇴직 후에도 안정적인 소득을 원한다. 박 씨는 이미 확정기여형(DC) 퇴직연금에 가입해 있다. 박 씨는 퇴직 후에도 연금 자산을 안정적으로 운용하기 위해 연금저축보험이나 연금저축펀드를 추가로 고려할 수 있다. 연금저축보험은 안정적인 수익을 제공하며, 연금저축펀드는 수익률을 높일 기회를 제공한다. 또한, 퇴직연금에 대한 퇴직소득세 감면 혜택도 누릴 수 있다. 박 씨는 자신의 투자 성향과 재정 상황을 고려하여 적절한 상품을 선택할 수 있다.

이와 같이, 연금상품의 선택은 개인의 재정 상황과 목표에 따라 다르다. 수익률, 안전성, 유연성, 세금 혜택을 종합적으로 고려하여 자신의 노후 계획에 맞는 연금상품을 선택하는 것이 중요하다. 연금상품을 선택할 때는 다양한 정보를 수집하고, 전문가의 조언을 받아 신중하게 결정하는 것이 필요하다.

### (4) 연금상품 평가 실습

독자들이 스스로 연금상품을 평가하고 파악할 수 있도록 다음과 같은 실습을 권장한다.

① 연금상품 목록 작성: 앞서 제시한 표를 참고하여 자신의 연금상품 목록을 작성한다.
② 연금상품 세부 정보 수집: 각 연금상품의 수익률, 안전성, 유연성,

세금 혜택 등을 조사하여 기록한다.

③ 평가 기준에 따라 분석: 수익률, 안전성, 유연성, 세금 혜택을 기준으로 각 연금상품을 분석하고 비교한다.

④ 노후 계획에 맞는 선택: 자신의 재정 상황과 노후 계획에 맞는 연금상품을 선택하고, 필요한 경우 전문가의 조언을 구한다.

이러한 과정을 통해 독자들은 자신의 연금상품을 체계적으로 파악하고, 더 나은 노후준비를 할 수 있을 것이다.

## 3. 자산의 연금화*

**(1) 자산을 연금화하는 방법: 부동산, 금융자산, 목돈 등**

자산의 연금화는 노후 생활의 안정성을 확보하기 위한 중요한 전략이다. 다양한 자산을 연금화하는 방법에는 부동산, 금융자산, 목돈 등이 있다. 이를 통해 안정적인 소득을 창출하고, 노후 생활을 더 안락하게 만들 수 있다.

**1) 부동산 연금화**
- 역모기지: 주택을 담보로 은행에서 대출을 받아 매달 일정 금액을 연금처럼 받는 방법이다. 주택을 소유하면서도 현금을 확보할 수 있다.
- 주택 임대: 보유한 부동산을 임대하여 월세 수익을 창출하는 방

법이다. 안정적인 임대 수입을 통해 생활비를 충당할 수 있다.
- 주택 매각 후 전세: 주택을 매각한 후 전세로 거주하며 매각 대금을 연금처럼 사용하는 방법이다. 주택자산을 현금화하여 사용한다.

### 2) 금융자산 연금화
- 연금저축보험: 일정 기간 보험료를 납입한 후, 만기 시점부터 매달 연금 형태로 수령하는 보험상품이다. 안정적인 수익을 기대할 수 있다.
- 연금저축펀드: 다양한 펀드에 투자하여 장기적인 수익을 기대할 수 있는 연금상품이다. 투자 성과에 따라 수익률이 변동된다.
- 변액연금: 투자 성과에 따라 수익률이 변동되는 연금상품으로, 높은 수익률을 기대할 수 있지만, 원금 손실의 위험도 있다.
- 정기예금: 일정 금액을 은행에 예치하고, 이자를 매달 수령하는 방법이다. 안전성이 높지만, 수익률은 상대적으로 낮다.

### 3) 목돈의 연금화
- 즉시연금: 일시적으로 큰 금액을 보험사에 납입하고, 이후 매달 일정 금액을 연금 형태로 받는 상품이다. 목돈을 활용하여 안정적인 연금 수익을 창출할 수 있다.
- 투자형 연금상품: 목돈을 다양한 투자상품에 분산투자하여 연금 형태로 수익을 받는 방법이다. 예를 들어, 주식, 채권, 부동산 펀드 등에 투자할 수 있다.

- 채권 투자: 목돈을 국공채, 회사채 등 안정적인 채권에 투자하여 이자를 연금처럼 받는 방법이다. 상대적으로 안정적인 수익을 기대할 수 있다.

**(2) 자산 연금화의 장단점과 고려사항**

**1) 장점**
- 안정적인 소득 창출: 자산을 연금화하면 일정한 소득을 지속해서 얻을 수 있어 노후 생활의 안정성을 높일 수 있다.
- 재정관리 용이: 월별, 연도별로 예측 가능한 소득이 생기므로 재정관리를 더 수월하게 할 수 있다.
- 다양한 선택지: 부동산, 금융자산, 목돈 등 다양한 자산을 활용할 수 있어 개인의 상황에 맞는 맞춤형 전략을 세울 수 있다.

**2) 단점**
- 자산 가치 변동: 부동산이나 금융자산의 가치는 시장 상황에 따라 변동될 수 있으며, 이는 연금화된 소득의 안정성에 영향을 미칠 수 있다.
- 복잡한 절차: 자산을 연금화하는 과정은 복잡할 수 있으며, 전문가의 도움 없이 진행하기 어려운 경우가 많다.
- 원금 손실 위험: 금융자산의 경우, 특히 변액연금이나 연금저축펀드는 투자 성과에 따라 원금 손실 위험이 존재한다.

### 3) 고려사항

- 자산 구성: 보유한 자산의 종류와 가치를 명확히 파악하고, 어떤 자산을 연금화할지 결정한다.
- 재정 목표: 월별 필요한 생활비, 예상되는 의료비 등 재정 목표를 설정하고 이에 맞는 연금화 전략을 세운다.
- 세제 혜택: 연금화 과정에서 받을 수 있는 세제 혜택을 최대한 활용한다. 예를 들어, 연금저축보험이나 연금저축펀드는 세액공제 혜택을 받을 수 있다.
- 전문가 상담: 연금화 과정은 복잡하고 중요한 결정이므로 금융 전문가나 재정 상담사의 도움을 받는 것이 좋다.

### (3) 주택자산의 연금화

여러 연구에서는 주택자산의 연금화가 중요한 역할을 한다고 강조한다. 주택을 활용한 연금화 방법으로는 다음과 같은 것들이 있다.

- 주택 역모기지: 주택을 담보로 대출을 받아 연금 형태로 수령하는 방법이다. 주택을 소유하면서도 현금을 확보할 수 있는 장점이 있다.
- 주택 임대: 주택을 임대하여 월세 수익을 창출하는 방법이다. 안정적인 임대 수입을 통해 생활비를 충당할 수 있다.

### (4) 연금화 전략을 통한 안정적인 소득 확보

안정적인 소득을 확보하기 위해 다음과 같은 연금화 전략을 고려할 수 있다.

① 자산 포트폴리오 구성: 다양한 자산을 연금화하여 포트폴리오를 구성한다. 부동산, 금융자산, 목돈 등 다양한 자산을 활용하여 소득원을 다변화한다.

② 단계적 연금화: 모든 자산을 한 번에 연금화하지 않고, 필요한 시점에 따라 단계적으로 연금화한다. 예를 들어, 먼저 금융자산을 연금화하고, 필요시 부동산과 목돈을 연금화하는 방식이다.

③ 분산투자: 금융자산의 경우, 여러 연금상품에 분산투자하여 리스크를 줄인다. 연금저축보험, 연금저축펀드, 변액연금 등을 혼합하여 포트폴리오를 구성한다.

④ 정기적 검토: 연금화된 자산과 소득을 정기적으로 검토하고, 필요에 따라 재조정한다. 시장 상황이나 개인의 재정 상황 변화에 맞추어 연금화 전략을 업데이트한다.

⑤ 보험 활용: 장기요양보험, 의료보험 등 추가적인 보험을 활용하여 예기치 않은 의료비용이나 돌발 상황에 대비한다.

이와 같이, 자산의 연금화는 노후 생활의 안정성을 높이는 중요한 전략이다. 각자의 상황에 맞는 자산 연금화 방법을 선택하고, 전문가의 도움을 받아 체계적으로 계획을 세우는 것이 중요하다. 연금화 전략을 통해 안정적인 소득을 확보하고, 노후 생활을 더욱 풍요롭게 준비할 수 있을 것이다.

## 4. 마법 같은 연금은 없는지 확인하기

### (1) 특정 질병에 걸리면 더 나오는 연금

특정 질병 연금은 특정 질병에 걸리면 더 많은 금액을 지급하는 연금상품이다. 이는 고령자나 중증 질환을 지닌 사람들이 가입할 수 있으며, 발병 시점부터 추가적인 연금 혜택을 제공한다.

▶ 가입 여부 확인하기 및 효과 살펴보기

- 가입 여부: 특정 질병 연금은 일부 보험사에서 제공하는 특약 형태로 존재한다. 예를 들어, 암, 심장병, 뇌졸중 등 중증 질환에 걸릴 경우 추가적인 연금을 지급한다.
- 효과: 발병 시 경제적 부담을 덜어주는 데 효과적이다. 의료비와 생활비를 보전하는 데 도움이 되며, 중증 질환에 대한 재정적 안정을 제공한다.

### (2) 오래 살면 더 받는 연금

오래 살면 더 받는 연금은 수명이 길어질수록 더 많은 금액을 지급하는 연금상품이다. 이는 장수 리스크를 관리하기 위한 방법으로, 연금 수령 기간이 길어질수록 추가 혜택을 제공한다.

▶ 가입 여부 확인하기 및 효과 살펴보기

- 가입 여부: 이런 상품은 주로 생명보험사에서 제공하며, 장수 위험을 관리하기 위해 설계되었다. 예를 들어, 85세 이후부터 추가 연금을 지급하는 형태가 있다.

- 효과: 장수 리스크를 해결하여 장기간의 경제적 안정을 제공한다. 연금이 장기간 지급되므로 노후 생활의 질을 유지하는 데 기여한다.

### (3) 죽을 때까지 나오는 연금

죽을 때까지 나오는 연금은 가입자가 사망할 때까지 매달 일정 금액을 지급하는 연금상품이다. 이러한 연금은 종신연금이라고도 불리며, 노후 생활의 기본적인 재정적 안정성을 제공한다.

▶ 가입 여부 확인하기 및 효과 살펴보기

- 가입 여부: 종신연금은 널리 존재하며, 대부분의 보험사에서 제공하는 대표적인 연금상품이다.
- 효과: 가입자의 수명과 관계없이 지속해서 연금을 지급하므로, 장수 리스크를 완벽하게 해결할 수 있다. 노후 생활 동안 경제적 안정성을 유지할 수 있는 확실한 방법 중 하나이다.

### (4) 부가 혜택이 있는 연금

#### 1) 장애연금

장애가 발생했을 때 더 많은 연금을 지급하는 상품이다. 장애 등급에 따라 지급액이 달라지며, 경제적 어려움을 덜어준다.

▶ 가입 여부 확인하기 및 효과 살펴보기

- 가입 여부: 일부 보험사에서 제공하며, 장애 발생 시 추가적인 연금 지급이 가능하다.

- 효과: 장애로 인한 경제적 부담을 줄이고, 안정적인 생활을 지원한다.

### 2) 가족연금

가입자가 사망한 후 가족에게 연금을 지급하는 상품이다. 배우자나 자녀에게 지속적인 소득을 제공하여 경제적 안정을 도모한다.

▶ 가입 여부 확인하기 및 효과 살펴보기

- 가입 여부: 가족 연금은 종신연금의 일부 형태로 존재하며, 사망 후 가족에게 연금이 지급된다.
- 효과: 가족의 경제적 안정을 도와주며, 사망 후에도 재정적 지원을 지속할 수 있다. 이는 주로 생계 유지가 필요한 배우자나 자녀를 위한 중요한 재정적 지원이 된다.

### (5) 보너스 연금

보너스 연금: 특정 조건을 충족할 때 추가적인 보너스 연금을 지급하는 상품이다. 예를 들어, 특정 연령 도달 시 추가 보너스를 지급한다.

▶ 가입 여부 확인하기 및 효과 살펴보기

- 가입 여부: 일부 생명보험사에서 제공하는 특약으로 존재한다.
- 효과: 추가적인 재정적 혜택을 제공하여 생활의 질을 높인다.

### (6) 지금까지 가입된 연금을 구별해서 분석하면 좋은 이유

① 재정적 안정성 확보: 각 연금의 특성과 혜택을 이해하여 재정적 안정성을 높인다.

② 위험 관리: 다양한 연금상품을 통해 장수 리스크, 건강 리스크 등 다양한 위험을 관리할 수 있다.
③ 맞춤형 계획: 개인의 상황에 맞는 최적의 연금 포트폴리오를 구성할 수 있다.

**(7) 새로운 연금을 시작하는 사람을 위한 가입 가이드**

① 자신의 필요 분석: 예상 수명, 건강 상태, 생활비 등을 고려하여 필요 연금을 계산한다.
② 전문가 상담: 재정 상담사나 보험 전문가와 상담하여 최적의 상품을 선택한다.
③ 다양한 상품 비교: 여러 보험사와 상품을 비교하여 가장 유리한 조건을 선택한다.
④ 조기 가입: 하루라도 빨리 가입하여 더 많은 혜택을 받을 수 있도록 한다.
⑤ 정기적 검토: 가입 후에도 정적으로 연금상품을 검토하여 필요한 경우 재조정한다.

이와 같이, 자신의 상황에 맞는 연금상품을 선택하고, 체계적으로 관리하는 것이 중요하다. 전문가의 도움을 받아 자신에게 가장 적합한 연금상품을 선택하는 것이 바람직하다.

# 5. 언제 어떤 방식으로 받을 것인가?

연금 수령 시기와 방식은 노후 생활의 안정성에 큰 영향을 미친다. 공적연금과 사적연금의 수령 시기와 방식을 구분하여 자세히 살펴보겠다.

▶ **공적연금 수령 시기의 중요성: 조기수령, 정기수령, 연기수령**

공적연금은 국민연금, 공무원연금, 군인연금 등으로 구분된다. 각각의 제도는 연금 수령 시기와 방식에 따라 다양한 혜택과 영향을 미친다.

## (1) 국민연금

### 1) 조기수령

국민연금은 원래 수령 시기인 65세보다 일찍, 60세부터 조기수령할 수 있다.

- 장점: 조기에 재정적 필요를 충족할 수 있다. 즉시 소득을 얻을 수 있다.
- 단점: 매월 수령액이 줄어들고, 장기적으로 받는 총액이 감소한다.

### 2) 정기수령

법정 수령 연령인 65세부터 연금을 받기 시작한다.

- 장점: 안정적이고 예측 가능한 소득을 제공한다.
- 단점: 조기수령보다 늦게 소득을 받기 시작하므로, 조기 재정적

필요를 충족하기 어렵다.

### 3) 연기수령

국민연금은 70세까지 연기할 수 있으며, 연기하는 기간에 수령액이 매년 7.2%씩 증가한다.

- 장점: 매월 수령액이 증가하며, 총 연금 수령액이 늘어날 수 있다.
- 단점: 수령 시기가 늦어져, 연금 수령 전에 재정적 부담이 발생할 수 있다.

## (2) 공무원연금

### 1) 조기수령

공무원연금은 법정 정년 전에 퇴직할 경우 조기수령할 수 있다.

- 장점: 정년 전에 퇴직해도 연금을 받을 수 있다.
- 단점: 수령액이 감소하며, 장기적으로 받는 총액이 줄어든다.

### 2) 정기수령

법정 정년에 도달하면 연금을 받기 시작한다.

- 장점: 안정적이고 예측 가능한 소득을 제공한다.
- 단점: 조기수령보다 늦게 소득을 받기 시작해 조기 재정적 필요를 충족하기 어렵다.

### 3) 연기수령

공무원연금도 연기수령이 가능하며, 연기하는 기간에 수령액이 증가한다.
- 장점: 매월 수령액이 증가해 장기적 안정성을 높인다.
- 단점: 수령 시기가 늦어져 재정적 부담이 발생할 수 있다.

### (3) 사적연금 수령 방식: 일시금 vs 연금 방식

사적연금 개요: 사적연금은 개인연금, 퇴직연금 등 다양한 금융상품으로 구성된다. 연금 수령 방식은 크게 일시금 수령과 연금 방식 수령으로 나눌 수 있다.

### 1) 일시금 수령
- 개요: 한 번에 큰 금액을 받는 방식이다.
- 장점: 큰 금액을 즉시 사용할 수 있어, 투자나 큰 지출에 유용하다. 이를 통해 예기치 못한 재정적 필요를 충족할 수 있다.
- 단점: 금액이 금방 소진될 수 있으며, 잘못된 투자로 인해 재정적 위험이 발생할 수 있다.

### 2) 연금 방식 수령
- 개요: 일정 금액을 매월 받는 방식이다.
- 장점: 지속적인 소득을 제공하며, 장기적인 재정적 안정성을 보장한다. 이는 예측 가능한 생활비를 유지하는 데 도움이 된다.
- 단점: 매월 수령액이 제한적이므로 큰 금액이 필요한 상황에서는

불리할 수 있다.

### (4) 각 방식의 장단점과 재무적인 고려사항

**1) 공적연금 수령 시기**

① 조기수령
- 장점: 빠른 소득 확보.
- 단점: 수령액 감소.
- 고려사항: 조기 퇴직이나 긴급 자금이 필요한 경우 유리하지만, 장기적 재정계획을 신중히 검토해야 한다.

② 정기수령
- 장점: 안정적 소득.
- 단점: 조기 필요 충족 어려움.
- 고려사항: 안정적인 생활비와 장기적인 재정계획을 위해 적합하다.

③ 연기수령
- 장점: 수령액 증가.
- 단점: 수령 지연.
- 고려사항: 연금을 늦게 받더라도 다른 소득원이 있는 경우 유리하다.

**2) 사적연금 수령 방식**

① 일시금 수령

- 장점: 즉시 사용 가능.
- 단점: 재정적 위험.
- 고려사항: 투자 계획이 확실하거나 큰 지출이 필요할 때 유리하다.

② 연금 방식 수령
- 장점: 지속적 소득.
- 단점: 큰 지출 불리.
- 고려사항: 안정적인 생활비를 위해 적합하며, 긴급 자금은 다른 방법으로 준비하는 것이 좋다.

각 수령 방식은 개인의 재정 상황, 생활 패턴, 건강 상태 등을 고려하여 선택해야 한다. 다양한 연금 수령 방식을 이해하고, 자신의 상황에 맞는 최적의 수령 방식을 선택하는 것이 중요하다. 전문가의 조언을 받아 체계적인 재정계획을 세우는 것이 바람직하다.

## 6. 통합연금포털서비스 활용

통합연금포털은 국민연금, 사적연금, 퇴직연금 등 모든 연금 정보를 한 곳에서 관리하고 확인할 수 있는 시스템이다. 이를 통해 개인의 연금 상황을 종합적으로 파악하고, 노후준비를 체계적으로 할 수 있도록 지원한다.

- 필요성: 연금 정보의 통합 관리: 여러 연금제도를 한 곳에서 통합

적으로 관리할 수 있어 연금의 수령 시기, 수령액 등을 쉽게 파악할 수 있다.
- 효율적인 노후준비: 통합된 정보를 바탕으로 더 효율적이고 체계적인 노후준비가 가능하다.
- 투명성과 접근성: 모든 연금 정보를 투명하게 제공하여 개인의 재정계획 수립에 도움을 준다.

**(1) 장점과 유의사항**

**1) 장점**
- 정보 통합: 여러 연금계좌를 한 곳에서 관리할 수 있어 편리하다.
- 편리성: 온라인으로 언제 어디서나 연금 정보를 조회하고 관리할 수 있다.
- 종합적인 분석: 연금 자산의 종합적인 분석을 통해 최적의 연금 수령 계획을 세울 수 있다.

**2) 유의사항**
- 보안: 개인연금 정보가 포함되어 있으므로, 보안에 주의해야 한다.
- 정보 업데이트: 연금 정보는 주기적으로 업데이트되므로, 최신 정보를 확인하는 것이 중요하다.
- 정확성: 입력된 정보의 정확성을 확인하고, 오류가 있다면 즉시 수정해야 한다.

### (2) 실제 이용 방법

① 회원가입 및 로그인: 통합연금포털 웹사이트에 접속하여 회원가입을 하고 로그인한다.

② 연금 정보 조회: 국민연금, 사적연금, 퇴직연금 등 모든 연금 정보를 조회할 수 있다.

③ 연금 계산기 이용: 연금 수령액을 예측하고, 다양한 시나리오에 따른 수령액을 계산할 수 있다.

④ 상담 서비스: 필요시 연금 전문가와의 상담을 통해 맞춤형 연금 계획을 세울 수 있다.

### (3) 사례

① 노후준비 강화: 김 씨는 통합연금포털을 통해 자신이 가입한 모든 연금 정보를 한눈에 확인하고, 부족한 부분을 채우기 위해 추가 연금을 가입했다.

② 재정계획 수립: 박 씨는 통합연금포털에서 제공하는 연금 계산기를 활용해 노후 생활비를 미리 계산하고, 계획적인 재정관리를 시작했다.

통합연금포털은 연금 정보를 통합적으로 관리하고, 효율적인 노후 준비를 할 수 있도록 도와주는 중요한 도구이다. 이를 통해 개인의 연금 자산을 체계적으로 관리하고, 안정적인 노후 생활을 준비할 수 있다.

키워드 7

# 가입된 모든 보험 평가

1. 합리적 보험: 장거리 달리기, 과연 무엇을 가지고 뛸 것인가?
2. 보험은 자산일까, 비용일까?
3. 좋은 보험 체크리스트: 보험료, 보험금, 보험기간, 보장 크기
4. 초고령사회의 필수 보험: 미래 3대 리스크를 책임지는 보험(유병장수, 무전장수, 인플레이션 극복)
5. 보험상품의 변경
6. 보험 셀프 리모델링

## 1. 합리적 보험: 장거리 달리기, 과연 무엇을 가지고 뛸 것인가?

은퇴는 인생이라는 마라톤의 종착점 중 하나로, 이 긴 여정에서 중요한 것은 꾸준한 준비와 계획이다. 그중에서도 보험은 긴 여정을 함께할 동반자와 같다. 보험은 불확실한 미래에 대비하는 안전망으로, 예기치 못한 상황에서도 재정적인 안정성을 제공해준다. 이는 마치 마라톤 도중 예상치 못한 돌발 상황에 대비하는 응급 키트와 같은 역할을 한다.

장거리 달리기를 할 때, 우리는 체력뿐만 아니라 다양한 상황에 대비한 준비물을 챙겨야 한다. 물병, 에너지 바, 심지어는 응급 약품까지 다양한 물품이 필요하다. 보험 역시 마찬가지다. 은퇴를 대비하는 과정에서 보험은 우리 인생의 마라톤을 완주하기 위한 필수적인 준비물이다. 보험은 단순한 지출 항목이 아니라, 재무계획의 하나로 반드시 포함되어야 할 요소다. 은퇴를 대비하는 과정에서, 건강 문제나 사고 등 예기치 못한 사건들은 언제든지 발생할 수 있다. 이때 보험은 이러한 위험을 재정적으로 커버해주어, 은퇴 후에도 안정적인 삶을 유지할 수 있도록 도와준다.

보험을 선택할 때는 장기적인 관점을 가지고 접근하는 것이 중요하다. 단기적으로는 비용이 부담스러울 수 있지만, 장기적으로 보면 큰 비용을 절약할 수 있는 도구가 된다. 보험을 선택할 때 고려해야 할 요소로는 보험료, 보장 범위, 보험기간 등이 있다. 이는 각각의 요소들이 미래의 재정계획과 어떻게 맞물리는지를 따져보는 과정이 필요하다. 예를 들어, 마라톤을 뛰기 위해서는 신발의 쿠션, 의상의 통기성, 에너지 보충의 중요성을 고려해야 하듯이 말이다.

또한, 보험은 지속적인 관리와 평가가 필요하다. 시간이 지나면서 개인의 상황이나 필요가 변할 수 있기 때문이다. 따라서 정기적으로 보험을 점검하고, 필요에 따라 조정하는 것이 중요하다. 이는 마치 마라톤 중간에 페이스를 조절하거나 필요한 보급품을 체크하는 것과 같다. 예를 들어, 날씨가 더워지면 물 섭취를 늘리고, 체력이 떨어지면 에너지 보충을 위해 계획을 수정하는 것처럼, 보험도 상황에 맞춰 지속해서 조정해야 한다.

장기적인 재무계획에서 보험은 필수적인 요소로, 이를 통해 미래의 불확실성을 대비하고 재정적인 안정을 도모할 수 있다. 은퇴라는 긴 여정을 앞둔 이들에게 보험은 든든한 동반자 역할을 하며, 장기적인 관점에서 신중하게 선택하고 관리해야 할 중요한 자산이다. 마라톤을 완주하기 위해서는 철저한 준비와 관리가 필요하듯, 성공적인 은퇴를 위해서는 보험이라는 든든한 동반자가 필요하다.


## 2. 보험은 자산일까, 비용일까?

보험의 경제적 가치는 복잡하고 다양한 측면을 포함한다. 보험을 자산으로 볼 것인지, 비용으로 볼 것인지는 그 사용 목적과 경제적 상황에 따라 달라진다. 보험의 본질적인 목적과 가치를 이해하면, 이를 자산으로 평가할 수 있는 이유가 명확해진다.

보험을 자산으로 볼 수 있는 이유는 여러 가지가 있다.

첫째, 일부 보험상품은 현금 가치를 축적할 수 있는 저축 요소를 포함하고 있다. 예를 들어, 종신보험과 같은 상품은 시간이 지남에 따라 현금 가치가 쌓여, 이를 필요시 대출 형태로 사용할 수 있다. 이는 마치 저축 계좌와 비슷한 역할을 하며, 긴급한 자금 필요시 유용하게 사용할 수 있는 자산으로 작용한다.

둘째, 보험은 자산 보호의 역할을 한다. 장기요양보험이나 장애 보험과 같은 상품은 고액의 요양비나 치료비를 대비할 수 있게 하여, 다른 자산을 보호하는 중요한 역할을 한다. 이는 보험이 단순한 비용 지출이 아닌, 자산의 보호 장치로서 기능한다는 것을 의미한다.

셋째, 보험은 재무 포트폴리오의 다각화 수단으로 사용될 수 있다. 이는 주식이나 채권과는 다른 형태의 자산으로, 재무 포트폴리오의 리스크를 분산시키는 데 도움을 준다. 예를 들어, 주식시장의 변동성에 대비해 보험은 안정적인 보호를 제공하여 포트폴리오의 균형을 맞출 수 있다.

반면, 보험을 비용으로 보는 이유도 있다. 첫째, 보험료는 고정적인 지출로, 즉각적인 경제적 이익을 제공하지 않는다. 매월 또는 매년 지불해야 하는 보험료는 단기적으로 자산 축적을 방해하는 요소로 작용할 수 있다. 둘째, 일부 보험상품은 만기 시 현금 가치가 없는 순수 보장성 보험으로, 보험기간이 종료되면 그 가치는 소멸된다. 이는 마치 매달 일정 금액을 지불하지만, 그 혜택을 사용하지 못하면 결국 비용으로만 남는 구조다.

그러나, 보험의 본질석인 목적과 가치를 재평가해보면, 보험은 자산에 더 가깝다고 볼 수 있다. 보험은 기본적으로 불확실성을 관리하고 재정적 위험을 분산시키는 도구로, 예상치 못한 상황에서 경제적 안정성을 제공한다. 이는 마치 마라톤을 준비하는 러너가 체력뿐만 아니라 다양한 응급 상황에 대비한 장비를 갖추는 것과 같다. 보험은 단기적인 비용 부담을 감수하더라도, 장기적인 재정 안정성을 위한 중요한 자산이 될 수 있다.

보험은 특정 상황에 따라 자산으로도, 비용으로도 간주될 수 있다. 그러나, 장기적인 관점에서 보험의 가치와 혜택을 평가하면, 보험은 분명히 자산에 더 가깝다고 할 수 있다. 보험을 선택할 때는 자신의 재무 목표와 필요에 맞춰 신중하게 접근하는 것이 중요하다. 보험이 제공하는 재정적 안정성과 보호 기능을 고려할 때, 이는 단순한 비용을 넘어 중요한 재정 자산으로 평가될 수 있다.

## 3. 좋은 보험 체크리스트: 보험료, 보험금, 보험기간, 보장 크기

효과적인 보험 선택을 위해서는 여러 요소를 종합적으로 고려해야 한다. 보험은 재무 안정성을 제공하는 중요한 도구이므로, 이를 신중하게 평가하고 선택하는 것이 필수적이다. 아래는 보험을 선택할 때 고려해야 할 주요 요소들을 체크리스트 형식으로 정리한 것이다.

### (1) **보험료**(Premium)

보험료는 매월 또는 매년 지불해야 하는 고정비용이다. 보험료는 보험의 종류와 보장 범위에 따라 다르며, 동일한 보장을 제공하는 여러 보험사의 보험료를 비교해 보는 것이 중요하다. 보험료가 낮다고 해서 무조건 좋은 보험은 아니다. 보장 내용과 보험료의 균형을 맞추는 것이 중요하다. 예를 들어, 건강보험의 경우, 보험료가 낮아도 본인부담금이 높거나 보장 한도가 낮다면 실제로 도움이 되지 않을 수 있다. 싸고 좋은 보험은 없을 수도 있다.

보험 관련 상담을 하다 보면 갱신형 보험료와 비갱신형 보험료에 관한 문의가 많다. 갱신형 보험은 일정 기간마다 보험료가 재산정된다. 이는 초기 보험료가 낮게 책정될 수 있으나, 나이가 들수록 보험료가 상승할 가능성이 크다. 갱신 시 보험료가 인상될 수 있으며, 이는 장기적으로 부담이 될 수 있다. 반면 비갱신형 보험은 처음 계약 시 정해진 보험료가 일정 기간 변하지 않는다. 이는 초기 보험료가 갱신형 보험료보다 높을 수 있으나, 장기적으로 안정적인 보험료를 유지할 수 있어 예산 계획이 수월하다. 장단점을 비교해보자.

먼저 갱신형 보험료의 장점은 초기 보험료가 낮아 젊은 시기에 부담이 적다. 필요에 따라 보장 범위나 조건을 조정할 수 있다. 반면 갱신형 보험료의 단점은 나이가 들수록 보험료가 증가할 수 있다. 장기적으로 비용이 많이 들 수 있디.

비갱신형 보험료의 장점은 보험료가 일정 기간 변하지 않아 예산 계획이 쉽다. 나이가 들어도 보험료가 인상되지 않아 장기적으로 경제적 부담이 덜하다. 하지만 비갱신형 보험료의 단점은 초기 보험료가 높을 수 있다. 보험료가 고정되어 있어 초기 비용 부담이 있을 수 있다.

그렇다면 은퇴 후를 위한 유리한 선택은 무엇일까? 은퇴 후에는 고정된 수입으로 생활하는 경우가 많으므로, 비갱신형 보험료가 유리할 수 있다. 보험료 납입도 은퇴 전 마치는 것이 유리하다. 만약 은퇴 후에도 납입이 이어진다면 보험료가 인상되지 않기 때문에, 안정적인 재정관리를 가능하게 한다. 갱신형 보험료는 초기에는 저렴할 수 있지만, 나이가 들면서 보험료가 상승할 위험이 있어 은퇴 후 재정적 부담이 될 수 있다.

그렇다고 무조건 은퇴 후 비갱신형 보험이 유리하다고 단정할 수는 없다. 건강상의 이유나 가족력 등으로 보험을 유지해야 하는 사람에게는 갱신형 보험이 더 적합할 수 있다. 갱신형 보험은 갱신 시 추가적인 건강검진 없이 보장을 연장할 수 있기 때문에, 건강 상태가 악화되었을 때도 보험을 유지할 수 있는 장점이 있다.

### (2) 보험금(Coverage Amount)

보험금은 사고나 질병 등 보험 사건 발생 시 지급받을 수 있는 금액이다. 이 금액은 보험의 가치를 결정짓는 중요한 요소 중 하나이다. 예를 들어, 생명보험사의 일반사망 보험금을 고려해보자. 어느 생명보험사의 일반사망 보험은 30대 초반 남성을 기준으로 월 보험료 10만 원 정도에 사망 시 1억 원을 지급한다고 가정해 보자. 이 남자가 가정의 주수입원인 가장이라고 가정했을 때, 이 보험금은 남겨진 가족에게 생활의 큰 부분은 아닐지라도 가장의 사망 초기 중요한 경제적 안정을 제공할 수 있는 금액이 될 수 있다. 또한, 이 보험금은 일정 기간 쌓여가는 자산처럼 기능할 수 있다. 즉, 만약 사망 시기에 보험금이 지급되면 이는 자산 일부로 작용하여, 가족들이 경제적 어려움을 겪지 않도록 도와준다. 따라서 보험금의 크기와 보장 범위를 신중하게 검토하는 것이 필요하다.

### (3) 보험기간(Policy Term)

보험기간은 보험이 유효한 기간을 의미한다. 단기 보험과 장기 보험 중 자신의 필요에 맞는 것을 선택해야 한다. 예를 들어, 종신보험은 평생 보장을 제공하는 반면, 일정 기간만 보장하는 정기보험은 특정 시기에 집중된 보장을 제공한다. 특히, 80세 만기의 건강 관련 보험은 81세 이후의 삶을 고려하지 않기 때문에, 만약 81세 이후에 경제적 어려움이나 의료비 부담이 발생하면 큰 문제가 될 수 있다. 이를 방지하기 위해 장기적인 재무계획을 세우고, 필요한 경우 추가적인 보장을 고려해야 한다.

### (4) 보장 크기(Coverage Size)

보장 크기는 보험이 커버하는 위험의 범위와 정도를 의미한다. 이는 단순히 보험금의 크기뿐만 아니라, 어떤 상황에서 보험금이 지급되는지에 대한 세부 사항을 포함한다. 예를 들어, 5대 암보험의 경우, 주요 암(위암, 간암, 폐암, 대장암, 유방암)에 대해서는 충분한 보장이 되지만, 나머지 암에 대해서는 보장이 미비할 수 있다. 만약 보험 가입자가 이 다섯 가지 암 외의 암에 걸리게 되면, 보장받지 못하는 경우가 발생할 수 있다. 이는 보험 가입자가 암 진단을 받았을 때 느낄 수 있는 큰 실망과 경제적 어려움을 초래할 수 있다.

또한, 상해보험의 경우 특정 상황에서의 보장 여부를 확인해야 한다. 예를 들어, 휴일에 발생하는 교통사고 시의 보장에 특정이 되어있는지 반드시 확인해야 한다. 많은 보험이 평일과 휴일, 또는 특정 시간대에 따라 보장 범위가 다를 수 있으므로, 이러한 세부 사항을 꼼꼼히 체크하는 것이 중요하다. 보험계약서를 꼼꼼히 읽고, 세부적인 보장 내용과 조건을 정확히 이해하는 것이 필수적이다.

**(5) 체크리스트**

① 보험료: 보험료는 적정한가? 동일한 보장을 제공하는 다른 보험사와 비교했을 때 합리적인가?

② 보험금: 보험금이 충분한가? 필요한 모든 상황에서 충분한 보상을 받을 수 있는가?

③ 보험기간: 보험기간이 나의 필요와 일치하는가? 장기적으로 필요한 보장을 제공하는가?

④ 보장 크기: 필요한 모든 위험(일반적인 모든 위험)을 커버하는가? 추가 보장이 필요한가?

이와 같은 체크리스트를 통해 보험을 평가하고 선택함으로써, 자신에게 가장 적합한 보험을 찾을 수 있다. 좋은 보험은 단순히 비용을 절감하는 것이 아니라, 필요한 시기에 적절한 보장을 제공하여 재정적 안정을 도모할 수 있는 중요한 도구다. 전문가와 상담하여 자신의 상황에 맞는 최적의 보험을 선택하는 것이 중요하다.

## 4. 초고령사회의 필수 보험: 미래 3대 리스크를 책임지는 보험(유병장수, 무전장수, 인플레이션 극복)

보험 산업은 급격한 기술 발전과 변화하는 사회적 요구에 발맞추어 진화하고 있다. 특히 초고령화 사회로 진입하면서 새로운 위험 요소들이 대두되고 있다.

　초고령사회에서는 사람들이 더 오래 살지만, 건강 문제를 안고 사는 경우가 많다. 보험사들은 이제 단순한 치료 비용 보장을 넘어서 예방과 건강관리에 집중하고 있다. 예를 들어, AI 기반의 건강 모니터링 시스템을 통해 고객의 건강 상태를 실시간으로 추적하고, 건강 이상을 조기에 감지하여 치료를 유도하는 기술이 도입되고 있다. 이러한 시스템은 고객의 건강을 유지하고, 보험사의 의료비용을 절감하는 데 큰 도움을 준다.

　또한, 웨어러블 디바이스를 통해 일상적인 건강 데이터를 수집하고, 이를 바탕으로 맞춤형 건강관리 프로그램을 제공하는 보험상품이 증가하고 있다. 이는 고객이 더 적극적으로 자신의 건강을 관리하게 하여, 장기적으로 보험 청구 건수를 줄이는 효과를 기대할 수 있다. 예를 들어, 스마트 워치와 연동된 건강보험상품은 고객의 운동량, 심박 수, 수면 패턴 등을 모니터링하고, 건강 개선 목표를 달성할 경우 보험료 할인을 제공하는 방식이다. 이는 보험사의 비용 절감뿐만 아니라, 고객의 건강 증진에도 큰 도움을 준다.

　초고령사회에서 또 다른 중요한 리스크는 무전장수, 즉 재정적 안정이 필요하다. 은퇴 후 소득이 줄어들면서 재정적 어려움을 겪을 가능성이 커진다. 이를 해결하기 위해 보험사들은 연금보험과 같은 상품을 통해 안정적인 소득을 제공하고 있다. 예를 들어, 연금보험은 일정한 금액을 매달 지급하여 은퇴 후 생활비를 충당할 수 있도록 돕는다.

　또한, 투자형 보험상품은 고객의 재산을 효율적으로 관리하고 증식시키는 역할을 한다. 이러한 상품은 주식, 채권, 부동산 등 다양한 자산에 분산투자하여 안정적인 수익을 추구한다. 이는 단순한 저축을 넘어서 적극적인 자산관리와 증식을 도모하는 방식으로, 초고령사회에서의 재정적 안정성을 확보하는 데 중요한 역할을 한다. 예를 들어, 일부 보험상품은 고객의 투자 성향과 위험 감수 능력에 맞추어 맞춤형 포트폴리오를 구성하여, 더욱 안정적인 수익을 제공한다.

마지막으로, 인플레이션 리스크는 초고령사회에서 무시할 수 없는 요소다. 물가 상승으로 인해 은퇴 후의 생활비가 증가하면, 고정된 소득만으로는 생활을 유지하기 어려울 수 있다. 이를 대비하기 위해 인플레이션에 연동된 보험상품이 필요하다. 예를 들어, 인플레이션 연동 연금보험은 물가 상승률에 따라 지급액이 조정되어, 구매력을 보존할 수 있도록 돕는다. 또한, 인플레이션 헤지 기능을 갖춘 투자형 보험상품도 중요한 역할을 한다. 이러한 상품은 인플레이션에 대비한 자산 배분 전략을 통해, 실질적인 자산 가치를 유지하고 증식할 수 있도록 한다. 이는 고객이 인플레이션으로 인한 재정적 불안을 최소화하고, 안정적인 재정관리를 할 수 있도록 돕는다.

초고령사회에서는 유병장수, 무전장수, 인플레이션 리스크와 같은 새로운 위험 요소들이 부각되고 있다. 이러한 위험을 관리하기 위해 보험사들은 기술 발전과 혁신적인 보험상품을 통해 고객의 건강, 재정 안정성, 구매력 보존을 돕고 있다. AI와 IoT 기술의 융합, 매개 변수 보험, 내장형 보험과 같은 혁신적인 상품들은 미래 보험의 핵심 트렌드로 자리 잡고 있다. 이러한 변화를 통해 보험사는 고객에게 더 큰 가치를 제공하고, 고객은 더 나은 위험 관리와 예방 서비스를 받을 수 있게 될 것이다.

## 5. 보험상품의 변경

은퇴 전환기 시점이 되면 기존 보험상품의 평가와 변경이 빈번하게 이루어진다. 은퇴 전환기는 재정적 계획을 재조정하고, 현재 가입된 보험상품을 평가하기에 적절한 시기이기 때문이다. 보험상품을 평가하고 필요시 변경하는 것은 은퇴 후 안정적인 재정관리를 위한 중요한 과정이다.

은퇴 전환기 시점에서 보험상품 변경이 중요한 이유는 다음과 같다. 첫째, 은퇴 후 소득이 줄어들면서 재정적 부담이 증가하기 때문이다. 은퇴 전에는 일정한 수입이 있지만, 은퇴 후에는 연금이나 저축에 의존하게 된다. 따라서, 보험료를 조정하여 재정적 부담을 줄이는 것이 필요하다. 둘째, 은퇴 후에는 건강 문제가 빈번하게 발생할 수 있어 의료비 부담이 커질 가능성이 크다. 따라서, 의료비를 충분히 보장하는 보험상품으로 변경하는 것이 중요하다. 셋째, 기존 보험상품이 은퇴 후의 생활 패턴과 맞지 않을 수 있다. 예를 들어, 주택대출이나 자녀 교육비를 보장하는 상품보다, 생활비나 의료비를 보장하는 상품이 더 적합할 수 있다. 마지막으로, 법적 변화와 시장 트렌드에 따라 새로운 보험상품이 더 유리한 조건을 제공할 수 있다. 따라서, 은퇴 전환기 시점에서 보험상품을 재평가하고, 필요시 변경하는 것이 중요하다.

은퇴준비기로 볼 수 있는 젊은 시기와 비교할 때, 은퇴 전환기에서 보험상품 변경이 중요한 이유는 명확하다. 젊은 시기에는 소득이 꾸준히 발생하고, 건강 상태가 비교적 양호하므로 보험료 부담이 덜하다. 또한, 젊은 시기에는 장기적인 투자와 저축을 통해 재정을 안정적으로 관리할 수 있는 여유가 있다. 반면, 은퇴 전환기에는 소득이 감소하고 건강 문제가 빈번히 발생하기 때문에 보험상품의 적절한 변경이 필요하다. 이는 재정적 부담을 줄이고, 의료비를 보장받으며, 은퇴 후 안정적인 생활을 유지하기 위한 필수적인 과정이다.

### (1) 보험상품 평가 방법

보험상품을 평가할 때는 다음과 같은 요소들을 고려해야 한다. 첫째, 현재 보험상품의 보장 내용과 보험료를 점검해야 한다. 이는 보험상품이 자신의 현재 재정 상태와 필요를 충족하는지 확인하는 과정이다. 예를 들어, 과거에는 자녀 교육비나 주택대출 보장을 위해 가입한 상품이었지만, 은퇴 후에는 의료비나 생활비 보장이 더 중요해질 수 있다. 둘째, 보험상품의 만기 시점과 보장 기간을 확인해야 한다. 특히, 은퇴 후에도 지속적인 보장이 필요한 경우, 만기 시점이 다가오는 상품은 다른 상품으로 전환이 필요할 수 있다.

### (2) 보험상품 변경 절차

보험상품을 변경하는 절차는 비교적 간단하지만, 꼼꼼한 준비가 필요하다. 첫째, 변경을 원하는 보험상품을 선택한 후, 해당 보험사의 고객서비스 센터나 담당 보험설계사와 상담을 진행한다. 이 과정에서 새로운 상품의 보장 내용, 보험료, 계약 조건 등을 상세히 확인해야 한다. 둘째, 기존 보험상품의 해지 또는 전환 절차를 진행한다. 이때, 해지 시 발생할 수 있는 해지 환급금, 위약금 등을 반드시 확인해야 한다. 셋째, 새로운 보험상품에 대한 계약서를 작성하고, 필요한 서류를 제출한다. 보통 신분증, 건강검진 결과, 기존 보험계약서 등의 서류가 필요할 수 있다.

### (3) 보험상품 변경 시 고려사항

보험상품을 변경할 때는 여러 가지 고려사항이 있다. 첫째, 기존 보험상품의 해지로 인한 손실을 최소화해야 한다. 이는 해지 환급금이나 위약금을 고려하여 결정해야 한다. 둘째, 새로운 보험상품의 보장 내용과 보험료가 자신의 현재 상황에 적합한지 확인해야 한다. 예를 들어, 은퇴 후 의료비 부담이 커질 것을 대비해 의료보험의 보장을 강화할 필요가 있다. 셋째, 보험사의 신뢰성과 서비스 품질을 확인해야 한다. 보험금 청구 시 신속하고 정확한 처리가 이루어지는지, 고객 서비스가 원활한지를 고려해야 한다.

### (4) 보험상품 변경 시의 장단점

보험상품을 변경하는 것은 장단점이 있다. 장점으로는 새로운 보장 내용을 통해 현재의 필요를 더 잘 충족할 수 있다는 점이 있다. 또한, 보험료를 조정하여 재정적 부담을 줄일 수 있다. 반면, 단점으로는 기존 보험상품을 해지할 때 발생하는 환급금 손실이나 위약금, 그리고 새로운 보험상품의 가입 조건에 따른 부담이 있을 수 있다. 예를 들어, 최근 보험 시장에서 많은 사람이 은퇴를 앞두고 보장성 보험을 연금보험으로 전환하는 경우가 있다. 이는 안정적인 소득을 보장받기 위한 선택이지만, 기존 보험을 해지할 때 발생하는 손실도 고려해야 한다.

### (5) 법적 변화에 따른 보험상품 변경의 필요성

보험상품 변경 시 법적 변화도 중요한 고려사항 중 하나다. 최근 여러 법적 변화가 보험상품에 영향을 미치고 있다. 예를 들어, 2021년에 시행된 '금융소비자보호법'은 보험상품 판매와 관련된 규제를 강화하여, 보험 계약 시 소비자의 권익을 보호하고자 한다. 이 법은 보험사의 책임을 강화하고, 불완전 판매를 방지하기 위한 다양한 조치를 포함하고 있다. 진 씨는 65세로, 은퇴 후 의료비와 생활비 보장을 강화하기 위해 기존의 종신보험을 해지하고, 새로운 의료보험과 연금보험으로 전환하기로 결정했다. 이 과정에서 진 씨는 금융소비자보호법의 강화된 규제 덕분에 더욱 명확하고 상세한 상품 설명을 받을 수 있었고, 자신에게 맞는 보험상품을 선택할 수 있었다.

또한, 2022년에는 '고령자복지법'이 개정되어, 고령자 대상의 보험상품과 서비스에 대한 기준이 강화되었다. 이는 고령 소비자들이 더 안전하고 신뢰할 수 있는 보험상품을 선택할 수 있도록 돕고 있다. 유 씨는 70세로, 기존의 건강보험이 고령자의 특수한 의료비를 충분히 보장하지 않는다는 것을 알게 되었다. 새로운 고령자복지법에 따라 보험사들은 고령자를 위한 맞춤형 건강보험상품을 개발하게 되었고, 유 씨는 이를 통해 자신에게 적합한 보험상품으로 전환할 수 있었다.

은퇴 전환기 시점에서 보험상품을 평가하고 필요시 변경하는 것은 매우 중요하다. 기존 보험상품의 보장 내용과 보험료를 점검하고, 만기 시점과 보장 기간을 확인하여 자신의 현재 재정 상태와 필요에 맞는 보험상품으로 변경하는 것이 필요하다. 보험상품을 변경할 때는 해지 절차와 새로운 상품 가입 절차를 정확히 이해하고, 발생할 수 있는 손실과 부담을 최소화하는 방향으로 진행해야 한다. 또한, 법적 변화를 주시하며 보험상품을 재평가하는 것이 중요하다. 이를 통해 은퇴 후 안정적인 재정관리를 도모할 수 있을 것이다.

## 6. 보험 셀프 리모델링*

보험 셀프 리모델링의 취지는 기존에 가입된 보험상품이 현재의 라이프스타일, 재정 상황, 필요에 부합하는지 점검하고, 이를 개선하기 위함이다. 이는 보험료를 최적화하고, 불필요한 중복 보장을 제거하며, 필요한 보장은 강화하는 데 있다. 궁극적으로는 개인의 재정적 안전망을 더 효율적으로 구축하는 것이 목표가 된다. 여기에 보험 포트폴리오를 구성하는 것은 자신의 재정적 목표와 필요를 충족시키기 위해 여러 보험상품을 조합하는 과정이다. 이를 위해 먼저 자신의 재정 상태와 위험 요소를 평가해야 한다. 예를 들어, 자녀 교육비, 주택대출 상환, 은퇴 후 생활비, 의료비 등 다양한 재정적 요구를 고려해야 한다. 이를 기반으로 각각의 필요를 충족시킬 수 있는 보험상품을 선택하여 포트폴리오를 구성하는 것이 중요하다. 보험을 스스로 평가하고 재구성하는 것은 복잡해 보일 수 있지만, 단계별로 접근하면 효율적으로 할 수 있다.

### (1) 셀프 리모델링의 장단점

**1) 장점**
- 비용 절감: 외부 전문가를 고용하지 않기 때문에 컨설팅 비용을 절감할 수 있다.
- 개인 맞춤화: 자신의 상황과 필요에 맞추어 직접 설계할 수 있어 더 적합한 보험상품을 선택할 수 있다.
- 신속한 결정: 본인이 직접 진행하므로 의사결정이 빠르고, 필요시

바로 수정할 수 있다.
- 지식 향상: 보험에 대한 이해도를 높일 수 있으며, 이를 통해 장기적으로 더 나은 금융 결정을 내릴 수 있다.

**2) 단점**
- 전문성 부족: 보험상품의 복잡성과 다양한 조건을 이해하는 데 한계가 있을 수 있다.
- 시간 소요: 보험상품을 비교하고 분석하는 데 많은 시간이 소요될 수 있다.
- 리스크 증가: 잘못된 판단으로 인해 필요 이상의 보험료를 지불하거나, 필요한 보장을 놓칠 수 있다.

**(2) 스스로 할 수 있는 프로세스**

**1) 기존 보험 분석**
- 현재 가입된 모든 보험상품의 약관, 보장 내용, 보험료를 상세히 파악한다.
- 보험사의 고객센터나 온라인 포털을 통해 최신 정보를 업데이트한다.

**2) 필요 보장 항목 정의**
- 현재의 생활 상황과 미래 계획을 고려하여 필요한 보장 항목을 정의한다.

- 예를 들어, 가족 구성원의 변화, 재정 상태 변화, 건강 상태 등을 고려한다.

### 3) 시장 조사
- 다양한 보험사의 상품을 비교 분석한다.
- 인터넷 비교 사이트, 보험사의 공식 웹사이트, 금융감독원 등의 자료를 활용하여 정보를 수집한다.

### 4) 상품 선택
- 필요한 보장 항목을 충족하면서 비용 효율적인 상품을 선택한다.
- 기존 보험과의 중복 보장 여부를 확인하고, 필요한 경우 기존 보험을 해지하거나 변경한다.

### 5) 최종 결정 및 가입
- 최종적으로 선택한 상품에 가입하고, 필요시 기존 보험을 조정한다.
- 가입 후에도 정기적으로 보장 내용을 점검하여 필요시 추가적인 조정을 한다.

### (3) 얻을 수 있는 이점
① 비용 절감: 불필요한 보장을 제거함으로써 보험료를 절약할 수 있다.
② 맞춤 보장: 개인의 상황에 맞는 최적화된 보장을 받을 수 있다.

③ 재정관리: 보험료와 보장 내용을 스스로 관리함으로써 재정 상태를 더 효율적으로 관리할 수 있다.

④ 보험 이해도 증가: 보험상품에 대한 이해도가 높아져 미래의 보험 선택 시 더 나은 결정을 내릴 수 있다.

**(4) 참고하면 좋은 자료원**

- 금융감독원(FSS) 공식 웹사이트: 최신 보험 정보와 비교 자료를 제공한다.
- 인터넷 보험 비교 사이트: 여러 보험상품을 한눈에 비교할 수 있다.
- 보험사의 공식 웹사이트: 각 보험사의 상품 정보와 약관을 상세히 확인할 수 있다.
- 소비자 보호 단체: 보험상품에 대한 리뷰와 평가를 제공하며, 소비자의 권리를 보호한다.
- 전문 서적 및 온라인 강좌: 보험 관련 지식을 습득할 수 있는 다양한 자료를 활용할 수 있다.

키워드 8

# 주식투자의 본질을 통한 투자 전략 설정

1. 첫눈에 반해서 투자하지 말라: 본질은 배당이다
2. 미국의 슈퍼 배당주와 은퇴 생활
3. 기업의 생명주기를 검토하고 나보다 오래 살 수 있는 기업을 선택하자
4. 내가 안 되면 전문가에게 맡기자: 배당을 목적으로 하는 간접투자
5. 현명한 직접투자 전략: 소수점투자와 Dollar-Cost Averaging(DCA)
6. 포트폴리오관리와 시장 변동성 대응 전략

# 1. 첫눈에 반해서 투자하지 말라: 본질은 배당이다

### (1) 주식투자의 기본 원칙

주식투자의 기본 원칙은 안정성과 장기적인 성장을 목표로 한다. 특히 은퇴를 대비하는 투자자들은 시장 변동성에도 불구하고 꾸준한 수익을 추구해야 한다. 이를 위해 기업의 재무 건전성과 배당 지급 이력을 중시하는 것이 중요하다. 배당을 꾸준히 지급하는 기업은 재무적으로 안정적일 가능성이 크며, 이러한 기업은 시장 변동에도 비교적 안전한 투자처가 된다. 주식투자는 감정에 휘둘리지 않고 철저히 분석된 데이터를 기반으로 해야 하며, 특히 배당주는 안정성과 성장성을 동시에 추구할 수 있는 좋은 투자 방법이다. 이는 은퇴 시 안정적인 현금흐름을 제공하는 데 있어 더욱 중요하다.

### (2) 배당의 중요성

배당은 투자자에게 중요한 수익원으로, 주식투자에서 꾸준한 현금흐름을 제공한다. 예를 들어, S&P500 지수의 총 수익률의 75%가 배당 재투자에서 나온다는 점은 배당의 중요성을 잘 보여준다. 배당은 주가 하락 시에도 안정적인 수익을 제공하며, 배당 지급 기업은 재무적으로 건전하다는 신호를 준다. 프록터앤드갬블(Procter & Gamble)과 존슨앤드존슨(Johnson & Johnson)은 오랜 기간 배당을 지속해서 증가시켜온 사례인데, 배당은 은퇴설계에서 매우 중요한 요소로 작용한다.

### (3) 배당주와 성장주의 비교

배당주는 꾸준한 배당을 지급하며 안정적인 현금흐름을 제공하는 반면, 성장주는 이익을 재투자하여 주가 상승을 목표로 한다. 예를 들어, 애플과 같은 기업은 주로 주가 상승을 통해 수익을 창출하지만, AT&T와 같은 배당주는 꾸준한 배당 지급을 통해 안정적인 수익을 제공한다. 이는 특히 시장 변동성에 강한 특징을 보이며, 경제 불황기에도 비교적 안정적인 수익을 제공할 수 있다. 이러한 안정성은 은퇴자들이 지속적인 생활비를 확보하는 데 큰 도움이 된다.

### (4) 성공적인 배당주 투자 사례

코카콜라는 60년 이상 연속으로 배당을 증가시켜 온 대표적인 배당주로, 이는 강력한 브랜드 파워와 재무 건전성을 바탕으로 꾸준한 수익을 창출하고 있다. 배당 재투자 프로그램(DRIP)을 통해 투자자들은 배당금을 자동으로 재투자하여 장기적으로 주식 수를 늘릴 수 있다. 이러한 사례는 배당주의 장기적인 투자 가치를 잘 보여주며, 배당주는 장기적으로 안정적인 수익을 제공하는 중요한 투자 방법이다. 또한, 배당주는 경제 불황기에도 비교적 안정적인 수익을 제공할 수 있으며, 이는 은퇴자들이 안정적인 소득원을 확보하는 데 매우 유리하다.

주식투자의 기본 원칙을 이해하고 배당의 중요성을 인식하는 것은 매우 중요하다. 배당주는 안정성과 성장성을 동시에 추구하는 좋은 투자 방법이며, 특히 은퇴를 준비하는 투자자들에게 중요한 접근 방식이다. 성공적인 배당주 투자를 통해 투자자는 안정적인 수익을 창출할 수 있으며, 시장 변동성에도 불구하고 안정적인 수익을 제공할 수 있다. 독자들은 배당주를 통해 안정적이고 지속 가능한 수익을 창출하는 방법을 배울 수 있을 것이다. 주식투자는 감정에 휘둘리지 않고 철저히 분석된 데이터를 기반으로 해야 하며, 이러한 점에서 배당주는 매우 중요한 투자 수단이다. 특히 은퇴 이후의 안정적인 생활을 위해 배당주의 중요성을 간과해서는 안 된다.

## 2. 미국의 슈퍼 배당주와 은퇴 생활

### (1) 미국 배당주의 역사와 특징

미국의 배당주는 오랜 역사와 함께 꾸준한 수익을 제공하는 특징을 가지고 있다. 예를 들어, 피플스 유나이티드 파이낸셜(People's United Financial)과 같은 기업들은 오랜 기간 배당을 꾸준히 지급해 왔으며, 이는 배당 재투자를 통한 장기적인 성과를 나타낸다. 배당주는 경제 불황기에도 안정적인 수익을 제공하는 경향이 있어 은퇴준비에 중요한 역할을 한다. 배당금은 주로 분기별로 지급되며, 투자자에게 꾸준한 현금흐름을 제공하여 재정적 안정을 도모한다. 이러한 특성으로 인해 배당주는 장기투자자들에게 매우 인기 있는 투자 수단이 되었다.

### (2) 슈퍼 배당주의 정의와 선정 기준

슈퍼 배당주는 일정 기간 지속해서 배당을 증가시켜온 기업들을 말한다. '배당 킹(Dividend Kings)'으로 알려진 이 기업들은 최소 50년 이상 연속적으로 배당을 증가시켜 왔다. 에머슨 일렉트릭(Emerson Electric)과 노드슨 코퍼레이션(Nordson Corporation) 같은 기업들이 이에 해당한다. 이러한 기업들은 오랜 기간 주주들에게 높은 신뢰를 주며, 안정적인 투자 수익을 제공한다. 배당 킹의 선정 기준은 매우 엄격하며, 이는 이 기업들이 얼마나 재정적으로 튼튼한지를 보여준다.

### (3) 미국 슈퍼 배당주가 은퇴 생활에 미치는 영향

미국의 슈퍼 배당주는 은퇴 생활에 매우 긍정적인 영향을 미친다. 배당주는 은퇴자들에게 안정적인 현금흐름을 제공하여 생활비를 충당할 수 있게 한다. 이는 특히 경제적 불확실성이 높은 시기에 더욱 중요하다. 경제 침체기에도 배당주는 상대적으로 안정적인 수익을 제공하여 은퇴자들이 재정적 스트레스를 덜 받도록 도와준다. 또한, 배당금을 재투자하는 경우 복리 효과를 통해 장기적인 자산 증식을 도모할 수 있어 은퇴계획의 중요한 요소로 작용할 수 있다.

### (4) 실제 사례 분석

에머슨 일렉트릭(Emerson Electric)은 60년 이상 연속으로 배당을 증가시켜 온 대표적인 슈퍼 배당주로, 산업 자동화와 전력 장비 분야에서 꾸준한 수익을 창출하고 있다. 노드슨 코퍼레이션(Nordson Corporation) 역시 50년 이상 배당을 증가시켜 온 기업으로, 정밀 기술과 시스템 분야에서 안정적인 수익을 제공하고 있다. 이 두 기업은 재무적으로 매우 안정적이며, 지속적인 배당 증가를 통해 투자자들에게 높은 신뢰를 주고 있다. 이들의 성공 사례는 배당주의 중요성을 잘 보여주며, 은퇴자들에게 안정적인 수익을 제공하여 재정적 안정을 도모하는 데 큰 도움이 된다.

미국의 슈퍼 배당주는 오랜 역사와 함께 안정적인 수익을 제공하는 투자 수단이다. 배당 킹으로 불리는 기업들은 최소 50년 이상 연속적으로 배당을 증가시켜 왔으며, 이는 재무적 안정성을 보여준다. 이러한 배당주는 은퇴자들에게 안정적인 현금흐름을 제공하여 은퇴 생활에 큰 도움이 된다. 에머슨 일렉트릭과 노드슨 코퍼레이션 같은 성공적인 배당주 투자 사례는 배당주의 중요성을 잘 보여준다. 은퇴를 준비하는 투자자들은 배당주의 특성과 장점을 이해하고, 이를 통해 안정적이고 지속 가능한 은퇴 생활을 설계할 수 있을 것이다.

## 3. 기업의 생명주기를 검토하고 나보다 오래 살 수 있는 기업을 선택하자

### (1) 기업의 생명주기 이해하기(도입·성장·성숙·쇠퇴)

기업의 생명주기는 도입·성장·성숙·쇠퇴의 네 단계로 나뉜다. 도입 단계에서는 기업이 새로운 제품이나 서비스를 출시하고 시장에 진입한다. 이 단계에서 매출은 낮고 초기 비용이 높아 이익을 내기 어렵다. 성장 단계에서는 매출이 급격히 증가하고, 기업이 이익을 내기 시작한다. 이는 시장에서의 수요가 증가하고, 기업이 점점 더 많은 고객을 확보하면서 가능해진다. 성숙 단계에서는 성장률이 둔화되지만, 기업은 안정적인 매출과 이익을 유지한다. 이 시점에서는 비용 절감과 효율성을 높이는 데 중점을 둔다. 마지막으로 쇠퇴 단계에서는 시장 수요가 감소하고, 매출과 이익이 줄어든다. 이 단계에서는 기업이 재조정이나 새로운 전략을 통해 생존을 모색해야 한다.

### (2) 장기적인 투자 관점에서 기업 분석

장기적인 투자 관점에서 기업을 분석할 때는 생명주기의 각 단계를 고려하는 것이 중요하다. 도입 단계의 기업은 높은 성장 가능성을 지니지만, 리스크가 크다. 반면 성숙 단계의 기업은 안정적인 수익을 제공하지만, 큰 성장은 기대하기 어렵다. 따라서 투자자는 자신의 투자 목표와 리스크 허용 범위를 고려하여 적절한 단계의 기업을 선택해야 한다. 또한, 기업의 재무 상태, 시장 점유율, 경쟁 우위 등을 종합적으로 분석하여 장기적인 성장이 가능한지를 평가해야 한다.

### (3) 산업과 시장의 변화에 대응하는 기업 선택

산업과 시장의 변화에 능동적으로 대응하는 기업을 선택하는 것이 중요하다. 기술 발전, 소비자 선호도의 변화, 규제 변화 등은 기업의 생존과 성장에 큰 영향을 미친다. 예를 들어, 코카콜라는 서구 시장에서의 성장이 둔화되자 아시아 시장으로 확장하여 성장 기회를 찾았다. 또한, 애플은 지속적인 혁신과 제품 다변화를 통해 시장의 변화에 대응하고 있다. 이러한 기업들은 변화하는 환경에 유연하게 대응하며 지속 가능한 성장을 도모한다.

### (4) 성공적인 장기투자 사례

성공적인 장기투자 사례로는 코카콜라와 애플을 들 수 있다. 코카콜라는 19세기 말에 설립된 이후 꾸준한 성장을 이루며 글로벌 음료 시장을 선도하고 있다. 애플은 혁신적인 제품을 지속해서 출시하며 높은 시장 점유율을 유지하고 있다. 한국 주식 중에서는 삼성전자가 대표적인 예로, 반도체, 스마트폰 등 다양한 사업 분야에서 글로벌 리더로 자리 잡고 있다. 이러한 기업들은 장기적인 관점에서 투자할 가치가 높은 기업들이다.

기업의 생명주기를 이해하고 각 단계에 따른 특성을 파악하는 것은 장기적인 투자 성공의 핵심이다. 도입, 성장, 성숙, 쇠퇴의 각 단계를 이해함으로써 투자자는 자신의 목표와 리스크에 맞는 기업을 선택할 수 있다. 또한, 산업과 시장의 변화에 능동적으로 대응하는 기업을 선택함으로써 장기적인 안정성과 수익성을 확보할 수 있다. 코카콜라, 애플, 삼성전자와 같은 성공적인 기업들의 사례는 장기투자의 중요성을 잘 보여준다. 은퇴를 준비하는 투자자들은 이러한 전략을 통해 안정적이고 지속 가능한 수익을 창출할 수 있을 것이다.

# 4. 내가 안 되면 전문가에게 맡기자: 배당을 목적으로 하는 간접투자

### (1) 간접투자의 장단점

간접투자는 투자자가 직접 자산을 소유하지 않고, 중개 기관을 통해 투자하는 방법이다. 이는 투자 포트폴리오를 다양화하고 리스크를 줄이는 데 효과적이다. 장점으로는 전문가의 관리, 낮은 초기 투자 금액, 그리고 다양한 자산에 쉽게 접근할 수 있다는 점이 있다. 특히 배당을 목표로 하는 간접투자는 안정적인 수익을 추구하는 은퇴계획에 매우 유용하다. ETF와 뮤추얼펀드는 비교적 낮은 비용으로 다양한 주식이나 채권에 투자할 수 있게 해준다. 그러나 간접투자에는 단점도 있다. 투자자가 자산에 대한 직접적인 통제권을 가지지 못하고, 관리 수수료와 같은 추가 비용이 발생할 수 있다. 또한, 일부 펀드는 유동성이 낮아 자금을 즉시 인출하기 어려울 수 있다.

### (2) ETF와 뮤추얼펀드의 이해

ETF(상장지수펀드)와 뮤추얼펀드는 대표적인 간접투자 수단이다. ETF는 특정 지수를 추종하며, 주식시장에서 거래된다. 이는 거래가 쉽고, 낮은 비용으로 다양한 자산에 분산투자할 수 있는 장점이 있다. 특히 배당 ETF는 주식 배당을 통해 꾸준한 현금흐름을 제공한다. 뮤추얼펀드는 투자자들의 자금을 모아 전문 펀드매니저가 관리하는 펀드로, 다양한 주식이나 채권에 투자한다. 뮤추얼펀드는 하루에 한 번 거래되며, 비교적 안정적인 수익을 제공하지만, 관리 수수료가 더 높을 수 있다. 또한, 배당을 재투자하여 복리 효과를 극대화할 수 있다.

### (3) 전문가(자산운용사) 선택 시 고려해야 할 사항

간접투자를 통해 전문가에게 자산관리를 맡기겠다고 결정했다면, 몇 가지 중요한 사항을 고려해야 한다. 첫째, 자산운용사의 경력과 성과를 검토해야 한다. 둘째, 펀드의 투자 전략과 목표가 자신의 투자 목표와 일치하는지 확인해야 한다. 예를 들어, 배당을 중시하는 투자자는 배당 성장이 안정적인 펀드를 선택하는 것이 중요하다. 셋째, 수수료 구조를 이해하고, 지나치게 높은 수수료를 피하는 것이 중요하다. 넷째, 펀드의 유동성과 인출 정책을 검토하여 필요할 때 자금을 쉽게 인출할 수 있는지 확인해야 한다.

### (4) 간접투자를 통한 성공적인 은퇴준비 사례

간접투자는 은퇴준비에 효과적인 도구가 될 수 있다. 예를 들어, 뮤추얼펀드와 ETF를 통해 다양한 자산에 분산투자하여 리스크를 줄이고, 안정적인 수익을 추구할 수 있다. 미국의 한 사례로, 금융 전문가의 도움을 받아 다양한 배당 ETF에 투자한 투자자는 주식시장의 변동성에도 불구하고 꾸준한 배당 수익을 올렸다.

우리 연구소가 상담한 은퇴자 김 씨는 55세에 은퇴를 준비하면서 삼성자산운용의 배당 펀드에 투자했다. 그는 은퇴자금의 일부인 1억 원을 IRP에서 이동하여 연간 4% 배당 수익률을 목표로 설정했다. 이를 통해 매년 400만 원의 배당 수익을 확보할 수 있었다. 김 씨는 배당금 일부를 재투자하여 복리 효과를 극대화하고, 나머지는 생활비로 사용했다. 이로 인해 김 씨는 은퇴 후에도 나름의 경제적인 효과를 볼 수 있었다. 이러한 투자 방식은 물가 상승을 고려하여 투자자산의 가치를 유지하고, 생활비 인상을 상쇄할 수 있는 안정적인 수익을 제공했다.

또 다른 예로, 우리 연구소가 상담한 다른 공직 은퇴자 박 씨는 60세에 은퇴를 준비하면서 미래에셋의 배당 ETF에 투자했다. 그는 준비된 2억 원을 투자하여 연간 5% 배당 수익률을 목표로 설정하고, 매년 1,000만 원의 배당 수익을 올렸다. 박 씨는 배당금을 통해 생활비를 충당하고, 잉여 자금은 자녀 교육비와 여행 자금으로 활용했다. 그의 배당 투자 수익은 물가 상승에도 불구하고 나름의 생활비를 안정적으로 지원할 수 있었다. 이러한 간접투자 방법은 전문가의 도움을 받아 안정적이고 지속 가능한 은퇴자금을 마련하는 데 큰 도움이 될 수 있다.

## 5. 현명한 직접투자 전략: 소수점투자와 Dollar-Cost Averaging(DCA)

### (1) 소수점투자의 장점과 활용 방법

소수점투자는 투자자가 전체 주식을 구매하지 않고 주식의 일부분을 구매할 수 있게 해준다. 이는 고가의 주식에 소액으로도 투자할 기회를 제공한다. 예를 들어, 어떤 주식이 1,000달러에 거래될 때, 100달러만으로도 0.1주를 구매할 수 있다. 소수점투자는 다양한 주식에 분산투자하여 포트폴리오를 다양화하고 리스크를 줄이는 데 효과적이다. 이 방식은 소액 투자자들에게 특히 유리하며, 특정 금액을 정기적으로 투자함으로써 시장 변동성에 대한 노출을 줄일 수 있다.

### (2) Dollar-Cost Averaging(DCA)

Dollar-Cost Averaging(DCA)은 시장의 변동성과 관계없이 일정한 금액을 정기적으로 투자하는 전략이다. 이 전략은 주가가 높을 때는 적은 수의 주식을, 주가가 낮을 때는 많은 수의 주식을 구매하게 하여, 장기적으로 평균 구매 단가를 낮추는 효과가 있다. DCA는 투자자들이 감정적인 결정을 피하고, 꾸준히 투자할 수 있도록 도와준다. 또한, 시장의 급격한 변동에도 불구하고 꾸준한 투자를 통해 안정적인 장기 수익을 기대할 수 있다.

### (3) DCA의 장단점 및 적용 사례

DCA의 주요 장점은 시장의 타이밍을 맞추지 않아도 된다는 점이다. 이는 주가가 낮을 때 더 많은 주식을 사게 되므로, 장기적으로 투자 비용을 절감할 수 있다. 그러나 DCA는 주가가 지속해서 상승하는 시장에서는 최대 이익을 누리지 못할 수 있는 단점도 있다. 예를 들어, 미국의 투자자 존은 매월 500달러씩 S&P500 ETF에 투자하여 장기적으로 안정적인 수익을 올렸다. 이러한 전략은 한국의 투자자들에게도 적용 가능하며, 정기적으로 일정 금액을 국내 주식이나 ETF에 투자함으로써 장기적인 자산 증식을 도모할 수 있다.

### (4) 소수점투자와 DCA를 활용한 포트폴리오 구축 사례

소수점투자와 DCA를 결합하여 효과적으로 포트폴리오를 구축할 수 있다. 예를 들어, 필자는 매일 10,000보 걷기를 생활화하고 있으며, 매일 목표를 달성할 때마다 1만 원을 토스증권을 통해 테슬라 주식을 소수점으로 구입한다. 이와 같은 방법으로 적은 금액으로도 꾸준히 투자할 수 있으며, 장기적으로는 큰 자산을 형성할 수 있다. "가랑비에 옷 젖는다"는 속담처럼, 꾸준한 소액 투자가 장기적으로 큰 재산을 만들어 낼 수 있다. 이러한 접근 방식은 소액 투자자들에게 유용하며, 꾸준한 투자 습관을 통해 장기적인 재정 목표를 달성할 수 있다.

소수점투자와 DCA를 활용하면 소액으로도 고가의 주식에 투자할 수 있으며, 정기적인 투자로 인해 시장 변동성에 영향을 덜 받게 된다. 예를 들어, 매월 10만 원을 소수점투자와 DCA를 통해 다양한 배당주와 ETF에 분산투자하여 안정적인 수익을 올릴 수 있다. 이러한 방법은 물가 상승을 감안하여 투자자산의 가치를 유지하고, 생활비 인상을 상쇄할 수 있는 안정적인 수익을 제공한다. 필자의 경험이 하나의 좋은 예가 되길 바란다. 이러한 전략은 은퇴 재무설계에도 큰 도움이 될 수 있으며, 꾸준한 투자 습관을 통해 안정적이고 지속 가능한 은퇴 생활을 준비할 수 있다.

### (5) 단계별 전략

① 투자 목표 설정: 투자 목표를 명확히 하면, 목표 달성을 위한 구체적인 계획을 세울 수 있다. 목표가 명확해야 투자 기간, 리스크 허용 범위, 기대 수익률 등을 설정할 수 있다.

② 정기적인 투자 금액 설정: 정기적으로 일정 금액을 투자하면, DCA 효과를 극대화할 수 있다. 이는 시장의 변동성에 영향을 덜 받으며, 장기적으로 평균 투자 단가를 낮추는 데 도움이 된다.

③ 투자 대상 선택: 배당주와 ETF는 안정적인 수익을 제공하며, 분산투자 효과를 극대화할 수 있다. 배당주는 꾸준한 현금흐름을 제공하고, ETF는 다양한 자산에 투자할 수 있어 리스크를 분산시킬 수 있다.

④ 투자 플랫폼 선택: 각 플랫폼의 수수료 구조와 사용 편의성을 비교하여 자신에게 맞는 플랫폼을 선택하는 것이 중요하다. 다양한 플랫폼을 통해 소수점투자를 쉽게 할 수 있다.

⑤ 정기적인 투자: 자동 투자를 설정하면, 투자 습관을 유지하기 쉬워지고, 시장의 타이밍을 맞추지 않아도 된다. 이는 장기적인 투자 성공을 위한 중요한 전략이다.

⑥ 포트폴리오 점검 및 리밸런싱: 정기적인 포트폴리오 점검과 리밸런싱은 자산 배분의 균형을 유지하고, 리스크를 관리하는 데 필수적이다. 자산 비율이 목표에서 벗어날 경우, 이를 조정하여 원래의 목표 비율로 되돌리는 것이 중요하다.

## 6. 포트폴리오관리와 시장 변동성 대응 전략

### (1) 포트폴리오 관리의 기본 원칙

포트폴리오 관리의 기본 원칙은 자산 배분, 분산투자, 리스크 관리, 그리고 목표 설정이다. 첫째, 자산 배분은 투자자의 목표와 리스크 허용 범위에 따라 자산을 배분하는 것이다. 예를 들어, 보수적인 투자자는 채권에 더 많이 투자하고, 공격적인 투자자는 주식에 더 많이 투자할 수 있다. 둘째, 분산투자는 여러 자산 클래스와 섹터에 투자를 분산시켜 리스크를 줄이는 전략이다. 이는 주식, 채권, 부동산 등 다양한 자산에 투자함으로써 개별 자산의 변동성에 따른 리스크를 최소화할 수 있다.

### (2) 시장 변동성 이해와 대응 전략

시장은 다양한 요인으로 인해 변동성을 보인다. 경제 지표, 금리 변동, 정치적 사건 등이 시장에 영향을 미칠 수 있다. 시장 변동성에 대응하기 위해서는 장기적인 관점에서 투자를 유지하는 것이 중요하다. 일시적인 시장 하락에 너무 크게 반응하지 않고, 장기적인 목표를 유지하는 것이 필요하다. 또한, 변동성이 높은 자산과 낮은 자산을 혼합하여 포트폴리오의 변동성을 줄이는 것도 효과적이다. 예를 들어, S&P500 지수와 같은 대형주 지수에 투자하면 변동성이 비교적 낮은 반면, 개별 주식에 투자하면 변동성이 높아질 수 있다.

### (3) 리밸런싱의 중요성과 방법

리밸런싱은 포트폴리오의 자산 배분 비율을 원래의 목표 비율로 되돌리는 과정을 말한다. 예를 들어, 주식과 채권의 비율을 60:40으로 설정한 경우, 주식의 가격이 상승하여 비율이 70:30으로 변했을 때, 주식을 일부 매도하고 채권을 매수하여 원래의 60:40 비율로 되돌리는 것이다. 리밸런싱은 투자자의 리스크 허용 범위를 유지하고, 자산 배분의 균형을 맞추는 데 중요하다. 리밸런싱은 정기적으로, 예를 들어 매년 또는 반기마다 수행하는 것이 좋다.

### (4) 위험 관리와 헤징 전략

위험 관리는 포트폴리오에서 예상치 못한 손실을 최소화하기 위한 전략이다. 이를 위해 다양한 자산 클래스에 투자하여 리스크를 분산시키고, 적절한 자산 배분을 통해 리스크를 관리한다. 헤징 전략은 특정 자산의 가격 변동에 따른 리스크를 줄이기 위해 파생상품을 사용하는 것이다. 예를 들어, 주식을 보유한 투자자는 주식 옵션을 통해 가격 하락에 대비할 수 있다.

### (5) 성공적인 포트폴리오 관리 사례

성공적인 포트폴리오 관리의 한 예로, 존슨앤드존슨과 같은 안정적인 배당주와 S&P500 ETF를 포함한 포트폴리오를 들 수 있다. 이러한 포트폴리오는 주식시장의 변동성에도 불구하고 꾸준한 배당 수익을 제공하며, 장기적으로 안정적인 수익을 추구할 수 있다. 예를 들어, 2008년 금융 위기 동안에도 이러한 포트폴리오는 비교적 안정적인 수익을 유지하며 투자자들에게 신뢰를 주었다.

**(6) 구체적인 투자 팁**

① 장기적인 관점 유지: 일시적인 시장 변동에 너무 크게 반응하지 않고, 장기적인 목표를 유지한다.

② 정기적인 리밸런싱: 정기적으로 포트폴리오를 점검하고 자산 배분을 조정한다.

③ 분산투자: 다양한 자산 클래스와 섹터에 투자하여 리스크를 분산시킨다.

④ 리스크 관리: 파생상품을 활용하여 예상치 못한 가격 변동에 대비한다.

⑤ 전문가 상담: 필요시 금융 전문가의 조언을 구하여 포트폴리오를 최적화한다.

키워드 9

# 부동산투자의 본질을 통한 투자 전략 설정

1. 조물주 위에 건물주: 결국 본질은 월세
2. 소액 부동산투자: 경매, 갭, 기타 부동산 간접투자
3. 감가상각과 세금 혜택: 은퇴설계를 위한 균형 있는 건물 투자 전략
4. 부동산 르네상스는 끝났다: 인구구조의 변화와 새로운 트렌드
5. 자산보다는 거주: 초소형 아파트의 부상
6. 은퇴설계 부동산투자에서 하지 말아야 할 것들: 부동산투자에서 피해야 할 함정
7. 부동산투자 후 가치를 올리는 방법: 스마트 부동산 관리
8. 은퇴설계 부동산투자 원칙

# 1. 조물주 위에 건물주: 결국 본질은 월세

부동산투자의 궁극적인 목표는 무엇일까? 많은 이들이 바로 '월세 수입'을 꼽을 것이다. 월세 수입은 부동산투자의 안정성과 지속성을 보장하는 핵심 요소다. 이는 투자자가 매달 일정한 수익을 올릴 수 있게 해주며, 장기적으로 자산을 증식하는 데 큰 역할을 한다.

한국의 부동산시장은 지난 50년 동안 많은 변화를 겪어왔다. 1970년대와 1980년대에는 급속한 도시화와 경제 성장으로 인해 주택 수요가 폭발적으로 증가했다. 이는 주택 가격과 임대료 상승을 초래했으며, 부동산투자가 매력적인 자산 증식 수단으로 자리 잡게 되었다. 1990년대에는 부동산 거품이 일어나면서 주택 가격이 급등했지만, 1997년 외환위기로 인해 시장이 급락하면서 많은 투자자가 큰 손실을 보았다. 2000년대 초반부터 2010년대 중반까지는 상대적으로 안정된 시기를 보냈다. 그러나 저금리 정책과 규제 완화로 인해 부동산시장은 다시 과열되기 시작했다. 특히 서울과 수도권 지역에서는 주택 가격이 급등하면서 많은 사람이 '갭투자'와 같은 방법을 통해 부동산투자에 뛰어들었다. 이 시기의 투자자들은 주로 임대 수입을 통한 안정적인 현금 흐름을 목표로 했다.

임대 수입의 안정성은 투자자에게 큰 안도감을 준다. 월세 수입은 다른 투자 수단에 비해 예측 가능하고, 경제 상황에 따라 큰 변동이 없는 편이다. 그러나 이를 유지하기 위해서는 리스크 관리가 필수적이다. 부동산시장의 변화, 임차인의 신용도, 유지보수 비용 등 다양한 리스크를 고려해야 한다. 예를 들어, 경매로 부동산을 구입하는 경우, 시장 가격보다 저렴하게 구매할 수 있지만, 예상치 못한 유지보수 비용이 발생할 수 있다.

장기적인 자산 증식의 관점에서 부동산투자는 매우 효과적이다. 부동산은 시간이 지남에 따라 가치가 상승하는 경향이 있다. 이는 임대 수입뿐만 아니라 자산의 가치 상승을 통해서도 이익을 얻을 수 있음을 의미한다. 부동산투자자들은 자산을 지속해서 관리하고, 시장 트렌드를 파악하여 최적의 시기에 매도하거나 재투자하는 전략을 취할 필요가 있다.

부동산투자의 성공 사례는 많다. 예를 들어, 한 투자자가 서울의 주거지역에 소형 아파트를 구입해 임대하는 경우를 생각해보자. 그는 초기 투자금이 적어 소형 아파트를 선택했고, 임대 수입을 통해 매달 안정적인 수익을 올렸다. 시간이 지나며 지역의 인프라가 발전하고, 주택 수요가 증가함에 따라 아파트의 가치도 상승했다. 이 투자자는 초기 투자금 대비 높은 수익을 실현할 수 있었다.

그러나 실패 사례도 주의해야 한다. 다른 한 투자자가 상업용 부동산에 투자했지만, 경기 침체와 함께 임차인을 구하지 못해 공실이 발생했다. 임대 수입이 없는 상황에서 유지보수 비용은 계속 발생해 결국 손실을 보게 되었다. 이러한 사례는 철저한 시장 분석과 리스크 관리의 중요성을 다시 한번 일깨워준다.

부동산투자는 월세 수입을 통한 안정적인 수익을 제공하며, 장기적인 자산 증식의 좋은 방법이다. 하지만 이를 위해서는 철저한 리스크 관리와 시장 분석이 필요하다. 성공적인 부동산투자는 단순히 부동산을 소유하는 것만으로는 이루어지지 않는다. 자산의 가치를 지속해서 증대시키기 위한 전략적 관리와 현명한 의사결정이 필수적이다. 따라서 부동산투자자들은 항상 최신 정보를 습득하고, 전문가의 조언을 구하며, 지속해서 시장을 모니터링해야 한다.

## 2. 소액 부동산투자: 경매, 갭, 기타 부동산 간접투자

부동산투자는 많은 자본이 필요하다는 인식이 있지만, 소액으로도 시작할 수 있는 다양한 방법이 있다. 특히 은퇴 전환기에 있는 사람들에게는 안정적이고 장기적인 수익을 창출할 수 있는 부동산투자가 중요한 은퇴 재무설계 도구가 될 수 있다. 이번에는 소액으로 시작할 수 있는 부동산투자 방법을 중심으로 경매, 갭투자, 그리고 기타 간접투자 방법을 살펴보자.

### (1) 소액으로 시작하는 부동산투자 방법

**1) 경매**

경매는 시장 가격보다 저렴하게 부동산을 구매할 기회를 제공한다. 경매 물건은 주로 재산세 미납이나 채무 불이행으로 인해 매물로 나온다. 철저한 사전 조사를 통해 물건의 상태와 권리 관계를 명확히 파악하는 것이 중요하다. 경매 투자는 초기자본이 적고, 비교적 짧은 시간 안에 부동산을 소유할 수 있는 장점이 있다.

### 2) 갭투자

갭투자는 전세금을 활용하여 소액의 자본으로 여러 부동산을 소유하는 전략이다. 전세금을 높게 설정하여 매매가와 전세금의 차이를 최소화함으로써 적은 자본으로 부동산을 소유할 수 있다. 이는 전세 시장이 활성화된 한국에서 특히 유리한 투자 방법이다.

### 3) 기타 부동산 간접투자

직접 부동산을 소유하지 않고도 투자하는 방법으로는 리츠(REITs)와 부동산 펀드가 있다. 이러한 간접투자는 소액으로도 다양한 부동산 포트폴리오에 분산투자할 수 있어 리스크를 줄일 수 있다.

### (2) 경매와 갭투자의 장단점

경매의 장점은 무엇보다도 저렴한 가격에 부동산을 구매할 수 있다는 점이다. 이는 초기 투자 자본이 적어도 투자할 기회를 제공한다. 또한, 경매를 통해 구매한 부동산은 수익률이 높을 수 있다. 그러나 단점으로는 철저한 사전 조사와 준비가 필요하다는 점이 있다. 경매 물건은 종종 상태가 좋지 않거나 복잡한 권리 문제가 있을 수 있어 주의가 필요하다.

갭투자의 장점은 적은 자본으로도 여러 부동산을 소유할 수 있다는 점이다. 이는 자산 증식에 매우 유리하다. 그러나 단점으로는 전세금 반환의 리스크와 임대차 시장의 변동성에 노출될 수 있다는 점이다. 특히 부동산 가격이 하락하면 큰 손실을 볼 수 있다.

### (3) 리츠(REITs)와 부동산 펀드 등 간접투자 방법, 그리고 장단점

- 리츠(REITs)는 부동산을 소유하거나 관리하는 회사에 투자하여 배당 수익을 올리는 방식이다. 리츠는 주식처럼 거래되므로 유동성이 높고, 소액으로도 투자할 수 있어 접근성이 좋다. 또한, 다양한 부동산 포트폴리오에 분산투자할 수 있어 리스크를 줄일 수 있다. 그러나 리츠의 단점으로는 주식시장의 변동성에 영향을 받을 수 있으며, 부동산시장의 경기 변동에 민감할 수 있다는 점이다.

- 부동산 펀드는 여러 투자자의 자금을 모아 부동산에 투자하는 방식으로, 리스크를 분산시킬 수 있다. 이러한 간접투자는 직접 부동산을 관리하는 번거로움 없이 안정적인 수익을 기대할 수 있다. 그러나 단점으로는 펀드 운영비용이 발생할 수 있으며, 수익률이 펀드매니저의 능력에 크게 의존한다는 점이 있다.

### (4) 성공적인 소액 부동산투자 전략

성공적인 소액 부동산투자를 위해서는 철저한 시장 조사와 신중한 투자 판단이 필수적이다. 첫째, 투자 대상 지역의 시장 상황을 철저히 분석하고, 미래 가치를 예측해야 한다. 둘째, 투자 금액에 맞는 적절한 투자 방법을 선택해야 한다. 셋째, 다양한 투자 포트폴리오를 구성하여 리스크를 분산시키는 것이 중요하다. 마지막으로, 부동산 전문가의 조언을 듣고 최신 시장 정보를 지속해서 습득하는 것이 필요하다.

소액으로 시작하는 부동산투자는 리스크가 적으면서도 수익을 낼 수 있는 좋은 방법이다. 경매와 갭투자, 리츠와 부동산 펀드 등 다양한 방법을 통해 작은 자본으로도 안정적이고 효율적인 부동산투자를 할 수 있다. 철저한 조사와 전략적 접근을 통해 성공적인 부동산투자를 이뤄나가길 바란다.

## 3. 감가상각과 세금 혜택: 은퇴설계를 위한 균형 있는 건물 투자 전략

**(1) 부동산투자 시 감가상각의 의미와 중요성**

부동산투자는 은퇴설계에 있어서 중요한 요소로, 안정적인 수익을 기대할 방법 중 하나다. 감가상각은 이러한 부동산투자에서 중요한 회계 절차로, 자산의 가치를 일정 기간 점진적으로 감소시키는 과정을 의미한다. 이는 투자자가 매년 일정 금액을 비용으로 처리하여 세금 부담을 줄일 수 있게 해준다. 우리나라의 경우, 건물의 감가상각 기간은 일반적으로 40년으로 설정되어 있다. 예를 들어, 5억 원짜리 건물을 구매한 경우 매년 1,250만 원의 감가상각 비용을 공제받을 수 있다.

감가상각의 중요성은 단순히 세금 절감에 그치지 않는다. 은퇴설계를 위해서는 장기적인 자산관리와 재정계획이 필요하다. 감가상각을 통해 절세 효과를 최대한 활용하면서도, 건물의 실제 가치를 유지하는 전략이 중요하다. 이는 장기적으로 건물의 재판매 가치에 영향을 미칠 수 있으며, 노후화에 따른 유지보수 비용 증가 등의 위험을 줄이는 데 도움이 된다.

### (2) 감가상각의 장기적 위험성

감가상각의 장기적 위험성도 간과할 수 없다. 감가상각은 자산의 가치가 실제로 감소하지 않더라도 회계적으로는 감소한 것으로 처리되기 때문이다. 이는 장기적으로 건물의 재판매 가치에 영향을 미칠 수 있다. 또한, 건물이 노후화되면서 유지보수 비용이 증가할 수 있다. 이러한 비용은 감가상각 기간이 끝난 후에도 계속 발생할 수 있으며, 이는 예상치 못한 추가 비용으로 작용할 수 있다. 그래서 보유 기간 중 세금 혜택을 충분히 활용해야 한다.

감가상각을 통한 세금 혜택을 최대한 활용하려면 먼저 정확한 감가상각 비용을 계산해야 한다. 세금 혜택을 최대화하기 위해서는 정액법과 정률법 중 적합한 방법을 선택하는 것이 중요하다. 정액법은 매년 일정한 금액을 감가상각하는 방식으로 예측 가능한 세금 혜택을 제공한다. 반면, 정률법은 초기에는 큰 금액을 감가상각하고 점차 감소하는 방식으로, 초기 세금 절감 효과가 크다.

또한, 감가상각을 통해 절세 효과를 극대화하려면 세무 전문가의 조언을 받는 것이 중요하다. 전문가의 도움을 받아 정확한 감가상각 계산과 세금 절감 방법을 활용하면, 장기적으로 더 큰 재정적 혜택을 누릴 수 있다. 또한, 감가상각과 관련된 최신 세법을 지속해서 학습하고, 이에 맞춘 재정계획을 세우는 것이 필요하다.

### (3) 감가상각을 통한 세금 절약 전략

감가상각을 통한 세금 절약 전략은 여러 가지가 있다. 첫째, 감가상각 비용을 최대한 활용하여 연간소득세를 줄이는 것이다. 이는 매년 일정 금액을 비용으로 처리하여 과세 대상 소득을 줄이는 효과를 가져온다. 둘째, 감가상각을 통해 초기 투자 비용을 빠르게 회수하고, 이를 재투자에 활용하는 전략이다. 이를 통해 지속적인 자산 증식과 현금흐름 개선을 도모할 수 있다.

실제로, 매년 1,250만 원의 감가상각 비용을 공제받는 경우 세율 20%를 적용하면 매년 250만 원의 세금을 절약할 수 있다. 이러한 절세 효과는 장기적으로 큰 재정적 이점을 가져다준다. 또한, 감가상각을 통해 절약한 세금을 다시 부동산투자에 재투자하여 추가적인 수익을 창출할 수 있다. 이를 통해 은퇴 후 안정적인 재정 상태를 유지할 수 있다.

### (4) 사례

경기도에 있는 10억 원짜리 건물을 구매한 박 씨는 매년 2,500만 원의 감가상각 비용을 공제받아 약 5백만 원의 세금을 절약하고 있다. 박 씨는 절세를 통해 확보한 자금을 추가 부동산 구매에 재투자하여 자산을 증식하고 있다. 반면, 이 씨는 비슷한 조건의 부동산을 구매했지만, 감가상각을 제대로 활용하지 못해 세금 부담이 커지고, 건물의 유지보수 비용이 증가하면서 예상보다 적은 수익을 올리고 있다.

### (5) 건물의 노후화와 초고령사회로 진입한 한국의 세금 혜택과의 상관관계

한국은 초고령사회로 진입했으며, 이는 부동산시장과 세금 정책에 중요한 영향을 미치고 있다. 건물의 노후화는 감가상각의 주요 요인 중 하나로, 건물이 오래될수록 감가상각 비용이 증가하게 된다. 이는 건물

임대자가 세금 혜택을 최대한 활용할 기회를 제공한다. 한편, 초고령사회로 진입하면서 정부는 노후화된 건물의 재개발과 재건축을 촉진하기 위해 다양한 세금 혜택을 제공하고 있다. 예를 들어, 재개발 구역 내의 건물에 대해 세금 감면 혜택을 제공하여 투자자들이 적극적으로 참여할 수 있도록 유도하고 있다. 이러한 정책은 은퇴 전환기에 있는 사람들에게 큰 기회를 제공하며, 감가상각을 통한 절세와 더불어 장기적인 자산관리에 중요한 역할을 한다.

결론적으로, 감가상각은 부동산투자의 중요한 요소 중 하나로, 이를 잘 활용하면 세금 부담을 줄이고, 투자 수익을 극대화할 수 있다. 한국의 은퇴 전환기에 있는 사람들에게 감가상각은 특히 중요하며, 이를 통해 안정적인 은퇴 재무설계를 이뤄나갈 수 있다. 감가상각과 세금 혜택을 잘 활용하여 성공적인 부동산투자를 이뤄나가길 바란다.

## 4. 부동산 르네상스는 끝났다: 인구구조의 변화와 새로운 트렌드

**(1) 인구구조의 변화와 부동산시장에 미치는 영향**

한국의 인구구조는 급격하게 변하고 있다. 저출산과 고령화는 인구구조에 큰 변화를 초래하고 있으며, 이는 부동산시장에도 직접적인 영향을 미치고 있다. 출생률 감소와 고령 인구의 증가로 인해 주택 수요는 줄어들고 있으며, 특히 대형 아파트보다는 소형 주택에 대한 수요가 증가하고 있다. 이러한 변화는 주거 형태의 변화를 유도하며, 부동산시장의 재편을 가져오고 있다. 저출산으로 인해 가구 수가 감소하고, 고령화로 인해 1인 가구와 2인 가구의 비율이 증가하고 있다. 이는 전통적인 가족 단위의 대형 아파트 수요 감소로 이어진다. 또한, 은퇴 전환기에 있는 사람들은 자녀가 독립한 후 더 작은 주택으로 이주하거나, 편리한 생활을 위해 도심의 아파트를 선호하는 경향이 있다. 이러한 변화는 부동산시장의 수급에 큰 영향을 미치며, 새로운 투자 전략이 필요하다.

### (2) 윤수일의 〈아파트〉와 시장의 변화

윤수일의 노래 〈아파트〉는 1980년대 한국의 아파트 붐을 반영하고 있다. 당시에는 아파트가 중산층의 상징이자 부의 상징으로 여겨졌다. 그러나 지금의 부동산시장은 그때와는 많이 달라졌다. 〈아파트〉의 가사를 통해 당시 아파트가 갖는 의미를 살펴보면, "별빛이 흐르는 다리를 건너"라는 가사처럼 아파트는 강남 이남의 개발을 시작으로 "갈대숲"이 유명한 목포에 이르기까지 전국에 한국 사회의 중요한 주거 형태로 자리 잡았다.

하지만 현재는 아파트의 의미가 달라지고 있다. "아무도 없는 쓸쓸한 너의 아파트"라는 가사처럼 과거에는 대형 아파트가 인기였으나, 지방의 큰 평수 아파트부터 빈집이 늘고 있고, 이제는 초소형 아파트와 오피스텔이 더 인기를 끌고 있다. 이는 앞서 언급한 인구구조 변화와 밀접한 관련이 있다.

### (3) 은퇴설계 관점의 부동산시장 트렌드 분석

현재 한국의 부동산시장은 몇 가지 주요 트렌드를 보이고 있다. 첫째, 소형 주택에 대한 수요 증가이다. 이는 1인 가구와 2인 가구의 증가와 관련이 깊다. 둘째, 도심지의 재개발과 재건축이 활발하게 진행되고 있다. 이는 도심의 편리한 생활을 선호하는 사람들이 증가하고 있기 때문이다. 셋째, 친환경 건축물과 스마트 홈 기술의 도입이 확대되고 있다. 이는 에너지 절약과 생활의 편리성을 추구하는 현대인의 요구를 반영한 것이다.

또한, 부동산 플랫폼과 데이터 분석 기술의 발전으로 부동산시장의 투명성이 높아지고 있다. 이는 투자자들이 더 나은 결정을 내릴 수 있게 하며, 시장의 효율성을 높이고 있다. 이러한 트렌드는 부동산시장의 구조적 변화를 이끌고 있으며, 새로운 투자 기회를 창출하고 있다.

### (4) 미래 시장 전망과 투자 전략

미래의 부동산시장은 인구구조 변화와 기술 발전에 따라 계속 변화할 것이다. 저출산과 고령화는 계속해서 주택 수요에 영향을 미칠 것이며, 소형 주택과 도심 주거에 대한 수요는 더욱 증가할 것이다. 또한, 친환경 건축물과 스마트 홈 기술의 도입은 지속해서 확대될 것이다. 이는 투자자들에게 새로운 기회를 제공하는 동시에, 기존의 투자 전략을 재고할 필요성을 제기한다.

투자 전략 면에서는 소형 주택과 오피스텔에 대한 투자를 고려해볼 만하다. 또한, 도심 재개발 지역에 투자하는 것도 좋은 전략이 될 수 있다. 친환경 건축물과 스마트 홈 기술이 적용된 부동산에 대한 투자는 미래지향적인 투자로, 장기적인 수익을 기대할 수 있다. 끝으로, 부동산 플랫폼과 데이터 분석 기술을 활용하여 시장의 변화를 빠르게 파악하고, 이를 기반으로 한 전략적 투자가 필요하다.

결론적으로, 부동산 르네상스는 끝났지만, 새로운 트렌드와 인구구조 변화를 반영한 투자 전략을 통해 안정적이고 수익성 있는 은퇴 재무설계를 이뤄나갈 수 있다. 한국의 은퇴 전환기에 있는 사람들은 이러한 변화를 주의 깊게 살펴보고, 균형 잡힌 투자 전략을 세워야 한다.

## 5. 자산보다는 거주: 초소형 아파트의 부상

### (1) 초고령사회와 1인 가구 시대의 빅트렌드, 초소형 아파트

한국은 초고령사회로 진입했으며, 1인 가구가 급증하고 있다. 이러한 변화는 부동산시장에 큰 영향을 미치고 있으며, 특히 초소형 아파트가 새로운 트렌드로 부상하고 있다. 초고령사회에서는 노후준비와 안정적인 거주지가 중요한 이슈로 떠오르고 있으며, 1인 가구의 증가는 주거 형태의 변화를 촉진하고 있다. 이 두 가지 요인은 초소형 아파트의 수요를 급증시키는 주요 원인이다.

### (2) 초소형 아파트의 장단점

초소형 아파트는 소형화된 주거 공간으로, 경제성과 효율성이 주요 장점이다. 초소형 아파트는 상대적으로 저렴한 가격과 관리비로 인해 초기 투자 비용이 낮고, 유지보수 비용도 적다. 또한, 작은 공간을 효율적으로 활용할 수 있는 다양한 인테리어 솔루션이 제공되어 생활의 편리성을 높일 수 있다. 이는 특히 고령층과 1인 가구에게 매력적인 선택이 된다. 그러나 단점도 존재한다. 공간이 협소하여 물건을 많이 보관할 수 없고, 생활 공간이 제한적이기 때문에 가구 배치나 인테리어에 제약이 있다. 또한, 소음 문제나 사생활 보호 측면에서도 한계가 있을 수 있다.

### (3) 도시화와 거주 공간의 변화

도시화는 주거 공간의 변화를 가져왔다. 도시 인구의 증가와 함께 대형 아파트에서 소형 아파트로의 수요 변화가 나타나고 있다. 이는 고령화 사회로 진입하면서 1인 가구와 2인 가구가 증가한 결과다. 이러한 변화는 도시 내 주거 공간의 효율적인 활용을 요구하며, 초소형 아파트는 이러한 요구에 부합하는 주거 형태로 자리 잡고 있다. 또한, 도시 내 다양한 편의시설과 인프라의 발달로 인해 작은 공간에서도 편리한 생활을 할 수 있게 되었다.

### (4) 초소형 아파트의 투자 가치

초소형 아파트는 투자 가치가 높은 부동산자산 중 하나다. 저렴한 초기 투자 비용과 높은 임대 수익률로 인해 투자자들에게 매력적인 선택지가 된다. 특히, 도심지에 위치한 초소형 아파트는 높은 수요로 인해 공실률이 낮고, 안정적인 임대 수익을 기대할 수 있다. 또한, 미래의 인구 구조 변화를 고려할 때, 1인 가구와 2인 가구의 증가로 인해 소형 주택에 대한 수요는 지속해서 증가할 것으로 예상된다. 이는 초소형 아파트의 장기적인 투자 가치를 높이는 요소다. 서울의 한 초소형 아파트를 예로 들어보자. 김 씨는 2억 원에 20평형의 초소형 아파트를 구매하여 월세로 임대 중이다. 매달 약 80만 원의 임대 수익을 올리고 있으며, 이는 연간 960만 원의 수익을 의미한다. 김 씨는 초기 투자 비용 대비 높은 수익률을 기록하고 있으며, 공실률이 낮아 안정적인 현금흐름을 유지하고 있다. 반면, 이 씨는 대형 아파트에 투자했지만, 고액의 관리비와 유지보수 비용으로 인해 예상보다 낮은 수익을 올리고 있다. 이 사례는 초소형 아파트의 투자 가치와 경제성을 잘 보여준다.

초소형 아파트는 경제성과 편리성을 갖춘 주거 형태로, 은퇴 전환기에 있는 사람들에게 특히 매력적이다. 자산 증식보다는 안정적인 거주 환경을 선택하고자 하는 경우, 초소형 아파트는 좋은 선택지가 될 수 있다. 또한, 장기적인 투자 가치도 높아, 은퇴 후 안정적인 재정 상태를 유지하는 데 도움이 된다. 초소형 아파트의 장단점을 잘 고려하여 균형 잡힌 선택을 하길 바란다.

# 6. 은퇴설계 부동산투자에서 하지 말아야 할 것들: 부동산투자에서 피해야 할 함정

### (1) 부동산투자 시 주의할 점

부동산투자는 안정적인 수익을 기대할 수 있는 좋은 방법 중 하나지만, 잘못된 선택을 하면 큰 손실을 초래할 수 있다. 특히 은퇴 전환기에 있는 투자자들은 안정적인 수익을 기대하며 부동산투자를 고려하지만, 몇 가지 주의할 점을 간과하면 재정적 위기를 맞을 수 있다. 우선, 철저한 시장 조사와 신중한 결정을 내리는 것이 중요하다. 투자 지역의 경제 상황과 개발 계획을 꼼꼼히 검토하고, 부동산의 실제 가치를 객관적으로 평가하는 것이 필요하다. 또한, 감정적 결정을 피하고, 투자 목적을 명확히 하여 장기적인 계획을 세우는 것이 중요하다.

### (2) 흔히 저지르는 실수와 이를 피하는 방법

부동산투자자들이 흔히 저지르는 실수 중 하나는 과도한 기대를 품고 시장에 진입하는 것이다. 예싱 수익을 시나지게 낙관적으로 평가하거나, 시장 변동성을 간과하는 경우 큰 손실을 볼 수 있다. 이러한 실수를 피하기 위해서는 현실적인 기대를 안고 투자하고, 전문가의 조언을 듣는 것이 필요하다. 또한, 투자 목적을 명확히 하고, 장기적인 계획을 세워야 한다. 단기적인 시세 차익을 노리기보다는 안정적인 임대 수익을 기대하는 것이 더 안전한 전략일 수 있다.

### (3) 무리한 대출과 과도한 레버리지의 위험성

부동산투자에서 무리한 대출과 과도한 레버리지는 큰 위험을 초래할 수 있다. 많은 투자자가 적은 자본으로 큰 수익을 기대하며 레버리지를 활용하지만, 이는 시장 변동에 민감하게 반응하게 만들며, 최악의 경우 파산으로 이어질 수 있다. 특히 은퇴 후에는 고정수입이 줄어들기 때문에 대출 상환에 어려움을 겪을 가능성이 크다. 따라서 대출을 받을 때는 상환 능력을 철저히 검토하고, 과도한 레버리지를 피하는 것이 중요하다.

### (4) 감정에 휘둘리지 않는 투자 원칙

부동산투자는 감정에 휘둘리지 않는 것이 중요하다. 많은 투자자가 주변의 성공 사례나 미디어의 보도에 영향을 받아 충동적으로 투자 결정을 내리지만, 이는 실패의 지름길이다. 객관적인 데이터를 기반으로 냉정하게 판단하고, 철저한 시장 분석을 통해 결정해야 한다. 감정적인 결정을 피하기 위해서는 전문가의 조언을 듣고, 장기적인 투자 계획을 세워야 한다. 또한, 투자 전 반드시 실사를 통해 부동산의 상태와 위치를 직접 확인하는 것이 필요하다.

### (5) 은퇴설계 부동산투자의 실패 유형

#### 1) 관리체계와 수익구조가 복잡한 수익형 호텔, 렌탈 하우스

수익형 호텔이나 렌탈 하우스는 높은 수익을 기대할 수 있지만, 관리와 운영이 복잡하고 비용이 많이 든다. 특히, 숙박업의 경우 계절적 요인과 경기 변동에 따라 수익이 크게 달라질 수 있다. 은퇴자들은 관리에 많은 시간과 노력이 필요하고, 예상치 못한 운영 비용이 발생할 수 있어 신중한 접근이 필요하다.

### 2) 공급 과잉 오피스텔, 상가 투자

최근 몇 년간 오피스텔과 상가의 공급이 과잉되면서 공실률이 높아지고 있다. 이는 임대 수익을 크게 감소시키며, 투자자에게 큰 부담이 될 수 있다. 공급 과잉 지역을 피하고 수요가 안정적인 지역에 투자하는 것이 중요하다.

### 3) 반값 아파트 지역조합 조합원 가입(vs. 재건축, 재개발)

반값 아파트나 지역조합에 투자하는 것은 높은 수익을 기대할 수 있지만, 법적 문제나 진행 과정에서의 지연 등으로 인해 큰 손실을 초래할 수 있다. 반면, 재건축이나 재개발은 상대적으로 안정적인 투자 방법이다. 재건축과 재개발은 법적 절차와 진행 과정이 체계적으로 관리되어 예측 가능성이 크고, 안정적인 수익을 기대할 수 있다.

### 4) 적응 어려운 전원주택, 쪼개기 빌라 투자

전원주택은 도심에서 벗어나 자연 속에서 생활할 수 있는 장점이 있지만, 생활 편의시설이 부족하고 유지보수 비용이 많이 든다. 또한, 쪼개기 빌라 투자는 법적 제약과 관리의 어려움으로 인해 위험성이 크다. 이러한 투자는 은퇴 후의 생활에 부정적인 영향을 미칠 수 있다.

### 5) 투자 회수에 긴 시간이 걸리는 토지 투자, 기획 부동산 토지 투자

토지 투자는 장기적인 시각에서 안정적인 수익을 기대할 수 있지만, 투자 회수에 오랜 시간이 걸린다. 특히, 기획부동산은 사기 위험이 높아 신중한 검토가 필요하다. 투자자들은 토지의 용도 변경 가능성이나 개발 계획을 면밀하게 검토하고, 전문가의 조언을 듣는 것이 중요하다.

### (6) 실제 사례 연구

서울의 한 투자자는 수익형 호텔에 투자했지만, 예상보다 높은 운영비와 낮은 숙박률로 인해 큰 손실을 보았다. 반면, 또 다른 투자자는 재건축 예정 지역에 아파트를 구매하여, 안정적인 임대 수익과 함께 재건축 완료 후 큰 시세 차익을 얻었다. 이러한 사례는 부동산투자에서 철저한 시장 조사와 신중한 결정이 얼마나 중요한지 보여준다.

은퇴설계를 위한 부동산투자는 신중한 접근이 필요하다. 무리한 대출과 과도한 레버리지, 감정적인 결정 등은 피해야 할 함정이다. 특히, 관리체계와 수익구조가 복잡한 수익형 호텔이나 렌탈 하우스, 공급 과잉된 오피스텔과 상가, 법적 문제가 많고 진행이 불확실한 반값 아파트 지역조합 투자 등은 주의해야 한다. 대신 재건축과 재개발 같은 비교적 안정적인 투자 방법을 고려하고, 철저한 시장 조사와 전문가의 조언을 통해 안정적인 투자 전략을 세워야 한다. 이를 통해 안정적이고 성공적인 은퇴 재무설계를 이뤄나가길 바란다.

# 7. 부동산투자 후 가치를 올리는 방법: 스마트 부동산 관리

**(1) 스마트 부동산 관리의 중요성**

부동산투자는 단순히 자산을 소유하는 것에서 끝나지 않는다. 지속적인 관리와 유지보수를 통해 자산의 가치를 유지하고, 나아가 상승시키는 것이 중요하다. 이는 건물 자체의 문제뿐만 아니라, 투자자가 나이를 먹어가면서 발생하는 관리의 어려움에도 대비하는 방법이다. 은퇴 전환기에 있는 사람들에게는 더더욱 스마트 부동산 관리가 필요하다. 효율적인 관리 시스템을 통해 체력적, 시간적 부담을 줄이고, 안정적인 수익을 유지할 수 있기 때문이다.

**(2) IoT와 스마트 홈 기술을 통한 가치 상승**

IoT(Internet of Things)와 스마트 홈 기술은 부동산 관리의 혁신적인 도구다. 스마트 홈 기술은 에너지 효율을 높이고, 편리한 생활 환경을 제공함으로써 건물의 가치를 상승시킨다. 예를 들어, 스마트 온도 조절 장치는 에너지 비용을 절감하고, 스마트 보안 시스템은 안전한 생활 환경을 보장한다. 이러한 기술들은 초기 투자 비용이 발생하지만, 장기적으로는 관리 비용을 절감하고, 임대료 상승을 가능하게 한다. 이는 부동산 가치를 높이는 중요한 요소로 작용한다.

### (3) 효율적인 부동산 관리 방법

효율적인 부동산 관리를 위해서는 체계적인 접근이 필요하다. 첫째, 정기적인 점검과 유지보수를 통해 건물의 상태를 지속해서 관리해야 한다. 둘째, 스마트 홈 기술을 도입하여 에너지 효율과 편의성을 높여야 한다. 셋째, 임대 관리 시스템을 통해 임대료 수익을 최적화하고, 공실률을 최소화해야 한다. 이러한 관리 방법들은 부동산의 가치를 유지하고 상승시키는 데 필수적이다.

### (4) 실제 사례와 적용 방법

서울의 한 아파트 단지는 스마트 홈 기술을 도입하여 큰 성공을 거두었다. 이 아파트 단지는 스마트 온도 조절 장치와 보안 시스템을 설치하여 에너지 비용을 20% 절감하고, 임대료를 10% 상승시켰다. 이는 투자자들에게 안정적인 수익을 제공하였으며, 입주민들에게는 높은 만족도를 제공했다. 또 다른 사례로, 부산의 한 오피스텔은 IoT 기반의 물 관리 시스템을 도입하여 유지보수 비용을 15% 절감하였다. 이러한 사례들은 스마트 부동산 관리가 어떻게 자산 가치를 높일 수 있는지를 잘 보여준다.

부동산투자 후 가치를 올리는 방법으로 스마트 부동산 관리는 매우 중요하다. IoT와 스마트 홈 기술을 통해 건물의 에너지 효율을 높이고, 편리한 생활 환경을 제공함으로써 자산 가치를 상승시킬 수 있다. 또한, 효율적인 부동산 관리를 통해 장기적인 수익을 유지하고, 은퇴 후 안정적인 재정 상태를 유지할 수 있다. 스마트 부동산 관리를 통해 성공적인 부동산투자를 이뤄나가길 바란다.

## 8. 은퇴설계 부동산투자 원칙

은퇴설계를 위해 부동산투자를 고려하는 많은 이들에게, 안정적인 수익과 자산관리를 위한 명확한 원칙이 필요하다. 부동산투자는 장기적인 안목과 신중한 접근이 필수적이며, 아래의 원칙들을 통해 성공적인 은퇴 재무설계를 이루는 데 도움이 될 수 있다.

### (1) 자기 명의의 등기부등본은 부동산투자의 기초다

부동산투자의 기본은 자신의 이름으로 된 등기부등본을 확보하는 것이다. 이는 법적 소유권을 명확히 하여 불필요한 분쟁을 예방하고, 안전한 투자를 보장한다. 등기부등본은 부동산의 소유자, 권리 관계, 담보 여부 등을 확인할 수 있는 중요한 문서다. 예를 들어, 서울의 한 은퇴자는 등기부등본을 확인하지 않고 투자했다가 실제 소유주와의 법적 분쟁으로 큰 손실을 보았다. 따라서 부동산을 구매하기 전 반드시 등기부등본을 확인하고, 명확한 소유권을 확보하는 것이 중요하다.

### (2) 법률적 위험과 경제적 위험을 비교하라

부동산투자는 법률적 위험과 경제적 위험을 동반한다. 법률적 위험은 부동산의 권리 관계나 법적 문제로 인한 손실을 의미하며, 경제적 위험은 시장 변동이나 경제 상황에 따른 손실을 의미한다. 예를 들어, 한 투자자는 법적 절차를 무시하고 저렴한 가격에 부동산을 구매했으나, 이후 소유권 분쟁으로 인해 막대한 법률비용을 내게 되었다. 투자자는 이 두 가지 위험을 면밀하게 비교하고, 관리 가능한 범위 내에서 투자를 진행해야 한다. 전문가의 조언을 듣고 철저한 조사를 통해 법적 및 경제적 위험을 최소화하는 것이 중요하다.

### (3) 증거 없이 믿는 사람은 어리석다

부동산투자는 철저한 검증과 분석이 필요하다. 단순히 주변 사람들의 이야기나 미디어의 보도를 믿고 투자하는 것은 어리석은 행동이다. 모든 정보는 검증 가능한 증거를 바탕으로 신뢰성을 확인해야 한다. 예를 들어, 한 투자자가 친구의 추천만 믿고 아파트에 투자했지만, 이후 그 지역의 개발 계획이 취소되면서 큰 손실을 보았다. 이러한 실수를 피하기 위해서는 시장 조사, 현장 실사, 전문가의 조언 등을 통해 충분한 정보를 수집하고 분석하는 과정이 필요하다.

### (4) 결국, 월세 받는 부동산을 위해 투자한다

부동산투자의 궁극적인 목표는 안정적인 월세 수입을 얻는 것이다. 월세 수입은 경제 상황에 상관없이 지속적인 현금흐름을 제공하여 안정적인 재정을 유지할 수 있게 한다. 예를 들어, 한 은퇴자는 도심의 소형 아파트를 구입하여 월세를 받으면서 안정적인 수익을 올리고 있다. 이는 은퇴 후 고정수입이 줄어드는 상황에서 매우 중요한 재정적 안전망이 된다. 따라서 투자 시에는 월세 수익률을 철저히 계산하고, 안정적인 임대 수요가 있는 지역에 투자하는 것이 중요하다.

### (5) 직접 가봐야 한다: 임장 활동

부동산투자는 책상 위에서만 이루어지는 것이 아니다. 현장을 직접 방문하여 부동산의 상태, 주변 환경, 교통 편의성 등을 확인하는 과정이 필수적이다. 이를 통해 실제 가치와 잠재적 문제를 파악할 수 있다. 예를 들어, 한 투자자는 서류만 보고 투자 결정을 내렸으나, 실제로 방문해 보니 인프라가 부족한 지역임을 알게 되었다. 현장을 방문하지 않고 단순히 서류만으로 투자 결정을 내리는 것은 큰 실수다. 임장 활동, 즉 활발한 현장 방문을 통해 더 나은 투자 결정을 내릴 수 있다.

이러한 원칙들을 준수하면, 은퇴설계를 위한 부동산투자가 더 안전하고 성공적으로 이루어질 수 있다. 부동산투자는 단기적인 시세 차익보다는 장기적인 월세 수익을 목표로 해야 하며, 철저한 검증과 분석을 통해 법적 및 경제적 위험을 최소화해야 한다. 또한, 현장 방문을 통해 실제 가치를 파악하고, 안정적인 투자 결정을 내리는 것이 중요하다. 이 원칙들을 바탕으로 안정적이고 성공적인 은퇴 재무설계를 이뤄나가길 바란다.

**키워드 10**

# 은퇴 후 주거계획

1. 어디서 나이 들어갈 것인가? 고려해야 할 7가지
2. 어떻게 계획할 것인가?
3. 합리적 주거계획
4. 자산과 주거를 분리하라
5. 귀촌에 대하여
6. 에코프렌들리 주거: 친환경과 에너지 절감
7. 최신 주거 트렌드: 소형 주택, 스마트 홈, 공동체 주택
8. 은퇴 후 주거 체크리스트

# 1. 어디서 나이 들어갈 것인가? 고려해야 할 7가지

### (1) 환경: 주변 자연환경, 공기 질, 녹지 공간 등

은퇴 후 주거지를 선택할 때 자연환경은 매우 중요한 요소다. 깨끗한 공기와 풍부한 녹지 공간은 건강에 큰 영향을 미친다. 서울 근교의 경기도 지역은 자연환경이 좋고 도심과의 접근성이 뛰어나 은퇴자들에게 인기가 높다. 산림이 풍부한 지역이나 강변 근처는 스트레스를 줄이고 심신을 안정시키는 데 도움을 준다. 또한, 이러한 환경은 여가 활동을 즐길 기회를 제공하여 은퇴 후 삶의 질을 높여준다.

### (2) 생활 편의성: 교통, 쇼핑, 여가 시설의 접근성

생활 편의성은 은퇴 후 주거지 선택에서 빼놓을 수 없는 요소다. 편리한 교통망은 은퇴자들의 이동을 수월하게 한다. 지하철이나 버스 정류장이 가까운 곳에 있는 주거지는 더욱 매력적이다. 또한, 쇼핑과 여가 시설이 가까운 곳은 일상생활의 질을 크게 향상시킨다. 의료시설의 접근성도 중요한데, 이는 은퇴 후 건강관리를 위해 필수적이다. 서울과 수도권 지역은 이러한 조건을 충족시키는 곳이 많아 은퇴 후 주거지로 선호된다.

### (3) 안정성: 치안·재난 대비, 지역사회의 안정성

안정성은 은퇴 후 주거지 선택에서 매우 중요한 요소다. 치안이 좋은 지역은 범죄 발생률이 낮아 은퇴자들이 안심하고 생활할 수 있다. 한국의 여러 도시 중에서도 치안이 좋은 지역으로 알려진 곳은 은퇴자들에게 높은 선호도를 보인다. 또한, 재난 대비가 잘된 지역도 중요하다. 한국은 지진, 홍수 등의 자연재해가 발생할 수 있기 때문에 이러한 위험에 대비한 지역을 선택하는 것이 바람직하다. 마지막으로, 지역사회의 안정성도 고려해야 한다. 지역사회가 안정적이고, 사회적 관계망이 잘 형성되어 있는 곳은 은퇴자들이 사회적 고립을 피하고 활기찬 노후 생활을 할 수 있도록 도와준다.

**(4) 경제적 측면: 주거 비용과 재정계획**

은퇴 후 주거지는 경제적 요인도 중요하게 고려해야 한다. 주거 비용은 은퇴 후 총지출의 상당 부분을 차지하므로, 이를 철저히 계획해야 한다. 주택연금이나 농지연금 등을 활용하여 재정적 안정을 꾀할 수 있다. 또한, 주택 유지보수 비용, 세금, 보험료 등을 고려하여 경제적으로 부담이 적은 주거지를 선택하는 것이 좋다. 이는 은퇴 후 안정적인 생활을 보장하는 데 큰 도움이 된다.

**(5) 사회적 관계: 커뮤니티와의 연결**

은퇴 후 사회적 고립을 피하기 위해서는 활발한 사회적 관계를 유지하는 것이 중요하다. 친구, 가족, 지역 주민과의 지속적인 교류가 가능한 곳을 선택하는 것이 바람직하다. 다양한 사회 활동에 참여할 수 있는 커뮤니티가 형성된 지역은 은퇴자들이 더 행복하고 활기찬 생활을 영위할 수 있게 도와준다. 이는 사회적 고립에서 오는 우울증이나 건강 문제를 예방하는 데도 효과적이다.

### (6) 건강관리: 의료시설의 접근성

의료시설의 접근성은 은퇴 후 주거지 선택에서 매우 중요한 요소다. 가까운 곳에 병원이나 약국이 있으면 긴급 상황에서도 신속하게 대응할 수 있다. 또한, 정기적인 건강관리를 위해 의료시설과의 거리가 가까운 것이 중요하다. 서울과 같은 대도시나 수도권 지역은 이러한 의료 접근성이 좋아 은퇴 후 주거지로 적합하다.

### (7) 주거 유형: 주택의 형태와 크기

은퇴 후 주거지는 주택의 형태와 크기도 중요한 고려사항이다. 많은 은퇴자가 아파트보다 전원주택이나 타운하우스를 선호하는 경향이 있다. 이는 쾌적한 생활 환경과 더 많은 생활 공간을 제공하기 때문이다. 또한, 주택의 크기를 줄여 경제적 부담을 덜고 생활의 편리성을 높이는 것도 좋은 선택이다. 이는 은퇴 후 삶의 질을 향상시키는 데 도움이 된다.

이와 같은 요소들을 종합적으로 고려하여 은퇴 후 주거지를 계획하는 것이 중요하다. 각 요소를 면밀하게 분석하고 자신에게 가장 적합한 주거지를 선택하도록 돕는 것이 필요하다. 은퇴 후 행복하고 안정된 삶을 위해 환경, 생활 편의성, 안정성, 경제적 요인, 사회적 관계, 건강관리, 주거 유형을 모두 고려한 주거계획을 세우는 것이 필수적이다.

## 2. 어떻게 계획할 것인가?

**(1) 다운사이징: 주거 공간을 줄이면서도 편안한 삶을 유지하는 방법**

은퇴 후 다운사이징은 주거 공간을 줄이면서도 효율적이고 편안한 삶을 유지하는 좋은 방법이다. 큰 집을 유지하는 데는 큰 비용이 들고 관리도 어렵기 때문에, 자녀들이 독립한 후 빈방이 많은 집을 작은 아파트나 주택으로 바꾸는 것이 좋다. 이렇게 하면 재산세, 주택 보험료, 유틸리티 비용 등을 크게 줄일 수 있다. 또한, 다운사이징을 통해 남은 자금을 은퇴자금으로 활용하면 생활비를 충당하는 데 도움이 된다. 현금 흐름을 개선하고 예상치 못한 비용이 발생할 때 대비할 수 있는 자금을 확보하는 데도 유리하다.

**(2) 지역 이전: 비용 절감, 삶의 질 향상을 위한 지역 선택 기준**

지역 이전은 은퇴 후 생활비를 절감하고 삶의 질을 향상시키기 위한 좋은 방법이다. 서울과 같은 대도시에서 벗어나면 주거 비용이 크게 줄어들 수 있다. 수도권이나 지방의 소도시는 주택 가격이 상대적으로 낮아 초기 비용을 절감할 수 있고, 생활비도 줄일 수 있다. 이러한 지역은 자연환경이 좋고, 생활 편의시설도 잘 갖추어져 있어 은퇴자들에게 인기가 많다.

또한, 의료시설의 접근성도 중요한 고려 요소다. 은퇴 후 건강관리가 중요한 시기에 의료시설과의 접근성이 좋은 지역은 삶의 질을 높이는 데 큰 도움이 된다. 예를 들어, 서울 인근 경기도 지역은 비교적 저렴한 주거 비용과 함께 양질의 의료 서비스를 제공받을 수 있는 장점이 있다. 이러한 지역 이전은 은퇴 후 안정적이고 편안한 생활을 가능하게 한다.

### (3) 살던 곳에서 그대로 살기: 현재 거주지를 유지하면서 생활의 질을 높이는 방법과 고려사항

많은 은퇴자가 현재 거주지를 유지하면서 생활의 질을 높이는 방법을 고려하고 있다. 친숙한 환경에서 계속 생활할 수 있어 심리적 안정감을 제공하고, 사회적 네트워크를 유지하는 데 도움이 된다. 하지만 큰 집을 유지하는 데 드는 비용과 관리 부담을 줄이기 위한 전략이 필요하다.

현재 거주지를 유지하면서 생활의 질을 높이기 위해서는 집의 구조를 효율적으로 활용하는 것이 중요하다. 불필요한 공간을 줄이고, 사용 빈도가 낮은 방을 유용하게 개조하는 것이 좋다. 예를 들어, 손님용 거실을 홈오피스나 취미 공간으로 바꾸는 것이 좋은 방법이다. 또한, 집의 에너지 효율성을 높여 유지 비용을 절감하는 것도 좋은 전략이다. 이러한 방법을 통해 현재 거주지에서 더 편안하고 경제적인 삶을 누릴 수 있다.

은퇴 후 주거계획은 은퇴 생활의 질을 좌우하는 중요한 결정이다. 주거 공간을 효율적으로 활용하고, 비용을 절감하며, 삶의 질을 높일 방법을 찾는 것이 핵심이다. 다운사이징을 통해 경제적 부담을 줄이고, 지역 이전을 통해 더 나은 환경과 편의성을 누리며, 현재 거주지를 유지하면서 생활의 질을 높일 수 있는 다양한 방안을 고려해보라. 현명한 선택을 통해 더욱 풍요롭고 안정된 은퇴 생활을 누리길 바란다.

## 3. 합리적 주거계획

### (1) 사람과의 거리: 가족, 친구와의 거리 유지

은퇴 후에도 가족과 친구와의 거리를 유지하는 것은 중요한 요소다. 사회적 관계망은 은퇴 생활의 질을 결정하는 중요한 요소 중 하나로, 가족과 친구들이 가까이 있으면 심리적 안정감을 제공받을 수 있다. 특히, 건강이 악화되거나 긴급 상황이 발생했을 때 가까운 가족의 도움이 필요할 수 있다. 보건사회연구원의 조사에 따르면 많은 베이비붐 세대가 자녀와 가까운 거리에 따로 살기를 원하고 있다. 예를 들어, 서울 강남구 및 서초구 거주 베이비부머들은 건강이 악화되거나 배우자를 먼저 떠나보낸다면 자녀와의 근접성을 중요한 고려사항으로 보고 있다.

### (2) 편의와 의료의 거리: 병원, 약국, 쇼핑센터와의 접근성

편의시설과 의료시설의 접근성은 은퇴 후 주거지 선택에서 빼놓을 수 없는 요소다. 병원과 약국이 가까운 곳에 있으면 건강 문제에 신속하게 대응할 수 있으며, 쇼핑센터가 가까운 곳은 일상생활의 편리함을 크게 높인다. 예를 들어, 서울 인근의 경기도 지역은 의료 접근성이 뛰어나고 생활 편의시설이 잘 갖추어져 있어 많은 은퇴자에게 인기가 많다. 이는 고령화 사회에서 은퇴자들의 삶의 질을 높이는 데 중요한 역할을 한다.

### (3) 범죄와의 거리: 안전한 주거지 선택 기준

안전한 주거지를 선택하는 것도 매우 중요하다. 범죄 발생률이 낮은 지역은 은퇴자들이 안심하고 생활할 수 있는 환경을 제공한다. 예를 들어, 서울의 강남구와 서초구는 치안이 잘 유지되는 지역으로 은퇴자들에게 선호도가 높다. 이러한 지역은 일상생활의 안정감을 제공하고, 외출 시에도 불안감을 줄여준다. 따라서 범죄율이 낮고, 치안이 잘 유지되는 지역을 선택하는 것이 바람직하다.

### (4) 주택의 구조와 설계

은퇴 후에는 주택의 구조와 설계도 중요한 고려 요소다. 낙상 위험을 줄이기 위해 문턱을 없애고, 욕실과 계단에 안전 손잡이를 설치하는 것이 좋다. 예를 들어, 미국에서는 유니버설 디자인을 도입하여 고령자들이 안전하게 생활할 수 있도록 집을 개조하는 것이 일반적이다. 이러한 개조는 건강하고 안전한 생활을 보장해 주며, 주거 환경을 더욱 편리하게 만든다.

### (5) 교통 접근성

교통 편의성도 은퇴 후 주거지 선택의 중요한 요소다. 대중교통이 잘 발달한 지역에 거주하면 이동이 편리하고, 생활 반경을 넓힐 수 있다. 예를 들어, 지하철이나 버스 정류장이 가까운 곳에 있는 주거지를 선택하면 외출이나 병원 방문이 훨씬 수월해진다. 이는 활동적인 은퇴 생활을 가능하게 하며, 생활의 질을 높이는 데 기여한다.

### (6) 주거 비용

주거 비용도 중요한 고려사항이다. 은퇴 후에는 정기적인 수입이 줄어들기 때문에, 주거 비용을 포함한 모든 지출을 신중하게 계획해야 한다. 예를 들어, 주택연금이나 농지연금 등을 활용하여 재정적 안정을 꾀할 수 있으며, 유지 비용이 적게 드는 소형 주택을 선택하는 것도 좋은 방법이다. 이는 경제적 부담을 줄이고, 안정적인 생활을 보장한다.

### (7) 커뮤니티 활동

활발한 커뮤니티 활동은 은퇴 후 사회적 고립을 방지하고, 심리적 안정감을 높이는 데 큰 도움이 된다. 예를 들어, 서울의 한 아파트 단지는 다양한 커뮤니티 활동과 동호회, 자원봉사에 참여할 수 있는 환경을 제공하여 주민들의 삶의 질을 높이고 있다. 이러한 커뮤니티는 새로운 친구를 만들고, 활기찬 생활을 유지하는 데 큰 도움이 된다. 은퇴 후에도 사회적 네트워크를 유지하는 것은 정신적, 정서적 건강에 매우 중요하다.

은퇴 후 주거계획을 세울 때는 이러한 요소들을 종합적으로 고려하여 자신에게 가장 적합한 주거지를 선택하는 것이 중요하다. 각 요소를 면밀하게 분석하고, 자신의 라이프스타일과 필요에 맞는 주거계획을 수립하여 은퇴 후 행복하고 안정된 삶을 누리길 바란다.

## 4. 자산과 주거를 분리하라

**(1) 자산과 주거로서 거주지가 분리되어야 하는 이유**

은퇴 후 재정적 안정성을 유지하기 위해 자산과 주거를 분리하는 것은 매우 중요하다. 많은 사람이 집을 가장 큰 자산으로 여기지만, 실제로 집은 유동성이 낮아 필요할 때 쉽게 현금화할 수 없다. 은퇴 후에는 예기치 않은 의료비나 생활비가 필요할 수 있기 때문에, 현금 유동성을 확보하는 것이 필수적이다. 자산을 주거와 분리함으로써, 주택을 통해 얻는 자산의 가치와 실제로 거주하는 곳의 필요성을 균형 있게 관리할 수 있다.

**(2) 주거 자산관리의 개념과 주거 비용을 절감하고 자산을 효율적으로 활용하는 방법**

주거 자산관리는 주택의 가치를 유지하고 증대시키는 동시에, 주거 비용을 절감하여 자산을 효율적으로 활용하는 것을 의미한다. 첫째, 주택의 유지보수와 수리 작업을 주기적으로 수행하여 주택의 가치를 높이는 것이 중요하다. 둘째, 에너지 효율성을 개선하여 전기료와 난방비 등을 절감할 수 있다. 예를 들어, 단열재를 보강하고 에너지 효율이 높은 가전제품을 사용하는 것이 도움이 된다.

또한, 주택연금제도를 활용하면 주거 비용을 줄이면서도 안정적인 현금흐름을 확보할 수 있다. 주택연금은 집을 담보로 연금을 받는 형태로, 은퇴 후에도 거주지를 유지하면서 생활비를 보충하는 데 유용하다.

이는 주거와 자산을 분리하여 재무적 안정을 도모하는 좋은 방법 중 하나다.

### (3) 주거와 자산을 분리하여 재무 안정성 유지하는 방법

주거와 자산을 분리하여 재무 안정성을 유지하는 방법은 다양하다. 첫째, 주택을 임대하고 소형 아파트나 실버타운으로 이사하여 주거 비용을 절감하는 것이다. 이렇게 하면 임대료 수익을 통해 추가적인 소득을 확보할 수 있다. 둘째, 주택을 매각하고 그 자금을 금융자산에 투자하여 수익을 창출하는 방법도 있다. 이는 시장 상황에 따라 다르지만, 적절한 투자 전략을 통해 안정적인 수익을 올릴 수 있다.

또한, 자산 포트폴리오를 다변화하여 위험을 분산시키는 것도 중요하다. 부동산 외에도 주식, 채권, 펀드 등 다양한 금융상품에 투자하여 자산의 유동성과 안정성을 동시에 확보할 수 있다. 이는 장기적으로 재정적 안정을 유지하는 데 큰 도움이 된다.

마지막으로, 금융 전문가와 상담하여 개인의 재정 상황에 맞는 맞춤형 자산관리 전략을 세우는 것이 필요하다. 이는 자산을 효율적으로 운용하고, 예기치 않은 상황에 대비할 수 있는 안정적인 재무계획을 수립하는 데 도움이 된다.

은퇴 후 재정적 안정을 위해 자산과 주거를 분리하는 것은 필수적이다. 다양한 방법을 통해 자산을 효율적으로 관리하고 주거 비용을 절감하여 안정된 노후 생활을 준비하는 것이 중요하다. 자신의 상황에 맞는 최적의 전략을 세워 행복하고 안정된 은퇴 생활을 계획해 보자.

# 5. 귀촌에 대하여

### (1) 귀농과 귀촌의 차이점

귀농과 귀촌은 비슷해 보이지만 그 목적과 활동의 차이점에서 크게 구분된다. 귀농은 농업을 생업으로 삼아 농촌으로 이주하는 것을 의미한다. 이는 작물 재배, 축산 등 실제 농업 활동을 통해 생계를 꾸리는 것을 포함한다. 반면, 귀촌은 농업이 아닌 다른 직업을 가지고 농촌으로 이주하여 생활하는 것을 의미한다. 귀촌자는 농촌의 자연환경과 여유로운 삶을 즐기기 위해 이주하는 경우가 많으며, 도시에서의 직업을 유지하면서 재택근무를 하거나, 퇴직 후의 삶을 즐기는 경우가 많다.

### (2) 귀농과 귀촌의 경우 주거의 중요성 분석

귀농과 귀촌 모두 주거의 문제가 중요한데, 그 중요성의 형태가 다르다. 귀농의 경우, 주거지는 농업 활동을 지원하는 중요한 기반이 된다. 따라서, 농작물을 재배하기 위한 토지와 시설, 농기구 보관 공간 등이 필요하다. 또한, 농업에 필요한 물 공급, 도로 접근성 등도 고려해야 한다. 반면, 귀촌의 경우 주거지는 생활의 편리성과 환경적 요인이 더 중요하다. 자연환경, 생활 편의시설, 의료 접근성 등이 중요한 요소로 작용한다. 귀촌자는 주로 자연 속에서의 여유로운 생활을 추구하기 때문에, 편안하고 안전한 주거 환경이 필수적이다.

### (3) 귀촌의 장단점 분석: 도시에서 농촌으로의 이동이 주는 이점과 도전 과제

귀촌의 주요 장점은 자연 속에서의 삶을 즐길 수 있다는 점이다. 맑은 공기, 아름다운 경치, 여유로운 생활 리듬 등은 도시 생활에서 경험할 수 없는 귀중한 혜택이다. 주거 비용이 상대적으로 저렴하며, 넓은 공간을 활용할 수 있어 삶의 질이 높아질 수 있다. 또한, 농촌 지역에서는 공동체 생활이 활성화되어 있어, 이웃과의 교류를 통해 사회적 고립을 방지할 수 있다.

그러나 귀촌에는 몇 가지 도전 과제도 존재한다. 첫째, 농촌 생활에 적응하는 것이 쉽지 않을 수 있다. 도시에서의 생활 패턴과 달리, 농촌에서는 새로운 환경에 맞춰야 하며, 이는 상당한 스트레스와 노력을 요구한다. 둘째, 경제적 안정성도 중요한 문제다. 도시에서의 직장을 그만두고 농촌으로 이주할 경우, 안정적인 소득을 확보하기 어렵기 때문에 철저한 준비가 필요하다. 또한, 농촌에서는 의료 서비스와 교육 시설이 도시만큼 발달하지 않아, 이러한 부분도 신중히 고려해야 한다.

### (4) 성공 사례: 성공적으로 귀촌한 사례 분석 및 팁

성공적인 귀촌 사례로는 전라북도 김제시에서 귀농한 김재호 씨의 이야기를 들 수 있다. 김재호 씨는 다양한 교육과정을 통해 농업 기술을 습득하고, 농업 경영을 체계적으로 준비했다. 그는 처음에는 많은 시행착오를 겪었지만, 지속적인 배움과 열정으로 성공적인 귀촌 생활을 이루어냈다. 김재호 씨는 특히 정보화 농민 연구회, 농업기술센터 교육, 온라인 마케팅 교육 등을 통해 농업 경영 능력을 키웠으며, 이러한 노력 덕분에 현재는 안정적인 농업 기반을 구축하고 있다.

또 다른 성공 사례로는 충청남도 청양군에서 귀농한 이광남 씨를 들 수 있다. 그는 철저한 계획과 준비를 통해 안정적으로 귀농에 성공했다. 매년 농장 계획을 세우고, 새로운 도전을 위해 끊임없이 노력하며, 다양한 교육과 멘토링을 통해 농업 기술을 습득했다. 특히, 버섯 농장을 운영하며 새로운 판로를 개척하고, 지속 가능한 농업 경영을 이루어냈다. 이광남 씨는 귀촌을 준비하는 사람들에게 철저한 사전 조사와 계획의 중요성을 강조하며, 현지 농장을 방문해 비교하고 배워야 한다고 조언한다.

### (5) 실패 사례: 귀촌의 도전과 과제

귀촌의 실패 사례도 주의 깊게 살펴볼 필요가 있다. 예를 들어, 배우자와 충분한 상의 없이 귀촌을 강행한 경우가 있다. 한 사례로 홍 씨는 도시 생활에 지친 나머지, 배우자와 충분한 논의 없이 농촌으로 이주를 결정했다. 이로 인해 배우자는 적응하지 못하고 고립감을 느껴 다시 도시로 돌아가고 말았다. 이처럼 귀촌을 결정할 때는 가족과의 충분한 의논이 필수적이다.

또 다른 실패 사례로는 준비 부족과 정보의 부재가 원인이 된 경우가 있다. 고 씨는 농촌 생활을 너무 낭만적으로만 생각하고 귀촌을 결심했다. 그러나 실제 생활은 기대와 달랐다. 농촌에서는 도시보다 불편한 점이 많았고, 경제적으로도 어려움을 겪었다. 준비 부족으로 인한 실패는 귀촌을 준비하는 사람들에게 중요한 교훈을 제공한다.

귀촌은 도시 생활에서 벗어나 새로운 삶을 시작하는 큰 도전이다.

그러나 철저한 준비와 계획을 통해 성공적인 귀촌 생활을 이룰 수 있다. 귀촌의 장점과 도전 과제를 충분히 이해하고, 성공 사례를 참고하여 철저히 준비한다면, 귀촌을 통해 더 풍요롭고 행복한 은퇴 생활을 누릴 수 있을 것이다. 귀촌을 준비하는 과정에서 필요한 정보와 교육을 적극적으로 활용하고, 지역사회와의 유대감을 형성하는 것도 중요한 요소임을 잊지 말자.

## 6. 에코프렌들리 주거: 친환경과 에너지 절감

**(1) 친환경 주택: 에너지 효율 높은 주택 설계와 재료**

은퇴 후 주거지를 고민하는 독자에게 말씀드리자면 에코프렌들리 주거는 더 나은 삶의 질과 재정적 안정을 동시에 제공할 수 있는 최적의 선택 중 하나일 수 있다. 친환경 주택은 에너지 효율성을 극대화하고 환경에 미치는 영향을 최소화하는 주택 설계를 지향한다. 고성능 단열재, 저방사율 유리(로이 유리), 태양광 패널, 에너지 절약형 가전제품 등을 사용하여 건축되는 이러한 주택은 에너지 소비를 크게 줄인다.

예를 들어, 태양광 패널을 통해 전기를 생산하고, 이를 냉난방과 급탕에 활용하는 것은 온실가스 배출을 줄이고 에너지 비용을 절감하는 데 큰 도움을 준다. 서울광장에 설치된 '에코하우스'는 단열재, 삼중유리, 태양광 발전패널 등을 적용하여 에너지 소비를 72%까지 절감하는 기술력을 선보였다. 이러한 사례는 친환경 주택이 단순히 환경 보호를 넘어서 경제적 이점도 제공한다는 것을 보여준다.

### (2) 지속 가능성: 재생 가능 에너지 사용, 에너지 절감 기술

지속 가능한 주거는 재생 가능 에너지를 적극적으로 활용하고, 다양한 에너지 절감 기술을 도입하여 환경 보호와 경제적 효율성을 동시에 달성한다. 대표적인 재생 가능 에너지로는 태양열, 풍력, 지열 등이 있다. 특히, 태양열 에너지는 무한한 자원으로, 초기 설치 비용이 높은 대신 장기적으로 큰 비용 절감 효과를 가져온다.

에너지 절감 기술로는 단열 성능을 높이기 위한 고성능 단열재, 저방사율 유리, 에너지 효율이 높은 창호 시스템 등이 있다. 스마트 홈 기술을 도입하여 에너지 사용을 최적화하고, 대기전력 차단장치나 LED 조명 등을 통해 불필요한 에너지 소비를 줄일 수 있다. 이러한 기술들은 친환경 주거의 핵심 요소로, 에너지 절약과 환경 보호를 동시에 달성할 수 있다.

서울시는 이러한 친환경 기술을 적용한 '에코하우스'를 통해 에너지 소비를 대폭 줄이는 데 성공했다. 이 주택은 태양광 패널, 고성능 단열재, 하이브리드 공조 시스템 등을 적용하여 전반적인 에너지 소비를 절감하며, 환경 보호와 경제적 효율성을 모두 달성한 사례로 주목받고 있다.

은퇴 후의 삶을 설계할 때, 주거지 선택은 매우 중요한 결정이다. 에코프렌들리 주거는 경제적 이점과 환경 보호를 동시에 제공하는 최적의 선택이 될 수 있다. 에너지 효율성을 높이고, 재생 가능 에너지를 적극적으로 활용하는 주택은 장기적으로 큰 비용 절감 효과를 가져올 뿐만 아니라, 환경에 미치는 영향을 최소화할 수 있다. 최신 친환경 기술과 재료를 도입하여 더 나은 주거 환경을 만들어 가길 바란다. 행복하고 안정된 은퇴 생활을 위해 에코프렌들리 주거를 고려해보자.

## 7. 최신 주거 트렌드: 소형 주택, 스마트 홈, 공동체 주택

은퇴 후 주거지를 고민하는 독자들에게 최신 주거 트렌드는 매우 중요하다. 최근 몇 년간 소형 주택, 스마트 홈, 공동체 주택 등이 주목받고 있다. 소형 주택은 효율적인 공간 활용과 경제적 이점을 제공하며, 1인 가구나 부부가 선호하는 주거 형태로 자리 잡고 있다. 예를 들어, 소형 모듈러 주택은 구조물을 사전 제작해 현장에서 조립하는 방식으로, 비용 절감과 건축 시간을 단축할 수 있어 인기를 끌고 있다.

스마트 홈은 첨단 기술을 활용해 주거 생활의 편리함과 안전성을 높인다. 스마트폰을 통해 집안의 전자 기기를 제어하거나, 음성 인식으로 조명과 난방을 조절하는 등 다양한 기능을 제공한다. 이러한 시스템은 에너지 효율성을 높이고, 생활의 질을 크게 향상시킨다. 예를 들어, 서울의 '시그니엘 레지던스'와 '나인원 한남' 단지는 스마트 주차, 비상 호출 등 다양한 스마트 홈 기술을 도입해 입주민들의 만족도를 높이고 있다.

공동체 주택은 공동 생활을 지향하며, 사회적 고립을 방지하고 커뮤니티 활동을 활성화하는 데 중점을 둔다. 이러한 주택은 입주자들이 공동의 공간과 자원을 공유하며, 협력과 상생의 문화를 형성한다. 예를 들어, 서울시에서는 공동체 주택 플랫폼을 통해 다양한 공동체 주택 정보를 제공하고 있으며, 입주자들이 공동 관심사를 기반으로 생활할 수 있도록 지원하고 있다.

혁신적인 주거 형태는 전통적인 주거 방식을 넘어 새로운 라이프스타일을 반영한다. 대표적인 사례로는 '버틀러 서비스드 홈'을 들 수 있다. 이는 전문 집사가 일상의 번거로움을 대신 처리해주는 주거 형태로, 호텔식 서비스와 주거 공간을 결합한 형태다. 이러한 서비스는 고급스러운 생활을 추구하는 사람들에게 큰 인기를 끌고 있다.

또한, '세이프 인 하우스'는 외부 환경의 위협으로부터 안전을 보장하는 주거 형태로, 내진 시설, 쓰나미 및 산사태 방지 시설, 폭우와 폭염에 대비한 설계 등이 포함된다. 이는 지구온난화와 같은 기후 변화에 대응하기 위한 혁신적인 주거 형태다.

소형 모듈러 주택은 에너지 효율성을 극대화하고, 지속 가능한 생활을 지원하는 주택 모델로 주목받고 있다. 예를 들어, LG전자가 선보인 '스마트코티지'는 에너지 및 냉난방 공조 기술과 프리미엄 가전을 결합하여 효율적인 주거 공간을 제공한다. 이는 은퇴 후 경제적인 부담을 줄이고, 쾌적한 생활 환경을 제공하는 데 큰 도움이 된다.

## 8. 은퇴 후 주거 체크리스트

은퇴 후의 주거와 재무설계는 안정적이고 행복한 노후 생활을 위해 매우 중요하다. 다음의 체크리스트는 은퇴 후 주거지를 선택하고 재무계획을 세우는 데 필요한 주요 요소들을 포괄적으로 다루고 있다.

**(1) 주거지 선택의 기준을 고려하였는가?**

① 환경의 고려 요소: 주변 자연환경, 공기 질, 녹지 공간 등을 고려하여 건강한 생활 환경을 선택했는가?

② 편의시설의 고려 요소: 병원, 약국, 쇼핑센터 등의 접근성을 확인하여 일상생활의 편리함을 유지할 수 있는가?

**(2) 재정 상태를 점검하였는가?**

① 자산 현황 파악: 은퇴 후 이용 가능한 자산 목록을 작성하고, 주거 비용과 생활비를 계산했는가?

② 부채관리: 주거 관련 부채가 있는 경우 상환 계획을 세워 안정적인 재무 상태를 유지할 수 있는가?

**(3) 주택 비용 절감 방법을 고려하였는가?**

① 다운사이징: 주거 공간을 줄여 주택 유지 비용을 절감하고, 남는 자금을 은퇴자금으로 활용할 수 있는가?

② 에너지 효율: 고성능 단열재, 저방사율 유리 등을 사용하여 에너지 비용을 절감할 수 있는가?

**(4) 주택연금 활용을 고려하였는가?**

① 주택연금: 주택을 담보로 연금을 받는 방안을 고려하여 안정적인 현금흐름을 확보할 수 있는가?

② 농지연금: 농지를 보유하고 있는 경우, 농지연금을 통해 추가적인 소득을 창출할 수 있는가?

**(5) 재생 가능 에너지 도입을 고려하였는가?**

① 태양광 패널 설치: 태양광 패널을 설치하여 에너지 비용을 절감하고, 친환경 생활을 실천할 수 있는가?

② 지열 난방: 지열을 활용한 난방 시스템을 도입하여 에너지 효율을 높일 수 있는가?

**(6) 주택 유지보수 계획을 고려하였는가?**

① 정기 점검: 주택의 상태를 정기적으로 점검하고 필요한 수리 작업을 계획했는가?

② 유지보수 예산: 주택 유지보수를 위한 예산을 미리 설정하여 예기치 못한 지출을 대비할 수 있는가?

**(7) 사회적 관계 유지를 고려하였는가?**

① 가족과의 거리: 가족과 가까운 거리에 거주하여 긴급 상황 시 도움을 받을 수 있는가?

② 커뮤니티 활동: 지역사회의 커뮤니티 활동에 참여하여 사회적 고립을 방지할 수 있는가?

**(8) 의료 접근성을 고려하였는가?**

① 의료시설 접근성: 병원, 약국 등 의료시설과의 접근성을 확인하여 건강 문제에 신속히 대응할 수 있는가?

② 응급 의료 서비스: 응급 상황 발생 시 신속하게 대응할 수 있는 응급 의료 서비스가 가까운 거리에 있는가?

### (9) 주거 형태 선택을 고려하였는가?

① 소형 주택: 소형 주택을 선택하여 관리와 유지가 수월하고 비용 절감 효과를 얻을 수 있는가?

② 공동체 주택: 공동체 주택을 선택하여 사회적 교류와 지원을 받을 수 있는 환경을 조성할 수 있는가?

### (10) 스마트 홈 기술 도입을 고려하였는가?

① 홈 오토메이션: 스마트 홈 기술을 도입하여 생활의 편리성을 높이고 에너지 절약을 실천할 수 있는가?

② 안전 시스템: 비상 호출, 방범 시스템 등을 설치하여 주거 안전을 강화할 수 있는가?

### (11) 긴급 상황 대비를 고려하였는가?

① 비상 자금 마련: 예기치 않은 상황에 대비할 수 있는 비상 자금을 마련하여 재정적 불안정을 방지할 수 있는가?

② 비상 연락처 준비: 긴급 상황 시 연락할 수 있는 가족, 친구, 의료 기관 등의 연락처를 준비했는가?

### (12) 장기 재무계획 수립을 고려하였는가?

① 재무 목표 설정: 은퇴 후의 재무 목표를 설정하고, 이에 맞는 투자 및 저축 계획을 수립했는가?

② 전문가 상담: 재무설계 전문가와 상담하여 맞춤형 재무계획을 세우고, 지속해서 관리할 수 있는가?

은퇴 후의 삶을 안정적이고 풍요롭게 만들기 위해서는 주거와 재무 설계를 철저히 준비하는 것이 중요하다. 위의 체크리스트를 활용하여 자신의 상황에 맞는 최적의 주거지를 선택하고, 재정 상태를 점검하며, 다양한 에너지 절감 기술과 재무계획을 도입해 보자. 은퇴 후에도 행복하고 안정된 생활을 누리길 바란다.

키워드 11

# 퇴직 시점의 자산-부채 현황표

1. 퇴직 시점의 자산-부채 현황표
2. 퇴직 시점의 자산 시각화: 자산 다각화는 리크스 분산
3. 퇴직 시점의 부채들
4. 퇴직 시점의 순자산
5. 순자산의 증감을 파악하는 방법: 백지 자산-부채 현황

## 1. 퇴직 시점의 자산-부채 현황표

퇴직 시점에서 자산과 부채를 명확하게 파악하는 것은 은퇴설계에 있어 매우 중요한 단계다. 퇴직 후의 재정 상태를 이해하는 데 필수적인 도구로는 개인 자산-부채 현황표가 있다. 이는 개인의 재정 상태를 한눈에 볼 수 있도록 해주며, 자산과 부채를 명확히 정리해주는 중요한 역할을 한다.

### (1) 개인 자산-부채 현황표

개인 자산-부채 현황표는 특정 시점에서 개인의 자산과 부채를 명확히 보여주는 문서다. 이는 기업 회계에서도 중요한데, 기업의 재정 상태를 명확히 파악하고, 전략적인 결정을 내리기 위해 자산과 부채를 명확히 기록하는 것이 필요하다. 기업의 자산과 부채를 명확히 파악함으로써 경영진은 투자, 비용 절감, 재무 전략 등을 효과적으로 수립할 수 있다. 마찬가지로, 개인도 자신의 재정 상태를 정확히 파악하고, 은퇴 후의 재정계획을 세우는 데 있어 개인 자산-부채 현황표는 필수적이다.

### (2) 퇴직 시점에 자산과 부채를 명확히 파악하는 것이 중요한 이유

퇴직 시점에서 자산과 부채를 명확히 파악하는 것은 은퇴 후 안정된 생활을 유지하기 위해 필수적이다. 자산과 부채의 현황을 명확히 이해함으로써 순자산을 계산할 수 있으며, 이는 개인의 재정 건강을 평가하는 중요한 지표가 된다. 또한, 은퇴 후 발생할 수 있는 예상치 못한 비용이나 경제적 위기를 대비하기 위해 자산과 부채를 정리해두는 것이 중요하다. 이는 재정적 스트레스를 줄이고 더욱 안정된 은퇴 생활을 가능하게 한다.

### (3) 자산과 부채 현황표 소개

퇴직 시점에서 자산과 부채를 명확히 파악하기 위해, 다음과 같은 현황표를 사용할 수 있다.

**1) 자산**
- 현금 유동성 자산: 쉽게 현금화할 수 있는 자산(예: 현금, 은행 계좌)
- 투자자산: 주식, 채권, 펀드 등 투자상품
- 예금/적금 계좌: 정기예금 및 적금
- 부동산자산: 주택, 토지 등 부동산
- 개인 사용 자산: 자동차, 가전제품 등
- 보장자산: 보험 및 연금
- 은퇴자산: 퇴직연금, IRAs, 401(k) 등
- 기타 자산: 기타 유동 및 비유동 자산

**2) 부채**
- 장기부채: 장기 대출, 모기지 등
- 단기 악성 부채: 신용카드 부채, 단기 대출 등
- 채무보증: 보증 서명한 채무
- 단기 우발 부채: 발생 가능성이 있는 부채

이 현황표를 통해 자신의 자산과 부채를 체계적으로 정리하고, 순자산을 파악할 수 있다. 예를 들어, 자산 총액에서 부채 총액을 뺀 값이 순자산이 된다. 이러한 현황표를 정기적으로 검토함으로써, 자신의 재정 상태를 지속해서 모니터링하고, 필요에 따라 재정계획을 조정할 수 있다. 퇴직 시점에서 자산과 부채를 명확히 파악하고 관리하는 것은 은퇴생활의 질을 결정짓는 중요한 요소다. 이는 재정적 안정과 평화를 제공하며, 더 나은 은퇴설계를 가능하게 한다.

## 2. 퇴직 시점의 자산 시각화: 자산 다각화는 리크스 분산

퇴직 시점에서 자산을 다각화하는 것은 재정적 안정성을 높이고 리스크를 분산시키는 중요한 전략이다. 이를 위해 자산의 종류별로 장점과 퇴직 시점에서 파악할 수 있는 평가 방법을 과학적으로 설명하고, 자산군별 체크리스트를 제시하고자 한다.

### (1) 현금 유동성 자산

현금 유동성 자산은 쉽게 현금화할 수 있어 긴급 상황이나 예기치 못한 지출에 대비할 수 있다. 또한, 예금자 보호 제도를 통해 안정성이 보장된다.

### 1) 평가 방법

은행 계좌의 잔고를 주기적으로 확인하고, 예비비를 마련해 두어야 한다. 한국에서는 정기예금과 적금을 활용해 안정적인 수익을 올릴 수 있다. 은행 수수료와 이자율을 주기적으로 검토하여 최적의 계좌를 유지하는 것이 중요하다.

### 2) 체크리스트

① 은행 잔고 확인: 매월 계좌 잔고를 확인하고, 긴급 상황을 대비해 최소 3~6개월 생활비에 해당하는 예비비를 확보한다. 이는 예상치 못한 지출 상황에서 재정적 안정성을 제공한다.

② 긴급 예비비 확보: 긴급 상황 발생 시 쉽게 인출할 수 있는 계좌에 예비비를 예치한다. 예비비는 쉽게 접근할 수 있는 형태로 보유하는 것이 좋다.

③ 계좌 수수료 및 이자율 검토: 정기적으로 계좌의 수수료 및 이자율을 비교하고, 더 나은 조건의 계좌로 전환할 기회를 찾는다. 이는 장기적으로 금융 비용을 절감할 수 있다.

④ 정기예금 및 적금 만기일 확인: 정기적으로 예금과 적금의 만기일을 확인하여 재투자 계획을 세운다. 만기 도래 시 재투자 여부를 신속히 결정하는 것이 중요하다.

⑤ 인터넷 뱅킹 및 모바일 뱅킹 설정 확인: 편리한 자금 관리를 위해 인터넷 및 모바일 뱅킹 설정을 유지하고, 보안 설정을 주기적으로 점검한다. 이는 자산의 안전을 보장한다.

### (2) 투자자산

투자자산은 장기적으로 높은 수익을 기대할 수 있는 자산군이다. 한국의 주식, 채권, 펀드 시장은 안정적이며, 경제 성장에 따른 자산 가치를 증대시킬 수 있다.

#### 1) 평가 방법

주식, 채권, 펀드 등 다양한 자산군에 분산투자하고, 정기적으로 포트폴리오를 재조정해야 한다. 한국에서는 KOSPI와 KOSDAQ 지수를 참고해 투자를 진행할 수 있다. 투자자산의 평가를 위해 주식과 채권의 현재 가치를 정기적으로 확인하고, 시장 동향을 분석하여 리스크를 최소화한다.

#### 2) 체크리스트

① 주식 및 채권 비율 점검: 포트폴리오 내 주식과 채권의 비율을 정기적으로 점검하고, 투자 목표에 맞게 조정한다. 이는 시장 변화에 대응하는 데 중요하다.

② 산업별 및 지역별 분산투자: 다양한 산업과 지역에 분산투자하여 특정 산업 또는 지역의 리스크를 줄인다. 이는 포트폴리오의 안정성을 높인다.

③ 수익률 및 리스크 평가: 각 투자자산의 수익률과 리스크를 주기적으로 평가하고, 필요한 경우 재조정한다. 이는 투자 성과를 극대화하는 데 필수적이다.

④ 투자 목표 재설정: 시장 변화에 따라 투자 목표를 주기적으로 재

설정하고, 새로운 기회를 모색한다. 이는 장기적인 투자 성과를 높인다.

⑤ 금융 뉴스 및 시장 동향 모니터링: 최신 금융 뉴스와 시장 동향을 모니터링하여 투자 결정에 반영한다. 이는 정보 기반의 투자를 가능하게 한다.

### (3) 예금·적금 계좌

예금과 적금은 안정적인 이자 수익을 제공하는 저위험 자산이다. 원금 보장이 가능하며, 예금자 보호 제도를 통해 안전성이 보장된다.

#### 1) 평가 방법

금리가 높은 계좌를 선택하고, 만기일을 주기적으로 확인한다. 예금과 적금의 금리 변동을 체크하여 최적의 이자 수익을 얻을 수 있도록 한다. 만기일 전에 자금이 필요할 경우를 대비해 유동성 계획을 세운다.

#### 2) 체크리스트

① 이자율 비교: 다양한 은행의 예금 및 적금 상품의 이자율을 비교하여 가장 유리한 조건을 선택한다. 이는 수익성을 높이는 데 중요하다.

② 만기일 확인: 예금과 적금의 만기일을 정기적으로 확인하고, 재투자 계획을 수립한다. 이는 자금의 유동성을 유지하는 데 중요하다.

③ 재투자 계획 수립: 만기 도래 시 재투자 여부를 결정하고, 필요한

경우 유리한 조건의 상품으로 재투자한다. 이는 자산의 지속적인 성장에 기여한다.

④ 예금자 보호 한도 확인: 예금자 보호 제도의 한도를 확인하여, 보호 범위 내에서 자산을 분산한다. 이는 자산의 안전을 보장한다.

⑤ 정기예금 및 적금 상품 비교: 정기적으로 예금 및 적금 상품을 비교하여 더 나은 조건의 상품으로 전환할 기회를 찾는다. 이는 금융 비용을 절감하는 데 중요하다.

**(4) 부동산자산**

부동산은 장기적으로 가치 상승과 임대 수익을 제공할 수 있는 자산이다. 또한, 인플레이션 헤지 수단으로 유용하다. 그러나 부동산은 장기적으로 변동성이 크고 현금화하기 어려운 단점이 있으므로, 현금성 자산과 균형을 맞추는 전략이 필요하다.

**1) 평가 방법**

주택, 상업용 부동산 등에 투자하고, 정기적으로 시장 가치를 평가한다. 한국에서는 지역별 부동산 가격 동향을 분석하여 투자 결정을 내릴 수 있다. 부동산의 위치, 주변 환경, 시장 동향 등을 분석하여 자산 가치를 정확히 평가하고, 필요시 현금성 자산과 균형을 맞추는 전략을 수립한다.

**2) 체크리스트**

① 부동산시장 동향 분석: 정기적으로 지역별 부동산시장 동향을

분석하여 투자 결정을 내린다. 이는 시장 변동에 따른 리스크를 줄이는 데 중요하다.

② 임대 수익 검토: 임대 수익의 안정성을 주기적으로 검토하고, 필요시 임대료를 조정한다. 이는 수익성을 높이는 데 중요하다.

③ 유지보수 계획 수립: 부동산의 가치를 유지하기 위해 정기적인 유지보수 계획을 수립한다. 이는 자산 가치를 장기적으로 유지하는 데 필수적이다.

④ 재산세 및 기타 세금 확인: 부동산 관련 세금을 정기적으로 확인하고, 적절한 세금 계획을 수립한다. 이는 세금 부담을 최소화하는 데 중요하다.

⑤ 부동산과 현금성 자산의 균형 맞추기: 부동산자산의 비율이 높을 경우 현금성 자산과 균형을 맞추는 전략을 세운다. 이는 필요할 때 유동성을 확보하는 데 도움이 된다.

### (5) 개인 사용 자산

차량, 가전제품 등 개인이 사용하는 자산은 생활의 편리성을 제공한다. 이러한 자산들은 일상생활의 질을 높여줄 수 있으며, 일부 자산은 시간이 지나도 가치를 유지하거나 증가할 수 있다. '당근'으로 거래할 수 있는 내 생활 속 자산으로 이해하면 쉽다.

### 1) 평가 방법

사용 빈도와 유지 비용을 고려하여 필요한 자산만 보유하고, 정기적으로 상태를 점검하여 가치를 평가한다. 필요 없는 자산은 처분하여 유동성을 확보하는 것이 중요하다.

**2) 체크리스트**

① 유지보수 비용 검토: 개인 사용 자산의 유지보수 비용을 주기적으로 검토하여 효율적인 관리를 한다. 이는 비용 절감에 도움이 된다. 예를 들어, 차량의 경우 정기적인 점검과 유지보수를 통해 수리 비용을 절감할 수 있다.

② 필요 여부 평가: 자산의 필요 여부를 주기적으로 평가하고, 필요 없는 자산은 처분한다. 이는 유동성을 확보하는 데 중요하다. 예를 들어, 사용하지 않는 가전제품이나 오래된 전자 기기는 처분하여 공간과 자금을 확보할 수 있다.

③ 자산 처분 계획 수립: 불필요한 자산을 처분하여 유동성을 확보하는 계획을 수립한다. 이는 재정적 안정성을 높이는 데 중요하다. 자산을 처분할 때는 중고 시장을 활용하거나 기부를 고려할 수 있다.

④ 사용 빈도 기록: 자산의 사용 빈도를 기록하여 실제 필요성을 평가한다. 이는 자산의 유지 관리 비용을 절감하고, 자산의 활용도를 극대화하는 데 도움이 된다.

⑤ 보험 가입 여부 확인: 자산의 가치를 보호하기 위해 보험 가입 여부를 확인하고 필요시 보험에 가입한다. 예를 들어, 차량이나 고가의 가전제품은 보험을 통해 예상치 못한 사고나 손해에 대비할 수 있다.

### (6) 보장자산

보험 및 연금은 리스크 관리와 미래 대비를 위한 보장성 자산이다. 예상치 못한 사고나 질병에 대비할 수 있다.

**1) 평가 방법**

보험 가입 내역을 주기적으로 검토하고, 필요에 따라 보장 범위를 조정한다. 보험료 납부 현황을 점검하고, 신규 보험상품을 검토하여 최적의 보장 혜택을 유지한다. 예를 들어 내가 죽으면 보험금이 얼마가 나오는지, 큰 질병이나 사고 시 얼마나 나오는지, 입원비, 수술비는 얼마나 나오는지 평가하면 쉽다.

**2) 체크리스트**

① 보험 보장 범위 확인: 현재 가입된 보험의 보장 범위를 정기적으로 확인하고, 필요시 보장 범위를 조정한다. 이는 예상치 못한 사고나 질병에 대비하는 데 중요하다.

② 보험료 납부 현황 점검: 보험료 납부 현황을 주기적으로 점검하여 미납이 없도록 한다. 이는 보험 혜택이 유지되도록 하기 위함이다.

③ 신규 보험상품 검토: 시장에 나와 있는 신규 보험상품을 주기적으로 검토하여 필요시 전환을 고려한다. 이는 더 나은 조건의 보험상품을 찾는 데 도움이 된다.

④ 연금 수령 계획 수립: 연금 수령 시기를 계획하여 최대의 혜택을 얻을 수 있도록 한다. 이는 은퇴 후 생활비를 안정적으로 확보하는 데 중요하다.

⑤ 보험 청구 절차 확인: 보험 청구 절차를 주기적으로 확인하고, 필요한 서류를 준비해둔다. 이는 신속한 보험금 수령을 가능하게 한다.

### (7) 은퇴자산

공적연금에서 시작해서 퇴직연금, 연금저축, IRA 등 은퇴자산은 은퇴 후 안정적인 생활을 위해 필수적이다. 세제 혜택을 받을 수 있으며, 장기적으로 자산을 증대시킬 수 있다.

**1) 평가 방법**

은퇴자산의 수익률을 정기적으로 검토하고, 자산 분산투자 전략을 수립한다. 수령 시기를 계획하여 최대의 수익을 올릴 수 있도록 한다. 또한, 세제 혜택을 최대한 활용하기 위해 세금 계획을 세운다. 국민연금 가입기간은 언제부터인가? 우리 회사의 퇴직연금제도 도입은 언제부터인가? 퇴직금 중간정산은 어떻게 이루어지고, 그 목돈은 어떻게 사용되었는가? 나의 사적연금은 어느 회사에 어떻게 적립되어 있는가? 파악하면 쉽다.

**2) 체크리스트**

① 연금 수익률 검토: 정기적으로 연금의 수익률을 검토하고, 필요시 투자 전략을 조정한다. 이는 연금 자산의 증대를 도모한다.
② 자산 분산투자: 연금 자산을 다양한 투자처에 분산투자하여 리스크를 줄인다. 이는 연금의 안정성을 높인다.

③ 수령 시기 계획 수립: 연금 수령 시기를 계획하여 최대의 수익을 올릴 수 있도록 한다. 이는 은퇴 후 생활비를 안정적으로 확보하는 데 중요하다.

④ 세제 혜택 검토: 연금에 대한 세제 혜택을 정기적으로 검토하여 최대한의 혜택을 누린다. 이는 세금 부담을 줄이는 데 도움이 된다.

⑤ 은퇴 후 생활비 계산: 은퇴 후 필요한 생활비를 계산하고, 연금 수령액과 비교하여 필요한 추가 자금을 계획한다. 이는 은퇴 후 재정적 안정을 확보하는 데 중요하다.

**(8) 기타 자산**

예술품, 금, 은 등의 기타 자산은 투자 다변화를 통해 포트폴리오의 리스크를 줄인다. 특정 경제 상황에서 가치가 상승할 수 있다.

**1) 평가 방법**

기타 자산의 가치를 평가하고, 시장 동향을 분석하여 필요에 따라 자산을 재분배한다. 이는 자산의 가치를 최적화하고, 리스크를 최소화하는 데 도움이 된다.

**2) 체크리스트**

① 자산 가치 평가: 기타 자산의 시장 가치를 정기적으로 평가하여 투자 성과를 확인한다. 이는 자산의 실제 가치를 이해하는 데 중요하다.

② 시장 동향 분석: 기타 자산이 속한 시장의 동향을 주기적으로 분석하여 투자 결정을 내린다. 이는 시장 변화에 대응하는 데 도움이 된다.
③ 재분배 계획 수립: 기타 자산의 비율이 적절한지 검토하고, 필요 시 재분배 계획을 수립한다. 이는 포트폴리오의 균형을 유지하는 데 중요하다.
④ 자산 보관 및 관리 방법 검토: 기타 자산의 보관 및 관리 방법을 주기적으로 검토하여 자산의 손상을 방지한다. 이는 자산의 장기적인 가치를 유지하는 데 필수적이다.
⑤ 전문가의 평가 및 인증 확인: 기타 자산의 가치를 정확히 평가받기 위해 전문가의 평가 및 인증을 주기적으로 받는다. 이는 자산의 신뢰성을 높이는 데 중요하다.

퇴직 시점에서 자산을 다각화하는 것은 재정적 안정성을 높이고 리스크를 분산시키는 중요한 전략이다. 각 자산군을 체계적으로 관리하고 주기적으로 검토함으로써 재정적 안정성을 높일 수 있다. 다각화를 통해 다양한 경제 상황에서도 안정적인 수익을 유지하고, 재정적 리스크를 최소화할 수 있다.


## 3. 퇴직 시점의 부채들

퇴직을 앞두고 부채를 명확히 파악하고 관리하는 것은 은퇴 재정 설계에서 매우 중요한 요소다. 부채는 여러 형태로 존재하며, 유형마다 각기 고유한 특성과 위험성이 있다. 이러한 부채를 청산하는 방법을 이해하고, 퇴직 전 왜 청산이 중요한지 알아보자.

### (1) 장기부채

장기부채는 주택담보대출, 학자금 대출 등 장기적으로 갚아야 하는 부채다. 이자율이 낮은 편이지만 상환 기간이 길다. 장기부채는 장기간 재정에 부담을 준다. 퇴직 후 고정수입이 줄어드는 상황에서 이러한 부채가 남아 있다면 재정적 압박이 가중될 수 있다.

▶ 청산 방법

① 잔액 일시 상환: 가능한 경우, 퇴직 전에 잔액을 일시 상환하는 방법이 있다.

② 재융자: 이자율이 낮은 조건으로 재융자를 받아 상환 부담을 줄일 수 있다.

③ 추가 상환: 여유 자금이 있을 때 추가 상환을 통해 원금을 줄여나간다.

④ 자산 매각: 불필요한 자산을 매각하여 부채를 상환한다.

⑤ 장기 상환 계획: 금융기관과 협의하여 장기 상환 계획을 세운다.

### (2) 단기 악성 부채

신용카드 부채, 고금리 개인대출 등 단기적으로 높은 이자율을 부담해야 하는 부채다. 높은 이자율로 인해 빠르게 부채가 증가할 수 있으며, 상환에 어려움을 겪을 수 있다.

▶ 청산 방법

① 부채 통합: 여러 부채를 하나의 대출로 통합하여 이자율을 낮추고 관리하기 쉽게 만든다.
② 추가 상환: 여유 자금이 있을 때 추가 상환을 통해 부채를 줄인다.
③ 자산 매각: 필요 없는 자산을 매각하여 부채를 상환한다.
④ 신용 상담: 신용 상담사를 통해 재정관리 계획을 세운다.
⑤ 비용 절감: 생활비를 절감하여 부채 상환에 집중한다.

**(3) 채무보증**

자녀의 사업에 대한 보증, 친구나 가족을 위한 보증 등 타인의 부채에 대한 보증이다. 보증한 사람이 상환하지 못할 경우, 보증인이 그 책임을 지게 된다. 이는 예상치 못한 재정적 부담을 초래할 수 있다.

▶ 청산 방법

① 보증 해제: 가능한 경우, 보증을 해제하거나 보증인 변경을 요청한다.
② 대출 상환: 보증한 대출을 대신 상환하여 책임을 끝낸다.
③ 자산 매각: 필요시 자산을 매각하여 보증 부채를 상환한다.
④ 재정 상담: 금융 전문가와 상담하여 보증 부채관리 방법을 모색한다.
⑤ 재정계획 수립: 보증 부채를 고려한 재정계획을 수립한다.

### (4) 단기 우발 부채

마이너스통장: 마이너스통장은 일반적으로 은행에서 제공하는 한도 내에서 초과 인출할 수 있는 계좌로, 비교적 낮은 이자율로 단기 자금 조달이 가능하다. 사용이 편리하지만, 장기간 사용 시 이자 비용이 누적될 수 있다. 또한, 마이너스통장 한도가 가득 차면 추가 자금 조달이 어려워질 수 있다.

▶ 청산 방법

① 긴급 자금 마련: 여유 자금을 마련하여 마이너스통장 부채를 상환한다.
② 추가 소득: 부수입을 통해 부채를 상환한다.
③ 생활비 절감: 생활비를 절감하여 부채 상환에 집중한다.
④ 자산 매각: 필요 없는 자산을 매각하여 부채를 상환한다.
⑤ 신용 상담: 신용 상담을 통해 부채 상환 계획을 세운다.

### (5) 부채관리 전략

퇴직 후 부채를 효과적으로 관리하기 위해서는 다음과 같은 전략이 필요하다.

① 부채 우선순위 설정: 이자율이 높은 부채부터 상환하여 총 이자 비용을 줄인다.
② 비상 자금 마련: 비상 상황에 대비해 적절한 비상 자금을 마련한다.
③ 예산 수립: 월별 예산을 수립하여 부채 상환과 생활비를 균형 있게 관리한다.

④ 부채 통합: 여러 부채를 하나로 통합하여 관리의 효율성을 높인다.
⑤ 전문가 상담: 재정 전문가와 상담하여 맞춤형 부채관리 전략을 수립한다.

### (6) 부채가 은퇴 재무설계에 미치는 사례 연구

**1) 성공 사례**

① 상황: 함 씨는 퇴직 전에 마이너스통장과 신용카드 부채를 갖고 있었다.
② 전략: 마이너스통장 부채를 상환하기 위해 생활비를 절감하고, 여유 자금으로 부채를 갚았다. 추가로 자산 매각을 통해 신용카드 부채를 상환했다.
③ 결과: 2년 만에 모든 부채를 청산했고, 신용점수도 800점 이상으로 회복되었다. 이는 정기적인 신용카드 사용과 제때 상환, 신용점수 관리 앱을 통한 모니터링 덕분이었다.

**2) 실패 사례**

① 상황: 나 씨는 퇴직 후에도 높은 마이너스통장 부채와 신용카드 부채를 안고 있었다.
② 문제점: 부채 상환 계획이 없었고, 고이자 부채를 방치하여 이자 부담이 가중되었다. 또한, 비상 자금 마련에 실패하여 긴급 상황에서 더 많은 부채를 쌓았다.

③ 결과: 결국 부채를 상환하지 못해 신용점수가 600점 이하로 떨어졌고, 이는 추가 대출이나 재정적 지원을 받기 어렵게 만들었다.

부채관리는 은퇴 후 재정적 안정성을 유지하는 데 핵심적인 역할을 한다. 퇴직 전에 철저한 부채 청산과 체계적인 관리 전략을 통해 안정된 은퇴 생활을 준비해야 한다

## 4. 퇴직 시점의 순자산

은퇴를 준비하는 과정에서 순자산을 계산하고 관리하는 것은 재정적 안정성을 확보하는 데 매우 중요하다. 순자산은 개인의 총자산에서 총부채를 뺀 값으로, 재정 상태를 한눈에 파악할 수 있는 지표다. 순자산의 중요성과 계산 방법, 그리고 실제 사례를 통해 순자산관리를 효과적으로 하는 방법을 알아보자.

**(1) 순자산 계산 방법**

순자산을 계산하는 과정은 다음과 같다.

**1) 자산 목록 작성**

모든 자산의 목록을 작성한다. 여기에는 현금 유동성 자산(은행 계좌 잔액, 예금/적금 계좌), 투자자산(주식, 채권, 펀드), 부동산자산(주택, 상업용 부동산), 개인 사용 자산(차량, 가전제품), 보장 자산(보험, 연금), 은퇴자

산(퇴직연금, 개인연금), 기타 자산(귀중품, 예술품)의 현재 시장 가치가 포함된다.

### 2) 부채 목록 작성

모든 부채의 목록을 작성한다. 여기에는 장기부채(주택담보대출, 학자금 대출), 단기 악성 부채(신용카드 잔액, 개인대출), 채무보증(타인을 위한 보증부채), 단기 우발 부채(마이너스통장 부채, 카드 현금 서비스 부채)가 포함된다.

### 3) 순자산 계산

자산 − 부채 = 순자산(총자산에서 총부채를 뺀 값을 계산한다.)

예를 들어, 주택의 현재 시장 가치가 5억 원이고, 주택 담보 대출 잔액이 2억 원이라면 주택의 순자산 가치는 3억 원이 된다. 이를 모든 자산과 부채에 대해 계산하여 최종 순자산을 도출한다.

## (2) 순자산의 중요성

퇴직 후 순자산은 생활비와 예기치 않은 지출을 감당할 수 있는 능력을 평가하는 데 중요한 지표다. 순자산이 높을수록 재정적으로 더 안정된 상태에서 은퇴 생활을 시작할 수 있다. 이는 다음과 같은 이유로 중요하다.

① 생활비 확보: 순자산이 충분하면 은퇴 후 안정적인 생활비를 확보할 수 있다.

② 긴급 자금 준비: 예기치 않은 의료비나 기타 긴급 상황에 대비할 수 있는 자금을 마련할 수 있다.

③ 투자 및 수익 창출: 여유 자금을 투자하여 추가 수익을 창출할 수 있다.

④ 재정적 스트레스 완화: 재정적 안정성은 정신적 스트레스를 줄이고 더 행복한 은퇴 생활을 가능하게 한다. 따라서, 퇴직 전 순자산을 정확히 계산하고 필요시 부채를 줄이는 것이 중요하다.

**(3) 순자산 점검 주기**

순자산 점검은 정기적으로 이루어져야 한다. 권장되는 주기는 다음과 같다.

① 분기별 점검: 매 3개월 자산과 부채를 점검하여 변화하는 재정 상태를 파악한다.

② 연간 점검: 매년 말에 종합적인 재정 점검을 통해 전체 순자산의 변화를 평가하고, 필요한 조정을 한다.

③ 주요 이벤트 시: 큰 재정적 변화(예: 부동산 매매, 대출 상환, 큰 의료비 지출 등)가 발생했을 때는 즉시 점검한다.

**(4) 개인의 순자산을 과학적 회계 접근으로 준비하자**

**1) 기업의 순자산관리**

기업의 순자산(자본)은 재정 건강과 장기적인 성장 가능성을 나타낸다. 이는 주주 가치와 직접적으로 연결되며, 투자자들이 기업의 재정 상태를 평가하는 중요한 지표다. 기업은 자산의 효율적인 활용과 부채관리, 그리고 지속적인 수익 창출을 통해 순자산을 증가시킨다. 이는 주식시장에서의 가치 평가에도 큰 영향을 미친다. 순자산이 높은 기업은 재정적으로 안정적이며, 이는 주식 가격과 기업의 신용등급에 긍정적인 영향을 미친다.

**2) 개인의 순자산관리**

개인의 순자산은 재정적 안정성과 미래 계획을 수립하는 데 중요한 역할을 한다. 은퇴 후 안정적인 생활을 위한 재정적 기초를 제공한다. 자산을 효율적으로 투자하고, 부채를 최소화하며, 정기적인 재정 점검을 통해 순자산을 관리한다. 개인의 순자산이 높을수록 재정적 스트레스가 줄어들고, 비상 상황에 대한 대응 능력이 향상된다. 이는 더 나은 삶의 질을 유지하는 데 기여한다.

**(5) 실제 사례**

**1) 성공 사례**
- 상황: 김 씨는 퇴직 전 순자산을 철저히 관리했다. 그는 매년 자산과 부채를 점검히고, 불필요한 지출을 줄이며, 꾸준히 투자했다.
- 전략: 퇴직 전 신용카드 부채를 모두 상환하고, 마이너스통장도 청산했다. 주택담보대출도 일부 상환하여 부채를 줄였다.
- 결과: 퇴직 시점에서 김 씨의 순자산은 10억 원이었다. 그는 이 순자산을 활용해 안정적인 은퇴 생활을 시작할 수 있었고, 추가로 투자 수익도 얻었다. 김 씨는 3년 만에 신용점수를 800점 이상으로 회복했고, 이는 금융상품을 유리한 조건으로 이용하는 데 큰

도움이 되었다.

**2) 실패 사례**

- 상황: 박 씨는 퇴직 시점에서 부채가 많이 남아 있었다. 신용카드 부채와 마이너스통장 부채를 가지고 있었고, 주택담보대출도 상당한 금액이었다.
- 문제점: 부채 상환 계획이 없었고, 불필요한 지출을 줄이지 못했다. 또한, 자산관리에 소홀하여 투자 수익을 얻지 못했다.
- 결과: 퇴직 후에도 부채 상환에 어려움을 겪었고, 이는 신용점수 하락으로 이어졌다. 결국, 신용점수가 600점 이하로 떨어져 추가 대출이나 재정적 지원을 받기 어려웠다.

이러한 사례들은 순자산을 효과적으로 관리하는 것이 얼마나 중요한지 보여준다. 순자산을 잘 관리하면 퇴직 후 안정적인 생활을 유지할 수 있지만, 그렇지 않으면 재정적 어려움을 겪을 수 있다.

순자산은 퇴직 후 재정적 안정성을 유지하는 데 핵심적인 역할을 한다. 자산과 부채를 명확히 파악하고, 부채를 줄이며, 자산을 효과적으로

**자산-부채 현황표**

| | |
|---|---|
| 1. 현금 유동성 자산<br>2. 투자자산<br>3. 예금·적금 계좌<br>4. 부동산자산<br>5. 개인 사용 자산<br>6. 보장자산<br>7. 은퇴자산<br>8. 기타 자산 | 1. 장기부채<br>2. 단기 악성 부채<br>3. 채무보증<br>4. 단기 우발 부채<br><br>순자산 |

관리함으로써 안정된 은퇴 생활을 준비할 수 있다. 따라서 퇴직 전 순자산을 철저히 계산하고 관리하는 것이 매우 중요하다.

## 5. 순자산의 증감을 파악하는 방법: 백지 자산-부채 현황

퇴직을 앞두고 순자산의 증감을 정확히 파악하는 것은 재정적 안정성을 유지하는 데 매우 중요하다. 이를 위해 백지 자산-부채 현황을 작성하고, 정기적으로 검토하여 자산과 부채의 변화를 추적하는 방법을 알아보자.

### (1) 백지 자산-부채 현황 작성 방법

① 양식 준비: 먼저 백지 자산-부채 현황 양식을 준비한다. A4용지 한 장이면 충분하다. 양식은 자산 항목과 부채 항목을 각각 구분하여 작성할 수 있도록 한다. 그림처럼 T자를 크게 만든다. 종이를 반으로 접는 것도 좋다.

② 자산 항목 작성(T의 좌측): 자산 항목에는 현금 유동성 자산(은행 계좌 잔액, 예금·적금 계좌), 투자자산(주식, 채권, 펀드), 부동산자산(주택, 상업용 부동산), 개인 사용 자산(차량, 가전제품), 보장 자산(보험, 연금), 은퇴자산(퇴직연금, 개인연금), 기타 자산(귀중품, 예술품) 등의 현재 시장 가치를 기재한다.

③ 부채 항목 작성(T의 우측): 부채 항목에는 장기부채(주택담보대출, 학

자금 대출), 단기 악성 부채(신용카드 잔액, 개인대출), 채무보증(타인을 위한 보증 부채), 단기 우발 부채(마이너스통장 부채, 카드 현금 서비스 부채)를 기재한다.

④ 순자산 계산: 총자산에서 총부채를 뺀 값을 계산하여 순자산을 도출한다.

### (2) 정기적인 검토

백지 자산-부채 현황을 작성한 후에는 정기적으로 이를 검토하는 것이 중요하다. 권장되는 검토 주기는 다음과 같다.

#### 1) 분기별 검토

3개월마다 자산과 부채를 검토하는 것이 중요하다. 이는 재정 상태의 변화를 신속하게 파악하고, 조기에 문제를 발견할 수 있도록 한다. 3개월은 충분히 짧은 주기로, 재정적 변동을 빠르게 감지하고 대응할 수 있게 해준다. 또한, 주식, 부동산 등의 시장 변동을 반영하는 데도 적합한 주기다.

#### 2) 연간 검토

매년 말에 종합적인 재정 점검을 통해 전체 순자산의 변화를 평가하고, 필요한 조정을 한다. 연간 검토는 장기적인 재정 상태를 평가하고, 연간 목표 달성 여부를 확인하는 데 도움이 된다. 이는 세금 계획과 같은 연례 재정 이벤트에 맞추어 전반적인 재정계획을 검토하는 좋은 기회가 된다.

### 3) 주요 이벤트 시

큰 재정적 변화(예: 부동산 매매, 대출 상환, 큰 의료비 지출 등)가 발생했을 때는 즉시 점검한다. 이는 큰 변동이 발생할 때 재정 상태를 재조정하고 필요한 조치를 하는 데 필수적이다.

정기적인 검토는 재정 상태를 명확히 파악하고, 필요한 조치를 제때 취하는 데 도움을 준다.

### (3) 변화 추적

시간에 따른 자산과 부채의 변화를 추적하고 분석하는 방법은 다음과 같다.

① 기록 유지: 모든 자산과 부채의 변동 사항을 기록한다. 이는 자산의 구매, 판매, 부채의 증가, 감소 등을 포함한다.
② 비교 분석: 이전 기간과 현재 기간의 자산-부채 현황을 비교하여 변화 추이를 분석한다. 이는 순자산의 증가 또는 감소 원인을 파악하는 데 도움이 된다.
③ 그래프 활용: 자산과 부채의 변화를 시각적으로 쉽게 파악하기 위해 그래프를 활용한다. 이는 변화를 한눈에 파악하는 데 유용하다.

### (4) 정기적인 검토의 중요성

분기별 검토가 중요한 이유는 다음과 같다.

① 신속한 대응: 재정 상태의 변화를 신속하게 파악하고, 필요한 조치를 즉시 취할 수 있다. 분기별 검토는 짧은 주기 내에 문제를 발

견하고 해결할 수 있게 한다.

② 계획 조정: 재정계획을 정기적으로 조정하여 목표를 달성하는 데 도움이 된다. 예를 들어, 투자 전략을 재조정하거나 부채 상환 계획을 수정할 수 있다.

③ 재정적 안정성 유지: 자산과 부채를 체계적으로 관리하여 재정적 안정성을 유지할 수 있다. 이는 불필요한 재정적 위험을 줄이고, 장기적인 재정 건강을 유지하는 데 필수적이다.

연간 검토의 중요성은 다음과 같다.

① 장기 목표 설정 및 평가: 연간 검토를 통해 장기 목표 달성 여부를 평가하고, 필요한 경우 목표를 재설정할 수 있다. 이는 장기적인 재정계획을 체계적으로 관리하는 데 도움이 된다.

② 세금 계획 및 조정: 연말에 세금 계획을 점검하고, 세금 절감 전략을 수립할 수 있다. 이는 세금 부담을 줄이고, 순자산을 효과적으로 관리하는 데 중요하다.

③ 포괄적 재정 점검: 연간 검토는 포괄적인 재정 상태를 점검하고, 전반적인 재정계획을 조정하는 기회를 제공한다. 이는 장기적인 재정 안정성을 확보하는 데 도움이 된다.

### (5) 검토 항목 제안

검토할 때 반드시 확인해야 할 항목은 다음과 같다.

① 자산의 현재 시장 가치 확인: 각 자산의 현재 시장 가치를 평가하고 기록한다. 주택, 투자자산, 차량 등의 시장 가격을 포함한다.

② 부채의 현재 잔액 확인: 모든 부채의 현재 잔액을 확인하고 기록

한다. 이는 주택담보대출, 신용카드 잔액, 마이너스통장 잔액 등을 포함한다.

③ 새로운 자산 및 부채 항목 추가: 새로 발생한 자산과 부채 항목을 추가하여 최신 상태를 유지한다.

④ 자산의 수익률 및 성장률 평가: 투자자산의 수익률과 성장률을 평가하여 투자 전략을 조정한다.

⑤ 부채 상환 계획 검토: 부채 상환 계획을 검토하고 필요한 경우 조정한다.

⑥ 비상 자금 확보 상태 점검: 비상 자금이 충분히 확보되어 있는지 점검한다.

⑦ 투자 포트폴리오 조정: 시장 변화에 따라 투자 포트폴리오를 조정한다.

⑧ 보험 및 연금 상태 점검: 보험과 연금의 상태를 점검하고 필요한 경우 보장을 조정한다.

⑨ 부동산자산 평가: 부동산자산의 현재 가치를 평가하고 필요시 매각이나 재투자 계획을 세운다.

⑩ 재정 목표 달성 여부 확인: 재정 목표가 달성되고 있는지 확인하고, 목표를 재설정하거나 조정한다.

백지 자산-부채 현황을 작성하고 정기적으로 검토하는 것은 재정적 안정성을 유지하는 데 매우 중요하다. 이를 통해 자산과 부채의 변화를 체계적으로 추적하고, 필요한 조치를 즉시 취할 수 있다. 따라서, 분기별 검토와 체계적인 관리가 안정된 은퇴 생활을 준비하는 데 필수적이다.

키워드 12

# 연금 GAP 분석 및 대응 전략

1. 연금의 갭을 예측하라
2. 퇴직 시점과 공적연금과의 거리의 갭(국가가 도와주지 못해서)
3. 내가 모은 돈과 나의 생활비와의 갭: 미흡한 연금계획의 결과(안 모아서)
4. 내가 모은 돈과 나의 수명과의 갭(오래 살아서)
5. 둘이 받다가 한 명이 사망했을 때 최후 생존자의 생활비 갭
6. 내가 생각하는 돈과 인플레이션의 갭: 물가 상승의 피해(못 피해서)
7. 예상치 못한 지출로 인한 갭(질병, 긴급사항, 사기를 중심으로)
8. 갭을 메꾸는 방법
9. 연금 갭 체크리스트 20가지
10. 미래 시나리오: 다양한 경제 상황 변화 시나리오를 통한 대비

## 1. 연금의 갭을 예측하라

은퇴를 준비하는 많은 사람이 직면하는 중요한 과제 중 하나는 바로 '연금의 갭'이다. 연금의 갭이란 은퇴 후 예상되는 생활비와 실제로 받을 수 있는 연금 사이의 차이를 의미한다. 이는 단순한 수치 이상의 의미를 가지며, 은퇴 후 생활의 질을 결정짓는 중요한 요소다. 이 글에서는 연금의 갭이 왜 발생하는지, 그로 인해 생길 수 있는 문제들, 그리고 이를 예측하고 대비하는 방법들을 자세히 살펴보겠다.

**(1) 은퇴 후 연금의 갭이 존재한다**

연금의 갭은 여러 가지 이유로 발생할 수 있다. 첫째, 연금 준비가 부족해서 생기는 결과다. 많은 사람이 은퇴를 준비하면서 연금에 충분히 불입하지 않거나, 예상보다 적은 금액을 저축하는 경우가 많다. 이는 은퇴 후 필요한 생활비를 충당할 만큼의 자금을 확보하지 못하게 한다. 둘째, 개인의 소비 습관으로 인해 발생하는 결과다. 현재의 소비 패턴을 유지하고자 하면 예상보다 많은 금액이 필요할 수 있다. 예를 들어, 은퇴 후에도 여행이나 외식 등 현재의 라이프스타일을 유지하려고 하면 연금만으로는 부족할 수 있다. 셋째, 인플레이션과 관련한 문제다. 물가 상승은 은퇴 후 생활비를 예상보다 높게 만들 수 있다. 과거의 저축이 충분히 늘어나지 않으면, 인플레이션으로 인해 실제 구매력이 감소하게 된다. 예를 들어, 현재 50만 원으로 살 수 있는 물품이 20년 후에는 100만 원이 될 수 있다. 넷째, 가족으로 인해 발생하는 결과다. 자녀의 학비, 결혼 자금, 부모님의 병원비 등 예상치 못한 가족 지출이 발생할 수 있다.

특히 한국 사회에서는 부모님을 돌보거나 자녀에게 경제적 지원을 해야 하는 경우가 많아, 연금만으로는 이러한 추가 지출을 감당하기 어려울 수 있다.

### (2) 갭이 발생했을 때 생기는 문제들

연금의 갭이 발생하면 여러 가지 문제가 생길 수 있다. 첫째, 생활 수준의 급격한 하락이다. 이는 은퇴 전의 생활 수준을 유지할 수 없게 되어, 은퇴자가 심리적 스트레스를 겪게 되는 원인이 된다. 둘째, 비상 상황에 대처할 여력이 줄어든다. 예기치 않은 질병이나 사고로 인한 의료비, 혹은 긴급 자금이 필요할 때 충분한 준비가 되어 있지 않다면 큰 어려움을 겪게 된다. 셋째, 경제적 자립도가 낮아지면서 자녀나 가족에게 의존하게 될 수 있다. 이는 가족 간의 갈등을 유발하고, 은퇴자의 자존감을 크게 저하시킬 수 있다. 넷째, 은퇴 후에도 생계를 유지하기 위해 다시 일해야 하는 상황이 발생할 수 있다. 이러한 문제들은 은퇴 후 삶의 질을 심각하게 저하시킬 수 있다.

### (3) 연금의 갭을 예측하는 방법들

연금의 갭을 예측하는 것은 복잡하지만, 몇 가지 중요한 요소들을 고려하면 더욱 정확한 예측이 가능하다. 첫째, 자신의 라이프스타일을 점검해야 한다. 현재의 생활비와 은퇴 후 유지하고자 하는 생활 수준을 명확히 파악하는 것이 중요하다. 여행, 취미 활동, 외식 등 현재와 미래의 지출 패턴을 고려해야 한다. 둘째, 현재 연금 불입 상황을 철저히 분석해야 한다. 국민연금, 개인연금, 퇴직연금 등 다양한 연금 자산의 불입액과 예상 수령액을 확인하고, 이들이 은퇴 후 필요 자금과 얼마나 차이가 나는지 파악해야 한다. 셋째, 결혼 여부와 자녀 유무도 중요한 변수다. 배우자와 함께 받을 연금과 단독으로 받을 연금을 계산하고, 자녀의 학비나 결혼 자금 등 추가적인 지출 요소도 고려해야 한다. 넷째, 건강 상태와 기대 수명을 고려해야 한다. 장수 리스크를 감안하여 예상 수명 동안 필요한 자금을 산정해야 한다.

예를 들어, 김 씨는 55세로, 10년 후 은퇴를 계획하고 있다. 그는 국민연금과 개인연금을 합쳐 월 200만 원을 받을 것으로 예상하지만, 은퇴 후 월 250만 원의 생활비가 필요할 것으로 보고 있다. 김 씨는 먼저 자신의 생활비 패턴을 점검했다. 현재 매달 30만 원을 여행과 외식에 사용하고 있었으며, 은퇴 후에도 이를 유지하고자 했다. 또한, 국민연금과 개인연금의 예상 수령액을 꼼꼼히 계산하여, 은퇴 후 월 50만 원의 갭이 발생할 것임을 확인했다. 김 씨는 결혼 여부와 자녀 유무를 고려하여, 배우자와 함께 생활비를 분담할 수 있는지, 자녀에게 추가적인 지원이 필요한지를 검토했다. 마지막으로, 김 씨는 자신의 건강 상태를 고려하여, 예상 수명을 90세로 잡고 장기적인 재정계획을 세웠다.

이처럼, 연금의 갭을 예측하는 과정은 자신의 현재와 미래를 꼼꼼히 분석하는 것에서 시작된다. 라이프스타일, 연금 불입 상황, 결혼 여부, 자녀 유무, 건강 상태 등 다양한 요소들을 종합적으로 고려하여, 현실적이고 구체적인 재무계획을 세워야 한다. 이러한 과정은 주기적으로 자신의 재정 상태를 점검하고, 필요에 따라 계획을 수정해 나가는 것으로 이어진다. 이를 통해 누구나 안정적이고 여유로운 은퇴 생활을 준비할 수 있을 것이다.

## 2. 퇴직 시점과 공적연금과의 거리의 갭
(국가가 도와주지 못해서)

은퇴를 준비하는 모든 사람이 공적연금에 대해 이해해야 할 가장 중요한 부분 중 하나는 그 한계와 현실이다. 공적연금은 기본적인 생활비를 충당할 수 있도록 설계되었지만, 실제로는 기대에 미치지 못하는 경우가 많다. 이는 공적연금의 재정 방식, 현재의 경제 상황, 그리고 인구구조 변화 등 여러 요인에 의해 복잡해진다.

### (1) 공적연금의 한계와 현실

한국의 공적연금 시스템은 부과방식(PAYG)으로 운영되고 있다. 이는 현재 일하는 세대가 내는 보험료로 현재의 연금수급자에게 급여를 지급하는 방식이다. 이 방식은 인구가 계속해서 증가하고 경제가 안정적으로 성장할 때는 잘 작동하지만, 저출산과 고령화가 진행되면 문제가 생긴다. 한국의 국민연금은 현재 적립금 비율이 1에 미치지 못하는 부분적립 상태로, 장기적으로는 재정 고갈이 불가피한 상황이다.

또한, 국민연금의 소득대체율이 낮아 실질적인 생활비를 충당하기에는 부족하다. OECD의 보고서에 따르면, 한국의 국민연금소득대체율은 약 31.2%로, 이는 다른 선진국에 비해 매우 낮은 수준이다. 이러한 이유로 공적연금만으로는 은퇴 후 생활을 유지하기 어려운 것이 현실이다.

### (2) 퇴직 시점과 공적연금의 수령 시점의 거리

최근 조사에 따르면, 한국의 평균 퇴직 연령은 49.3세이다. 이는 법정 정년인 60세보다 훨씬 이른 시기이며, 퇴직한 근로자 중 상당수가 정년 이전에 비자발적으로 조기 퇴직하고 있다. 반면, 국민연금의 수령 시점은 65세부터 시작된다. 이로 인해 많은 은퇴자가 49.3세에 퇴직한 후 65세까지 약 15년간의 생활비를 별도로 마련해야 하는 부담을 안게 된다.

### (3) 연구 사례를 통한 공적연금 갭 분석

#### 1) 시점의 갭

김 씨는 53세에 희망퇴직을 하였고, 65세부터 국민연금을 수령할 예정이다. 그는 국민연금으로 월 100만 원을 받을 수 있지만, 은퇴 후 필요한 생활비는 월 200만 원이다. '퇴직은 빨라졌고, 연금은 늦다'라는 구조적 문제 속에서 김 씨는 약 12년간 생계 공백을 마주하게 되었다. 이를 보완하기 위해 그는 2차 경력설계를 시도했지만, 고용시장은 냉혹했고, 준비 부족으로 제대로 된 소득을 창출하지 못했다.

#### 2) 인플레이션의 갭

이 씨는 54세에 회사를 떠났고, 65세부터 국민연금을 수령할 예정이다. 그는 비교적 성실하게 개인연금을 준비해왔으며, 은퇴 초반 몇 년간은 생활비를 안정적으로 충당할 수 있었다. 그러나 문제는 '고정된 연금 vs 계속 오르는 생활비' 구조였다. 매년 3% 안팎의 물가 상승이 누적되면서, 10년 뒤 그의 생활비는 처음 계획보다 40% 가까이 증가했다. 반면, 개인연금과 국민연금은 물가를 따라가지 못했고, 이 씨는 결국 월 수백만 원의 자금 부족에 직면하게 되었다. 그는 늦은 나이에 다시 일자리를 구하기 어렵다는 현실 앞에서 자녀에게 도움을 요청하거나 자산을 처분해야 하는 상황에 놓였다. 은퇴설계 당시 '현재 기준의 생활비만 계산하는 습관'이 불러온 재정적 파국이었다.

### 3) 긴급 상황에 대한 갭

박 씨는 55세에 명예퇴직으로 경제활동을 마무리하고, 65세부터 국민연금을 수령할 계획이었다. 퇴직 당시에는 건강에도 자신 있었고, 조심스럽게 설계한 은퇴 생활을 실행에 옮기려던 참이었다. 하지만 은퇴 3년 차, 예상치 못한 중증 질환이 발생했고, 고액의 의료비가 그를 덮쳤다. 비상 자금은 따로 마련하지 않은 채, 일반 저축과 연금으로만 은퇴 생활을 준비해온 박 씨에게 이는 결정적 위기였다. 결국, 그는 건강이 온전치 않은 상태에서도 다시 생계를 위한 일을 시작할 수밖에 없었다. 계획하지 않은 위기는 재정뿐 아니라, 건강, 삶의 리듬, 인간관계까지 무너뜨리는 도미노 효과를 일으켰다. 예기치 못한 상황에 대비하지 못한 채 맞이한 은퇴는 삶의 질을 급격히 추락시키는 계기가 되었다.

## 3. 내가 모은 돈과 나의 생활비와의 갭: 미흡한 연금계획의 결과(안 모아서)

**(1) 생활비 예산 책정 방법**

생활비 예산을 책정하는 것은 은퇴 재무설계의 기초 중 하나다. 이는 현재의 지출 패턴을 이해하고, 은퇴 후 예상되는 생활비를 정확히 파악하는 것에서 시작된다. 첫째, 고정비와 변동비를 구분해야 한다. 고정비에는 주거비, 공과금, 보험료 등이 포함되며, 변동비에는 식비, 외식비, 여가비용 등이 포함된다. 이를 월 단위로 정리한 후, 연간 지출을 계산해 보는 것이 중요하다. 둘째, 예기치 않은 지출을 고려해야 한다. 이는 의료비, 자동차 수리비, 집수리비 등이다. 이를 위해 비상 자금을 마련해두는 것이 필요하다. 셋째, 은퇴 후 원하는 라이프스타일을 고려해야 한다. 여행, 취미 활동, 자녀 지원 등 은퇴 후에도 유지하고자 하는 생활방식을 반영해야 한다. 이러한 요소들을 종합하여 생활비 예산을 책정하면, 더 현실적인 은퇴준비가 가능하다.

**(2) 미흡한 연금계획으로 인한 문제점**

많은 한국인이 연금 준비를 소홀히 하는 경향이 있다. 이는 연금의 중요성을 과소평가하거나, 지금 당장의 지출에 집중하기 때문이다. 국민연금연구원의 보고서에 따르면, 많은 사람이 은퇴 후 생활비를 충당할 충분한 연금을 준비하지 못하고 있다. 이는 은퇴 후 생활 수준의 급격한 하락을 초래할 수 있다. 예를 들어, 은퇴 후 예상치 못한 의료비나 장기

요양비가 발생할 경우, 충분한 연금이 없다면 큰 경제적 어려움을 겪을 수 있다. 또한, 연금 부족으로 인해 은퇴 후에도 생계를 유지하기 위해 일을 계속해야 하는 상황이 발생할 수 있다. 이러한 문제를 예방하기 위해서는 미리 충분한 연금계획을 세우고, 꾸준히 저축하는 습관을 길러야 한다.

### (3) 개선된 연금계획 수립 방법

효과적인 연금계획을 수립하기 위해서는 몇 가지 중요한 전략이 필요하다. 첫째, 조기 시작이다. 연금 준비는 가능한 한 빨리 시작하는 것이 좋다. 이는 복리 효과를 최대한 활용할 수 있게 해준다. 둘째, 다양한 연금상품을 활용하는 것이다. 국민연금뿐만 아니라, 개인연금, 퇴직연금 등을 적절히 조합하여 준비해야 한다. 셋째, 정기적인 재무 점검과 조정이다. 경제 상황이나 개인의 재정 상태에 따라 연금계획을 주기적으로 점검하고 조정하는 것이 필요하다. 넷째, 투자 다변화다. 연금 자산을 다양한 투자상품에 분산투자하여 리스크를 관리하고, 수익성을 극대화할 수 있다. 다섯째, 전문가의 도움을 받는 것이다. 공인 재무설계사(CFP)와 같은 전문가의 도움을 받아 개인 맞춤형 연금계획을 수립하는 것이 좋다.

### (4) 사례 연구

**1) 성공 사례: 다양한 연금상품 조합으로 만든 안정적 은퇴**
이 씨는 35세부터 개인연금에 가입해 매달 꾸준한 납입을 이어온 대표적인 장기 준비형 사례다. 국민연금만으로는 부족할 수 있다는 판단 아래, 그는 세제 혜택형 연금저축, 변액연금, 즉시연금 등 다양한 연금상품을 병행하며 체계적으로 노후 재정을 설계했다. 55세에 퇴직한 이후에도 그는 준비한 연금 포트폴리오 덕분에 국민연금과 개인연금을 합산해 매월 약 250만 원의 안정적인 수입을 받고 있다. 이 금액은 은퇴 전 미리 계획한 생활비 수준과 거의 비슷해, 별도의 자산 인출이나 가족의 지원 없이도 경제적 여유를 유지할 수 있었다. 이 씨는 말한다. "연금은 하나로 해결되는 것이 아닙니다. 조합과 설계가 있어야 비로소 은퇴가 편안해집니다. 다양하게 준비할수록 불확실성에 강해집니다."

### 2) 실패 사례: 인플레이션을 고려하지 않은 은퇴설계

명 씨는 52세에 조기 퇴직한 후, 65세부터 국민연금을 받을 계획이었다. 퇴직 전 그는 국민연금 외에 개인연금도 성실히 준비해 두었기에, 은퇴 초반 몇 년간은 비교적 안정적인 생활을 이어갈 수 있었다. 하지만 계획에 치명적인 빈틈이 있었다. 인플레이션을 고려하지 않은 것이다. 생활비는 매년 조금씩 증가했고, 10년이 지나자 초기 예상보다 약 40% 이상 지출이 늘어났다. 반면, 개인연금은 고정형 상품이었고, 국민연금 인상률은 현실 물가 상승률을 따라가지 못했다. 결국, 예상보다 빠르게 이 씨의 자산이 소진되었고, 노후 후반부에 접어들며 자녀들에게 생활비 지원을 요청할 수밖에 없는 상황에 이르렀다. 그는 "인플레이션을 간과하면, 은퇴설계는 반드시 어긋난다"라는 뼈아픈 교훈을 남겼다.

### 3) 교훈: 주기적인 재무 점검과 조정이 만든 차이

김 씨는 45세 무렵, 은퇴 후 재정 문제의 심각성을 인식하고 연금 준비를 본격적으로 시작했다. 그는 단순히 저축에만 의존하지 않고, 정기적인 재무 점검을 통해 투자 전략과 연금 계획을 지속해서 조정했다. 시장 상황과 자신의 생애 변화에 맞춰 자산 배분을 리밸런싱하고, 국민연금, 개인연금, 투자형 자산을 균형 있게 운용했다. 60세에 퇴직한 후에도 그는 예상했던 수준의 연금 수입과 자산 인출 계획에 따라 안정적이고 여유 있는 생활을 이어가고 있다. 김 씨는 이렇게 말한다. "은퇴설계는 일회성 계획이 아니라, 수시로 업데이트해야 하는 살아 있는 지도입니다. 미리 시작하고 꾸준히 점검하면, 불확실한 노후도 내 계획 안에 들어오게 됩니다."

이처럼 미흡한 연금계획은 은퇴 후 생활의 질에 큰 영향을 미칠 수 있다. 생활비 예산을 철저히 책정하고, 다양한 연금상품을 활용하며, 주기적인 재무 점검과 조정을 통해 안정적인 연금계획을 수립하는 것이 필요하다. 이를 통해 누구나 안정적이고 여유로운 은퇴 생활을 준비할 수 있을 것이다.

# 4. 내가 모은 돈과 나의 수명과의 갭(오래 살아서)

### (1) 기대수명과 재정계획

현대 의학의 발달과 생활 수준의 향상으로 인해 한국인의 기대수명은 꾸준히 증가하고 있다. 통계청에 따르면, 2022년 기준 한국인의 평균 기대수명은 약 83세로, 여성은 86세, 남성은 80세에 이른다. 이는 많은 사람이 은퇴 후 20년 이상을 살게 된다는 의미다. 이러한 긴 수명은 은퇴 후 재정계획에서 중요한 요소로 작용한다. 많은 사람이 예상보다 오래 살게 되면, 은퇴자금이 부족해지는 상황을 맞이할 수 있다. 따라서 기대수명을 고려한 재정계획이 필요하다. 은퇴 후 필요한 생활비를 산정하고, 이를 충당할 수 있는 자금을 마련하는 것이 중요하다. 이는 단순히 현재의 자산과 소득을 고려하는 것이 아니라, 미래의 지출과 수명을 고려한 장기적인 관점에서 접근해야 한다.

### (2) 장수 리스크 관리 방안

장수 리스크란 은퇴 후 예상보다 오래 살아서 자금이 고갈되는 위험을 의미한다. 이를 관리하기 위해서는 몇 가지 전략이 필요하다. 첫째, 생명표 기반 연금상품을 활용하는 것이다. 이는 생존 기간 동안 일정한 금액을 지급받을 수 있어, 수명에 따른 재정적 불안을 줄일 수 있다. 둘째, 포트폴리오 다변화. 다양한 자산에 분산투자함으로써 리스크를 줄이고, 장기적인 수익을 추구할 수 있다. 셋째, 의료비와 같은 예기치 않은 지출에 대비하기 위한 보험 가입이다. 이는 갑작스런 건강 문제로 인한 큰 지출을 대비할 수 있게 해준다. 넷째, 지출을 관리하는 것이다. 은퇴 후에도 예산을 철저히 관리하고, 필요 없는 지출을 줄이는 노력이 필요하다. 이러한 방법들을 통해 장수 리스크를 효과적으로 관리할 수 있다.

### (3) 무전장수의 위험성: 자산보다 오래 사는 인생의 그림자

신 씨는 70대 초반까지 활발히 일했지만, 노후를 충분히 준비하지 못한 채 은퇴했다. 초기에는 퇴직금과 적립된 자산, 소액의 연금으로 생활을 이어갔고, 그럭저럭 버틸 수 있을 것이라 판단했다. 그러나 그의 삶은 예상보다 길었고, 자산은 그만큼 버티지 못했다. 80대 중반에 접어들면서 생활비는 물론 잦아지는 병원 방문과 의료비 부담으로 인해 자금이 빠르게 고갈되기 시작했다. 결국, 신 씨는 자녀들에게 생활비 지원을 요청할 수밖에 없었고, 이는 가족 모두에게 경제적·심리적 부담으로 이어졌다. 그는 스스로를 '살아 있는 부담'처럼 느끼며, 자존감의 큰 상처와 외로움 속에서 노후를 보내고 있다. 이처럼 무전장수는 단순히 오래 사는 문제가 아니다. '돈보다 오래 사는 삶'이 곧 리스크가 되는 시대, 장수 자체가 축복이 되려면 사전에 설계된 재정적 대비가 절대적으로 필요하다.

### (4) 장기 재정계획 수립하기

장기 재정계획을 수립하는 것은 은퇴 후 안정적인 생활을 위한 필수적인 과정이다. 아래는 장기 재정계획을 효율적으로 수립하기 위한 12가지 방법이다.

① 조기 시작: 연금 준비는 가능한 한 빨리 시작하는 것이 좋다. 이는 복리 효과를 최대한 활용할 수 있게 해준다.

② 연금상품 다변화: 국민연금뿐만 아니라, 개인연금, 퇴직연금 등을 적절히 조합하여 준비해야 한다.

③ 정기적인 재무 점검: 경제 상황이나 개인의 재정 상태에 따라 연금계획을 주기적으로 점검하고 조정하는 것이 필요하다.

④ 투자 다변화: 연금 자산을 다양한 투자상품에 분산투자하여 리스크를 관리하고, 수익성을 극대화할 수 있다.

⑤ 의료보험 가입: 갑작스런 건강 문제로 인한 큰 지출을 대비하기 위해 의료보험에 가입하는 것이 중요하다.

⑥ 비상 자금 마련: 예기치 않은 지출을 대비해 비상 자금을 마련해야 한다.

⑦ 지출 관리: 은퇴 후에도 예산을 철저히 관리하고, 필요 없는 지출을 줄이는 노력이 필요하다.

⑧ 재정 전문가의 도움: 은퇴설계 전문가의 도움을 받아 개인 맞춤형 연금계획을 수립하는 것이 좋다.

⑨ 지속적인 교육: 금융 지식을 지속해서 업데이트하고, 새로운 재정 전략을 학습하는 것이 중요하다.

⑩ 소득 창출: 은퇴 후에도 가능한 한 소득을 창출할 방법을 모색해야 한다.

⑪ 은퇴 후 지출 예상: 은퇴 후 필요한 모든 지출을 상세히 파악하고, 이를 충당할 수 있는 자금을 마련해야 한다.

⑫ 가족과의 협의: 가족과 함께 재정계획을 논의하고, 필요시 가족

의 지원을 받을 방안을 마련해야 한다.

### (5) 효율적 방법론

장기 재정계획을 효과적으로 실행하기 위해서는 다음과 같은 방법론이 필요하다. 첫째, 목표 설정과 실천 계획 수립이다. 장기적인 목표를 설정하고 이를 달성하기 위한 구체적인 실천 계획을 수립해야 한다. 둘째, 주기적인 모니터링과 피드백이다. 재정계획의 실행 과정을 주기적으로 모니터링하고, 필요한 경우 피드백을 받아 수정하는 것이 중요하다. 셋째, 유연한 대응 전략이다. 경제 상황이나 개인의 재정 상태가 변할 때마다 유연하게 대응할 수 있는 전략을 마련해야 한다. 이를 통해 누구나 안정적이고 여유로운 은퇴 생활을 준비할 수 있을 것이다.

## 5. 둘이 받다가 한 명이 사망했을 때 최후 생존자의 생활비 갭

### (1) 배우자 사망 시 재정 변화

배우자가 사망하면 남은 배우자의 재정 상황은 급격하게 변하게 된다. 한국의 경우, 대부분의 노년 부부는 공적연금과 개인연금을 합쳐 생활비를 충당하고 있다. 하지만 한 배우자가 사망하면, 연금 수입이 크게 줄어들게 된다. 예를 들어, 국민연금의 유족연금은 사망한 배우자의 연금액의 60%만 지급된다. 이는 연금 수입의 큰 부분을 차지하던 배우자의 사망이 남은 배우자에게 큰 경제적 충격을 줄 수 있다는 것을 의미한다.

실제 사례로, 70대 초반에 남편을 잃은 양 씨는 남편과 함께 받던 국민연금과 개인연금으로 생활해왔다. 남편이 사망하면서 양 씨는 유족연금으로 남편의 연금의 60%를 받게 되었다. 그러나 생활비는 여전히 두 사람 때와 비슷한 수준으로 필요했다. 양 씨는 경제적으로 큰 어려움을 겪으며, 생활 수준을 급격히 낮추거나 자녀의 도움을 받아야 했다.

### (2) 최후 생존자를 위한 재정 대비 전략

배우자 중 한 사람이 사망할 경우에 대비한 재정계획을 미리 세워두는 것이 중요하다. 첫째, 유족연금의 지급액과 지급 조건을 정확히 이해해야 한다. 이는 국민연금뿐만 아니라, 개인연금의 유족연금 지급 조건도 포함된다. 둘째, 생명보험 가입을 고려해야 한다. 생명보험은 사망한 배우자의 소득을 대체할 수 있는 중요한 도구가 될 수 있다. 셋째, 비상 자금을 마련해두는 것이 필요하다. 갑작스러운 재정 변화를 감당할 수 있는 비상 자금은 필수적이다. 넷째, 부동산자산의 유동성 확보도 중요하다. 부동산을 유동화하여 필요한 경우 현금으로 전환할 수 있도록 준비해두는 것이 좋다.

### (3) 사례를 통한 구체적 대응 방안: '최후 생존자'의 생활비 갭 대비

**1) 성공 사례: 유족연금과 생명보험으로 생활 안정 유지**

김 씨 부부는 은퇴 전부터 부부 중 한 명이 먼저 세상을 떠날 경우의 재정 공백을 고려해 준비를 해왔다. 남편은 국민연금 가입자였고, 별도로 생명보험에 가입하여 사망 시 유가족에게 지급될 자금을 확보해두었다. 남편이 먼저 사망했을 때, 김 씨는 유족연금과 사망보험금으로 생활비를 안정적으로 충당할 수 있었고, 별도로 마련해둔 비상 자금을 통해 의료비와 돌발 지출도 무리 없이 대응할 수 있었다. 준비된 재정은, 슬픔은 있지만 생계 불안은 없는 노후를 가능하게 했다.

### 2) 실패 사례: 대비 부족으로 인한 생활 수준 급락

박 씨 부부는 은퇴 후 국민연금과 개인연금으로 생활하던 중, 남편이 갑작스럽게 사망하면서 가계의 주요 수입원이 단절되었다. 하지만 남편의 연금은 유족연금으로 전환되면서 수령액이 절반 수준으로 줄었고, 별도의 생명보험이나 예비 자산이 없었던 박 씨는 즉시 생활비 부족에 직면했다. 결국, 그는 생활 수준을 크게 낮추거나 자녀에게 의존할 수밖에 없었고, 갑작스러운 재정 위기는 심리적·정서적 고립감까지 더해지는 이중고로 이어졌다.

### 3) 교훈: '최후 생존자 리스크'에 대비한 장기 재정 전략

최 씨 부부는 은퇴 후 생존 기간 차이에 따른 생활비 격차까지 염두에 두고 철저히 준비했다. 남편이 사망할 경우를 대비해 유족연금 수급 조건을 사전에 확인하고, 사망보험금을 통해 초기 유동성 확보가 가능하도록 설계했다. 또한, 부동산 일부를 은퇴 직전에 유동화해 비상시 사용할 수 있는 현금을 확보해두었다. 남편 사망 이후에도 최 씨는 생활 수준을 유지하며 심리적 안정까지 확보할 수 있었다. 이는 단순한 자산 보유가 아니라, 구조화된 생애 설계가 중요함을 보여주는 대표 사례다.

배우자 사망 시 재정 변화는 많은 사람들에게 큰 충격을 줄 수 있다. 이를 대비하기 위해서는 유족연금과 생명보험, 비상 자금, 부동산자산의 유동화 등 다양한 재정 대비 전략을 미리 준비해두는 것이 중요하다. 실제 사례들을 통해 배우자 사망 시 재정적 어려움을 겪지 않도록 철저한 준비와 계획을 세우는 것이 필수적임을 알 수 있다. 이러한 준비를 통해 누구나 안정적이고 여유로운 은퇴 생활을 준비할 수 있을 것이다.

## 6. 내가 생각하는 돈과 인플레이션의 갭: 물가 상승의 피해(못 피해서)

### (1) 인플레이션의 영향과 예측 방법

인플레이션은 경제 전반에서 가격 수준이 지속해서 상승하는 현상을 의미한다. 이는 돈의 가치가 하락함에 따라 동일한 금액으로 구매할 수 있는 상품과 서비스의 양이 줄어드는 것을 뜻한다. 한국은행의 통계에 따르면, 지난 10년 동안 한국의 평균 인플레이션율은 약 2%였다. 인플레이션이 지속되면, 은퇴자들은 연금과 저축의 실제 구매력이 감소하게 되어 생활비를 충당하기 어려워진다.

인플레이션을 예측하는 방법에는 여러 가지가 있다. 첫째, 경제 지표 분석이다. 소비자물가지수(CPI)와 생산자물가지수(PPI)는 인플레이션 추세를 파악하는 주요 지표다. 둘째, 중앙은행의 정책을 주시하는 것이다. 한국은행과 같은 중앙은행은 통화정책을 통해 인플레이션을 조절하려는 노력을 기울인다. 금리 인상이나 인하 같은 정책 변화는 인플레이션 예측에 중요한 단서가 된다. 셋째, 글로벌 경제 동향을 분석하는 것이다. 국제 원자재 가격, 환율 변화 등은 국내 인플레이션에 직접적인 영향을 미친다.

### (2) 인플레이션 대비 투자 전략

모든 재무 전략에는 반드시 인플레이션을 고려해야 한다. 첫째, 인플레이션 연동 금융상품을 활용하는 것이다. 예를 들어, 물가연동국채(TIPS)는 인플레이션에 따라 원금과 이자가 조정되므로, 인플레이션을 헤지하는 데 유리하다. 둘째, 주식투자가 있다. 주식은 장기적으로 인플레이션을 초과하는 수익률을 제공하는 경향이 있어, 인플레이션에 대한 자연스러운 방어막이 될 수 있다. 셋째, 부동산투자도 인플레이션에 대한 좋은 방어책이 될 수 있다. 부동산 가치는 인플레이션과 함께 상승하는 경향이 있기 때문이다. 넷째, 분산투자가 중요하다. 다양한 자산에 분산투자함으로써 인플레이션 리스크를 최소화할 수 있다.

### (3) 구체적인 투자 전략을 세울 때 고려할 점

① 장기투자: 인플레이션을 이길 수 있는 장기투자가 필요하다.

② 다양한 자산군: 주식, 채권, 부동산, 금 등 다양한 자산에 분산투자해야 한다.

③ 리스크 관리: 인플레이션 헤지를 위한 금융상품을 활용하여 리

스크를 관리해야 한다.

④ 유동성 확보: 언제든지 현금화할 수 있는 유동성을 확보해 예기치 않은 상황에 대비해야 한다.

### (4) 인플레이션이 연금의 갭에 미치는 영향: 사례와 교훈

인플레이션이 연금의 갭에 미치는 영향을 이해하기 위해 몇 가지 사례를 살펴보자. 이러한 사례들은 인플레이션이 얼마나 은퇴 생활에 큰 영향을 미칠 수 있는지 보여준다.

#### 1) 성공 사례: 인플레이션을 고려한 연금계획

김 씨는 은퇴 전 인플레이션을 고려하여 다양한 연금상품에 투자했다. 국민연금 외에도 물가연동국채와 인플레이션 연동 연금상품을 활용하였다. 그 결과, 은퇴 후에도 인플레이션에 영향을 받지 않고 안정적인 생활비를 확보할 수 있었다. 김 씨는 "인플레이션을 무시하지 않고 계획을 세우는 것이 중요하다"라고 말한다.

#### 2) 실패 사례: 인플레이션을 간과한 연금계획

이 씨는 국민연금과 개인연금만으로 은퇴 후 생활비를 충당할 계획이었다. 그러나 인플레이션을 충분히 고려하지 않았다. 은퇴 후 몇 년 동안은 생활비를 충당할 수 있었지만, 지속적인 물가 상승으로 인해 생활비가 예상을 초과하게 되었다. 결국, 이 씨는 생활비를 충당하기 위해 자산을 매각해야 했고, 이는 그의 재정 상태에 큰 부담을 주었다.

### 3) 교훈: 인플레이션과 연금의 상관관계

최 씨는 인플레이션에 대한 대비책을 철저히 세웠다. 은퇴 전 다양한 금융상품에 투자하여 인플레이션에 따른 리스크를 최소화하였다. 또한, 주기적인 재정 점검을 통해 연금계획을 조정했다. 그 결과, 최 씨는 인플레이션이 심화된 시기에도 안정적인 생활비를 유지할 수 있었다. 이는 인플레이션에 대한 철저한 대비와 지속적인 점검이 얼마나 중요한지를 보여준다.

인플레이션은 은퇴 재정계획에서 중요한 변수다. 인플레이션의 영향을 정확히 이해하고, 이를 예측하며, 적절한 투자 전략을 통해 대비하는 것이 필요하다. 인플레이션이 연금의 갭에 미치는 영향은 상당하며, 이를 무시하면 은퇴 후 생활비를 충당하는 데 큰 어려움을 겪을 수 있다. 따라서, 인플레이션을 고려한 재정계획을 세우고, 꾸준히 점검하며 조정해 나가는 것이 안정적이고 여유로운 은퇴 생활을 준비하는 데 필수적이다.

## 7. 예상치 못한 지출로 인한 갭(질병, 긴급사항, 사기를 중심으로)

### (1) 질병, 긴급 상황, 사기로 인한 연금의 갭 발생

은퇴 후 예상치 못한 지출은 연금계획에 큰 구멍을 만들 수 있다. 질병, 긴급 상황, 사기는 이러한 예기치 못한 지출의 주요 원인이다. 은퇴 후 건강 상태가 악화되거나, 갑작스런 사고로 인한 의료비가 급증할 경우, 연금만으로는 이를 감당하기 어려울 수 있다. 예를 들어, 중증 질병에 걸려 장기간 치료를 받아야 한다면, 의료비는 천문학적으로 증가할 수 있다. 또한, 자연재해나 가족의 긴급한 문제로 인해 큰 비용이 발생할 수도 있다. 마지막으로, 금융 사기나 투자 사기와 같은 예기치 못한 사기 사건은 큰 경제적 손실을 초래할 수 있다. 이러한 상황들은 모두 은퇴 생활의 안정성을 위협할 수 있다.

### (2) 비상 상황 대비 재정계획: 연금의 갭을 극복하는 방법

비상 상황에 대비하기 위해서는 철저한 재정계획이 필요하다. 첫째, 예상치 못한 지출을 대비한 비상 자금을 마련해야 한다. 이는 최소한 6개월에서 1년 치의 생활비를 충당할 수 있는 금액이 필요하다. 둘째, 의료비와 같은 큰 지출을 대비하기 위해 건강보험을 최대한 활용해야 한다. 추가로, 실손의료보험과 같은 보조 보험에 가입하는 것도 좋은 방법이다. 셋째, 재정계획에 유연성을 부여해야 한다. 예를 들어, 비상 상황이 발생했을 때 일부 자산을 빠르게 현금화할 수 있는 계획을 세워두는 것이 중요하다. 이러한 대비책을 통해 비상 상황에서도 안정적인 재정을 유지할 수 있다.

### (3) 보험과 비상 자금의 중요성

보험과 비상 자금은 예상치 못한 지출로 인한 연금의 갭을 메우는 데 중요한 역할을 한다. 보험은 의료비, 사고, 사망 등 다양한 위험에 대비할 수 있는 수단이다. 예를 들어, 건강보험과 실손의료보험은 갑작스런 질병이나 사고로 인한 의료비를 보장해준다. 또한, 생명보험은 사망 시 남은 가족들에게 경제적 지원을 제공한다. 비상 자금은 예기치 못한 지출을 즉시 충당할 수 있는 유동성 자산이다. 이는 은퇴 후에도 안정적인 생활을 유지할 수 있도록 도와준다. 비상 자금을 마련하는 방법으로는 고이율의 저축 계좌, 머니마켓 계좌, 단기 채권 등이 있다. 이 두 가지 수단을 통해 비상 상황에서도 재정적인 안정을 유지할 수 있다.

### (4) 사례를 통한 비상 지출 대응 전략: 연금의 갭을 극복하자!

#### 1) 성공 사례: 철저한 준비와 대응

박 씨는 은퇴 전부터 비상 상황에 대비한 철저한 재정계획을 세워왔다. 그는 비상 자금으로 1년 치 생활비를 마련하고, 실손의료보험과 생명보험에 가입했다. 은퇴 후 갑작스런 심장 수술이 필요하게 되었지만, 실손의료보험을 통해 대부분의 의료비를 보장받을 수 있었다. 또한, 비상 자금을 통해 추가적인 생활비를 충당할 수 있어 큰 경제적 어려움 없이 회복할 수 있었다. 이는 철저한 준비와 대응이 얼마나 중요한지를 보여준다.

#### 2) 실패 사례: 대비 부족으로 인한 재정 위기

김 씨는 은퇴 후 충분한 비상 자금이나 보험을 준비하지 못했다. 은퇴 후 몇 년 지나지 않아 큰 교통사고를 당해 장기간의 치료와 재활이 필요하게 되었다. 의료비와 생활비가 급증하면서 김 씨는 연금만으로 이를 감당하기 어려웠다. 결국, 자녀들에게 경제적 도움을 요청해야 했고, 생활 수준을 크게 낮춰야 했다. 이는 대비 부족이 얼마나 큰 재정적 위기를 초래할 수 있는지를 보여준다.

### 3) 교훈: 사기 예방과 대응의 중요성

이 씨는 은퇴 후 투자 사기를 당해 큰 금전적 손실을 보았다. 그러나 사전에 금융 전문가와 상담을 통해 다양한 자산에 분산투자해 둔 덕분에, 전 재산을 잃지 않고 일부 자산을 지킬 수 있었다. 또한, 사기 발생 후 즉시 법적 조치를 취해 일부 손실을 회복할 수 있었다. 이는 사기 예방과 신속한 대응의 중요성을 강조한다.

예상치 못한 지출로 인한 연금의 갭은 누구에게나 발생할 수 있는 현실적인 문제다. 질병, 긴급 상황, 사기 등 다양한 원인으로 인해 큰 재정적 어려움을 겪지 않기 위해서는 철저한 재정계획과 대비가 필요하다. 보험과 비상 자금을 활용하여 비상 상황에 대비하고, 주기적인 재정 점검과 유연한 계획을 통해 안정적인 은퇴 생활을 준비해야 한다. 이러한 준비를 통해 누구나 안정적이고 여유로운 은퇴 생활을 영위할 수 있을 것이다.

# 8. 갭을 메꾸는 방법

### (1) 다양한 재정 보완 방법

은퇴 후 예상치 못한 지출이나 생활비 부족으로 인해 발생하는 재정적 갭을 메꾸기 위해서는 다양한 재정 보완 방법을 고려해야 한다. 첫째, 추가 저축이다. 은퇴 전에 추가 저축을 통해 자산을 확충하는 것은 가장 기본적인 방법이다. 둘째, 투자를 통해 자산을 증식하는 것이다. 주식, 채권, 부동산, 펀드 등 다양한 투자 방법을 통해 자산을 늘릴 수 있다. 셋째, 보험상품을 활용하는 것이다. 생명보험, 건강보험, 실손의료보험 등은 예기치 못한 상황에 대비할 수 있는 중요한 도구다. 넷째, 자산 매각이다. 은퇴 후 필요에 따라 부동산이나 기타 자산을 매각하여 현금을 확보할 수 있다. 다섯째, 연금상품을 추가로 가입하는 것이다. 개인연금이나 퇴직연금을 통해 안정적인 수입원을 확보할 수 있다. 여섯째, 일자리를 통한 추가 소득 창출이다. 은퇴 후에도 파트타임이나 자영업을 통해 소득을 얻을 수 있다. 일곱째, 가계부를 작성하여 지출을 관리하는 것이다. 계획적인 소비와 불필요한 지출을 줄임으로써 재정적 안정을 도모할 수 있다.

### (2) 각 방법의 장단점 분석

#### 1) 추가 저축
- 장점: 안전하고 확실한 방법으로 자산을 늘릴 수 있다. 이자소득

이 안정적이다.
- 단점: 금리가 낮을 경우, 실질적인 자산 증식 효과가 제한적이다.

**2) 투자**
- 장점: 높은 수익률을 기대할 수 있다. 자산의 다양화를 통해 리스크를 분산할 수 있다.
- 단점: 투자 리스크가 존재하며, 시장 변동성에 따라 자산 가치가 하락할 수 있다.

**3) 보험**
- 장점: 예기치 못한 상황에 대비할 수 있다. 보장성이 강하다.
- 단점: 보험료가 지속해서 부담될 수 있으며, 필요 이상으로 많은 보험에 가입할 경우 오히려 재정적 부담이 커질 수 있다.

**4) 자산 매각**
- 장점: 긴급 상황에서 즉시 현금을 확보할 수 있다.
- 단점: 자산을 매각함으로써 장기적인 자산 가치 상승을 포기해야 할 수 있다.

**5) 연금상품**
- 장점: 안정적인 수입원을 확보할 수 있다. 세제 혜택이 있을 수 있다.
- 단점: 연금 수령 시점까지 시간이 오래 걸릴 수 있으며, 투자상품

보다 수익률이 낮을 수 있다.

### 6) 추가 소득 창출
- 장점: 은퇴 후에도 경제활동을 지속함으로써 소득을 얻을 수 있다.
- 단점: 건강 상태나 일자리 구하기가 어려울 수 있다.

### 7) 지출 관리
- 장점: 계획적인 소비를 통해 재정적 안정을 도모할 수 있다. 불필요한 지출을 줄일 수 있다.
- 단점: 지출 관리를 철저히 하지 않을 경우 효과가 제한적이다.

## (3) 개인 상황에 맞는 맞춤형 전략 수립 방법 7가지

### 1) 재정 상태 분석
- 내용: 현재의 자산, 소득, 지출 상황을 철저히 분석하여 재정 상태를 파악한다. 이는 재정계획의 기초가 된다.
- 팁: 가계부를 작성하고, 자산과 부채를 목록화하여 재정 상태를 시각적으로 파악할 수 있다.

### 2) 목표 설정
- 내용: 은퇴 후 필요한 생활비와 목표를 설정한다. 이를 통해 필요한 자금을 정확히 계산할 수 있다.

- 팁: 은퇴 후 필요한 월별 생활비를 계산하고, 이를 바탕으로 목표 자금을 설정한다.

### 3) 다양한 소득원 확보
- 내용: 연금, 투자, 보험 등 다양한 소득원을 확보하여 리스크를 분산한다. 예를 들어, 국민연금 외에 개인연금을 추가로 가입한다.
- 팁: 다양한 연금상품과 투자상품을 비교 분석하여 적절히 분산 투자한다.

### 4) 지출 관리
- 내용: 가계부를 작성하여 계획적인 소비를 실천한다. 불필요한 지출을 줄이고, 예산 내에서 생활한다.
- 팁: 매달 고정지출과 변동지출을 구분하여 관리하고, 절약할 수 있는 부분을 찾아내어 조정한다.

### 5) 비상 자금 마련
- 내용: 예기치 못한 지출에 대비하여 비상 자금을 마련한다. 이는 최소한 6개월에서 1년 치 생활비를 충당할 수 있는 금액이 필요하다.
- 팁: 비상 자금을 별도의 저축 계좌에 보관하고, 긴급 상황이 발생할 때만 사용한다.

**6) 전문가 상담**
- 내용: 재무설계사나 금융 전문가의 도움을 받아 맞춤형 재정계획을 수립한다. 이는 더 전문적이고 체계적인 접근을 가능하게 한다.
- 팁: 공인 재무설계사(CFP)와 같은 전문가와 정기적으로 상담하여 재정계획을 점검하고 조정한다.

**7) 주기적 점검 및 조정**
- 내용: 재정계획을 주기적으로 점검하고, 필요시 조정한다. 경제 상황이나 개인의 재정 상태가 변할 때마다 유연하게 대응할 수 있도록 한다.
- 팁: 매년 또는 분기별로 재정 상태를 점검하고, 목표 달성 여부를 확인하여 계획을 수정한다.

재정적 갭을 메꾸기 위해서는 다양한 재정 보완 방법을 고려하고, 각 방법의 장단점을 분석하여 개인 상황에 맞는 맞춤형 전략을 수립하는 것이 중요하다. 추가 저축, 투자, 보험, 자산 매각 등 다양한 방법을 통해 안정적인 은퇴 생활을 준비할 수 있다. 철저한 재정계획과 주기적인 점검을 통해 누구나 안정적이고 여유로운 은퇴 생활을 영위할 수 있을 것이다.

## 9. 연금 갭 체크리스트 20가지

연금 갭 체크리스트를 통해 독자들이 자신의 상황을 점검하고 계획을 세울 수 있도록 돕겠다. 이 체크리스트는 은퇴계획을 세우는 데 필수적인 요소들을 포함하고 있다.

① 현재 국민연금 수령 예상 금액을 알고 있는가?
- 국민연금공단 홈페이지에서 예측 금액을 확인해보았나?

② 현재 개인연금 수령 예상 금액을 알고 있는가?
- 가입한 개인연금상품의 예상 수령액을 확인했는가?

③ 퇴직연금 수령 계획이 있는가?
- 회사에서 제공하는 퇴직연금의 예상 수령액을 알고 있는가?

④ 은퇴 후 필요한 월 생활비를 계산해보았는가?
- 주거비, 식비, 의료비, 여가비용 등을 포함한 월별 생활비를 산정해보았는가?

⑤ 은퇴 후 예상되는 의료비를 고려했는가?
- 건강보험 및 실손의료보험의 보장 범위를 확인했는가?

⑥ 예상치 못한 긴급 상황에 대비한 비상 자금을 마련했는가?
- 최소 6개월에서 1년 치 생활비를 비상 자금으로 확보했나?

⑦ 연금 수령 시점과 퇴직 시점 간의 갭을 계산해보았는가?
- 퇴직 후 연금 수령 전까지의 생활비를 어떻게 충당할 계획인가?

⑧ 현재 보유한 자산의 총액을 파악하고 있는가?
- 부동산, 예금, 주식 등 모든 자산을 합산한 금액을 알고 있는가?

⑨ 부동산자산을 현금화할 계획이 있는가?

- 필요한 경우 부동산을 매각할 계획이 있는가?

⑩ 인플레이션을 고려한 재정계획을 세웠나?
- 인플레이션에 따른 생활비 상승을 예측하고 대비하고 있는가?

⑪ 투자 포트폴리오를 다양화했는가?
- 주식, 채권, 펀드, 부동산 등 다양한 자산에 분산투자하고 있는가?

⑫ 정기적으로 재정 상태를 점검하고 있는가?
- 매년 또는 분기별로 재정 상태를 점검하고 계획을 조정하는가?

⑬ 연금상품 외에 추가 소득원을 확보할 계획이 있는가?
- 은퇴 후에도 추가 소득을 창출할 방법을 고민해보았는가?

⑭ 재무 전문가와 상담한 적이 있는가?
- 은퇴설계 전문가와 상담하여 맞춤형 재정계획을 세운 적이 있는가?

⑮ 가족과 재정계획을 논의했는가?
- 배우자 및 가족과 은퇴 후 재정계획에 대해 충분히 논의했는가?

⑯ 보험상품에 대한 충분한 보장이 되어 있는가?
- 생명보험, 건강보험, 실손의료보험 등 필요한 보험에 가입했는가?

⑰ 연금 수령 시기에 대한 계획을 세웠는가?
- 연금을 조기 수령할지, 만기 수령할지 계획을 세웠는가?

⑱ 연금 수령 후 세금 문제를 고려했는가?
- 연금 수령 시 발생할 세금에 대해 대비하고 있는가?

⑲ 생활비 절감 방안을 모색하고 있는가?
- 은퇴 후 불필요한 지출을 줄일 방안을 고민해보았나?

⑳ 최소 20년 이상의 장기 재정계획을 수립하였는가?
- 장기적인 재정계획을 세워 20년 이상의 은퇴 생활을 대비하고 있는가?

이 체크리스트를 통해 자신의 상황을 점검하고 필요한 조치를 함으로써 안정적이고 여유로운 은퇴 생활을 준비할 수 있을 것이다.

## 10. 미래 시나리오: 다양한 경제 상황 변화 시나리오를 통한 대비

연금 갭 문제는 다양한 경제 상황에 따라 크게 변동될 수 있다. 이를 대비하기 위해 몇 가지 미래 시나리오를 통해 독자들이 다양한 상황에 대비할 수 있도록 하겠다.

### (1) 시나리오 1: 저성장 시대의 도래

**1) 상황 설명**

전 세계적으로 저성장 기조가 지속되며, 한국 경제 역시 저성장 시대에 진입한다. 저성장은 경제 성장률이 낮아지면서 고용 창출이 어려워지고, 이는 개인의 소득 감소로 이어진다. 또한, 저성장으로 인해 정부의 재정 상황이 악화되면 공적연금 시스템에도 부담이 커진다. 이러한 상황에서는 연금 수령액이 예상보다 적어지거나, 연금 개혁이 필요할 수 있다. 저성장은 기업의 투자와 소비를 위축시켜 전체 경제활동을 둔화시키고, 이는 개인의 자산 증식에도 부정적인 영향을 미친다.

### 2) 대비 방법
- 저축 비중 확대: 저성장 시대에는 자산 증식이 어려우므로 저축 비중을 늘려야 한다. 안전한 저축상품을 통해 자산을 보호할 수 있다.
- 안정적인 투자상품: 고위험 고수익 투자보다는 안정적인 배당주나 채권 투자에 집중하여 리스크를 줄인다.
- 비상 자금 강화: 경제 불확실성에 대비해 비상 자금을 더욱 강화한다. 최소 1년 치 생활비를 비상 자금으로 확보하는 것이 좋다.
- 부채관리: 저성장 시대에는 부채 부담이 커질 수 있으므로, 부채를 줄이고 건강한 재무 구조를 유지하는 것이 중요하다.
- 지출 관리: 생활비를 줄이고 불필요한 지출을 억제하여 재정적 안정을 도모한다.

## (2) 시나리오 2: 고인플레이션 시대의 도래

### 1) 상황 설명
글로벌 공급망 문제와 원자재 가격 상승으로 인해 인플레이션이 급격히 상승한다. 고인플레이션은 생활비 상승을 초래하며, 연금의 실질 가치를 감소시킨다. 예를 들어, 연금 수령액이 100만 원이라도 인플레이션이 5%라면, 실제 구매력은 점점 줄어들게 된다. 이는 연금만으로 생활비를 충당하기 어려운 상황을 초래할 수 있다. 특히 고정수입에 의존하는 은퇴자들에게는 큰 경제적 부담이 된다.

### 2) 대비 방법
- 물가연동 연금상품: 인플레이션에 따른 영향을 최소화하기 위해 물가연동 연금상품에 투자한다. 이는 연금 수령액이 물가 상승에 맞춰 조정된다.
- 인플레이션 헤지 투자: 금, 부동산, 원자재 등 인플레이션 헤지 자산에 투자하여 인플레이션 위험을 분산시킨다.
- 지출 관리 강화: 생활비 상승에 대비해 지출을 철저히 관리하고, 불필요한 소비를 줄인다. 예산을 세우고 지출을 모니터링한다.
- 소득 다변화: 은퇴 후에도 추가 소득원을 확보하여 인플레이션에 대응할 수 있는 재정적 여력을 확보한다.
- 비상 자금 마련: 비상 자금을 통해 급격한 생활비 상승에 대비한다.

### (3) 시나리오 3: 기술 혁신에 따른 고용 변화

### 1) 상황 설명
AI와 자동화 기술의 발전으로 인해 전통적인 일자리가 감소하고, 새로운 형태의 일자리가 증가한다. 이는 기술 혁신에 적응하지 못한 사람들에게 실업과 소득 감소를 초래할 수 있다. 기술 발전은 경제의 효율성을 높이지만, 단기적으로는 노동 시장의 변동성을 증가시킬 수 있다. 또한, 새로운 기술에 적응하지 못한 고령자들은 일자리를 잃거나 낮은 소득을 얻을 가능성이 크다.

**2) 대비 방법**
- 평생 교육: 새로운 기술과 산업 변화에 적응하기 위해 평생 교육을 강화한다. 다양한 교육 프로그램과 자격증을 취득하여 경쟁력을 높인다.
- 유연한 근무 형태: 프리랜서, 원격 근무 등 다양한 근무 형태를 통해 소득원을 다변화한다.
- 재취업 지원: 재취업 지원 프로그램을 활용하여 새로운 일자리에 적응할 수 있도록 준비한다. 직업 상담과 교육 프로그램을 적극 활용한다.
- 창업 및 자영업: 기술 혁신을 활용하여 창업이나 자영업을 통해 새로운 소득원을 창출한다.
- 네트워킹 강화: 업계 네트워킹을 통해 새로운 기회를 모색하고, 최신 정보를 얻는다.

**(4) 시나리오 4: 장수 시대의 도래**

**1) 상황 설명**

의학의 발달과 생활 수준의 향상으로 평균수명이 증가하면서 장수 시대에 접어든다. 이는 연금 수령 기간이 길어짐에 따라 연금 자산의 고갈 위험을 높인다. 예를 들어, 90세까지 살게 된다면 연금 수령 기간이 30년 이상이 될 수 있다. 장수는 축복이지만, 재정계획을 철저히 세우지 않으면 재정적 어려움에 직면할 수 있다. 특히 의료비와 요양비가 크게 늘 가능성이 크다.

### 2) 대비 방법

- 생명표 기반 연금상품: 생명표 기반 연금상품을 통해 장기적인 연금 수령을 보장한다. 이는 장수 리스크를 관리하는 데 효과적이다.
- 노후 자산 다변화: 다양한 자산에 분산투자하여 장기적인 재정 안정을 도모한다. 주식, 채권, 부동산 등을 혼합한다.
- 지속 가능한 생활비 계획: 장기적인 생활비 계획을 세우고, 예상보다 오래 살 경우를 대비한다. 생활비를 조절하고, 불필요한 지출을 억제한다.
- 건강관리: 건강을 유지하여 의료비를 줄이고, 장기적인 재정 안정을 도모한다.
- 장기요양보험 가입: 장기요양보험을 통해 노후 요양비에 대비한다.

## (5) 시나리오 5: 글로벌 경제 위기의 재발

### 1) 상황 설명

또 다른 글로벌 금융 위기가 발생하여 자산 시장이 급격히 변동한다. 이는 연금 자산의 가치 하락과 함께 경제 전반의 불확실성을 초래할 수 있다. 금융 위기는 대규모 실업과 소비 위축을 동반하며, 이는 개인의 재정 상태에 큰 영향을 미친다. 특히 은퇴 후 자산의 가치가 급격히 하락하면, 생활비를 충당하기 어려워질 수 있다.

**2) 대비 방법**

- 리스크 관리: 투자 포트폴리오를 다양화하여 리스크를 분산하고, 안전 자산에 투자 비중을 늘린다. 금, 국채 등 안전 자산을 포함한다.
- 비상 자금 유지: 위기 상황에서 즉시 활용할 수 있는 비상 자금을 항상 유지한다. 최소한 1년 치 생활비를 비상 자금으로 확보한다.
- 정부 정책 주시: 정부의 경기 부양 정책을 주시하고, 필요한 경우 지원을 받을 수 있도록 준비한다. 예를 들어, 재정 지원이나 세제 혜택을 활용한다.
- 지출 관리: 위기 상황에서 지출을 철저히 관리하고, 불필요한 소비를 억제한다. 예산을 재검토하고 지출을 최적화한다.
- 전문가 상담: 은퇴설계 전문가 또는 재무 전문가와 상담하여 위기 상황에서의 재정 전략을 조언받는다.

이러한 다양한 시나리오를 통해 독자들은 미래에 발생할 수 있는 다양한 경제 상황에 대비할 수 있다. 각 시나리오에 따른 구체적인 대비 방법을 통해 연금 갭을 최소화하고, 안정적인 은퇴 생활을 영위할 수 있도록 준비하는 것이 중요하다. 철저한 준비와 계획을 통해 불확실한 미래에도 안정적인 재정 상태를 유지할 수 있을 것이다.

키워드 13

# 은퇴 후 목돈 수요 계획

1. 목돈 수요, 긴급 예비 자금과 구별하라
2. 은퇴 후 목돈 수요 10가지를 준비하라
3. 은퇴 후 목적 자금의 우선순위를 정하라
4. 은퇴 후 목적 자금의 크기를 예측하라
5. 은퇴 후 목적 자금의 크기를 줄이는 현명한 방법 10가지
6. 은퇴 후 목돈 수요 계획의 중요성

# 1. 목돈 수요, 긴급 예비 자금과 구별하라

### (1) 긴급 예비 자금의 정의와 중요성

긴급 예비 자금은 예상치 못한 사건이나 긴급 상황에 대비하여 미리 마련해두는 자금이다. 이러한 자금은 예상치 못한 의료비, 갑작스러운 수리비, 예기치 못한 소득 손실 등 다양한 상황에 대처하는 데 필수적이다. 긴급 예비 자금의 가장 큰 중요성은 예측 불가능한 상황에서도 재정적인 안정을 유지할 수 있게 해준다는 점이다. 한국의 많은 가정이 경제적으로 취약한 상황에서, 긴급 예비 자금은 가계 재정의 버팀목 역할을 한다. 통계에 따르면, 한국 가정의 상당수가 긴급 상황 발생 시 100만 원 이상의 자금을 준비하지 못하고 있다. 이러한 상황에서 긴급 예비 자금을 미리 마련해두는 것은 재정적 불안감을 해소하고, 경제적 자립을 유지하는 데 핵심적이다. 또한, 긴급 예비 자금은 심리적 안정을 제공하여, 갑작스러운 위기 상황에서도 침착하게 대처할 수 있게 한다. 한국은퇴설계연구소에서는 연금 월액의 6배에 해당하는 금액을 긴급 예비 자금으로 준비할 것을 권장한다. 이는 개인의 상황과 필요에 따라 조정될 수 있지만, 기본적인 생활 유지에 필요한 최소한의 안전망을 제공한다. 긴급 예비 자금이 잘 준비되어 있다면, 예기치 못한 사건이 발생하더라도 재정계획을 크게 변경할 필요가 없어지며, 목표 자금을 보호할 수 있다.

**(2) 긴급 예비 자금의 필요성**

예기치 못한 상황은 누구에게나 발생할 수 있으며, 그로 인해 발생하는 경제적 충격은 상당하다. 예를 들어, 갑작스러운 질병이나 사고로 인한 의료비는 개인의 재정 상태에 큰 부담을 줄 수 있다. 이러한 상황에서 긴급 예비 자금은 즉각적인 경제적 지원을 제공하여 생활의 연속성을 보장한다. 또한, 경제 불황이나 개인의 직업 변화로 인한 소득 손실은 긴급 예비 자금의 필요성을 더욱 강조한다. 긴급 예비 자금은 예상치 못한 실직이나 소득 감소 시 생활비를 충당하고, 새로운 직장을 찾는 동안 재정적 여유를 제공한다. 한국의 경우, 고령화와 평균수명의 증가로 인해 의료비 부담이 증가하고 있는 상황에서, 긴급 예비 자금은 노년층의 재정적 안정을 위한 필수 요소다. 더불어, 긴급 예비 자금은 가정 내 주요 전자제품의 고장, 차량 수리비 등 일상생활에서 발생할 수 있는 다양한 예기치 못한 비용에 대비할 수 있는 안전망 역할을 한다. 이 자금은 또한 긴급한 상황에서의 의사결정을 더욱 유연하고 신속하게 할 수 있도록 지원한다. 따라서, 긴급 예비 자금을 충분히 준비해두는 것은 불확실한 미래에 대비하는 현명한 재정 전략이다.

**(3) 긴급 예비 자금과 목적 자금의 차이점**

긴급 예비 자금과 목적 자금은 그 목적과 용도가 명확히 구분된다. 긴급 예비 자금은 예상치 못한 상황에 대처하기 위해 즉시 사용할 수 있는 자금이다. 반면, 목적 자금은 특정한 목표나 계획을 실현하기 위해 미리 계획하고 준비하는 자금이다. 예를 들어, 긴급 예비 자금은 갑작스러운 병원비나 차량 수리에 사용될 수 있는 반면, 목적 자금은 자녀의 교육비, 은퇴 후 여행 비용, 주택 구입 자금 등 장기적인 목표를 위해 준비된다. 긴급 예비 자금은 언제든지 사용할 수 있도록 높은 유동성을 유지하는 것이 중요하다. 이는 보통 저축 계좌나 단기 예금 같은 손쉽게 접근할 수 있는 금융상품에 보관된다. 반면, 목적 자금은 장기적인 투자상품을 통해 성장할 수 있도록 관리된다. 이러한 차이는 긴급 예비 자금과 목적 자금의 관리 전략에 직접적인 영향을 미친다. 긴급 예비 자금은 즉시 사용 가능해야 하기 때문에 안전성과 유동성이 강조되는 반면, 목적 자금은 장기적인 수익성을 고려한 투자 전략이 필요하다. 따라서, 두 자금을 명확히 구분하고, 각각의 목적에 맞는 전략을 세우는 것이 중요하다. 이 차이를 명확히 이해하고 관리할 때, 개인의 재정계획은 더욱 체계적이고 효과적으로 운영될 수 있다.

### (4) 목적 자금의 개념

목적 자금은 특정한 목표를 달성하기 위해 계획적으로 마련하는 자금이다. 이는 개인의 삶의 질을 향상시키기 위한 다양한 목표에 맞춰 준비된다. 목적 자금은 장기적이고 계획적인 접근이 필요하며, 일반적으로 교육비, 은퇴자금, 주택 구입비, 여행 자금 등 다양한 형태로 구분된다. 예를 들어, 자녀의 대학 진학을 위한 교육비 목적 자금은 대학 입학 시기에 맞춰 마련되어야 한다. 이를 위해서는 자녀의 성장 주기에 맞춰 꾸준히 저축하고, 필요에 따라 투자상품을 활용하여 자금을 증대시킬 수 있다. 은퇴자금의 경우, 은퇴 후의 생활 수준을 유지하는 데 필요한 자금으로, 장기적인 재정계획이 필수적이다. 목적 자금은 목표 달성을 위해 구체적이고 체계적인 계획이 필요하며, 이를 위해 재무 목표와 시기를 명확히 설정해야 한다. 목적 자금의 설정은 개인의 가치관과 우선순위에 따라 다르게 구성될 수 있다. 이러한 자금은 단순한 저축을 넘어서, 다양한 금융상품을 통한 자산 운용 계획을 포함한다. 목표 달성을 위해서는 재무 목표와 시기에 따라 자산의 유동성과 수익성을 적절히 조절해야 한다. 이러한 접근은 목적 자금을 더 효과적으로 관리하고, 개인의 재정 목표를 실현하는 데 도움을 준다. 따라서 목적 자금은 개인의 삶에서 중요한 전환점을 계획하고 준비하는 데 핵심적인 역할을 한다.

### (5) 긴급 예비 자금과의 구별 방법

긴급 예비 자금과 목적 자금을 구별하는 방법은 그 용도와 준비 방식에 따라 달라진다. 긴급 예비 자금은 언제든지 필요할 수 있는 자금으로, 예상치 못한 상황에 즉시 대응할 수 있는 준비가 필요하다. 반면, 목적 자금은 특정 목표를 위해 계획적으로 준비되는 자금으로, 그 목표에 맞춰 장기적인 계획을 세운다. 두 자금은 각각의 특성에 맞게 금융상품을 선택하고 관리해야 한다. 긴급 예비 자금은 높은 유동성을 유지할 수 있는 저축 계좌나 단기 예금에 보관하는 것이 좋다. 이는 예기치 못한 상황에서도 즉각적인 접근이 가능하도록 보장한다. 반면, 목적 자금은 목표 달성 시기와 금액에 맞춰 장기적인 성장 가능성을 고려하여 투자상품을 선택한다. 이러한 구별은 재정관리의 효율성을 높이며, 불필요한 혼동을 줄이는 데 도움을 준다. 긴급 예비 자금과 목적 자금을 구별함으로써 개인의 재정계획은 더욱 명확하고 체계적으로 관리될 수 있다. 이를 통해 독자는 예상치 못한 상황에서도 재정적인 안정성을 유지하고, 장기적인 목표를 지속해서 추구할 수 있다. 예를 들어, 한 가족이 자동차 수리비와 자녀의 교육비를 동일한 계좌에 보관하여 혼란을 겪었던 사례는 이러한 구별의 중요성을 보여준다. 따라서, 긴급 예비 자금과 목적 자금을 명확히 구분하고 관리하는 것은 개인의 재정 안정성을 보장하는 데 핵심적인 역할을 한다.

### (6) 두 자금을 병행해서 준비하라

긴급 예비 자금과 목적 자금을 효과적으로 병행하여 준비하는 것은 재정계획의 중요한 요소다. 두 자금은 각각 다른 목적을 가지고 있지만, 상호 보완적인 역할을 한다. 긴급 예비 자금은 예상치 못한 상황에서 재정적인 버팀목 역할을 하고, 목적 자금은 장기적인 목표 달성을 위한 자금을 마련하는 데 기여한다. 이를 위해서는 두 자금을 별도의 계좌로 관리하여 구분하는 것이 좋다. 긴급 예비 자금은 높은 유동성을 유지하기 위해 쉽게 접근할 수 있는 저축 계좌나 단기 예금에 보관해야 한다. 반면, 목적 자금은 장기적인 수익성을 고려하여 투자상품을 활용할 수 있다. 이러한 접근은 두 자금의 목적과 특성에 맞는 효과적인 관리를 가능하게 한다. 또한, 두 자금의 병행 준비를 위해서는 일정한 소득의 일부를 정기적으로 할당하는 것이 중요하다. 이를 위해 자동이체를 활용하여 매월 일정 금액을 각 계좌에 분배하는 방법을 추천한다. 이는 자금 준비의 일관성을 유지하고, 목표 달성을 위한 꾸준한 노력을 지원한다. 또한, 두 자금의 상태를 정기적으로 검토하고, 필요에 따라 조정하는 것이 중요하다. 경제 상황이나 개인의 생활 변화에 따라 자금의 우선순위를 조정할 수 있도록 유연한 계획을 세우는 것이 필요하다. 예를 들어, 급작스러운 의료비 지출이 예상되는 상황에서는 긴급 예비 자금의 비중을 일시적으로 늘릴 수 있다. 이러한 병행 준비 전략은 개인의 재정 안정성을 강화하고, 장기적인 목표 달성을 더 효율적으로 지원한다. 이를 통해 독자는 재정계획의 유연성과 안정성을 동시에 확보할 수 있다.

이와 같은 접근은 긴급 예비 자금과 목적 자금을 효과적으로 관리하고 준비하는 데 있어 중요한 지침이 된다. 독자들은 이러한 전략을 통해 더 체계적이고 효과적인 재정계획을 수립할 수 있을 것이다. 두 자금의 병행 준비는 재정적 안정을 확보하고, 개인의 삶의 목표를 실현하는 데 필수적인 요소로 작용한다.

## 2. 은퇴 후 목돈 수요 10가지를 준비하라

은퇴를 준비하는 과정에서 가장 중요한 과제 중 하나는 은퇴 후 필요한 목돈 수요를 정확히 파악하고 철저히 준비하는 것이다. 은퇴 후에는 정기적인 소득이 감소하지만, 일상생활을 유지하고 삶의 질을 높이기 위한 다양한 비용이 지속해서 발생한다. 은퇴 후 목돈 수요를 잘 준비하면 재정적 불안감을 줄이고, 더 안정적이고 만족스러운 노후 생활을 영위할 수 있다. 이번에는 은퇴 후 반드시 준비해야 할 10가지 목돈 수요에 대해 살펴보자.

### (1) 건강관리 자금

건강관리 자금은 은퇴 후 발생할 수 있는 예상치 못한 의료비 지출을 대비하기 위한 자금이다. 고령화 사회로 접어든 한국에서는 은퇴 후

의료비가 크게 늘 가능성이 크다. 보건복지부의 자료에 따르면, 65세 이상 인구의 의료비 지출은 꾸준히 증가하고 있으며, 특히 만성질환 및 노인성 질환 관련 비용이 급증하고 있다. 따라서, 은퇴 전에 건강관리 자금을 충분히 준비하는 것이 중요하다. 이를 위해 건강보험을 적극 활용하고, 추가적인 의료비 보장을 위한 민간 보험 가입도 고려해야 한다. 건강관리 자금을 마련할 때는 개인의 건강 상태와 가족력 등을 고려하여 적절한 자금 규모를 설정해야 한다. 이는 예상치 못한 의료비 지출로 인한 재정적 부담을 줄이고, 필요한 의료 서비스를 받을 수 있도록 해준다.

### (2) 주거 안정 자금

주거 안정 자금은 은퇴 후 안정적인 주거 생활을 보장하기 위한 자금이다. 통계청의 자료에 따르면, 한국의 주택 시장은 지속적인 가격 상승과 임대료 상승을 보이고 있어, 은퇴 후 주거 비용 부담이 커질 수 있다. 주거 안정 자금은 주택 구입비, 전세금, 월세 등 다양한 형태로 준비될 수 있다. 주거 안정 자금을 마련할 때는 현재의 주거 상황과 은퇴 후의 생활 계획을 고려하여 적절한 자금 규모를 설정해야 한다. 또한, 주거비 절감을 위한 다양한 방법을 모색할 필요가 있다. 예를 들어, 주거지를 이전하거나, 주택 크기를 조정하는 등의 방법을 통해 주거비를 절감할 수 있다. 주거 안정 자금은 은퇴 후 안정적인 삶의 기반이 되며, 이를 통해 은퇴 후의 주거 생활을 더 여유롭게 영위할 수 있다.

### (3) 부채 상환 자금

부채 상환 자금은 은퇴 전까지 발생한 부채를 정리하고, 은퇴 후에는 부채 없이 생활할 수 있도록 준비하는 자금이다. 한국은행의 자료에 따르면, 가계 부채가 계속 증가하고 있어 은퇴 전 부채관리가 더욱 중요해지고 있다. 부채가 있는 상태로 은퇴를 맞이하면 재정적 압박이 심화될 수 있다. 따라서 은퇴 전까지 부채를 최대한 줄이고, 은퇴 후에는 부채 없는 생활을 목표로 해야 한다. 이를 위해 부채 상환 자금을 마련하고, 체계적으로 부채를 관리하는 것이 필요하다. 부채 상환 자금은 이자 비용을 절감하고, 재정적 여유를 제공한다. 부채 상환을 위해서는 부채의 종류와 이자율을 분석하고, 우선순위를 정하여 상환 계획을 수립해야 한다. 또한, 부채 상환을 위한 추가적인 수입원을 확보하거나, 불필요한 지출을 줄여 부채 상환 자금을 마련하는 것도 중요한 전략이다. 부채 상환 자금은 은퇴 후 재정적 안정성을 높이는 데 기여하며, 이를 통해 은퇴 후의 생활을 더욱 자유롭고 여유롭게 할 수 있다.

### (4) 생활 유지 자금

생활 유지 자금은 은퇴 후 기본적인 생활비를 충당하기 위한 자금이다. 은퇴 후에는 정기적인 소득이 줄어들기 때문에, 생활비를 충당할 수 있는 자금이 필요하다. 한국의 소비자 물가 상승률을 고려할 때, 생활비 부담이 계속 증가하고 있다. 생활 유지 자금은 식비, 공과금, 교통비 등 일상적인 소비를 유지하는 데 사용된다. 이를 준비하지 않으면 은퇴 후 생활 수준을 유지하기 어려울 수 있다. 생활 유지 자금은 은퇴 후의 생활 패턴을 고려하여 적절한 규모로 준비해야 한다. 이를 위해 은퇴 후 예상되는 생활비를 계산하고, 이에 맞춰 자금을 마련하는 것이 필요하다. 생활 유지 자금을 준비할 때는 생활비 절감을 위한 다양한 전략을 고려할 수 있다. 예를 들어, 할인 혜택을 활용하거나, 불필요한 지출을 줄이는 등의 방법을 통해 생활비를 절감할 수 있다. 생활 유지 자금은 은퇴 후 안정적인 생활을 위한 기본적인 자금이며, 이를 통해 은퇴 후의 삶을 더 풍요롭게 영위할 수 있다.

### (5) 대인관계 유지 자금

대인관계 유지 자금은 은퇴 후에도 사회적 활동과 인간관계를 유지하기 위한 자금이다. 은퇴 후에는 사회적 활동이 줄어들 수 있지만, 대인관계를 유지하는 것은 삶의 질을 높이는 중요한 요소다. 한국노인복지연구소의 조사에 따르면, 은퇴 후 사회적 고립은 노인의 삶의 질과 정신건강에 부정적인 영향을 미칠 수 있다. 대인관계 유지 자금은 친구·가족과의 모임, 사회적 활동 등에 사용될 수 있다. 이를 통해 은퇴 후에도 활발한 사회생활을 영위할 수 있다. 대인관계 유지 자금을 마련할 때는 개인의 사회적 활동 패턴을 고려하여 적절한 자금 규모를 설정해야 한다. 이를 위해 사회적 활동을 위한 예산을 별도로 설정하고, 이에 맞춰 자금을 마련하는 것이 필요하다. 대인관계 유지 자금은 은퇴 후에도 활발한 사회생활을 영위할 수 있도록 도와주며, 이를 통해 삶의 질을 높일 수 있다. 또한, 대인관계 유지 자금은 은퇴 후의 고립감을 줄이고, 심리적 안정을 제공하는 중요한 역할을 한다.

### (6) 자녀 지원 자금

자녀 지원 자금은 자녀의 결혼, 교육 등 필요한 지원을 위한 자금이다. 은퇴 후에도 자녀에게 경제적인 지원을 할 수 있는 여유가 있는 것은 부모에게 중요한 목표일 수 있다. 통계청 자료에 따르면, 자녀 교육비와 결혼 비용은 한국 가정에서 가장 큰 재정적 부담 중 하나로 나타나고 있다. 자녀 지원 자금은 자녀의 교육비, 결혼 자금, 주택 마련 지원 등 다양한 형태로 준비될 수 있다. 이를 위해 은퇴 전까지 자녀의 필요를 고려하여 자금을 마련하는 것이 필요하다. 자녀 지원 자금을 마련할 때는 자녀의 성장 주기와 필요를 고려하여 적절한 자금 규모를 설정해야 한다. 이를 위해 자녀의 교육 계획, 결혼 계획 등을 사전에 파악하고, 이에 맞춰 자금을 준비하는 것이 중요하다. 자녀 지원 자금은 자녀와의 관계 유지에 기여하며, 자녀의 독립을 지원하는 중요한 역할을 한다. 또한, 자녀 지원 자금은 부모와 자녀 간의 유대감을 강화하고, 은퇴 후에도 가족 간의 관계를 지속할 수 있도록 도와준다.

### (7) 자기계발 및 여가 자금

자기계발 및 여가 자금은 은퇴 후에도 개인의 발전과 여가 생활을 즐기기 위한 자금이다. 이는 새로운 기술을 배우거나, 취미를 개발하거나, 새로운 경험을 쌓는 등의 활동에 사용된다. 자기계발과 여가는 은퇴 후 삶의 질을 높이고, 새로운 기회를 탐색할 수 있는 기반을 마련해 준다. 통계청의 자료에 따르면, 은퇴 후 여가 활동 참여는 노인의 정신 건강과 삶의 만족도에 긍정적인 영향을 미친다. 자기계발 및 여가 자금을 마련할 때는 관심 있는 분야나 배우고자 하는 내용을 미리 계획하고, 이에 맞춰 자금을 준비하는 것이 중요하다. 예를 들어, 온라인 강좌, 워크숍, 세미나 등 다양한 학습 기회를 통해 자기계발을 지속할 수 있다. 자기계발 및 여가 자금은 은퇴 후에도 지속적인 성장을 가능하게 하며, 개인의 만족도와 성취감을 높이는 데 기여한다. 또한, 자기계발과 여가는 사회적 관계를 확장하고 새로운 경험을 통해 삶의 활력을 불어넣는 중요한 요소가 된다.

### (8) 자선 및 사회 기여 자금

자선 및 사회 기여 자금은 은퇴 후에도 사회에 기여하고자 하는 욕구를 충족하기 위한 자금이다. 은퇴 후에는 개인의 경제적 여유를 활용하여 사회에 기여할 기회가 많아진다. 한국의 사회복지시설협회 자료에 따르면, 은퇴 후 자선 활동은 개인의 삶의 가치를 높이고, 사회적 유대감을 강화하는 데 긍정적인 영향을 미친다. 자선 및 사회 기여 자금은 자선 단체에 기부하거나, 지역사회에 기여하는 데 사용될 수 있다. 자선 및 사회 기여 자금을 마련할 때는 개인의 가치관과 사회적 목표를 고려하여 적절한 자금 규모를 설정해야 한다. 이를 통해 은퇴 후에도 사회에 긍정적인 영향을 미칠 수 있으며, 개인의 삶의 가치를 높일 수 있다. 자선 및 사회 기여 자금은 은퇴 후의 삶을 더욱 의미 있게 만들며, 이를 통해 은퇴 후에도 활발한 사회생활을 영위할 수 있다. 또한, 자선 및 사회 기여 자금은 은퇴 후의 삶에 대한 만족도를 높이고, 심리적 안정을 제공하는 중요한 역할을 한다.

### (9) 법률 및 행정 자금

　법률 및 행정 자금은 은퇴 후 발생할 수 있는 법적 문제나 행정 처리에 필요한 자금이다. 은퇴 후에는 상속, 유산 분배, 연금 수령 등 다양한 법률적, 행정적 상황이 발생할 수 있다. 이를 대비하기 위해 법률 및 행정 자금을 마련하고, 필요한 법률 서비스를 받을 수 있도록 준비해야 한다. 법률 및 행정 자금을 마련할 때는 예상되는 법률적 상황을 고려하여 적절한 자금 규모를 설정해야 한다. 법률 행정 처리에 대한 공공기관 통계에 따르면, 은퇴 후의 법적 문제 처리는 개인의 재정 상태와 정신적 안정을 크게 좌우할 수 있다. 이를 위해 변호사나 법률 전문가의 조언을 구하고, 필요한 법률 서비스를 받을 수 있도록 준비하는 것이 중요하다. 법률 및 행정 자금은 은퇴 후의 법률적 문제를 원활하게 해결할 수 있도록 도와주며, 이를 통해 은퇴 후의 삶을 더 안정적으로 영위할 수 있다. 또한, 법률 및 행정 자금은 은퇴 후의 법률적 문제를 예방하고, 심리적 안정을 제공하는 데 기여한다.

### (10) 긴급 보수 및 수리 자금

　긴급 보수 및 수리 자금은 은퇴 후 예상치 못한 주택이나 차량의 수리 비용을 대비하기 위한 자금이다. 한국의 주택 유지 비용과 차량 유지 비용은 계속 증가하고 있으며, 갑작스러운 수리비가 발생할 수 있다. 긴급 보수 및 수리 자금은 주택의 보수, 차량의 수리, 가전제품의 고장 등 예기치 못한 상황에 대비하기 위한 자금이다. 이를 마련할 때는 주택과 차량의 노후화 상태를 고려하여 적절한 자금 규모를 설정해야 한다. 긴급 보수 및 수리 자금은 갑작스러운 유지보수 비용으로 인한 재정적 부담을 줄이고, 생활의 연속성을 보장하는 데 기여한다. 이를 통해 은퇴 후에도 안정적이고 편리한 생활을 영위할 수 있다.

이와 같은 목돈 수요를 철저히 준비하는 것은 은퇴 후의 안정적인 생활을 보장하는 데 필수적이다. 각 자금 항목의 필요성과 준비 방법을 이해하고, 이에 맞춰 철저히 준비함으로써 은퇴 후에도 안정적이고 만족스러운 생활을 영위할 수 있다. 이를 통해 독자들은 재정적 안정성을 확보하고, 은퇴 후에도 활기차고 만족스러운 삶을 살 수 있을 것이다.

## 3. 은퇴 후 목적 자금의 우선순위를 정하라

### (1) 우선순위의 중요성

은퇴 후 목적 자금의 우선순위를 정하는 것은 재무설계의 핵심 중 하나다. 특히 한국의 은퇴 전환기에 있는 사람들에게는 이러한 우선순위가 안정된 노후를 보장하는 데 필수적이다. 사람마다 은퇴 후의 삶에 대한 기대와 필요가 다르기 때문에, 우선순위를 제대로 설정하지 않으면 자금이 필요한 순간에 준비되지 않을 수 있다. 우선순위를 정하는 이유는 자금의 효율적인 분배를 통해 은퇴 후 예상치 못한 경제적 어려움을 방지하기 위함이다. 목적 자금의 우선순위를 설정함으로써 자원을 최적화하고, 긴급 상황에 대비할 수 있는 재정적 여유를 마련할 수 있다. 특히, 한국의 경제 상황과 평균수명을 고려할 때, 철저한 준비는 더더욱 필수적이다. 우선순위 설정은 단순히 재정적인 요소를 넘어서, 삶의 질과 직접 연결된다. 따라서 우선순위 설정은 재무적 안정과 정신적 안정을 동시에 추구하는 전략이 되어야 한다. 이를 통해 독자는 자신만의 재정 로드맵을 구축할 수 있다. 예를 들어, 한 부부가 은퇴 후 여행을 우선순위로 삼았다가 건강 문제로 인해 의료비가 급증하면서 계획을 변경해야 했던 사례는 우선순위 설정의 유연성의 중요성을 보여준다. 이러한 전략적 접근은 은퇴 생활을 더욱 풍요롭게 만들며, 예상치 못한 변화에도 적응할 기회를 제공한다.

### (2) 자금 우선순위 설정 방법

목적 자금의 우선순위를 설정하는 데에는 체계적인 접근이 필요하다. 개인의 목표와 상황에 맞게 설정된 우선순위는 재정적 자원의 효율적인 활용을 가능하게 한다. 우선, 자신의 가치관과 생활 목표를 명확히 파악하는 것이 중요하다. 예를 들어, 건강이 최우선인 사람이라면 의료비와 관련된 자금을 가장 먼저 마련해야 할 것이다. 이처럼 우선순위는 개인의 상황과 목표에 따라 달라질 수밖에 없다. 다음으로, 현재의 자산 및 부채 상태를 면밀하게 분석해야 한다. 이는 재정 상태를 정확히 파악하고, 자금을 어떻게 분배할지를 결정하는 데 핵심적인 역할을 한다. 실질적인 팁으로는, 엑셀과 같은 스프레드시트를 활용하여 자산, 부채, 그리고 예상되는 지출을 정리하는 것을 추천한다. 또한, 우선순위 설정에는 재정적 목표뿐만 아니라 심리적 만족도 역시 고려해야 한다. 예를 들어, 자녀 결혼이나 교육을 지원하는 것을 우선시한다면, 그에 맞춰 자금을 배분해야 한다. 자금 우선순위를 설정하는 방법은 일회성 이벤트가 아닌 지속적인 과정이다. 매년 자신의 재정 상태와 목표를 재평가하고 조정함으로써, 변화하는 상황에 유연하게 대응할 수 있다. 이러한 과정에서 전문가의 조언을 받거나 관련 세미나에 참여하는 것도 도움이 될 수 있다.

### (3) 필수 자금과 필요 자금을 구분하여 우선순위를 정하는 전략

은퇴 후 필요한 자금은 크게 필수 자금과 필요 자금으로 구분할 수 있다. 필수 자금은 생존과 직결된 생활비, 의료비, 주거비와 같이 반드시 마련해야 하는 자금이다. 반면, 필요 자금은 개인의 삶의 질을 높이기 위한 여행비, 취미 활동비 등 상대적으로 유연하게 조정할 수 있는 자금을 말한다. 우선순위를 정할 때, 필수 자금을 우선 확보하는 것이 중요하다. 예를 들어, 한국의 평균 의료비 증가율과 노인 생활비 증가 추이를 고려하여 의료비와 생활비를 최우선으로 배정해야 한다. 이를 위한 전략으로는 먼저 필수 자금을 확보하고, 남은 자금으로 필요 자금을 충당하는 방법을 사용할 수 있다. 이러한 전략은 예산을 효율적으로 배분할 수 있게 도와준다. 또한, 필수 자금을 확보한 후에는 필요 자금의 우선순위를 설정해야 한다. 여기서 중요한 것은 개인의 가치관과 삶의 목표에 맞춰 필요 자금의 비중을 조정하는 것이다. 예를 들어, 은퇴 후 세계 여행을 계획 중이라면 여행비를 필요 자금 중 우선순위로 설정할 수 있다. 이러한 전략은 자금 사용의 효율성을 높이고, 예기치 못한 상황에서도 유연하게 대응할 수 있게 해준다.

**(4) 우선순위 조정 및 재평가**

우선순위는 고정된 것이 아니라, 개인의 상황 변화에 따라 유연하게 조정되어야 한다. 경제 상황의 변화, 개인 건강의 변화, 가족 구성원의 변화 등 다양한 요인들이 우선순위에 영향을 미칠 수 있다. 이러한 상황 변화에 따라 우선순위를 조정하고 재평가하는 것은 은퇴 후 재정계획의 핵심 요소다. 먼저, 정기적으로 재무 상태를 검토하고, 필요에 따라 우선순위를 조정하는 것이 중요하다. 예를 들어, 예상치 못한 의료비 지출이 발생했다면, 다른 필요 자금 항목에서 비용을 절감하여 의료비에 할당할 수 있도록 해야 한다. 이를 위해서는 매년 자신의 재정 상태와 우선순위를 평가하는 것이 필요하다. 이를 위한 방법으로는 전문가와의 상담이나 재정계획 워크숍에 참여하는 것도 도움이 될 수 있다. 또한, 재정계획을 세울 때는 다양한 시나리오를 고려하여 각 상황에 대비할 수 있도록 준비해야 한다. 예를 들어, 경기 침체나 인플레이션과 같은 경제적 요인을 고려한 시나리오를 설정하고, 이에 맞춰 자금 계획을 조정하는 것이 필요하다. 이러한 재평가 과정은 개인의 재정계획을 더 현실적이고 실행 가능하게 만들어 준다. 마지막으로, 가족과의 소통도 중요한 요소다. 가족 구성원의 의견을 반영하여 재정계획을 수정하고, 이를 통해 가족 모두가 만족할 수 있는 은퇴 생활을 설계할 수 있다.

이렇게 체계적으로 우선순위를 설정하고 조정해 나가는 과정은, 은퇴 후 안정적인 생활을 보장하는 데 있어 필수적인 단계이다. 은퇴 후에도 꾸준히 자산을 관리하고, 상황에 맞춰 계획을 조정해 나가는 자세가 중요하다. 독자들은 이러한 방법론을 통해 더욱 명확하고 안정적인 재정계획을 수립할 수 있을 것이다.

## 4. 은퇴 후 목적 자금의 크기를 예측하라

은퇴 후 목적 자금을 얼마나 준비해야 하는지 예측하는 것은 은퇴 설계의 핵심 과제다. 개인마다 삶의 목표와 상황이 다르기 때문에, 각자의 필요에 맞춘 예측이 필수적이다. 이는 단순한 계산을 넘어서, 다양한 시나리오를 기반으로 한 예측이 필요하다. 이번에는 은퇴 후 목적 자금을 예측하는 방법과 그 중요성을 살펴보고, 실질적인 계획 수립을 위한 가이드를 제공한다.

### (1) 목적 자금 예측의 필요성

목적 자금 예측은 은퇴 후 재정적 안정을 위한 필수적인 단계다. 은퇴 후의 삶은 예상치 못한 변수로 가득하며, 이에 대비하기 위한 철저한 자금 계획이 필요하다. 정확한 자금 예측은 은퇴 후 예상되는 지출을 미리 파악하고, 이를 기반으로 자산을 적절히 배분할 수 있도록 한다. 예를 들어, 예상하지 못한 의료비나 주거비의 급등은 준비되지 않은 상황에서 큰 재정적 위기로 작용할 수 있다. 따라서, 목적 자금을 예측함으로써 이러한 상황에 대비할 수 있는 여유를 마련할 수 있다. 한국의 평균수명과 인구 고령화 추세를 감안할 때, 은퇴 후에도 일정 수준의 생활을 유지하기 위한 자금 예측은 더욱 중요해지고 있다. 이는 단순히 생존을 위한 자금을 넘어, 삶의 질을 유지하고 자신이 원하는 삶을 영위하기 위한 기반을 마련하는 데 필수적이다. 따라서 목적 자금 예측은 개인의 은퇴 후 계획을 구체화하고, 이를 통해 안정적인 재정 상태를 유지하는 데 중추적인 역할을 한다.

### (2) 정확한 자금 예측을 통한 계획 수립의 중요성

정확한 자금 예측은 성공적인 은퇴계획 수립의 핵심이다. 자금 예측이 정확할수록 은퇴 후의 재정적 불안정성을 줄일 수 있으며, 삶의 질을 높이는 데 기여한다. 예측된 자금은 은퇴 후 필요한 자금을 확보하고, 이에 따른 자산 운용 전략을 세우는 데 기초가 된다. 예를 들어, 은퇴 후 자녀의 결혼이나 교육 지원, 개인적인 목표 실현 등을 위해 필요한 자금을 명확히 파악하면, 불필요한 지출을 줄이고 목표 달성을 위한 자금 운용을 최적화할 수 있다. 이러한 예측은 단순한 숫자의 계산을 넘어, 다양한 시나리오를 통해 여러 변수를 고려한 계획 수립을 가능하게 한다. 특히, 경제적 상황, 건강 상태, 가족 구성원의 변화 등을 예측에 반영함으로써 더 현실적이고 효과적인 자금 계획을 세울 수 있다. 또한, 정확한 자금 예측을 통해 장기적인 재정계획을 세우고, 필요할 경우 조정하여 변화하는 상황에 유연하게 대처할 수 있다. 이는 예측된 자금을 기반으로 한 자산 포트폴리오 구성, 리스크 관리, 투자 전략 수립 등에 중요한 역할을 하며, 안정적이고 지속 가능한 은퇴 생활을 보장하는 데 필수적이다.

### (3) 시나리오 기반의 예측 방법

시나리오 기반의 예측은 다양한 가능성을 고려하여 더 정확한 자금 예측을 할 수 있도록 도와준다. 이를 위해 12가지 질문법을 통해 개인의 삶과 상황에 맞는 목적 자금을 예측하는 방법을 제시한다. 이 질문들은 각자의 은퇴 후 삶을 구체적으로 상상하고, 그에 따른 재정적 필요를 파악하는 데 도움을 준다.

### 1) 현재의 생활 수준을 유지하려면 얼마가 필요한가?

이는 은퇴 후 기본적인 생활비를 산정하는 데 중요한 질문이다. 생활비는 주거비, 식비, 공과금, 교통비 등을 포함하며, 현재의 생활 수준을 유지하는 데 필요한 자금 규모를 파악하는 것이 중요하다.

### 2) 은퇴 후 예상되는 의료비는 얼마인가?

은퇴 후 건강관리 비용은 예상치 못한 의료비를 포함하며, 개인의 건강 상태와 가족력을 고려한 예측이 필요하다. 특히 만성질환이나 노인성 질환의 발생 가능성을 고려하여 자금을 준비해야 한다.

### 3) 주거 비용은 어떻게 변화할 것인가?

주거 안정 자금을 예측하기 위해 현재 주거 상황과 향후 계획을 고려한다. 주택 유지비, 임대료, 주택 구입 비용 등을 포함하여 주거 비용을 산정한다.

### 4) 부채 상환 계획은 어떻게 수립할 것인가?

은퇴 전 부채 상환 계획을 수립하고, 은퇴 후 부채가 없는 상태를 유지하기 위한 자금 예측이 필요하다. 이자 비용과 상환 기간을 고려하여 계획을 세운다.

### 5) 자녀에게 지원할 자금은 얼마나 필요한가?

자녀의 결혼, 교육, 주택 마련 등을 위한 자금을 예측한다. 자녀의 성장 주기와 필요를 고려하여 자금 규모를 설정한다.

**6) 여행 및 취미 활동을 위한 자금은 얼마나 필요한가?**

은퇴 후 여가 생활을 즐기기 위한 자금을 예측한다. 여행 비용, 취미 활동비 등을 포함하여 여가 생활을 위한 자금을 산정한다.

**7) 자기계발을 위한 비용은 어떻게 계획할 것인가?**

은퇴 후 새로운 기술을 배우거나 취미를 개발하기 위한 자금을 예측한다. 교육비, 강좌 수강료 등을 포함하여 계획을 세운다.

**8) 자선 및 사회 기여 활동을 위한 자금은 얼마나 필요한가?**

은퇴 후 사회에 기여하기 위한 자금을 예측한다. 기부금, 자원봉사 활동비 등을 포함하여 자금을 산정한다.

**9) 법률 및 행정 처리에 필요한 비용은 얼마인가?**

은퇴 후 발생할 수 있는 법적 문제나 행정 처리에 필요한 자금을 예측한다. 변호사 비용, 행정 처리 비용 등을 고려하여 계획을 세운다.

**10) 경제 상황 변화에 대비한 자금은 어떻게 마련할 것인가?**

경제 상황의 변동성에 대비한 자금을 예측한다. 인플레이션, 금리 변동 등을 고려하여 자산을 재조정할 필요가 있다.

**11) 가족 구성원의 변화에 따른 자금은 어떻게 준비할 것인가?**

가족 구성원의 건강 상태나 생활 변화에 따른 자금을 예측한다. 부모나 배우자의 건강 변화, 가족 구성원의 출산 등 다양한 상황을 고려한다.

**12) 은퇴 후 발생할 수 있는 기타 예상치 못한 상황에 대비한 자금은 어떻게 준비할 것인가?**

예상치 못한 사건에 대비한 자금을 예측한다. 긴급 상황에 대비한 예비 자금을 마련하여 갑작스러운 재정적 부담을 완화한다.

**(4) 다양한 시나리오를 통한 자금 필요 규모 예측 방법**

시나리오 기반의 예측은 다양한 상황을 고려하여 자금 필요 규모를 파악하는 방법이다. 이는 경제적 상황, 개인의 건강 상태, 가족 구성원 변화 등의 변수를 반영하여 더욱 정확한 예측을 가능하게 한다. 예를 들어, 경제 불황이나 인플레이션이 계속될 경우를 가정하여 자산의 가치를 보호하기 위한 전략을 수립할 수 있다. 또한, 건강 상태의 변화나 가족 구성원의 증가에 따른 지출 증가를 예측하여 자금을 준비할 수 있다. 이러한 다양한 시나리오는 개인의 상황에 맞춘 맞춤형 예측을 가능하게 하며, 불확실한 미래에 대비하는 데 중요한 역할을 한다. 이를 통해 은퇴 후에도 안정적이고 만족스러운 생활을 유지할 수 있도록 돕는다.

시나리오는 경제 상황, 개인 건강, 가족 상황 등을 종합적으로 고려하여 작성한다. 먼저, 경제 상황은 인플레이션, 금리 변동, 주식시장 변동성 등을 포함한다. 이러한 경제적 변수를 반영하여 자산 운용 전략을 수립하고, 자산 포트폴리오를 조정할 필요가 있다. 개인 건강 상태는 건강관리 비용을 예측하는 데 중요한 요소로, 만성질환 발생 가능성, 건강 상태의 변화 등을 고려하여 예측한다. 가족 상황은 가족 구성원의 변화, 자녀의 성장 주기, 부모의 건강 상태 등을 포함한다. 이러한 다양한 요소를 고려하여 시나리오를 작성하고, 각 시나리오에 맞는 자금 계획을 수립한다.

**(5) 예측 결과 분석 및 활용**

예측 결과를 분석하여 실질적인 계획을 수립하는 것은 매우 중요하다. 예측 결과를 바탕으로 항목별로 필요한 자금을 명확히 파악하고, 이에 맞춰 자산을 배분한다. 예를 들어, 건강관리 자금이 예상보다 높게 예측된 경우, 의료비 지출을 줄일수 있는 방법을 모색하거나 추가적인 건강보험 가입을 고려할 수 있다. 주거 안정 자금이 부족할 것으로 예상되는 경우, 주거지를 이전하거나 주택 크기를 조정하는 등의 방법을 통해 주거비를 절감할 수 있다. 또한, 예측 결과를 정기적으로 검토하고, 필요할 경우 계획을 조정하여 변화하는 상황에 유연하게 대응할 수 있어야 한다. 이러한 과정을 통해 예측 결과를 실질적인 계획에 반영하고, 이를 기반으로 안정적인 은퇴 생활을 영위할 수 있다.

이와 같은 시나리오 기반의 예측은 은퇴 후의 재정적 안정을 보장하고, 삶의 질을 높이는 데 중요한 역할을 한다. 각자의 상황에 맞는 맞춤형 예측을 통해 불확실한 미래에 대비하고, 원하는 삶을 실현할 수 있도록 준비하는 것이 중요하다. 이를 통해 독자들은 재정적 안정성을 확보하고, 은퇴 후에도 활기차고 만족스러운 삶을 살 수 있을 것이다.

# 5. 은퇴 후 목적 자금의 크기를 줄이는 현명한 방법 10가지

은퇴를 준비하는 데 있어서 목적 자금의 크기를 줄이는 것은 매우 중요한 과제다. 은퇴 후에는 소득원이 제한적이기 때문에, 자금을 효율적으로 관리하고 절감할 방법을 모색하는 것이 필수적이다. 다음에서는 은퇴 후 목적 자금을 줄일 수 있는 10가지 현명한 방법을 제시하여, 독자들이 더 안정적이고 풍요로운 은퇴 생활을 영위할 수 있도록 돕고자 한다.

### (1) 자금 절감의 필요성

은퇴 후의 삶은 예상치 못한 지출과 제한된 수입으로 인해 재정적 부담이 클 수 있다. 따라서 자금 절감은 필수적인 과정이다. 특히 한국의 고령화 사회에서는 은퇴 후 재정적 안정을 확보하기 위한 자금 절감의 필요성이 더욱 강조되고 있다. 국민연금과 개인연금만으로는 생활비를 충당하기에 부족할 수 있어, 더 효율적인 자금 관리를 통해 재정적 여유를 확보해야 한다. 자금을 절감함으로써 남은 자금을 더 효과적으로 활용할 수 있으며, 이는 은퇴 후 삶의 질을 높이는 데 기여한다. 또한, 자금 절감은 미래의 불확실성에 대비하는 방법이기도 하다. 예상치 못한 의료비나 주거비 상승, 경제적 위기 등 다양한 변수를 고려하여, 자금 절감 전략을 통해 안정적인 재정 상태를 유지할 수 있다. 따라서 자금 절감은 단순히 비용을 줄이는 것을 넘어, 은퇴 후 삶을 더 안정적이고 만족스럽게 만들어주는 중요한 과정이다.

**(2) 효율적인 자금 관리를 통한 절감의 중요성**

효율적인 자금 관리는 은퇴 후 자금 절감을 가능하게 하는 핵심 요소다. 정확한 예산관리와 지출의 우선순위를 설정함으로써 불필요한 지출을 줄이고, 필요한 부분에 자금을 집중할 수 있다. 이는 자산의 낭비를 방지하고, 더 가치 있는 곳에 투자할 수 있도록 해준다. 특히, 은퇴 후에는 소득원이 제한적이기 때문에, 효율적인 자금 관리가 필수적이다. 자산의 효율적 관리와 투자를 통해 추가적인 수익을 창출할 수 있으며, 이는 은퇴 후 생활의 질을 높이는 데 기여한다. 또한, 효율적인 자금 관리는 장기적인 재정계획을 세우는 데 도움을 주며, 변화하는 경제 환경에 유연하게 대응할 수 있도록 해준다. 따라서, 효율적인 자금 관리를 통한 자금 절감은 은퇴 후 안정적인 재정 상태를 유지하는 데 필수적인 요소다.

**(3) 현명한 자금 절감 방법 10가지**

**1) 생활비 절감**

생활비 절감은 은퇴 후 자금 절감의 가장 기본적인 방법이다. 생활비를 줄이는 것은 소소한 비용부터 시작하여, 큰 비용 절감으로 이어질 수 있다. 예를 들어, 전기 사용량을 줄이기 위해 효율적인 전자제품을 사용하고, 공과금을 절감하기 위해 자원 절약을 실천할 수 있다. 또한, 식비 절감을 위해 외식을 줄이고, 할인 쿠폰이나 프로모션을 적극 활용하는 것도 좋은 방법이다. 이를 통해 생활비를 줄일 수 있으며, 절감된 자금은 다른 필요한 곳에 사용할 수 있다.

### 2) 의료비 절감

의료비는 은퇴 후 예상치 못한 큰 지출이 될 수 있다. 이를 줄이기 위해서는 예방적 건강관리를 통해 건강 상태를 유지하는 것이 중요하다. 정기적인 건강검진을 통해 질병을 조기에 발견하고, 건강한 생활 습관을 유지함으로써 질병 발생을 예방할 수 있다. 또한, 건강보험의 보장 범위를 충분히 확인하고, 필요에 따라 추가적인 보험 가입을 고려하여 의료비 부담을 줄일 수 있다.

### 3) 세금 절감

세금 절감은 자금을 효율적으로 관리하는 데 있어 중요한 요소다. 한국의 세법을 잘 이해하고, 세금 공제 혜택을 최대한 활용하는 것이 필요하다. 예를 들어, 연금저축이나 IRP 계좌를 통해 세제 혜택을 받을 수 있으며, 이를 통해 절세 효과를 누릴 수 있다. 또한, 자산관리에서 발생하는 세금 부담을 최소화하기 위해 전문적인 세무 상담을 받는 것도 고려할 만하다.

### 4) 주거 비용 최적화

주거 비용은 은퇴 후 큰 부담이 될 수 있다. 이를 최적화하기 위해 주거지를 변경하거나, 주택 크기를 조정하는 것을 고려할 수 있다. 예를 들어, 현재의 주택을 임대하고, 더 저렴한 지역으로 이전하는 것도 한 방법이다. 또한, 주택 유지보수 비용을 줄이기 위해 에너지 효율을 높이고, 불필요한 공간을 줄이는 등의 방법을 활용할 수 있다.

### 5) 보험료 조정

보험료는 장기적으로 큰 지출이 될 수 있다. 보험상품을 주기적으로 검토하고, 필요하지 않은 보장 항목을 줄이거나, 보험료가 저렴한 다른 상품으로 변경하는 것을 고려할 수 있다. 또한, 가족 구성원의 건강 상태나 생활 변화에 맞춰 보험 내용을 조정하는 것도 중요하다. 이를 통해 보험료를 절감하고, 더 효과적인 보험 관리를 할 수 있다.

### 6) 대출 상환 계획 재조정

대출 상환 계획을 재조정함으로써 이자 비용을 줄이고, 재정적 여유를 확보할 수 있다. 대출 상환 기간을 단축하거나, 이자율이 낮은 대출 상품으로 재융자를 고려할 수 있다. 또한, 불필요한 대출을 조기에 상환함으로써 장기적인 이자 부담을 줄일 수 있다. 이러한 방법을 통해 대출 관리 비용을 절감할 수 있다.

### 7) 취미 활동 비용 관리

은퇴 후 여가 생활을 즐기는 것도 중요하지만, 취미 활동 비용을 효율적으로 관리하는 것이 필요하다. 취미 활동에 필요한 비용을 미리 예산에 반영하고, 저렴한 대안을 찾는 것이 중요하다. 예를 들어, 무료로 제공되는 지역사회 프로그램이나 할인 혜택을 활용하여 취미생활을 즐길 수 있다. 이를 통해 취미 활동 비용을 절감할 수 있다.

### 8) 효율적 소비 습관 형성

효율적인 소비 습관을 형성함으로써 불필요한 지출을 줄이고, 자금을 절감할 수 있다. 소비를 계획적으로 관리하고, 구매 전 가격 비교를 통해 합리적인 소비를 실천할 수 있다. 또한, 필요하지 않은 물품이나 서비스를 구매하지 않도록 주의하고, 저축을 습관화함으로써 장기적인 자산관리에 기여할 수 있다.

### 9) 자산 유동화 계획

자산을 유동화함으로써 필요한 자금을 확보할 수 있다. 예를 들어, 부동산이나 주식 등의 자산을 적절한 시기에 매각하거나, 임대 수익을 창출할 방법을 고려할 수 있다. 이를 통해 필요한 자금을 확보하고, 자산을 효율적으로 관리할 수 있다. 자산 유동화는 재정적 유연성을 높이는 데 기여하며, 예상치 못한 지출에 대비할 수 있는 자금을 제공한다.

### 10) 경제적 지원 활용

정부나 지역사회에서 제공하는 경제적 지원 프로그램을 활용함으로써 자금을 절감할 수 있다. 예를 들어, 노인을 위한 복지 혜택이나 의료 지원 프로그램을 활용할 수 있다. 이러한 프로그램은 생활비나 의료비 부담을 줄이는 데 도움을 줄 수 있으며, 은퇴 후 재정적 안정을 높이는 데 기여한다.

### (4) 효과적 실행을 위한 체계적인 계획과 실행 전략

첫째, 예산을 정확히 설정하고, 지출을 주기적으로 검토하여 절감 목표를 명확히 한다. 둘째, 절감 방법을 실행하는 데 필요한 정보를 수집하고, 전문가의 조언을 받는 것도 중요하다. 예를 들어, 세금 절감이나 보험료 조정과 관련하여 전문가의 상담을 통해 더 효과적인 절감 전략을 마련할 수 있다. 셋째, 가족과의 협력을 통해 지출 관리에 대한 의사결정을 공유하고, 절감 목표를 달성하기 위한 공동의 노력을 기울인다. 마지막으로, 절감 목표를 달성하기 위해 정기적으로 계획을 점검하고, 필요에 따라 계획을 조정하여 변화하는 상황에 유연하게 대응한다. 이러한 과정을 통해 절감 전략을 효과적으로 실행하고, 은퇴 후에도 안정적이고 만족스러운 생활을 영위할 수 있다.

이와 같은 자금 절감 방법은 은퇴 후의 재정적 안정을 보장하고, 삶의 질을 높이는 데 중요한 역할을 한다. 각자의 상황에 맞는 맞춤형 절감 전략을 통해 불확실한 미래에 대비하고, 원하는 삶을 실현할 수 있도록 준비하는 것이 중요하다. 이를 통해 독자들은 재정적 안정성을 확보하고, 은퇴 후에도 활기차고 만족스러운 삶을 살 수 있을 것이다.

## 6. 은퇴 후 목돈 수요 계획의 중요성

### (1) 모으는 것보다는 줄이는 것이 낫다

은퇴 후 재정계획을 세울 때 가장 중요한 것은 단순히 자금을 모으는 것보다는 어떻게 효과적으로 지출을 줄일 수 있는지에 초점을 맞추는 것이다. 이는 단순히 비용을 절감하는 것을 넘어, 실질적인 재정 안정을 가져올 방법이다. 실제로 많은 은퇴자가 예상치 못한 지출로 인해 재정적 어려움을 겪는 경우가 많다. 이러한 상황을 피하기 위해서는 현재의 소비 습관을 점검하고 불필요한 지출을 줄이는 것이 필수적이다. 예를 들어, 생활비를 절감하기 위해 정기적으로 소비 항목을 분석하고, 저렴한 대안을 찾는 노력이 필요하다. 또한, 건강관리를 통해 의료비 지출을 줄이고, 세금 공제 혜택을 활용하여 절세하는 것도 중요하다. 이러한 절감 노력을 통해 남은 자금을 더 효과적으로 활용할 수 있으며, 이는 은퇴 후 삶의 질을 높이는 데 기여한다. 따라서, 자금을 모으는 것보다 지출을 줄이는 데 집중하는 것이 더욱 현명한 재정 전략이다.

### (2) 철저한 목적 자금 구분의 필요성: 라벨링 작업

목적 자금을 철저히 구분하여 관리하는 것은 은퇴 후 재정계획의 핵심 요소다. 여기서 중요한 것은 자금의 목표성을 명확히 하는 라벨링 작업이다. 이는 각 자금이 어떤 용도로 사용될지를 사전에 명확히 정하여, 필요할 때 정확히 활용할 수 있도록 하는 과정이다. 예를 들어, 건강관리 자금, 주거 안정 자금, 자녀 지원 자금 등으로 자금을 구분하여 라벨링하면 자금의 사용 목적이 명확해지고, 불필요한 혼란을 줄일 수 있다. 이러한 구체적인 자금 구분은 재정계획을 더 체계적으로 관리하는 데 도움을 준다. 또한, 라벨링 작업을 통해 각 자금의 중요성과 우선순위를 명확히 할 수 있으며, 이는 재정적 결정을 내릴 때 큰 도움이 된다. 따라서, 목적 자금의 구분과 라벨링 작업은 은퇴 후 재정계획의 기본이며, 이를 통해 재정적 안정을 더욱 강화할 수 있다.

### (3) 적절한 목적 자금의 분산과 우선순위의 중요성

목적 자금을 효과적으로 관리하기 위해서는 적절한 분산과 우선순위를 설정하는 것이 중요하다. 이는 자금의 안전성을 높이고, 예상치 못한 상황에 대비하는 방법이다. 예를 들어, 자금의 일부는 고위험 고수익의 투자에 할당하여 수익성을 높이고, 나머지는 안정적인 자산에 투자하여 위험을 줄이는 전략을 고려할 수 있다. 이러한 자금의 분산은 불확실한 경제 상황에서도 재정적 안정을 유지할 수 있도록 도와준다. 또한, 자금의 우선순위를 명확히 설정함으로써 가장 필요한 곳에 자금을 집중할 수 있다. 예를 들어, 건강관리 자금이나 생활 유지 자금을 우선 확보하여 기본적인 삶의 질을 보장하는 것이 중요하다. 우선순위 설정은 개인의 가치와 목표에 따라 달라질 수 있으며, 이를 명확히 파악하는 것이 필요하다. 따라서, 적절한 목적 자금의 분산과 우선순위 설정은 재정계획의 필수적인 요소이며, 이를 통해 은퇴 후의 재정적 안정을 강화할 수 있다.

### (4) 개인별 상황에 맞춘 시나리오 예측의 중요성

은퇴 후 재정계획에서 가장 중요한 것은 개인별 상황에 맞춘 시나리오 예측이다. 각 개인의 삶의 목표와 상황이 다르기 때문에, 맞춤형 계획이 필요하다. 이를 위해서는 경제 상황, 건강 상태, 가족 상황 등 다양한 변수를 고려하여 시나리오를 작성하고, 그에 따른 자금 계획을 수립하는 것이 중요하다. 예를 들어, 건강 상태가 양호한 경우와 만성질환이 있는 경우의 자금 계획은 크게 달라질 수 있다. 또한, 경제 상황의 변동성을 고려하여 자산 포트폴리오를 조정하고, 예상치 못한 상황에 대비할 수 있는 자금을 마련하는 것이 필요하다. 이러한 시나리오 기반의 계획은 개인의 삶의 목표에 맞춘 재정적 결정을 가능하게 하며, 불확실한 미래에 대비할 수 있는 여유를 제공한다. 따라서, 개인별 상황에 맞춘 시나리오 예측은 재정계획의 핵심이며, 이를 통해 더 안정적이고 만족스러운 은퇴 생활을 영위할 수 있다.

이와 같은 체계적인 은퇴 후 목돈 수요 계획은 재정적 안정을 보장하고, 은퇴 후 삶의 질을 높이는 데 중요한 역할을 한다. 각자의 상황에 맞는 맞춤형 계획을 통해 불확실한 미래에 대비하고, 원하는 삶을 실현할 수 있도록 준비하는 것이 중요하다. 이를 통해 독자들은 재정적 안정성을 확보하고, 은퇴 후에도 활기차고 만족스러운 삶을 살 수 있을 것이다.

## 키워드 14
# 국민건강보험 관리 계획

1. 우리나라 좋은 나라: 국민건강보험의 혜택
2. 국민건강보험 제대로 알기: 가입자의 종류–직장, 지역, 피부양자
3. 은퇴 후에는 피할 수 없는 지역 가입자: 얼마나 올라갈까?
4. 합법적으로 줄이는 방법

## 1. 우리나라 좋은 나라: 국민건강보험의 혜택

한국의 국민건강보험은 전 세계적으로도 높은 평가를 받는 제도다. 모든 국민이 의료 서비스를 쉽게 접근할 수 있도록 보장하며, 상대적으로 낮은 보험료로 광범위한 의료 혜택을 제공한다. 이는 한국의 은퇴자들에게 매우 중요한 혜택으로, 은퇴 후의 의료비 걱정을 상당 부분 덜어준다.

세계적으로 비교해보면, 미국과 같은 선진국에서도 의료보험이 없으면 의료비 부담이 매우 크다. 예를 들어, 미국에서는 간단한 응급실 방문조차 수백 달러에서 수천 달러까지 비용이 발생할 수 있다. 반면, 한국에서는 국민건강보험 덕분에 대다수의 의료비를 보험으로 처리할 수 있어 경제적 부담이 크게 줄어든다.

최근 자료에 따르면, 한국의 국민건강보험 보장성은 지속해서 강화되고 있다. 2023년 기준으로 한국의 건강보험 보장률은 70%를 상회하며, 이는 OECD 평균을 웃도는 수치다. 또한, 정부는 추가적인 재정을 투입하여 희귀질환 및 중증질환에 대한 보장을 확대하고 있다. 이러한 노력 덕분에 한국 국민은 상대적으로 저렴한 비용으로 높은 수준의 의료 서비스를 누릴 수 있다.

반면, 현재 국민건강보험과 노인장기요양보험의 재정 상황은 매우 우려스러운 상태다. 주요 이유는 인구 고령화와 의료비 증가로 인해 지출이 급증하고 있는 반면, 수입은 상대적으로 더디게 증가하고 있기 때문으로 분석되고 있다. 국회예산정책처에 따르면, 현행 보험료율 인상 수준이 유지될 경우 국민건강보험의 재정수지는 2024년부터 적자로 전환될 것으로 예상되며, 2028년에는 누적 준비금이 완전히 고갈될 것으로 예상되고 있다. 이는 국민의 의료 서비스 이용이 증가하고 의료비가 상승하는 반면, 보험료율 인상이 충분히 이루어지지 않기 때문이다. 만약 정부가 국고지원을 법정 지원 수준으로 상향하지 않으면, 준비금 소진 시점을 연기하기 어려울 것이라는 분석도 있다. 실제로 재정수지 균형을 위해서는 보험료율을 8.93%에서 10.06% 수준까지 인상해야 하지만, 정부는 국민 경제 여건을 고려하여 7.09% 수준으로 동결한 상황이다.

노인장기요양보험 역시 비슷한 문제를 겪고 있다. 현행 보험료율 인상 수준이 유지된다면, 2026년에 재정수지가 적자로 전환되고, 2031년에는 누적 준비금이 소진될 것으로 예상된다. 이는 노인 인구가 증가함에 따라 장기 요양 서비스에 대한 수요가 급증하기 때문이다. 국회예산정책처는 노인장기요양보험의 재정수지 적자 시점을 연기하기 위해서는 국고 지원율을 높이는 방안이 필요하다고 강조하고 있다. 예를 들어, 보험급여 예상 지출액의 20%를 국고에서 지원할 경우, 적자 전환 시점을 3년 연기할 수 있으며, 30%를 지원하면 6년을 연기할 수 있다.

국민건강보험과 노인장기요양보험의 재정 문제는 단기적으로 해결하기 어려운 복합적인 문제를 포함하고 있다. 보험료율 인상, 국고지원 확대, 그리고 의료비 절감을 위한 다양한 정책적 노력이 필요하며, 이는 국민의 합의를 바탕으로 한 장기적인 접근이 필요하다.

어쨌든, 우리는 국민건강보험의 혜택을 최대한 활용해야 한다. 그러기 위해서는 몇 가지 전략이 필요하다. 첫째, 정기적인 건강검진을 통해 질병을 조기 발견하고 예방하는 것이 중요하다. 건강보험에서는 대부분의 건강검진 비용을 지원하므로 이를 적극적으로 활용해야 한다. 둘째, 비과세 금융상품을 활용하여 종합소득세 과세 대상을 줄이면 건강보험료 부담도 줄일 수 있다. 셋째, 은퇴 후에도 일정 기간 직장 가입자 자격을 유지할 수 있는 임의계속가입제도를 활용하면 보험료를 절약할 수 있다.

또한, 한국의 국민건강보험은 은퇴 후의 재정계획에서 중요한 역할을 한다. 은퇴자들은 고정수입이 줄어드는 만큼, 의료비와 같은 예상치 못한 지출을 대비해야 한다. 국민건강보험을 잘 활용하면 이러한 불확실성을 줄이고, 더 안정적인 은퇴 생활을 영위할 수 있다. 특히, 해외 장기 체류 시 보험료 면제제도나 농어업인 보험료 지원제도와 같은 다양한 혜택을 놓치지 말아야 한다. 종합적으로 볼 때, 한국의 국민건강보험은 은퇴 후 재정 설계에서 빼놓을 수 없는 요소다. 글로벌 비교에서도 탁월한 성과를 보여주고 있으며, 이를 잘 활용하면 은퇴 후의 삶을 더욱 안정적으로 만들 수 있다. 지금부터 국민건강보험의 혜택을 정확히 이해하고, 이를 바탕으로 철저한 재정계획을 세우는 것이 중요하다. 이러한 준비가 장기적인 안정을 가져다 줄 것이다.

## 2. 국민건강보험 제대로 알기:
### 가입자의 종류-직장, 지역, 피부양자

국민건강보험 가입자는 크게 세 가지로 나뉜다. 직장 가입자, 지역 가입자, 그리고 피부양자다. 각 유형의 가입자마다 보험료 산정 방식과 혜택이 다르므로, 은퇴 후 재정계획을 세울 때 이를 잘 이해하는 것이 중요하다.

먼저, 직장 가입자에 대해 알아보자. 직장 가입자는 근로소득에 따라 보험료가 결정되며, 회사와 함께 보험료를 부담한다. 이는 근로소득의 일정 비율을 기준으로 산정되며, 회사와 본인이 절반씩 부담하게 된다. 예를 들어, 월 급여가 400만 원인 경우, 대략 3.2%인 12만 8천 원이 보험료로 부과되며, 이 중 절반인 6만 4천 원을 회사가 부담한다. 직장 가입자의 장점은 보험료 부담이 적고, 소득에 따른 혜택이 안정적이라는 점이다.

다음으로, 지역 가입자에 대해 살펴보자. 지역 가입자는 자영업자나 은퇴자 등 근로소득이 없는 경우에 해당하며, 소득과 재산에 따라 보험료가 산정된다. 은퇴 후 대부분의 사람이 직장 가입자에서 지역 가입자로 전환되는데, 이때 보험료 부담이 갑작스럽게 증가할 수 있다. 지역 가입자의 보험료는 연간소득과 재산을 합산한 금액을 기준으로 계산되며, 소득이 없더라도 일정 금액 이상의 재산이 있다면 높은 보험료를 납부해야 할 수 있다. 따라서, 은퇴를 앞둔 사람들은 자신의 재산과 소득을 미리 점검하고 보험료 부담을 줄일 방안을 고민해야 한다.

마지막으로, 피부양자는 소득이 없는 가족 구성원으로, 주로 부모나 배우자가 해당된다. 피부양자로 등록되면 보험료를 따로 납부하지 않아도 된다. 예를 들어, 은퇴 후 소득이 없는 상태에서 자녀의 피부양자로 등록되면, 별도의 건강보험료를 내지 않아도 된다. 이는 은퇴 후 경제적 부담을 줄일 수 있는 좋은 방법이다. 하지만 피부양자 자격을 유지하기 위해서는 소득이 없어야 하고, 일정한 재산 기준을 초과하지 않아야 한다. 따라서, 피부양자 자격을 유지하기 위해 자산관리를 철저히 하는 것이 중요하다.

사례를 통해 이해를 돕고자 한다. 김 씨는 60세에 은퇴하고 직장 가입자에서 지역 가입자로 전환되었다. 은퇴 전에는 월 10만 원의 보험료를 내던 김 씨는 지역 가입자로 전환되며 월 30만 원의 보험료를 부담하게 되었다. 이에 김 씨는 소득조정신청제도를 활용하여 보험료를 낮추는 방법을 선택했다. 반면, 박 씨는 은퇴 후 소득이 없어 자녀의 피부양자로 등록하여 별도의 보험료 부담 없이 건강보험 혜택을 받을 수 있었다.

이처럼, 국민건강보험의 다양한 가입자 유형과 그에 따른 보험료 산정 방식을 잘 이해하고, 자신에게 맞는 전략을 세우는 것이 중요하다. 은퇴 후에도 안정적인 생활을 유지하기 위해, 미리 준비하고 계획하는 것이 필요하다. 최신 경제 데이터와 통계를 바탕으로 현실적인 정보를 제공받고, 이를 기반으로 철저한 재정계획을 세워야 한다. 이러한 준비가 장기적인 안정을 가져다줄 것이다.

## 3. 은퇴 후에는 피할 수 없는 지역 가입자: 얼마나 올라갈까?

은퇴 후 직장을 떠나게 되면 대부분의 경우 국민건강보험 직장 가입자에서 지역 가입자로 전환된다. 이는 많은 은퇴자에게 보험료 부담이 증가하는 중요한 전환점이 된다. 직장 가입자 시절에는 회사와 본인이 보험료를 절반씩 부담하지만, 지역 가입자로 전환되면 전액을 본인이 부담해야 하기 때문이다.

지역 가입자의 보험료는 소득뿐만 아니라 재산까지 고려하여 산정된다. 보험료 계산법은 복잡하지만, 기본적으로 연간소득과 재산을 합산하여 일정 비율을 적용하는 방식이다. 지역 가입자의 보험료는 소득 보험료와 재산 보험료의 합산 금액으로 구성된다. 소득 보험료는 사업 소득, 이자소득, 배당소득 등 모든 소득을 합산하여 계산되며, 재산 보험료는 주택, 토지, 자동차 등의 재산 가치를 기준으로 산정된다.

구체적으로 보험료 계산법을 살펴보자. 예를 들어, 연간소득이 2천만 원이고 재산이 5천만 원인 경우, 이를 기준으로 보험료가 산정된다. 소득에 대한 보험료는 연간소득 2천만 원의 일정 비율을 적용하여 계산되며, 재산에 대한 보험료는 재산 5천만 원의 일정 비율을 적용하여 계산된다. 국민건강보험공단에서는 이러한 보험료를 계산할 수 있는 다양한 계산 도구를 제공하고 있어 이를 활용하면 편리하다.

사례를 통해 구체적인 계산법을 이해해보자. 김 씨는 60세에 은퇴 후 지역 가입자로 전환되었다. 김 씨의 연간소득은 1천만 원, 재산은 3천만 원이었다. 이 경우, 연간소득 1천만 원에 대해 6.99%의 소득 보험료율을 적용하면 약 69만 9천 원이 된다. 재산 3천만 원에 대해 4.08%의 재산 보험료율을 적용하면 약 122만 4천 원이 된다. 따라서 김 씨의 연간 보험료는 소득 보험료와 재산 보험료를 합산한 약 192만 3천 원이 된다. 월로 나누면 약 16만 원 정도의 보험료를 납부하게 되는 것이다.

이와 같은 계산법은 보험료가 소득과 재산에 따라 다르게 책정되기 때문에, 은퇴 후의 재정계획에서 중요한 요소가 된다. 은퇴를 앞둔 사람들은 자신의 소득과 재산을 미리 점검하고, 보험료 부담을 줄일 방안을 고민해야 한다. 예를 들어, 비과세 금융상품을 활용하여 소득을 줄이거나, 재산을 효율적으로 관리하여 재산 가치를 낮추는 방법이 있을 수 있다.

또한, 소득 조정 신청제도나 임의계속가입제도와 같은 제도를 적극적으로 활용하면 보험료 부담을 줄일 수 있다. 소득 조정 신청제도는 소득이 급격히 감소한 경우, 국민건강보험공단에 신청하여 소득을 조정받는 제도이다. 임의계속가입제도는 직장에서 퇴직 후 일정 기간 직장 가입자 자격을 유지할 수 있는 제도로, 상대적으로 낮은 보험료를 유지할 수 있다.

최근 연구자료와 경제 데이터를 통해 이러한 계산법과 제도를 잘 이해하고, 은퇴 후의 재정계획을 철저히 세우는 것이 중요하다. 은퇴 후에도 안정적인 생활을 유지하기 위해, 국민건강보험의 다양한 제도와 혜택을 최대한 활용하는 것이 필요하다. 이러한 준비가 장기적인 안정을 가져다 줄 것이다.

## 4. 합법적으로 줄이는 방법

### (1) 피부양자 자격을 잃지 않으면 된다

은퇴 후 소득이 없는 경우, 국민건강보험료 부담을 줄이기 위해 자녀나 배우자의 피부양자로 등록할 수 있다. 피부양자 자격을 유지하면 보험료를 내지 않아도 되므로 은퇴 후의 경제적 부담을 크게 줄일 수 있다. 이를 위해 피부양자 자격 조건과 신청 방법을 상세히 알아보자.

### 1) 피부양자 자격 조건

피부양자가 되기 위해서는 몇 가지 조건을 충족해야 한다. 기본적으로 소득과 재산 요건이 있으며, 이는 다음과 같다.

① 소득 요건: 연간소득이 1,000만 원 이하이어야 한다. 여기에는 근로소득, 사업소득, 금융소득, 연금소득 등이 포함된다.

② 재산 요건: 재산세 과세표준이 5.4억 원 이하이거나, 재산이 9억 원 이하이면서 소득이 연간 1,000만 원 이하일 때 가능하다.

### 2) 피부양자 등록 절차

피부양자로 등록하기 위해서는 다음과 같은 절차를 따라야 한다.

① 신청 방법: 국민건강보험공단 지사에 직접 방문하거나 팩스로 신청할 수 있다. 최근에는 온라인 신청도 가능하다.

② 필요 서류: 신분증, 소득 증빙 서류, 재산 관련 서류 등이 필요하다. 소득 증빙 서류로는 소득금액증명원, 연금 수령증명서 등이 포함된다.

③ 신청서 제출: 국민건강보험공단 홈페이지에서 신청서를 다운로드해 작성한 후, 필요한 서류와 함께 제출한다.

### 3) 피부양자 자격 유지 전략

피부양자 자격을 유지하기 위해서는 은퇴 전부터 철저한 재산과 소득 관리를 해야 한다. 다음은 이를 위한 몇 가지 전략이다.

① 소득 관리: 은퇴 후에도 소득이 발생하지 않도록 계획을 세운다. 비과세 금융상품을 활용하여 소득을 조정하는 것도 한 방법이다.

② 재산 관리: 재산세 과세표준이 5.4억 원을 넘지 않도록 재산 구조를 최적화한다. 예를 들어, 일부 재산을 자녀에게 증여하거나 비과세 재산으로 전환하는 방법을 고려할 수 있다.

③ 정기 점검: 소득과 재산 변동 사항을 정기적으로 점검하여 피부양자 자격을 잃지 않도록 주의한다. 이를 위해 매년 소득과 재산 내역을 확인하고, 필요시 전문가의 도움을 받는다.

### 4) 주의 사항

피부양자 자격을 유지하기 위해서는 몇 가지 주의해야 할 점이 있다.

① 소득 기준 초과 시 즉시 신고: 연간소득이 1,000만 원을 초과하면 즉시 국민건강보험공단에 신고해야 한다. 신고하지 않으면 추후 과태료가 부과될 수 있다.

② 재산 변동 사항 신고: 재산세 과세표준이 변동될 경우에도 이를 국민건강보험공단에 신고해야 한다. 신고를 통해 정확한 보험료 산정이 이루어지도록 한다.

피부양자 자격을 유지하는 것은 은퇴 후 국민건강보험료 부담을 줄이는 중요한 전략 중 하나다. 이를 위해 소득과 재산 요건을 충족시키고, 정기적으로 점검하며, 필요한 서류를 준비하여 신청 절차를 정확히 따르는 것이 중요하다. 은퇴 전부터 철저한 준비와 관리가 필요하며, 전문가의 도움을 받아 체계적으로 접근하는 것이 좋다.

### (2) 종합소득세를 피하는 것도 효과적이다

비과세 금융상품을 활용하면 종합소득세 과세 대상이 줄어들어 국민건강보험료도 줄일 수 있다. 이는 소득 구조를 효율적으로 조정하여 장기적으로 재정적 안정성을 확보하는 데 매우 유용한 방법이다. 여기서는 비과세 금융상품을 활용한 구체적인 방법과 전략을 살펴보자.

### 1) 비과세 금융상품 활용 전략: 투자금액과 절감 효과

예시: 연간 2천만 원을 비과세 금융상품에 투자한다고 가정하자. 이 경우, 2천만 원의 금융소득에 대한 소득세가 면제된다. 소득세율이 15.4%인 경우, 이자소득에 대한 소득세 절감액은 2천만 원 × 15.4% = 308만 원이 된다.

- 종합소득세 절감: 308만 원의 소득세가 절감되면, 종합소득이 308만 원 줄어들게 된다. 종합소득이 줄어들면 건강보험료 산정 시 적용되는 소득 금액도 감소하게 된다.
- 국민건강보험료 절감: 2022년부터 지역 가입자의 건강보험료는 소득에 따라 정률제로 부과되며, 그 비율은 7.09%이다. 종합소득이 308만 원 줄어들면 건강보험료 절감액은 308만 원 × 7.09% = 약 21.8만 원이 된다. 따라서, 비과세 금융상품에 투자하여 소득세를 절감하면, 결과적으로 국민건강보험료도 줄일 수 있다.

2) 실천 가이드
- 금융상품 선택: 자신의 재정 상황과 목표에 맞는 비과세 금융상품을 선택한다.
- 투자 계획 수립: 은퇴 전부터 매년 일정 금액을 비과세 금융상품에 투자하는 계획을 세운다.
- 정기적인 점검과 조정: 금융상품에 대한 투자 상황을 매년 점검하고, 필요시 조정하여 최적의 세제 혜택을 유지한다.
- 전문가 상담: 금융 전문가나 세무사와 상담하여 비과세 금융상품을 활용한 세금 및 보험료 절감 전략을 구체화한다.

비과세 금융상품을 활용하여 종합소득세 과세 대상을 줄이는 것은 국민건강보험료 부담을 줄이는 효과적인 방법이다. 이를 통해 장기적으로 재정적 안정성을 확보하고, 은퇴 후의 경제적 부담을 덜 수 있다. 은퇴 전부터 꾸준히 준비하고, 전략적으로 접근하는 것이 중요하다.

### (3) 임의계속가입제도

임의계속가입제도는 직장에서 퇴직한 후에도 직장 가입자의 자격을 일정 기간 유지할 수 있는 제도로, 퇴직 후 갑작스럽게 지역 가입자로 전환되며 발생할 수 있는 높은 보험료 부담을 피할 수 있게 한다. 이 제도를 통해 직장 가입자 자격을 최대 36개월 동안 유지할 수 있다. 이로써 상대적으로 낮은 보험료를 계속 납부할 수 있어 은퇴 후 경제적 부담을 줄이는 데 큰 도움이 된다.

### 1) 제도의 개요 및 혜택

- 제도의 목적: 임의계속가입제도는 퇴직 후에도 직장 가입자의 혜택을 계속 받을 수 있도록 하기 위한 제도이다. 직장 가입자로서의 혜택을 계속 유지하면서, 지역 가입자로 전환되었을 때 발생하는 보험료 인상을 방지할 수 있다.
- 보험료 유지: 직장에서 퇴직 전 납부하던 보험료를 그대로 유지할 수 있다.
- 신청 절차: 임의계속가입제도를 신청하려면 국민건강보험공단에 신청서를 제출해야 한다. 신청서는 퇴직 후 2개월 이내에 제출해야 하며, 신청이 승인되면 직장 가입자 자격이 계속 유지된다. 필요한 서류는 신분증, 퇴직증명서, 건강보험 자격 변동 신청서 등이 있다.
- 자격 유지 기간: 임의계속가입제도의 자격 유지 기간은 최대 36개월이다. 이 기간에는 직장 가입자와 동일한 혜택을 누리며 보험료를 납부할 수 있다.

### 2) 실천 가이드

- 퇴직 전 준비: 퇴직을 앞두고 임의계속가입제도를 활용할 계획이라면, 퇴직 전부터 필요한 서류를 준비하고 절차를 숙지하는 것이 중요하다. 국민건강보험공단 홈페이지에서 관련 정보를 미리 확인하고, 문의 사항이 있을 경우 공단에 문의하여 정확한 정보를 얻는다.
- 신청서 제출: 퇴직 후 2개월 이내에 국민건강보험공단에 신청서

를 제출한다. 신분증, 퇴직증명서, 건강보험 자격 변동 신청서 등의 서류를 준비하여 제출한다.
- 보험료 납부: 신청이 승인되면 직장 가입자 자격을 유지하면서 퇴직 전과 동일한 보험료를 납부한다. 정기적으로 보험료 납부 상황을 확인하고, 만약 변경 사항이 생기면 즉시 공단에 신고한다.
- 자격 유지 기간 종료 후 계획: 36개월의 자격 유지 기간이 종료되면 자동으로 지역 가입자로 전환된다. 이 시점에서 다시 보험료가 상승할 수 있으므로, 미리 재정계획을 세우고 준비하는 것이 필요하다.

임의계속가입제도는 퇴직 후에도 직장 가입자의 자격을 유지하여 경제적 부담을 줄일 수 있는 중요한 제도이다. 이를 통해 직장 가입자로서의 혜택을 계속 누릴 수 있으며, 퇴직 후의 재정계획을 세울 때 큰 도움이 된다. 은퇴 전부터 철저히 준비하고, 제도의 혜택을 최대한 활용하는 것이 중요하다.

### (4) 소득조정신청제도 활용을 통한 국민건강보험료 재조정

소득조정신청제도는 소득이 급격히 감소한 경우 국민건강보험료를 재조정할 수 있는 중요한 제도이다. 이 제도를 통해 경제적 부담을 줄이고, 재정 상황에 맞게 보험료를 납부할 수 있게 된다. 소득이 감소한 은퇴자나 사업 실패 등으로 소득이 급격히 줄어든 사람들이 특히 유용하게 활용할 수 있다.

**1) 제도의 개요 및 혜택**

- 제도의 목적: 소득조정신청제도는 소득이 급격히 감소한 가입자가 기존의 높은 보험료 부담을 덜기 위해 설계된 제도이다. 이를 통해 소득 변동 상황에 맞게 보험료를 재조정할 수 있다.

재조정 가능 조건은 다음과 같다.

- 급격한 소득 감소: 사업 실패, 은퇴, 질병 등으로 인한 소득 감소.
- 소득 감소의 증빙: 소득 감소를 입증할 수 있는 서류를 제출해야 한다.

**2) 신청 절차 및 필요 서류**

- 신청 절차: 소득이 급격히 감소한 경우, 국민건강보험공단에 소득조정신청서를 제출해야 한다. 신청서는 공단 홈페이지에서 다운로드할 수 있으며, 작성 후 제출한다.

필요 서류를 확인하자.

- 소득 증빙 서류: 소득금액증명원, 사업자 소득 명세서, 급여 명세서 등 소득이 감소했음을 입증할 수 있는 서류.
- 기타 관련 서류: 소득 감소 사유를 설명하는 추가 서류(예: 퇴직증명서, 진단서 등)

**3) 제출 방법**

국민건강보험공단 지사에 직접 방문하거나, 우편 및 팩스로 제출할 수 있다. 제출된 서류는 공단에서 검토 후, 보험료 재조정 여부를 결정한다.

### 4) 활용 전략 및 유의 사항

- 정확한 소득 감소 입증: 소득 감소를 정확히 입증할 수 있는 서류를 준비하여 제출하는 것이 중요하다. 소득금액증명원, 사업자 소득 명세서, 급여 명세서 등을 철저히 준비한다.
- 신청 시기: 소득이 감소한 즉시 소득조정신청을 해야 빠른 보험료 재조정을 받을 수 있다. 지체하지 않고 즉시 신청하는 것이 중요하다.
- 정기적인 재검토: 소득이 재조정된 후에도 정기적으로 소득 상황을 점검하여 필요시 추가적인 소득조정신청을 고려한다. 소득이 다시 변동될 경우 이를 반영하여 보험료를 조정할 수 있다.
- 전문가 상담: 소득조정신청 과정에서 어려움을 겪을 경우, 세무사나 재정 전문가와 상담하여 정확한 신청 절차와 필요한 서류를 준비하는 것이 도움이 된다.

소득조정신청제도는 소득이 급격히 감소한 경우 국민건강보험료 부담을 줄일 수 있는 유용한 제도이다. 이를 통해 경제적 어려움을 겪는 상황에서도 적절한 보험료를 유지할 수 있다. 소득 감소를 입증할 수 있는 서류를 철저히 준비하고, 신청 절차를 정확히 따라가며, 필요시 전문가의 도움을 받는 것이 중요하다.

### (5) 농어업인 보험료 지원제도

농어업인 보험료 지원제도는 농어업에 종사하는 사람들을 위해 정부가 국민건강보험료 일부를 지원하는 제도다. 이 제도를 통해 농어업인들은 경제적 부담을 줄이고, 안정적인 건강보험 혜택을 받을 수 있다.

**1) 제도의 개요 및 혜택**

- 제도의 목적: 농어업인 보험료 지원제도는 농어업에 종사하는 사람들이 경제적 부담 없이 건강보험 혜택을 받을 수 있도록 지원하기 위해 도입되었다.

농어업인은 소득이 일정하지 않고 계절적 영향을 받는 경우가 많기 때문에, 보험료 부담을 경감시키기 위해 정부가 일정 부분을 지원한다.

- 지원 대상: 농어업에 종사하는 사람으로서 관련 법령에 따라 자격을 취득한 자.
  - 농업인: 농지를 소유하거나 임차하여 농작물을 재배하거나, 농업 경영체 등록을 마친 사람.
  - 어업인: 어업 경영체로 등록된 사람으로서, 수산물을 채취하거나 양식하는 사람.

**2) 자격 취득 및 혜택**

- 자격 취득 절차: 농어업인 자격을 취득하기 위해서는 관련 법령에 따라 농어업 경영체로 등록해야 한다. 농업인은 농업경영체 등록 확인서를 제출하고, 어업인은 어업경영체 등록 확인서를 제출해야 한다. 이와 함께 건강보험 자격 변동 신청서를 작성하여 국민건강보험공단에 제출한다.
- 지원 혜택: 보험료 일부를 정부가 지원함으로써, 농어업인은 상대적으로 낮은 보험료를 납부하게 된다. 지원 비율은 정부 정책에

따라 달라질 수 있으며, 일반적으로 보험료의 50% 정도를 지원받을 수 있다.

**3) 활용 전략 및 유의 사항**
- 정기적인 자격 유지: 농어업인 자격을 유지하기 위해 정기적으로 농업경영체나 어업경영체로 등록된 상태를 확인하고, 필요시 갱신한다. 자격 유지 여부를 점검하여 지속해서 혜택을 받을 수 있도록 한다.
- 신청 시기: 농어업인 자격을 취득한 즉시 국민건강보험공단에 보험료 지원 신청을 한다. 농작물 재배나 어업 활동을 시작하기 전부터 준비하여, 자격 취득과 동시에 보험료 지원을 받을 수 있도록 한다.
- 전문가 상담: 농어업 관련 법령과 절차에 대한 이해가 부족할 경우, 전문가의 도움을 받는 것이 좋다. 농업기술센터나 수협 등의 관련 기관에 문의하여 정확한 정보를 얻고, 필요한 서류를 준비한다.

농어업인 보험료 지원제도는 농어업에 종사하는 사람들이 경제적 부담을 덜고 안정적인 건강보험 혜택을 받을 수 있도록 돕는 중요한 제도이다. 관련 법령에 따라 자격을 취득하고 정기적으로 자격을 유지하여 혜택을 극대화하는 것이 중요하다. 이를 통해 은퇴 후 예비 농어업인들은 건강보험료 부담을 줄이고, 경제적 안정성을 확보할 수 있다.

### (6) 해외 장기체류 보험료 면제제도

해외 장기체류 보험료 면제제도는 3개월 이상 해외에 체류하는 국민이 국민건강보험료 부담을 면제받을 수 있도록 하는 제도이다. 이를 통해 해외 체류 기간 중 보험료 부담을 덜고, 체류 후 귀국 시 다시 건강보험 혜택을 받을 수 있다.

**1) 제도의 개요 및 혜택**

- 제도의 목적: 이 제도는 해외에 장기간 체류하는 국민이 국내에서 발생하지 않는 의료비에 대한 보험료를 납부하는 부담을 줄이기 위해 도입되었다. 해외 체류 기간 보험료를 면제받음으로써 경제적 부담을 줄이고, 귀국 후 다시 국민건강보험 혜택을 받을 수 있도록 한다.
- 면제 대상: 3개월 이상 해외에 체류하는 국민이 대상이다. 유학, 출장, 여행 등 다양한 사유로 장기체류하는 경우 적용될 수 있다 (지역 가입자는 3개월 이상, 직장 가입자는 업무 목적에 한해 1개월 이상 체류 시 면제가 가능하다).

**2) 신청 절차 및 필요 서류**

- 신청 절차: 해외 장기체류를 계획하고 있다면 출국 전 또는 출국 후 국민건강보험공단에 출국 신고를 해야 한다. 출국 신고는 국민건강보험공단 지사에 직접 방문하거나 온라인으로 진행할 수 있다.
- 필요 서류

- 출국 신고서: 국민건강보험공단 홈페이지에서 다운로드해서 작성한다.
- 출국 증빙 서류: 출입국 사실 증명서, 항공권 사본, 체류 허가서 등 출국을 증명할 수 있는 서류가 필요하다.
- 기타 관련 서류: 출국 목적에 따라 추가 서류가 필요할 수 있다 (예: 유학 증명서, 출장 명령서 등).

**3) 면제 기간 및 조건**

면제 신청이 승인되면 3개월 이상 해외 체류 기간에 국민건강보험료가 면제된다. 면제 기간에 국내에서 발생하는 의료비는 본인이 부담해야 한다. 해외 체류 기간이 끝나고 귀국하면 국민건강보험 자격은 자동 회복된다. 다만, 의료 이용 시에는 보험료가 소급 청구될 수 있으므로 주의가 필요하다.

**4) 활용 전략 및 유의 사항**

① 출국 전 준비

해외 장기체류 계획을 세우고 출국 전 미리 국민건강보험공단에 출국 신고를 한다. 출국 신고와 관련된 모든 서류를 미리 준비하고, 필요한 경우 공단에 문의하여 정확한 정보를 확인한다.

② 체류 중 건강보험 대체

해외 체류 중에는 현지에서 건강보험을 대체할 수 있는 보험상품에 가입하는 것이 좋다. 여행자 보험, 유학생 보험 등 다양한 보험상품을 고려할 수 있다. 현지에서 발생하는 의료비를 대비하여 적절한 보험을 선택한다.

③ 귀국 후 절차

귀국 시 국민건강보험 자격이 자동으로 회복되므로 별도의 절차 없이 다시 혜택을 받을 수 있다. 귀국 후 건강보험료 납부를 다시 시작하며, 필요한 경우 공단에 문의하여 상황을 확인하는 것이 필요하다.

해외 장기체류 보험료 면제제도는 3개월 이상 해외에 체류하는 국민에게 유용한 제도이다. 출국 신고를 통해 보험료를 면제받고, 귀국 후 다시 건강보험 혜택을 받을 수 있다. 출국 전 준비와 체류 중 대체 보험 가입, 귀국 후 절차를 잘 이해하고 활용하는 것이 중요하다.

**(7) 재취업 및 연기·조기 수령**

재취업 및 연기·조기 수령 전략은 은퇴 후 소득을 조절하여 국민건강보험료 부담을 줄이는 데 매우 효과적이다. 이 방법은 은퇴 후 재정 안정성을 높이고, 경제적 부담을 줄이는 데 도움이 된다. 여기서는 재취업과 연금 수령 시기를 조정하는 방법을 구체적으로 살펴보자.

**1) 재취업을 통한 소득 조절**

① 재취업의 장점
- 재취업은 은퇴 후에도 일정한 소득을 유지할 수 있는 좋은 방법이다.
- 소득을 유지하면서도 국민건강보험료를 적정 수준으로 유지할 수 있다.
- 재취업을 통해 추가적인 연금 적립, 사회적 활동 참여, 기술 및 경

험 활용의 기회를 제공한다.

② 보험료 절약 효과
- 재취업을 통해 얻는 소득은 직장 가입자로서의 자격을 유지하게 하므로, 직장 가입자 보험료율을 적용받을 수 있다.
- 이는 일반적으로 지역 가입자 보험료보다 낮아 경제적 부담을 줄일 수 있다.

③ 재취업 시 고려사항
- 재취업을 결정할 때는 소득 수준, 근로 시간, 직장보험 혜택 등을 종합적으로 고려해야 한다.
- 건강 상태와 개인 생활의 균형도 중요하다.

### 2) 연기·조기 수령을 통한 소득 조절

① 연금 수령 시기 조정
- 연금 수령 시기를 조정함으로써 소득을 효과적으로 관리할 수 있다.
- 연기·조기 수령은 연금 수령을 연기하거나 조기에 수령하여 소득 수준을 조절하는 방법이다.

② 연기·조기 수령의 장점
- 연금 수령을 연기하면 연금액이 증가하므로, 장기적으로 더 높은 소득을 얻을 수 있다.
- 조기 수령을 통해 필요한 시기에 소득을 확보할 수 있어 경제적 유연성을 제공한다.

③ 보험료 절약 효과

- 연금 수령 시기를 조정하여 일정 소득을 유지하면, 국민건강보험료도 조절할 수 있다.
- 연금을 조기 수령하면 소득이 분산되어 한 시점의 소득이 높지 않게 유지되므로 보험료 부담이 적어진다.

**3) 실천 가이드**

① 재취업 준비: 재취업을 고려하고 있다면, 은퇴 전부터 관련 직종 및 시장 조사를 진행한다. 재취업 시 필요한 기술과 자격을 미리 준비하고, 네트워킹을 통해 기회를 탐색한다.

② 연금 수령 계획 수립: 연금 수령 시기를 결정할 때는 현재와 미래의 소득 상황을 종합적으로 고려한다. 연기·조기 수령의 장단점을 분석하고, 재정계획을 세운다.

③ 전문가 상담: 재취업 및 연금 수령 시기 조정과 관련된 세부 사항은 재정 전문가나 세무사와 상담하여 최적의 전략을 세운다. 전문가의 도움을 받아 정확한 정보와 조언을 얻고, 재정계획을 구체화한다.

재취업 및 연기·조기 수령 전략은 은퇴 후 소득을 효과적으로 조절하여 국민건강보험료 부담을 줄이는 데 유용하다. 이를 통해 장기적인 재정 안정성을 확보하고, 경제적 부담을 최소화할 수 있다. 재취업과 연금 수령 시기를 신중히 계획하고, 전문가의 도움을 받아 최적의 전략을 세우는 것이 중요하다.

### (8) 소규모 법인 설립

소규모 법인을 설립하는 것은 은퇴 후 소득을 분산하고 국민건강보험료 부담을 줄이는 데 매우 효과적인 전략이다. 법인 설립을 통해 세무 및 재정계획을 체계적으로 수립하면, 개인 소득을 최적화하고 보험료를 효율적으로 관리할 수 있다.

#### 1) 소규모 법인 설립의 장점
① 소득 분산: 소규모 법인을 설립하면 개인 소득을 법인 소득으로 분산할 수 있다. 이를 통해 개인 소득세 부담을 줄이고, 건강보험료 산정 시 소득 기준을 낮출 수 있다.
② 세무 혜택: 법인은 다양한 세무 혜택을 누릴 수 있다. 예를 들어, 법인세율이 개인소득세율보다 낮을 수 있으며, 법인 비용 처리로 세금을 절감할 수 있다. 법인 설립을 통해 법인세와 부가가치세 혜택을 누리면서, 재정적인 안정성을 확보할 수 있다.

#### 2) 법인 설립 절차
① 법인 설립 준비
- 법인 설립을 위해서는 먼저 사업 아이디어와 법인명을 결정해야 한다. 사업 계획서를 작성하고, 필요한 자본금을 준비한다.
- 사업 목적과 운영 계획을 명확히 하고, 법인 설립에 필요한 서류를 준비한다.

② 설립 절차
- 법인 설립 신청서를 작성하여 상공회의소에 제출한다. 여기에는

법인 정관, 발기인 명부, 주주 명부 등이 포함된다.
- 설립 허가를 받은 후, 법인 등기를 완료하고, 법인 인감 및 사업자 등록을 한다.

③ 세무 및 재정계획 수립
- 법인 설립 후에는 체계적인 세무 및 재정계획을 수립해야 한다. 회계사와 세무사와 협력하여 법인의 재무 구조를 최적화하고, 세무 혜택을 극대화할 수 있는 전략을 세운다.
- 정기적인 재무 보고와 세무 신고를 통해 법인의 재정 상태를 지속해서 관리한다.

### 3) 법인 설립 후 4대 보험

① 4대 보험 가입 의무
- 법인을 설립하면 4대 보험(국민연금, 건강보험, 고용보험, 산재보험)에 가입해야 한다. 법인 대표자와 직원은 모두 4대 보험에 가입되어야 한다.
- 법인 설립 후, 대표자 및 직원의 월급에서 4대 보험료를 공제하여 납부하게 된다.

② 보험료 부담
- 법인 설립 후 4대 보험료는 법인과 직원이 절반씩 부담한다. 이를 통해 직원의 복지를 보장하면서도 보험료 부담을 나누어 가지게 된다.
- 법인 대표자의 경우도 4대 보험에 가입되어야 하므로, 보험료 부담이 있을 수 있다. 하지만 소득 분산과 세무 혜택을 고려하면 전

체적인 재정 부담은 줄어들 수 있다.

**4) 활용 전략 및 유의 사항**

① 소득 분산을 통한 보험료 절감

- 법인 설립 후, 개인 소득을 법인 소득으로 분산하여 건강보험료 부담을 줄일 수 있다. 예를 들어, 개인 소득이 높아 건강보험료가 많이 나오는 경우, 이를 법인 소득으로 전환하면 보험료를 절감할 수 있다.
- 법인에서 발생한 소득은 개인 소득보다 낮은 세율로 과세될 수 있으므로, 세금과 보험료 부담을 동시에 줄일 수 있다.

② 세무 혜택 극대화

- 법인 설립을 통해 다양한 세무 혜택을 누리며, 비용 처리를 통해 세금을 절감한다. 법인세율이 개인소득세율보다 낮을 수 있으며, 법인 비용 처리를 통해 세금을 절감할 수 있다.
- 법인 비용으로 처리할 수 있는 항목을 최대한 활용하여, 세무 부담을 줄이고 재정적 안정성을 높인다.

③ 재정계획 수립

- 법인 설립 후, 체계적인 재정계획을 수립하여 법인의 재무 상태를 지속해서 관리한다. 회계사와 세무사와 협력하여 법인의 재정 구조를 최적화하고, 세무 혜택을 극대화할 수 있는 전략을 세운다.
- 정기적인 재무 보고와 세무 신고를 통해 법인의 재정 상태를 지속해서 점검하고, 필요한 조치를 한다.

소규모 법인을 설립하는 것은 은퇴 후 소득을 분산하고 국민건강보험료 부담을 줄이는 효과적인 방법이다. 이를 통해 세무 혜택을 누리고, 재정계획을 체계적으로 수립하여 장기적인 재정 안정성을 확보할 수 있다. 법인 설립을 고려하고 있다면, 철저한 준비와 전문가의 도움을 받아 최적의 전략을 세우는 것이 중요하다.

**(9) 재산 최적화를 통한 건강보험료 조정**

재산 최적화를 통한 건강보험료 조정은 재산세 과세표준을 조절하여 피부양자 자격을 유지하고, 국민건강보험료 부담을 줄이는 전략이다. 이를 통해 소득과 재산 구조를 효율적으로 관리하여 장기적인 재정 안정성을 확보할 수 있다.

**1) 재산세 과세표준과 피부양자 자격**

① 재산세 과세표준이 5.4억 이하일 경우
- 피부양자 자격을 유지하기 위해서는 재산세 과세표준이 5.4억 원 이하이어야 한다. 이는 재산의 가치가 5.4억 원 이하로 평가된 경우를 말한다.
- 재산세 과세표준이 5.4억 원을 초과하면 피부양자 자격을 상실하게 되므로, 이를 방지하기 위해 재산 구조를 조정하는 것이 중요하다.

② 피부양자 자격 유지
- 피부양자 자격을 유지하면 국민건강보험료를 부담하지 않게 되므로, 재산세 과세표준을 5.4억 원 이하로 유지하는 것이 경제적

으로 유리하다.
- 이를 위해 재산 구조를 최적화하고, 필요한 경우 재산을 분산하거나 비과세 재산으로 전환하는 방법을 고려할 수 있다.

### 2) 재산 최적화 전략

① 재산 구조 조정
- 재산 분산: 가족 간 재산을 분산하여 각자의 재산세 과세표준을 낮추는 방법이다. 예를 들어, 부모와 자녀 간 재산을 적절히 분배하여 각자의 재산세 과세표준을 5.4억 원 이하로 유지한다.
- 비과세 재산 전환: 비과세 혜택이 있는 재산으로 전환하여 재산세 과세표준을 낮추는 방법이다. 예를 들어, 농지나 임야와 같은 비과세 재산을 고려할 수 있다.

② 재산 관리 계획 수립
- 정기적인 재산 평가: 재산의 가치를 정기적으로 평가하고, 재산세 과세표준을 점검한다. 이를 통해 필요한 조정을 신속하게 할 수 있다.
- 재산 증여 및 상속 계획: 자산 증여나 상속을 통해 재산을 분산하는 계획을 수립한다. 이는 장기적으로 재산세 과세표준을 관리하는 데 도움이 된다.

③ 전문가 상담
- 세무사 및 재정 전문가 상담: 재산 구조 최적화와 관련된 전략을 세울 때는 세무사나 재정 전문가의 상담을 받는 것이 중요하다. 이를 통해 법적, 세무적 문제를 사전에 방지하고 최적의 재정계획

을 수립할 수 있다.
- 정기적인 재정 검토: 재산 구조와 관련된 계획을 정기적으로 검토하고 조정하여 최적의 상태를 유지한다.

### 3) 실천 가이드

① 재산 현황 파악
- 현재 보유한 재산의 종류와 가치를 정확히 파악한다. 이를 통해 재산세 과세표준을 계산하고, 필요한 조정을 계획한다.
- 재산 평가를 위해 전문가의 도움을 받거나, 공식적인 재산 평가 기관을 이용할 수 있다.

② 재산 분산 계획 수립
- 재산을 가족 간 적절히 분산하여 각자의 재산세 과세표준을 낮추는 계획을 세운다. 예를 들어, 부모가 보유한 재산을 자녀에게 일부 증여하여 피부양자 자격을 유지한다.
- 증여 및 상속과 관련된 법적 절차를 철저히 검토하고, 필요한 경우 변호사나 세무사의 자문을 받는다.

③ 비과세 재산 전환
- 비과세 혜택이 있는 재산으로 전환하는 방법을 고려한다. 예를 들어, 현금 자산을 비과세 재산인 농지나 임야로 전환하여 재산세 과세표준을 낮춘다.
- 비과세 재산 전환과 관련된 법적 절차와 조건을 철저히 검토한다.

재산 최적화를 통한 건강보험료 조정은 재산세 과세표준을 조절하여 피부양자 자격을 유지하고, 국민건강보험료 부담을 줄이는 효과적인 방법이다. 이를 통해 장기적인 재정 안정성을 확보하고, 경제적 부담을 최소화할 수 있다. 철저한 준비와 전문가의 도움을 받아 최적의 재정계획을 세우는 것이 중요하다.

### (10) 정기적인 건강검진 활용

정기적인 건강검진은 건강보험에서 지원하는 중요한 서비스로, 질병을 조기에 발견하고 예방할 수 있는 효과적인 방법이다. 이를 통해 장기적인 의료비를 절감할 수 있다. 직접적인 보험료 절감 전략은 아니지만, 장기적으로 우리 삶에 가장 중요한 부분이 될 수 있다.

#### 1) 건강검진의 중요성

① 질병의 조기 발견
- 정기적인 건강검진을 통해 질병을 조기에 발견할 수 있다. 이는 치료가 쉬운 초기 단계에서 문제를 발견하여 심각한 질병으로 발전하는 것을 방지한다.
- 예를 들어, 암, 심혈관 질환, 당뇨병 등의 질병은 초기 단계에서 발견하면 치료가 쉽고, 치료 비용도 낮아진다.

② 예방적 건강관리
- 건강검진을 통해 자신의 건강 상태를 정기적으로 확인하고, 생활 습관을 개선하여 건강을 유지할 수 있다.
- 이는 장기적으로 건강한 생활을 유지하는 데 도움을 주며, 만성 질환의 발생을 예방할 수 있다.

## 2) 건강검진의 지원 내용

① 건강보험에서 지원하는 검진 항목

- 국민건강보험은 정기적인 건강검진을 지원하며, 기본 검진 항목으로는 혈압 측정, 혈액 검사, 소변 검사, 흉부 엑스레이 등이 포함된다.
- 추가로 연령과 성별에 따라 필요한 검진 항목이 추가될 수 있다. 예를 들어, 40세 이상 남성은 간암 검진, 여성은 유방암 검진 등이 포함된다.

② 검진 주기

- 일반 건강검진은 2년에 한 번, 직장 가입자의 경우 1년에 한 번 받는 것이 권장된다.
- 특정 연령대와 질병 위험군에 속하는 사람들은 더 자주 검진을 받는 것이 좋다. 예를 들어, 40세 이상의 성인은 1년에 한 번씩 건강검진을 받는 것이 좋다.

## 3) 예방적 건강관리의 장점

① 장기적인 의료비 절감

- 질병을 조기에 발견하고 예방하면, 심각한 건강 문제로 발전하기 전에 적절한 조치를 취할 수 있다. 이는 장기적인 의료비를 크게 절감할 수 있는 효과적인 방법이다.
- 만성질환의 경우, 조기 발견과 적절한 관리를 통해 치료 비용을 줄이고, 삶의 질을 향상시킬 수 있다.

② 건강보험료 절감

- 건강 상태를 지속해서 관리하면 중대 질병으로 인한 의료비 부담을 줄일 수 있다. 이는 건강보험료 부담에도 긍정적인 영향을 미친다.
- 건강한 생활 습관과 정기적인 건강검진을 통해 건강 상태를 유지하면, 건강보험료가 상승하는 것을 방지할 수 있다.

**4) 실천 가이드**

① 정기적인 건강검진 예약
- 건강검진을 정기적으로 받기 위해 일정을 미리 계획하고 예약한다. 국민건강보험공단의 건강검진 안내를 확인하고, 필요한 검진 항목을 체크한다.
- 검진을 받은 후 결과를 꼼꼼히 확인하고, 필요한 경우 추가 검진이나 상담을 진행한다.

② 건강한 생활 습관 유지
- 건강검진 결과를 바탕으로 건강한 생활 습관을 유지한다. 규칙적인 운동, 균형 잡힌 식단, 금연, 절주 등의 생활 습관을 통해 건강을 관리한다.
- 정기적으로 건강 상태를 점검하고, 이상이 발견되면 즉시 의료 전문가와 상담한다.

③ 예방 접종과 추가 검진
- 필요에 따라 예방 접종과 추가 검진을 받는다. 특히 고위험군에 속하는 경우, 주기적인 추가 검진을 통해 건강 상태를 계속 관리한다.

- 예방 접종은 특정 질병에 대한 면역력을 높여주며, 건강을 유지하는 데 중요한 역할을 한다.

정기적인 건강검진을 통해 질병을 조기에 발견하고 예방하는 것은 장기적인 의료비와 건강보험료를 절감하는 효과적인 방법이다. 건강검진을 정기적으로 받고, 건강한 생활 습관을 유지하며, 필요한 경우 추가 검진과 예방 접종을 통해 건강 상태를 지속해서 관리하는 것이 중요하다.

키워드 15

# 은퇴 세금설계 최적화 계획

1. 모든 소득에 세금이 있다
2. 부동산 부자의 양도소득세
3. 연금 수령과 세금
4. 은퇴 후 금융소득종합과세
5. 스스로 하는 연말정산: 환급의 생활화
6. 스마트 연말정산 도구 활용
7. 은퇴 후 종합소득세와 절세 전략

# 1. 모든 소득에 세금이 있다

### (1) 죽을 때까지 따라오는 세금

은퇴는 근로 생활의 끝이지만, 세금의 끝을 의미하지는 않는다. 은퇴 후에도 다양한 형태의 소득이 발생하고, 이 모든 소득에는 과세의 의무가 따라붙는다. 먼저, 퇴직금과 관련된 세금은 퇴직소득세로 분류되어 세금을 부과받는다. 또한, 연금 수령 시 발생하는 과세도 빠질 수 없다. 국민연금, 퇴직연금, 개인연금 모두 각기 다른 세금 구조를 가지며, 이를 이해하지 못하면 예상치 못한 세금 부담이 발생할 수 있다. 부동산 소득도 은퇴 후 주요 과세 대상이다. 양도소득세는 부동산 매매 시 발생하며, 임대소득세는 임대 수입에 부과된다. 금융소득 역시 이자와 배당을 통해 계속 발생하므로 금융소득종합과세에 대비해야 한다. 즉, 은퇴 후에도 소득원이 다양할수록 세금 관리의 중요성은 커진다. 세금은 단순히 납부하는 비용이 아니라, 잘 관리하면 절세를 통한 자산 증가로 이어질 수 있다. 그러므로 은퇴설계에 있어서 세금 계획은 필수적이다.

### (2) 소득과 자산 구조가 세금에 미치는 영향

은퇴 후 소득과 자산 구조는 세금에 직접적인 영향을 미친다. 특히, 다양한 소득원이 있으면 세율이 급격히 상승할 수 있다. 예를 들어, 근로소득, 연금소득, 금융소득이 동시에 발생하면, 각 소득의 누진세율이 적용되어 전체적인 세부담이 증가할 수 있다. 따라서, 소득과 자산의 구조를 효율적으로 설계하는 것이 중요하다. 첫째, 소득의 종류와 시기를 조정하는 전략이 필요하다. 연금 수령을 분산하거나, 시기를 조절하여 세금을 분산시키는 것이 가능하다. 둘째, 자산 구조의 조정이다. 부동산과 금융자산의 비율을 조정함으로써 자산에서 발생하는 소득의 형태를 바꾸어 세금 부담을 줄일 수 있다. 자산의 해외 분산투자를 통해 글로벌 세금 혜택을 누리는 것도 고려할 만하다. 또한, 자산의 증여나 상속을 통해 미래의 세금 부담을 미리 준비하는 전략도 유효하다. 은퇴자산의 구조는 개인의 목표와 상황에 맞게 유연하게 설계되어야 하며, 정기적인 평가와 조정이 필요하다.

### (3) 퇴직소득세 절세 전략

퇴직소득세는 은퇴를 준비하는 과정에서 최우선 고려해야 할 항목 중 하나다. 먼저, 퇴직금 수령 시 발생하는 세금을 최소화하기 위해서는 퇴직금 수령 시점을 전략적으로 선택하는 것이 중요하다. 퇴직금 수령을 연기하거나 분할 수령하는 방법으로 세율을 낮출 수 있다. 또한, 연금 수령을 통해 퇴직금을 연금화하면 일정 기간에 걸쳐 세금 부담을 줄일 수 있다. 퇴직연금은 연금저축이나 개인형 퇴직연금(IRP)을 활용하여 세액공제를 최대한 활용할 수 있다. 이렇게 절세된 금액은 퇴직 후의 생활비로 활용할 수 있어, 실질적인 경제적 이득을 제공한다. 세금 감면 혜택을 극대화하기 위해서는 세법 개정 사항을 주기적으로 확인하는 것이 필요하다. 또한, 세무 전문가의 조언을 통해 퇴직 시기의 조정과 퇴직금 수령 방법을 미리 계획하는 것이 바람직하다. 이런 세심한 준비가 은퇴 후 재정 안정성의 기초가 된다.

### (4) 은퇴 후 발생할 수 있는 12가지 세금

은퇴 후에는 예상치 못한 세금이 발생할 수 있다. 그중에서도 주요한 12가지 세금을 이해하는 것이 중요하다. 첫째, 퇴직소득세는 퇴직금을 수령할 때 발생하는 세금이다. 둘째, 연금소득세는 국민연금, 퇴직연금, 개인연금에서 발생하는 소득에 부과된다. 셋째, 금융소득세는 이자와 배당소득에 부과되며, 금융소득종합과세 대상이 될 수 있다. 넷째, 양도소득세는 부동산 및 주식 매매 시 발생하며, 다섯째, 임대소득세는 부동산 임대 수입에 적용된다. 여섯째, 기타소득세는 복권 당첨금이나 상금과 같은 비정기적 소득에 부과된다. 일곱째, 재산세와 여덟째, 종합부동산세는 부동산 소유자에게 지속해서 부과된다. 아홉째, 증여세는 자산을 증여할 때 발생하며, 열째, 상속세는 자산을 상속받을 때 부과된다. 열한 번째, 지역 건강보험료는 은퇴 후 소득에 따라 조정될 수 있으며, 열두 번째, 주민세는 소득세 및 재산세에 기반하여 부과된다. 이러한 세금들을 이해하고, 사전에 계획을 세우는 것이 필요하다.

### (5) 소득 분산과 절세

소득 분산은 세금 부담을 줄이기 위한 중요한 전략 중 하나다. 소득을 여러 해로 분산하면, 각 해의 소득에 대해 누진세율을 낮출 수 있어 전체 세금을 줄이는 데 도움이 된다. 예를 들어, 퇴직금이나 일시금을 여러 해에 걸쳐 분할하여 수령하면, 매년 적용되는 세율을 낮출 수 있다. 이는 세법에서 소득의 진폭을 줄여주기 때문이다. 또한, 가족 간의 소득 분산도 효과적이다. 배우자나 자녀에게 자산을 이전하거나, 그들에게 소득을 분산시켜 가족 전체의 세금 부담을 줄일 수 있다. 가족 간의 소득 분산은 신중하게 설계되어야 하며, 합법적인 범위 내에서 이루어져야 한다. 이를 위해 전문가의 조언을 받는 것이 중요하다. 이러한 소득 분산 전략은 은퇴 후에도 지속해서 적용되어야 하며, 상황에 맞게 조정되어야 한다. 소득 분산을 통해 은퇴 후의 재정적 부담을 줄이고, 안정적인 생활을 유지할 수 있다.

### (6) 은퇴자산 구조화와 절세

은퇴자산을 효율적으로 구조화하는 것은 은퇴 후 재정관리의 핵심이다. 첫째, 연금소득의 분산이다. 국민연금, 퇴직연금, 개인연금을 조화롭게 수령하여 세금 부담을 줄일 수 있다. 둘째, 부동산자산의 관리이다. 부동산을 보유하거나 매각할 때 세금 혜택을 최대한 활용할 수 있도록 계획해야 한다. 셋째, 금융자산의 다변화이다. 다양한 금융상품을 통해 소득을 분산시키고, 세금 부담을 줄일 수 있다. 넷째, 해외 투자이다. 해외 자산을 통해 글로벌 세금 혜택을 누릴 수 있다. 다섯째, 증여와 상속의 조기 계획이다. 자산을 증여하거나 상속할 때 세금 부담을 미리 계산하고 대비해야 한다. 여섯째, 자산의 비과세 혜택 활용이다. 비과세 금융상품을 활용하여 세금 부담을 최소화할 수 있다. 일곱째, 정기적인 자산 평가와 조정이다. 자산 구조를 정기적으로 평가하고, 변화하는 세법에 맞게 조정해야 한다. 이러한 방법들을 통해 은퇴자산을 효율적으로 관리하고, 세금 부담을 최소화할 수 있다.

## 2. 부동산 부자의 양도소득세

한국에서 부동산은 오랜 시간 동안 안정적인 자산 축적 수단으로 인식되어왔다. 특히, 은퇴를 준비하는 많은 사람에게 부동산은 핵심적인 자산이며, 이를 매각할 때 발생하는 양도소득세는 중요한 고려사항이다. 양도소득세는 부동산 매매 시 이익에 대해 부과되는 세금으로, 이를 잘 이해하고 관리하는 것이 은퇴 후 재무설계에서 필수적이다.

### (1) 양도소득세 이해하기:
### 부동산 매매 시 발생하는 양도소득세의 기본 원리

양도소득세는 부동산을 매도하여 발생한 차익에 대해 부과되는 세금이다. 취득가액과 매도가액의 차액에서 각종 비용을 제외한 금액에 대해 세금이 부과되는 구조이다. 기본적으로 양도소득세는 두 가지 범주로 나뉘는데, 1세대 1주택자는 일정 조건을 충족할 경우 비과세 혜택을 받을 수 있다. 그러나 2주택 이상을 소유한 경우, 세율은 급격히 높아지며, 특히 다주택자의 경우 중과세가 적용된다. 한국의 부동산시장은 가격 상승에 대한 기대감으로 인해, 자주 거래되지만, 매도 시의 세금 부담은 상당할 수 있다. 양도소득세는 취득 시점부터 보유 기간, 매매 시점의 시장 상황 등 다양한 요소에 따라 변동된다. 따라서 매도 시기와 전략을 신중히 고려하여 최대한의 절세 효과를 노리는 것이 중요하다.

### (2) 절세를 위한 부동산 매매 전략:
### 보유 기간, 시점 조정, 증여를 통한 절세 방법

절세를 위한 부동산 매매 전략은 보유 기간, 매도 시점, 그리고 증여를 통해 실행할 수 있다. 우선, 보유 기간은 양도소득세에 큰 영향을 미친다. 일반적으로 부동산을 장기간 보유할수록 세율이 낮아지며, 1가구 1주택의 경우 2년 이상 보유 시 비과세 혜택을 받을 수 있다. 또한, 매도 시점을 신중하게 선택하는 것도 중요하다. 부동산시장의 변동성과 정부의 부동산 정책을 고려하여 매도 시점을 조정하면 추가적인 세금 부담을 피할 수 있다. 예를 들어, 과열된 시장에서 매도하기보다는 안정화된 시기를 기다리는 것이 유리할 수 있다. 증여를 통한 절세도 고려하는 방법이다. 부모가 자녀에게 자산을 증여하면, 양도소득세 대신 증여세를 적용받게 되며, 적절한 시기에 증여하면 세금 부담을 줄일 수 있다. 증여 시에는 공제 한도와 증여세율을 정확히 파악하여 전략적으로 실행하는 것이 중요하다. 이러한 절세 전략은 사례별로 다르게 적용될 수 있으며, 개인의 상황에 맞춰 최적의 방법을 선택해야 한다.

### (3) 부동산 세금 시뮬레이션:
### 다양한 시나리오를 통한 양도소득세 계산법

부동산 세금 시뮬레이션은 다양한 시나리오를 통해 양도소득세를 예측하고 대비할 수 있게 해준다. 먼저, 기본적인 시뮬레이션에서는 취득가와 매도가, 보유 기간, 각종 비용(중개수수료, 법무사 비용 등)을 입력하여 예상 세금을 계산할 수 있다. 예를 들어, 안 씨가 10년 전 2억 원에 구입한 아파트를 5억 원에 매도할 경우, 양도 차익은 3억 원이다. 여기서 중개수수료와 취득세 등을 공제한 순수 차익에 대해 양도소득세가 부과된다. 시뮬레이션은 시장 변동에 따른 여러 가지 상황을 반영할 수 있어, 급매 시나 가격 상승 시 등의 세금 차이를 비교할 수 있다. 또한, 1가구 1주택 비과세 요건을 충족하지 못한 상황에서의 세금 부담도 예측할 수 있다. 세금 시뮬레이션은 의사결정 과정에서 중요한 역할을 하며, 이를 통해 최적의 매도 시점과 전략을 결정할 수 있다. 최신 세법과 시장 데이터를 반영하여 시뮬레이션 결과를 현실적으로 반영하는 것이 중요하다.

## 3. 연금 수령과 세금

연금은 은퇴 생활의 핵심적인 재원으로, 수령 시점에서의 세금 관리가 매우 중요하다. 연금소득은 안정적인 생활을 위한 기반이 되지만, 세금 부담을 줄이지 않으면 실질 수령액이 크게 줄어들 수 있다. 따라서 국민연금, 퇴직연금, 연금계좌와 연금보험 등 다양한 연금상품의 세금 구조를 이해하고 최적화하는 전략이 필요하다.

### (1) 국민연금: 수령 시 발생하는 세금과 이를 줄이는 전략

국민연금은 한국에서 은퇴자 대부분이 의존하는 주요 연금이다. 국민연금 수령 시 발생하는 세금은 종합소득세에 포함되어 과세되며, 이는 연금 수령액에 따라 달라진다. 예를 들어, 서 씨는 국민연금을 월 150만 원씩 수령하고 있는데, 이는 연간 1,800만 원의 소득을 의미한다. 종합소득세법에 따르면, 국민연금 수령액은 기타소득과 합산되어 세금이 부과되며, 소득세율은 누진세율로 6%부터 시작하여 최고 45%까지 올라갈 수 있다. 서 씨의 다른 소득이 1천만 원일 경우, 총소득은 2,800만 원이 되며, 이 금액에 대해 세금을 부과받게 된다.

▶ **국민연금 절세 전략**

① 수령 시기 조절: 다른 소득원이 적은 해에 국민연금을 수령하여 소득세율을 낮추는 것이 유리하다. 서 씨는 수령 시기를 조절하여 약 150만 원의 세금을 절감했다.

② 연금 이연 수령: 가능한 경우 국민연금 수령을 연기하면 수령액이 증가할 뿐만 아니라, 세금도 분산될 수 있다.

③ 부양가족 공제 활용: 부양가족 공제를 최대한 활용하여 과세표준을 낮추는 방법을 고려할 수 있다.

④ 소득 재조정: 다른 소득원(예: 아르바이트, 임대소득)을 조정하여 연금 수령 시 소득이 일정 수준 이하로 유지되도록 관리한다.

⑤ 기타 공제 활용: 의료비, 기부금 등 추가 공제를 통해 소득세 부담을 줄일 수 있다.

**(2) 퇴직연금: 퇴직연금의 종류별 과세 구조와 최적화 방법**

퇴직연금은 크게 확정급여형(DB형), 확정기여형(DC형), 그리고 개인형 퇴직연금(IRP)으로 나뉜다. 이들 각각은 과세 구조가 다르므로, 각 유형에 맞는 세금 최적화 전략을 세우는 것이 중요하다. DB형의 경우, 퇴직금이 일시금으로 지급될 때, 근로소득세로 과세되며, 이는 퇴직연금을 한꺼번에 수령하는 경우 상당한 세금 부담을 초래할 수 있다. 예를 들어, 손 씨가 퇴직금으로 1억 원을 한꺼번에 수령할 경우, 근로소득세율에 따라 약 2천만 원 이상의 세금이 발생할 수 있다. 반면, DC형과 IRP는 연금 형태로 수령할 수 있어, 세금 부담을 나눌 수 있는 장점이 있다. 특히 IRP는 일정 금액까지 세액공제 혜택을 받을 수 있어, 절세를 위한 유리한 수단이 된다. 손 씨는 퇴직연금을 IRP로 전환하여 매년 1천만 원씩 수령함으로써, 매년 약 100만 원의 세금을 절감했다.

▶ **퇴직연금 절세 전략**

① 일시금 대신 연금 수령: 일시금으로 받기보다는 연금 형태로 수령하여 세금 부담을 분산시킨다.

② IRP 전환: DC형 또는 IRP로 전환하여 연금 수령 시 세액공제를 극대화한다.

③ 세액공제 한도 활용: IRP를 통해 세액공제를 최대한 활용하여 연말정산에서 세금을 절감한다.

④ 수령 금액 조절: 연간 수령 금액을 조정하여 소득세율 구간을 낮추는 전략을 사용한다.

⑤ 퇴직소득 공제: 퇴직소득 공제를 최대한 활용하여 퇴직금 수령 시 세금을 줄인다.

### (3) 연금계좌와 연금보험: 연금상품별 세금 혜택 비교 및 선택 전략

연금계좌와 연금보험은 개인연금으로, 각각 세금 혜택이 다르다. 연금계좌(개인연금저축)는 납입금액에 대해 연 700만 원 한도의 세액공제를 받을 수 있으며, 연금 수령 시 종합소득세로 과세된다. 연금보험의 경우, 비과세 혜택이 있는 상품도 존재하지만, 이러한 비과세 조건을 충족하려면 10년 이상 유지해야 한다. 연금계좌의 세액공제 한도를 최대한 활용하는 것이 우선적인 전략이다. 이 씨는 연간 700만 원을 연금계좌에 납입하여 매년 약 115만 원의 세금을 공제받았다. 연금보험은 장기적인 관점에서 비과세 혜택을 누리기 위해 꾸준히 유지하는 것이 중요하다. 이 씨는 연금보험에 5천만 원을 일시 납입하고, 10년 후 비과세 혜택을 받아 매년 250만 원씩 연금을 수령함으로써 세금 없이 안정적인 수입원을 확보했다.

▶ 연금계좌 및 연금보험 절세 전략

① 연금계좌 세액공제 활용: 연금계좌 납입 시 최대한도까지 세액공제를 받아 절세 효과를 높인다.

② 연금보험 비과세 혜택: 비과세 조건을 충족할 수 있도록 10년 이상 유지하며, 안정적인 소득원을 확보한다.

③ 상품 간 비교: 연금상품별 수익률과 세금 혜택을 비교하여 최적의 상품을 선택한다.

④ 장기 유지 전략: 연금보험을 장기적으로 유지하여 비과세 혜택을 최대화한다.

⑤ 다양한 상품 활용: 연금계좌와 연금보험을 함께 활용하여 세액공제와 비과세 혜택을 동시에 누린다.

**(4) 연금 수령의 최적화: 연금 수령 시기를 조정하여 세금을 줄이는 방법**

연금 수령 시기를 조정하는 것은 세금을 줄이는 효과적인 방법이다. 연금은 수령 시기에 따라 과세 범위와 세율이 달라지므로, 이를 잘 조정하면 세금 부담을 크게 줄일 수 있다. 예를 들어, 박 씨는 국민연금과 퇴직연금을 동일 시기에 수령하지 않고, 퇴직연금을 먼저 5년간 수령한 후 국민연금을 수령하는 전략을 취했다. 이로 인해 박 씨는 연간 300만 원의 세금을 절감할 수 있었다. 연금 수령을 늦추는 것도 방법이다. 일부 연금상품은 수령을 늦추면 매년 수령액이 증가하는 방식으로 설계되어 있어, 은퇴 초기에는 다른 소득원으로 생활을 유지하고, 연금 수령을 늦추어 총수령액을 늘릴 수 있다. 박 씨는 연금 수령을 5년 늦추고 초기에는 저축과 투자 수익으로 생활하며, 이후 연금을 수령하여 전체 소득을 극대화하는 전략을 통해 매년 500만 원 이상의 추가 소득을 확보했다.

▶ **연금 수령 최적화 절세 전략**

① 수령 시기 조정: 국민연금과 퇴직연금을 다른 시기에 수령하여 소득세 부담을 분산시킨다.

② 연금 수령 이연: 연금 수령을 연기하여 수령액을 증가시키고 세금 부담을 줄인다.

③ 다른 소득원 활용: 은퇴 초기에는 다른 소득원(저축, 투자 수익)으로 생활비를 충당하고 연금을 늦춘다.

④ 연금 수령액 조절: 연금 수령액을 조정하여 과세 구간을 낮추고 세금 부담을 줄인다.

⑤ 장기 수령 계획: 연금 수령 계획을 장기적으로 수립하여 전체 수령액과 세금 부담을 최적화

### (5) 연금의 중도인출 시 세금 문제와 절세 전략

연금을 중도에 인출하는 경우, 예상치 못한 세금 문제가 발생할 수 있다. 연금계좌에서 중도인출 시, 인출금액에 대해 기타소득세가 부과

되며, 이는 상당한 세금 부담으로 이어질 수 있다. 예를 들어, 최 씨가 연금계좌에서 2천만 원을 중도인출했을 때, 약 400만 원의 기타소득세가 발생했다. 이러한 세금 부담을 줄이기 위해서는, 중도인출은 가능한 한 피해야 하며, 불가피한 경우에는 인출 금액을 최소화하는 것이 바람직하다. 연금보험의 경우도 중도 해약 시 비과세 혜택이 사라지며, 해약 환급금에 대해 과세가 이루어질 수 있다. 최 씨는 연금보험을 중도 해약하고 1억 원을 인출하면서 약 2천만 원의 세금을 부담해야 했다. 이러한 절세 전략을 위해서는, 필요 자금은 다른 비과세 자산에서 조달하는 것이 좋다. 비상금을 마련해두거나, 단기 자산에서 필요한 자금을 인출하여 연금을 유지하는 것이 바람직하다.

▶ **연금 중도인출 절세 전략**

① 중도인출 최소화: 연금계좌에서의 중도인출을 가능한 한 피하고, 필요 자금은 다른 비과세 자산에서 조달한다.

② 비상금 마련: 비상금을 마련하여 긴급 상황에서 중도인출을 방지한다.

③ 다른 자산 활용: 단기 자산에서 필요한 자금을 인출하여 연금계좌를 유지한다.

④ 연금 유지 기간 관리: 연금보험의 비과세 조건을 유지할 수 있도록 해약을 피하고, 장기적으로 유지한다.

⑤ 세금 절감 계획: 중도인출 시 발생하는 세금을 최소화하기 위한 계획을 세우고, 인출 금액을 조절한다.

## 4. 은퇴 후 금융소득종합과세

은퇴 후의 금융소득은 중요한 수입원이 될 수 있지만, 이에 따른 세금 부담도 고려해야 한다. 금융소득은 주로 이자와 배당으로 구성되며, 금융소득종합과세 제도는 이러한 소득을 종합하여 과세하는 방식이다. 은퇴자들이 금융소득을 효과적으로 관리하고 절세하는 방법을 이해하는 것은 재정계획에서 매우 중요하다.

### (1) 금융소득의 종류와 과세: 이자, 배당소득의 과세 방식

금융소득은 크게 이자소득과 배당소득으로 구분된다. 이자소득은 은행 예금, 적금, 채권 등에서 발생하는 이자 수익을 말하며, 일반적으로 15.4%의 원천징수세율이 적용된다. 배당소득은 주식이나 펀드에서 받는 배당금으로, 역시 15.4%의 세율로 원천징수된다. 그러나 금융소득이 연간 2,000만 원을 초과할 경우, 금융소득종합과세 대상이 되어 다른 종합소득과 합산되어 과세된다. 이때 적용되는 세율은 6%에서 45%까지의 누진세율이다. 예를 들어, 노 씨가 은퇴 후 은행 예금에서 연간 1,500만 원의 이자소득과 주식 배당금으로 700만 원을 받는다면, 총 2,200만 원이 금융소득으로 계산된다. 이 경우, 2,000만 원을 초과한 200만 원은 다른 소득과 합산되어 종합소득세가 부과된다. 금융소득이 종합과세에 포함될 경우, 세금 부담이 크게 늘 수 있으므로, 이를 사전에 계획하고 관리하는 것이 필요하다.

▶ **금융소득 절세 전략**

① 금융소득 분산: 여러 금융상품으로 소득을 분산하여 연간

2,000만 원을 넘지 않도록 조정한다. 예를 들어, 은행 예금과 적금 대신 채권과 주식형 펀드에 자금을 분산투자하여 소득 발생 시기를 분산할 수 있다.

② 비과세 및 세금우대 상품 활용: 비과세 혜택을 받을 수 있는 금융상품을 활용한다. 예를 들어, 세금우대 종합저축이나 비과세 해외 펀드 등은 세금 부담을 줄이는 데 효과적이다.

③ 소득 시기 조절: 금융소득이 많이 발생하는 해에 다른 소득을 줄이거나 이연하여 과세표준을 낮춘다. 예를 들어, 퇴직금이나 일시금 수령을 조절하여 금융소득이 발생하는 해에 합산되지 않도록 한다.

④ 가족 간 소득 분산: 가족 명의로 자산을 분산하여 소득 합산 과세를 피한다. 예를 들어, 배우자나 자녀의 명의로 금융상품에 가입하면, 각자의 금융소득이 2,000만 원 이하로 유지되도록 조정할 수 있다.

⑤ 정기적인 소득 검토: 금융소득을 정기적으로 점검하고, 종합과세 여부를 사전에 파악하여 계획적으로 관리한다. 세금 시뮬레이션 툴을 활용하여 예상 세금을 계산하고, 적절한 절세 방안을 모색할 수 있다.

**(2) 금융소득종합과세 한도와 절세: 금융소득의 합산 과세 기준 및 절세 방법**

금융소득종합과세는 금융소득이 연간 2,000만 원을 초과할 때 발생하며, 이 초과분은 다른 종합소득과 합산하여 과세된다. 이때 중요한 것은 금융소득의 관리이다. 예를 들어, 우 씨는 채권 이자와 주식 배당금으로 각각 1,200만 원과 900만 원의 소득을 얻었다. 총 2,100만 원이 되어 2,000만 원 초과분인 100만 원은 종합소득세 대상이 된다. 이를 피하기 위해 우 씨는 일부 금융소득을 가족에게 분산시켜 연간 금융소득이 2,000만 원을 넘지 않도록 조정하였다. 이로 인해 우 씨는 종합소득세를 피하고, 약 50만 원의 절세를 이룰 수 있었다.

▶ 금융소득종합과세 절세 전략

① 금융상품 다각화: 다양한 금융상품을 활용하여 금융소득의 종류와 발생 시기를 조절한다. 예를 들어, 채권과 주식형 펀드를 혼합하여 포트폴리오를 구성하면 소득 발생 시기를 조절할 수 있다.

② 저소득 세대주 활용: 소득이 적은 가족 구성원의 명의로 금융상품을 보유하여 소득을 분산한다. 가족 간의 소득 분산을 통해 세금 부담을 줄일 수 있다.

③ 이연 가능한 소득 선택: 발생 시기를 조절할 수 있는 금융상품을 선택하여 필요시 소득을 이연한다. 예를 들어, 채권 만기 시점을 조절하거나 배당주를 장기 보유하여 소득 발생을 지연시킨다.

④ 비과세 금융상품 투자: 세금우대나 비과세 혜택이 있는 금융상품을 적극 활용하여 세금 부담을 줄인다. 비과세 해외 펀드나 장기국채 등 비과세 혜택이 있는 상품에 투자한다.

⑤ 기부금 활용: 금융소득의 일부를 기부하여 기부금 세액공제를 통해 세금을 절감한다. 기부금을 통해 절세 효과를 극대화할 수 있다.

### (3) 금융상품별 세금 효율성:
### 주식, 채권, 펀드 등 금융상품의 세금 비교

금융상품은 각기 다른 세금 효율성을 가지며, 이를 이해하고 활용하는 것이 중요하다. 주식은 배당소득에 대해 원천징수되지만, 주식 매매차익은 비과세되는 반면, 채권은 이자소득세가 부과된다. 펀드는 상품에 따라 다르지만, 채권형 펀드는 이자소득세가, 주식형 펀드는 배당소득세가 부과된다. 표 씨는 은퇴 후 자산을 주식, 채권, 그리고 펀드에 분산투자하여 연간 수익을 창출하였다. 표 씨는 주식에서 배당으로 연 500만 원, 채권 이자로 연 700만 원, 그리고 펀드에서 연 800만 원의 소득을 얻었다. 주식 매매차익은 비과세이므로, 표 씨는 이를 최대한 활용하여 주식투자를 늘렸다. 또한, 채권에서 발생하는 이자소득세를 줄이기 위해 채권형 펀드 대신 주식형 펀드로 전환하여 배당소득세로 전환했다. 이를 통해 표 씨는 매년 약 100만 원의 세금을 절감할 수 있었다.

▶ 금융상품 세금 효율화 전략

① 주식 매매차익 활용: 주식 매매차익이 비과세되는 점을 활용하여 주식투자를 늘린다. 특히 장기적인 주식투자를 통해 매매차익을 극대화한다.

② 배당소득 최적화: 배당소득세가 유리한 상품에 투자하여 세금을 줄인다. 배당률이 높은 주식이나 주식형 펀드를 선택하여 배당소득을 최적화한다.

③ 펀드 선택 전략: 채권형 펀드보다 주식형 펀드에 투자하여 세금 효율을 높인다. 주식형 펀드의 경우 배당소득세가 부과되므로, 배당 수익을 극대화할 수 있다.

④ 국내외 상품 비교: 해외 주식 및 채권 투자 시 국제 세금 협정 혜택을 검토하여 세금을 절감한다. 해외 투자 시 양도소득세 면제를 받는 방법을 활용한다.
⑤ 정기적인 상품 리뷰: 금융상품 포트폴리오를 정기적으로 검토하여 세금 효율성을 최적화한다. 상품별 세금 효율성을 비교하고, 필요시 재조정한다.

## 5. 스스로 하는 연말정산: 환급의 생활화

연말정산은 매년 개인의 세금 관리에서 중요한 역할을 한다. 소득세 부담을 조정하고, 과세 연도의 과다 납부된 세금을 돌려받을 기회를 제공한다. 특히 은퇴를 준비하는 사람들이라면 연말정산을 통해 절세의 효과를 극대화하고, 재정적 안정성을 높이는 데 주력해야 한다.

### (1) 연말정산의 메커니즘 이해

연말정산은 근로자가 매년 납부한 소득세를 최종적으로 정산하는 과정이다. 고용주가 매달 급여에서 원천징수한 세금과 실제로 납부해야 할 세금을 비교하여, 납부한 세금이 과다한 경우 환급을 받고, 부족한 경우 추가 납부를 하게 된다. 이 과정은 세법에 따른 소득공제와 세액공제를 활용하여 진행되며, 연말정산을 통해 근로자는 각종 공제를 받음으로써 실제 소득세 부담을 줄일 수 있다. 이 시스템은 정부 입장에서는 세수의 안정적인 확보를, 근로자 입장에서는 공제를 통해 절세 혜택을 받도록 설계되어 있다. 이해를 돕기 위해 구 씨의 사례를 살펴보자. 구 씨는 연말정산을 통해 매년 100만 원 이상의 세금을 환급받고 있다. 그는 의료비와 교육비 공제를 최대한 활용하여, 매년 꼼꼼히 증빙 서류를 준비하고, 회사에 제출함으로써 실질적인 세금 환급을 받고 있다. 연말정산은 사전 준비와 계획에 따라 환급액을 최대화할 수 있으므로, 연중 내내 관련 지출을 기록하고 관리하는 것이 중요하다.

### (2) 연말정산의 개념과 중요성

연말정산은 근로자에게 있어 세금 환급을 통해 실질적인 소득 증가를 가져다줄 수 있는 중요한 절차이다. 이는 단순히 서류 작업이 아닌, 재정관리의 중요한 부분이다. 특히 은퇴를 준비하는 사람들에게 연말정산은 연금과 각종 소득에 대한 세금을 효율적으로 관리할 기회를 제공한다. 연말정산의 핵심은 다양한 소득공제와 세액공제를 최대한 활용하는 것이다. 예를 들어, 보험료, 의료비, 교육비, 주택자금 공제 등 다양한 항목에서 세금을 줄일 기회이다. 연말정산을 통해 근로자는 연간 소득세 부담을 크게 줄일 수 있으며, 이는 장기적인 재정 안정성을 확보하는 데 도움을 준다. 류 씨의 경우를 보자. 그는 연말정산을 통해 매년 200만 원 이상의 환급을 받고 있으며, 이를 통해 은퇴 후 필요한 자금을 준비하고 있다. 특히, 그는 의료비 공제를 최대한 활용하여 가족의 의료비 지출을 철저히 기록하고, 이를 통해 환급을 극대화하고 있다. 이처럼 연말정산의 중요성을 인식하고, 체계적으로 준비하는 것이 필요하다.

### (3) 환급 가능한 항목 체크리스트: 매년 루틴하게 준비하기

연말정산에서 최대한 환급을 받기 위해서는 다양한 소득공제와 세액공제 항목을 사전에 준비하고, 필요한 증빙 서류를 철저히 관리하는 것이 중요하다. 다음은 매년 루틴하게 준비해야 할 주요 환급 항목 10가지와 준비 방법이다.

#### 1) 보험료 공제

본인과 부양가족을 위해 납입한 건강보험, 생명보험, 개인연금보험료는 소득공제 대상이다. 기본공제 대상자에 대한 보험료 지출은 연말정산 시 공제를 받을 수 있다.

▶ 준비 방법
- 보험회사로부터 보험료 납입 증명서를 발급받아 보관한다.
- 국세청 홈택스에서 제공하는 연말정산 간소화 서비스를 통해 자동으로 자료를 확인할 수 있도록 한다.
- 보험료 납부 내역을 확인하고, 공제 대상 보험료인지 미리 체크한다.

#### 2) 의료비 공제

본인과 부양가족의 의료비 지출 중 연간 총급여액의 3%를 초과하는 금액에 대해 소득공제를 받을 수 있다. 이 공제는 병원비, 약국비, 건강검진 비용 등을 포함한다.

▶ 준비 방법
- 병원과 약국에서 발행하는 영수증을 잘 보관한다.

- 국세청 홈택스의 간소화 서비스를 이용해 의료비 자료를 미리 확인한다.
- 건강검진 및 치과 치료 등 고액의 의료비는 반드시 증빙을 준비하여 공제 신청 시 활용한다.

### 3) 교육비 공제

본인과 부양가족을 위한 교육비(대학교 등록금, 학원비, 유치원비 등)에 대해 소득공제를 받을 수 있다.

▶ 준비 방법

- 교육기관에서 발급한 납입 영수증을 보관한다.
- 국세청 간소화 서비스에서 교육비 자료를 다운로드하고 확인한다.
- 자녀의 학원비 지출 내역도 기록하고, 해당 증빙자료를 챙겨서 공제 신청에 활용한다.

### 4) 기부금 공제

개인이 기부한 금액에 대해 세액공제를 받을 수 있다. 공제율은 기부금의 종류에 따라 다르며, 세액공제로 전환되어 직접 세금에서 차감된다.

▶ 준비 방법

- 기부처에서 발행한 기부금 영수증을 보관한다.
- 국세청 홈택스에 등록된 기부금 내역을 확인하고, 누락된 기부금이 있는지 체크한다.

- 사회복지단체, 종교단체 등에 기부한 금액의 증빙자료를 준비하여 공제 신청에 활용한다.

### 5) 주택자금 공제

주택 임차차입금의 원리금 상환액이나 주택 구입 자금 대출 이자에 대해 소득공제를 받을 수 있다.

▶ 준비 방법
- 금융기관에서 발급한 주택자금 대출 상환 증명서를 준비한다.
- 대출 이자 납입 내역을 기록하고, 필요한 서류를 챙겨서 공제 신청 시 제출한다.
- 주택자금 상환 내역서와 기타 관련 증빙자료를 준비하여 공제 신청에 활용한다.

### 6) 신용카드 사용액 공제

본인과 배우자가 사용한 신용카드, 체크카드, 현금영수증 사용액에 대해 일정 금액 이상 사용 시 소득공제를 받을 수 있다. 이 공제는 연간 총급여액의 25%를 초과한 금액에 적용된다.

▶ 준비 방법
- 국세청 홈택스를 통해 카드사에서 제공하는 사용 내역을 미리 확인한다.
- 신용카드 사용액과 체크카드 사용액, 현금영수증 사용액을 각각 확인하여 공제 가능 금액을 계산한다.
- 가능한 한 신용카드와 체크카드를 함께 사용하여 사용액 공제 혜

택을 최적화한다.

### 7) 월세 세액공제

무주택 세대주가 공제 대상 주택에 대해 월세를 납부한 경우, 월세 납부액의 일정 비율을 세액공제로 받을 수 있다.

▶ 준비 방법
- 임대차 계약서와 월세 납입 영수증을 준비한다.
- 국세청 홈택스를 통해 월세 세액공제 가능 여부를 확인한다.
- 월세 납입 내역을 철저히 기록하고, 임대인과의 계약 조건을 명확히 하여 세액공제를 받는다.

### 8) 장기주식형저축 공제

장기주식형저축에 가입한 경우, 납입금액의 일정 비율을 소득공제로 받을 수 있다. 이는 장기투자 촉진을 위해 제공되는 혜택이다.

▶ 준비 방법
- 금융기관에서 발급하는 장기주식형저축 가입 증명서를 준비한다.
- 납입 내역을 확인하고, 공제 가능한 금액을 미리 계산하여 연말정산에 반영한다.
- 장기주식형저축을 통해 발생한 수익과 공제 가능 금액을 철저히 관리한다.

### 9) 교통비 공제

회사가 지급한 교통비와 관련하여, 근로자가 직접 지출한 교통비에 대해 일정 금액을 공제받을 수 있다.

▶ 준비 방법
- 교통비 영수증과 관련 서류를 준비하여 보관한다.
- 교통비와 관련된 증빙자료를 회사에 제출하고, 공제 가능한 금액을 미리 확인한다.
- 교통비 사용 내역을 주기적으로 점검하고, 공제 가능한 지출 항목을 관리한다.

### 10) 소기업·소상공인 공제부금 납입액 공제

소기업·소상공인 공제부금에 납입한 금액은 소득공제를 받을 수 있다. 이는 자영업자와 소상공인에게 유리한 제도이다.

▶ 준비 방법
- 공제부금 납입 내역서를 준비하여 보관한다.
- 국세청 홈택스를 통해 공제부금 납입액을 확인하고, 소득공제 신청에 반영한다.
- 소기업·소상공인 공제부금에 대한 증빙자료를 철저히 관리하고, 공제 가능한 금액을 최적화한다.

매년 위의 항목들을 체크리스트로 관리하고, 관련 증빙자료를 철저히 준비하는 것이 연말정산 환급을 최대화하는 방법이다. 이 항목들은 사전 준비와 계획을 통해 연말정산을 더 체계적이고 효율적으로 진행할 수 있게 돕는다. 설 씨는 매년 이 체크리스트를 통해 환급 가능 항목을 철저히 관리하고, 연말정산에서 200만 원 이상의 환급을 받음으로써 은퇴준비에 큰 도움을 받고 있다. 연말정산은 단순한 서류 작업을 넘어, 체계적인 재정관리의 중요한 부분이다.

## 6. 스마트 연말정산 도구 활용

연말정산은 복잡한 세법과 다양한 공제 항목들로 인해 많은 사람에게 부담스럽게 느껴질 수 있다. 이를 더 간편하게 처리하기 위해서는 국세청 홈택스를 비롯한 다양한 금융기관의 온라인 플랫폼과 애플리케이션을 활용하는 것이 중요하다. 특히, 연말정산 미리 보기 서비스를 활용하면 예상 세액을 계산하고, 미리 필요한 준비를 할 수 있어 유용하다.

### (1) 국세청 홈택스

국세청 홈택스는 연말정산 간소화 서비스를 통해 소득공제 및 세액공제 자료를 자동으로 불러올 수 있는 기능을 제공한다. 사용자들이 공제 항목을 쉽게 확인하고 신고서를 작성할 수 있도록 돕는다.

▶ 활용 팁

- 자동 자료 불러오기: 홈택스는 각 금융기관과 의료기관의 공제 자료를 자동으로 불러와, 번거로운 서류 준비를 간편하게 해준다.
- 모바일 앱 사용: 홈택스의 모바일 앱을 사용하면 언제 어디서나 자료를 확인하고 연말정산을 진행할 수 있다.

- 정기적인 자료 점검: 연말정산 시즌 전후로 정기적으로 자료를 점검하여 누락된 내역이 없는지 확인한다.

### (2) 연말정산 미리 보기 서비스

연말정산 미리 보기 서비스는 국세청 홈택스에서 제공하는 기능으로, 예상 세액을 계산하고, 추가 공제 가능한 항목을 미리 확인할 수 있다. 이를 통해 납세자는 연말정산 전에 필요한 준비를 하고, 최대한의 환급을 받을 수 있도록 돕는다.

▶ 활용 팁

- 예상 세액 계산: 미리 보기 서비스를 통해 예상되는 소득세와 환급액을 계산하여 연말정산 준비를 체계적으로 할 수 있다.
- 공제 항목 최적화: 예상 세액을 토대로 공제 가능한 항목을 추가로 준비하고, 공제율이 높은 항목을 중심으로 계획을 세운다.
- 가족 공제 점검: 부양가족과 가족의 의료비, 교육비 등의 공제 항목을 미리 점검하여 최대한의 혜택을 받을 수 있도록 한다.

### (3) 각 금융기관에서 제공하는 플랫폼

금융기관에서도 고객을 위한 다양한 연말정산 지원 서비스를 제공하고 있다. 이들 서비스는 금융상품의 소득공제 및 세액공제 내역을 쉽게 관리할 수 있도록 돕는다.

- 금융기관 통합 조회 서비스: 각 금융기관의 앱을 통해 사용자의 금융상품 내역과 카드 사용 내역을 한눈에 확인할 수 있는 기능을 활용한다. 이는 공제 가능 내역을 손쉽게 점검하고, 필요한 자

료를 준비하는 데 도움을 준다.
- 카드사 연말정산 도움 서비스: 카드사에서는 연말정산 시즌에 맞춰 사용 내역을 정리하여 공제 가능 항목을 안내하는 서비스를 제공한다. 이 서비스를 통해 신용카드 사용액 공제 및 소득공제 혜택을 극대화할 수 있다.

### (4) 스마트 연말정산 도구 활용 전략
- 사전 준비: 연말정산 미리 보기 서비스를 사용하여 예상 세액을 미리 계산하고, 필요한 공제 항목을 사전에 준비한다.
- 온라인 플랫폼 활용: 국세청 홈택스와 금융기관의 온라인 플랫폼을 적극 활용하여 공제 자료를 자동으로 수집하고, 서류 준비 시간을 절약한다.
- 모바일 접근성 강화: 스마트폰 앱을 통해 언제 어디서나 연말정산 자료를 확인하고, 누락된 부분이 없는지 수시로 점검한다.
- 가족 공제 최적화: 가족 구성원의 공제 가능 항목을 모두 점검하여, 부양가족 공제 등을 최대한 활용한다.
- 맞춤형 공제 전략 수립: 예상 환급액을 최대화하기 위해 개인별 맞춤형 공제 전략을 수립하고, 실행 가능한 계획을 세운다.

### (5) 실전 연말정산 사례:
**퇴직자의 실제 사례를 통한 연말정산 절차 이해 및 실전 활용법**

퇴직 후에도 연말정산을 통해 세금 환급을 받을 기회는 많다. 아래의 세 가지 사례는 각각 다른 퇴직 후 상황에서 연말정산을 통해 실질직인 절세 효과를 누린 예시를 보여준다. 이를 통해 퇴직자들이 연말정산을 어떻게 준비하고 활용할 수 있는지 구체적으로 이해할 수 있다.

### 1) 사례 1: 퇴직 후 국민연금과 개인연금 수령

▶ **상황**    장 씨는 60세에 퇴직하고 국민연금과 개인연금을 수령하며 생활하고 있다. 연금소득 외에도 본인이 가입한 개인연금보험에서 매달 일정 금액을 수령하고 있어 연간 총 연금소득은 3,000만 원에 이른다.

▶ **연말정산 전략**
- 공제 항목 활용: 장 씨는 의료비와 보험료 공제를 최대한 활용하기 위해 본인과 배우자의 의료비 지출을 꼼꼼히 기록하고, 개인연금보험료 납입 증명을 철저히 준비했다. 이를 통해 연금소득에서 공제를 받아 실질적인 소득세를 절감했다.
- 국세청 홈택스 이용: 홈택스에서 제공하는 연말정산 간소화 서비스를 통해 모든 공제 자료를 자동으로 불러오고, 증빙자료 제출을 간소화했다.
- 환급 결과: 장 씨는는 예상 세액보다 150만 원의 세금을 환급받아 이를 여행 자금으로 활용했다.

▶ **실전 팁**
- 연금소득자의 경우, 의료비 및 보험료 공제를 적극 활용하여 과세표준을 낮추는 것이 중요하다.
- 국세청 홈택스의 간소화 서비스는 증빙자료 수집을 쉽게 해주므로 이를 적극 활용한다.

### 2) 사례 2: 퇴직 후 아르바이트와 임대소득

▶ **상황**   조 씨는 퇴직 후 소일거리로 아르바이트를 하고 있으며, 보유 중인 아파트를 임대하여 월세 수익을 얻고 있다. 아르바이트 소득은 연간 1,200만 원, 임대소득은 1,800만 원으로, 연간 총소득은 3,000만 원이다.

▶ **연말정산 전략**

- 임대소득 공제: 조 씨는 월세 수입에서 공제 가능한 항목(예: 임대차 대출 이자, 관리비)을 꼼꼼히 계산하여 임대소득에서 공제를 받았다.
- 근로소득 공제: 아르바이트 소득에 대한 근로소득 공제를 활용하여 소득세를 절감했다.
- 환급 결과: 조 씨는 총 200만 원의 세금을 환급받아 주택 보수 비용으로 사용했다.

▶ **실전 팁**

- 임대소득자는 관련 비용(대출 이자, 수리비 등)을 철저히 기록하여 공제 혜택을 최대한 활용한다.
- 아르바이트와 같은 근로소득이 있다면, 근로소득 공제를 통해 소득세를 줄일 수 있다.

### 3) 사례 3: 퇴직 후 자산 투자 및 기부 활동

▶ **상황**   서 씨는 퇴직 후 보유 자산을 적극적으로 투자하며 생활하고 있다. 주식 배당금과 채권 이자 수익이 연간 2,500만 원에 이르고, 매년 일정 금액을 사회복지단체에 기부하고 있다.

▶ 연말정산 전략

- 금융소득 공제: 서 씨는 배당소득공제를 활용하여 금융소득에서 발생하는 세금을 줄였다. 또한, 채권 이자소득에 대한 절세 전략을 사전에 계획했다.
- 기부금 세액공제: 기부금 영수증을 철저히 준비하여 기부금에 대한 세액공제를 받아 세금 부담을 크게 줄였다.
- 환급 결과: 서 씨는 총 300만 원의 세금을 환급받아 이를 재투자 자금으로 사용했다.

▶ 실전 팁

- 금융소득자는 배당소득공제와 같은 금융상품의 공제 항목을 적극 활용한다.
- 기부금 공제는 세액공제로 바로 환급에 반영되므로, 기부 계획을 세울 때 이를 고려하여 전략적으로 활용한다.

## 7. 은퇴 후 종합소득세와 절세 전략

은퇴 후의 종합소득세는 은퇴자에게 상당한 재정적 부담이 될 수 있다. 소득원이 다양해지고, 그에 따른 과세 범위가 확장되기 때문이다. 이러한 세금 부담을 효과적으로 관리하기 위해서는 철저한 사전 준비와 체계적인 절세 전략이 필수적이다. 이번에는 은퇴 후 종합소득세의 압박과 이를 극복하기 위한 필수 절세 전략, 그리고 다양한 상황에 따른 종합소득세 절세 사례를 다룬다.

### (1) 은퇴 후 종합소득세가 주는 압박

은퇴 후 종합소득세의 부담은 예상보다 크다. 은퇴 전과 달리 근로소득이 아닌 연금, 임대소득, 금융소득 등 다양한 소득이 발생하면서 세금이 복잡해지고 부담이 가중된다. 예를 들어, 국민연금, 퇴직연금과 같은 연금소득이 과세 대상이 되며, 금융소득이 연간 2,000만 원을 초과할 경우 다른 소득과 합산되어 높은 세율로 과세된다. 특히 부동산 임대소득이 있는 경우, 소득이 상당한 수준에 이르면 최고 45%의 종합소득세율이 적용될 수 있다. 이러한 상황은 은퇴자들에게 예상치 못한 세금 부담을 안겨주며, 재정적 압박을 가중시킨다.

최 씨는 은퇴 후 국민연금과 개인연금, 그리고 임대소득으로 생활하고 있었으나, 총소득이 종합과세 구간을 초과하면서 예상보다 많은 세금을 납부하게 되었다. 그는 이러한 세금 부담을 줄이기 위해 절세 전략을 세우고자 했다. 은퇴 후 종합소득세를 효과적으로 관리하기 위해서는 소득의 종류와 발생 시기를 꼼꼼히 점검하고, 절세 계획을 철저히 세워야 한다.

### (2) 필수 절세 전략 12가지

효과적인 절세 전략은 은퇴자의 재정적 안정성을 높이는 데 중요한 역할을 한다. 아래는 은퇴 후 종합소득세 부담을 줄이기 위한 필수 절세 전략 12가지다.

#### 1) 소득 시기 조절

은퇴 후 연금과 기타소득의 수령 시기를 조절하여 소득세 과세표준을 낮추는 것이 중요하다. 예를 들어, 연금 수령 시기를 조정해 소득이 적은 해에 집중적으로 연금을 수령하면 누진세율을 낮출 수 있다. 연금 수령을 이연하거나 일시금 대신 분할 수령을 선택하는 것도 효과적인 방법이다. 이를 통해 연간소득을 일정 수준 이하로 유지하여 종합소득세율을 최적화할 수 있다.

### 2) 부양가족 공제 활용

부양가족이 있는 경우, 소득공제를 최대한 활용하여 과세표준을 줄인다. 특히 배우자나 자녀의 의료비, 교육비, 보험료 등에 대한 공제를 적극 활용한다. 공제 가능한 부양가족을 최대한 늘리기 위해 가족의 소득 및 공제 가능성을 검토하여 필요한 증빙 서류를 철저히 준비한다.

### 3) 연금저축과 IRP 활용

연금저축계좌와 개인형 퇴직연금(IRP)에 추가 납입하여 세액공제를 받는 것이 유리하다. 연금저축과 IRP는 각각 연 600만 원과 900만 원까지 세액공제를 받을 수 있어, 최대한의 세액공제를 위해 납입 한도를 채운다. 이를 통해 세금을 절감하고, 노후 자금을 효율적으로 관리할 수 있다.

### 4) 비과세 금융상품 투자

비과세 혜택이 있는 금융상품(예: 비과세 해외 펀드, 장기채권 등)에 투자하여 세금을 절감한다. 비과세 금융상품을 활용하면 이자나 배당소득에 대한 세금 부담을 크게 줄일 수 있다. 투자 시 상품의 조건과 세금 혜택을 꼼꼼히 검토하여 최적의 투자를 계획한다.

### 5) 임대소득 절세

임대소득에서 공제 가능한 비용(예: 수리비, 관리비, 대출 이자 등)을 꼼꼼히 계산하여 공제받는다. 임대차 계약서, 비용 관련 영수증 등을 철저히 관리하여 소득세 신고 시 공제 항목으로 활용한다. 또한, 임대차 보증금에 대한 소득세 부담을 줄이기 위해 적절한 계약 조건을 설정한다.

### 6) 기부금 세액공제

기부금을 통해 세액공제를 받아 세금을 줄인다. 기부금은 세액공제로 전환되어 직접 세금에서 차감되므로, 기부 계획을 세울 때 이를 고려하여 전략적으로 활용한다. 기부금 영수증을 철저히 준비하고, 세액공제 대상 기부단체를 선택하여 기부한다.

### 7) 다른 명의 자산 분산

가족 구성원의 명의로 자산을 분산하여 소득이 과세표준을 초과하지 않도록 조정한다. 이를 통해 가족 간 소득을 분산하여 종합소득세 부담을 줄일 수 있다. 다만, 명의신탁이나 증여세 문제를 사전에 검토하고 적법한 절차를 따르는 것이 중요하다.

### 8) 고령자 우대 공제

고령자 우대 공제 혜택을 받아 소득세를 줄인다. 일정 연령 이상의 고령자는 추가적인 소득공제를 받을 수 있으며, 이를 통해 과세표준을 낮출 수 있다. 고령자 공제는 만 65세 이상에게 적용되며, 추가 소득공제를 제공하여 세금 부담을 줄인다.

### 9) 노후설계상품 공제

노후설계상품에 투자하여 추가적인 공제 혜택을 받는다. 다양한 노후상품을 활용하여 공제 범위를 확대하고, 장기적인 재정계획을 세운다. 노후설계상품의 조건과 혜택을 비교하여 최적의 상품을 선택한다.

### 10) 전문가 상담 및 정기적 재무 검토

은퇴 전문가의 조언을 받아 절세 계획을 수립하고, 세법 개정에 대비한다. 전문가의 도움을 받아 최신 세법 정보와 절세 방법을 활용하여 세금 부담을 줄인다. 세무 전문가와의 정기적인 상담을 통해 재정계획을 점검하고 최적화한다. 소득과 지출을 정기적으로 점검하고, 절세 계획을 수정한다. 변경된 세법에 따라 소득 구조를 조정하여 세금 부담을 줄인다. 정기적인 재무 검토를 통해 소득과 지출을 효율적으로 관리하고, 절세 전략을 지속해서 업데이트한다.

### (3) 주택연금과 종합소득세 절세

주택연금은 은퇴자들이 재정적인 안정을 유지하면서 세금 부담을 줄이는 데 중요한 역할을 한다. 주택연금은 고령자가 보유한 주택을 담보로 매월 일정 금액을 연금 형태로 받는 제도이며, 이는 은퇴 후 소득원을 다양화하고 안정적인 현금흐름을 제공한다. 주택연금은 일반적으로 종합소득세에 영향을 미칠 수 있는 여러 방식으로 활용될 수 있으며,

이를 통해 절세 효과를 누릴 수 있다. 다음은 주택연금과 종합소득세 절세의 관련성을 설명하는 몇 가지 주요 요소다.

**1) 주택연금의 절세 효과**

- 비과세 혜택

주택연금으로 받는 연금액은 비과세 소득에 해당한다. 이는 즉시 과세 대상이 되는 다른 소득원과 달리, 주택연금 수령액에 대해서는 별도의 종합소득세 부담이 없다. 따라서 주택연금은 고령자에게 추가적인 소득을 제공하면서도 세금 부담을 줄이는 데 유리하다.

- 소득 구간 관리

주택연금을 통해 비과세 소득을 확보하면, 과세 대상 소득을 조정하여 종합소득세 과세 구간을 낮출 수 있다. 이를 통해 누진세율 적용을 피하거나 낮은 세율을 적용받아 전체적인 세금 부담을 줄일 수 있다. 주택연금은 과세표준을 낮추어 다른 소득에 대한 세금 부담을 완화하는 효과를 제공한다.

- 자산관리의 유연성

주택연금은 고령자가 보유한 주택자산을 유동화하여 활용할 방법을 제공한다. 이를 통해 자산을 유지하면서도 매월 현금흐름을 확보하여 생활비나 기타 필요 자금으로 활용할 수 있다. 주택을 매각하지 않고도 현금흐름을 얻을 수 있어, 자산관리의 유연성을 높인다.

- 노후 소득 안정성 강화

주택연금은 은퇴자에게 안정적인 노후 소득을 제공하여 재정적 안정을 강화한다. 이를 통해 다른 소득원이 부족한 경우에도 생활비를 충당할 수 있으며, 세금 문제로 인한 재정적 불안정성을 완화할 수 있다.
- 기타 공제 항목 최적화

주택연금을 통한 비과세 소득 확보는 다른 과세 소득의 공제 항목 최적화를 돕는다. 주택연금을 수령하는 동안, 다른 소득에서 공제 가능한 항목을 최대한 활용하여 종합소득세 부담을 줄인다.

### 2) 사례: 주택연금을 활용한 절세 전략

▶ **상황**  최 씨는 70세로, 서울에 자가 주택을 소유하고 있다. 은퇴 후 국민연금과 퇴직연금으로 생활하고 있으며, 총소득은 연간 3,200만 원이다. 최 씨는 추가적인 생활비를 위해 주택연금을 신청하여 매월 100만 원을 수령하기로 했다.

▶ **절세 전략 및 효과**
- 비과세 소득 확보: 주택연금으로 매월 100만 원을 수령하므로 연간 1,200만 원의 비과세 소득을 확보했다. 이를 통해 과세표준이 높아지지 않아 다른 소득에 대한 세금 부담을 피했다.
- 소득 구간 최적화: 주택연금을 통해 비과세 소득을 확보함으로써, 국민연금과 퇴직연금소득에 대한 종합소득세 부담을 최소화했다. 과세 구간을 낮추어 전체적인 세금 부담을 줄였다.
- 재정 안정성 강화: 주택연금으로 안정적인 현금흐름을 확보하여 예기치 않은 지출에 대비하고, 기타 공제 항목을 최대한 활용하여 절세 효과를 극대화했다.

▶ **실행 팁**
- 주택연금을 신청하기 전에 수령액과 조건을 꼼꼼히 검토하고, 주

택의 현재 가치와 개인의 재정 상황을 고려하여 최적의 연금 수령 계획을 수립한다.
- 주택연금과 다른 소득원의 균형을 맞춰 과세표준을 최적화하여 종합소득세 부담을 줄인다.

### (4) 상황별 종합소득세 절세 사례 3가지

아래의 세 가지 사례는 각각 다른 상황에서의 종합소득세 절세 전략을 보여준다. 이를 통해 다양한 상황에 맞는 절세 방법을 이해할 수 있다.

#### 1) 사례 1: 연금 수령과 금융소득의 조화

▶ **상황** 박 씨는 퇴직 후 국민연금과 퇴직연금을 수령하며, 주식 배당금으로 추가 소득을 얻고 있다. 연간 연금소득은 2,400만 원, 배당소득은 1,600만 원으로 총소득이 4,000만 원이다.

▶ **절세 전략 및 효과**
- 배당소득공제 활용: 박 씨는 배당소득공제를 통해 배당소득에서 발생하는 세금을 줄였다. 배당소득의 15%까지 공제받아 과세표준을 낮추었다. 이를 위해 배당소득을 관리하고, 세금 신고 시 공제 항목을 정확히 기재했다.
- 연금 수령 시기 조정: 연금 수령 시기를 조정하여 소득이 적은 해에 집중적으로 연금을 수령, 과세표준을 낮췄다. 이를 위해 연금 수령 계획을 사전에 세우고, 연금기관과 상담하여 수령 시기를 조정했다.

- 환급 결과: 박 씨는 절세 전략을 통해 150만 원의 세금을 절감하여 이를 여유 자금으로 확보했다.

▶ 실행 팁
- 배당소득은 배당소득공제를 통해 세금을 줄일 수 있으므로, 배당 수익의 구조를 미리 계획하고 관리한다.
- 연금 수령은 가능한 한 소득이 적은 시기에 집중하여 수령하는 것이 유리하다.

### 2) 사례 2: 임대소득과 공제 항목의 활용

▶ **상황**  이 씨는 아파트를 임대하여 월세 수익을 얻고 있으며, 고령자로서 추가 공제를 받을 수 있다. 연간 임대소득은 3,000만 원이다.

▶ **절세 전략 및 실행**
- 임대 비용 공제 활용: 이 씨는 임대차 대출 이자, 수리비 등 공제 가능한 항목을 최대한 활용하여 임대소득에서 공제를 받았다. 임대차 계약서와 관련 비용 영수증을 철저히 보관하고, 소득세 신고 시 정확히 기재했다.
- 고령자 우대 공제 활용: 고령자 공제를 통해 소득세 과세표준을 낮추었다. 나이에 따른 추가 공제를 받아 세금을 줄였다. 고령자 공제를 위해 필요한 서류를 준비하고, 세무서에 제출하여 공제를 받았다.
- 환급 결과: 이 씨는 절세 전략을 통해 200만 원의 세금을 환급받아 이를 재투자에 활용했다.

▶ 실행 팁

- 임대소득자는 관련 비용(대출 이자, 수리비 등)을 철저히 기록하여 공제 혜택을 최대한 활용한다.
- 고령자 공제는 일정 연령 이상에게 적용되므로, 나이에 따른 추가 공제를 활용하여 세금을 줄인다.

### 3) 사례 3: 다자녀 공제와 기부금 활용

▶ **상황**  최 씨는 자녀가 3명 있는 다자녀 가구로, 자녀 교육비와 기부금을 통해 세액공제를 받고 있다. 연간소득은 연금소득 2,500만 원, 기타소득 1,000만 원이다.

▶ **절세 전략 및 실행**

- 다자녀 공제 활용: 자녀가 많아 추가로 받을 수 있는 다자녀 공제를 최대한 활용했다. 자녀 교육비와 관련된 영수증을 철저히 보관하고, 소득세 신고 시 공제 항목을 정확히 기재했다.
- 교육비 및 기부금 공제 활용: 자녀 교육비와 기부금을 통해 세액공제를 받아 소득세를 절감했다. 교육비 납입 영수증과 기부금 영수증을 철저히 준비하고, 공제 신청 시 제출하여 세금을 줄였다.
- 환급 결과: 최 씨는 총 250만 원의 세금을 환급받아 이를 자녀 교육비로 사용했다.

▶ **실행 팁**

- 다자녀 공제는 자녀 수에 따라 추가 소득공제를 받을 수 있으므로, 자녀 수를 기반으로 한 공제 계획을 세운다.
- 기부금은 세액공제로 직접 환급에 반영되므로, 기부 계획을 세울 때 이를 고려하여 전략적으로 활용한다.

**키워드 16**

# 장기 간병 및 의료비 계획

1. 장기 간병의 중요성과 이해
2. 장기 간병의 이유
3. 장기 간병 상태에서의 변화
4. 지금부터 시작하는 장기 간병 예방과 준비
5. 성인병은 습관병
6. 장기간병보험: 이해와 선택
7. 간병 비용 절감 방법과 제도
8. 한국은퇴설계연구소의 사례 연구
9. 장기 간병 계획의 실천

# 1. 장기 간병의 중요성과 이해

**(1) 초고령사회에서의 장기 간병: 왜 지금 준비해야 할까?**

한국은 2024년 12월 24일 초고령사회로 빠르게 진입을 완료했다. 2000년 고령화사회 진입 이후 세계에서 가장 빠른 속도다. 이는 단순히 빠른 속도가 아니라 우리 사회 전체의 구조와 기능에 큰 변화를 의미한다. 특히, 장기 간병의 필요성은 더욱 커지고 있다. 많은 사람이 '나는 오지 않을 거야'라는 안이한 생각을 가지고 있지만, 현실은 그렇지 않다. 최근 통계에 따르면, 65세 이상의 한국인 중 약 54.9%가 두 가지 이상의 만성질환을 앓고 있으며, 이는 나이가 들수록 증가한다. 장기 간병은 이제 피할 수 없는 현실이다. 따라서 지금부터 준비하지 않으면 나중에 큰 어려움을 겪을 수 있다.

장기 간병을 준비하는 것은 단순히 개인의 문제가 아니다. 가족과 사회 전체에 큰 영향을 미친다. 한국의 경우, 전통적으로 가족이 노인을 돌보는 역할을 했지만, 최근 들어 가족의 역할이 점차 줄어들고 있다. 2006년에는 67.3%의 한국인이 부모 돌봄이 가족의 책임이라고 생각했지만, 2020년에는 그 비율이 29%로 감소했다. 이는 사회적 변화와 더불어 장기간병보험제도의 도입으로 인한 결과다.

**(2) 노후준비의 새로운 패러다임**

노후준비는 이제 새로운 패러다임으로 전환되고 있다. 과거에는 은퇴 후의 삶을 단순히 경제적으로 준비하는 것이 주된 목표였다면, 이제는 건강한 삶과 장기 간병에 대한 대비가 더욱 중요해졌다. 장수의 패러다임이 변화하면서, 기존의 생애주기 가설은 60세를 전후로 나누는 라이프사이클을 제시했으나, 이제는 그러한 구분이 의미가 없어지고 있다. 60세 전후의 은퇴기는 사라지고, 은퇴 아닌, 은퇴인 듯 은퇴 같은 '은퇴 전환기'와 의학기술의 발달과 개인적 웰빙 라이프스타일로 인한 '장기 간병기'가 새로운 트렌드가 되고 있다.

장기간병보험의 도입 이후, 사람들은 노후준비 방식을 많이 달리하고 있다. 2008년에 도입된 장기간병보험(LTCI)은 많은 노인에게 큰 도움이 되고 있지만, 아직도 많은 사람이 이를 제대로 이해하지 못하고 있다. 장기간병보험은 노후에 필요한 간병 비용을 지원해주는 제도이다. 따라서, 어떤 보험이 본인에게 가장 적합한지를 알고 선택하는 것이 매우 중요하다. 이 보험을 잘 이해하고 활용하면, 노후의 경제적 부담을 크게 줄일 수 있다.

장기 간병을 대비하기 위해서는 먼저 자신의 건강 상태를 철저히 점검하고, 이에 맞는 계획을 세워야 한다. 또한, 정부와 민간에서 제공하는 다양한 지원제도를 최대한 활용하는 것이 필요하다. 예를 들어, 정부는 장기간병보험 외에도 다양한 건강관리 프로그램과 재정 지원을 제공하고 있다. 이러한 제도를 잘 활용하면, 장기 간병으로 인한 경제적 부담을 줄일 수 있다.

사례 연구를 통해 성공적인 장기 간병 준비의 예를 살펴보면, 조기에 준비하고 적절한 보험상품을 선택하며 건강한 생활 습관을 유지하는 것이 중요하다는 것을 알 수 있다. 반대로, 준비가 부족하거나 잘못된 선택을 한 경우에는 큰 어려움을 겪게 된다. 이러한 사례들은 우리가 장기 간병을 준비하는 데 큰 교훈을 제공한다.

장기 간병은 이제 우리의 삶에서 피할 수 없는 현실이다. 지금부터 철저히 준비하고 적절한 계획을 세운다면, 건강하고 안정된 노후를 맞이할 수 있을 것이다.

## 2. 장기 간병의 이유

### (1) 왜 우리는 장기 간병을 대비해야 할까?

장기 간병에 대비하는 것은 우리의 미래 삶의 질과 직접 연관되어 있다. 한국은 빠르게 고령화가 진행되고 있으며, 이는 경제적, 사회적, 그리고 개인적인 차원에서 큰 변화를 가져오고 있다. 노인 인구가 증가함에 따라 만성질환의 발병률도 함께 증가하고 있다. 이는 개인의 신체적, 정신적 건강뿐만 아니라 경제적 안정을 위협한다. 예를 들어, 심혈관 질환, 당뇨병, 관절염과 같은 만성질환은 노년층에서 흔히 발생하며, 이러한 질환들은 일상생활의 독립성을 저해하고 지속적인 간병을 필요로 한다.

또한, 장기 간병에 대한 대비는 경제적 부담을 줄이는 데 중요한 역할을 한다. 장기 간병의 경우, 간병 비용이 상당히 높기 때문에 사전에 대비하지 않으면 큰 재정적 어려움을 겪을 수 있다. 실제로 장기간병보험 없이 노후를 맞이하면 필요한 간병 비용을 감당하기 어려울 수 있다. 따라서 장기 간병에 대한 철저한 준비와 재정계획은 필수적이다.

### (2) 장기 간병을 초래하는 다양한 이유

장기 간병의 주요 원인은 생리적, 정신적, 사회적, 환경적 요인들이 복합적으로 작용하기 때문이다.

첫째, 생리적 변화가 있다. 나이가 들수록 신체는 자연스럽게 퇴화하고, 만성질환의 발생 빈도가 높아진다. 예를 들어, 관절염, 심혈관 질환, 당뇨병 등의 만성질환은 나이가 들수록 더 빈번하게 발생한다. 이러한 만성질환들은 개인의 일상생활을 어렵게 만들고, 장기 간병의 주요 원인이 된다.

둘째, 정신적 건강 문제도 중요한 요인이다. 나이가 들면서 치매나 알츠하이머 같은 신경 퇴행성 질환의 발병 가능성이 커진다. 이러한 질환들은 환자가 일상생활을 독립적으로 수행하는 것을 어렵게 만들며, 지속적인 간병을 필요로 하게 된다. 정신적 건강 문제는 개인의 삶의 질을 크게 저하시킬 뿐만 아니라, 가족과 사회에도 큰 부담을 준다.

셋째, 사회적 요인도 장기 간병의 주요 원인 중 하나다. 가족 구조의 변화로 인해 전통적으로 가족이 담당하던 간병 역할이 줄어들고 있다. 이는 사회적 지원 시스템의 필요성을 증가시키고, 장기간병보험과 같은 제도의 중요성을 부각시킨다. 또한, 고령 인구의 증가로 인해 장기 간병의 수요가 급격히 증가하고 있으며, 이에 대한 대비가 필요하다.

마지막으로, 환경적 요인도 장기 간병에 큰 영향을 미친다. 예를 들어, 주거 환경이 노인의 건강과 직결된다. 접근성이 떨어지는 주거 환경이나 안전하지 않은 생활 환경은 노인의 건강을 악화시키고, 장기 간병의 필요성을 증가시킨다. 따라서 주거 환경을 개선하고, 노인이 안전하고 편안하게 생활할 수 있는 환경을 조성하는 것이 중요하다.

이러한 요인들을 고려하여 장기 간병을 대비하기 위해서는 건강을 유지하고 만성질환을 예방하는 것은 물론, 재정적인 준비와 더불어 적절한 사회적 지원을 받는 것이 필요하다. 또한, 주거 환경을 개선하고, 노인의 삶의 질을 향상시키기 위한 노력이 중요하다. 이러한 준비를 통해 우리는 더욱 건강하고 안정된 노후를 맞이할 수 있을 것이다.

## 3. 장기 간병 상태에서의 변화

### (1) 장기 간병의 삶: 무엇이 달라질까?

장기 간병 상태는 개인의 삶을 철저히 뒤바꾼다. 일단 병에 걸리면 일상생활의 자율성은 급격히 감소한다. 만성질환이나 신체적 제한으로 인해 스스로 일상적인 활동을 수행하기 어려워지며, 이는 개인의 삶의 질을 심각하게 저하하는 요인이 된다. 침대에서 종일 보내야 하거나, 다른 사람의 도움 없이는 기본적인 활동조차 할 수 없는 상태에 처하게 되는 것이다. 외출이나 사회적 활동은 물론, 가족과의 교류도 급격히 줄어들어 극도의 사회적 고립감을 느끼게 된다.

이러한 신체적 고통은 정신적 건강에도 심각한 영향을 미친다. 장기 간병 상태에서 많은 사람이 우울증과 불안증을 경험하게 되며, 이는 환자의 전반적인 삶의 만족도를 크게 떨어뜨린다. 연구에 따르면, 장기 간병 상태의 노인들은 신체적 고통뿐만 아니라 심리적 스트레스와 절망감에 시달리며, 이는 자살 충동으로까지 이어질 수 있다. 정신적 고통은 신체적 고통과 맞물려 악순환을 이루며, 환자는 점점 더 깊은 절망에 빠지게 된다.

### (2) 몸과 마음, 그리고 가정경제에 미치는 영향

장기 간병은 개인의 신체적, 정신적 건강뿐만 아니라 가정경제에도 치명적인 영향을 미친다. 의료비와 간병 비용은 천문학적인 수준에 이르며, 이는 가정의 재정 상태를 크게 악화시킨다. 장기 간병에 드는 비용은 단순한 의료비를 넘어서 간병인 비용, 재활치료비, 특수 장비 구입비 등으로 이어지며, 가정경제에 큰 부담을 준다. 예를 들어, 장기 요양시설에 입소할 경우 연간 수천만 원이 소요될 수 있으며, 이는 대부분의 가정에서 감당하기 어려운 금액이다.

가족 구성원들도 큰 희생을 감수해야 한다. 많은 경우 가족 구성원들이 직접 간병을 담당하게 되며, 이는 그들의 일상생활과 직장 생활에 심각한 영향을 미친다. 가족 구성원이 간병에 많은 시간을 할애해야 하므로, 경제활동에 참여할 기회가 줄어들고, 이는 가정의 경제적 안정성을 심각하게 위협한다. 간병을 담당하는 가족 구성원들은 직장 생활과 간병을 병행하면서 높은 수준의 스트레스와 심리적 압박을 경험하게 된다.

장기 간병 상태는 단순한 개인의 문제가 아니다. 이는 가정과 사회 전체에 걸쳐 심각한 영향을 미치며, 철저한 대비가 없으면 큰 재앙으로 이어질 수 있다. 장기 간병의 위험에 대비하고, 경제적 부담을 줄이기 위해 지금부터 준비하는 것이 절대적으로 필요하다. 성공적인 사례로는 조기에 장기간병보험에 가입하고, 지속적인 건강관리를 통해 장기 간병 상태에서도 높은 삶의 질을 유지한 경우가 있다. 반대로, 준비가 부족한 경우에는 경제적 파탄과 심리적 고통을 겪게 되는 사례도 많다.

장기 간병 상태는 개인과 가족의 삶을 송두리째 바꿔놓을 수 있다. 이러한 변화에 대비하기 위해서는 철저한 준비와 계획이 필요하다. 건강한 노후를 위해 지금부터 장기 간병에 대비하는 것이 중요하다.

## 4. 지금부터 시작하는 장기 간병 예방과 준비

장기 간병은 많은 사람이 나이가 들면서 피할 수 없는 현실이 된다. 하지만 지금부터 예방과 대비를 철저히 한다면 그 영향을 최소화할 수 있다. 첫 번째 단계는 건강한 생활 습관을 유지하는 것이다. 규칙적인 운동, 균형 잡힌 식단, 금연, 그리고 적절한 음주는 만성질환의 발생을 줄이는 데 중요한 역할을 한다. 예를 들어, 심혈관 질환이나 당뇨병 같은 만성질환을 예방하면 장기 간병의 필요성을 크게 줄일 수 있다. 또한, 정기적인 건강검진을 통해 질병을 조기에 발견하고 관리하는 것도 중요하다.

### (1) 건강과 재정, 두 마리 토끼 잡기

장기 간병 예방과 대비를 위해서는 건강뿐만 아니라 재정적인 준비도 필수적이다. 장기간병보험에 가입하는 것이 그 첫걸음이다. 장기간병보험은 노후에 필요한 간병 비용을 지원해주며, 이를 통해 경제적 부담을 줄일 수 있다. 한국에서는 다양한 장기간병보험 상품이 제공되고 있으며, 자신의 필요와 예산에 맞는 상품을 선택하는 것이 중요하다. 보험을 선택할 때는 보험료, 보장 범위, 그리고 지급 조건 등을 꼼꼼히 비교해야 한다.

재정계획을 세우는 것도 중요한 부분이다. 노후에 발생할 수 있는 의료비와 간병 비용을 대비하여 적절한 재정계획을 세우는 것이 필요하다. 예를 들어, 개인연금상품이나 저축 계획을 통해 필요한 자금을 마련하는 것이 좋다. 이와 함께, 정부에서 제공하는 장기 요양 서비스나 노인 지원 프로그램을 최대한 활용하는 것도 경제적 부담을 줄이는 데 도움이 된다.

성공적인 사례로는, 장기 간병을 대비하여 건강한 생활 습관을 유지하고, 적절한 보험상품을 선택하며, 정부 지원을 최대한 활용한 경우가 있다. 반대로, 준비가 부족한 경우에는 큰 경제적 어려움과 건강 악화를 겪는 사례도 많다. 이러한 사례들은 우리가 장기 간병을 대비하는 데 중요한 교훈을 제공한다. 장기 간병에 대비하기 위해서는 지금부터 철저한 건강관리와 재정계획을 세우는 것이 중요하다. 건강한 노후를 위해 지금부터 예방과 준비를 철저히 하자. 다음은 건강과 재정 두 마리 토끼를 잡기 위한 체크리스트다.

### (2) 건강에 관한 준비 6가지

① 규칙적인 운동: 매일 최소 30분 이상 걷기, 자전거 타기, 수영 등의 신체 활동을 통해 체력을 유지한다. 규칙적인 운동은 심혈관 건강을 유지하고 만성질환을 예방하는 데 도움이 된다.

② 균형 잡힌 식단: 과일, 채소, 전곡, 단백질 등을 골고루 섭취하며,

가공식품과 설탕, 소금 섭취를 줄인다. 건강한 식단은 만성질환 예방에 필수적이다.

③ 정기 건강검진: 매년 건강검진을 받아 만성질환을 조기에 발견하고 관리한다. 조기 발견은 치료 비용과 시간을 줄이는 데 중요하다.

④ 금연과 절주: 담배는 끊고, 술은 적당히 마신다. 흡연과 과음은 각종 질병의 원인이 되므로 건강관리를 위해서는 금연과 절주가 필수적이다.

⑤ 정신 건강관리: 스트레스 관리, 요가, 명상, 그리고 필요시 정신 건강 전문가의 도움을 받아 정신 건강을 유지한다. 정신적 안정은 신체 건강에도 긍정적인 영향을 미친다.

⑥ 사회적 활동 참여: 가족, 친구와의 교류를 유지하고, 동호회나 자원봉사활동에 참여하여 사회적 고립을 예방한다. 활발한 사회적 활동은 전반적인 삶의 질을 높이는 데 도움이 된다.

**(3) 재정적인 준비 6가지**

① 장기간병보험 가입: 다양한 장기간병보험 상품을 비교하여 자신에게 맞는 보험을 선택한다. 보험은 간병 비용 부담을 줄이는 데 중요한 역할을 한다.

② 비상 자금 마련: 예상치 못한 의료비와 간병 비용을 대비해 비상 자금을 마련해 둔다. 긴급 상황에 대비한 자금은 재정적 충격을 완화한다.

③ 주거 형태의 변경 예측: 노후에는 주거 환경이 중요하다. 필요시

주거 형태를 변경하여 안전하고 편리한 생활 환경을 조성할 수 있도록 준비한다. 예를 들어, 엘리베이터가 있는 아파트로 이사하거나, 주택 개조를 통해 생활의 편리성을 높일 수 있다.

④ 정부 지원 프로그램 활용: 정부에서 제공하는 장기 요양 서비스 및 노인 지원 프로그램을 적극 활용하여 재정적 부담을 줄인다.

⑤ 가족과 재정계획 공유: 가족들과 재정계획을 공유하고, 필요시 가족의 지원을 받을 수 있도록 협력한다. 가족의 지원은 간병 부담을 나누는 데 큰 도움이 된다.

⑥ 재정 전문가 상담: 금융 전문가와 상담하여 구체적이고 실질적인 재정계획을 수립한다. 전문가의 조언은 재정계획을 더 철저하게 만드는 데 도움을 준다.

## 5. 성인병은 습관병

**(1) 나쁜 습관이 부른 성인병, 미리 막아야 하는 이유**

성인병은 대부분 우리의 생활 습관에서 비롯된다. 나쁜 식습관, 운동 부족, 흡연, 과음 등은 심각한 만성질환으로 이어진다. 이런 습관들은 초기에는 무증상일 수 있지만, 시간이 지나면 치명적인 건강 문제로 발전할 수 있다. 비만, 당뇨병, 고혈압, 심장 질환은 그 대표적인 예다. 비만은 특히 당뇨병과 심혈관 질환의 주요 원인으로 작용하며, 당뇨병은 심장마비와 뇌졸중의 위험을 크게 높인다.

고혈압은 '침묵의 살인자'로 불리며, 증상이 나타나기 전에 이미 심각한 건강 문제를 일으킨다. 흡연은 폐암, 심장병, 만성 폐쇄성 폐질환(COPD) 등의 위험을 증가시키며, 과도한 음주는 간 질환, 고혈압, 심지어 암까지도 초래할 수 있다. 이런 질병들은 치료가 어렵고, 일단 발병하면 삶의 질을 크게 저하시킬 뿐만 아니라, 사망 위험도 높인다.

### (2) 성인병이 부르는 경제적 손해

성인병은 개인과 사회에 막대한 경제적 손해를 초래한다. 미국에서는 당뇨병으로 인한 연간 의료비와 생산성 손실 비용이 약 3270억 달러에 달한다. 이는 약 1조 원 이상의 금액으로, 한국에서도 성인병으로 인한 경제적 부담은 상당하다. 심혈관 질환으로 인한 경제적 손실은 연간 약 10조 원 이상으로 추산되며, 이는 개인의 의료비뿐만 아니라 일상생활의 생산성 저하로 인한 것이다.

한국에서 성인병 환자가 급증하면서 관련 의료비가 급격히 증가하고 있다. 성인병으로 인해 발생하는 직접 의료비뿐만 아니라, 병가로 인한 생산성 손실, 간병 비용 등 간접 비용도 막대하다. 예를 들어, 고혈압 환자는 연간 평균 500만 원 이상의 의료비를 지출하게 되며, 이는 가계에 큰 부담을 준다. 성인병이 초래하는 경제적 손실은 단순한 개인의 문제가 아니라, 국가 경제 전체에 영향을 미치는 중요한 문제다.

### (3) 건강한 생활 습관의 경제적 가치

성인병 예방은 건강한 생활 습관을 유지하는 데서 시작된다. 첫째, 규칙적인 운동을 통해 체중을 관리하고 심혈관 건강을 유지해야 한다.

둘째, 균형 잡힌 식단을 통해 필요한 영양소를 골고루 섭취해야 한다. 과일, 채소, 전곡, 단백질을 적절히 포함한 식단은 만성질환의 위험을 줄인다. 셋째, 금연과 절주는 필수적이다. 담배와 과도한 음주는 각종 질병의 주요 원인이므로 이를 피하는 것이 좋다. 넷째, 정기적인 건강검진을 통해 질병을 조기에 발견하고 관리하는 것도 중요하다.

이러한 건강한 생활 습관은 경제적 가치도 크다. 성인병을 예방함으로써 의료비를 절감하고, 노동 생산성을 높일 수 있다. 예를 들어, 규칙적인 운동을 통해 심혈관 질환의 발생률을 줄이면 개인당 연간 평균 의료비가 약 300만 원 이상 절감될 수 있다. 또한, 건강한 식단을 유지하면 비만과 당뇨병 발생률을 낮출 수 있어, 이로 인한 경제적 손실을 크게 줄일 수 있다. 연구에 따르면, 건강한 생활 습관을 유지하는 사람들은 그렇지 않은 사람들보다 평균적으로 20~30% 적은 의료비를 지출하고, 직장에서의 생산성도 10~15% 높다.

성인병은 나쁜 생활 습관에서 비롯되므로, 이를 미리 예방하는 것이 중요하다. 건강한 생활 습관을 유지함으로써 개인의 건강을 지키고, 경제적 손실을 줄일 수 있다. 지금부터라도 규칙적인 운동, 균형 잡힌 식단, 금연과 절주, 정기적인 건강검진을 통해 성인병을 예방하자. 이는 우리 모두의 건강한 노후와 경제적 안정을 위한 첫걸음이다.

# 6. 장기간병보험: 이해와 선택

### (1) 나에게 딱 맞는 장기간병보험, 어떻게 찾을까?

장기간병보험은 노후의 경제적 안정을 위해 중요한 요소다. 하지만 적절한 보험상품을 선택하기란 쉽지 않다. 장기간병보험을 선택할 때는 자신의 건강 상태, 재정 상황, 가족의 의견 등을 종합적으로 고려해야 한다. 장기간병보험은 만성질환이나 장애로 인해 장기간의 간병이 필요할 때 그 비용을 지원해준다. 따라서 나에게 맞는 보험을 찾기 위해서는 여러 보험상품을 비교하고, 각각의 장단점을 파악하는 것이 중요하다.

### (2) 보험상품 제대로 알고 선택하는 방법 10가지

① 필요한 보장 범위 확인: 장기간병보험은 일상생활 활동(ADL)을 수행할 수 없을 때 혜택을 제공한다. 보장 범위는 주로 목욕, 옷 갈아입기, 이동, 화장실 사용 등 일상생활 활동을 포함한다. 이러한 조건을 충족하는지 확인해야 한다.

② 보험 유형 선택: 전통형과 하이브리드형 보험이 있다. 전통형 보험은 장기 간병 시 혜택을 제공하지만, 사용하지 않으면 보험료를 돌려받지 못한다. 하이브리드형 보험은 생명보험과 결합되어 있으며, 사용하지 않으면 사망 시 혜택을 받을 수 있다.

③ 보험료 비교: 보험료는 나이와 건강 상태에 따라 달라진다. 예를 들어, 55세 남성은 연간 약 200만 원, 여성은 350만 원의 보험료를 지불한다. 따라서 여러 보험사의 보험료를 비교하고, 예산에

맞는 상품을 선택해야 한다.

④ 보장 기간 선택: 장기간병보험의 경우, 보장 기간이 보통 2년에서 7년 사이로 구성된다. 상품에 따라 종신형이나 갱신형 등 다양한 옵션이 존재하므로, 자신의 건강 상태와 필요에 맞게 선택해야 한다.

⑤ 대기 기간 설정: 대부분의 보험상품은 90일의 대기 기간을 가지며, 이 기간에는 본인이 간병 비용을 부담해야 한다. 대기 기간이 짧을수록 보험료가 비쌀 수 있으므로, 자신의 재정 상태에 맞는 대기 기간을 설정해야 한다.

⑥ 물가 상승률 반영: 물가 상승률을 반영한 혜택을 제공하는지 확인해야 한다. 물가 상승에 대비한 조항이 없으면, 미래의 간병 비용을 충분히 커버하지 못할 수 있다.

⑦ 가족과 상의: 보험 선택 시 가족과 상의하여 자신의 간병에 대한 의견과 재정 상태를 공유하는 것이 중요하다. 가족의 지원과 이해는 보험 선택에 큰 도움이 된다.

⑧ 추가 혜택 확인: 보험상품마다 추가 혜택이 다르므로, 이러한 혜택을 꼼꼼히 확인해야 한다. 예를 들어, 보험료 면제 조항이나, 간병기 케어 혜택 등이 있다.

⑨ 보험사의 신뢰도 확인: 보험사의 재정 건전성과 신뢰도를 확인해야 한다. 생명보험협회나 손해보험협회와 더불어 신용평가기관의 평점을 참고하여 안정적인 보험사를 선택하는 것이 좋다.

⑩ 전문가와 상담: 보험 전문가와 상담하여 자신의 상황에 맞는 최적의 보험상품을 찾는 것이 중요하다. 전문가의 조언을 통해 다양

한 시나리오를 고려한 종합적인 재정계획을 세울 수 있다.

장기간병보험은 노후의 경제적 안정을 위한 중요한 준비 중 하나다. 나에게 맞는 보험상품을 찾기 위해서는 다양한 옵션을 비교하고, 전문가의 조언을 받아 최적의 결정을 내려야 한다. 지금부터 철저한 준비를 통해 건강하고 안정된 노후를 맞이하자.

## 7. 간병 비용 절감 방법과 제도

### (1) 지금부터 준비하면 좋은 이유: 지원제도부터 효율적 관리까지

간병 비용은 장기 간병 시 큰 경제적 부담을 준다. 이를 절감하기 위해서는 미리 준비하는 것이 필수적이다. 첫째, 정부와 민간에서 제공하는 다양한 지원제도를 적극 활용할 수 있다. 이들 제도는 간병 비용의 상당 부분을 커버해 줄 수 있으며, 초기부터 준비하면 혜택을 극대화할 수 있다. 둘째, 효율적인 간병 관리 방법을 통해 비용을 줄일 수 있다. 미리 계획을 세워 간병 서비스를 효율적으로 이용하면 불필요한 지출을 막을 수 있다. 예를 들어, 간병 비용을 줄이기 위해 가정간호 서비스를 활용하거나, 지역사회 자원봉사자 프로그램을 이용할 수 있다.

▶ 간병기 정부 지원제도 총정리

① 장기요양보험: 65세 이상 노인과 노인성 질병을 앓고 있는 65세 미만의 사람들을 대상으로 하며, 요양 등급에 따라 비용의 약 85%를 지원한다. 요양원 입소 비용, 방문간호 서비스 등을 지원

받을 수 있다.

② 가족 요양비 지원: 가족이 직접 요양을 제공하는 경우에도 일정 금액의 가족 요양비를 지원받을 수 있다. 이는 가족들이 요양 서비스를 제공하면서도 경제적 부담을 줄일 수 있다.

③ 가정간호 서비스: 병원 입원이 아닌 가정에서도 간호 서비스를 받을 수 있는 가정간호 서비스를 통해 병원 입원비를 절약할 수 있다.

④ 주거 환경 개선 지원: 장애나 노화로 인해 불편한 주거 환경을 개선하기 위해 정부에서 주거 환경 개선 비용을 지원한다. 계단 대신 경사로 설치, 화장실 개조 등 생활 편의성을 높이는 개선 작업을 지원받을 수 있다.

⑤ 지역사회 통합돌봄 서비스: 지역사회 통합돌봄 서비스를 통해 노인들이 자신의 집이나 지역에서 계속 생활할 수 있도록 지원한다. 이는 요양시설의 부담을 줄이고, 비용을 절감하는 방법이다.

⑥ 의료비 지원: 저소득층을 대상으로 한 의료비 지원제도를 통해 간병비 외에도 의료비 부담을 줄일 수 있다. 이는 경제적 여유가 없는 가정에 큰 도움이 된다.

⑦ 응급 요양 서비스: 급작스러운 상황에서도 이용할 수 있는 단기 요양 서비스를 제공하여 긴급 상황에서도 경제적 부담을 줄일 수 있다.

▶ **간병기 민간 지원제도 총정리**

① 비영리단체의 지원: 비영리단체들이 제공하는 간병 서비스를 이용하면 비용을 절감할 수 있다. 예를 들어, 노인복지센터에서는

무료 간병 서비스를 제공하는 경우가 많다.

② 자원봉사자 프로그램: 지역사회 자원봉사자 프로그램을 통해 가사 도우미나 심리적 지원을 받을 수 있다. 이는 비용 부담 없이도 다양한 도움을 받을 수 있는 좋은 방법이다.

③ 기업 복지 프로그램: 일부 기업에서는 직원들을 위한 간병비 지원 프로그램을 운영한다. 회사 복지제도를 통해 간병비를 지원받을 수 있는지 확인하는 것이 좋다.

④ 프리랜서와 자영업자를 위한 지원 프로그램: 직장이 없는 프리랜서나 자영업자도 지원받을 수 있는 프로그램들이 있다. 지역 자원봉사 센터나 비영리단체에서 제공하는 간병 서비스가 그 예다. 이는 기업 복지 프로그램을 이용할 수 없는 사람들에게 특히 유용하다.

⑤ 민간 보험상품: 민간 보험사에서 제공하는 장기요양보험을 통해 필요한 간병 비용을 지원받을 수 있다. 다양한 상품을 비교하여 자신에게 맞는 보험을 선택하는 것이 중요하다.

⑥ 커뮤니티 지원: 지역 커뮤니티에서 제공하는 지원 프로그램을 통해 비용을 절감할 수 있다. 예를 들어, 커뮤니티 센터에서 제공하는 무료 건강관리 프로그램을 이용할 수 있다.

⑦ 의료 기기 대여 서비스: 의료 기기를 구매하지 않고 대여하는 서비스를 통해 비용을 절감할 수 있다. 예를 들어, 침대나 휠체어 같은 고가의 의료 기기를 대여하여 사용할 수 있다.

⑧ 온라인 플랫폼: 온라인 플랫폼을 통해 저렴한 간병 서비스를 제공받을 수 있다. 이는 간병인의 매칭 서비스를 통해 효율적이고

저렴하게 간병인을 고용하는 방법이다.

간병 비용은 적절한 준비와 다양한 지원제도의 활용을 통해 상당 부분 절감할 수 있다. 정부와 민간에서 제공하는 다양한 지원제도를 최대한 활용하고, 효율적인 관리 방법을 통해 경제적 부담을 줄이는 것이 중요하다. 이를 통해 우리는 더 안정적이고 건강한 노후를 준비할 수 있을 것이다.

## 8. 한국은퇴설계연구소의 사례 연구

### (1) 장기요양보험의 개요

장기요양보험은 한국에서 2008년에 도입된 제도로, 국민건강보험과 연계되어 자동 가입된다. 이는 65세 이상의 노인이나 노인성 질환을 지닌 65세 미만의 사람들을 대상으로 한다. 이 보험은 고령화 사회에서 증가하는 간병 비용 문제를 해결하고, 노인들의 생활을 더 안정적으로 지원하기 위해 설계되었다. 일상생활의 자립이 어려울 때, 장기 요양 서비스나 요양시설 입소 비용을 지원받을 수 있다. 보험료는 소득에 따라 차등 부과된다.

### (2) 장기 간병 대비의 정석

#### 1) 장기요양보험의 혜택을 본 사람의 이야기

사례: 권 씨의 이야기

권 씨는 65세에 뇌졸중으로 인해 편마비 상태가 되어 장기 간병이 필요하게 되었다. 장기요양보험 덕분에 권 씨는 요양원 입소 비용의 85%를 지원받을 수 있었다. 요양원 비용이 월 300만 원이라면, 보험에서 255만 원을 지원받고 나머지 45만 원만 본인이 부담하게 된다. 이러한 지원 덕분에 권 씨와 그의 가족은 경제적 부담 없이 고품질의 간병 서비스를 받을 수 있었다. 권 씨의 사례는 장기요양보험이 노후의 경제적 부담을 얼마나 효과적으로 줄일 수 있는지를 보여준다.

#### 2) 치매 진단 후 장기요양보험 혜택 사례

사례: 송 씨의 이야기

송 씨는 60세에 치매 진단을 받았다. 초기에는 가족들이 돌봤지만, 병이 진행됨에 따라 전문적인 간병이 필요하게 되었다. 송 씨는 장기요양보험에 자동으로 가입되어 있었기 때문에, 재택 간호 서비스와 주간 보호 서비스 등을 이용할 수 있었다. 보험 덕분에 매달 약 200만 원의 간병 비용 중 170만 원을 지원받을 수 있었다. 가족들은 경제적 부담 없이 송 씨를 돌볼 수 있었고, 송 씨는 익숙한 환경에서 질 높은 간병 서비스를 받을 수 있었다. 송 씨의 사례는 치매와 같은 장기 간병에서 장기요양보험의 중요성을 잘 보여준다.

### 3) 간병보험의 혜택 사례

사례: 구 씨의 이야기

구 씨는 50대 초반에 간병보험에 추가로 가입했다. 그는 가족력이 있어 미리 대비할 필요성을 느꼈다. 70세에 심장 수술 후 장기 간병이 필요하게 되었고, 간병보험을 통해 필요한 간병 서비스를 지원받았다. 간병보험에서 매달 250만 원의 간병비를 지원받아, 구 씨는경제적 부담 없이 고품질의 간병 서비스를 받을 수 있었다. 보험 덕분에 가족들도 간병 스트레스에서 해방될 수 있었다. 구 씨의 경우, 간병보험의 혜택으로 경제적 안정과 정신적 안정을 동시에 얻을 수 있었다.

## (3) 실패에서 배우는 교훈: 우리가 놓친 것들

### 1) 조기 대비 부족

장 씨는 장기요양보험 외에 추가 보험에 가입하지 않았고, 70세에 치매 진단을 받았다. 그의 가족은 갑작스러운 경제적 부담과 간병 스트레스를 겪어야 했다. 장 씨는 요양원에 입소해야 했고, 월 300만 원의 비용을 전액 자비로 부담해야 했다. 이 사례는 추가 보험에 조기 가입하지 않은 것이 얼마나 큰 재정적 위험을 초래할 수 있는지를 보여준다.

### 2) 보험 선택의 중요성

박 씨는 비용을 절감하기 위해 저렴한 보험상품을 선택했다. 하지만 그 보험은 필요한 간병 서비스를 충분히 제공하지 못했고, 결과적으로 많은 추가 비용이 발생했다. 박 씨는 간병인을 고용하는 데 월 200만 원 이상을 추가로 지출해야 했다. 이 사례는 적절한 보험상품을 선택하는 것이 얼마나 중요한지를 강조한다.

**3) 가족과의 협력 부족**

문 씨는 보험 가입 시 가족과 충분히 상의하지 않았다. 그의 간병이 필요해졌을 때, 가족들은 그의 보험 내용을 잘 알지 못했고, 적절한 간병 서비스를 받지 못했다. 결국 문 씨는 불충분한 간병 서비스를 받게 되었고, 가족들은 큰 스트레스를 겪어야 했다. 이 사례는 보험 가입 시 가족과의 협력이 얼마나 중요한지를 보여준다.

성공적인 장기 간병 대비 사례는 조기 대비, 적절한 보험 선택, 가족과의 협력 등을 통해 가능하다는 것을 보여준다. 반면, 실패 사례는 조기 대비의 중요성과 적절한 보험 선택의 필요성을 강조한다. 이를 통해 한국의 은퇴 전환기 사람들은 더 효과적인 장기 요양 대비를 할 수 있을 것이다.

## 9. 장기 간병 계획의 실천

**(1) 준비 끝, 이제 실천이다!**

장기 간병에 대한 대비는 계획만으로 끝나서는 안 된다. 계획을 세운 후에는 이를 실천으로 옮기는 것이 중요하다. 장기 간병 대비를 위한 계획을 실천하기 위해서는 체계적인 접근이 필요하다. 먼저, 건강한 생활 습관을 유지하는 것이 기본이다. 규칙적인 운동, 균형 잡힌 식단, 정기적인 건강검진 등을 통해 만성질환을 예방할 수 있다. 또한, 장기요양보험과 간병보험의 혜택을 충분히 이해하고 활용하는 것이 중요하다. 가족과의 협력도 필수적이다. 가족 구성원들과 충분히 상의하여 간병 계획을 세우고, 필요시 전문가의 도움을 받는 것이 좋다.

**(2) 실천을 위한 플래너**

장기 간병 대비를 위한 실천 체크리스트와 플래너를 제공하여 계획을 실행하는 데 도움이 되도록 하자. 아래는 실천을 위한 주요 항목들이다.

**1) 건강관리**

- 매일 최소 30분 이상 걷기나 자전거 타기 등의 규칙적인 운동을 한다.
- 과일, 채소, 전곡, 단백질 등을 골고루 섭취하는 균형 잡힌 식단을 유지한다.
- 금연과 절주를 실천하여 건강을 유지한다.
- 매년 정기 건강검진을 통해 만성질환을 조기에 발견하고 관리한다.

**2) 보험 관리**

- 국민건강보험과 연계된 장기요양보험의 혜택을 충분히 이해한다.

- 추가로 필요한 경우, 간병보험에 가입하여 간병 비용을 대비한다.
- 보험상품을 비교하고, 자신의 상황에 맞는 최적의 보험을 선택한다.
- 보험 가입 시 가족과 충분히 상의하여 모든 구성원이 내용을 이해하도록 한다.

### 3) 재정관리
- 비상 자금을 마련하여 예상치 못한 간병 비용을 대비한다.
- 장기적인 재정계획을 세우고, 금융 전문가와 상담하여 구체적인 계획을 수립한다.
- 정부와 민간에서 제공하는 지원제도를 최대한 활용한다.

### 4) 주거 환경 관리
- 주거 환경을 노인 친화적으로 개선한다. 예를 들어, 계단 대신 경사로 설치, 화장실 개조 등을 고려한다.
- 필요시 주거 형태를 변경하여 안전하고 편리한 생활 환경을 조성한다.

### 5) 가족과의 협력
- 간병 계획을 세울 때 가족 구성원들과 충분히 상의한다.
- 가족 구성원들의 역할을 명확히 하고, 간병에 대한 책임을 분담한다.
- 필요시 전문가의 도움을 받아 간병 계획을 조정하고 관리한다.

**6) 사회적 지원 활용**

- 지역사회 통합돌봄 서비스를 통해 필요한 지원을 받는다.
- 자원봉사자 프로그램이나 비영리단체에서 제공하는 간병 서비스를 활용한다.
- 정부의 주거 환경 개선 지원이나 응급 요양 서비스를 적극 활용한다.

장기 간병 대비는 계획뿐만 아니라 실천이 중요하다. 체계적인 체크리스트와 플래너를 통해 계획을 실천하고, 건강관리, 보험 관리, 재정관리, 주거 환경 관리, 가족과의 협력, 사회적 지원 활용 등을 통해 철저히 대비하자. 이를 통해 우리는 더 안정적이고 건강한 노후를 준비할 수 있을 것이다.

키워드 17

# 긴급 예비 자금

1. 긴급 예비 자금, 왜 있어야 하는가?
2. 긴급 예비 자금, 얼마나 모아 놓을 것인가?
3. 긴급 예비 자금, 어디에 보관할 것인가?
4. 긴급 예비 자금, 어떻게 모을 것인가?
5. 긴급 상황에서의 사용 전략: 어떻게 사용할 것인가?
6. 긴급 예비 자금을 위한 체크리스트

## 1. 긴급 예비 자금, 왜 있어야 하는가?

은퇴 후 안정적인 생활을 위해서는 계획된 소득뿐만 아니라 예기치 않은 상황에 대비할 수 있는 긴급 예비 자금이 필수적이다. 긴급 예비 자금이란 예기치 못한 상황에서 빠르게 사용할 수 있는 자금을 의미하며, 이는 은퇴 생활의 안정성을 유지하는 데 있어 핵심적인 역할을 한다. 불확실한 미래에 대비하여 적절한 긴급 자금을 마련해 두는 것은 심리적 안정감을 제공하며, 재정적 스트레스를 완화하는 데 도움이 된다.

### (1) 긴급 예비 자금이란 무엇인가?

긴급 예비 자금은 주로 비상사태나 예기치 않은 상황에서 사용될 수 있는 자금이다. 이러한 자금은 계획된 예산과는 별개로, 예측할 수 없는 사건으로 인한 재정적 타격을 완화하는 데 사용된다. 긴급 예비 자금은 보통 은퇴 후의 생활비의 3개월에서 6개월 치 정도를 마련하는 것이 이상적이다. 이러한 자금은 은행 예금이나 쉽게 현금화할 수 있는 금융상품에 보관하는 것이 일반적이며, 자금이 필요한 상황에서 신속하게 접근할 수 있도록 준비되어야 한다. 긴급 예비 자금은 건강 문제, 자연재해, 예상치 못한 대규모 수리 등 다양한 상황에서 유용하게 사용될 수 있으며, 이를 통해 은퇴자의 생활 수준을 유지하고 불필요한 부채를 피할 수 있다.

## (2) 은퇴 후 긴급한 자금이 생기는 10가지 이유

### 1) 의료비 발생

은퇴 후 건강 상태가 나빠질 경우, 의료비가 급격히 증가할 수 있다. 임 씨는 은퇴 후 갑작스러운 수술로 인해 500만 원 이상의 의료비가 발생했으나, 긴급 예비 자금을 활용하여 빠르게 비용을 지불하고 회복에 전념할 수 있었다. 예상치 못한 건강 문제는 은퇴 생활의 재정계획에 큰 부담을 줄 수 있으므로, 긴급 자금이 이를 완화하는 데 중요한 역할을 한다.

### 2) 주거 관련 긴급 비용

한국의 아파트는 주기적인 관리비와 유지보수 비용이 발생할 수 있다. 예를 들어, 아파트 단지 내 설비의 긴급 교체나 특별 관리비 등이 발생할 수 있다. 강 씨는 아파트 내 공용 설비 교체로 인해 100만 원의 추가 관리비가 발생했지만, 긴급 자금을 통해 신속하게 비용을 처리하여 주거 환경의 질을 유지할 수 있었다. 아파트의 예상치 못한 관리비는 생활에 직접적인 영향을 미치기 때문에, 이에 대비한 자금 마련이 필수적이다.

### 3) 자녀의 경제적 지원

자녀가 성인이 되었어도 예상치 못한 실직이나 긴급 상황에서 부모의 지원이 필요할 수 있다. 오 씨는 아들이 갑작스러운 실직으로 인해 생활비가 필요하게 되었을 때 긴급 자금을 사용하여 아들을 지원할 수 있었다. 이러한 지원은 자녀의 재정적 독립을 돕고, 가정의 안정성을 유지하는 데 기여한다.

#### 4) 자연재해 대응

태풍, 홍수 등 자연재해는 갑작스러운 비용을 초래할 수 있다. 박 씨는 홍수로 인해 가구와 가전제품이 파손되어 400만 원 이상의 비용이 발생했지만, 긴급 자금을 통해 필요한 물품을 즉시 교체하고 생활을 정상화할 수 있었다. 자연재해는 예측할 수 없는 요소이기 때문에, 이에 대비한 자금이 준비되어 있어야 한다.

#### 5) 자동차 수리비

자동차는 고장이나 사고로 인해 예기치 않은 수리비가 발생할 수 있다. 신 씨는 자동차 엔진 고장으로 150만 원의 수리비가 발생했지만, 긴급 자금을 통해 신속하게 문제를 해결하고 일상생활을 지속할 수 있었다. 차량 유지비는 교통편의 필수적인 부분이므로, 이에 대비한 자금을 마련하는 것이 중요하다.

#### 6) 여행이나 휴가 중 긴급 상황

해외여행 중 건강 문제나 사고로 인해 예상치 못한 비용이 발생할 수 있다. 왕 씨는 해외여행 중 병원에 입원하게 되어 200만 원 이상의 비용이 발생했으나, 긴급 자금을 사용하여 추가적인 재정적 부담 없이 치료를 받을 수 있었다. 여행 중에는 다양한 예기치 않은 상황이 발생할 수 있으므로, 이에 대비한 자금이 필수적이다.

### 7) 장례비

가족이나 가까운 친지의 갑작스러운 사망은 장례비 부담을 초래할 수 있다. 서 씨는 형의 갑작스러운 사망으로 500만 원 이상의 장례비가 필요했으나, 긴급 자금을 통해 이를 지원할 수 있었다. 장례비는 갑작스럽게 큰 비용을 초래할 수 있으므로, 이에 대비한 자금을 마련해 두는 것이 중요하다.

### 8) 금융시장의 급격한 변화

금융시장의 급격한 변화로 인한 자산 가치의 하락은 긴급 자금의 필요성을 강조한다. 전 씨는 주식시장의 급락으로 인해 포트폴리오 가치가 급감했을 때, 긴급 자금을 활용하여 생활비를 충당하고 재정적 스트레스를 완화할 수 있었다. 금융시장의 변동성은 예측할 수 없는 요소이므로, 이에 대비한 자금이 필요하다.

### 9) 법적 문제 해결

법적 문제는 예상치 못한 비용을 초래할 수 있으며, 긴급 자금이 이를 해결하는 데 도움을 줄 수 있다. 문 씨는 사업 관련 소송에서 법적 비용이 발생했을 때 긴급 자금을 활용하여 변호사 비용을 충당하고 문제를 해결할 수 있었다. 법적 문제는 복잡하고 비용이 많이 들 수 있으므로, 이를 대비한 자금이 필요하다.

### 10) 긴급 생활비 충당

갑작스러운 소득 감소나 기타 이유로 인해 일상생활비가 부족할 수 있다. 송 씨는 갑작스러운 건강 문제로 일시적으로 소득이 감소했을 때, 긴급 자금을 사용하여 생활비를 충당하고 회복에 집중할 수 있었다. 일상생활비는 기본적인 생활 유지에 필수적이므로, 이를 위한 자금을 마련하는 것이 중요하다.

### (3) 심리적 안정감 제공

긴급 예비 자금은 단순히 재정적인 측면에서의 준비를 넘어, 심리적 안정감을 제공하는 중요한 역할을 한다. 예기치 못한 상황이 발생할 때, 즉시 사용할 수 있는 자금이 있다는 사실은 은퇴자에게 큰 안도감을 준다. 이는 재정적 스트레스와 불안을 줄여주며, 전반적인 생활의 질을 향상시킨다. 긴급 예비 자금은 재정적 안전망을 구축함으로써 은퇴자들이 더욱 자신감 있게 삶을 계획하고, 예기치 못한 상황에도 대비할 수 있도록 한다. 재정적 안정감은 정신적 건강에도 긍정적인 영향을 미쳐, 스트레스 관리와 전반적인 행복감 증진에 기여한다.

## 2. 긴급 예비 자금, 얼마나 모아 놓을 것인가?

은퇴 후 안정적인 재정관리를 위해서는 적절한 긴급 예비 자금의 규모를 설정하는 것이 필수적이다. 긴급 예비 자금의 규모는 개인의 생활 방식과 재정 상태에 따라 달라질 수 있으며, 이를 적절히 설정하는 것은 재정적 안정성을 유지하는 데 중요한 역할을 한다. 이번에는 일반적인 권장 금액과 개인화된 접근, 그리고 독자들이 직접 자신의 예비 자금 규모를 계산하는 방법을 제공한다.

### (1) 일반적인 권장 금액

긴급 예비 자금의 규모에 대한 일반적인 권장 사항은 업계 표준과 전문가의 권고를 반영한다. 보통 생활비의 3개월에서 6개월분을 예비 자금으로 마련하라는 것이 일반적인 권고다. 하지만, 한국은퇴설계연구소에서는 코로나19 팬데믹 이후 불확실성이 더욱 커진 경제 환경을 고려하여, 연금 월액의 6배 이상을 긴급 예비 자금으로 준비할 것을 제안하고 있다. 이는 예기치 않은 상황에 대응하기 위한 충분한 여유 자금을 마련하여, 은퇴자들이 생활 수준을 유지할 수 있도록 돕기 위함이다. 이러한 권고는 연금 수령액과 생활비, 예기치 않은 비용 발생 가능성을 기반으로 하여 설정되었다. 예를 들어, 매월 200만 원의 연금을 수령하는 경우, 1,200만 원(6개월분)을 예비 자금으로 준비하는 것이 이상적이다. 이와 같은 예비 자금은 건강 문제나 긴급 수리비 등 예기치 않은 상황에서 활용할 수 있어, 재정적 스트레스를 완화하고 안도감을 제공한다.

### (2) 개인화된 접근이 필요

긴급 예비 자금의 규모는 개인의 재정 상태와 생활 방식에 따라 맞춤형으로 설정되어야 한다. 개인화된 접근을 통해, 각 개인의 필요와 위험 요인에 따라 적절한 예비 자금 규모를 설정할 수 있다.

#### 1) 건강 상태

건강 상태가 불안정한 경우, 의료비 지출이 급증할 가능성이 크므로 더 많은 예비 자금을 마련할 필요가 있다. 지속적인 건강관리와 정기 검진을 통해 예상 의료비를 계산하고, 이에 맞춰 예비 자금을 설정한다.

### 2) 가족 구조

부양할 가족이 많거나 자녀가 경제적으로 독립하지 못한 경우, 예비 자금을 더 많이 준비해야 한다. 자녀의 교육비나 생활비 지원을 고려하여, 필요 자금을 예측하고 준비한다.

### 3) 생활비

생활비가 높은 경우, 생활 수준을 유지하기 위해 더 큰 예비 자금이 필요하다. 월별 생활비를 정확히 계산하고, 이를 기반으로 6개월분 이상의 예비 자금을 설정한다.

### 4) 부채 수준

대출 상환금이나 기타 부채가 있는 경우, 예비 자금의 규모는 부채 상환 가능성을 고려하여 결정한다. 부채관리 계획을 세우고, 이를 기반으로 긴급 상황에 대비할 수 있는 자금을 마련한다.

### 5) 은퇴 후 소득원

연금 외의 추가 소득원이 있는 경우, 예비 자금의 필요성이 다소 낮아질 수 있지만, 여전히 최소한의 예비 자금을 유지해야 한다. 모든 소득원을 종합적으로 평가하고, 예비 자금 설정 시 이를 고려한다.

### (3) 시뮬레이션 및 계산 도구

독자들이 직접 자신의 필요한 예비 자금 규모를 계산하는 방법을 제공하는 것은 매우 중요하다. 다음은 개인의 상황에 맞게 긴급 예비 자금 규모를 설정하는 데 도움이 되는 시뮬레이션 및 계산 방법이다.

**1) 생활비 시뮬레이션**
- 월별 생활비를 항목별로 계산한다. 식비, 공과금, 의료비, 교통비, 여가비 등 모든 지출을 포함하여 월평균 생활비를 계산한다.
- 예비 자금 필요액 = 월 생활비 × 6(또는 12, 필요에 따라)

**2) 위험 요소 분석**
- 건강 상태, 부채 수준, 가족 구성 등의 요인을 평가한다.
- 요인별로 발생할 수 있는 예기치 않은 비용을 추정하고, 이를 기반으로 추가 자금을 설정한다.

**3) 재무 플래너 및 온라인 도구 활용**
- 다양한 금융기관 및 온라인 플랫폼에서 제공하는 재무 플래너와 예비 자금 계산기를 활용하여 더 정확한 규모를 설정할 수 있다.
- 예를 들어, 금융감독원이나 주요 은행 웹사이트에서 제공하는 계산 도구를 통해 자신의 재정 상태를 분석하고 필요한 예비 자금 규모를 확인한다.

## (4) 사례 연구: 맞춤형 예비 자금 전략

### 1) 사례 1: 건강 상태와 가족 구조를 고려한 예비 자금 설정

김 씨는 65세로, 심혈관 질환이 있어 정기적인 의료비가 발생할 가능성이 크다. 또한, 자녀 두 명이 아직 대학에 재학 중이다. 김 씨는 매월 200만 원의 생활비와 50만 원의 의료비가 예상되므로, 최소 1,500만 원의 예비 자금을 설정했다. 이는 예상 의료비와 자녀 교육비 지원을 고려한 결과다. 김 씨는 매년 건강검진 결과와 자녀의 학비 변동을 반영하여 예비 자금 규모를 조정한다.

### 2) 사례 2: 부채 상환과 생활비를 기반으로 한 예비 자금 설정

이 씨는 은퇴 후 월 100만 원의 대출 상환금을 지불하고 있으며, 생활비는 월 150만 원이다. 부채 상환과 생활비를 고려하여, 이 씨는 총 1,500만 원의 예비 자금을 마련했다. 이를 통해 갑작스러운 소득 감소나 대출 상환 압박에서도 안정적인 생활을 유지할 수 있다.

### 3) 사례 3: 추가 소득원을 활용한 예비 자금 최적화

박 씨는 은퇴 후 매월 300만 원의 연금 외에도 자산 투자로 월 100만 원의 추가 수익을 올리고 있다. 박 씨는 안정적인 추가 수익을 고려하여 예비 자금을 최소 1,000만 원으로 설정하고, 투자 수익 변동에 따라 이를 조정한다.

## 3. 긴급 예비 자금, 어디에 보관할 것인가?

긴급 예비 자금은 예기치 않은 상황에서 빠르게 접근할 수 있도록 준비되어야 하며, 이와 동시에 자금의 안전성도 보장되어야 한다. 적절한 금융상품을 선택함으로써 유동성과 안전성을 모두 충족시키는 것이 중요하다. 이번에는 긴급 예비 자금의 보관을 위한 다양한 금융상품을 소개하고, 각각의 장단점을 비교하며, 리스크 관리 방법을 제시한다.

### (1) 접근성 및 안전성

긴급 예비 자금은 필요할 때 즉시 접근할 수 있어야 하며, 동시에 자산의 안전성도 보장되어야 한다. 이를 위해 적절한 금융상품을 선택하는 것이 중요하다. 접근성과 안전성은 상호 보완적인 요소로, 자금의 유동성을 확보하면서도 원금 손실 위험을 최소화해야 한다. 유동성이 높은 금융상품은 필요할 때 빠르게 현금화할 수 있어 긴급 상황에 대처하는 데 유리하다. 반면, 안전성이 높은 상품은 자산의 보존을 보장하여 예비 자금을 보호한다. 두 가지 요소를 균형 있게 고려하여 금융상품을 선택해야 한다.

### (2) 금융상품 비교

긴급 예비 자금을 보관하기 위한 다양한 금융상품이 있으며, 각각의 특성과 장단점을 고려하여 선택할 수 있다.

### 1) 금고

- 장점: 물리적으로 자금을 보관하므로, 은행 시스템 장애 시에도 바로 접근할 수 있다.
- 단점: 도난이나 화재 등 물리적 손실 위험이 있다. 금액이 클 경우, 관리 및 보관의 안전성이 떨어질 수 있다.
- 추천 상황: 소액의 긴급 현금을 보관할 때 유용하다. 다만, 금고를 사용할 경우 안전장치를 강화하는 것이 중요하다.

### 2) 은행 예금

- 장점: 자금이 안전하게 보호되며, 예금자 보호법에 따라 일정 금액까지 보장이 된다. 수시로 입출금이 가능하여 유동성이 높다.
- 단점: 이자율이 낮아 인플레이션을 고려할 때 실질 가치가 하락할 수 있다.
- 추천 상황: 안정성이 중요하며, 급하게 자금이 필요할 경우를 대비해 일정 금액을 보관하는 것이 적합하다.

### 3) 머니 마켓 펀드

- 장점: 은행 예금보다 다소 높은 수익을 제공하며, 자금의 유동성이 매우 높다. 주로 국채나 단기 금융상품에 투자하므로 안정적이다.
- 단점: 시장 상황에 따라 이율이 변동될 수 있으며, 원금 보장이 없다.
- 추천 상황: 은행 예금보다 약간 더 높은 수익을 원하지만, 유동성

을 확보하고 싶은 경우에 적합하다.

### 4) 단기 예금 상품
- 장점: 일정 기간 고정된 이자율을 제공하며, 은행 예금보다 높은 이자 수익을 제공한다.
- 단점: 만기 이전에 해지할 경우 이자 손실이 발생할 수 있으며, 유동성이 상대적으로 낮다.
- 추천 상황: 짧은 기간 동안 자금을 보관할 계획이 있을 때, 상대적으로 높은 수익을 추구하는 경우에 적합하다.

### 5) 변액보험의 중도인출
- 장점: 보험상품 내에서 자금을 관리하며, 중도인출을 통해 필요 시 자금을 확보할 수 있다.
- 단점: 보험상품 특성상 중도인출 시 수수료가 부과될 수 있으며, 시장 변동에 따라 수익률이 변동될 수 있다.
- 추천 상황: 보험상품을 보유하고 있으며, 중도인출을 통해 유동성을 확보하고자 할 때 적합하다.

### (3) 리스크 관리

긴급 예비 자금의 보관 시 고려해야 할 리스크와 이를 최소화하기 위한 전략은 다음과 같다.

① 유동성 리스크: 유동성이 높은 금융상품을 선택하여 필요할 때 즉시 자금을 사용할 수 있도록 한다. 은행 예금가 머니 마켓 펀드

는 높은 유동성을 제공하므로 유리하다.

② 안전성 리스크: 금융기관의 안정성과 예금자 보호 여부를 확인하여 자금을 안전하게 보관한다. 예금자 보호가 되는 상품을 우선적으로 고려하며, 변액보험과 같은 상품은 신중하게 선택한다.

③ 인플레이션 리스크: 자금의 실질 가치를 유지하기 위해 인플레이션을 고려한 수익률을 제공하는 상품을 선택한다. 머니 마켓 펀드나 단기 예금 상품은 은행 예금보다 높은 수익을 제공할 수 있다.

④ 시장 리스크: 금융시장의 변동성에 대비하여 안정적인 자산에 투자한다. 국채나 정부 보증 채권과 같은 안정적인 자산은 시장 변동에 강하다.

⑤ 관리 리스크: 자산을 다각화하여 관리한다. 예비 자금을 다양한 상품에 분산투자함으로써 리스크를 최소화한다.

**(4) 사례 연구: 금융상품 선택 전략**

**1) 사례 1: 안전성과 유동성을 중시한 예비 자금 관리**

최 씨는 60세로, 은퇴 후 안정적인 생활을 위해 긴급 예비 자금을 마련하기로 했다. 그는 은행 예금과 머니 마켓 펀드에 자금을 분산투자하여, 유동성과 안전성을 동시에 확보했다. 이를 통해 필요할 때 즉시 자금을 사용할 수 있으며, 은행 시스템이 중단될 경우에도 머니 마켓 펀드에서 자금을 인출할 수 있는 옵션을 확보했다.

### 2) 사례 2: 변액보험을 활용한 예비 자금 관리

장 씨는 기존에 가입한 변액보험의 중도인출 기능을 활용하여 긴급 예비 자금을 마련했다. 그는 보험 내 자산을 관리하며, 필요할 때 일부를 중도인출하여 자금을 확보할 계획이다. 이를 통해 보험 수익과 유동성을 동시에 확보하였으며, 수익률 변동에 대비하여 자산을 다각화하였다.

## 4. 긴급 예비 자금, 어떻게 모을 것인가?

긴급 예비 자금은 예기치 않은 상황에 대비하기 위한 필수 자산이며, 이를 효과적으로 마련하기 위해서는 체계적인 계획과 전략이 필요하다. 이번에는 지속 가능한 저축 전략, 추가 수입원 활용과 수입원의 다양화, 그리고 효율적인 예산관리를 통해 긴급 예비 자금을 마련하는 방법을 제시한다. 이러한 방법들은 은퇴 후 안정적인 재정관리를 위한 기초가 된다.

### (1) 지속 가능한 저축 전략

긴급 예비 자금을 마련하기 위한 첫 번째 단계는 꾸준한 저축이다. 자동 저축 계획을 통해 지속 가능하고 체계적인 저축 습관을 들이는 것이 중요하다. 자동이체를 활용한 저축은 적은 금액부터 시작하여 점차 늘려가는 전략이 효과적이다. 자동이체를 설정하면 매달 정해진 금액이 자동으로 예금 계좌에 이체되므로, 자산을 지속해서 쌓아 나가는 데 도움이 된다. 예를 들어, 매월 10만 원을 자동이체로 적립하면 1년 후에는 120만 원의 자금이 쌓이게 된다. 이러한 전략은 자금 마련의 부담을 줄여주며, 저축을 습관화하는 데 큰 도움이 된다.

긴급 예비 자금은 예기치 못한 상황에서 즉시 사용할 수 있도록 마련되어야 하지만, 우량한 주식이 조정을 받을 때 투자 기회로 활용할 수도 있다. 우리는 종종 "지금이 매수 적기"라고 이야기하지만, 실제로 투자할 자금이 부족한 경우가 많다. 긴급 예비 자금을 꾸준히 모아 두면, 이러한 기회를 놓치지 않고 필요한 투자금으로 활용할 수 있는 여지를 가질 수 있다. 물론 긴급 예비 자금의 주된 목적은 비상 상황에 대비하는 것이지만, 여유 자금을 통해 시장의 기회를 잡을 수 있는 준비를 하는 것도 중요하다. 따라서 저축은 단순히 돈을 모으는 행위를 넘어, 재정적 유연성을 확보하는 수단이 된다.

### (2) 추가 수입원 활용 및 수입원의 다양화

최근 들어 'N잡'이 중요성이 강조되는 시대가 도래하면서, 은퇴 후에도 다양한 수입원을 활용하여 긴급 예비 자금을 늘리는 것이 중요한 전략으로 부각되고 있다. 부업, 투자 수익 등을 통해 예비 자금을 마련할 방법을 모색한다. 예를 들어, 은퇴 후 취미를 살려 소규모 창업이나 프리랜서 활동을 통해 수익을 창출할 수 있다. 또한, 주식투자나 부동산 임대를 통해 안정적인 추가 수익을 올릴 수 있다.

임 씨는 은퇴 후 주말에 그림을 그려 판매하면서 월 30만 원의 추가 수익을 챙기고 있으며, 이를 통해 긴급 예비 자금을 차곡차곡 모으고 있다. 이러한 추가 수입은 긴급 예비 자금을 빠르게 쌓을 수 있는 유용한 수단이 된다. 수입원을 다양화하는 것은 긴급 예비 자금을 마련하고 재정적 안정성을 높이는 데 필수적이다. 다양한 수입원을 확보하면 경제적 충격에 대한 회복력을 높일 수 있다.

예를 들어, 연금 외에도 주식 배당금이나 부동산 임대료 등의 다양한 수입원을 확보하면 경제 상황 변화에 유연하게 대응할 수 있다. 수입원이 다양할수록 특정 수입원의 감소나 손실이 전체 재정에 미치는 영향을 최소화할 수 있다. 따라서 은퇴준비 단계에서부터 다양한 수입원을 구축하여 안정적인 재정 기반을 마련하는 것이 중요하다.

### (3) 예산관리

효율적인 예산관리는 긴급 예비 자금을 마련하는 데 있어 핵심적인 역할을 한다. 예산을 철저히 관리하고 불필요한 지출을 줄이는 것은 자금 마련의 기반이 된다. 먼저, 자신의 수입과 지출을 정확히 파악하고, 월별 예산을 설정하여 관리한다. 항목별로 지출 한도를 정하고, 실제 지출이 이를 초과하지 않도록 주기적으로 점검한다. 예산관리는 적은 금액부터 큰 비용까지 모두 포함하여 체계적으로 이루어져야 한다.

예를 들어, 매월 고정지출과 변동지출을 분류하고, 불필요한 지출을 절감하여 절약된 금액을 예비 자금으로 전환한다. 특히, 일상적인 생활비에서 절약할 수 있는 부분을 식별하고, 이를 통해 불필요한 소비를 줄이는 것이 중요하다. 가령, 매월 반복되는 정기 구독 서비스나 외식비 등을 줄이고, 절약된 금액을 저축하면 긴급 예비 자금을 더욱 효과적으로 모을 수 있다.

정 씨는 이러한 방법으로 매월 외식비를 절감하여 한 달에 10만 원을 추가로 저축하고 있다. 그는 가족과 함께 주말에 외식을 대신해 집에서 요리하는 것을 선택했고, 이를 통해 연간 120만 원의 예비 자금을 추가로 모을 수 있었다. 정 씨는 이렇게 모은 자금을 비상시 활용할 수 있는 예비 자금으로 지정하였으며, 이러한 절약 습관은 가족 간의 유대감을 강화하는 기회가 되기도 했다. 또한, 정 씨는 모든 지출을 기록하여 월말마다 지출 패턴을 분석하고, 불필요한 소비 습관을 개선하려 노력했다. 이를 통해 그는 전반적인 예산관리에 대한 인식을 높이고, 절약한 금액을 더 체계적으로 관리할 수 있었다.

**(4) 사례 연구: 성공적인 자금 마련 전략**

**1) 사례 1: 자동 저축과 예산관리를 통한 예비 자금 마련**

김 씨는 은퇴 후 매월 20만 원을 자동이체로 저축하기 시작했다. 그는 매월 예산을 세워 관리하고, 불필요한 지출을 줄여 남는 금액을 예비 자금으로 전환했다. 2년 후, 김 씨는 480만 원의 예비 자금을 마련할 수 있었고, 이를 통해 예기치 않은 의료비 발생 시 즉시 대처할 수 있었다.

**2) 사례 2: 취미를 돈벌이로 바꾼 사례**

이 씨는 은퇴 후 평소 취미였던 도자기 만들기를 본격적으로 시작했다. 그는 도자기 공예품을 만들어 온라인으로 판매하기 시작했고, 매달 40만 원 이상의 수익을 올리고 있다. 이 씨는 이 추가 수입을 전액 긴급 예비 자금으로 적립하여 재정적 안정성을 강화하였다. 이를 통해 이 씨는 경제적 충격에 대비할 수 있는 여유 자금을 마련하게 되었다. 이 씨는 취미를 통해 자아실현의 기쁨과 함께, 안정적인 재정적 기반을 마련하는 데 성공한 사례다.

**3) 사례 3: 예산관리와 자동 저축의 결합**

박 씨는 매월 생활비를 철저히 관리하여 불필요한 지출을 절감하고, 절감된 금액을 자동이체로 저축하기 시작했다. 그는 각종 구독 서비스를 취소하고, 매월 15만 원의 절약된 금액을 예비 자금으로 전환했다. 이를 통해 박 씨는 1년 만에 180만 원의 예비 자금을 마련할 수 있었다.

## 5. 긴급 상황에서의 사용 전략: 어떻게 사용할 것인가?

긴급 예비 자금은 예상치 못한 상황에서 재정적 안정을 제공하기 위한 중요한 자원이다. 이러한 자금을 효율적으로 사용하기 위해서는 철저한 계획과 전략이 필요하다. 이번에는 긴급 상황에서의 자금 사용 우선순위 설정, 사용 후 보충 계획, 대체 자금 활용 방법을 제시한다.

**(1) 우선순위 설정**

긴급 상황 발생 시 자금을 효과적으로 사용하기 위해서는 우선순위를 명확히 설정하는 것이 중요하다. 자금 사용의 우선순위를 정하는 방법은 다음과 같다.

① 생명과 안전: 건강과 안전이 최우선이다. 예기치 않은 건강 문제나

안전과 관련된 비용은 최우선 처리해야 한다. 예를 들어, 의료비나 필수적인 주거 안전 수리 비용은 즉각적인 조치가 필요하다.

② 기본 생활 유지: 음식, 주거, 교통과 같은 기본 생활을 유지하기 위한 지출이 그다음이다. 이는 생존과 직결되는 문제로, 가장 기본적인 생활 수준을 유지하는 것이 중요하다.

③ 법적 의무 이행: 세금 납부나 대출 상환과 같은 법적 의무는 우선 처리해야 할 부분이다. 이를 놓치면 추가적인 재정적 부담이 발생할 수 있으므로, 긴급 상황에서도 이를 지키는 것이 중요하다.

④ 교육 및 직업 관련 비용: 자녀의 교육비나 직업 관련 자격증 취득 비용 등은 장기적인 투자로서 우선 고려해야 할 부분이다. 이는 가족의 미래를 위한 중요한 투자이기 때문이다.

⑤ 기타 생활비: 여가비나 사치성 지출은 가장 나중에 고려해야 한다. 긴급 상황에서는 이러한 지출을 최소화하여 예비 자금을 효과적으로 활용해야 한다.

### (2) 사용 후 보충 계획

긴급 예비 자금을 사용한 후에는 가능한 한 빨리 예비 자금을 복구하는 것이 중요하다. 이를 위한 전략은 다음과 같다.

① 지출 검토 및 조정: 사용 후 지출 내역을 검토하고 불필요한 지출을 줄인다. 이를 통해 절약한 금액을 예비 자금으로 다시 채운다.

② 저축 습관 강화: 매월 자동이체를 통해 일정 금액을 저축하는 습관을 강화한다. 적은 금액이라도 꾸준히 모으면 예비 자금을 빠르게 복구할 수 있다.

③ 추가 수입원 활용: 단기적인 부업이나 임시직을 통해 추가 수입을 창출하여 예비 자금을 보충한다. 예를 들어, 주말에 취미로 소득을 창출하거나, 프리랜서 작업을 통해 추가 수입을 얻는다.

④ 예산 재조정: 예산을 재조정하여 예비 자금 복구를 최우선 목표로 삼는다. 모든 지출을 재평가하고, 절감 가능한 부분을 찾아낸다.

⑤ 소득의 비율 할당: 소득의 일정 비율을 예비 자금 복구에 할당하여, 자금이 빠르게 회복되도록 한다. 예를 들어, 매월 소득의 10%를 예비 자금 복구에 할당한다.

### (3) 대체 자금 활용

긴급 자금 외에도 사용할 수 있는 대체 자금원을 탐색하고 활용하는 방법은 다음과 같다. 다만, 대체 자금 활용 시에는 항상 이자 비용과 같은 대가가 수반될 수 있음을 인지하고, 이를 신중하게 고려해야 한다.

① 신용카드 사용: 신용카드는 긴급 상황에서 일시적으로 자금을 확보하는 데 유용할 수 있다. 하지만, 높은 이자율을 고려하여 빠르게 상환할 수 있는 경우에만 사용해야 한다. 신용카드 이자는 연 15%에서 20%까지 높은 편이므로, 장기적인 대출 수단으로 사용해서는 안 된다.

② 친구나 가족의 지원: 필요할 경우 신뢰할 수 있는 친구나 가족으로부터 일시적인 지원을 받을 수 있다. 이 경우 상호 신뢰와 명확한 상환 계획이 중요하다. 무리한 차입은 관계에 부담이 될 수 있으므로, 신중히 고려해야 한다.

③ 대출 활용: 금리가 낮은 대출 상품을 활용하여 일시적인 자금 부족을 해결할 수 있다. 대출은 최후의 수단으로 고려하고, 상환 계획을 명확히 세운다. 대출에 따른 이자 비용은 재정에 큰 부담을 줄 수 있으므로, 상환 가능성을 철저히 검토한 후 진행해야 한다.

④ 자산 매각: 필요에 따라 불필요한 자산을 매각하여 자금을 마련할 수 있다. 사용하지 않는 물건이나 재산을 매각하여 유동성을 확보한다. 하지만, 자산 매각은 재산 가치의 손실을 초래할 수 있으므로, 신중한 평가가 필요하다.

⑤ 사회복지 프로그램: 정부나 지자체에서 제공하는 긴급 복지 지원 프로그램을 활용하여 자금을 마련할 수 있다. 이러한 프로그램은 경제적 위기에 처한 개인을 지원하기 위한 것으로, 신청 시 자격 조건을 철저히 검토해야 한다.

**(4) 사례 연구: 긴급 상황 자금 관리**

**1) 사례 1: 의료비 발생 시 자금 관리**

장 씨는 급작스러운 건강 문제로 인해 병원비가 발생했다. 그는 긴급 예비 자금을 사용하여 의료비를 우선 처리하였고, 이후 매달 저축 비율을 늘려 예비 자금을 빠르게 복구하였다. 또한, 주말에 프리랜서 일을 통해 추가 수입을 창출하여 자금을 보충할 수 있었다.

**2) 사례 2: 주택 수리비 지출 시 자금 관리**

윤 씨는 예기치 않게 아파트의 주요 설비가 고장 나 수리비가 필요했다. 그는 예비 자금을 사용하여 즉시 수리를 완료하였고, 이후 모든 고정지출을 철저히 관리하여 절약한 금액을 예비 자금으로 전환했다. 필요시 가족의 도움을 받아 추가 자금을 마련할 계획도 세웠다.

### 3) 사례 3: 대체 자금 활용을 통한 자금 관리

탁 씨는 자동차 사고로 인해 수리비가 예상보다 크게 발생했다. 그는 신용카드를 활용하여 일시적으로 자금을 확보하였고, 대출 이자를 고려해 빠르게 상환 계획을 세웠다. 이후 불필요한 가구를 매각하여 자금을 마련하고, 추가로 지자체의 긴급 지원 프로그램을 통해 부족한 자금을 채웠다. 그는 신용카드 이자 비용을 최소화하기 위해 3개월 내에 상환을 완료했다.

## 6. 긴급 예비 자금을 위한 체크리스트

은퇴 후의 삶은 불확실한 미래에 대한 대비가 필수적이다. 이번에는 은퇴자들이 재정적 안정성을 확보하고, 더욱 평온한 은퇴 생활을 영위할 수 있도록 긴급 예비 자금의 중요성과 그 관리 방법을 제시하였다. 긴급 예비 자금은 예상치 못한 상황에서도 재정적 안도감을 제공하며, 이는 은퇴 생활의 질을 결정하는 중요한 요소가 된다. 긴급 예비 자금은 단순히 금융 자산이 아니라, 은퇴준비자들에게 심리적 안정감을 제공하는 중요한 도구이다. 이제는 단순히 읽고 끝내는 것이 아니라, 실제로 실천에 옮길 때이다. 이번에 제시한 전략들을 적극적으로 활용하여, 독자 여러분은 더 나은 은퇴 생활을 계획할 수 있다. 다음의 실천 체크리스트를 통해 긴급 예비 자금 마련의 첫걸음을 내딛어보자.

① 목표 설정: 나만의 긴급 예비 자금 목표 금액을 설정하자. 이는 연금 월액의 6배를 기본으로 하되, 개인의 상황에 맞게 조정할 수 있다.

② 자동 저축 계획 수립: 월수입의 일정 비율을 자동이체로 저축하여, 지속해서 예비 자금을 축적하자.

③ 추가 수입원 탐색: 자신의 취미를 수익으로 연결하거나, N잡을 통해 새로운 수입원을 개발하여 자금을 빠르게 늘리자.

④ 지출 관리: 매월 지출을 점검하고 불필요한 소비를 줄여, 절약된 금액을 예비 자금으로 전환하자.

⑤ 긴급 상황 시 우선순위 관리: 긴급 상황에서는 자금 사용의 우선순위를 설정하고, 사후에 예비 자금을 신속히 보충하는 계획을 실천하자.

⑥ 대체 자금 활용 시 주의: 대출이나 신용카드 사용 시 이자 비용과 상환 계획을 철저히 검토하여, 재정적 부담을 최소화하자.

키워드 18

# 인플레이션 대비 전략

1. 인플레이션의 이해
2. 인플레이션 지표 모니터링
3. 장기 생존에 미치는 영향
4. 인플레이션을 극복할 방법들
5. 인플레이션 헤지를 위한 상품 전략
6. 인플레이션의 극복은 결국 장기투자
7. 연구 사례

## 1. 인플레이션의 이해

인플레이션은 경제 전반에 걸쳐 가격 수준이 지속해서 상승하는 현상으로, 돈의 가치가 하락하고 생활비가 증가함을 의미한다. 쉽게 말해 오늘의 1,000원이 내일의 1,000원과 같은 가치를 지니지 않게 되는 것이다. 이러한 현상은 경제가 발전하고 돈의 공급이 증가하면서 자연스럽게 발생할 수 있으며, 때로는 정치적, 경제적 충격으로 급격히 가속화되기도 한다. 역사적 사례로는 1920년대 독일의 초인플레이션과 2000년대 초반 짐바브웨의 사례가 있다. 독일의 경우, 제1차 세계대전 이후 전쟁 배상금 지급을 위한 과도한 화폐 발행이 문제를 일으켰고, 짐바브웨는 정치적 불안정성과 정책 실패로 인해 하이퍼인플레이션을 겪었다. 이처럼 인플레이션은 경제적 혼란을 가져올 수 있으며, 은퇴 후 고정 소득으로 생활해야 하는 사람들에게는 더욱 치명적일 수 있다. 따라서 인플레이션에 대한 이해는 은퇴계획을 세우는 데 있어 필수적이다.

인플레이션의 주요 원인은 두 가지로 구분할 수 있다. 수요 견인 인플레이션과 비용 인상 인플레이션이다. 수요 견인 인플레이션은 상품과 서비스에 대한 총수요가 증가하여 가격이 상승하는 경우다. 이는 경제가 성장하고 소비자들의 구매력이 증가할 때 자주 발생한다. 예를 들어, 1960년대 한국의 경제 성장기에는 국민의 소득이 증가하고 소비가 활발해지면서 수요 견인 인플레이션이 발생했다. 반면, 비용 인상 인플레이션은 원자재 가격 상승이나 임금 인상 등으로 생산 비용이 증가할 때 발생한다. 예를 들어, 1970년대 오일 쇼크로 인해 전 세계적으로 원유 가격이 급등하면서 비용 인상 인플레이션이 발생했다. 최근에는 공급망 문제와 코로나19 팬데믹의 영향으로 인한 비용 인상 인플레이션이 주목받고 있다. 이러한 인플레이션의 원인들은 은퇴준비자들이 경제 상황을 예측하고 대응 전략을 세우는 데 중요한 요소다.

인플레이션의 유형은 크게 급진적 인플레이션, 만성적 인플레이션, 초인플레이션으로 구분할 수 있다. 급진적 인플레이션은 비교적 짧은 기간 동안 물가가 급격히 상승하는 현상으로, 경제적 충격이나 특정 사건에 의해 유발될 수 있다. 만성적 인플레이션은 경제가 지속해서 물가 상승을 경험하는 상황으로, 통화 정책의 실패나 구조적인 문제로 인해 발생할 수 있다. 초인플레이션은 인플레이션이 통제 불가능한 수준으로 치솟는 경우를 말하며, 정부의 재정난이나 화폐 가치 하락이 주된 원인이다. 이런 극단적인 상황에서는 통화 시스템의 붕괴와 사회적 혼란이 초래될 수 있다. 은퇴준비자들은 인플레이션의 유형에 맞는 대비책을 마련하는 것이 중요하다. 만성적 인플레이션 상황에서는 투자 포트폴리오의 다각화를 통해 리스크를 관리하고, 초인플레이션 가능성이 있는 국가에서는 자산을 안전한 통화로 이전하는 것이 전략적이다.

최근의 경제 상황에서도 인플레이션은 중요한 역할을 하고 있다. 특히 코로나19 팬데믹 이후 전 세계적으로 공급망의 불안정과 원자재 가격 상승이 인플레이션을 촉발하고 있다. 2022년부터 2023년까지 전 세계 여러 나라가 높은 인플레이션율을 기록했으며, 이는 중앙은행의 금리 인상 정책으로 이어졌다. 예를 들어, 미국은 2023년에 40년 만에 가장 높은 인플레이션율을 기록하면서 연방준비제도이사회(FED)가 금리를 크게 인상했다. 이는 한국 경제에도 영향을 미쳐, 수입 물가 상승과 함께 국내 소비자 물가가 상승하는 결과를 낳았다. 이러한 상황에서 은퇴를 준비하는 사람들은 고정된 수입의 가치가 하락하는 것을 막기 위해 적극적인 대처가 필요하다. 이는 생활비 절감과 같은 단기적 대응뿐만 아니라, 장기적으로는 인플레이션 헤지를 위한 다양한 투자 전략을 통해 실질 구매력을 유지할 수 있는 방안을 모색하는 것이 중요하다.

은퇴를 준비하는 개인들에게 인플레이션은 결코 피할 수 없는 도전 과제다. 생활비가 계속해서 증가하는 상황에서 고정수입에 의존해야 하는 은퇴자들에게 인플레이션은 실질적인 위협이다. 예를 들어, 매년 3%의 인플레이션이 계속될 경우, 현재 100만 원의 가치는 10년 후 약 74만 원으로 감소한다. 따라서 인플레이션을 고려한 재무계획은 은퇴 후에도 생활 수준을 유지하는 데 필수적이다. 이를 위해 인플레이션을 극복할 수 있는 전략으로는 다각화된 포트폴리오 구축, 인플레이션 연계 금융상품 활용, 그리고 지속적인 재무계획 검토 등이 있다. 장기적으로는 자산의 실질 가치를 보전할 수 있는 투자를 통해 인플레이션의 영향을 최소화하는 것이 중요하다.

은퇴설계에서 인플레이션을 효과적으로 대비하기 위해서는, 우선 자신의 재정 상태를 정기적으로 점검하고, 생활비와 주요 지출 항목을 파악하는 것이 필수적이다. 또한, 인플레이션에 민감한 비용(예: 의료비, 식품비)을 예측하고 이에 맞춰 자산 배분을 조정한다. 예를 들어, 인플레이션이 예상될 때는 주식이나 부동산과 같은 실물 자산에 대한 투자를 고려할 수 있다. 인플레이션에 대비하는 가장 중요한 전략 중 하나는 포트폴리오를 다양화하여 리스크를 관리하는 것이다. 주식, 채권, 부동산, 그리고 인플레이션에 연계된 물가연동국채(TIPS) 등 다양한 자산에 투자하여 경제 변화에 유연하게 대응할 기반을 마련해야 한다.

## 2. 인플레이션 지표 모니터링

### (1) 소비자물가지수(CPI)와 생산자물가지수(PPI)의 이해

은퇴 후 재무계획을 세우는 데 있어 인플레이션을 예측하고 관리하는 능력은 필수적이다. 이를 위해 가장 기본적이면서도 중요한 경제 지표 중 하나가 소비자물가지수(CPI)와 생산자물가지수(PPI)이다. CPI는 일반 가정이 구입하는 소비재와 서비스의 가격 변화를 측정하는 지표로, 생활비의 상승을 직접 반영한다. 예를 들어, 2023년 한국의 소비자물가지수는 식품과 에너지 가격의 상승으로 인해 큰 폭으로 증가했다. 이는 일반 소비자들의 생활비 부담을 가중하는 요인으로 작용한다. 반면, PPI는 기업이 생산하는 재화와 서비스의 가격 변동을 측정하는 지표로, 기업의 생산 비용 변화와 밀접하게 관련되어 있다. PPI가 상승하면 대개 소비자 물가 상승으로 이어질 가능성이 크다. 두 지표는 서로 밀접하게 연결되어 있으며, 인플레이션의 초기 신호를 감지하는 데 유용한 역할을 한다. 따라서 은퇴준비자들은 이러한 지표를 주기적으로 모니터링하여 인플레이션의 방향성을 예측하고 대비할 필요가 있다.

### (2) 인플레이션 예측을 위한 경제 지표

인플레이션 예측을 위해서는 CPI와 PPI 외에도 다양한 경제 지표를 살펴보아야 한다. 특히 금리와 실업률은 인플레이션 동향을 이해하는 데 중요한 단서를 제공한다. 금리는 통화 정책의 방향을 나타내는 주요 지표로, 인플레이션이 상승할 때 중앙은행은 금리를 인상하여 경제를 조절하려고 한다. 최근 몇 년간 한국은행은 인플레이션 압박에 대응하기 위해 기준금리를 여러 차례 조정하였다. 이러한 금리 변동은 주식시장, 부동산시장 등 여러 분야에 영향을 미치며, 은퇴자들의 자산 배분 전략에도 중요한 요소로 작용한다. 실업률 역시 인플레이션과 밀접한 관계가 있다. 일반적으로 실업률이 낮아지면 임금이 상승하고, 이는 소비 증가와 물가 상승으로 이어질 수 있다. 예를 들어, 2022년 미국에서는 낮은 실업률이 계속되면서 인플레이션 압력이 증가하였고, 이는 은퇴설계 시 경제 지표의 중요성을 다시금 상기시키는 사례가 되었다. 은퇴준비자들은 이러한 경제 지표의 변화를 주시하며, 인플레이션 리스크에 대한 대비책을 마련해야 한다.

### (3) 글로벌 경제 동향과 그 영향

글로벌 경제 동향 또한 인플레이션에 큰 영향을 미친다. 특히 최근의 세계 경제는 팬데믹, 지정학적 갈등, 공급망 혼란 등의 요인으로 인해 불확실성이 높아진 상태다. 이러한 불확실성은 국제 유가, 원자재 가격, 환율 변동 등을 통해 한국 경제에도 직접적인 영향을 미친다. 예를 들어, 2023년 러시아-우크라이나 전쟁으로 인한 에너지 가격 급등은 전 세계적으로 인플레이션을 가중하는 요인으로 작용하였다. 이는 한국의 수입 물가를 상승시키고, 국내 인플레이션 압력으로 이어졌다. 따라서 은퇴설계 시 글로벌 경제 동향을 이해하고, 그에 따른 리스크 관리 전략을 세우는 것이 중요하다. 국제 뉴스와 경제 리포트를 통해 전 세계적인 경제 변화를 모니터링하고, 이를 바탕으로 자산을 조정하는 능력이 필수적이다. 글로벌 경제의 복잡성을 이해하는 것이 은퇴 후 안정적인 재정 상태를 유지하는 데 큰 도움이 될 것이다.

### (4) 실시간 데이터와 경제 리포트를 활용한 모니터링 방법

실시간 데이터와 경제 리포트를 활용한 모니터링은 인플레이션을 관리하는 데 있어 효과적인 방법 중 하나다. 한국은행과 통계청은 정기적으로 경제 지표를 발표하며, 이를 통해 현재의 경제 상황과 인플레이션 추세를 확인할 수 있다. 예를 들어, 한국은행의 금융통화위원회 회의 결과는 금리 정책과 관련된 중요한 정보를 제공하며, 이를 통해 경제의 방향성을 예측할 수 있다. 또한, 주요 경제 일간지와 전문 경제 분석 기관의 리포트를 통해 더 깊이 있는 분석을 얻을 수 있다. 이러한 정보를 활용하여 자신의 재정 상태를 점검하고, 필요한 경우 전략을 수정하는 것이 중요하다. 은퇴준비자들은 정기적으로 이러한 데이터를 확인하고, 경제 변화에 유연하게 대응할 수 있는 능력을 길러야 한다. 이를 통해 인플레이션의 위험을 최소화하고, 안정적인 은퇴 생활을 보장할 수 있을 것이다.

### (5) 사례 연구를 통한 교훈

사례 연구를 통해 인플레이션 지표 모니터링의 중요성을 더욱 실감할 수 있다. 예를 들어, 2010년대 초반 일본의 경제 정책 변화에 따라 인플레이션이 급격히 변화한 사례는 많은 교훈을 준다. 당시 일본 정부는 디플레이션을 벗어나기 위해 강력한 통화 완화 정책을 시행하였고, 이는 예상보다 높은 인플레이션을 유발하였다. 이 과정에서 많은 은퇴자가 인플레이션을 과소평가하여 재정적 어려움을 겪기도 하였다. 반면,

미국의 1980년대 경제 회복기에는 강력한 금리 인상과 함께 인플레이션 억제를 성공적으로 달성한 사례도 있다. 이러한 역사적 사례는 경제지표의 중요성과 그에 따른 적절한 대응의 필요성을 강조한다. 은퇴준비자들은 과거의 교훈을 바탕으로 현재와 미래의 경제 상황을 분석하고, 인플레이션에 대비하는 전략을 세워야 한다.

### (6) 실행 가능한 전략과 팁

각 항목에서 제시된 실제적인 팁과 실행 가능한 전략을 바탕으로 독자들은 자신만의 재무계획을 수립할 수 있다. 예를 들어, 인플레이션 지표를 주기적으로 모니터링하고, 변동성을 예측하는 훈련을 통해 경제적 충격에 대비할 수 있다. 또한, 금리와 실업률의 변화를 주의 깊게 살피고, 이에 따라 투자 포트폴리오를 조정하는 것도 중요한 전략이다. 글로벌 경제 동향을 지속해서 파악하고, 이를 통해 리스크를 관리하는 능력을 기르는 것도 필요하다. 이러한 전략은 은퇴 후에도 안정적인 생활을 유지할 수 있는 기반을 마련하는 데 도움을 줄 것이다.

## 3. 장기 생존에 미치는 영향

### (1) 생활비 상승과 구매력 감소

인플레이션은 은퇴 후 재무계획에 있어 가장 큰 위험 요소 중 하나다. 특히 생활비의 지속적인 상승은 구매력 감소를 초래하며, 이는 고정

수입에 의존하는 은퇴자들에게 큰 부담으로 작용한다. 2023년 한국의 소비자물가지수(CPI)는 식품, 주거비, 교통비 등 다양한 항목에서 급등세를 보였고, 이는 은퇴자들의 생활비 부담을 가중하고 있다. 예를 들어, 한국의 2023년 연평균 물가 상승률이 5%에 달했다고 가정하면, 지금의 1,000만 원은 20년 후 370만 원의 구매력밖에 되지 않는다. 이는 은퇴 후 장기적인 생활을 계획하는 데 있어 큰 어려움이 될 수 있다. 이러한 상황에서 은퇴자들은 예산을 효율적으로 관리하고, 인플레이션을 반영한 생활비 계획을 수립하는 것이 중요하다. 생활비 절감 전략으로는 비필수 소비를 줄이고, 고정비용을 재조정하며, 할인 혜택을 적극 활용하는 방법 등이 있다. 장기적으로는 인플레이션을 고려한 재정계획을 통해 실질적인 구매력을 유지하는 것이 필요하다.

### (2) 의료비 인플레이션의 위험

은퇴 후 가장 큰 비용 중 하나가 의료비다. 특히 의료비는 일반 생활비보다 더 빠르게 상승하는 경향이 있어, 은퇴자들에게는 더욱 부담스러운 요소가 될 수 있다. 2023년 한국의 의료비 상승률은 약 6%로, 이는 일반적인 물가 상승률을 웃도는 수준이었다. 이러한 의료비 인플레이션은 고령화 사회로 접어든 한국에서 더욱 심각한 문제로 대두되고 있다. 예를 들어, 한 연구에 따르면, 은퇴 후 20년 동안 평균적으로 약 3억 원 이상의 의료비가 소요될 수 있다고 한다. 이는 건강 상태나 생활 방식에 따라 다르지만, 대다수 은퇴자가 예상하지 못한 부담을 겪을 수 있다는 것을 의미한다. 따라서 의료비 인플레이션에 대비한 계획을 수립하는 것이 중요하다. 장기요양보험, 건강보험의 적절한 활용, 예방 의료의 강화 등이 이에 대한 대응책이 될 수 있다. 건강관리를 통해 장기적으로 의료비 지출을 최소화하는 것도 중요한 전략 중 하나다.

### (3) 연금 및 고정수입의 실질 가치 하락

은퇴자들에게 연금과 고정수입은 중요한 생계 수단이다. 그러나 인플레이션은 이러한 고정수입의 실질 가치를 지속해서 감소시킨다. 예를 들어, 매달 200만 원의 연금을 받는 은퇴자가 있을 때, 연평균 3%의 인플레이션이 발생하면 10년 후 이 연금의 구매력은 약 150만 원으로 감소하게 된다. 이는 연금 수익률이 물가 상승률을 따라잡지 못하면 실질적인 생활 수준이 하락할 수 있음을 의미한다. 한국의 경우, 국민연금은 인플레이션을 일정 부분 반영하여 지급액을 조정하지만, 여전히 충분하지 않은 경우가 많다. 이러한 상황에서 은퇴자들은 연금 외에도 다양한 수입원을 확보하여 인플레이션에 대비할 필요가 있다. 주식 배당금, 부동산 임대 수익, 파트타임 근로 등 다양한 방식으로 수입원을 다각화하는 것이 중요하다. 이러한 전략은 고정수입의 실질 가치를 보존하고, 경제적 안정을 유지하는 데 큰 도움이 될 것이다.

### (4) 장기 계획 수립의 필요성

인플레이션이 은퇴 후 재무계획에 미치는 장기적 영향을 최소화하기 위해서는 체계적인 장기 계획 수립이 필요하다. 은퇴 후의 삶은 예상보다 길어질 수 있기에 경제적 불확실성에 대비한 철저한 준비가 필요하다. 장기 계획 수립 시 가장 중요한 요소는 인플레이션을 고려한 미래 지출 예측이다. 다양한 경제 지표를 활용하여 장기 경제 전망을 분석하고, 이에 따른 재정계획을 수립해야 한다. 예를 들어, 30년 이상의 은퇴 생활을 계획할 경우, 예상되는 인플레이션을 반영한 지출 계획을 통해 장기적으로 경제적 안정성을 확보할 수 있다. 또한, 자산을 관리하는 데 있어 위험을 분산시키는 전략이 필요하다. 주식, 채권, 부동산, 금 등 다양한 자산에 분산투자하여 리스크를 최소화하고, 장기적으로 자산의 가치를 보전하는 것이 중요하다. 이러한 계획은 은퇴 후에도 경제적 안정을 유지하는 기반 마련에 결정적인 역할을 할 것이다.

### (5) 실행 가능한 전략과 팁

각 항목에서 제시된 실제적인 팁과 실행 가능한 전략을 통해 더욱 현실적인 재무계획을 수립할 수 있다. 예를 들어, 생활비 상승에 대비하여 예산을 체계적으로 관리하고, 비필수 소비를 줄이는 전략을 사용할 수 있다. 의료비 인플레이션에 대비하여 장기요양보험과 건강보험을 적절히 활용하고, 예방 의료에 힘쓰는 것이 중요하다. 연금 및 고정수입의 실질 가치 하락에 대비하여 수입원을 다각화하고, 주식 배당금이나 부동산 임대 수익 등 다양한 수입원을 확보하는 전략도 고려할 수 있다. 장기 계획 수립 시에는 인플레이션을 반영한 지출 계획을 통해 경제적 안정성을 확보하는 것이 필요하다. 이러한 전략은 은퇴 후에도 안정적인 생활을 유지할 수 있는 기반을 마련하는 데 큰 도움이 될 것이다.

## 4. 인플레이션을 극복할 방법들

**(1) 소비 습관의 변화와 비용 절감 전략**

인플레이션의 영향으로 생활비가 상승하면 소비 습관의 변화를 통해 지출을 효과적으로 관리하는 것이 중요하다. 은퇴 후 고정된 수입에 의존하는 사람들은 특히 생활비 절감의 필요성을 절실히 느낄 것이다. 최근 연구에 따르면, 한국의 가구당 월평균 소비 지출이 전년 대비 4% 증가했다고 한다. 이는 인플레이션으로 인해 일상생활에서 소비재와 서비스의 가격이 지속해서 상승하고 있음을 의미한다. 이러한 상황에서 첫 번째 전략은 지출의 우선순위를 재조정하는 것이다. 필수적인 소비와 비필수적인 소비를 구분하고, 불필요한 소비를 줄이는 것이 필요하다. 예를 들어, 주말 외식을 줄이고 집에서 요리하는 횟수를 늘리거나, 공공 교통을 이용하여 교통비를 절감하는 등의 실천적인 방법이 있다. 또한, 할인 쿠폰이나 멤버십 혜택을 활용하여 식료품과 생활용품 구매 시 비용을 절감할 수 있다. 이러한 소비 습관의 변화는 장기적으로 인플레이션의 영향을 최소화하는 데 큰 도움이 될 것이다.

**(2) 재정적 회복 탄력성 구축**

인플레이션 압박 속에서 재정적 회복 탄력성을 구축하는 것은 은퇴 후 안정적 생활 유지에 필수적이다. 특히 긴급 자금을 마련하고 부채를 효과적으로 관리하는 것이 중요하다. 한국의 경우, 평균 가구당 부채 비율이 꾸준히 증가하고 있으며, 이는 인플레이션으로 인한 금리 상승 시 큰 부담으로 작용할 수 있다. 이러한 상황에서 첫 번째로 고려해야 할 사항은 긴급 자금의 마련이다. 일반적으로 3~6개월 치 생활비를 커버할 수 있는 비상금을 준비하는 것이 권장된다. 이는 예기치 않은 경제적 충격이나 갑작스러운 지출 증가에 대응할 수 있는 방패 역할을 한다. 두 번째는 부채관리 전략이다. 이자율이 높은 부채는 가능한 한 빨리 상환하고, 부채 통합이나 재융자를 통해 이자 부담을 줄이는 것이 필요하다. 또한, 불필요한 신용카드 사용을 줄이고 현금 사용을 늘리는 것도 지출을 관리하는 데 도움이 된다. 이러한 재정적 회복 탄력성은 인플레이션의 변동 속에서도 경제적 안정을 유지하는 데 중요한 요소다.

### (3) 교육과 기술 개발을 통한 가치 창출

인플레이션의 도전을 극복하기 위해서는 개인의 가치를 지속해서 높이는 것이 필요하다. 이는 교육과 기술 개발을 통해 가능하다. 현대 사회에서는 급변하는 경제 환경에 적응하고 지속적인 수입을 창출하기 위해 새로운 기술을 습득하고 전문성을 높이는 것이 중요하다. 예를 들어, 디지털 기술의 발전은 다양한 산업에 변화를 가져오고 있으며, 이에 따라 온라인 강좌나 직업 훈련 프로그램을 통해 새로운 기술을 익히는 것이 중요하다. 한국에서는 많은 성인이 경력 전환이나 기술 습득을 통해 새로운 직업 기회를 찾고 있으며, 이러한 노력이 경제적 자립을 유지하는 데 큰 역할을 하고 있다. 또한, 전문성을 강화하여 컨설팅이나 프리랜서 활동을 통해 추가 수입을 창출할 수도 있다. 이러한 교육과 기술 개발을 통한 가치 창출은 인플레이션의 영향을 최소화하고, 경제적 안정성을 확보하는 데 중요한 전략이 될 것이다.

### (4) 건강관리 및 예측 가능한 생활 방식 유지

건강관리는 인플레이션 시대에 중요한 전략 중 하나다. 의료비는 일반적인 생활비보다 더 빠르게 증가하는 경향이 있어, 건강관리에 소홀할 경우 큰 재정적 부담으로 작용할 수 있다. 2023년 한국의 의료비 상승률은 약 6%로, 이는 은퇴자들에게 큰 부담이 될 수 있다. 따라서 건강한 생활 습관을 유지하는 것이 필수적이다. 규칙적인 운동, 균형 잡힌 식단, 정기적인 건강검진을 통해 질병을 예방하고, 의료비를 최소화할 수 있다. 예측 가능한 생활 방식을 유지하는 것도 중요하다. 불확실한 경제 상황에서도 일정한 생활 패턴을 유지하면, 예산관리와 생활의 안정성을 확보할 수 있다. 예를 들어, 매달 일정 금액을 저축하거나 투자하는 습관을 들이는 것도 좋은 전략이다. 이러한 건강관리와 예측 가능한 생활 방식 유지는 인플레이션의 영향을 최소화하고, 장기적인 경제적 안정을 유지하는 데 큰 도움이 될 것이다.

### (5) 실행 가능한 전략과 팁

각 항목에서 제시된 실행 가능한 전략과 팁을 통해 독자들은 인플레이션의 영향을 효과적으로 관리할 수 있다. 소비 습관의 변화를 통해 지출을 최소화하고, 예산을 효율적으로 관리하는 것이 중요하다. 긴급 자금 마련과 부채관리를 통해 재정적 회복 탄력성을 구축하여 경제적 안정을 유지할 수 있다. 또한, 교육과 기술 개발을 통해 개인의 가치를 높이고, 지속적인 수입을 창출하는 것이 필요하다. 건강관리와 예측 가능한 생활 방식을 유지하여 의료비 부담을 줄이고, 생활의 안정성을 확보하는 것도 중요한 전략이다. 이러한 방법들을 통해 독자들은 인플레이션의 도전에 효과적으로 대응하고, 은퇴 후에도 안정적인 재정 상태를 유지할 수 있을 것이다.

## 5. 인플레이션 헤지를 위한 상품 전략

### (1) 인플레이션 연계 채권(KTBi)

한국에서 인플레이션에 대비할 수 있는 대표적인 금융상품 중 하나는 인플레이션 연계 채권(KTBi, Korean Treasury Bond indexed to inflation)이다. KTBi는 정부가 발행하는 채권으로, 소비자물가지수(CPI)에 연동되어 원금과 이자가 조정된다. 이는 물가 상승으로 인해 실질 구매력이 감소하는 것을 방지하는 데 유리하다. 예를 들어, 연간 인플레이션이 3%라고 가정할 때, KTBi의 원금과 이자는 이에 따라 증가하여 투자자에게 실질적인 수익을 제공한다. 이는 은퇴자들이 고정수입의 가치를 보호하는 데 매우 효과적이다. 최근 한국에서는 저금리 기조 속에서 인플레이션 우려가 커지면서 KTBi의 수요가 증가하고 있다. 따라서 KTBi는 안정적인 자산으로 포트폴리오에 포함해 인플레이션 리스크를 관리하는 유용한 수단이 된다.

### (2) 부동산과 귀금속 투자

부동산은 한국에서 오랫동안 인플레이션에 대한 헤지 수단으로 여겨져 왔다. 특히 서울 및 수도권 지역의 부동산은 제한된 공급과 높은 수요로 인해 안정적인 가치를 유지하며, 인플레이션 시기에 가격이 상승하는 경향이 있다. 최근 몇 년간 한국의 부동산시장은 정부 정책의 영향을 받으며 다소 변동성을 보였지만, 여전히 장기적인 투자 가치가 높다는 평가를 받고 있다. 부동산투자 시에는 지역의 인프라 개발 계획이나 인구 이동 트렌드를 고려하여 신중하게 접근하는 것이 중요하다. 귀금속, 특히 금은 인플레이션 시기에 안전 자산으로 인식되며, 변동성이 큰 경제 상황에서도 가치 보존의 수단이 된다. 한국에서는 금 거래소를 통해 금에 직접투자하거나, 관련 ETF를 통해 간접적으로 투자할 수 있다. 부동산과 귀금속은 실물 자산으로서 포트폴리오의 안정성을 강화하고, 인플레이션의 영향을 줄이는 데 도움이 된다.

### (3) 주식시장의 인플레이션 대응주

한국 주식시장에서는 인플레이션에 효과적으로 대응할 수 있는 다양한 산업의 주식이 존재한다. 특히 에너지, 식품, 필수 소비재 산업은 인플레이션 환경에서 상대적으로 강세를 보일 수 있다. 한국의 대표적인 에너지 기업인 SK이노베이션이나 LG화학은 글로벌 수요 증가와 에너지 가격 상승으로 인해 긍정적인 성과를 기대할 수 있다. 또한, 식품 및 소비재 기업들은 물가 상승을 소비자에게 전가할 수 있는 능력을 갖추고 있어, 안정적인 수익을 기대할 수 있다. 예를 들어, CJ제일제당이나 농심과 같은 기업은 이러한 상황에서 비교적 안정적인 실적을 유지할 수 있다. 배당주 역시 인플레이션 시기에 매력적인 투자 대상이 될 수 있다. 예를 들어, 삼성전자는 꾸준한 배당 정책을 통해 주주들에게 안정적인 수익을 제공하고 있다. 이러한 주식들은 포트폴리오의 방어력을 강화하고, 인플레이션에 대응하는 효과적인 수단이 될 수 있다.

### (4) 해외 시장 및 다각화 투자 전략

인플레이션 리스크를 분산시키기 위해 해외 시장에 대한 투자도 고려할 수 있다. 한국 경제는 글로벌 경제 변화에 민감하게 반응하기 때문에, 해외 시장을 활용한 다각화는 리스크 관리에 효과적이다. 미국, 유럽, 아시아 등 다양한 지역의 자산에 투자함으로써 경제적 불확실성에 대한 방어력을 강화할 수 있다. 예를 들어, 미국의 S&P500 지수에 투자하면 글로벌 대기업의 성장에 참여할 기회를 얻을 수 있다. 또한, 최근 환율 변동성이 높아지면서 외환 리스크에 대비하기 위한 통화 다각화도 중요해지고 있다. 다양한 통화로 자산을 배분하면 특정 통화의 가치 하락에 따른 리스크를 최소화할 수 있다. 이러한 해외 시장 및 다각화 전략은 인플레이션으로부터 자산을 보호하고, 장기적으로 안정적인 수익을 창출하는 데 기여할 것이다.

### (5) 에너지 및 원자재 투자

에너지 및 원자재 투자는 인플레이션에 대한 자연스러운 헤지 수단으로 주목받고 있다. 에너지는 모든 경제활동의 기초를 이루며, 인플레이션 시기에는 에너지 가격이 상승하는 경향이 있다. 2023년에는 세계적인 에너지 수요 증가와 공급망 이슈로 인해 원유 가격이 급등하였다. 이는 에너지 관련 주식 및 ETF에 대한 투자 매력을 높이는 요인이다. 한국에서는 SK이노베이션, GS칼텍스와 같은 에너지 기업에 대한 투자가 인플레이션 환경에서 좋은 성과를 낼 수 있다. 원자재는 다양한 산업에서 필수적으로 사용되며, 인플레이션이 발생할 때 그 가치가 상승하는 경우가 많다. 금, 은, 구리와 같은 금속은 글로벌 경제 변동에 민감하게 반응하며, 특히 인플레이션이 예상될 때 가격 상승이 두드러진다. 이러한 상품에 직접 투자하거나 관련 ETF를 통해 간접적으로 참여하는 것도 방법이 될 수 있다. 에너지 및 원자재 투자는 포트폴리오의 변동성을 줄이고, 인플레이션에 대한 방어력을 강화하는 데 도움이 될 것이다.

### (6) 변액유니버설보험

변액유니버설보험은 생명보험과 투자 기능을 결합한 상품으로, 인플레이션 헤지와 장기 재무계획에 활용할 수 있는 유용한 도구다. 이 보험은 보험료 일부를 주식, 채권, 부동산 등 다양한 펀드에 투자하여 수익을 창출할 수 있다. 이는 인플레이션으로 인해 자산 가치가 하락하는 것을 방지할 수 있다. 변액유니버설보험은 투자 선택의 유연성을 제공하며, 개인의 위험 성향에 맞게 포트폴리오를 조정할 수 있는 펀드변경의 장점이 있다. 또한, 사망 보험금 보장 기능을 통해 가족에게 경제적 안전망을 제공할 수 있다. 다만, 변액유니버설보험은 수수료와 비용이 상대적으로 높을 수 있으며, 투자 성과에 따라 보험금의 가치가 변동할 수 있다는 점을 고려해야 한다. 장기적인 관점에서 접근하여 인플레이션과 경제 불확실성에 대비할 수 있는 전략을 수립하는 것이 중요하다.

### (7) 실행 가능한 전략과 팁

각 항목에서 제시된 전략과 팁을 통해 독자들은 인플레이션을 효과적으로 관리할 수 있다. 인플레이션 연계 채권(KTBi)을 활용하여 고정수입의 가치를 보호하고, 부동산과 귀금속을 통해 실물 자산의 안정성을 확보하는 것이 중요하다. 주식시장에서는 인플레이션 대응주와 배당주에 집중하여 수익성을 높일 수 있다. 해외 시장 및 다각화 투자 전략을 통해 지역적 리스크를 분산시키고, 글로벌 경제에 대한 대응력을 강화할 수 있다. 에너지 및 원자재 투자를 통해 인플레이션 시기에 강력한 방어력을 확보할 수 있다. 변액유니버설보험을 통해 생명보험과 투자의 장점을 결합하여 장기적인 재정 안정을 도모할 수 있다. 이러한 전략들은 은퇴 후에도 안정적인 재정 상태를 유지하고, 인플레이션으로부터 자산을 보호하는 데 큰 도움이 될 것이다.

## 6. 인플레이션의 극복은 결국 장기투자

인플레이션은 자산의 실질 가치를 하락시키는 요인으로, 은퇴준비자들에게 큰 도전 과제가 된다. 이를 극복하기 위해서는 장기투자 전략이 필수적이다. 장기투자는 시간에 따른 자산의 성장과 복리의 힘을 최대한 활용하여 인플레이션을 상쇄할 방법을 제공한다.

### (1) 복리의 힘과 장기 성장의 중요성

복리는 투자 수익에 대한 이자가 다시 투자되어 새로운 수익을 창출하는 개념으로, 시간이 지남에 따라 기하급수적으로 자산을 증가시킬 수 있다. 예를 들어, 연평균 7%의 수익률을 가진 자산에 1,000만 원을 투자하면, 30년 후 약 7,600만 원의 가치로 성장한다. 이는 단순히 원금에 이자가 붙는 것 이상의 효과를 가지며, 장기적으로 인플레이션을 초과하는 수익을 제공할 수 있다. 한국의 경우, 경제 성장과 함께 주식시장은 장기적으로 긍정적인 성과를 보여 왔다. 이는 장기투자를 통해 경제 전반의 성장 혜택을 공유할 수 있음을 의미한다. 복리의 힘을 극대화하기 위해서는 시간을 친구로 삼아야 하며, 이는 조기에 투자 계획을 수립하고 지속해서 유지하는 것이 중요하다는 것을 시사한다.

### (2) 주식 및 ETF 장기투자 전략

주식과 상장지수펀드(ETF)는 장기투자에 적합한 자산으로, 인플레이션을 극복하는 데 중요한 역할을 한다. 주식은 기업의 성장에 직접 투자하는 방법으로, 장기적으로 기업의 가치가 증가하면 투자자도 그 혜택을 누릴 수 있다. 특히 인플레이션 시기에 기업들은 가격을 인상할 수 있는 능력을 지니고 있으며, 이는 주가 상승으로 이어질 수 있다. ETF는 특정 지수를 추종하며, 다양한 주식에 분산투자할 수 있는 장점이 있다. 이는 투자자들에게 리스크를 줄이면서 시장의 전반적인 성과에 참여할 기회를 제공한다. 예를 들어, 한국의 KOSPI200 ETF는 국내 주요 대기업에 대한 광범위한 노출을 제공하여 인플레이션을 방어하고 장기적인 수익을 창출하는 데 유리하다. 이러한 주식과 ETF 투자 전략은 인플레이션에 대응하는 효과적인 수단이 될 수 있다.

### (3) 배당주와 배당 재투자 계획

배당주는 기업이 수익 일부를 주주에게 배당금으로 지급하는 주식으로, 안정적인 현금흐름을 제공하는 투자 수단이다. 인플레이션 환경에서 배당주는 두 가지 주요 이점을 제공한다. 첫째, 배당 수익률이 인플레이션을 초과할 경우, 실질 구매력을 유지하는 데 도움이 된다. 둘째, 배당 재투자는 복리 효과를 극대화하여 장기적인 자산 성장을 촉진한다. 예를 들어, 한국에서 삼성전자와 같은 기업은 꾸준한 배당 정책을 유지하여 투자자들에게 안정적인 수익을 제공하고 있다. 배당 재투자를 통해 배당금이 다시 투자되어 추가적인 주식을 구입할 수 있으며, 이는 복리 효과를 강화한다. 배당주에 대한 장기적인 투자와 재투자는 은퇴 후 안정적인 소득을 확보하는 데 중요한 전략이 될 수 있다.

### (4) 재무계획의 정기적 검토와 조정

장기투자는 단순히 시간을 보내는 것이 아니라, 지속해서 재무계획을 검토하고 조정하는 과정이 필요하다. 인플레이션, 경제 상황 변화, 개인의 생활 변화 등 다양한 요인에 따라 투자 전략을 조정해야 한다. 예를 들어, 시장 금리가 상승하면 채권 투자 비중을 줄이고 주식 비중을 늘리는 등의 조정이 필요할 수 있다. 정기적인 포트폴리오 점검을 통해 자산 배분을 최적화하고, 변화하는 경제 환경에 유연하게 대응할 수 있는 능력을 길러야 한다. 이는 장기적으로 투자 성과를 극대화하고, 인플레이션에 대한 방어력을 강화하는 데 기여할 것이다.

### (5) 투자 심리 관리와 지속 가능한 투자 문화

장기투자에서 중요한 요소 중 하나는 투자 심리 관리다. 시장 변동성에 대한 두려움과 단기적 수익에 대한 유혹은 장기투자 전략을 방해할 수 있다. 이러한 심리적 요소를 극복하기 위해서는 투자의 기본 원칙을 이해하고, 장기적 관점을 유지하는 것이 필요하다. 예를 들어, 시장이 하락할 때 공포에 휩싸여 매도하는 대신, 저가 매수를 고려하는 전략이 유효할 수 있다. 지속 가능한 투자 문화를 구축하기 위해서는 교육과 경험을 통해 투자에 대한 이해를 높이고, 장기적인 목표에 집중하는 태도를 갖추는 것이 중요하다. 이는 인플레이션의 도전을 극복하고, 은퇴 후 안정적인 재정을 유지하는 데 필수적이다.

### (6) 실행 가능한 전략과 팁

장기투자 전략을 성공적으로 구현하기 위해서는 몇 가지 실행 가능한 전략과 팁이 필요하다. 먼저, 가능한 한 빨리 투자를 시작하여 복리 효과를 극대화하는 것이 중요하다. 주식과 ETF를 포함한 다양한 자산에 분산투자하여 리스크를 관리하고, 배당주를 통해 안정적인 수익을 추구할 수 있다. 또한, 정기적으로 재무계획을 검토하고 시장 상황에 맞춰 포트폴리오를 조정해야 한다. 투자 심리를 관리하고, 장기적 관점을 유지하며, 교육을 통해 지속 가능한 투자 문화를 구축하는 것도 필수적이다. 이러한 전략은 인플레이션을 극복하고, 은퇴 후 안정적인 재정 상태를 유지하는 데 큰 도움이 될 것이다.

## 7. 연구 사례

은퇴 재무설계에서 인플레이션을 극복하기 위해 성공적으로 자산을 관리한 사례와 실수를 통해 교훈을 얻은 사례를 살펴보는 것은 매우 유용하다. 이번에는 인플레이션을 극복한 성공적인 은퇴 재무설계 사례, 실패 사례와 그로부터 얻을 수 있는 교훈, 그리고 연구논문 및 전문가들의 실전 팁을 통해 독자들에게 실질적인 인사이트를 제공한다. 또한, 인플레이션 환경에서 은퇴설계를 성공적으로 수행한 경험담을 공유한다.

**(1) 인플레이션을 극복하고 있는 성공적인 은퇴 재무설계 사례**

김 씨는 60대 초반에 은퇴한 후, 인플레이션 환경에서 재정적 안정을 유지하기 위해 철저한 계획을 세웠다. 그는 은퇴 전부터 인플레이션을 고려하여 다양한 자산에 분산투자를 하였다. 김 씨의 포트폴리오에는 인플레이션 연계 채권(KTBi), 배당주, 그리고 해외 ETF가 포함되어 있었다. 이러한 자산 배분은 인플레이션이 발생한 때에도 자산의 실질 가치를 유지하는 데 도움을 주었다. 특히, 배당주는 꾸준한 현금흐름을 제공하여 생활비를 충당할 수 있게 해주었다. 김 씨는 또한 정기적으로 재무계획을 검토하고, 시장 상황에 맞춰 자산 배분을 조정하였다. 이러한 전략 덕분에 김 씨는 인플레이션의 압박 속에서도 안정적인 재정 상태를 유지할 수 있었다. 그의 사례는 철저한 계획과 자산 다각화가 인플레이션 환경에서 은퇴설계를 성공적으로 이끌 수 있음을 보여준다.

**(2) 실패 사례와 교훈**

박 씨는 은퇴 후 생활비를 충당하기 위해 자산 대부분을 고정금리 저축상품에 투자하였다. 그는 안전을 중시하여 변동성이 큰 주식시장에 투자하지 않았고, 인플레이션의 위험성을 간과했다. 그러나 지속적인 인플레이션으로 인해 그의 저축은 실질적인 구매력을 잃어갔다. 물가 상승으로 생활비가 예상보다 빠르게 증가하면서, 박 씨는 예상했던 것보다 더 많은 자금을 사용해야 했다. 결국, 박 씨는 은퇴 후 10년이 지나자 경제적 어려움을 겪게 되었고, 은퇴계획을 다시 세워야 했다. 이 사례는 인플레이션을 고려하지 않은 채 고정수입에만 의존하는 것이 얼마나 위험한지를 보여준다. 교훈은 단순히 안전한 투자에만 의존하지 않고, 인플레이션에 대응할 수 있는 자산을 포함하여 포트폴리오를 다각화하는 것이 필요하다는 것이다.

### (3) 연구에 따른 실전 팁

한국은퇴설계연구소의 연구에 따르면, 인플레이션 환경에서 가장 효과적인 은퇴 재무설계 전략 중 하나는 다각화된 투자 포트폴리오를 구축하는 것이다. 다양한 자산 클래스에 분산투자하여 리스크를 줄이는 것이 중요하다. 주식, 채권, 부동산, 그리고 인플레이션 연계 채권을 포함한 포트폴리오는 인플레이션의 영향을 상쇄할 수 있다. 전문가들은 또한 정기적인 포트폴리오 점검과 조정을 강조한다. 이는 시장 상황의 변화에 유연하게 대응하고, 경제적 목표를 달성하는 데 필수적이다. 예를 들어, 시장 금리가 상승하면 채권의 비중을 줄이고 주식의 비중을 늘리는 전략이 유효할 수 있다. 또한, 물가 상승 시기에는 가격 전가 능력이 있는 기업의 주식에 투자하는 것이 유리할 수 있다.

### (4) 인플레이션 환경에서의 은퇴설계 경험담

최 씨는 은퇴 후 자산을 관리하며 인플레이션 환경에서의 어려움을 체감했다. 그는 은퇴 초기에 주식시장의 변동성에 불안감을 느꼈지만,

시간이 지남에 따라 주식과 ETF를 통해 인플레이션을 방어할 수 있는 전략을 찾게 되었다. 최 씨는 특히 배당주에 집중하여 꾸준한 배당 수익을 창출하였고, 이를 재투자하여 자산을 더욱 성장시켰다. 또한, 최 씨는 외환 리스크를 줄이기 위해 해외 자산을 포함하여 포트폴리오를 다각화하였다. 이러한 경험은 장기투자의 중요성과 인플레이션 환경에서의 유연한 자산관리의 필요성을 다시금 깨닫게 해주었다. 최 씨는 이제 인플레이션에 대한 두려움 대신, 적극적인 자산관리와 장기적인 재무계획을 통해 안정적인 은퇴 생활을 이어가고 있다.

### (5) 실행 가능한 전략과 팁

인플레이션을 극복하기 위해 다음과 같은 실행 가능한 전략과 팁을 고려할 수 있다. 먼저, 가능한 한 일찍 투자를 시작하여 복리의 효과를 극대화하는 것이 중요하다. 다양한 자산에 분산투자하여 리스크를 관리하고, 주기적으로 포트폴리오를 점검하여 시장 상황에 맞게 조정하는 것이 필요하다. 배당주를 통해 안정적인 현금흐름을 확보하고, 이를 재투자하여 장기적인 자산 성장을 촉진할 수 있다. 또한, 해외 자산과 통화 다각화를 통해 글로벌 경제의 변화에 대비하는 것도 중요하다. 이러한 전략은 인플레이션 환경에서 자산을 보호하고, 은퇴 후에도 안정적인 재정 상태를 유지하는 데 큰 도움이 될 것이다.

**키워드 19**

# 보험사고 시 대응 전략

1. 은퇴 후 보험사고의 이해
2. 보험사고 발생 시의 대응 매뉴얼
3. 보험 재설계: 보장 분석 및 최적화 전략
4. 비용 효율적인 보험 선택 및 관리
5. 은퇴 후 의료비 및 장기 요양 대비
6. 일상생활 속 사고 대비 전략
7. 사고 이후의 보험 재조정 및 예방 전략

# 1. 은퇴 후 보험사고의 이해

### (1) '보험사고'의 정의

'보험사고'는 보험 계약의 보장 범위 내에서 발생하는 사건으로, 보험금 청구의 대상이 되는 사고를 의미한다. 일반적인 사고와 달리 보험사고는 특정 조건을 만족해야 하며, 보험사가 약정한 보상 의무를 이행하게 되는 사건을 가리킨다. 즉, 보험사고는 보험 계약에서 명시된 위험이 실제로 발생한 경우를 말하며, 이에 따라 보험금이 지급되는 근거가 된다. 보험사고의 개념은 보험 계약의 근간이 되는 요소로, 보험사가 제공하는 보장과 보험 가입자가 기대하는 보호의 교차점에 위치한다. 일반 사고는 일상에서 예기치 않게 발생하는 모든 사건을 포괄할 수 있다. 이는 자동차 사고, 화재, 질병, 상해 등 다양한 형태로 나타날 수 있으며, 개인의 삶에 직접적인 영향을 미친다. 그러나 일반 사고가 모두 보험사고가 되는 것은 아니다. 보험사고가 되기 위해서는 해당 사고가 보험 계약에서 명시한 보장 조건을 충족해야 한다.

예를 들어, 자동차보험에 가입한 경우에만 자동차 사고가 보험사고로 인정되며, 화재보험에 가입하지 않았다면 화재로 인한 손실은 보험사고로 간주되지 않는다. 따라서 보험사고는 특정한 보험 계약에 따라 정의되고 제한되는 개념으로, 일반 사고와는 구별된다. 이러한 구분은 보험 계약자가 보험을 통해 보호받을 수 있는 위험을 명확히 하는 데 중요한 역할을 한다.

### (2) '보험사고'라는 용어의 사용 이유

보험사고라는 용어는 사고가 보험 계약의 보장 범위 내에서 발생했음을 명확히 하여, 보험금 지급과 관련된 법적, 재정적 의무를 구체화하기 위해 사용된다. 이는 보험 계약자와 보험사 간의 권리와 의무를 명확히 하고, 보험사가 책임져야 할 범위를 정의하는 데 중요한 역할을 한다. 보험사고라는 용어를 사용함으로써 보험 계약자는 보험금을 청구할 수 있는 명확한 근거를 확보하게 되며, 보험사는 보험금 지급의 조건을 명확히 하여 계약자의 부당한 청구를 방지할 수 있다. 또한, 이 용어는 보험사고 발생 시 보험금 청구 절차와 관련된 복잡한 법적 문제를 명확히 하고, 보험금 지급의 효율성을 높이는 데 기여한다. 따라서 보험사고는 보험 계약의 핵심적인 요소로, 사고와 보장의 관계를 명확히 하는 중요한 개념이다.

### (3) 은퇴 이후 발생할 수 있는 보험사고 유형

은퇴 후의 삶은 기대와 불안이 공존하는 시기다. 은퇴는 경제적 독립과 자유로운 생활을 의미하지만, 동시에 새로운 종류의 리스크를 수반한다. 특히, 은퇴 이후에는 고정수입원이 줄어들기 때문에 예상치 못한 사고가 발생하면 그 충격이 더욱 크다. 이 시기에는 건강 관련 사고, 자산 관련 사고, 법적 분쟁 등 다양한 보험사고가 발생할 수 있다. 각 사고 유형에 대한 이해는 위험을 관리하고 적절한 대비책을 마련하는 데 필수적이다. 은퇴를 앞둔 사람들이 흔히 간과하는 것은, 나이가 들수록 사고의 빈도와 심각성이 증가한다는 사실이다. 따라서, 은퇴 전에 이러한 위험을 인식하고 적절한 보험상품과 전략을 통해 대비하는 것이 중요하다. 여기서는 은퇴 후 발생할 수 있는 다양한 보험사고 유형을 구체적으로 살펴보고, 각 유형에 맞는 실질적인 대비책을 제시하고자 한다.

### (4) 건강 관련 사고: 중대 질병, 상해, 치매 등

은퇴 후 가장 우려되는 보험사고는 건강 관련 사고다. 고령화 사회에서 건강 문제는 은퇴자들에게 가장 큰 걱정거리 중 하나다. 중대 질병, 상해, 치매 등의 발생 가능성이 커지며, 이는 개인의 삶의 질뿐만 아니라 경제적 안정성에도 심각한 영향을 미친다. 예를 들어, 암이나 심장질환과 같은 중대 질병은 막대한 치료비를 요구한다. 국민건강보험이 있더라도 일부 고액의 치료는 본인 부담이 될 수 있어, 암 보험이나 중대질병보험을 통해 보완할 필요가 있다. 또한, 상해 사고의 경우 갑작스러운 의료비 지출과 더불어 장기간의 회복 기간에 경제적 손실이 발생할 수 있다. 치매는 장기적인 치료와 관리가 필요하므로, 장기요양보험을 미리 준비해 두는 것이 현명하다. 이러한 건강 관련 사고는 개인의 생활뿐만 아니라 가족 전체의 생활에도 큰 영향을 미칠 수 있다. 따라서, 은퇴 전에 건강 상태를 점검하고 적절한 보험상품을 준비하는 것이 중요하다.

### (5) 자산 관련 사고: 화재, 도난, 자연재해 등

은퇴 이후에도 자산을 보호하는 것은 매우 중요하다. 화재, 도난, 자연재해 등은 자산의 가치를 훼손하거나 손실을 초래할 수 있는 주요 사고 유형이다. 은퇴자들은 보통 주택이나 자동차 등 주요 자산을 보유하고 있으며, 이들 자산이 손상되거나 파괴되면 경제적으로 큰 부담이 될 수 있다. 화재보험이나 주택종합보험은 이러한 위험을 대비하는 기본적인 방법이다. 또한, 도난 사고는 개인의 안전뿐만 아니라 경제적 손실을 초래할 수 있으므로, 주택 내 보안 시스템을 강화하고 도난보험에 가입하는 것이 좋다. 자연재해는 예측이 어려우므로, 특히 지진, 태풍 등 자연재해가 빈번한 지역에서는 관련 보험을 통해 대비할 필요가 있다. 자산을 보호하기 위한 적절한 보험상품을 선택하고, 정기적으로 보장 내용을 점검하여 변화하는 위험에 대비하는 것이 중요하다.

### (6) 기타 사고: 법적 분쟁, 해외여행 중 발생할 수 있는 사고

은퇴 후에는 법적 분쟁이나 해외여행 중 발생할 수 있는 사고에도 대비해야 한다. 법적 분쟁은 예상치 못한 상황에서 발생할 수 있으며, 소송 비용이나 합의금 등으로 인해 재정적인 어려움을 초래할 수 있다. 은퇴 후에도 재산이나 유산과 관련된 법적 문제가 발생할 수 있으므로, 법률보험을 통해 대비하는 것이 현명하다. 또한, 해외여행은 은퇴자들에게 인기 있는 활동 중 하나지만, 해외에서는 의료비가 비싸거나 사고 발생 시 대응이 어려운 경우가 많다. 여행자 보험은 여행 중 발생할 수 있는 다양한 위험에 대비할 수 있는 효과적인 수단이다. 특히, 해외 의료 서비스 이용이나 응급 상황 발생 시 보험의 유무에 따라 큰 차이가 발생할 수 있다. 이러한 기타 사고에 대비하기 위해서는, 은퇴 전부터 보험상품의 보장 범위와 조건을 꼼꼼히 확인하고 필요한 보험을 준비해야 한다.

### (7) 사례 분석

이제 각 보험사고 유형별로 실제 사례를 통해 구체적인 상황과 대처 방안을 살펴보자. 건강 관련 사고의 경우, 중대 질병으로 인해 큰 경제적 타격을 받은 사례가 많다. 한 예로, 고 씨는 은퇴 후 갑작스럽게 암 진단을 받았다. 기존에 가입한 암 보험 덕분에 치료비를 지원받아 큰 경제적 부담을 덜 수 있었다. 그러나 배 씨는 별도의 보험이 없었고, 치료비 마련을 위해 자산을 처분해야 했다. 이 사례는 중대질병보험의 필요성을 여실히 보여준다. 자산 관련 사고로는 허 씨의 경우가 있다. 허 씨는 은퇴 후 주택 화재로 인해 거주지를 잃을 뻔했지만, 화재보험을 통해 손실을 보상받아 재정적 안정을 유지할 수 있었다. 반면, 보험이 없었던 심 씨는 화재로 인한 손실을 개인적으로 감당해야 했다. 마지막으로, 법적 분쟁과 관련하여 남 씨는 유산 문제로 법적 소송에 휘말렸지만, 법률 보험을 통해 소송 비용을 절감할 수 있었다. 이러한 사례들은 은퇴 후 보험의 중요성을 강조하며, 각 개인이 자신의 상황에 맞는 보험 전략을 수립할 필요성을 일깨워준다.

### (8) 사고 발생 시의 심리적, 재정적 영향

보험사고는 단순히 경제적 손실뿐만 아니라 심리적 충격을 초래할 수 있다. 특히, 은퇴 후에는 사회적 활동이 줄어들면서 사고로 인한 스트레스가 더 크게 다가올 수 있다. 중대 질병이나 상해로 인한 신체적 고통은 심리적 불안을 가중하며, 이는 회복을 지연시킬 수 있다. 또한, 자산 손실로 인한 재정적 부담은 경제적 안정을 위협하며, 이는 은퇴 생활의 질을 저하할 수 있다. 사고 발생 시에는 경제적인 문제뿐만 아니라 심리적 문제를 함께 해결하는 방안을 모색해야 한다. 전문가의 상담을 통해 심리적 지원을 받거나, 가족과의 소통을 통해 정서적 안정을 도모하는 것이 중요하다. 이러한 심리적 안정은 사고 이후의 재정적 회복에도 긍정적인 영향을 미칠 수 있다. 따라서, 은퇴 전부터 사고 발생 시의 심리적 영향을 최소화할 수 있는 전략을 마련해 두는 것이 바람직하다.

## 2. 보험사고 발생 시의 대응 매뉴얼

**(1) 대응 프로세스**

보험사고가 발생하면 당황스럽고 혼란스러울 수 있지만, 체계적인 대응 프로세스를 따라간다면 상황을 더 효과적으로 관리할 수 있다. 먼저, 사고 발생 시 즉각적인 조치를 통해 추가적인 피해를 예방하는 것이 중요하다. 이때 가장 기본이 되는 것은 침착함을 유지하는 것이다. 당황하여 잘못된 판단을 내리거나, 중요한 조치를 놓치는 것을 방지해야 한다. 예를 들어, 교통사고의 경우 즉시 사고 현장을 안전하게 유지하고, 부상자가 있을 경우 응급 처치를 해야 한다. 또한, 사고 상황을 사진으로 기록하여 추후 보험 청구 시 증거로 사용할 수 있도록 준비한다.

이러한 초기 조치 후에는 보험사에 신속하게 연락하여 사고 발생 사실을 알리고, 사고 보고 절차를 시작해야 한다. 이 과정에서는 사고 상황을 명확하게 설명하고, 보험사가 요구하는 자료를 준비하는 것이 중요하다. 사고 이후에는 보험사의 안내에 따라 필요한 서류를 제출하고, 보험금을 청구하는 과정을 통해 피해 복구를 진행한다. 이처럼 체계적인 대응 프로세스를 통해 사고 발생 시 혼란을 최소화하고, 신속하게 복구할 수 있는 기반을 마련해야 한다.

### (2) 사고 발생 후 즉시 취해야 할 조치

사고 발생 후 즉시 취해야 할 조치는 사고의 유형에 따라 다르지만, 일반적인 지침을 따르는 것이 중요하다. 예를 들어, 건강 관련 사고가 발생한 경우에는 가능한 한 빠르게 의료기관을 방문하여 진단과 치료를 받는 것이 우선이다. 이때 의료기관에서 발급하는 진단서와 치료비 영수증을 잘 보관해야 한다. 이러한 문서는 보험금 청구 시 중요한 증빙자료로 사용될 수 있다.

자산 관련 사고가 발생했을 때는 사고 현장을 보존하고, 가능한 한 빨리 사고 원인을 파악하여 추가적인 피해를 방지해야 한다. 화재나 도난과 같은 경우는 경찰에 신고하여 사건번호를 확보하는 것이 중요하다. 이는 보험사에 사고 사실을 입증하는 데 필요한 공식 문서가 될 수 있다. 또한, 사고 발생 직후의 심리적 충격을 완화하기 위해 전문가의 도움을 받거나, 가족과의 소통을 통해 정서적 안정을 도모하는 것도 중요하다. 이러한 조치는 사고 후 빠른 회복과 재정적 안정에 중요한 역할을 한다.

### (3) 보험사와의 커뮤니케이션 방법:
### 사고 신고, 서류 준비, 보상 청구 절차

보험사와의 효과적인 커뮤니케이션은 사고 발생 시 피해를 최소화하고 보상을 신속하게 받는 데 핵심적인 역할을 한다. 사고가 발생하면 즉시 보험사에 연락하여 사고 신고를 해야 한다. 이때 사고의 경위, 발생 시간, 장소, 피해 규모 등을 명확하게 설명해야 한다. 보험사는 사고 내용을 바탕으로 보상 절차를 안내하고, 필요한 서류 목록을 제공할 것이다.

보험 청구 시 필요한 서류는 사고 유형에 따라 다르지만, 일반적으로 사고 보고서, 경찰 신고서, 의료비 영수증, 피해 사진 등이 포함된다. 이러한 서류를 신속하게 준비하여 보험사에 제출하면, 보상 청구 절차가 원활하게 진행될 수 있다. 보험사와의 커뮤니케이션에서는 정직하고 투명한 태도가 중요하다. 모든 사고 상황을 정확히 전달하고, 보험사의 요구에 성실히 응답하는 것이 신뢰 관계를 형성하는 데 필수적이다. 보험 청구 절차가 완료된 후에는 보상금 수령 시기를 확인하고, 이를 통해 사고로 인한 경제적 손실을 보전할 수 있도록 계획을 세워야 한다.

**(4) 사고 이후 재정적 안정 회복을 위한 단계별 가이드**

사고 이후 재정적 안정을 회복하기 위해서는 단계별로 체계적인 접근이 필요하다. 첫 번째 단계는 사고로 인한 즉각적인 피해를 파악하고, 이를 보상받기 위한 보험 청구 절차를 신속하게 진행하는 것이다. 보험금을 수령한 후에는 이를 어떻게 활용할지 계획을 세워야 한다. 예를 들어, 건강 관련 사고의 경우 치료비로 사용하거나, 장기적인 요양이 필요한 경우에는 필요한 비용을 미리 확보하는 것이 중요하다.

두 번째 단계는 사고로 인해 손상된 자산이나 건강 상태를 복구하는 것이다. 이 과정에서는 추가적인 비용이 발생할 수 있으며, 이때는 예비 자금이나 비상 자금을 활용하여 재정적 안정을 유지해야 한다. 세 번째 단계는 사고 이후의 삶을 재조정하고, 향후 유사한 사고를 예방하기 위한 대비책을 마련하는 것이다. 이 과정에서는 보험상품을 재평가하여 필요한 보장을 추가하거나, 불필요한 보장을 조정하는 것이 중요하다. 마지막으로, 사고로 인한 심리적 영향을 최소화하기 위해 전문가의 도움을 받거나 가족과의 소통을 통해 정서적 안정을 도모하는 것도 중요하다. 이처럼 단계별로 체계적으로 접근함으로써 사고 이후의 재정적 안정을 더 효과적으로 회복할 수 있다.

### (5) 사례 연구

사례 연구는 보험사고 발생 시의 대응 전략을 이해하는 데 중요한 역할을 한다. 성공적인 사례로는 백 씨의 경우가 있다. 백 씨는 교통사고를 당한 후 침착하게 사고 현장을 보존하고, 보험사에 즉시 연락하여 사고 신고를 마쳤다. 필요한 서류를 신속히 준비하여 보험금 청구 절차를 완료하였고, 이를 통해 의료비와 차량 수리비를 보상받을 수 있었다. 이러한 성공 사례는 사고 발생 시 신속하고 체계적인 대응의 중요성을 보여준다.

반면, 실패 사례로는 하 씨의 경우가 있다. 하 씨는 자택에서 화재가 발생했지만, 당황하여 사고 신고를 늦게 했고, 보험사에 필요한 서류를 준비하는 데 오랜 시간이 걸렸다. 이로 인해 보상 청구 절차가 지연되었고, 재정적 손실을 감당하는 데 어려움을 겪었다. 이러한 실패 사례는 사고 발생 시 침착함을 유지하고, 체계적으로 대응하는 것이 얼마나 중요한지를 일깨워준다.

보험사고는 누구에게나 일어날 수 있는 일이지만, 사전 준비와 체계적인 대응을 통해 피해를 최소화할 수 있다. 은퇴를 준비하는 사람들은 이러한 사례를 통해 실질적인 교훈을 얻고, 사고 발생 시 효과적으로 대응할 수 있는 전략을 마련해야 한다. 이를 통해 은퇴 후에도 안전하고 안정된 삶을 지속할 수 있도록 준비하는 것이 중요하다.

## 3. 보험 재설계*: 보장 분석 및 최적화 전략

은퇴 후의 삶을 안전하게 지키기 위해서는 보험 보장을 철저히 분석하고 최적화하는 것이 필수적이다. 보험의 세계는 복잡할 수 있지만, 체계적인 접근을 통해 현재 보장 상태를 명확히 이해하고 필요한 부분을 강화하며 불필요한 부분을 줄여나가는 것이 중요하다. 특히, '보험 재설계'라는 개념을 활용하여 변화하는 개인의 라이프스타일과 재정 상태에 맞춰 보험 포트폴리오를 최적화하는 전략이 필요하다.

**(1) 현재 보장 상태의 분석 방법**

**1) 보험 보장 분석을 위한 체크리스트**
현재의 보험 보장을 분석하기 위해서는 체크리스트를 활용하여 체계적인 접근이 필요하다. 다음은 보험 보장 분석을 위한 7가지 체크리스트다.

① 보험상품 목록 작성: 현재 가입 중인 모든 보험상품을 목록화한다. 각각의 보험상품명을 기록하고, 주된 보장 항목을 간략히 정리한다.

② 보험료 확인: 각 보험의 월 납입 보험료와 연간 총 보험료를 기록하여, 보험료 부담을 파악한다. 이는 재정계획 수립의 기초 자료

가 된다.

③ 보장 기간 확인: 각 보험상품의 보장 기간과 만기일을 확인하여, 만기 이후의 보장 공백을 예방할 수 있도록 대비한다.

④ 보장 내용 및 범위 확인: 각 보험이 제공하는 보장 내용과 범위를 구체적으로 확인한다. 중대 질병, 상해, 사망, 자산 손실 등 주요 보장 항목을 명확히 파악한다.

⑤ 보험금 크기 및 한도 확인: 보장받을 수 있는 보험금의 크기와 한도를 확인하여, 예상되는 사고에 대비할 수 있는지 평가한다.

⑥ 보장 중복 여부 확인: 유사한 보장을 제공하는 상품이 중복되어 있는지 점검한다. 중복된 보장은 비용만 증가시키고 실효성이 낮다.

⑦ 특약 및 추가 보장 항목 확인: 각 보험상품에 포함된 특약과 추가 보장 항목을 확인하여, 불필요한 특약이 포함되어 있지 않은지 점검한다.

이 체크리스트를 통해 현재 보장의 상태를 명확히 파악할 수 있으며, 이를 바탕으로 보험 재설계를 위한 기초를 마련할 수 있다.

### 2) 기존 보험의 갱신 및 보완 필요성 평가

기존 보험의 갱신과 보완 여부는 보장 내용의 적합성에 달려 있다. 보험상품은 시간이 지나면서 변화하는 개인의 상황과 맞지 않게 될 수 있으며, 시장의 변화에 따라 새로운 상품이 더 나은 가치를 제공할 수 있다. 따라서, 다음의 기준에 따라 갱신과 보완의 필요성을 평가해야 한다.

① 보장 범위 적합성: 현재의 라이프스타일과 건강 상태에 맞는 보장을 제공하는지 평가한다. 필요시 추가적인 보장을 고려해야 한다.

② 보험료 효율성: 보험료가 적정한 수준인지 확인한다. 같은 보장을 더 낮은 비용으로 제공하는 상품이 있다면, 변경을 고려해야 한다.

③ 보험사 서비스 품질: 현재 보험사가 신속하고 효율적인 서비스를 제공하는지 평가하여, 고객 만족도가 높은 보험사로 전환을 검토한다.

④ 보장 중복 여부: 중복된 보장을 줄임으로써 불필요한 보험료 지출을 절감하고, 남는 예산을 더 필요한 보장에 투자할 수 있도록 한다.

⑤ 특약 및 추가 보장 필요성: 현재의 특약과 추가 보장 항목이 적절한지 평가하고, 불필요한 특약은 제거하며 필요한 특약은 추가하는 것을 고려한다.

보험 재설계를 통해 현재 보장의 적합성을 개선하고, 최적의 보험 포트폴리오를 구성하는 것이 중요하다.

**(2) 모자란 보장은 채우고, 과다 보장은 제거하는 전략**

**1) 추가로 필요한 보험상품 및 보장 항목**

보험 재설계의 핵심은 모자란 보장을 채우는 것이다. 현재 보장에서 부족한 부분을 파악하고, 추가로 필요한 보험상품과 보장 항목을 고려해야 한다.

예를 들면 다음과 같다.
- 중대질병보험: 기존 보장에 중대 질병에 대한 보장이 부족하다면, 암 보험이나 심혈관 질환 보험을 추가하여 보장을 강화한다.
- 장기요양보험: 장기 요양이 필요한 상황에 대비하여, 관련 특약이나 별도의 장기요양보험을 고려한다.
- 재산손실보험: 주택이나 자동차와 같은 주요 자산의 손실에 대비하여, 보장 금액을 조정하거나 추가적인 재산손실보험에 가입한다.
- 해외여행자보험: 해외여행이 잦다면 여행 중 발생할 수 있는 사고나 질병에 대비할 수 있는 보험상품을 추가한다.

이러한 추가 보장은 개인의 위험 인식과 라이프스타일에 맞춰 선택되어야 하며, 필요시 전문가의 상담을 통해 최적의 보장을 선택할 수 있다.

**2) 과도하게 중복된 보장 제거 방법**

과도하게 중복된 보장을 제거함으로써 보험료 지출을 줄이고, 보장의 효율성을 높일 수 있다. 이를 위한 방법은 다음과 같다.
- 보장 항목 비교: 모든 보험상품의 보장 항목을 비교하여 중복된 부분을 확인한다. 유사한 보장이 여러 상품에 포함된 경우, 비용 대비 효과를 분석하여 필요 없는 상품을 해지하거나 보장 내용을 조정한다.
- 보험료 분석: 각 보험상품의 보험료를 분석하여 중복된 보장으로 인한 불필요한 지출을 식별하고, 이러한 비용을 절감할 수 있도록

조정한다.
- 특약 검토: 모든 특약을 검토하여 불필요한 특약을 제거한다. 예를 들어, 이미 충분히 보장된 항목에 대한 추가 특약이 있다면, 해당 특약을 해지하여 보험료를 절감한다.
- 종합 보험 활용: 가능한 경우 종합 보험을 활용하여 여러 보장을 하나의 상품으로 통합함으로써 중복된 보장을 최소화하고, 비용 효율성을 높인다.

이러한 접근을 통해 보험 재설계를 효과적으로 수행하고, 필요에 맞는 보장을 유지하면서도 비용을 최적화할 수 있다.

### (3) 사례 연구: 성공과 실패의 교훈

보험 재설계를 통한 성공 사례는 차 씨의 경우다. 차 씨는 은퇴를 앞두고 보험 포트폴리오를 재설계하여 중복된 생명보험을 정리하고, 부족한 중대 질병 보장을 강화했다. 이를 통해 차 씨는 보험료를 절감하면서도 필요에 맞는 보장을 확보할 수 있었다.

반면, 실패 사례로는 주 씨가 있다. 주 씨는 기존 보험을 갱신하면서 보장 내용을 충분히 검토하지 않고, 불필요한 특약을 계속 유지했다. 이로 인해 보험료가 증가했지만, 실질적인 보장은 여전히 부족했다. 주 씨는 이후 전문가의 도움을 받아 보험 재설계를 통해 중복된 보장을 정리하고, 필요한 보장을 강화함으로써 재정적 안정을 되찾을 수 있었다.

보험 재설계는 단순히 보험상품을 많이 가입하는 것이 아니라, 개인의 필요와 재정 상황에 맞춰 보장을 최적화하는 것이다. 은퇴 전환기에 접어드는 사람들은 이러한 교훈을 통해 자신의 보험 보장을 면밀하게 분석하고, 최적화된 전략을 수립함으로써 안정된 은퇴 생활을 준비해야 한다. 이를 통해 예기치 않은 상황에서도 흔들리지 않는 재정적 안정을 유지할 수 있을 것이다.

## 4. 비용 효율적인 보험* 선택 및 관리

은퇴 이후의 삶을 경제적으로 안정되게 유지하기 위해서는 보험 선택과 관리에서 비용 효율성을 극대화하는 것이 중요하다. 보험은 생활의 필수적인 안전망이지만, 그 비용이 지나치게 높아지면 재정계획에 부담을 줄 수 있다. 따라서 적절한 비용으로 최대의 보장을 받을 수 있도록 하는 전략적 접근이 필요하다. 이번에는 보험료 절감 방법과 장기적인 보험 관리 전략에 대해 살펴보고, 이를 통해 독자들이 더욱 효율적으로 보험을 관리할 수 있도록 안내할 것이다.

### (1) 보험료 절감 방법

#### 1) 보험료 비교 및 최적의 상품 선택법

보험료를 절감하기 위한 첫 번째 단계는 시장에서 제공되는 다양한 보험상품을 비교하는 것이다. 보험은 복잡한 상품이기 때문에, 같은 보장을 제공하면서도 보험료가 차이 나는 경우가 많다. 따라서, 보험 비교 사이트나 전문 상담사의 도움을 받아 여러 상품을 비교하고 최적의 상품을 선택하는 것이 중요하다. 최근의 연구에 따르면, 같은 조건의 보험상품이라도 보험사에 따라 최대 20%까지 보험료 차이가 발생할 수 있다는 점을 고려해야 한다.

최적의 보험상품을 선택할 때는 다음의 기준을 고려해야 한다. 첫째, 보장의 범위와 한도를 정확히 파악하고, 자신의 필요에 가장 적합한 상품을 선택해야 한다. 둘째, 보험사의 평판과 서비스 품질을 평가하여, 사고 발생 시 신속하고 효율적인 서비스를 제공받을 수 있는지를 확인해야 한다. 셋째, 보험료의 적정성을 평가하여, 보험료가 과도하게 비싸거나 지나치게 저렴하지 않은지를 판단해야 한다. 이러한 접근을 통해 보험료를 절감하면서도 필요한 보장을 충분히 받을 수 있다.

### 2) 할인 혜택 및 부가 서비스 활용법

보험료를 절감하는 또 다른 방법은 보험사에서 제공하는 다양한 할인 혜택과 부가 서비스를 적극적으로 활용하는 것이다. 보험사는 다양한 조건에 따라 할인 혜택을 제공하는 경우가 많으므로, 이를 잘 활용하면 보험료 부담을 줄일 수 있다. 예를 들어, 다수의 보험상품을 한 보험사에서 가입할 경우 패키지 할인 혜택을 받을 수 있다. 또한, 건강한 생활 습관을 증명하는 건강검진 결과를 제출하거나, 일정 조건을 충족할 경우 보험료 할인을 제공하는 경우도 있다.

부가 서비스는 보험상품 선택 시 고려해야 할 중요한 요소 중 하나다. 일부 보험사는 건강관리 프로그램, 무료 건강검진, 여행 보험 등 다양한 부가 서비스를 제공하며, 이러한 서비스를 활용하면 추가적인 비용 절감 효과를 얻을 수 있다. 따라서, 보험 가입 시 이러한 할인 혜택과 부가 서비스를 면밀하게 검토하고, 최대한 활용할 수 있도록 계획을 세우는 것이 중요하다.

## (2) 장기적인 보험 관리 전략

### 1) 정기적인 보장 내용 점검 및 조정 필요성

보험은 일회성 구매가 아닌 장기적인 관리가 필요한 재정 자산이다. 따라서, 정기적으로 보장 내용을 점검하고, 변화하는 개인의 상황과 시장 환경에 맞춰 조정하는 것이 필요하다. 예를 들어, 자녀가 독립하거나, 새로운 가족 구성원이 생기는 등 가족 구성의 변화에 따라 보장 내용이 적절한지 검토해야 한다.

정기적인 점검을 통해 불필요한 보장을 제거하거나, 필요한 보장을 추가함으로써 보험의 효율성을 높일 수 있다. 예를 들어, 매년 또는 2년에 한 번씩 보험사의 전문가와 상담을 통해 현재 보장의 적합성을 평가하고, 필요에 따라 보장 범위와 보험료를 조정하는 것이 중요하다. 이러한 점검 과정을 통해 예기치 않은 상황에 대비할 수 있으며, 보험료 지출을 최적화할 수 있다.

### 2) 가족 구성원의 보험 관리 방법

가족 구성원의 보험 관리 역시 중요한 부분이다. 가족 구성원의 보험을 효율적으로 관리함으로써 전체적인 가계 재정계획에 긍정적인 영향을 미칠 수 있다. 먼저, 가족 구성원의 보험상품을 일괄적으로 관리하여 중복되는 보장을 최소화하고, 필요한 보장을 집중적으로 강화하는 것이 필요하다. 예를 들어, 가족이 같은 보험사에서 가입한 경우 패밀리 플랜을 통해 보험료 할인을 받을 수 있다.

또한, 자녀의 경우 성장 단계에 맞춘 보장 내용이 필요하므로, 정기적으로 보장 상태를 점검하고 조정해야 한다. 부모의 경우에는 은퇴를 앞두고 필요한 보장을 강화하는 것이 중요하다. 가족 구성원의 보험을 통합적으로 관리하여 효율성을 높이고, 보험료 지출을 최소화할 수 있도록 하는 것이 바람직하다.

### (3) 사례 연구: 성공과 실패의 교훈

사례 연구를 통해 보험 선택 및 관리의 중요성을 이해할 수 있다. 성공 사례로는 오 씨의 경우가 있다. 오 씨는 은퇴를 앞두고 가족 구성원의 보험을 종합적으로 점검하고, 중복된 보장을 정리하여 보험료를 절감했다. 또한, 건강검진을 통해 보험사의 할인 혜택을 적극 활용함으로써 보험료 부담을 줄였다. 이를 통해 오 씨는 은퇴 후에도 안정된 재정을 유지할 수 있었다.

반면, 실패 사례로는 서 씨가 있다. 서 씨는 보험료 절감에 대한 계획 없이 다양한 보험상품에 가입하였고, 결과적으로 중복된 보장과 높은 보험료로 인해 재정적 어려움을 겪었다. 서 씨는 이후 전문가의 도움을 받아 보험 포트폴리오를 재정비하고, 불필요한 보장을 제거함으로써 재정적 안정을 되찾았다.

보험은 단순한 지출이 아닌, 효율적인 관리와 선택이 필요한 재정 자산이다. 은퇴를 준비하는 사람들은 이러한 교훈을 통해 자신의 보험을 면밀하게 점검하고, 최적화된 전략을 수립함으로써 안정된 은퇴 생활을 준비해야 한다. 이를 통해 예기치 않은 상황에서도 흔들리지 않는 재정적 안정을 유지할 수 있을 것이다.

## 5. 은퇴 후 의료비 및 장기 요양 대비

은퇴 후 의료비와 장기 요양 비용은 은퇴자들에게 가장 큰 재정적 부담 중 하나다. 특히 한국은 빠르게 고령화 사회로 접어들고 있으며, 이에 따라 개인의 건강관리와 요양에 대한 수요도 증가하고 있다. 이러한 상황에서 은퇴 후 예상되는 의료비와 장기 요양 비용을 정확히 계산하고, 이에 대한 대비책을 마련하는 것은 필수적이다. 이번에는 은퇴 후 필수적인 의료 서비스와 비용을 살펴보고, 장기요양보험 및 관련 금융상품의 필요성을 논의할 것이다. 또한, 의료비 절감을 위한 다양한 전략과 지원 프로그램을 소개하여, 독자들이 실질적인 도움을 받을 수 있도록 하겠다.

**(1) 예상되는 의료비용 및 장기 요양 비용 계산**

은퇴 후 예상되는 의료비용과 장기 요양 비용을 정확히 계산하는 것은 재정계획의 핵심이다. 은퇴 이후에는 소득이 줄어들기 때문에 의료비와 같은 비정기적인 지출이 가계에 큰 부담을 줄 수 있다. 한국보건산업진흥원의 보고서에 따르면, 65세 이상 고령자의 연평균 의료비는 약 400만 원에 달하며, 이 중 장기 요양 비용이 상당 부분을 차지한다.

특히, 중대 질병이나 만성질환의 경우 치료비와 요양비가 급증할 수 있어, 이를 감안한 장기적인 계획이 필요하다. 의료비 계산 시에는 다음의 요소를 고려해야 한다. 첫째, 현재의 건강 상태와 가족력 등을 바탕으로 향후 발생할 수 있는 의료 문제를 예측한다. 둘째, 기존의 의료비 지출 내역을 분석하여, 필요한 의료 서비스의 비용을 예측한다. 셋째, 요양시설이나 방문 요양 서비스의 비용을 사전에 조사하여 장기 요양 비용을 계산한다. 이러한 계산을 통해 현실적인 예산을 수립하고, 이에 맞춰 재정계획을 조정할 수 있다.

### (2) 은퇴 후 필수적인 의료 서비스와 비용

은퇴 후에는 다양한 의료 서비스가 필요할 수 있으며, 이에 따른 비용 역시 무시할 수 없는 수준이다. 가장 기본적인 의료 서비스는 정기적인 건강검진이다. 건강검진을 통해 초기 단계에서 질병을 발견하고, 이를 조기에 치료함으로써 장기적인 의료비를 절감할 수 있다. 또한, 고혈압, 당뇨병, 관절염과 같은 만성질환의 경우 지속적인 약물치료와 관리가 필요하므로 이에 따른 비용을 고려해야 한다.

치과 치료 역시 필수적인 의료 서비스 중 하나다. 노화에 따라 치아와 잇몸 건강이 악화될 수 있으며, 이에 따른 치료 비용은 상당히 비싸다. 치과 보험을 통해 이러한 비용을 보장받을 수 있도록 준비하는 것이 중요하다. 마지막으로, 은퇴 후에는 응급 의료 서비스와 재활 치료가 필요할 수 있다. 특히, 사고나 중대 질병 발생 시 신속한 대응이 필요하며, 이에 따른 응급 치료 비용도 사전에 대비해야 한다.

### (3) 장기요양보험 및 관련 금융상품의 필요성

장기요양보험은 은퇴 후 요양이 필요한 상황에 대비할 수 있는 중요한 안전망이다. 한국의 경우, 국민건강보험에 장기요양보험이 포함되어 있지만, 추가적인 보장을 위해 민간 보험상품을 고려할 필요가 있다. 장기요양보험은 요양시설 입소나 가정 내 요양 서비스 비용을 지원함으로써, 개인과 가족의 경제적 부담을 줄여준다.

장기요양보험 외에도 관련 금융상품을 활용하여 요양 비용에 대비할 수 있다. 예를 들어, 장기 요양 관련 특약이 포함된 건강보험이나 연금보험을 활용하면 더욱 포괄적인 보장을 받을 수 있다. 이러한 금융상품은 요양 비용 외에도 은퇴 생활의 다른 재정적 필요를 충족시키는 데 기여할 수 있다. 따라서, 장기요양보험과 관련 금융상품을 적절히 결합하여 요양 비용에 대한 대비책을 마련하는 것이 중요하다.

### (4) 의료비 절감을 위한 전략

의료비 절감을 위한 다양한 전략을 통해 은퇴 후 재정적 부담을 줄일 수 있다. 첫 번째 전략은 예방적 건강관리다. 건강한 생활 습관을 유지하고, 정기적인 건강검진을 통해 질병을 예방함으로써 장기적인 의료비를 절감할 수 있다. 두 번째 전략은 의료비 할인 혜택을 적극적으로 활용하는 것이다. 일부 보험사는 건강한 생활 습관을 증명하면 보험료를 할인해주는 프로그램을 운영하고 있으며, 이를 통해 비용을 줄일 수 있다.

또한, 제네릭 의약품을 사용하는 것도 의료비를 절감하는 방법 중 하나다. 제네릭 의약품은 동일한 효능을 제공하면서도 비용이 저렴하기 때문에, 약물치료 시 이를 적극 활용하는 것이 좋다. 마지막으로, 지역사회나 정부에서 제공하는 건강 프로그램과 지원 서비스를 활용하여 의료비를 절감할 수 있다. 이러한 프로그램은 정기적인 건강 상담, 운동 프로그램, 영양 교육 등을 제공하며, 건강한 생활을 유지하는 데 도움이 된다.

### (5) 건강 유지 및 예방 활동을 통한 의료비 절감

건강을 유지하고 질병을 예방하는 것은 의료비를 절감하는 가장 효과적인 방법 중 하나다. 규칙적인 운동은 심혈관 질환, 비만, 당뇨병 등 다양한 건강 문제를 예방하는 데 효과적이다. WHO에 따르면, 매일 30분 이상의 유산소 운동은 심장 건강을 향상시키고, 전반적인 건강을 증진시키는 데 도움을 준다.

균형 잡힌 식단도 중요하다. 신선한 과일과 채소, 적절한 단백질과 건강한 지방을 포함한 식단은 면역력을 강화하고, 만성질환의 위험을 줄인다. 또한, 정기적인 건강검진을 통해 질병을 조기에 발견하고 치료하면, 장기적인 의료비를 절감할 수 있다. 마지막으로, 스트레스 관리는 건강 유지에 있어 필수적이다. 요가나 명상과 같은 스트레스 관리 기법을 통해 정신적, 신체적 건강을 유지하는 것이 중요하다.

### (6) 정부와 민간의 의료비 지원 프로그램 활용

정부와 민간의 의료비 지원 프로그램을 활용하는 것은 의료비 절감에 큰 도움이 될 수 있다. 한국에서는 국민건강보험을 통해 기본적인 의료 서비스와 장기 요양 서비스를 지원받을 수 있다. 또한, 고령자와 저소득층을 위한 다양한 건강관리 프로그램이 제공되며, 이를 통해 의료비 부담을 줄일 수 있다.

민간 차원에서도 다양한 지원 프로그램이 존재한다. 일부 민간 보험사는 건강관리 프로그램을 운영하여 가입자가 건강을 유지하도록 돕고, 이를 통해 보험료 할인 혜택을 제공하기도 한다. 이러한 프로그램을 잘 활용하면 건강 유지뿐만 아니라 경제적 이점도 얻을 수 있다. 따라서, 은퇴 후 의료비 부담을 줄이기 위해서는 정부와 민간의 지원 프로그램을 적극 활용하는 것이 중요하다.

### (7) 사례 연구: 성공과 실패의 교훈

사례 연구를 통해 의료비와 요양 비용 관리의 중요성을 이해할 수 있다. 성공적인 사례로는 성 씨의 경우가 있다. 성 씨는 은퇴 전부터 장기요양보험과 건강보험을 체계적으로 준비하였고, 정기적인 건강검진을 통해 질병을 조기에 발견하고 치료함으로써 의료비를 절감할 수 있었다. 또한, 정부 지원 프로그램을 적극 활용하여 요양 비용 부담을 줄였다.

반면, 실패 사례로는 곽 씨가 있다. 곽 씨는 의료비 절감 계획 없이 은퇴하였고, 중대 질병 진단 이후 막대한 치료비와 요양비로 인해 재정적 어려움을 겪었다. 곽 씨는 이후 전문가의 도움을 받아 의료비 관리 계획을 수립하고, 필요한 보험상품을 추가하여 재정적 안정을 되찾았다.

은퇴 후의 의료비와 요양 비용은 체계적인 계획과 관리가 필요하다. 은퇴를 준비하는 사람들은 이러한 교훈을 통해 자신의 의료비를 면밀하게 분석하고, 최적화된 전략을 수립함으로써 안정된 은퇴 생활을 준비해야 한다. 이를 통해 예기치 않은 상황에서도 흔들리지 않는 재정적 안정을 유지할 수 있을 것이다.

## 6. 일상생활 속 사고 대비 전략

보험사고는 언제든지 우리를 찾아올 수 있는 불청객이다. 사고가 발생하면 경제적 손실뿐만 아니라 심리적 충격도 상당하다. 따라서 사고를 예방하고 안전을 관리하는 것은 무엇보다 중요하다. 보험은 사고 발생 시 큰 도움이 되지만, 그보다 더 좋은 것은 사고를 예방하여 보험이 필요 없는 상황을 만드는 것이다. 이번에는 사고 예방과 안전 관리에 초점을 맞춰, 가정 내 안전 관리 및 사고 예방 팁, 생활 속에서의 건강한 습관 유지 전략, 자산 보호를 위한 보안 시스템과 기술 활용 방법을 살펴보겠다. 또한, 사고 발생 시의 심리적 지원 및 가족 협력 방안을 통해 사고 후의 충격을 최소화하는 방법을 제시하겠다.

### (1) 사고 예방 및 안전 관리

사고 예방은 우리의 삶을 더 안전하고 안정적으로 만드는 첫걸음이다. 일상생활에서 발생할 수 있는 사고를 미리 대비하는 것은 개인과 가족의 안전을 지키는 핵심이다. 가정 내 안전 관리는 화재, 가스 누출, 전기 사고 등의 위험을 줄이는 데 필수적이다. 이를 위해 가장 기본적으로 가정 내 화재경보기를 설치하고, 정기적으로 점검하여 정상 작동 여부를 확인하는 것이 중요하다. 또한, 가스 누출 감지기를 설치하여 가스 사고를 예방하고, 전기 사용 시 과부하를 방지하여 전기 화재를 예방해야 한다.

    사고 예방을 위한 또 다른 중요한 요소는 생활 습관의 개선이다. 규칙적인 운동과 건강한 식습관은 신체적 건강을 유지하는 데 필수적이며, 사고의 위험을 줄일 수 있다. 특히, 노화로 인한 균형 감각 저하를 예방하기 위해 균형 감각을 키우는 운동을 병행하면 낙상의 위험을 줄일 수 있다. 이러한 예방 조치는 적은 노력으로 큰 위험을 피하는 방법이다.

**(2) 가정 내 안전 관리 및 사고 예방 팁**

    가정 내 안전 관리는 가족의 생명과 재산을 보호하는 중요한 역할을 한다. 첫째, 화재 예방을 위해 주방에서 요리 시 자리를 비우지 않고, 화기 주변에는 인화성 물질을 두지 않는 것이 중요하다. 또한, 소화기를 준비해 두고 사용법을 숙지하여 비상시 빠르게 대처할 수 있도록 해야 한다. 둘째, 가스 누출 예방을 위해 가스 밸브를 사용 후 꼭 잠그고, 가스 누출 감지기를 설치하여 이상이 있을 때 즉각 조치할 수 있도록 한다.

    셋째, 전기 안전을 위해 멀티탭 사용 시 과부하를 방지하고, 정기적으로 전기 배선과 플러그를 점검하여 낡거나 손상된 부분을 교체한다. 이러한 기본적인 안전 수칙을 준수하는 것은 큰 사고를 예방하는 데 큰 도움이 된다. 마지막으로, 집안의 위험 요소를 제거하여 낙상 사고를 예방해야 한다. 미끄럼 방지 매트를 욕실과 주방에 설치하고, 계단에는 핸드레일을 설치하여 안전성을 높이는 것이 중요하다.

### (3) 생활 속에서의 건강한 습관 유지 전략

건강한 생활 습관은 사고 예방뿐만 아니라 삶의 질을 높이는 데 중요한 역할을 한다. 첫째, 규칙적인 운동은 심혈관 건강을 개선하고, 근육과 관절의 유연성을 유지하여 낙상의 위험을 줄여준다. 걷기, 수영, 요가 등 자신에게 맞는 운동을 선택하고 꾸준히 실천하는 것이 중요하다. 둘째, 균형 잡힌 식단은 체중을 관리하고 만성질환의 위험을 줄이는 데 도움이 된다. 신선한 과일과 채소, 적절한 단백질, 건강한 지방을 포함한 식단을 유지하자.

셋째, 충분한 수면과 스트레스 관리는 정신적, 신체적 건강을 유지하는 데 필수적이다. 하루에 7~8시간의 충분한 수면을 하고, 명상이나 심호흡과 같은 스트레스 관리 기법을 통해 스트레스를 효과적으로 관리하자. 이러한 건강한 습관은 일상 속에서 사고의 위험을 줄이는 데 큰 도움이 될 뿐만 아니라 전반적인 건강을 증진하는 데 기여한다.

### (4) 자산 보호를 위한 보안 시스템과 기술 활용

자산 보호는 단순히 보험에만 의존할 것이 아니라, 예방적 조치를 통해 미리 대비해야 한다. 보안 시스템과 기술을 활용하면 자산의 안전성을 높일 수 있다. 첫째, CCTV와 같은 보안 카메라를 설치하여 외부 침입을 방지하고, 집 주변의 상황을 실시간으로 모니터링할 수 있도록 하자. 이는 도난과 같은 범죄를 예방하는 효과적인 방법이다.

둘째, 스마트 홈 시스템을 활용하여 가정의 보안을 강화할 수 있다. 예를 들어, 스마트 도어락을 설치하면 출입을 통제하고, 원격으로 출입 기록을 확인할 수 있다. 또한, 화재나 가스 누출 감지 센서를 스마트폰과 연동하여 이상이 발생했을 때 즉시 알림을 받을 수 있도록 하자. 이러한 기술은 자산 보호를 위한 강력한 도구가 될 수 있다.

### (5) 사고 발생 시 심리적 지원 및 가족 협력

사고는 심리적 충격을 동반하며, 이는 회복을 어렵게 만들 수 있다. 따라서 사고 발생 시 적절한 심리적 지원을 통해 정신적 안정을 찾는 것이 중요하다. 전문가와의 상담을 통해 심리적 트라우마를 관리하고, 가족과의 소통을 통해 정서적 지지를 받는 것이 필요하다.

가족은 사고 발생 시 가장 중요한 지원 네트워크다. 가족 구성원 간의 긴밀한 의사소통과 역할 분담을 통해 서로를 도울 수 있는 체계를 구축해야 한다. 예를 들어, 사고 발생 시, 누가 무엇을 해야 할지 미리 논의하여 비상 상황에서 혼란을 줄이고 효율적으로 대처할 수 있도록 하자. 가족의 지지는 사고 후 회복 과정에서 큰 힘이 될 수 있다.

### (6) 사고 발생 시 가족을 위한 재정적 비상 계획 수립

사고 발생 시 가족의 재정적 안정을 유지하기 위해 비상 계획을 수립하는 것은 필수적이다. 먼저, 비상 자금을 마련하여 예기치 않은 상황에서도 재정적 어려움 없이 대처할 수 있도록 준비하자. 비상 자금은 생활비의 3~6개월 치 정도를 목표로 하고, 쉽게 접근할 수 있는 형태로 보관하는 것이 좋다.

또한, 가족 구성원과 함께 비상 계획을 논의하여 각자의 역할과 책임을 명확히 하고, 필요한 연락처와 문서를 정리해 두자. 예를 들어, 중요한 문서와 보험 정보를 한곳에 모아 두고, 비상 연락망을 작성하여 비상 상황에서 신속하게 대응할 수 있도록 한다. 이러한 준비는 사고 발생 시 재정적 충격을 최소화하고, 가족의 안전을 지키는 데 중요한 역할을 한다.

### (7) 사례 연구: 성공과 실패의 교훈

사례 연구를 통해 사고 예방과 대처의 중요성을 이해할 수 있다. 성공적인 사례로는 변 씨의 경우가 있다. 변 씨는 가정 내 안전 관리에 철저하였고, 가족과 함께 비상 계획을 수립하여 사고 발생 시에도 신속하고 효율적으로 대처할 수 있었다. 또한, 건강한 생활 습관을 유지하여 사고의 위험을 줄였고, 사고 발생 후에도 가족의 지지를 통해 심리적 안정을 유지할 수 있었다.

반면, 실패 사례로는 석 씨가 있다. 석 씨는 사고 예방에 소홀하여 가정 내 화재가 발생했을 때 대처하지 못했고, 비상 계획이 없었기 때문에 가족과의 의사소통이 어려웠다. 이로 인해 큰 재정적 손실을 겪었으며, 사고 후 심리적 충격으로 인해 회복이 지연되었다.

일상생활 속 사고는 언제든지 발생할 수 있지만, 사전 준비와 예방 조치를 통해 그 영향을 최소화할 수 있다. 은퇴를 준비하는 사람들은 이러한 교훈을 통해 자신의 생활을 면밀하게 점검하고, 최적화된 안전 관리 전략을 수립함으로써 안정된 은퇴 생활을 준비해야 한다. 이를 통해 예기치 않은 상황에서도 흔들리지 않는 재정적 안정을 유지할 수 있을 것이다.

# 7. 사고 이후의 보험 재조정 및 예방 전략

사고는 예기치 않게 찾아오며, 이를 통해 우리는 더 나은 준비의 필요성을 느낄 수 있다. 사고 발생 후 보험을 재평가하고 조정하는 것은 미래의 위험을 최소화하고 재정적 안정을 유지하는 데 필수적이다. 사고 후에는 보험의 필요성을 재검토하고, 향후 유사한 사고를 예방하기 위한 추가 보장을 선택하는 것이 중요하다. 또한, 지속적인 관리와 예방 교육을 통해 사고를 예방하고, 보험이 진정한 안전망으로 기능할 수 있도록 해야 한다. 이번에는 사고 후 보험 재조정 및 예방 전략에 대해 자세히 살펴보겠다.

### (1) 사고 후 보험 재평가 및 조정

사고가 발생하면 보험의 효용성과 보장 범위를 재평가하는 것이 중요하다. 사고를 통해 드러난 보험의 취약점을 분석하고, 필요에 따라 보장을 강화하거나 조정해야 한다. 예를 들어, 사고 후 치료비가 예상보다 많이 들었다면 의료비 보장이 충분했는지 검토해야 한다. 만약 보장이 부족했다면, 추가적인 특약을 통해 보장을 강화하는 것이 필요하다.

또한, 보장 범위가 넓지만 실제로 필요 없는 보장을 과도하게 포함하고 있는지 평가하고, 불필요한 보장을 제거하여 보험료를 절감할 수 있다. 보험 재조정은 단순히 보장을 추가하는 것이 아니라, 현재 상황과 미래의 위험을 고려하여 효율적인 포트폴리오를 구성하는 과정이다. 전문가의 조언을 받아 자신에게 가장 적합한 보험상품을 선택하고, 재정적 안전망을 강화하는 것이 바람직하다.

### (2) 향후 유사한 사고 예방을 위한 추가 보장 선택

사고 후에는 유사한 사고를 예방하기 위해 추가적인 보장을 고려할 필요가 있다. 예를 들어, 교통사고를 겪은 경우 교통사고 특약을 추가하여 향후 발생할 수 있는 사고에 대비할 수 있다. 또한, 중대 질병 진단을 받았다면 중대질병보험이나 특정 질환에 대한 보장을 강화하여 치료비 부담을 줄이는 전략이 필요하다.

추가 보장을 선택할 때는 자신의 생활 패턴과 위험 요소를 면밀하게 분석하고, 필요에 따라 보장 범위를 설정해야 한다. 예를 들어, 여행을 자주 다니는 경우 여행자 보험을 추가하여 해외에서 발생할 수 있는 사고나 질병에 대비할 수 있다. 이러한 추가 보장은 미래의 사고 위험을 줄이는 데 기여하며, 개인과 가족의 안전을 지키는 데 중요한 역할을 한다.

### (3) 지속적 관리 및 예방 교육

#### 1) 정기적인 보험 점검 및 재조정

보험은 한 번 가입하고 끝나는 것이 아니라, 지속적인 관리가 필요한 재정 자산이다. 정기적으로 보험을 점검하고, 변화하는 생활 환경과 개인의 필요에 맞춰 조정하는 것이 중요하다. 보험 점검은 일반적으로 매년 또는 2년에 한 번씩 진행하며, 이 과정에서 보험사의 서비스 품질과 고객 만족도를 평가하는 것도 중요하다.

보험상품의 갱신 시점이나 가족 구성원의 변화, 생활 패턴의 변화 등에 따라 보장 내용을 조정하고, 필요한 경우 새로운 보험상품을 추가하는 것이 필요하다. 정기적인 점검을 통해 보험의 효율성을 높이고, 예기치 않은 상황에 대비할 수 있다. 또한, 보험료가 적정한지 평가하고, 필요시 보험사와의 협상을 통해 보험료를 조정할 수 있다.

### 2) 지속적인 사고 예방 교육 및 정보 업데이트

사고 예방은 단순한 지식이 아니라, 생활의 일부로 계속 실천해야 하는 과정이다. 정기적인 교육과 정보 업데이트를 통해 사고를 예방하고, 안전한 생활을 유지할 수 있도록 한다. 안전 교육은 가족 구성원 모두가 참여할 수 있는 프로그램으로, 사고 발생 시의 대처 방법과 예방 수칙을 숙지하는 것이 중요하다.

또한, 최신 안전 기술과 장비에 대한 정보를 지속해서 업데이트하여, 가정과 직장에서의 안전성을 높일 수 있다. 예를 들어, 최신 보안 시스템이나 화재경보기를 설치하여 위험을 줄이고, 사고 발생 시 신속하게 대응할 수 있도록 한다. 이러한 지속적인 예방 교육은 사고를 줄이는 데 큰 역할을 하며, 개인과 가족의 안전을 지키는 데 필수적이다.

### (4) 사례 연구: 성공과 실패의 교훈

사례 연구를 통해 보험 재조정과 예방의 중요성을 이해할 수 있다. 성공적인 사례로는 반 씨의 경우가 있다. 반 씨는 교통사고 후 보험 보장을 재평가하고, 교통사고 특약을 추가하여 향후 사고에 대비하였다. 또한, 가족과 함께 정기적인 안전 교육을 하여 사고 발생 시 신속하게 대응할 수 있도록 하였다. 이러한 준비를 통해 반 씨는 이후의 사고에서도 큰 피해 없이 안전을 지킬 수 있었다.

반면, 실패 사례로는 추 씨가 있다. 추 씨는 사고 후 보험 보장을 재조정하지 않고, 기존의 보험만 유지하였다. 이로 인해 유사한 사고가 발생했을 때 충분한 보장을 받지 못하고, 재정적 어려움을 겪었다. 추 씨는 이후 전문가의 조언을 받아 보험을 재조정하고, 예방 교육을 통해 안전을 강화하였다.

보험은 예기치 않은 상황에 대한 경제적 안전망이지만, 지속적인 관리와 예방을 통해 그 효과를 극대화할 수 있다. 은퇴를 준비하는 사람들은 이러한 교훈을 통해 자신의 보험을 면밀하게 점검하고, 최적화된 전략을 수립함으로써 안정된 은퇴 생활을 준비해야 한다. 이를 통해 예기치 않은 상황에서도 흔들리지 않는 재정적 안정을 유지할 수 있을 것이다.

키워드 20

# 자산 유동화 전략

1. 자산 유동화의 필요성
2. 자산 비유동화의 위험성
3. 자산 유동화의 기본 원칙
4. 자산 유동화를 위한 실질적인 방법
5. 투자 포트폴리오와 유동화 계획의 연관성
6. 자산 유동화 전략 수립
7. 자산 유동화를 위한 법적 및 세금 고려사항

# 1. 자산 유동화의 필요성

**(1) 왜 자산 유동화가 중요한가?**

　은퇴를 앞둔 많은 사람이 자산을 보유하고 있음에도 불구하고 현금흐름의 부족으로 어려움을 겪는 경우가 많다. 자산 유동화는 이러한 문제를 해결하기 위한 핵심 전략으로, 은퇴 이후 안정적인 생활을 보장하는 데 필수적인 요소다. 2025년 현재 한국은 초고령사회로 진입을 완료했으며, 많은 사람이 길어진 은퇴 생활에 대비해야 하는 상황에 처했다. 자산 유동화를 통해 현금흐름을 확보하면 은퇴 후 예기치 않은 의료비나 생활비를 충당할 수 있는 여유를 가질 수 있다. 특히, 물가 상승과 같은 경제적 불확실성 속에서도 유동성 있는 자산은 재정적 유연성을 제공하여 생활의 질을 유지하는 데 중요한 역할을 한다. 예를 들어, 부동산이나 금융 자산을 적절히 유동화하여 현금화할 수 있다면, 갑작스러운 지출이 발생하더라도 재정적 부담을 덜 수 있다. 이러한 자산 유동화는 자산의 잠재력을 극대화하는 동시에, 은퇴 후에도 지속 가능한 재정 상태를 유지하는 데 기여한다. 이는 단순한 자산관리의 차원을 넘어, 은퇴 후 삶의 질을 좌우하는 중요한 전략이다. 따라서, 자산 유동화는 은퇴준비에 있어서 반드시 고려해야 할 필수적인 과정이다.

### (2) 자산 유동화의 성공 사례

#### 1) 성공 사례 1: 임대 부동산을 통한 지속적인 수익 창출

서울에 거주하는 원 씨는 50대 초반에 은퇴 후의 생활을 고려해 소유하고 있는 아파트를 임대하여 매월 꾸준한 임대 수익을 창출했다. 원 씨는 이 수익을 통해 생활비와 의료비를 충당했으며, 남는 돈은 다시 재투자하여 자산을 불렸다. 그의 전략은 단순히 자산을 보유하는 데 그치지 않고, 자산을 활용하여 안정적인 현금흐름을 만들고 이를 통해 은퇴 생활의 질을 높이는 데 중점을 두었다.

#### 2) 성공 사례 2: 금융 포트폴리오 다각화를 통한 유동성 확보

천 씨는 은퇴를 준비하면서 보유하고 있는 주식과 채권을 적극적으로 관리했다. 그는 다양한 금융상품에 투자하여 리스크를 분산시켰고, 필요할 때는 일부 자산을 매도하여 현금 유동성을 확보했다. 특히, 천 씨는 시장 상황에 따라 포트폴리오를 조정함으로써 자산의 가치를 유지하고, 경제적 불확실성에도 안정적인 재정을 유지할 수 있었다.

#### 3) 성공 사례 3: 사업체의 유동화로 은퇴자금 마련

공 씨는 중소기업을 운영하다 은퇴 시기에 맞춰 사업체를 매각하여 은퇴자금을 마련했다. 그는 사업체의 가치를 최대한 끌어올린 후 시장에 내놓아 높은 매각 가격을 받았다. 이를 통해 은퇴 후 안정적인 생활을 위한 자금을 확보했으며, 매각 대금을 재투자하여 추가적인 수익을 창출했다. 공 씨의 사례는 사업 자산을 유동화하여 현금흐름을 창출한 성공적인 전략을 보여준다.

### (3) 자산 유동화의 실패 사례

#### 1) 실패 사례 1: 적절한 시점의 매도 실패

염 씨는 자신의 부동산을 적절한 시점에 매도하지 못해 큰 손해를 본 경우다. 그는 부동산시장이 최고점에 있을 때 매각할 계획이었으나, 시장 상황을 지나치게 낙관적으로 판단한 나머지 시기를 놓쳤다. 결과적으로 부동산시장이 하락세로 접어들며 자산 가치를 크게 잃게 되었다. 이 사례는 시장 상황에 대한 철저한 분석과 빠른 결단력이 얼마나 중요한지를 보여준다.

#### 2) 실패 사례 2: 비유동화 자산에 과도한 투자

마 씨는 은퇴를 앞두고 자신의 자산 대부분을 비유동화 자산인 예술품과 골동품에 투자했다. 그러나 예상과 달리 이 자산들은 쉽게 현금화되지 않았고, 필요할 때 적시에 자금을 확보하지 못하는 상황에 처했다. 마 씨는 결국 은퇴 생활을 위해 다른 자산을 저렴하게 처분해야 했으며, 재정적으로 큰 손해를 입었다. 이 사례는 자산의 유동성을 고려하지 않은 투자 결정의 위험성을 잘 보여준다.

#### 3) 실패 사례 3: 금융 투자 실패로 인한 손실

옥 씨는 은퇴자금을 증식하기 위해 고수익 금융상품에 투자했다. 그러나 그는 충분한 리스크 분석 없이 투자 결정을 내렸고, 시장 변동성에 휘말려 큰 손실을 입었다. 특히, 고위험 상품에 대한 이해 부족이 치명적인 결과를 초래했다. 이 실패 사례는 리스크 관리의 중요성을 일깨우며, 무조건적인 고수익 추구가 가져올 수 있는 위험을 경고한다.

**(4) 자산 유동화 전략의 중요성**

이러한 성공과 실패 사례들은 자산 유동화의 중요성과 그 복잡성을 명확히 보여준다. 성공적인 자산 유동화는 철저한 계획과 시장 분석, 그리고 리스크 관리가 필수적이다. 반면, 준비 부족과 무분별한 투자 결정은 큰 손실을 초래할 수 있다. 따라서 은퇴준비에 있어 자산 유동화 전략은 단순히 현금을 확보하는 차원을 넘어, 자산의 가치를 극대화하고 장기적으로 지속 가능한 재정 상태를 유지하는 중요한 과정이다. 이러한 전략을 통해 우리는 은퇴 후에도 안락하고 안전한 생활을 영위할 수 있는 길을 마련할 수 있다.

## 2. 자산 비유동화의 위험성

**(1) 비유동화 자산이란?**

비유동화 자산은 단기간 내에 쉽게 현금으로 전환할 수 없는 자산을 의미한다. 대표적으로 부동산, 예술품, 골동품, 장기 예치된 금융상품 등이 이에 해당한다. 이러한 자산은 장기적으로 가치가 증가할 수 있지만, 단기적인 현금흐름 확보에는 적합하지 않다. 은퇴 생활에서 가장 중요한 요소 중 하나는 예기치 않은 상황에 대비할 수 있는 유연성인데, 비유동화 자산은 이 유연성을 제공하지 못한다. 은퇴 이후에는 예상치 못한 의료비나 생활비 증가와 같은 상황이 발생할 수 있으며, 이러한 순간에는 빠르게 자산을 현금화하여 필요 자금을 확보하는 것이 중요하다. 그러나 비유동화 자산은 이러한 필요에 대응하기 어려워, 자산을 매각할 시기를 놓치거나, 시장 상황에 따라 예상보다 낮은 가격에 매도해야 하는 상황이 발생할 수 있다. 이러한 이유로 비유동화 자산의 비중이 큰 포트폴리오는 은퇴 후 재정적 안정성을 저해할 수 있는 위험을 내포하고 있다. 따라서 은퇴준비 과정에서 자산의 유동성과 비유동성을 적절히 조절하는 것이 필수적이다.

### (2) 비유동화 자산이 초래하는 문제

**1) 재정적 유연성의 부족**

비유동화 자산의 가장 큰 문제는 재정적 유연성의 부족이다. 서울에 거주하는 김 씨의 사례를 보면, 그는 부동산투자에 집중하여 자산 대부분을 고가 아파트에 투자했지만, 정작 은퇴 후 생활비를 충당하기 위한 현금이 부족해 어려움을 겪었다. 김 씨는 아파트 매각을 통해 자금을 마련하려 했지만, 부동산시장의 침체로 인해 원하는 시점에 적절한 가격에 매도할 수 없었다. 이처럼 비유동화 자산은 자산 가치가 높다 하더라도 필요할 때 빠르게 현금화하기 어려워, 재정적 유연성을 제한한다. 이는 특히 긴급한 자금 수요가 발생했을 때 큰 문제로 이어질 수 있다.

### 2) 예기치 않은 상황 대처의 어려움

비유동화 자산의 또 다른 문제는 예기치 않은 상황에 대처하기 어렵다는 점이다. 은퇴 생활에서의 불확실성은 건강 상태 변화, 가족 구성원의 필요, 경제 환경의 급변 등 다양한 형태로 나타날 수 있다. 국 씨는 은퇴 후 자녀의 해외 유학 비용을 충당하기 위해 보유한 고가 예술품을 매각하려 했으나, 이를 판매하는 데 시간이 오래 걸리고, 결국 예상보다 낮은 가격에 팔아야 했다. 이는 비유동화 자산이 예기치 않은 상황에서 신속하게 자금을 조달하는 데 장애가 될 수 있음을 보여준다. 따라서, 은퇴를 준비할 때는 자산 일부를 유동성이 높은 형태로 보유하여 필요시 신속하게 자금을 조달할 수 있도록 준비하는 것이 중요하다.

### 3) 시장 변동성에 대한 취약성

비유동화 자산은 시장 변동성에 취약한 경우가 많다. 예를 들어, 부동산시장의 하락이나 특정 자산의 가치 하락은 비유동화 자산의 가치를 크게 감소시킬 수 있다. 방 씨는 은퇴 후 부동산 가격 상승을 기대하고 여러 부동산을 보유했으나, 예기치 않게 발생한 경제 위기로 인해 부동산시장이 침체하면서 자산 가치가 급격히 하락했다. 이는 은퇴 후 필요한 자금을 마련하기 위한 자산 매각이 어렵게 되어, 예상치 못한 재정적 어려움을 초래했다. 비유동화 자산은 이러한 시장 변동성에 대한 대응력이 약하기 때문에, 장기적으로 안정성을 확보하기 어렵다.

### 4) 유지 비용 및 관리의 복잡성

비유동화 자산은 종종 높은 유지 비용과 복잡한 관리가 요구된다.

부동산의 경우, 지속적인 유지보수 비용과 세금, 보험료 등이 필요하며, 예술품과 같은 자산은 보관 및 보존 비용이 발생한다. 길 씨는 은퇴 후 부동산을 여러 채 보유하며 임대 수익을 기대했으나, 매년 발생하는 유지보수 비용과 관리의 복잡성으로 인해 실제 수익이 기대보다 낮았다. 이러한 추가 비용은 은퇴 후 현금흐름을 제한할 수 있으며, 예상보다 더 많은 자금을 소모하게 될 위험이 있다.

### 5) 자산 매각의 복잡성과 시간 소모

비유동화 자산은 매각 과정이 복잡하고 시간이 많이 소요된다. 은 씨는 은퇴자금을 마련하기 위해 자신이 소유한 골동품 컬렉션을 매각하려 했지만, 적절한 구매자를 찾는 데 오랜 시간이 걸렸다. 그는 결국 오랜 기다림 끝에 예상보다 낮은 가격에 판매해야 했다. 이처럼 비유동화 자산은 매각 시점에서 신속한 대응이 어려우므로 자산을 필요할 때 바로 현금화할 기회를 놓칠 위험이 있다.

### (3) 대안과 전략

비유동화 자산의 문제를 해결하기 위해서는 자산 포트폴리오의 다각화가 필요하다. 이는 자산 일부를 유동성이 높은 금융상품에 투자하거나, 부동산의 경우 부분 매각이나 리버스 모기지와 같은 대안을 고려할 수 있다. 또한, 은퇴자금 계획 시 비유동화 자산의 가치가 단기적으로 하락할 가능성에 대비하여 충분한 유동성을 확보하는 것이 중요하다. 예를 들어, 예금, 채권, 주식 등의 금융상품을 통해 유동성을 확보하고, 이를 통해 예상치 못한 상황에 대비할 수 있다. 은퇴 후 안정적인 현금흐름을 유지하기 위해서는 유동성과 비유동성을 적절히 조절하는 전략적 접근이 필요하다. 이는 단순한 자산관리가 아닌, 은퇴 후 삶의 질을 유지하기 위한 필수적인 과정이다.

이와 같은 전략은 자산의 유동성과 비유동성을 적절히 조정하여 은퇴 생활에서의 안정성과 유연성을 동시에 확보할 수 있도록 돕는다. 이러한 접근은 자산의 가치를 극대화하는 동시에, 예상치 못한 상황에 신속히 대응할 수 있는 재정적 준비를 가능하게 한다. 결과적으로, 자산의 유동성과 비유동성을 조화롭게 관리하는 것은 성공적인 은퇴 생활의 필수적인 요소로 작용한다.

## 3. 자산 유동화의 기본 원칙

### (1) 유동화가 가능한 자산의 식별

자산 유동화의 핵심은 어떤 자산이 유동화 가능한지 식별하는 것에서 시작된다. 유동화가 가능한 자산은 일반적으로 빠른 시일에 현금화할 수 있는 자산으로, 시장에서 쉽게 거래가 가능하고 수요가 꾸준히 존재하는 특징이 있다. 가장 대표적인 유동화 가능한 자산으로는 금융 자산인 현금, 예금, 주식, 채권 등이 있다. 이러한 자산은 시장에서 즉시 거래가 가능하며, 가격 변동성이 상대적으로 낮아 현금흐름을 신속히 확보할 수 있다. 또한, 상장 주식이나 국채 같은 금융상품은 거래가 수월하여 필요한 경우 빠르게 유동화할 수 있다.

부동산 역시 유동화 가능한 자산으로 볼 수 있지만, 이는 거래 과정이 다소 복잡하고 시간이 소요될 수 있다. 그러나 임대 부동산의 경우, 정기적인 임대 수익을 통해 현금흐름을 확보할 수 있어 간접적인 유동화가 가능하다. 또한, 리버스 모기지와 같은 금융상품을 활용하면 부동산의 유동성을 더욱 높일 수 있다. 유동화가 가능한 자산을 식별하기 위해서는, 자산의 특성과 시장성, 그리고 거래의 용이성을 종합적으로 고려해야 한다.

### (2) 쉽게 유동화할 수 있는 자산 목록 작성 방법

유동화 가능한 자산 목록을 작성하는 첫 번째 단계는 자신의 자산 포트폴리오를 면밀하게 분석하는 것이다. 자산의 종류, 현재 시장 가치, 그리고 거래 가능성을 평가하여 리스트를 작성해야 한다. 예를 들어, 금융 자산은 거래소에서의 거래량과 가격 변동성을 기준으로 유동성을 평가할 수 있다. 부동산의 경우, 지역적 수요와 공급, 매매 이력 등을 검토하여 유동성을 판단한다. 이러한 분석은 자산관리 전문가의 도움을 받거나, 금융기관의 컨설팅 서비스를 활용하여 이루어질 수 있다. 목록을 작성한 후에는 자산별로 유동화 전략을 세우는 것이 중요하다. 주식과 같은 금융 자산은 필요시 부분 매도를 통해 유동성을 확보할 수 있으며, 부동산은 임대 수익을 극대화하거나, 필요시 매각할 계획을 마련해야 한다. 이를 통해 유동화 가능한 자산 목록을 기반으로 효과적인 은퇴준비 전략을 수립할 수 있다.

**(3) 자산관리 및 모니터링**

자산을 효과적으로 유동화하기 위해서는 지속적인 관리와 모니터링이 필수적이다. 자산의 유동성을 평가하는 것은 단순히 현재의 상태를 점검하는 것이 아니라, 미래의 재정적 필요에 대비하여 유동성을 조절하는 과정이다. 이를 위해 자산의 가치 변동과 시장 동향을 계속 추적하고 분석하는 것이 중요하다. 예를 들어, 주식과 채권의 경우 시장 지표와 경제 뉴스, 기업 실적 보고서를 통해 자산의 상태를 평가할 수 있다.

부동산의 경우, 지역 개발 계획이나 부동산 정책 변화, 금리 변동 등의 외부 요인을 지속해서 모니터링해야 한다. 자산의 상태와 시장 변화를 정기적으로 점검하면, 필요시 자산 조정이나 재분배를 통해 유동성을 최적화할 수 있다. 특히, 은퇴 생활에서의 재정적 안정성을 유지하기 위해서는 자산 포트폴리오의 균형을 유지하는 것이 중요하다. 이를 위해 분기별 또는 반기별로 자산을 재평가하고, 필요시 리밸런싱을 통해 유동성을 보강할 수 있다. 또한, 금융 전문가나 자산관리사의 도움을 받아 포트폴리오를 정기적으로 검토하고, 개인의 재정 목표에 맞춰 조정하는 것이 바람직하다.

**(4) 실행 가능한 자산관리 전략**

**1) 자산 배분 최적화**

자산을 다양한 금융상품과 부동산에 분산투자하여 리스크를 줄이고, 유동성을 확보한다. 주식, 채권, 현금, 부동산 등의 자산을 포트폴리오에 포함하여 변동성을 줄이고 유동성을 유지할 수 있다. 특히, 금융상품을 통해 자산을 쉽게 거래할 수 있도록 구성하는 것이 중요하다.

### 2) 리밸런싱을 통한 유동성 관리

주기적으로 자산 포트폴리오를 검토하고, 시장 상황에 맞춰 자산을 재조정하여 유동성을 높인다. 예를 들어, 주식시장의 변동성이 커질 때 일부 주식을 채권이나 현금으로 전환하여 안정성을 높일 수 있다. 이는 예상치 못한 상황에서도 안정적인 현금흐름을 확보하는 데 도움이 된다.

### 3) 위험 관리

고위험 자산의 비중을 조절하여 리스크를 관리하고, 자산의 유동성을 높인다. 위험이 큰 자산은 시장 변동성에 따라 유동화가 어려워질 수 있으므로, 적절한 비중 조절이 필요하다. 예를 들어, 고위험 주식의 비중을 줄이고, 안정적인 배당을 제공하는 주식이나 채권의 비중을 늘릴 수 있다.

### 4) 전문가와의 협력

금융 전문가나 자산관리사와의 지속적인 협력을 통해 자산의 상태를 점검하고, 최적의 유동화 전략을 개발한다. 전문가의 조언을 통해 자산관리의 효율성을 높이고, 은퇴 후 안정적인 재정 상태를 유지할 수 있다. 정기적인 상담을 통해 시장 변화에 따른 포트폴리오 조정 방안을 모색하는 것이 중요하다.

### 5) 현금흐름 관리

은퇴 후 필요한 현금흐름을 확보하기 위해, 임대 수익, 배당 수익 등 다양한 수입원을 관리한다. 이를 통해 예상치 못한 지출에도 대비할 수 있으며, 재정적 안정성을 유지할 수 있다. 각 수입원의 특성과 변동성을 고려하여, 유동성을 극대화할 수 있는 전략을 마련해야 한다.

### 6) 정기적인 자산 평가

분기별 또는 반기별로 자산을 재평가하여 포트폴리오의 유동성을 검토하고, 필요에 따라 조정한다. 자산의 현재 가치와 유동성을 파악하여, 미래의 재정적 필요에 대비할 수 있도록 한다.

### 7) 유동화 전략 수립

예기치 않은 상황에 대비하여 유동화 계획을 세운다. 자산 매각이나 임대 전환 등의 방법을 통해, 필요시 신속하게 자금을 확보할 방안을 마련한다. 이는 불확실한 경제 환경에서도 안정적인 재정 상태를 유지하는 데 기여할 수 있다.

이와 같은 자산 유동화의 기본 원칙을 통해 은퇴준비에 있어 재정적 안정성과 유연성을 확보할 수 있다. 자산의 유동성과 비유동성을 조화롭게 관리함으로써, 은퇴 후에도 안정적이고 안락한 생활을 영위할 수 있는 기반을 마련할 수 있다. 이는 은퇴 후의 삶의 질을 결정짓는 중요한 요소로 작용한다.

## 4. 자산 유동화를 위한 실질적인 방법

자산 유동화는 은퇴 후 안정적인 생활을 유지하기 위한 핵심 전략으로, 부동산과 금융 자산을 적절히 활용하는 것이 중요하다. 이번에는 부동산과 금융 자산을 활용한 유동화 전략을 구체적으로 탐구하여, 실질적인 현금흐름을 창출할 방법을 살펴보겠다.

### (1) 부동산의 유동화

부동산은 많은 은퇴자에게 가장 큰 자산 중 하나로, 이를 통해 현금흐름을 창출하는 것은 중요한 유동화 전략이다. 임대 수익과 부동산 매각은 이러한 유동화의 주요 방법이다.

#### 1) 임대 수익

부동산을 임대하여 수익을 창출하는 것은 전통적으로 흔한 유동화 방법 중 하나다. 그러나 최근 임대 수요가 줄어들고 있는 상황에서는 더욱 전략적인 접근이 필요하다. 앞으로 부동산시장의 임대 수요 감소에 따른 위험 요소를 고려하여, 수도권의 경우 고가 주택보다는 소형 아파트나 오피스텔 같은 주거형 부동산이 더 높은 임대 수익을 제공할 수 있다. 정 씨는 서울의 소형 아파트를 임대하며, 경쟁력 있는 임대료로 세입자를 유지하고 있다. 그는 주택의 위치와 상태를 철저히 관리하여 공실률을 최소화하고 있다.

지방의 경우, 인구 감소와 경기 침체로 인해 임대 수익을 기대하기 어려울 수 있다. 따라서 지방 부동산 소유자는 임대보다는 매각을 고려하거나, 관광지나 특화지역에 단기 임대(예: 에어비앤비)를 통해 수익을 창출할 수 있다. 부동산시장 변동성을 고려하여 장기적인 임대 계약보다는 유연한 임대 조건을 설정하는 것이 중요하다.

### 2) 부동산 매각

부동산시장에서 자산을 매각하여 유동성을 확보하는 것도 고려할 수 있는 전략이다. 특히, 수요가 감소하고 있는 지역의 부동산을 조기에 매각하여 자산을 더 유동적인 형태로 전환할 수 있다. 매각을 통해 확보한 자금을 금융 자산으로 재투자하면, 변동성에 대한 리스크를 줄이고 안정적인 수익을 확보할 수 있다.

부동산 매각을 고려할 때는 시장 동향을 주의 깊게 살피고, 적절한 시점을 선택하는 것이 중요하다. 전문가의 조언을 받아 부동산의 실제 가치와 매각 전략을 세우는 것이 도움이 된다. 매각 과정에서 발생할 수 있는 세금과 수수료도 미리 계산하여, 최종 수익을 정확히 예측하는 것이 필요하다.

## (2) 금융 자산의 유동화

금융 자산을 통한 유동화는 주식, 채권, 펀드 등 다양한 금융상품을 활용하여 자산의 유동성을 높이는 전략이다. 이를 통해 단기적인 현금 흐름을 확보하고, 포트폴리오의 리스크를 관리할 수 있다.

### 1) 주식

주식은 유동화가 쉬운 자산으로, 필요할 때 부분 매도를 통해 현금화할 수 있다. 주식투자를 통해 배당 수익을 창출하거나, 주가 상승을 통한 자본 이득을 얻을 수 있다. 황 씨는 은퇴 후 보유 주식의 일부를 매도하여 갑작스러운 의료비를 충당했다. 그는 주식 포트폴리오를 꾸준히 관리하며, 배당 수익을 활용하여 생활비를 보충하고 있다.

주식투자는 변동성이 크기 때문에, 신중한 종목 선택과 리스크 관리가 중요하다. 우량 기업의 주식을 중심으로 포트폴리오를 구성하여 배당 수익과 주가 안정성을 동시에 추구할 수 있는 전략을 권장한다. 또한, 시장 상황에 따라 포트폴리오를 정기적으로 조정하여 리스크를 최소화해야 한다.

### 2) 채권

채권은 안정적인 이자 수익을 제공하는 금융 자산으로, 유동성을 확보하는 데 유용하다. 특히, 국채나 회사채는 신뢰도가 높아 안전한 투자처로 여겨진다. 배 씨는 은퇴 이후 채권을 통해 매월 이자 수익을 받고 있으며, 이를 생활비로 활용하고 있다. 채권 투자는 이자율과 만기 기간을 고려하여 적절한 포트폴리오를 구성하는 것이 중요하다.

채권 투자를 통해 유동성을 높이기 위해서는 만기와 이자율을 다양화하여 투자하는 것이 좋다. 이는 금리 변동에 따른 리스크를 줄이고, 안정적인 수익을 확보하는 데 도움이 된다. 또한, 채권의 신용 등급을 평가하여 안전성을 확인하고, 필요시 시장에서 쉽게 매도할 수 있는 채권을 선택해야 한다.

### 3) 펀드

펀드는 다수의 투자자가 자금을 모아 다양한 자산에 투자하는 금융상품으로, 주식이나 채권을 통해 수익을 추구할 수 있다. 2024년에는 ESG(환경, 사회, 지배구조) 펀드와 같은 테마 펀드가 인기를 끌고 있으며, 이러한 펀드는 자산의 분산투자 효과를 제공하여 리스크를 줄이고 유동성을 높인다. 백 씨는 은퇴 후 인덱스펀드에 투자하여 시장 전체의 수익률을 따라가는 전략을 선택했다. 그는 펀드를 통해 다양한 자산에 분산투자하면서도, 필요한 경우 펀드를 일부 환매하여 유동성을 확보하고 있다.

펀드를 활용한 유동화 전략은 투자 목표와 리스크 선호도를 고려하여 다양한 펀드에 투자하는 것이다. 이는 포트폴리오의 다각화를 통해 변동성을 줄이고, 안정적인 수익을 확보할 수 있다. 또한, 펀드의 운용 성과를 정기적으로 점검하고, 필요시 펀드 구성을 조정하여 유동성을 유지해야 한다.

### (3) 실질적인 실행 전략

① 임대 수익 극대화: 소형 주거형 부동산을 중심으로 임대 조건을 최적화하고, 공실률을 최소화한다. 지역별 임대 수요를 분석하여 시장에 맞는 임대 전략을 세운다. 지방의 경우 단기 임대를 통해 수익을 창출할 가능성을 검토한다.

② 부동산 매각 계획: 임대 수익이 감소하는 부동산을 조기에 매각하여 금융 자산으로 전환하고, 리스크를 줄인다. 시장 상황을 지속해서 모니터링하여 적절한 매각 시점을 선택하고, 세금 및 수수

료를 미리 계산하여 최종 수익을 극대화한다.

③ 주식 포트폴리오 관리: 우량 기업의 주식을 중심으로 포트폴리오를 구성하여 안정성을 높인다. 시장 변동에 따라 정기적으로 포트폴리오를 조정하여 리스크를 관리하고, 필요시 일부 주식을 매도하여 유동성을 확보한다. 배당 수익을 활용하여 생활비를 보충할 수 있도록 한다.

④ 채권 포트폴리오 구성: 다양한 만기와 이자율의 채권에 투자하여 금리 변동에 따른 리스크를 줄인다. 국채와 회사채를 조합하여 안전성과 수익성을 동시에 추구할 수 있도록 포트폴리오를 구성한다. 정기적인 채권 평가를 통해 포트폴리오의 유동성을 관리한다.

⑤ 펀드 투자 다각화: 다양한 테마 펀드와 인덱스펀드에 투자하여 포트폴리오를 다각화한다. 펀드의 운용 성과를 정기적으로 점검하고, 필요시 펀드 구성을 조정하여 유동성을 유지한다. 펀드 환매를 통해 필요한 현금을 신속히 확보할 수 있도록 준비한다.

이와 같은 자산 유동화 전략은 은퇴준비에 있어 재정적 안정성과 유연성을 확보하는 데 중요한 역할을 한다. 자산의 유동성과 비유동성을 조화롭게 관리함으로써, 은퇴 후에도 안정적이고 안락한 생활을 영위할 수 있는 기반을 마련할 수 있다. 이는 은퇴 후의 삶의 질을 결정짓는 중요한 요소로 작용한다.

# 5. 투자 포트폴리오와 유동화 계획의 연관성

투자 포트폴리오의 구성은 자산 유동화와 밀접한 관련이 있다. 효과적인 포트폴리오 구성 전략은 유동성을 확보하고, 투자 리스크를 관리하는 데 핵심적인 역할을 한다. 이번에는 포트폴리오 다각화를 통한 유동성 확보 방법과 유동화와 리스크 관리의 상관관계를 탐구하겠다.

### (1) 투자 포트폴리오 구성 전략

포트폴리오 다각화는 다양한 자산에 투자하여 리스크를 분산시키고, 자산의 유동성을 높이는 전략이다. 이는 자산 가치의 변동성을 줄이고, 다양한 경제 환경에서도 안정적인 수익을 확보하는 데 도움이 된다. 포트폴리오를 다각화하는 첫 번째 방법은 자산군 간의 비중을 적절히 조정하는 것이다. 예를 들어, 주식, 채권, 부동산, 현금 등 다양한 자산군에 투자하여 시장 변동성에 대응할 수 있다.

전문가들은 포트폴리오 구성 시, 경제 상황과 개인의 재정 목표에 맞춰 자산의 비중을 조절하는 것이 중요하다고 조언한다. 주식의 경우 변동성이 크지만, 장기적인 수익을 기대할 수 있는 반면, 채권은 안정적인 수익을 제공한다. 전문가들은 일반적으로 주식과 채권의 비중을 60:40 또는 50:50으로 설정하는 것이 일반적이지만, 개인의 리스크 선호도에 따라 조정해야 한다고 강조한다.

또한, 해외 자산에 대한 투자는 지역적 리스크를 분산시키고, 글로벌 경제 성장의 혜택을 받는 방법이다. 전문가들은 국내외 다양한 자산에 분산투자하여 변동성을 줄이고 안정적인 수익을 확보할 수 있는 포트폴리오를 구성할 것을 권장한다. 이는 경제 불황기에도 포트폴리오의 가치를 유지하는 데 도움을 준다.

### (2) 유동화와 리스크 관리

유동화와 리스크 관리는 투자 포트폴리오의 핵심 요소로, 서로 밀접한 상관관계를 가진다. 유동화는 자산을 현금화하여 필요한 시점에 자금을 확보하는 것을 의미하며, 리스크 관리는 투자 손실을 최소화하고 수익을 극대화하는 과정이다.

금융 전문가들은 유동화를 통해 리스크를 관리하는 방법으로 자산의 유동성을 지속해서 평가하고, 필요에 따라 자산 비중을 조정하는 것을 추천한다. 경제 불확실성이 클 때는 유동성이 높은 자산의 비중을 늘려 리스크를 줄일 수 있으며, 이는 예기치 않은 상황에서도 재정적 안정성을 유지하는 데 중요하다.

리스크 관리의 하나로 손실을 최소화하기 위한 손절매 전략을 수립하고, 자산 가격이 급락할 경우 즉시 대응할 수 있는 시스템을 구축하는 것이 필요하다. 전문가들은 시장 변동성에 빠르게 대응하기 위해 자동화된 거래 시스템이나 리스크 관리 소프트웨어를 활용하는 것을 권장한다. 이는 포트폴리오의 가치를 보호하고, 장기적인 수익성을 유지하는 데 필수적이다.

### (3) 실행 가능한 전략

**1) 자산 배분 다각화**

포트폴리오를 구성할 때, 주식, 채권, 현금, 부동산 등 다양한 자산군에 투자하여 리스크를 분산한다. 예를 들어, 전체 자산의 50%를 주식에, 30%를 채권에, 10%를 부동산에, 10%를 현금에 투자하는 식으로 구성할 수 있다. 이는 시장 상황에 따라 비중을 조정하여 유동성과 안정성을 동시에 확보할 수 있다.

- 구체적 실행 방법: 주식의 경우, 국내외 우량 기업의 주식에 투자하여 안정성을 높이고, 채권은 국채와 회사채를 조합하여 안정적인 이자 수익을 확보한다. 부동산은 임대 수익을 창출할 수 있는 소형 주거형 부동산에 투자하며, 현금은 필요시 유동화할 수 있도록 금융기관의 단기 예금에 예치한다.

**2) 유동성 평가와 조정**

정기적으로 포트폴리오의 유동성을 평가하여, 필요시 자산 비중을 조정한다. 유동성 평가는 각 자산이 얼마나 빨리 현금화될 수 있는지를 기준으로 하며, 시장 상황에 따라 조정이 필요하다.

- 구체적 실행 방법: 분기별로 포트폴리오를 검토하여 주식과 채권의 비중을 조정하고, 경제 불확실성이 클 때는 유동성이 높은 현금과 단기 채권의 비중을 늘린다. 이를 위해 금융 전문가와 정기적인 상담을 통해 시장 변화에 대응할 수 있는 전략을 마련한다.

### 3) 리스크 관리 시스템 구축

손절매 전략을 수립하여 손실을 최소화한다. 손절매 전략은 자산 가격이 특정 수준 이하로 떨어지면 자동으로 매도하여 손실을 제한하는 방법이다.

- 구체적 실행 방법: 주식의 경우, 구매 가격의 10% 하락 시 매도하도록 설정하거나, 채권의 경우 이자율 상승으로 인한 가격 하락이 발생하면 일정 비율을 매도하여 리스크를 관리한다. 이를 위해 금융기관에서 제공하는 자동화된 거래 시스템을 활용하여 신속한 대응을 가능하게 한다.

### 4) 국내외 자산 분산투자

국내외 다양한 자산에 투자하여 지역적 리스크를 분산하고, 글로벌 경제 성장의 혜택을 받는다. 이는 경제 불황기에도 포트폴리오의 가치를 유지하는 데 도움이 된다.

- 구체적 실행 방법: 글로벌 주식 ETF(상장지수펀드)에 투자하여 여러 국가의 경제 성장에 참여하고, 글로벌 채권 펀드를 통해 다양한 지역의 채권에 투자하여 안정적인 수익을 확보한다.

### 5) 정기적 평가 및 리밸런싱

투자 포트폴리오의 성과를 정기적으로 평가하고, 시장 변화에 따라 자산 비중을 조정하는 리밸런싱을 수행한다. 이는 포트폴리오의 리스크와 수익성을 최적화하는 데 도움이 된다.

- 구체적 실행 방법: 매년 또는 반기별로 포트폴리오를 평가하여 시

장 상황에 맞게 자산 비중을 조정한다. 예를 들어, 주식시장이 강세일 때는 주식 비중을 늘리고, 약세일 때는 채권 비중을 늘려 안정성을 높인다.

전문가들의 조언에 따르면, 투자 포트폴리오와 유동화 계획은 긴밀히 연관되어 있으며, 이를 통해 재정적 안정성을 확보하고 은퇴 후에도 안정적인 생활을 영위할 수 있다. 투자 포트폴리오의 유동성과 리스크 관리의 조화는 장기적인 재정계획의 성공을 좌우하는 중요한 요소로 작용한다. 이러한 실행 가능한 전략을 통해 은퇴준비에 있어서 효과적이고 지속 가능한 자산관리를 할 수 있을 것이다.

## 6. 자산 유동화 전략 수립

자산 유동화 전략은 은퇴 후 안정적인 생활을 유지하기 위해 필수적인 과정이다. 각자의 재정 상황과 목표에 맞춘 맞춤형 유동화 전략을 수립하는 것은 매우 중요하며, 이를 위해 전문가의 조언과 협력이 큰 도움이 될 수 있다. 이번에는 개인별 맞춤 유동화 전략을 수립하는 방법과 전문가와의 상담을 통한 최적의 유동화 전략 구축 방법을 살펴보겠다.

### (1) 개인별 맞춤 전략 개발

개인의 재정 상황과 목표는 모두 다르기 때문에, 각자에게 적합한 자산 유동화 전략을 개발하는 것이 중요하다. 이를 위해서는 먼저 자신의 자산과 부채, 수입과 지출을 철저히 분석하여 현재의 재정 상태를 파악해야 한다. 이러한 분석은 재무계획의 기초가 되며, 이를 바탕으로 현실적인 유동화 목표를 설정할 수 있다. 중요한 고려사항 중 투자 성향과 나이를 빼 놓을 수 가 없다. 투자 성향은 개인의 리스크 수용 능력과 투자 목표에 따라 결정되며, 이는 자산 포트폴리오 구성에 큰 영향을 미친다. 예를 들어, 리스크를 더 수용할 수 있는 투자자는 주식과 같은 고수익, 고위험 자산의 비중을 늘릴 수 있지만, 보수적인 투자자는 채권과 같은 안정적인 자산을 선호할 수 있다. 나이 또한 중요한 요소로, 나이가 많을수록 안정적인 현금흐름을 제공할 수 있는 자산으로 포트폴리오를 구성하는 것이 중요하다. 젊은 투자자는 장기적인 성장 가능성을 가진 자산에 투자할 수 있는 반면, 은퇴가 가까운 투자자는 변동성이 적은 자산에 집중하여 안정성을 확보해야 한다.

**(2) 전략 수립 체계**

**1) 재정 상태 분석 및 목표 설정**
- 자산, 부채, 수입, 지출을 분석하여 현재 재정 상태를 파악한다.
- 투자 성향과 나이를 고려하여 현실적인 유동화 목표를 설정한다.

**2) 투자 성향 평가**
- 리스크 수용 능력과 투자 목표에 따라 포트폴리오의 자산 비중을 조정한다.
- 고수익, 고위험 자산과 안정적인 자산의 적절한 비율을 설정한다.

### 3) 연령별 포트폴리오 구성
- 젊은 투자자는 장기적인 성장 가능성을 가진 자산에 집중한다.
- 은퇴가 가까운 투자자는 안정적인 현금흐름을 제공할 수 있는 자산으로 포트폴리오를 구성한다.

### 4) 유동성 확보 및 리스크 관리
- 고정 자산과 유동 자산의 비율을 조정하여 긴급 상황에서 신속히 현금화할 수 있는 자산을 보유한다.
- 자산의 변동성을 지속해서 모니터링하고, 리스크를 관리하는 전략을 수립한다.

### 5) 정기적인 전략 재검토
- 경제 상황이나 개인의 생활 환경이 변화할 때마다 전략을 재검토하고 조정한다.
- 정기적인 포트폴리오 평가를 통해 지속 가능한 재정 상태를 유지한다.

### (3) 전문가와의 상담의 중요성

재무 전문가와의 상담은 최적의 자산 유동화 전략을 구축하는 데 큰 도움이 될 수 있다. 전문가들은 다양한 경험과 전문 지식을 바탕으로 개인의 재정 상황에 맞춘 맞춤형 전략을 제안할 수 있다. 또한, 최신 시장 동향과 금융상품에 대한 정보를 제공하여, 개인이 더 효과적인 전략을 수립할 수 있도록 돕는다.

전문가와의 상담은 다음과 같은 이유에서 중요하다.
- 리스크 파악 및 관리: 전문가들은 시장 변동성, 금리 변화, 인플레이션 등 다양한 경제적 요인을 고려하여 리스크를 평가하고, 이를 기반으로 포트폴리오를 조정할 수 있다.
- 세금 효율성: 전문가들은 각종 세금 혜택과 절세 전략을 활용하여, 자산 유동화 과정에서 세금 부담을 최소화할 방법을 제시할 수 있다.
- 최신 정보 제공: 금융시장의 최신 동향과 신상품에 대한 정보를 제공하여, 더욱 효과적인 투자 전략을 수립할 수 있도록 지원한다.

전문가와의 정기적인 상담을 통해 포트폴리오의 유동성과 수익성을 동시에 극대화할 수 있는 전략을 마련하는 것이 바람직하다. 이를 위해 정기적인 상담을 통해 시장 변화에 따른 포트폴리오 조정 방안을 마련하고, 개인의 재정 목표에 맞춘 최적의 유동화 전략을 지속해서 발전시켜 나가야 한다.

### (4) 전문가와 함께 하는 실행 전략

① 전문가 상담 주기 설정: 정기적으로 재무 전문가와 상담 일정을 설정하고, 포트폴리오 평가 및 조정 계획을 수립한다.

② 리스크 평가 및 포트폴리오 조정: 전문가의 도움을 받아 포트폴리오의 리스크를 평가하고, 시장 변화에 따른 자산 비중 조정 방안을 마련한다.

③ 절세 전략 수립: 세금 효율성을 극대화할 수 있는 절세 전략을 마

런하고, 세금 혜택을 최대한 활용할 수 있도록 포트폴리오를 조정한다.

④ 최신 정보 반영: 전문가로부터 최신 금융상품 및 시장 동향에 대한 정보를 받아 포트폴리오에 반영한다.

⑤ 장기적 재정 목표 설정 및 조정: 전문가와 협력하여 장기적인 재정 목표를 설정하고, 이를 달성하기 위한 유동화 전략을 지속해서 조정한다.

이러한 실행 가능한 전략을 통해 개인별 맞춤 자산 유동화 전략을 수립하고, 전문가의 조언을 활용하여 최적의 전략을 구축할 수 있다. 이는 은퇴 후 안정적이고 안락한 생활을 영위할 수 있는 기반을 마련하는 데 중요한 역할을 한다.

## 7. 자산 유동화를 위한 법적 및 세금 고려사항

자산 유동화는 은퇴 생활을 위한 안정적인 현금흐름을 확보하기 위한 중요한 전략이다. 그러나 자산을 유동화할 때는 다양한 법적 이슈와 세금 문제를 고려해야 한다. 이번에는 자산 유동화 시 고려해야 할 법적 문제와 자산 보호 방법, 그리고 세금 최적화 전략을 제시 하고자 한다.

### (1) 법적 이슈와 자산 보호

자산을 유동화할 때는 법적 이슈를 면밀하게 검토하여 문제가 발생하지 않도록 해야 한다. 특히 부동산, 주식, 채권 등의 자산을 거래할 때는 계약서 작성, 소유권 이전, 세금 신고 등 다양한 법적 절차를 준수해야 한다. 이러한 과정에서 발생할 수 있는 법적 문제를 예방하고, 자산을 보호하기 위한 몇 가지 방법을 살펴보자.

첫째, 부동산의 경우 소유권 이전 등기를 철저히 확인하고, 계약서 작성 시 법률 전문가의 도움을 받는 것이 중요하다. 이는 거래 과정에서 발생할 수 있는 법적 분쟁을 예방하고, 소유권을 확실히 보호할 방법이다. 부동산 거래 시에는 토지 및 건물의 법적 상태, 지역 규제, 사용 용도 등을 미리 파악하여 예기치 않은 문제가 발생하지 않도록 해야 한다.

둘째, 주식이나 채권과 같은 금융 자산의 경우, 거래 시 발생할 수 있는 법적 문제를 예방하기 위해 관련 법규를 철저히 이해하는 것이 필요하다. 특히, 내부자 거래나 시장 조작과 관련된 법률을 준수해야 하며, 금융상품에 투자할 때는 해당 상품의 법적 상태와 규제를 사전에 파악하는 것이 중요하다.

셋째, 자산 보호를 위해 법적 소송에 대비할 수 있는 보험상품을 활용할 수 있다. 이는 부동산 소유권 분쟁, 금융 거래 관련 소송 등에서 발생할 수 있는 재정적 손실을 최소화하는 데 도움이 된다. 또한, 자산을 가족에게 상속하거나 증여하는 경우에도 법적 절차와 세금 문제를 철저히 검토하여 불필요한 법적 문제가 발생하지 않도록 해야 한다.

자산을 유동화할 때는 이러한 법적 이슈를 미리 파악하고, 필요한 경우 법률 전문가의 조언을 받아 문제를 예방하는 것이 바람직하다. 이는 자산의 가치를 보호하고, 안정적인 재정 상태를 유지하는 데 필수적이다.

### (2) 세금 최적화 전략

자산 유동화 과정에서 세금 부담을 최소화하기 위해서는 세금 최적화 전략을 수립하는 것이 중요하다. 자산 유동화와 관련된 세금은 자산의 종류와 거래 방식에 따라 달라질 수 있으며, 이를 효과적으로 관리하기 위한 몇 가지 방법을 살펴보자.

첫째, 부동산 매각 시 양도소득세를 최소화하기 위한 전략을 고려해야 한다. 부동산을 매각할 때 발생하는 양도소득세는 매매차익에 따라 결정되며, 이를 줄이기 위해서는 부동산 매각 시점을 신중히 선택하는 것이 중요하다. 예를 들어, 정부가 부동산 세제 혜택을 제공하는 시기를 활용하여 매각을 진행하면 세금 부담을 줄일 수 있다.

둘째, 주식이나 채권 매각 시 발생하는 자본이득세를 최소화하기 위해서는 장기투자를 고려하는 것이 효과적이다. 일반적으로 장기투자는 단기 투자보다 세금 부담이 적으므로, 자산을 장기간 보유하여 자본이득세를 줄일 수 있다. 또한, 주식의 경우 배당소득세를 고려하여 배당금을 재투자하거나, 배당소득세가 낮은 상품에 투자하는 것도 하나의 방법이다.

셋째, 절세를 위해 다양한 세금 혜택을 활용하는 것이 중요하다. 예를 들어, 개인연금저축이나 퇴직연금에 투자하면 세액공제 혜택을 받을 수 있으며, 이를 통해 연금 수령 시점에서의 세금 부담을 줄일 수 있다. 또한, 금융상품에 대한 세제 혜택을 활용하여 세금 부담을 최소화할 수 있다.

세금 최적화 전략은 복잡한 세금 법규를 이해하고, 이를 효과적으로 활용하는 것이 관건이다. 이를 위해 세무 전문가와의 상담을 통해 개인의 재정 상황에 맞는 맞춤형 절세 전략을 마련하는 것이 중요하다. 이는 자산 유동화 과정에서 세금 부담을 최소화하고, 더욱 효율적인 자산관리가 가능하도록 한다.

### (3) 실행 가능한 전략

① 법률 전문가와의 협력: 부동산 거래 시 소유권 이전 등기와 계약서 작성 과정에서 법률 전문가의 도움을 받아 법적 분쟁을 예방한다. 금융 자산 거래 시 관련 법규를 철저히 이해하고, 거래 과정에서 발생할 수 있는 법적 문제를 사전에 파악한다.

② 자산 보호를 위한 보험 활용: 자산 거래와 관련된 법적 소송에 대비할 수 있는 보험상품을 활용하여 재정적 손실을 최소화한다.

③ 세금 최적화 전략 수립: 부동산 매각 시 양도소득세를 최소화하기 위해 세제 혜택을 활용하고, 매각 시점을 신중히 선택한다. 주식 및 채권 매각 시 장기투자를 통해 자본이득세를 줄이고, 배당소득세를 최소화할 수 있는 전략을 마련한다.

④ 절세 혜택 활용: 개인연금저축이나 퇴직연금에 투자하여 세액공제 혜택을 받으며, 금융상품에 대한 세제 혜택을 활용하여 세금 부담을 줄인다.

⑤ 정기적인 세금 전략 재검토: 경제 상황이나 세법 변경에 따라 절세 전략을 재검토하고, 필요한 경우 세무 전문가와의 상담을 통해 전략을 조정한다.

이러한 실행 가능한 전략을 통해 자산 유동화 과정에서 발생할 수 있는 법적 및 세금 문제를 효과적으로 관리할 수 있다. 이는 자산의 가치를 보호하고, 안정적인 재정 상태를 유지하는 데 중요한 역할을 한다. 자산 유동화 전략을 수립할 때 법적 및 세금 고려사항을 철저히 검토하여, 은퇴 후에도 안정적이고 안락한 생활을 영위할 수 있는 기반을 마련할 수 있다.

키워드 21

# 소득대체율과 은퇴 후 정기적인 현금흐름 관리

1. 현금흐름 예측 도구: A4용지 현금흐름표
2. 퇴직 후 다음 달 급여일에 통장에 들어오는 돈은 얼마나 됩니까?
3. 소득대체율 공식을 통한 소득대체율 높이는 방법
4. 매달 그 날짜에 꼬박꼬박 들어오는 돈의 관리: 부동산, 주식, 연금, 경력설계를 통한 수입
5. 아무것도 없다면 있게 하라(최선의 대처 방안): 연금과 일을 병행하라!

# 1. 현금흐름 예측 도구: A4용지 현금흐름표

**(1) A4용지의 현금흐름표: 들어오는 돈과 나가는 돈**

현금흐름표는 은퇴 후 재정계획의 출발점이다. A4용지를 이용하여 간단하면서도 명료하게 자신의 재정 상황을 시각화할 수 있다. 먼저, 들어오는 돈과 나가는 돈을 두 가지 카테고리로 나누어보자. 들어오는 돈에는 이자소득, 배당소득, 연금소득, 부동산임대소득, 근로소득, 사업소득, 기타소득이 포함된다. 각각의 소득원에 대해 월별 예상 금액을 기록하고, 이러한 소득이 안정적인지 아니면 변동성이 큰지를 평가해야 한다. 반면, 나가는 돈은 저축, 투자, 보험, 연금, 지출로 분류할 수 있다. 특히, 지출 부분은 고정지출과 변동지출, 그리고 기타 잡지출로 세분화할 필요가 있다.

고정지출은 '빼박'으로 표현할 수 있는데 매달 지출되는 항목들로, 예를 들면 주거비, 공과금, 보험료 등이 포함된다. 변동지출은 '지출한 돈이 계속 생각나는 것'으로, 매달 변동이 있는 식비나 여가비, 내가 낸 술값 등이 해당한다. 이처럼 명확하게 항목을 구분하여 기록하는 것이

**현금흐름표**

| | |
|---|---|
| 1. 이자소득<br>2. 배당소득<br>3. 연금소득<br>4. 부동산임대소득<br>5. 근로소득<br>6. 사업소득<br>7. 기타소득 | 1. 저축<br>2. 투자<br>3. 보험<br>4. 연금<br>5. 지출<br>  1) 고정지출<br>  2) 변동지출<br>  3) 기타 잡지출 |

중요하다. 이렇게 시각화된 현금흐름표는 개인의 재정 건강 상태를 한눈에 파악할 수 있게 해주며, 이는 곧 은퇴 후 재정계획 수립의 기초가 된다.

### (2) 치명적으로 새어나가는 지출: '기타 잡지출' 잡기

'기타 잡지출'은 이름 그대로 새어나가는 돈이다. 많은 사람이 돈을 썼는데 어디에 썼는지 기억하지 못하는 경우가 바로 기타 잡지출이다. 이러한 잡지출은 연구에 따르면 수입의 약 10~15%를 차지하며, 상당히 치명적인 재정 누수를 초래할 수 있다. 기타 잡지출을 줄이기 위해서는 먼저 자신의 소비 습관을 정확히 인식하는 것이 필요하다. 일일이 지출 항목을 기록하고, 불필요하게 지출되는 항목을 찾는 것이 중요하다. 예를 들어, 커피숍에서 매일 사 마시는 커피나 충동적으로 구매하는 물건들이 기타 잡지출에 해당할 수 있다.

이를 방지하기 위한 효과적인 방법 중 하나는 소액 지출에 대한 경각심을 가지는 것이다. 매일 소액 지출을 기록하는 습관을 들이고, 일정 기간 특정 금액 이상을 지출하지 않도록 목표를 설정하는 것이다. 이렇게 함으로써 불필요한 지출을 줄이고, 절약한 돈을 저축이나 투자로 전환할 수 있다.

### (3) 현금흐름 패턴 분석과 최적화 전략

현금흐름을 분석하는 것은 단순한 숫자의 나열이 아니다. 과거의 지출 패턴을 분석하여 미래의 재정 전략을 수립하는 것이 목표다. 예를 들어, 지난 1년간의 지출 내역을 분석하여 가장 많이 지출된 항목이 무엇인지, 그 지출이 정당한 것이었는지를 평가해야 한다. 이를 통해 불필요한 지출을 줄이고, 남은 자금을 자산 증대를 위한 투자에 활용할 수 있다.

현금흐름의 최적화를 위해서는 먼저 각 지출 항목에 대한 필요성과 우선순위를 평가해야 한다. 필요하지 않은 지출은 과감히 줄이거나 없애고, 그 금액을 미래를 위한 저축이나 투자로 돌리는 것이 중요하다. 또한, 자산 증대를 위해 안정적인 수익을 제공할 수 있는 투자 기회를 모색하는 것이 필요하다. 이러한 분석과 전략 수립을 통해 개인의 재정 상태를 더욱 건강하게 관리할 수 있다.

**(4) 실제적인 팁과 실행 가능한 전략**

① 매일 지출 기록하기: 매일의 지출을 기록하여 자신의 소비 습관을 파악하고 불필요한 지출을 인식한다.

② 예산 설정: 각 지출 항목에 대한 월별 예산을 설정하고 그 예산 내에서 지출을 관리한다.

③ 자동이체 활용: 저축 및 투자 자금을 자동이체로 설정하여 불필요한 소비를 방지하고 저축 습관을 기른다.

④ 소득원 다각화: 가능한 한 여러 소득원을 확보하여 현금흐름의 안정성을 높인다.

⑤ 정기적인 현금흐름 검토: 매월 또는 매 분기 현금흐름표를 검토하여 계획과 실제 지출의 차이를 분석하고 개선점을 찾는다.

이러한 전략을 통해 은퇴를 준비하는 사람들이 자신만의 현금흐름

관리 전략을 확립할 수 있을 것이다. 은퇴 후에도 지속 가능한 재정 건강을 유지하기 위해서는 일상적인 관리와 계획이 필수적이다. 이러한 기본적인 원칙을 이해하고 실천하는 것이 성공적인 은퇴 생활의 기초가 될 것이다.

## 2. 퇴직 후 다음 달 급여일에 통장에 들어오는 돈은 얼마나 됩니까?

### (1) 정기적인 현금흐름의 출처

은퇴 후 안정적인 생활을 위해 가장 중요한 요소 중 하나는 매월 들어오는 정기적인 현금흐름이다. 은퇴 전과는 달리, 은퇴 후에는 월급 대신 다양한 소득원이 필요하다. 위의 A4용지 현금흐름표에 따르면 주요 소득원은 이자소득, 배당소득, 연금소득, 부동산임대소득, 근로소득, 사업소득, 기타소득으로 구성된다. 이자소득은 은행 예금이나 채권 투자에서 발생하며, 비교적 안전하지만, 금리가 낮은 경우가 많다. 배당소득은 주식투자에서 오는 수익으로, 회사의 배당 정책에 따라 변동성이 존재할 수 있다. 연금소득은 국민연금이나 개인연금에서 발생하며, 가장 안정적이고 예측 가능한 소득원이다. 부동산임대소득은 주택이나 상가 임대를 통해 얻을 수 있으며, 관리가 필요하지만 고정수입원이 될 수 있다. 근로소득과 사업소득은 은퇴 후에도 일이나 비즈니스를 통해 지속 가능한 소득을 창출할 방법이다. 마지막으로 기타소득은 상여금이나 복리후생에서 나올 수 있는 추가 수입으로, 이를 적절히 활용하면 소득원을 다각화할 수 있다. 이러한 다양한 소득원을 통해 매달 안정적인 현금흐름을 확보하는 것이 은퇴 생활의 첫걸음이다.

### (2) 퇴직 후 첫 달에서 3개월까지(골든타임)의 수입원을 효과적으로 사용하는 법

은퇴 후 첫 3개월은 재정적 안정성을 확보하는 데 중요한 골든타임이다. 이 시기에 수입원을 효과적으로 관리하고 사용할 수 있는 계획을 세우는 것이 필수적이다. 첫 달에는 기본적인 생활비를 충당할 수 있는 자금을 확보해야 한다. 이를 위해 먼저 필수 지출 항목을 파악하고, 우선순위에 따라 예산을 할당하는 것이 중요하다. 예를 들어, 주거비, 식비, 공과금은 필수적인 항목이므로 이를 먼저 고려해야 한다. 이후, 여가비나 기타 지출은 가용 자금에 맞춰 조정할 필요가 있다. 절약을 위한 팁으로는 일상적인 지출에서 절약할 수 있는 항목을 찾아내는 것이다. 예를 들어, 외식 대신 집에서 요리하거나, 대중교통을 이용하여 교통비를 절감하는 방법이 있다. 이와 함께, 불필요한 구독 서비스를 중단하거나, 스마트 쇼핑을 통해 가계 지출을 줄이는 것도 좋은 방법이다. 이러한 절약 노력을 통해 남은 자금을 비상 자금으로 예치하거나, 추가 투자로 전환하여 장기적인 재정계획을 강화할 수 있다.

▶ 체크리스트

① 필수 지출 항목 파악
- 주거비
- 식비

- 공과금
- 보험료

② 우선순위에 따른 예산 할당
- 필수 지출 항목에 우선 예산 배정
- 비필수 항목 예산 조정

③ 절약 가능 항목 식별
- 외식 대신 집에서 요리하기
- 대중교통 이용하기
- 불필요한 구독 서비스 취소하기

④ 남은 자금 활용
- 비상 자금으로 일정 금액 저축
- 추가 투자 기회 탐색

⑤ 정기적 지출 검토 및 조정
- 매월 지출 내역 검토 및 조정
- 예산 계획과 실제 지출 비교

(3) '첫 달 생존 키트' 만들기

은퇴 후 첫 달은 새로운 재정 환경에 적응하는 시기이며, 이에 따라 '첫 달 생존 키트'를 준비하는 것이 중요하다. 이 키트는 예상치 못한 지출이나 갑작스러운 상황에 대비할 수 있는 준비물이다. 먼저, 필수 품목 리스트를 작성하는 것이 첫 단계다. 예를 들어, 식료품, 생활용품, 의약품과 같은 기본 생활에 필요한 품목을 목록화한다. 또한, 각 품목에 필요한 예산을 설정하여 충동구매를 방지할 수 있다. 초기 예산 계획을 세울 때는 예상치 못한 지출에 대비해 약간의 여유 자금을 마련하는 것도 중요하다. 키트를 만들 때는 가정 내에서 이미 보유하고 있는 물품을 체크하여 불필요한 중복 구매를 방지해야 한다. 이러한 키트를 통해 첫 달의 혼란을 최소화하고, 재정계획을 안정적으로 시작할 수 있다.

▶ 체크리스트

① 필수 품목 리스트 작성
- 식료품: 쌀, 고기, 채소, 과일 등
- 생활용품: 세제, 화장지, 샴푸 등
- 의약품: 상비약, 비타민 등

② 초기 예산 계획 수립
- 품목별 예산 설정
- 예상치 못한 지출에 대비한 여유 자금 마련

③ 기존 물품 체크
- 가정 내 보유 물품 점검
- 불필요한 중복 구매 방지

④ 구매 계획 수립
- 필수 품목 우선 구매
- 할인 및 프로모션 활용

⑤ 생존 키트 정리 및 보관
- 구매한 물품 정리 및 보관
- 필요한 경우 가족과 공유하여 사용 계획 수립

### (4) 급여일의 심리적 전환 관리

은퇴 후 첫 급여일은 많은 사람에게 심리적 충격을 줄 수 있는 날이다. 그동안 매달 정기적으로 받던 월급이 사라지면서 불안감이 커질 수 있다. 이를 극복하기 위해서는 심리적 전환 관리가 필요하다. 먼저, 은퇴 후의 수입이 어떻게 구성되는지를 명확히 이해하고, 이를 기반으로 새로운 예산 계획을 세우는 것이 중요하다. 매달 들어오는 소득원과 그 변동성을 파악하여, 심리적으로 안정감을 얻을 수 있다. 또한, 은퇴 후에도 사회적 역할과 의미를 찾는 것이 중요하다. 이를 위해 봉사활동이나 취미생활을 통해 자신만의 가치를 찾고, 삶의 질을 높일 수 있다. 심리적 준비를 통해 은퇴 후의 삶을 더욱 긍정적으로 받아들이고, 새로운 환경에 적응할 수 있다.

### (5) 한정된 소득원을 다각화하는 것과 잡지출에 대해 강제저축을 시작하라!

은퇴 후 소득원이 한정된 상황에서는 소득원을 다각화하는 것이 필수적이다. 이를 위해 새로운 소득원을 발굴하거나 기존의 소득원을 증대시킬 방법을 모색해야 한다. 예를 들어, 취미를 바탕으로 부업을 시작하거나, 소규모 창업을 통해 추가적인 수익을 창출할 수 있다. 또한, 투자 포트폴리오를 다각화하여 수익성을 높이는 것도 좋은 방법이다. 잡지출에 대해서는 강제저축을 통해 관리할 수 있다. 강제저축은 매달 정해진 금액을 자동으로 저축 계좌에 이체하여 불필요한 지출을 방지하는 방법이다. 이를 통해 잡지출을 줄이고, 저축 습관을 기를 수 있다. 또한, 잡지출을 줄이는 과정에서 발생한 절약금을 추가 저축하거나, 투자로 전환하여 자산을 증대시킬 수 있다. 이러한 전략은 장기적인 재정 안정성을 확보하는 데 큰 도움이 될 것이다.

## 3. 소득대체율 공식을 통한 소득대체율 높이는 방법

### (1) 소득대체율 공식 이해하기

소득대체율은 은퇴 후 생활을 위한 재정계획에서 핵심적인 역할을 한다. 이는 은퇴 전 평균소득에 대비하여 은퇴 후 예상되는 소득의 비율을 나타내는 지표다. 소득대체율 공식은 다음과 같다.

**소득대체율 = (은퇴 후 총 연간소득/은퇴 전 평균 연간소득) × 100**

여기서 은퇴 후 총 연간소득은 연금소득, 배당소득, 이자소득, 부동산 임대소득, 사업소득 등 다양한 소득원을 포함한다. 은퇴 전 평균 연간소득은 은퇴 직전 몇 년간의 평균소득을 기준으로 한다. 이 공식은 단순히 수학적 계산 이상으로, 개인의 은퇴 생활의 질을 결정짓는 중요한 지표로 작용한다. 따라서 정확한 계산을 위해 각 소득원의 변동성을 고려하고, 안정적인 소득을 창출할 방안을 모색해야 한다.

### (2) 소득대체율 공식의 실질적 적용

소득대체율 공식을 실제로 적용하기 위해서는 자신의 재정 상태를 명확히 파악하는 것이 우선이다. 이를 위해 먼저 자신의 은퇴 전 평균 연간소득을 정확히 계산해야 한다. 예를 들어, 최근 5년간의 연간소득을 합산하여 평균을 내는 방법을 사용할 수 있다. 그다음, 은퇴 후 예상되는 연간소득을 소득원별로 세분화하여 계산한다. 김 씨의 사례를 통해 이해해보자. 김 씨는 은퇴 전 5년간의 평균소득이 5,000만 원이었다. 은퇴 후 예상되는 연금소득은 2,000만 원, 배당소득은 500만 원, 부동산 임대소득은 1,000만 원, 그리고 기타소득이 500만 원이다. 김 씨의 은퇴 후 총 연간소득은 4,000만 원이며, 따라서 소득대체율은 '(4,000만 원/5,000만 원) X 100 = 80%'가 된다. 김 씨의 목표는 90%의 소득대체율을 달성하는 것이므로, 추가적인 소득원을 찾아야 한다. 이렇게 소득대체율을 계산하고 목표를 설정함으로써, 더욱 구체적이고 실질적인 재정계획을 수립할 수 있다.

### (3) 소득대체율 극대화를 위한 단계별 로드맵

소득대체율을 극대화하기 위한 단계별 로드맵을 제시한다. 첫 번째 단계는 현재 재정 상태 파악이다. 이를 위해 모든 자산과 부채를 정리하고, 현금흐름을 분석하여 장기적으로 지속 가능한 재정계획을 세운다. 두 번째 단계는 소득원 다각화이다. 연금 외에도 주식 배당, 부동산 임대, 혹은 파트타임 일자리 등 다양한 소득원을 모색해야 한다. 세 번째 단계는 비용 절감 및 효율적 지출 관리이다. 이는 지출을 철저히 관리하고 불필요한 비용을 절감하여 자산을 증대시키는 방법이다. 네 번째 단계는 장기적 투자 전략 수립이다. 안정적이면서도 수익성 있는 투자 기회를 탐색하고, 장기적인 투자 계획을 통해 소득을 극대화한다. 마지막 단계는 정기적 검토 및 조정이다. 시장의 변화와 개인의 생활 패턴 변화를 고려하여 주기적으로 재정계획을 검토하고 조정하는 것이 중요하다. 이러한 단계별 접근을 통해 소득대체율을 극대화하고, 더 안정적인 은퇴 생활을 준비할 수 있다.

### (4) 로드맵 5단계

#### 1) 1단계: 현재 재정 상태 파악
① 자산 및 부채 목록 작성
- 모든 자산(현금, 부동산, 주식 등)과 부채(대출, 신용카드 빚 등)를 정리한다.
- 자산과 부채의 순가치를 계산하여 현재 재정 상태를 파악한다.

② 현금흐름 분석
- 매월 들어오는 수입과 나가는 지출을 기록하고 분석한다.
- 불필요한 지출을 식별하고 절감 가능한 항목을 찾아낸다.

③ 은퇴 전 소득과 지출 패턴 비교
- 은퇴 전후의 소득 및 지출 패턴을 비교하여 부족한 부분을 보완할 전략을 세운다.

#### 2) 2단계: 소득원 다각화
① 기존 소득원 평가

- 현재 소득원이 얼마나 안정적이고 지속 가능한지를 평가한다.

② 새로운 소득원 발굴
- 연금 외에도 주식 배당, 부동산 임대소득, 또는 근무연장 등 추가 소득원을 탐색한다.

③ 소득 다각화 전략 수립
- 각 소득원의 장단점을 분석하고, 리스크 분산을 위한 소득 다각화 전략을 수립한다.

3) 3단계: 비용 절감 및 효율적 지출 관리

① 지출 항목 세분화
- 지출을 필수 지출과 선택적 지출로 세분화하여 관리한다.

② 예산 수립 및 모니터링
- 매월 예산을 설정하고, 그에 따른 지출을 철저히 모니터링한다.

③ 불필요한 지출 제거
- 필요 없는 구독 서비스나 습관적 지출을 중단하여 비용을 절감한다.

4) 4단계: 장기적 투자 전략 수립

① 투자 목표 설정
- 장기적 재정 목표에 맞는 투자 목표를 설정한다.

② 리스크 관리 및 포트폴리오 구성
- 리스크를 분산하기 위한 포트폴리오를 구성하고, 다양한 자산군에 투자한다.

### 5) 5단계: 정기적 검토 및 조정

① 재정계획 검토

- 주기적으로 재정계획을 검토하고, 생활 변화나 시장 변동에 따라 조정한다.

② 목표 달성 상황 평가

- 설정한 재정 목표의 달성 상황을 평가하고, 필요시 계획을 수정한다.

③ 새로운 기회 탐색

- 지속해서 새로운 소득 창출 기회나 절감 가능한 비용을 탐색하여 재정계획을 강화한다.

이 단계별 로드맵을 통해 소득대체율을 극대화하고, 은퇴 후에도 안정적인 재정 상태를 유지할 수 있다. 각 단계에서의 세부적인 계획과 실행을 통해 목표를 이루어나가는 것이 중요하다.

### (5) 소득대체율을 높이는 창의적 접근

기존의 방식과는 다른 혁신적이고 창의적인 방법으로 소득대체율을 개선할 수 있는 사례를 살펴보자. 이 중 하나는 디지털 경제를 활용한 소득원 창출이다. 예를 들어, 김 씨는 은퇴 후에도 자신의 전문 지식을 활용하여 온라인 강의 플랫폼에서 강의를 시작했다. 이를 통해 추가적인 수입을 창출하고, 소득대체율을 5% 이상 증가시킬 수 있었다. 또 다른 사례로는 취미를 사업화한 이 씨의 사례가 있다. 이 씨는 은퇴 후 취미로 시작한 공예 작업을 온라인 마켓에서 판매하기 시작했다. 이는 예상치 못한 추가 소득을 창출하는 동시에, 소득대체율을 7%가량 높이는 데 기여했다. 이처럼 기존의 틀을 벗어난 창의적인 접근을 통해, 은퇴 후에도 소득을 늘리고 삶의 질을 향상할 수 있다.

## 4. 매달 그 날짜에 꼬박꼬박 들어오는 돈의 관리: 부동산, 주식, 연금, 경력설계를 통한 수입

은퇴 후 안정적인 수입을 유지하기 위해서는 다양한 소득원을 확보하고 이를 체계적으로 관리하는 것이 중요하다. 이번에는 월세 받는 부동산투자, 주식 배당금, 연금상품의 비교와 활용, 그리고 경력 연장을 통한 수입 창출 전략을 다루겠다.

### (1) 월세 받는 부동산투자 전략

부동산투자는 은퇴 후 꾸준한 현금흐름을 창출할 수 있는 강력한 수단이다. 그러나 성공적인 부동산투자를 위해서는 전략적 접근이 필요하다. 먼저, 지역 선택은 부동산투자에서 가장 중요한 요소 중 하나다. 지역의 경제 성장 가능성, 인구 증가 추세, 인프라 개발 계획 등을 고려하여 투자 지역을 선정해야 한다. 예를 들어, 최근 몇 년간 급성장 중인 신도시나 대학가 근처는 좋은 투자처가 될 수 있다. 또한, 임대 수익률을 높이기 위해 초기 구매 비용과 예상 임대 수익을 꼼꼼히 계산해야 한다. 적절한 가격에 매입하여, 지속적인 수익을 창출할 수 있는 부동산을 찾는 것이 중요하다.

부동산 관리도 투자 성공의 핵심이다. 임대 관리 회사를 통해 전문적인 관리 서비스를 이용하거나, 직접 관리하는 방법을 선택할 수 있다. 직접 관리할 경우, 임차인과의 소통을 원활하게 하고, 정기적인 유지보수 계획을 세워야 한다. 또한, 부동산 세금과 관련된 법규를 숙지하여 불필요한 비용을 최소화할 수 있도록 해야 한다. 이러한 전략적 접근을 통해 부동산투자를 통해 지속 가능한 수익을 창출할 수 있다.

### (2) 주식 배당금의 주기적 수입화

주식 배당금은 안정적이면서도 예측 가능한 수입원을 제공할 수 있는 투자 방법이다. 배당주 투자를 통해 주기적으로 현금흐름을 확보하는 전략은 은퇴 후 재정계획의 중요한 부분이다. 배당주 선택 시, 배당 수익률뿐만 아니라 기업의 재무 건전성과 성장 가능성을 고려해야 한다. 예를 들어, 장기간 꾸준한 배당을 제공한 기업은 비교적 안전한 투자처로 볼 수 있다.

배당 수익을 극대화하기 위해서는 배당 재투자 계획을 세우는 것이 유리하다. 배당금이 지급될 때마다 이를 다시 투자에 활용함으로써, 복리 효과를 통해 장기적인 수익을 극대화할 수 있다. 또한, 분기별로 배당금 수입을 정기적으로 분석하고, 필요시 포트폴리오를 조정하여 최적의 배당 수익을 확보해야 한다.

이러한 배당주 투자 전략을 통해 주기적인 현금흐름을 관리하고, 안정적인 재정 기반을 다질 수 있다.

### (3) 다양한 연금상품 비교 및 활용법

연금은 은퇴 후 가장 중요한 소득원 중 하나로, 각기 다른 연금상품의 장단점을 정확히 이해하고 활용하는 것이 필요하다. 한국에서는 국민연금, 퇴직연금, 개인연금 등 다양한 연금상품이 존재하며, 각각의 특성과 혜택이 다르다. 국민연금은 국가에서 제공하는 기본적인 소득 보장으로, 안정적인 소득원을 제공하지만 수령액이 제한적이다. 퇴직연금은 회사에서 제공하는 연금으로, 기업의 기여금과 개인의 적립금을 통해 수익을 올릴 수 있다. 개인연금은 본인이 직접 운용하는 연금으로, 운용방식에 따라 다양한 혜택과 리스크가 존재한다.

연금 전략을 세울 때는 각 연금상품의 수령 시기를 최적화하는 것이 중요하다. 예를 들어, 국민연금을 최대한 늦게 수령하여 수령액을 증가시키거나, 개인연금을 조기에 수령하여 투자 자금으로 활용하는 등의 전략이 있을 수 있다. 또한, 연금 수익률을 높이기 위해 다양한 금융상품과 연금상품을 조합하여 포트폴리오를 구성하는 것도 고려해야 한다. 이러한 연금 활용 전략을 통해, 개인의 상황에 맞춘 최적의 연금계획을 수립할 수 있다.

### (4) 경력 연장에 대한 다양한 접근법

경력 연장은 은퇴 후에도 추가적인 수입을 창출하는 방법이다. 이를 통해 경제적 안정을 확보하고, 사회적 관계를 유지하며, 삶의 만족도를 높일 수 있다. 경력 연장을 위한 첫 번째 접근법은 자신의 기존 경력을 활용하는 것이다. 예를 들어, 은퇴 후 컨설팅이나 강의를 통해 자신의 전문성을 발휘하고, 이를 수익으로 연결할 수 있다.

또한, 새로운 분야에 도전하는 것도 경력 연장의 한 방법이다. 최근 디지털 경제의 발달로 인해, 온라인 플랫폼에서 프리랜서로 활동하거나, 전자상거래를 통해 자신의 제품이나 서비스를 판매하는 기회가 많아졌다. 이러한 새로운 기회를 통해 은퇴 후에도 지속 가능한 수입원을 확보할 수 있다. 경력 연장을 통해 자아실현과 사회적 기여를 동시에 추구할 수 있다. 봉사활동이나 사회적 기업 참여로 자신의 경력을 활용하면서, 사회에 긍정적인 영향을 미치는 방법도 경력 연장의 중요한 요소가 될 수 있다. 이러한 다양한 접근법을 통해 경력을 연장하고, 은퇴 후에도 활기찬 삶을 유지할 수 있다.

## 5. 아무것도 없다면 있게 하라(최선의 대처 방안): 연금과 일을 병행하라!

### (1) 현금흐름을 가늠할 수 없다면 일에 대한 고민을 시작하라

은퇴 후 재정 상태가 불확실하다면 현금흐름을 어떻게 확보할지에 대한 고민이 필요하다. 이는 단순히 수입을 위한 일이 아니라, 새로운 기회를 열어가는 과정이기도 하다. 일은 경제적 안정뿐만 아니라 삶의 활력을 불어넣는 중요한 요소다. 따라서 새로운 직업을 탐색하거나 기존의 경험을 활용한 일자리를 통해 정기적인 수입을 창출하는 것이 좋다. 이를 통해 사회적 관계를 유지하고 자기계발의 기회로 삼을 수 있다. 일을 하게 된다면 10년 이상을 계획하고, 매월 들어오는 돈의 반을 연금 시스템을 위해 투자하는 것이 현명하다.

최소 10년 이상의 장기적인 경력설계 계획을 세우자. 이는 단기적인 해결책을 넘어 지속적인 재정적 안정을 제공할 것이다. 매월 들어오는 소득의 절반을 연금 시스템에 투자하는 전략을 추천한다. 이렇게 하면 연금이 점점 성장하여 노후에 든든한 버팀목이 될 수 있다. 연금 투자는 시간에 따라 복리 효과가 발생하기 때문에 길수록 더 큰 혜택을 볼 수 있다. 이런 방식으로 연금에 투자하는 것은 마치 연금이 당신의 막내아들이 되어, 정해진 날짜에 정확히 지급되는 꾸준한 용돈과 같은 안정감을 줄 것이다.

**(2) 매월 그 날짜에 꼬박꼬박 들어오는 돈의 힘은 목돈보다 강력하다!**

매월 정기적으로 들어오는 소득은 여러 면에서 목돈보다 강력한 힘을 발휘한다. 우선, 매달 고정적으로 들어오는 수입은 생활비를 안정적으로 충당할 수 있도록 해주며, 갑작스러운 지출이 발생하더라도 대비할 수 있는 재정적 여유를 제공한다. 이는 경제적인 안정감을 주고, 예산 계획을 철저히 지킬 수 있는 동력이 된다. 정기적인 수입은 소비 습관을 건강하게 유지하는 데 도움이 되며, 불필요한 충동구매를 억제한다. 또한, 매달 들어오는 돈은 장기적인 계획을 수립하는 데 수월하며, 목표를 달성하기 위한 체계적인 자금 관리가 가능하도록 한다.

정기적인 소득은 지속적인 현금흐름을 제공하여 불확실성을 최소화한다. 이는 예측 가능한 재정 환경을 조성하며, 금융 스트레스나 불안감을 줄여준다. 지속적인 수입은 자산 증대를 위한 기회를 제공하며, 재투자를 통해 장기적인 재정 건전성을 확보할 수 있는 기반이 된다. 매달 정해진 날에 들어오는 돈은 심리적 안정감을 주며, 재정적 결정을 더욱 신중하게 내릴 수 있게 한다. 이렇게 매월 들어오는 돈은 단기적 유혹에 흔들리지 않고, 장기적 안목을 갖게 하는 힘을 가지고 있다.

### (3) 목돈의 피해를 피할 수 있는 매월 나오는 돈의 장점

목돈은 순간적으로 큰 유혹을 제공하지만, 관리하지 않으면 다양한 재정적 위험을 초래할 수 있다. 목돈은 사기나 보이스피싱의 주요 표적이 되기 쉬우며, 큰 금액이 한 번에 나가게 되면 회복하기 어려운 손실을 초래할 수 있다. 또한, 목돈이 있으면 자녀나 주변인의 재정적 의존을 초래할 가능성도 커진다. 목돈의 사용이 비효율적일 경우, 금방 소진되어 재정적 불안정성을 초래할 수 있으며, 장기적인 재정계획이 무너질 위험이 있다.

반면, 매월 나오는 소득은 이러한 목돈의 피해를 방지할 수 있는 강력한 대안이다. 정기적으로 들어오는 돈은 사기나 보이스피싱의 위험을 줄이고, 자녀의 재정적 의존을 예방하는 데 효과적이다. 정기적인 수입은 재정관리를 체계적으로 할 수 있게 하며, 예산 초과 지출을 방지한다. 이는 불필요한 대출이나 과도한 지출을 막아주는 안전장치 역할을 한다. 매월 나오는 소득은 "이전 달 돈은 이미 사용했으니 다음 달에 다시 오라"고 말할 수 있는 여유를 주며, 재정적 독립성을 강화한다. 이렇게 매월 고정적으로 들어오는 돈은 목돈의 위험을 최소화하고, 재정적으로 더 안전하고 안정적인 삶을 가능하게 한다.

키워드 22

# 은퇴 후 소득 다변화 전략

1. 은퇴 후 재정의 질적 변화
2. 퇴직 후 다음 달 급여일에 통장에 들어오는 돈은 어디서 나옵니까?
3. 아이젠하워 매트릭스에 맞춘 소득 다변화 전략
4. 디지털 노마드로서 소득을 다변화하라!
5. 창업 및 자영업을 통한 소득 다변화 전략
6. 지속 가능한 은퇴 생활을 위한 소득 다변화 전략

## 1. 은퇴 후 재정의 질적 변화

은퇴 후 재정계획은 단순히 소득의 크기만을 고려하는 것이 아니라, 다양한 소득원을 통해 소득의 질을 높이는 것이 핵심이다. 소득 다변화 전략은 이러한 재정계획의 중요한 요소로, 안정적인 은퇴 생활을 영위하는 데 필수적인 역할을 한다. 은퇴 후의 삶은 더 이상 고정된 급여로 충당할 수 없기 때문에 다양한 소득원이 필요하다. 이는 연금, 주식 배당, 부동산 임대소득, 자영업 수익 등 다양한 원천에서 나올 수 있다. 이러한 소득의 다변화는 경제적 안정성을 높이며, 예기치 못한 재정적 충격에 대한 완충 역할을 한다. 단순히 수입의 문제가 아니라, 이는 삶의 질을 결정짓는 중요한 요인으로 작용한다.

소득대체율은 은퇴 후에도 일정 수준의 생활을 유지하는 데 필요한 소득의 크기를 나타낸다. 이는 중요한 재정 지표이지만, 소득의 다변화 전략은 더 심층적인 측면에서 소득의 질과 원천을 개선하는 데 초점을 맞춘다. 소득의 질은 소득이 얼마나 안정적이고 지속 가능한지를 의미한다. 예를 들어, 단순히 큰 금액의 일시적인 소득보다 지속해서 발생하는 적은 금액의 소득이 은퇴 생활에서는 더욱 중요할 수 있다. 이는 불확실성을 줄이고, 매월 정기적인 생활비를 충당할 수 있는 안정성을 제공한다.

소득의 원천과 그 특성에 따라 은퇴 후 생활은 크게 달라질 수 있다. 예를 들어, 고정된 연금소득은 안정적이지만 인플레이션에 취약할 수 있다. 반면, 주식 배당이나 부동산 임대소득은 변동성이 존재하지만, 장기적으로 인플레이션을 상쇄할 수 있는 잠재력을 가진다. 따라서 소득의 원천을 다변화하는 것은 단순히 소득을 늘리는 것이 아니라, 경제적 환경 변화에 대응하고 지속 가능한 은퇴 생활을 보장하는 전략이다. 소득의 다변화는 은퇴 후 삶의 질을 높이는 데 핵심적인 역할을 하며, 이는 경제적 안정성을 넘어 정서적 안정감과 삶의 만족도에도 긍정적인 영향을 미친다. 실제로, 은퇴 후 성공적인 재정계획을 세운 사람들은 다양한 소득원을 확보하여 예기치 못한 경제적 변화에도 유연하게 대응하는 사례가 많다. 한 사례로, 김 씨는 은퇴 후 자신의 취미를 활용하여 온라인 강의를 시작했고, 이를 통해 매월 일정한 소득을 창출했다. 이는 단순히 추가 수입원이 아니라, 자신감을 높이고 삶의 질을 향상시키는 계기가 되었다. 이러한 성공 사례는 소득의 다변화가 단순한 재정적 목표를 넘어 삶의 질을 결정짓는 중요한 요소임을 보여준다. 따라서, 은퇴를 준비하는 사람들은 소득대체율뿐만 아니라 소득 다변화 전략에도 중점을 두어야 한다. 이는 다양한 소득원을 확보하고, 각 소득원의 특성과 리스크를 이해하여 개인 맞춤형 재정계획을 수립하는 것을 의미한다. 이를 통해 경제적 안정성을 확보하고, 더 풍요로운 은퇴 생활을 영위할 수 있을 것이다.

## 2. 퇴직 후 다음 달 급여일에 통장에 들어오는 돈은 어디서 나옵니까?

은퇴 후에는 소득의 양뿐만 아니라 소득의 안정성과 지속 가능성 또한 중요하다. 단순히 큰 금액의 일시적인 소득보다 지속해서 발생하는 적은 금액의 소득이 은퇴 생활에서는 더 큰 영향을 미칠 수 있다. 예를 들어, 큰 상여금이나 일시금으로 인해 일시적으로 풍족한 생활을 할 수 있지만, 이러한 소득이 지속되지 않을 경우 생활 수준을 유지하기 어렵다. 반면, 매달 고정적으로 들어오는 소득은 생활비를 꾸준히 충당할 수 있어 예측 가능성을 제공하고, 장기적인 재정계획을 수립하는 데 도움이 된다. 이는 은퇴 후 생활의 질을 높이는 중요한 요소로 작용하며, 재정적 안정감을 준다.

### (1) 단순히 큰 금액의 일시적 소득과 지속해서 발생하는 적은 금액이 은퇴 후 생활에 미치는 영향

은퇴 후 소득은 대개 두 가지 유형으로 나뉜다. 첫 번째는 일시적으로 발생하는 큰 금액의 소득이고, 두 번째는 지속해서 발생하는 적은 금액의 소득이다. 예를 들어, 퇴직금이나 부동산 매각과 같은 일시적인 소득은 큰 금액으로 생활을 일시적으로 안정시킬 수 있다. 그러나 이러한 소득은 한 번 사용하면 다시 생기지 않기 때문에 장기적으로 의존하기 어려운 경우가 많다. 따라서 이러한 일시적 소득은 재투자나 비상 자금으로 활용하는 것이 바람직하다. 반면, 연금, 배당금, 임대소득 등 지속해서 발생하는 소득은 매달 고정적으로 생활비를 지원하고, 예측 가능한 재정 환경을 제공한다. 이러한 소득은 장기적으로 안정적인 생활을 유지하는 데 필수적이며, 재정적 스트레스를 줄여준다.

**(2) 은퇴 후 소득원에 불확실성을 제거하는 방법 7가지**

① 다양한 소득원 확보: 연금, 주식 배당, 임대소득 등 다양한 소득원을 확보하여 리스크를 분산시킨다. 이렇게 하면 특정 소득원이 줄어들더라도 다른 소득원이 이를 보완할 수 있다.

② 안정적인 투자 포트폴리오 구성: 주식, 채권, 부동산 등 다양한 자산에 분산투자하여 시장 변동에 대한 노출을 줄인다. 이를 통해 장기적인 재정 안정성을 확보할 수 있다.

③ 긴급 자금 마련: 예상치 못한 상황에 대비하여 긴급 자금을 확보해 두어, 일시적인 소득 감소에도 대응할 수 있도록 한다.

④ 지출 관리 강화: 생활비를 철저히 관리하고, 불필요한 지출을 줄여 소득이 줄어들더라도 생활 수준을 유지할 수 있도록 한다.

⑤ 장기적인 재정계획 수립: 소득의 흐름을 예측하고, 장기적인 재정 목표를 설정하여 그에 맞는 계획을 수립한다. 이렇게 하면 경제적 충격에도 흔들리지 않을 수 있다.

⑥ 지속적인 자기계발: 새로운 기술이나 지식을 습득하여 추가적인 소득원을 창출할 수 있도록 준비한다. 이는 특히 은퇴 후에도 일할 수 있는 능력을 갖추는 데 도움이 된다.

⑦ 전문가 상담: 재정 전문가와 상담하여 자신의 재정 상태에 맞는 맞춤형 전략을 수립한다. 이를 통해 더 체계적이고 안정적인 소득원을 구축할 수 있다.

**(3) 연구 사례: 성공 은퇴자들의 소득 다변화 전략 10가지**

① 연금 최적화: 다양한 연금상품을 결합하여 최대의 연금 수익을 창출하는 전략을 사용한다. 이를 통해 안정적인 기본 소득을 확보한다.

② 주식 배당주 투자: 안정적인 배당을 주는 주식에 투자하여 지속적인 배당소득을 확보한다. 이를 통해 시장의 변동성에도 불구하고 꾸준한 수입을 창출할 수 있다.

③ 부동산 임대소득: 상업용 부동산이나 주거용 임대 부동산을 통해 정기적인 임대 수입을 얻는다. 부동산은 경제적 충격에도 비교적 안정적인 수익을 제공한다.

④ 소규모 창업: 자신의 취미나 관심사를 활용하여 소규모 사업을 운영하여 추가적인 수입을 창출한다. 이를 통해 은퇴 후에도 적극적인 사회 활동을 할 수 있다.

⑤ 프리랜서 및 자문업: 자신의 경력을 활용하여 프리랜서로 일하거나 자문업을 통해 수익을 창출한다. 이를 통해 자신의 전문성을 계속해서 활용할 수 있다.

⑥ 온라인 교육 및 콘텐츠 제작: 자신의 전문 지식을 바탕으로 온라인 강의를 제작하거나 블로그 및 유튜브를 통해 수익을 창출한다. 이는 디지털 시대의 새로운 수입원으로 각광받고 있다.

⑦ 사회적 기업 참여: 사회적 기업에 투자하거나 참여하여 수익뿐만 아니라 사회적 기여도 동시에 할 수 있다. 이는 삶의 의미를 부여하고 지속 가능한 발전에 기여할 방법이다.

⑧ 지식재산권 활용: 자신의 아이디어나 창작물을 통해 특허나 저

작권 수입을 창출한다. 이는 일회성 수입이 아닌 지속적인 소득원을 제공할 수 있다.

⑨ 투자클럽 운영: 다른 투자자들과 협력하여 투자클럽을 운영하고, 공동의 투자 결정을 통해 수익을 극대화한다. 이를 통해 다양한 투자 기회를 탐색할 수 있다.

⑩ 지역사회 봉사 및 네트워킹: 지역사회에서 봉사활동을 하며, 새로운 네트워크를 형성하여 추가적인 소득 기회를 창출한다. 이를 통해 사회적 관계망을 강화하고, 새로운 기회를 모색할 수 있다.

## 3. 아이젠하워 매트릭스에 맞춘 소득 다변화 전략

아이젠하워 매트릭스는 우선순위를 설정하고 목표를 효과적으로 달성하기 위한 강력한 도구다. 이를 소득 다변화 전략에 적용하면 더 체계적이고 효과적인 재정계획을 세울 수 있다. 은퇴 후에도 안정적이고 지속 가능한 소득을 확보하기 위해서는 다양한 소득원을 확보하고 관리하는 것이 필수적이다. 이번에는 아이젠하워 매트릭스의 네 가지 사분면을 활용하여 소득 다변화 전략을 세우는 방법을 소개한다.

### (1) 긴급하고 중요한 일(즉시 실행)

이 사분면은 즉각적으로 해결해야 하며, 장기적인 영향을 미치는 중요한 과제를 다룬다. 은퇴 후 재정적 안정을 위해 긴급한 금융 조치를 빠르게 실행하는 것이 중요하다. 예를 들어, 연금 수령 시기를 최적화하여

▶ 아이젠하워 매트릭스

|  | 긴급도 |  |
|---|---|---|
| **긴급하지만 중요하지 않은 일**<br>가능한 한 다른 사람에게<br>위임하거나 단순화 할 수 있는 이슈 | | **긴급하고 중요한 일**<br>즉시 해결해야 할<br>중요한 이슈 |
| | | → 중요도 |
| **긴급하지도 않고 중요하지도 않은 일**<br>가능하면 최소화하거나<br>연기할 수 있는 이슈 | | **긴급하지 않지만 중요한 일**<br>계획적으로 관리해야 할<br>중요한 이슈 |

최대한의 혜택을 받을 수 있도록 빠르게 신청하는 것이 필요하다. 또한, 공적 지원 프로그램을 신속히 신청하여 필요한 재정을 확보하는 것도 중요한 전략이다. 긴급한 투자 관리 또한 중요한 과제다. 시장의 급변 상황에 맞춰 포트폴리오를 재조정하여 리스크를 줄이고 기회를 극대화해야 한다. 이를 통해 단기적인 금융 스트레스 상황을 해결하고 안정성을 확보할 수 있다.

▶ **직접적인 사례** 김 씨는 은퇴 직후 주식시장의 급락을 맞닥뜨렸지만, 즉각적으로 포트폴리오를 재조정하여 안정적인 채권과 배당주로 이동했다. 이를 통해 그는 자산의 가치를 보호하고, 안정적인 배당 수익을 통해 생활비를 충당할 수 있었다. 또한, 연금 수령 시기를 최적화하여 최대한의 혜택을 받았다.

### (2) 긴급하지 않지만 중요한 일(계획)

이 사분면은 장기적으로 큰 영향을 미치지만, 즉각적인 대응이 필요하지 않은 중요한 일들로 구성된다. 소득 다변화를 위한 계획을 세우는 데 집중할 수 있는 영역이다. 첫 번째로, 기술 및 교육에 대한 투자가 중요하다. 디지털 기술 습득이나 재교육을 통해 미래 소득원을 다변화할 준비를 해야 한다. 온라인 강의 수강이나 자격증 취득 등을 통해 새로운 기술을 습득하고, 이를 통해 장기적인 수입 기반을 마련할 수 있다. 두 번째로, 장기적인 투자 계획을 수립하는 것이 중요하다. 안정적인 수익을 목표로 하는 부동산투자나 주식 배당 포트폴리오 구축을 계획해야 한다. 이를 통해 장기적인 소득원을 확보하고, 꾸준한 수입 창출을 위한 기반을 마련할 수 있다.

▶ **직접적인 사례**  이 씨는 은퇴 후 디지털 마케팅 자격증을 취득하여, 온라인 컨설팅 사업을 시작했다. 이를 통해 새로운 소득원을 확보하고, 지속 가능한 수익을 창출하고 있다. 또한, 부동산투자를 통해 임대 수익을 창출하고, 안정적인 재정 기반을 마련하고 있다.

### (3) 긴급하지만 중요하지 않은 일(위임)

긴급하게 해결해야 하지만 장기적으로 중요하지 않은 일들로, 다른 사람에게 위임할 수 있는 과제들이다. 소득 다변화 전략에서도 이러한 일들을 적절히 위임하여 효율적으로 관리할 수 있다. 첫 번째로, 재정관리 업무를 전문가에게 위임하는 것이 중요하다. 전문 재무설계사나 자산관리 전문가에게 일부 재정관리 업무를 위임하여 자신의 시간을 확보하고, 더 중요한 장기 계획에 집중할 수 있다. 이를 통해 비효율적이거나 불필요한 재정 문제를 최소화할 수 있다. 두 번째로, 자영업이나 창업에서 발생하는 일상적 운영 업무를 신뢰할 수 있는 매니저에게 위임하는 것도 좋은 방법이다. 이를 통해 전략적 성장 계획에 집중할 수 있으며, 사업의 효율성을 높일 수 있다.

▶ **직접적인 사례**   박 씨는 소규모 카페를 운영하며, 일상적인 운영 업무를 매니저에게 위임했다. 이를 통해 사업 확장에 집중할 수 있었고, 새로운 메뉴 개발과 마케팅 전략 수립에 시간을 투자할 수 있었다. 또한, 재무 관리 업무를 재무설계사에게 위임하여 효율적인 자금 관리를 실현했다.

### (4) 긴급하지도 않고 중요하지도 않은 일(제거)

이 사분면은 제거해도 삶에 큰 영향을 미치지 않는 일들로 구성되며, 소득 다변화에 있어서도 불필요한 부분이다. 비효율적 활동을 제거함으로써 더 중요한 소득 창출 활동에 집중할 수 있다. 첫 번째로, 소득 창출에 직접 기여하지 않는 불필요한 구독 서비스나 비용을 분석하고 제거하는 것이 필요하다. 이를 통해 자원을 더 생산적인 활동에 집중할 수 있게 한다. 두 번째로, 불필요한 소비 습관을 파악하고 제거하여 저축이나 투자를 위한 자금을 확보하는 것이 중요하다. 이를 통해 지속적인 소득 창출을 위한 자금 마련에 집중할 수 있다.

▶ **직접적인 사례**   정 씨는 매달 불필요한 구독 서비스를 해지하고, 절약한 돈을 저축하여 투자 자금으로 활용했다. 이를 통해 투자 포트폴리오를 확대하고, 장기적인 수익을 창출할 수 있는 기반을 마련했다. 또한, 불필요한 소비 습관을 개선하여 재정 상태를 개선하고, 더 건전한 소비 습관을 형성했다.

# 4. 디지털 노마드로서 소득을 다변화하라!

### (1) 디지털 노마드란?

디지털 노마드는 인터넷과 디지털 기술을 활용하여 장소에 구애받지 않고 일을 수행하는 사람들을 말한다. 이들은 사무실에 출근하지 않고, 카페, 도서관, 심지어는 세계 어느 곳에서든 자유롭게 일할 수 있는 삶의 방식을 추구한다. 디지털 노마드의 핵심은 온라인으로 업무를 처리할 수 있는 기술과 자원을 활용하여 물리적 위치와 무관하게 소득을 창출하는 능력에 있다. 최근 몇 년간의 기술 발전과 원격 근무 문화의 확산은 이러한 라이프스타일을 가능하게 했다. 디지털 노마드는 다양한 분야에서 활동할 수 있으며, 전통적인 직업 경계를 넘나들며 유연한 일과 삶의 균형을 추구한다.

### (2) 디지털 시대의 기회

디지털 시대는 다양한 플랫폼과 도구를 통해 새로운 수익 창출 기회를 제공한다. 이러한 플랫폼들은 일의 본질을 변화시켰으며, 많은 사람이 전통적인 직장 생활을 벗어나 디지털 노마드로서 활동할 수 있게 했다. 예를 들어, 프리랜서 마켓플레이스인 업워크(Upwork)나 파이버(Fiverr)는 전 세계의 기업과 개인이 다양한 서비스를 거래할 수 있는 장을 마련해 준다. 이를 통해 그래픽 디자인, 웹 개발, 번역, 콘텐츠 작성 등 다양한 분야에서 프로젝트를 수주하고 수익을 창출할 수 있다.

또한, 유튜브, 블로그, 팟캐스트와 같은 콘텐츠 플랫폼은 개인이 자신의 전문성과 관심사를 바탕으로 콘텐츠를 제작하고 수익을 창출할 기회를 제공한다. 이러한 플랫폼들은 광고 수익, 구독자 기반 수익, 후원 등 다양한 수익 모델을 통해 창의적인 작업을 수익화할 가능성을 열어준다. 온라인 강의 플랫폼인 유데미(Udemy)나 코세라(Coursera)에서는 개인이 자신의 지식을 강의로 제작하여 판매할 기회를 제공한다. 이러한 디지털 플랫폼들은 은퇴 후 새로운 소득원을 찾고자 하는 사람들에게 매력적인 기회를 제공하며, 이를 통해 경제적 자유를 추구할 수 있다.

### (3) 디지털 소득의 장단점

디지털 소득은 여러 장점을 제공한다. 첫째, 물리적 장소에 구애받지 않기 때문에 자유롭고 유연한 생활 방식을 가능하게 한다. 이는 특히 은퇴 후 삶의 질을 높이는 데 기여할 수 있다. 둘째, 디지털 소득은 다양한 수익원을 통해 경제적 다양성을 확보할 수 있게 해준다. 예를 들어, 유튜브 채널을 운영하면서 동시에 프리랜서 프로젝트를 진행할 수 있다. 셋째, 온라인 플랫폼의 특성상, 소규모 자본으로 시작할 수 있으며, 창의적 아이디어와 실행력만으로도 큰 성공을 거둘 기회를 제공한다.

하지만 디지털 소득에도 몇 가지 리스크가 존재한다. 첫째, 수익의 변동성이 크며, 안정적인 소득을 보장받기 어려운 경우가 많다. 둘째, 디지털 플랫폼의 정책 변경이나 시장의 변화에 민감하게 반응해야 하며, 이는 소득의 예측 가능성을 떨어뜨릴 수 있다. 셋째, 온라인에서의 경쟁이 치열하며, 지속해서 새로운 기술과 트렌드를 학습해야 한다는 부담이 있다. 따라서 디지털 소득을 통한 안정성을 확보하기 위해서는 철저한 계획과 리스크 관리가 필요하다. 이러한 단점들을 보완하기 위해 다양한 소득원을 마련하고, 수익 일부분을 저축하거나 투자에 활용하는 전략이 필요하다.

### (4) 디지털 노마드 성공 사례

성공적인 디지털 노마드의 사례를 통해 배울 점은 많다. 예를 들어, 미국의 저널리스트인 마리아 스미스는 전통적인 언론사에서 일하다가 독립하여 자신의 블로그와 유튜브 채널을 통해 수익을 창출하기 시작했다. 그녀는 여행하면서 다양한 콘텐츠를 제작하였고, 이를 통해 광고 수익과 후원금을 받으며 경제적 자유를 누리고 있다. 그녀의 성공 비결은 자신의 열정을 콘텐츠로 전환하고, 이를 지속해서 발전시켜온 점에 있다. 또 다른 사례로, 한국의 IT 전문가인 박철수는 해외에서 프리랜서로 일하며, 원격으로 다양한 IT 프로젝트를 수행하고 있다. 그는 안정적인 소득을 확보하기 위해 다양한 프로젝트에 참여하며, 꾸준한 자기계발을 통해 경쟁력을 유지하고 있다.

이들의 사례는 디지털 노마드가 단순히 꿈이 아닌, 현실적인 소득 창출 방법임을 보여준다. 중요한 것은 자신의 능력을 파악하고, 이를 어떻게 디지털 플랫폼에서 효과적으로 활용할 것인지를 계획하는 것이다. 디지털 노마드로서 성공하기 위해서는 새로운 기술과 트렌드를 지속해서 학습하고, 자신만의 차별화된 강점을 개발해야 한다. 이를 통해 디지털 시대의 기회를 최대한 활용하고, 더 자유롭고 안정적인 은퇴 후 생활을 영위할 수 있을 것이다.

## 5. 창업 및 자영업을 통한 소득 다변화 전략

### (1) 나만의 아이디어를 중심으로 소규모 창업을 고려하라

은퇴 후 새로운 소득원을 창출하기 위해서는 나만의 아이디어를 중심으로 소규모 창업을 고려할 필요가 있다. 이는 자신이 평소에 관심 있던 분야나 특별한 기술, 경험을 활용하여 시장에 새롭게 도전할 기회를 제공한다. 소규모 창업은 비교적 적은 자본으로 시작할 수 있으며, 특히 자신의 강점을 살려 경쟁력을 갖출 수 있는 분야를 선택하는 것이 중요하다. 창업 아이디어는 시장의 트렌드와 자신의 관심사를 결합하여 발굴할 수 있다. 예를 들어, 은퇴 후 시간적 여유를 활용하여 공예품 제작, 베이킹, 또는 지역 특산품을 활용한 소규모 사업을 시작할 수 있다.

소규모 창업의 가장 큰 장점은 스스로 일정을 조정하고, 자신의 속도에 맞춰 사업을 운영할 수 있다는 점이다. 또한, 자신이 좋아하는 일을 통해 경제적 자유를 누리며, 새로운 사회적 관계를 형성할 수 있다. 그러나 창업은 리스크가 따르므로 철저한 시장 조사와 계획이 필요하다. 특히 초기 단계에서는 수익을 내기 어렵기 때문에, 안정적인 수익 구조를 갖추기 전까지는 재정관리가 중요하다.

### (2) 은퇴 후 창업의 장단점을 고려하라

은퇴 후 창업은 경제적 자유를 누릴 기회를 제공하지만, 동시에 여러 도전 과제를 안고 있다. 장점 중 하나는 자신이 열정적으로 임할 수 있는 일을 통해 경제적 수익을 창출할 수 있다는 것이다. 또한, 창업은 사회적 관계를 확대하고, 새로운 기술과 지식을 습득하는 기회를 제공한다. 이는 은퇴 후에도 지속해서 성장하고, 자신감을 유지하는 데 도움이 된다.

반면, 창업에는 여러 단점도 존재한다. 초기 투자 비용과 운영 자금이 필요하며, 이를 충당하지 못하면 재정적 어려움에 빠질 수 있다. 또한, 시장의 변화와 경쟁에 대응해야 하며, 이는 스트레스를 유발할 수 있다. 특히 창업 초기에는 불확실성이 크고, 안정적인 수익을 내기까지 시간이 걸릴 수 있다. 따라서 창업을 결정하기 전에 자신의 재정 상태와 목표, 그리고 시장 상황을 충분히 고려해야 한다.

**(3) 내 돈보다 정부의 자금을 지원받아 투자금을 만들어라**

창업을 고려할 때, 자신의 자금을 전부 투자하기보다는 정부의 지원 프로그램을 활용하여 자금을 마련하는 것이 현명하다. 정부는 창업을 장려하기 위해 다양한 지원 프로그램을 운영하고 있으며, 이를 통해 초기 자금을 확보할 수 있다. 예를 들어, 한국에는 중소벤처기업부를 비롯한 여러 기관이 창업 지원금을 제공하고 있다. 이들 프로그램은 창업자에게 무상으로 지원금을 제공하거나, 저리의 대출을 통해 초기 자금을 지원한다.

정부 지원 프로그램에 신청하기 위해서는 철저한 사업 계획서가 필요하다. 사업 계획서는 창업 아이디어, 시장 분석, 운영 계획, 재무계획 등을 포함해야 하며, 이를 통해 사업의 가능성과 지속 가능성을 증명해야 한다. 또한, 지역 경제 활성화를 위한 창업 지원 프로그램을 활용하면 추가적인 지원을 받을 수 있다. 이를 통해 자신의 자금을 지키면서,

사업의 리스크를 최소화할 수 있다.

**(4) 사업 아이디어 발굴: 현재 은퇴자들이 시장에서 성공한 창업 아이디어 10가지**

① 커피 로스팅 사업: 커피에 대한 열정을 가진 사람들이 직접 원두를 선택하고 로스팅하여 판매하는 사업이다. 작은 공간에서도 시작할 수 있으며, 커피 애호가들을 대상으로 고급화 전략을 펼칠 수 있다.

② 홈메이드 수제 비누 제작: 천연 재료를 사용하여 피부에 좋은 수제 비누를 제작하는 사업으로, 친환경 트렌드와 맞물려 인기를 끌고 있다.

③ 개인 요리 교실: 요리에 관심이 있는 은퇴자들이 자신의 요리 기술을 전수하는 교실을 운영하여, 직접 요리를 가르치고 수익을 창출할 수 있다.

④ 지역 특산품 온라인 판매: 지역의 특산품을 온라인 플랫폼을 통해 판매하는 사업으로, 직접 유통 채널을 구축하여 지역 경제 활성화에 기여할 수 있다.

⑤ 소규모 농장 운영: 도시 근교에서 작은 농장을 운영하며, 직접 재배한 채소와 과일을 판매하는 사업이다. 건강과 자연에 대한 관심이 높아지면서 주목받고 있다.

⑥ 공예품 제작 및 판매: 손재주가 있는 은퇴자들이 공예품을 제작하여 온라인이나 오프라인에서 판매하는 사업이다. 독창적인 디자인과 품질로 차별화할 수 있다.

⑦ 자전거 수리 및 대여 사업: 자전거에 대한 전문 지식을 활용하여 수리와 대여 서비스를 제공하는 사업이다. 특히 도시에서는 지속 가능한 교통수단으로 인기를 끌고 있다.

⑧ 사진 및 영상 편집 서비스: 사진과 영상을 좋아하는 사람들이 자신의 기술을 활용하여 편집 서비스를 제공하는 사업이다. 특히 개인 유튜브 채널 운영자들에게 수요가 많다.

⑨ 가정용 정원 설계 서비스: 정원을 좋아하는 은퇴자들이 직접 가정용 정원을 설계하고 조성해주는 사업이다. 작은 공간에서도 자연을 즐기고자 하는 수요가 증가하고 있다.

⑩ 독서 모임 및 북클럽 운영: 책을 사랑하는 사람들이 독서 모임을 조직하고, 북클럽을 통해 수익을 창출하는 사업이다. 이는 사회적 관계를 형성하고, 지식을 공유하는 기회를 제공한다.

**(5) 자영업 사례: 성공과 실패에 얽힌 이야기들**

성공적인 자영업자의 사례는 많은 교훈을 제공한다. 성공한 사례로는, 한 퇴직자가 지역의 특산물을 활용한 카페를 오픈하여 큰 인기를 끌었다. 그는 지역 농가와 협력하여 신선한 재료를 사용하였고, 특유의 레시피로 고객들의 마음을 사로잡았다. 이를 통해 그는 안정적인 수익을 올리고, 지역사회에도 기여하고 있다.

반면, 실패 사례도 있다. 또 다른 퇴직자는 경험이 부족한 상태에서 레스토랑을 운영하려다 높은 임대료와 운영 비용으로 인해 사업을 중단해야 했다. 그는 시장 조사와 철저한 계획의 중요성을 깨달았고, 이후 소규모로 시작하여 다시 도전하고 있다. 이러한 사례들은 철저한 준비와 현실적인 기대가 창업 성공의 열쇠임을 보여준다.

### (6) 프랜차이즈 사업을 할 때 고민해야 하는 것들

프랜차이즈 사업은 검증된 비즈니스 모델을 통해 안정적인 수익을 창출할 기회를 제공하지만, 몇 가지 고려할 사항이 있다. 첫째, 프랜차이즈 브랜드의 평판과 성공 사례를 철저히 조사해야 한다. 브랜드가 가진 시장 점유율과 고객 충성도는 사업 성공에 큰 영향을 미친다. 둘째, 초기 투자 비용과 지속적인 로열티 비용을 정확히 이해하고 계산해야 한다. 이는 수익성에 큰 영향을 미칠 수 있다. 셋째, 프랜차이즈 본사와의 계약 조건을 면밀하게 검토하여, 독립적인 운영이 가능한지를 판단해야 한다.

프랜차이즈를 선택할 때는 자신의 관심사와 전문성을 고려하여, 적합한 분야를 선택하는 것이 중요하다. 또한, 프랜차이즈 본사의 지원과 교육 프로그램을 적극 활용하여 사업을 성공적으로 운영할 수 있는 기반을 마련해야 한다. 이러한 요소들을 충분히 고려하여, 프랜차이즈 사업이 제공하는 안정성을 최대한 활용할 수 있다.

# 6. 지속 가능한 은퇴 생활을 위한 소득 다변화 전략

## (1) 소득 다변화의 중요성

은퇴 후에도 지속 가능한 생활을 영위하기 위해서는 소득 다변화가 필수적이다. 이는 단순히 소득의 크기를 넘어 소득의 안정성과 지속 가능성을 의미한다. 다양한 소득원을 통해 경제적 충격에 대한 대비책을 마련할 수 있으며, 이는 불확실한 경제 환경 속에서 특히 중요하다. 소득 다변화는 은퇴 후 삶의 질을 높이는 데 기여하며, 예기치 못한 재정적 위기에 대한 완충 역할을 한다. 예를 들어, 연금소득이 인플레이션의 영향을 받을 때, 주식 배당이나 임대소득이 이를 보완할 수 있다. 따라서 소득의 다양성을 확보함으로써 더욱 안정적인 생활을 유지할 수 있다.

소득 다변화는 또한 개인의 경제적 독립을 강화한다. 이는 가족에게 경제적 부담을 주지 않고, 스스로 재정적 자립을 유지할 수 있게 한다. 또한, 다양한 소득원은 개인의 성취감과 만족도를 높여주며, 은퇴 후에도 적극적인 삶을 영위할 수 있는 기반을 제공한다. 이를 통해 은퇴 후에도 자신의 삶을 적극적으로 계획하고 운영할 힘을 얻게 된다. 소득 다변화는 단순히 경제적 안정성을 넘어 삶의 전반적인 질을 향상시키는 데 기여하며, 이는 은퇴 후 행복한 삶을 영위하는 데 필수적이다.

## (2) 미래의 재정 목표 설정

소득 다변화를 효과적으로 실현하기 위해서는 개인별 맞춤형 재정 목표 설정이 필요하다. 이는 각 개인의 생활 방식, 건강 상태, 가족 구성원, 그리고 장기적인 목표에 따라 다르게 설정되어야 한다. 재정 목표는 단순히 소득의 크기뿐 아니라, 삶의 질과 만족도를 고려하여 설정해야 한다. 예를 들어, 어떤 사람은 여행이나 취미 활동을 위해 더 많은 자금을 필요로 할 수 있으며, 다른 사람은 가족과의 시간을 우선시할 수 있다. 이러한 목표는 구체적이고 측정 가능해야 하며, 이를 달성하기 위한 세부 계획이 필요하다.

재정 목표를 설정한 후에는 이를 달성하기 위한 전략을 세워야 한다. 첫째, 소득 다변화를 위한 구체적인 계획을 수립한다. 이는 다양한 소득원을 구축하고, 각 소득원의 장단점을 분석하여 최적의 조합을 찾는 과정을 포함한다. 둘째, 장기적인 투자 계획을 세워 안정적인 수익을 확보한다. 주식, 채권, 부동산 등 다양한 자산에 투자하여 리스크를 분산하고, 꾸준한 수익을 창출할 수 있는 포트폴리오를 구성한다. 셋째, 지출 관리를 강화하여 불필요한 소비를 줄이고, 저축과 투자를 통해 자산을 증대시킨다. 이러한 전략을 통해 개인의 재정 목표를 달성할 수 있으며, 은퇴 후에도 안정적이고 풍요로운 생활을 유지할 수 있다.

### (3) 소득 다변화 전략을 위한 체크리스트 20

① 연금 최적화 계획 수립: 연금 수령 시기와 방법을 최적화하여 최대한의 혜택을 받는다.
② 배당주 투자 포트폴리오 구성: 안정적인 배당을 제공하는 주식을 선택하여 꾸준한 수익을 창출한다.
③ 부동산 임대소득 확보: 임대 가능한 부동산을 통해 정기적인 임대 수입을 얻는다.

④ 프리랜서 기회 탐색: 자신의 전문성을 활용할 수 있는 프리랜서 기회를 찾아 추가 소득을 확보한다.

⑤ 소규모 창업 계획 작성: 자신의 아이디어를 바탕으로 소규모 창업을 계획하고 실행한다.

⑥ 정부 지원 프로그램 활용: 창업 및 재정 지원을 위한 정부 프로그램을 조사하고 활용한다.

⑦ 디지털 콘텐츠 제작: 블로그, 유튜브, 팟캐스트 등을 통해 디지털 콘텐츠를 제작하고 수익화한다.

⑧ 지식재산권 수익 창출: 특허나 저작권을 통해 지식재산권 수익을 창출한다.

⑨ 온라인 강의 개설: 자신의 전문 지식을 온라인 강의로 제작하여 판매한다.

⑩ 지역사회와의 협력 강화: 지역사회와 협력하여 새로운 비즈니스 기회를 모색한다.

⑪ 투자클럽 참여: 투자클럽에 참여하여 다양한 투자 기회를 탐색하고 경험을 공유한다.

⑫ 소비 습관 분석: 소비 습관을 분석하고, 불필요한 지출을 줄여 저축을 늘린다.

⑬ 긴급 자금 마련: 예기치 못한 상황에 대비하여 긴급 자금을 준비한다.

⑭ 리스크 관리 전략 수립: 다양한 소득원의 리스크를 분석하고 관리 전략을 수립한다.

⑮ 장기적 투자 목표 설정: 장기적인 투자 목표를 설정하고 이를 달

성하기 위한 계획을 수립한다.

⑯ 새로운 기술 습득: 디지털 기술 및 새로운 분야의 기술을 습득하여 추가 소득원을 확보한다.

⑰ 네트워크 확장: 비즈니스 네트워크를 확장하여 새로운 기회를 찾는다.

⑱ 전문가 상담: 재정 전문가와 상담하여 맞춤형 재정계획을 수립한다.

⑲ 소득원의 지속 가능성 평가: 각 소득원의 지속 가능성을 평가하고 개선 방안을 찾는다.

⑳ 소득 다변화 성과 측정: 정기적으로 소득 다변화 전략의 성과를 측정하고 개선점을 찾는다.

키워드 23

# 연금 인출 전략

1. 은퇴 후 안정적인 삶을 위한 연금 인출 전략의 중요성
2. 연금 개시 요건과 인출 시기 결정
3. 연금 가입 상태 점검
4. 매년 연금 수령 한도의 중요성
5. 인출과 절세를 동시에 고려하기
6. 목돈이 필요할 때의 일부 인출 전략
7. 인출 시기 시뮬레이션
8. 경제 상황에 따른 유연한 인출 플랜 조정

# 1. 은퇴 후 안정적인 삶을 위한 연금 인출 전략의 중요성

은퇴 후 안정적인 삶을 위해서는 체계적이고 전략적인 연금 인출 계획이 필수적이다. 한국 사회에서 은퇴 후 경제적 안정은 많은 이들의 주요 관심사로, 이에 대한 준비가 부족할 경우 생활 수준이 급격히 하락할 수 있다. 연금을 통한 안정적 소득 확보가 필수적인 시대다. 많은 이들이 은퇴 시점에서 연금을 어떻게 활용해야 할지 막막해하지만, 올바른 인출 전략은 이러한 불확실성을 줄여준다. 미국의 연구에 따르면, 은퇴 초기에 자산의 4%를 인출하는 전략이 자산을 오래 유지하는 데 효과적이라고 한다. 이는 한국의 상황에도 유사하게 적용될 수 있으며, 연금 인출 초기에는 절제된 지출이 필요하다. 하지만 이러한 전략은 개인의 건강, 경제적 필요, 시장 상황에 따라 유연하게 조정되어야 한다. 예를 들어, 주식시장이 급격히 하락하는 경우, 인출을 일시적으로 줄이거나 중단하는 것이 장기적으로 유리할 수 있다. 실제로 2008년 금융 위기 당시, 시장 상황을 고려하지 않고 인출을 지속한 은퇴자들은 자산 고갈의 위험에 처했다. 따라서 은퇴 후 연금 인출 전략은 단순히 금액을 설정하는 것을 넘어서, 지속적인 모니터링과 조정이 필요하다.

연금 인출 전략을 성공적으로 수립하기 위해서는 초기 계획 수립이 중요하다. 은퇴 전, 자신이 가입한 연금상품의 종류와 조건을 명확히 이해하는 것이 우선이다. 국민연금, 퇴직연금, 개인연금 등의 다양한 연금상품을 활용할 수 있으며, 각각의 특징과 수령 조건을 파악해야 한다. 예를 들어, 국민연금은 연금 개시 연령을 늦출수록 매달 받는 연금액이 증가하는 구조이므로 건강 상태와 재정 상황에 따라 개시 시점을 조정하는 것이 바람직하다. 또한, 연금 수령 초기에는 필요한 최소 금액만을 인출하여 자산을 오래 유지하는 것이 중요하다. 이와 관련하여 미국의 한 연구에서는 은퇴 초기 10년 동안은 보수적으로 자산을 인출하고, 이후 점진적으로 인출액을 늘려가는 전략이 장기적인 재정 안정을 보장한다고 제안한다. 이는 연금의 장기적 수익률과 인플레이션을 감안한 전략으로, 한국의 경제 상황에서도 충분히 고려할 만한 접근이다. 초기에는 절제된 인출을 통해 자산의 고갈을 방지하고, 이후에는 생활비와 의료비 증가에 대비해 인출액을 조정하는 것이 중요하다. 이러한 전략은 단순히 수치에 기반한 것이 아니라, 개인의 삶의 질과 건강 상태를 모두 고려한 것이다. 은퇴 후에도 지속해서 생활비를 충당할 수 있는 연금 인출 전략은 경제적 안정뿐만 아니라 정신적 안정을 제공한다.

또한, 연금 인출 전략은 단순한 재정관리가 아닌, 인생설계의 하나로 접근해야 한다. 은퇴 후에는 예상치 못한 의료비나 긴급 자금이 필요할 수 있으며, 이러한 상황에 대비한 비상 자금 마련이 필수적이다. 미국의 사례를 보면, 은퇴자 중 상당수가 예상치 못한 의료비로 인해 재정적 어려움을 겪었다고 보고된다. 한국도 마찬가지로 의료비나 간병비가 크게 늘 수 있으므로, 연금 인출 시 일부 자금을 비상금으로 확보하는 것이 중요하다. 이를 통해 예상치 못한 상황에서도 재정적 안정성을 유지할 수 있으며, 이는 은퇴 후 삶의 질을 높이는 중요한 요소가 된다.

마지막으로, 성공적인 연금 인출 전략을 위해서는 정기적인 재정 검토와 조정이 필요하다. 연금 수령 중에는 경제 상황, 개인의 건강 상태, 생활비 변화 등을 고려하여 인출 전략을 수정하는 것이 중요하다. 경제적 변화에 민감하게 대응할 수 있는 유연한 인출 계획은 은퇴자의 경제적 안정을 더욱 강화한다. 이를 통해 연금의 효율적인 사용과 더불어, 자산의 장기적인 보호가 가능하다. 이러한 접근은 단순히 재정적인 측면을 넘어, 은퇴 후 삶의 질을 보장하는 데 필수적인 요소다. 은퇴설계 전문가의 조언을 받거나, 최신 경제 동향을 지속해서 파악하는 것이 이러한 재정계획의 성공에 큰 도움이 된다. 전문가의 조언을 통해 자신에게 맞는 최적의 인출 전략을 수립하고, 경제적 안정과 정신적 안정을 동시에 이룰 수 있다.

이러한 연금 인출 전략은 단순한 재정관리 이상의 의미를 가지며, 은퇴 후 삶의 질을 높이는 핵심적인 요소다. 체계적이고 유연한 인출 전략을 통해 은퇴 후에도 지속적인 경제적 안정을 누릴 수 있으며, 이는 은퇴설계의 궁극적인 목표다. 이를 위해 독자들은 연금상품의 특성과 개인의 경제적 필요를 면밀하게 검토하여, 자신에게 맞는 전략을 수립해야 한다. 이러한 준비와 계획이 있으면 은퇴 후에도 안정적이고 만족스러운 삶을 영위할 수 있다.

## 2. 연금 개시 요건과 인출 시기 결정

연금 인출 전략을 수립하기 위해서는 연금 개시 요건과 시기를 명확히 이해하는 것이 중요하다. 국민연금은 기본적으로 60세 이후부터 수령이 가능하나, 연금 개시 시점을 늦출수록 월 수령액이 증가하는 구조이다. 국민연금공단의 자료에 따르면, 연금 개시를 5년 늦추면 수령액이 최대 50%까지 증가할 수 있다. 이는 연금을 수령하는 동안 더 많은 경제적 혜택을 누릴 수 있게 해주므로, 건강 상태와 경제적 필요를 고려하여 최적의 개시 시점을 결정하는 것이 필요하다. 하지만, 단순히 수령액 증가만을 고려하여 연금 개시를 늦추는 것이 항상 최선은 아니다. 은퇴 초기에 필요한 생활비와 기타 경제적 요구를 충분히 고려해야 하며, 이로 인해 연금 수령 시기를 앞당겨야 할 수도 있다. 따라서 연금 개시 시점을 결정할 때는 경제적 필요뿐만 아니라, 건강 상태와 다른 소득원들을 종합적으로 고려하는 것이 중요하다. 예를 들어, 개인연금이나 퇴직연금과 같은 다른 연금 자산을 통해 초기 은퇴자금을 충당할 수 있다면, 국민연금의 개시를 늦춰 최대의 수익을 올릴 수 있다. 이러한 전략적 접근은 은퇴 후 경제적 안정을 더욱 강화할 수 있는 중요한 요소다.

연금 인출 시기 및 순서를 결정하는 것은 은퇴 후 재정계획의 핵심이다. 연금 인출은 단순히 필요한 금액을 정기적으로 받는 것 이상으로, 자산을 최적화하는 전략적 접근이 필요하다. 일반적으로 국민연금, 퇴직연금, 개인연금의 인출 순서를 정하는 것이 일반적인데, 이 순서는 각 연금의 수령 조건과 세금 혜택을 고려하여 결정해야 한다. 예를 들어, 국민연금은 기본적인 생활비를 충당하는 데 유용하며, 인출을 미룸으로써 더 많은 금액을 받을 수 있다. 반면 퇴직연금과 개인연금은 인출 시 세금 혜택이나 벌금 등의 조건이 다르므로, 이를 잘 이해하고 활용하는 것이 중요하다. 한 사례로, 한 은퇴자가 초기에는 퇴직연금을 사용해 생활비를 충당하고, 이후 국민연금을 개시하여 추가 소득을 확보한 경우, 세금 혜택을 극대화하면서 안정적인 수입을 유지할 수 있었다. 이는 각 연금상품의 특성과 인출 조건을 잘 이해하고 계획적으로 접근한 결과이다. 따라서 연금 인출 시기와 순서를 결정할 때는 각 연금의 특성을 충분히 이해하고, 이를 기반으로 전략적으로 접근해야 한다. 이를 통해 은퇴 후에도 안정적이고 만족스러운 삶을 영위할 수 있다.

연금 개시와 인출 시기를 최적화하기 위해서는 몇 가지 핵심 요소를 고려해야 한다. 첫째, 예상 수명과 건강 상태는 연금 인출 전략을 수립하는 데 중요한 변수다. 장수의 위험을 고려하여 연금 자산을 최대한 오래 유지할 수 있는 전략이 필요하다. 둘째, 인플레이션과 시장 변동성을 고려한 재정계획을 세워야 한다. 예를 들어, 초기에는 더 안전한 자산으로 구성된 연금을 먼저 사용하고, 이후에는 더 공격적인 투자자산을 활용해 수익을 추구할 수 있다. 셋째, 세금 절감 전략을 포함해야 한다. 연금 인출 시 세금 부담을 최소화하기 위해 소득 수준과 연금 수령액을 조정하는 것이 필요하다. 넷째, 비상 자금 마련을 위해 일부 자금을 유보하는 것도 고려해야 한다. 예기치 못한 상황에 대비하여 비상 자금을 확보해 두면, 경제적 안정을 더욱 강화할 수 있다. 이러한 전략들은 연금 인출을 최적화하고, 은퇴 후 경제적 안정과 정신적 안정을 동시에 달성할 수 있게 해준다.

연금 인출 전략을 성공적으로 구현하기 위해서는 계획적이고 유연한 접근이 필요하다. 예를 들어, 시장 상황이 좋지 않을 때는 인출을 줄이고, 경제가 호황일 때는 인출을 늘리는 것이 장기적으로 유리할 수 있다. 이러한 유연한 접근은 자산을 장기적으로 보호하는 데 도움이 된다. 실제로 2008년 금융 위기 당시, 유연한 인출 전략을 사용한 은퇴자들은 자산을 더 오래 유지할 수 있었다. 이와 같은 사례는 경제 상황에 따라 인출 전략을 조정하는 것이 얼마나 중요한지를 보여준다. 은퇴 후 재정 안정성을 강화하기 위해서는 지속적인 재정 검토와 조정이 필요하다. 정기적으로 전문가의 조언을 받거나, 최신 경제 동향을 파악하는 것이 도움이 될 수 있다. 이러한 접근은 은퇴 후 안정적이고 만족스러운 삶을 영위하는 데 필수적이다. 연금 개시와 인출 전략은 단순히 경제적 측면을 넘어, 은퇴 후 삶의 질을 보장하는 중요한 요소다. 체계적이고 유연한 인출 전략을 통해 은퇴 후에도 지속적인 경제적 안정을 누릴 수 있으며, 이는 은퇴설계의 궁극적인 목표다.

마지막으로, 연금 인출 전략을 수립할 때는 장기적인 시각을 가져야 한다. 연금 자산을 지속 가능하게 관리하기 위해서는 단기적인 이익보다 장기적인 재정 안정성을 우선시해야 한다. 이는 연금 자산이 고갈되지 않도록 보호하고, 은퇴 후에도 지속해서 경제적 안정을 유지하는 데 중요한 역할을 한다. 예를 들어, 연금 인출 초기에는 절제된 지출과 인출을 통해 자산을 보호하고, 이후에는 생활비와 의료비 증가에 대비해 인출액을 조정하는 것이 중요하다. 이러한 전략은 단순히 수치에 기반한 것이 아니라, 개인의 삶의 질과 건강 상태를 모두 고려한 것이다. 따라서 연금 인출 전략을 수립할 때는 자신만의 목표와 필요를 명확히 하고, 이에 따라 전략을 조정하는 것이 중요하다. 이는 은퇴 후 안정적이고 만족스러운 삶을 영위하는 데 필수적이다. 은퇴설계 전문가의 조언을 받거나, 최신 경제 동향을 지속해서 파악하는 것이 이러한 재정계획의 성공에 큰 도움이 된다. 전문가의 조언을 통해 자신에게 맞는 최적의 인출 전략을 수립하고, 경제적 안정과 정신적 안정을 동시에 이룰 수 있다.

이러한 연금 인출 전략은 단순한 재정관리 이상의 의미를 가지며, 은퇴 후 삶의 질을 높이는 핵심적인 요소다. 체계적이고 유연한 인출 전략을 통해 은퇴 후에도 지속적인 경제적 안정을 누릴 수 있으며, 이는 은퇴설계의 궁극적인 목표다. 이를 위해 독자들은 연금상품의 특성과 개인의 경제적 필요를 면밀하게 검토하여, 자신에게 맞는 전략을 수립해야 한다. 이러한 준비와 계획이 있으면 은퇴 후에도 안정적이고 만족스러운 삶을 영위할 수 있다.

## 3. 연금 가입 상태 점검

은퇴설계의 성공은 현재 가입한 연금상품의 상태를 철저히 점검하는 것에서 시작된다. 많은 사람이 은퇴준비를 하면서 연금상품에 가입하지만, 시간이 지나면 그 내용을 잊고 방치하는 경우가 많다. 그러나 연금의 효율적인 활용을 위해서는 주기적으로 가입 상태와 조건을 점검하고, 필요한 경우 조정하는 것이 필수적이다. 우선, 자신이 가입한 연금상품의 종류와 그 조건들을 정확히 파악해야 한다. 국민연금, 퇴직연금, 개인연금 등 각기 다른 연금상품들이 있으며, 각각의 상품은 다른 수익 구조와 인출 조건을 가진다. 예를 들어, 국민연금은 국가가 운영하는 공적연금으로 일정 연령 이후부터 수령할 수 있으며, 퇴직연금은 직장에서 퇴직 시 지급되는 연금으로 인출 시기에 따라 세금 혜택이 달라질 수 있다. 개인연금은 개인이 스스로 준비하는 연금으로, 자유롭게 설계할 수 있지만 그만큼 리스크도 크다.

연금상품의 장단점을 비교하는 것은 효과적인 은퇴설계를 위해 필수적이다. 국민연금은 안정적이지만 수익률이 비교적 낮은 반면, 개인연금은 수익률을 높일 가능성이 있지만 그만큼 위험도 크다. 퇴직연금은 기업의 상황에 따라 다르며, 다양한 형태로 운영된다. 예를 들어, 확정급여형(DB)은 퇴직 후 일정 금액을 보장하지만, 기업의 재정 상태에 따라 영향을 받을 수 있다. 반면 확정기여형(DC)은 근로자가 투자에 대한 책임을 지는 구조로, 투자 성과에 따라 퇴직금이 변동된다. 각 연금상품의 장단점을 파악한 후에는 개인의 재정 상태와 은퇴 후 목표에 맞게 포트폴리오를 조정하는 것이 중요하다.

기존 연금의 리밸런싱 필요성은 시기에 따라 다르게 나타날 수 있다. 경제 상황, 금리 변동, 개인의 재정 상태 등 다양한 요인이 연금 포트폴리오의 재구성을 요구할 수 있다. 최근 몇 년간 저금리 기조가 계속되면서, 많은 사람이 안정적인 수익을 기대하기 어려운 상황이다. 이러한 경제 상황에서 연금 포트폴리오를 리밸런싱하여 수익률을 높이고, 리스크를 최소화하는 전략이 필요하다. 예를 들어, 한 은퇴자가 주식과 채권 비율을 조정함으로써 금융시장의 변동성에 대비한 경우, 시장 상황에 유연하게 대응할 수 있었다. 이는 연금 포트폴리오가 시장 상황에 맞게 조정되지 않을 경우, 장기적으로 손실을 볼 수 있다는 중요한 교훈을 제공한다.

연금 포트폴리오의 리밸런싱은 전문가의 조언을 받거나, 최신 금융 정보를 바탕으로 전략적으로 접근해야 한다. 이는 연금 자산을 장기적으로 보호하고, 은퇴 후 안정적인 소득을 확보하는 데 중요한 역할을 한다. 전문가들은 일반적으로 연 1~2회 포트폴리오를 점검하고, 필요시 리밸런싱할 것을 권장한다. 이러한 점검은 단순히 자산 비율을 조정하는 것을 넘어, 새로운 투자 기회를 탐색하고, 기존 자산의 효율성을 높이는 방법을 모색하는 과정이기도 하다. 예를 들어, 저성장 시대에 적합한 대체 투자상품을 고려해볼 수 있다. 이는 기존의 주식, 채권 외에 부동산투자 신탁(REITs), 인프라 펀드 등 다양한 자산군을 포함하는 것이며, 분산투자로 리스크를 줄일 수 있다.

결국, 연금 가입 상태 점검은 지속 가능한 은퇴설계를 위한 핵심 과정이다. 연금상품 간의 장단점을 정확히 이해하고, 경제 상황과 개인의 필요에 맞춰 포트폴리오를 적절히 조정하는 것이 중요하다. 이를 통해 연금 자산을 최적화하고, 은퇴 후에도 안정적인 재정 상태를 유지할 수 있다. 지속적인 점검과 조정은 불확실한 미래를 대비하는 가장 효과적인 방법 중 하나다. 따라서 은퇴설계를 시작할 때는 연금 가입 상태를 철저히 점검하고, 필요한 경우 전문가의 조언을 받아 리밸런싱하는 것이 필요하다. 이러한 노력이 은퇴 후 안정적이고 만족스러운 삶을 보장할 것이다.

연금 상태 점검과 리밸런싱은 단순한 재정관리가 아닌, 성공적인 은퇴를 위한 필수적인 준비 과정이다. 이를 통해 독자들은 자신의 재정 상태를 더욱 명확히 이해하고, 더 효과적인 은퇴계획을 수립할 수 있을 것이다. 이는 단순히 숫자에 기반한 계산이 아닌, 삶의 질과 행복을 함께 고려한 포괄적인 접근이다. 지속적인 관리와 조정을 통해 연금 자산을 최적화하고, 은퇴 후에도 지속적인 경제적 안정을 누릴 수 있는 전략을 마련하는 것이 중요하다. 이는 은퇴설계의 궁극적인 목표이며, 이를 위해 필요한 모든 준비와 노력이 헛되지 않도록 하는 것이 필요하다.

## 4. 매년 연금 수령 한도의 중요성

연금 수령 한도를 설정하는 것은 은퇴 후 재정계획의 핵심이다. 연금 수령액은 은퇴 후 생활 수준을 결정짓는 중요한 요소로, 은퇴자들은 이 금액을 설정할 때 여러 가지 요소를 고려해야 한다. 우선, 생활비와 의료비, 기타 예상되는 지출을 포함한 월별 필요한 금액을 정확히 계산하는 것이 중요하다. 한국의 평균 생활비와 노인 의료비 지출은 해마다 증가하고 있으며, 이에 따른 지출 증가를 충분히 고려해야 한다. 통계청에 따르면, 2023년 한국의 65세 이상 가구의 평균 월 생활비는 약 200만 원으로, 이는 매년 꾸준히 증가하는 추세다. 따라서 연금 수령액 설정 시 현재 생활비뿐만 아니라, 인플레이션에 따른 생활비 상승을 반영해야 한다.

연금 수령액을 설정할 때는 예상 수명도 중요한 고려사항이다. 은퇴 후 장수할 경우, 연금을 오래 사용해야 하므로 수령액을 신중하게 조정해야 한다. 특히, 최근에는 90세 이상 장수하는 경우가 많아졌으므로, 연금을 지속해서 관리하고 조정하는 것이 필요하다. 이는 연금 자산의 지속 가능성을 확보하는 데 필수적이며, 필요한 경우 비상 자금을 마련하는 것도 좋은 방법이다. 예를 들어, 미국의 '4% 규칙'은 자산의 4%를 연간 인출하면 30년 이상 유지할 수 있다는 연구 결과를 바탕으로 하고 있다. 이러한 기준을 참고하여 개인의 재정 상황에 맞게 수령액을 설정할 수 있다.

연금 수령 한도는 절세 효과와도 밀접한 관계가 있다. 매년 수령하는 연금액이 많을수록, 소득세 부담도 증가하기 때문에 적절한 수령 한도를 설정하는 것이 중요하다. 한국에서는 연금 수령액에 따라 소득세가 부과되며, 연금액이 높아질수록 세율도 상승한다. 따라서, 소득세 부담을 최소화하기 위해 연금 수령액을 적절히 조정할 필요가 있다. 예를 들어, 국민연금과 퇴직연금, 개인연금 등 여러 연금을 수령할 경우, 각 연금의 수령 시기를 조정하여 세금 부담을 줄일 수 있다. 이는 연금 수령 시기를 나누거나, 연금액을 일정 수준 이하로 유지함으로써 가능하다.

연금 수령 한도를 조정함으로써 절세 효과를 누린 성공적인 사례도 많다. 한 은퇴자는 초기에 퇴직연금과 개인연금을 동시에 수령하면서 높은 세금 부담을 겪었으나, 전문가의 조언을 받아 수령 시기를 조정했다. 그 결과, 세금 부담을 크게 줄일 수 있었으며, 장기적으로 연금 자산의 지속 가능성을 높일 수 있었다. 이러한 사례는 연금 수령 한도를 잘 설정하는 것이 절세에 얼마나 중요한지를 보여준다. 세금 부담을 줄임으로써 연금 자산을 더 오래 사용할 수 있으며, 이는 은퇴 후 경제적 안정을 강화하는 데 큰 역할을 한다.

연금 수령 한도를 설정할 때는 단순히 세금을 줄이는 것뿐만 아니라, 장기적인 재정 안정성을 고려해야 한다. 이를 위해서는 경제 상황과 개인의 건강 상태, 생활비 변화를 정기적으로 검토하고, 필요할 경우 수령 한도를 조정하는 것이 중요하다. 예를 들어, 경제가 어려워지면 인출을 줄이고, 경제가 회복되면 인출을 늘리는 것이 합리적일 수 있다. 이러한 유연한 접근은 자산을 장기적으로 보호하는 데 도움이 된다. 지속적인 관리와 조정을 통해 연금 자산을 최적화하고, 은퇴 후에도 지속적인 경제적 안정을 누릴 수 있다.

따라서 매년 연금 수령 한도를 설정하고 조정하는 것은 은퇴 후 재정관리의 중요한 부분이다. 연금 수령 한도를 신중하게 설정함으로써 생활비와 세금을 효과적으로 관리할 수 있으며, 이는 장기적인 재정 안정성을 확보하는 데 큰 도움이 된다. 이는 단순히 경제적 측면을 넘어, 은퇴 후 삶의 질을 보장하는 중요한 요소다. 체계적이고 유연한 수령 전략을 통해 은퇴 후에도 지속적인 경제적 안정을 누릴 수 있으며, 이는 은퇴설계의 궁극적인 목표다. 이를 위해 독자들은 연금 수령 한도를 정기적으로 검토하고, 필요할 경우 전문가의 조언을 받아 조정하는 것이 필요하다. 이러한 준비와 계획이 있으면 은퇴 후에도 안정적이고 만족스러운 삶을 영위할 수 있다.

## 5. 인출과 절세를 동시에 고려하기

연금 인출 시 절세 전략을 잘 활용하면 경제적 이득을 극대화할 수 있다. 은퇴 후 소득의 대부분이 연금을 통해 제공되는 경우가 많기 때문에, 연금 인출을 효과적으로 관리하는 것이 중요하다. 특히, 연금 인출에 따른 세금 부담을 최소화하는 것은 장기적인 재정 안정성을 유지하는 데 핵심적인 요소다. 한국에서는 국민연금, 퇴직연금, 개인연금 등 다양한 연금제도가 있으며, 각 제도에 따라 세금 부과 방식이 다르다. 이러한 연금제도를 잘 이해하고, 각기 다른 세금 구조를 활용하면 연금 인출 시 세금을 절감할 수 있다.

세금 절감을 위한 연금 인출 방법으로는 몇 가지 전략이 있다. 첫째, 인출 시기를 분산하여 소득세 부담을 줄이는 방법이다. 연금 인출 시기를 조정하여 한 해에 과도한 소득이 발생하지 않도록 하면, 소득세율이 높아지는 것을 방지할 수 있다. 예를 들어, 연금 인출 시기를 연말로 조정하여 다음 해 초에 인출을 분산함으로써 소득세 부과를 조절할 수 있다. 둘째, 기본 공제 및 추가 공제를 최대한 활용하는 것이다. 한국에서는 노령층에 대한 세금 공제가 제공되며, 이를 최대한 활용하면 세금을 절감할 수 있다. 셋째, 소득세율이 낮을 때 인출을 늘리고, 세율이 높을 때는 인출을 줄이는 방법으로 절세할 수 있다. 이러한 전략은 연간소득 변동에 따른 세금 부담을 최적화하는 데 유용하다.

연금 인출에 따른 세금 효과를 분석하는 것은 절세 전략을 수립하는 데 중요하다. 세금 부담은 연금의 수령 금액과 소득 수준에 따라 달라지며, 이를 정확히 이해하는 것이 필요하다. 한국에서는 연금 수령액이 일정 수준을 초과할 경우 소득세가 부과된다. 예를 들어, 국민연금의 경우 소득이 높을수록 세금이 증가하며, 개인연금에서는 인출 시점에 따라 세율이 다를 수 있다. 따라서, 연금 인출 시 예상되는 세금 부담을 미리 계산하고, 이에 맞춰 인출 계획을 조정하는 것이 중요하다. 한 연구에 따르면, 연금 수령액을 조정하여 연간소득이 과도하게 증가하지 않도록 하면, 장기적으로 세금 부담을 줄일 수 있다.

다양한 절세 전략을 비교해 보면, 각 전략은 개인의 재정 상황과 세금 구조에 따라 다르게 적용될 수 있다. 예를 들어, 소득이 적은 해에는 연금을 더 많이 인출하여 낮은 세율을 적용받고, 소득이 많은 해에는 인출을 줄여 세금 부담을 최소화할 수 있다. 이러한 전략은 연금 자산의 지속 가능성을 확보하는 데 큰 도움이 된다. 또 다른 절세 전략으로는, 연금 수령 시 세금 혜택을 극대화하기 위해 주택담보대출 상환, 의료비 공제 등과 같은 추가 공제를 활용하는 것이다. 이러한 공제는 소득세 부담을 줄이는 데 효과적이며, 결과적으로 연금 자산의 가치를 보호할 수 있다.

실제 사례로, 한 은퇴자는 다양한 연금과 공제 혜택을 활용하여 세금을 크게 줄일 수 있었다. 그는 초기에는 국민연금과 퇴직연금을 통해 기본 생활비를 충당하고, 개인연금은 후반부에 사용하여 세금 부담을 줄였다. 또한, 의료비 및 주택담보대출 상환 공제를 통해 연말정산 시 세금을 절감했다. 이러한 전략은 세금을 줄임으로써 연금 자산의 지속 가능성을 높이고, 은퇴 후 경제적 안정을 강화하는 데 중요한 역할을 했다.

따라서 연금 인출 시 절세를 고려하는 것은 단순한 세금 절감 이상의 의미이다. 이는 장기적인 재정계획을 최적화하고, 은퇴 후 경제적 안정성을 유지하는 데 필수적이다. 연금 인출 계획을 수립할 때는 자신의 재정 상황과 세금 구조를 면밀하게 분석하고, 필요한 경우 전문가의 조언을 받는 것이 중요하다. 체계적이고 유연한 절세 전략을 통해 은퇴 후에도 지속적인 경제적 안정을 누릴 수 있으며, 이는 은퇴설계의 궁극적인 목표다. 이를 위해 독자들은 연금 인출과 절세를 동시에 고려한 종합적인 재정계획을 수립해야 한다. 이러한 준비와 계획이 있으면 은퇴 후에도 안정적이고 만족스러운 삶을 영위할 수 있다.

▶ 연금 인출 절세를 위한 7가지 아이디어

① 연금 인출 시기 분산: 연금 인출 시기를 분산하여 연간 과세 소득을 조절하면 소득세율의 상향 조정을 피할 수 있다. 예를 들어, 연말에 일부 연금을 인출하고, 다음 해 초에 나머지를 인출함으로

써 세금을 줄일 수 있다.

② 소득이 낮은 해에 인출 확대: 소득이 낮은 해에는 연금 인출을 늘려 낮은 세율을 적용받을 수 있다. 이 전략은 소득이 변동하는 은퇴자에게 유용하며, 최저 세율 구간에서 인출을 최대화하여 세금 부담을 줄인다.

③ 연금상품 간 인출 조정: 국민연금, 퇴직연금, 개인연금 등 여러 연금을 수령할 경우, 인출 순서를 조정하여 세금 혜택을 극대화할 수 있다. 예를 들어, 퇴직연금을 먼저 사용하고, 개인연금을 나중에 인출하여 세금을 절감할 수 있다.

④ 공제 항목 최대 활용: 의료비, 주택담보대출 상환, 교육비 등의 공제 항목을 최대한 활용하여 과세 소득을 줄일 수 있다. 이러한 공제 항목은 연말정산 시 세금 부담을 줄이는 데 큰 도움이 된다.

⑤ 부부간 소득 분산: 부부가 각각 연금을 수령하는 경우, 소득을 분산하여 세금 부담을 최소화할 수 있다. 소득이 많은 배우자가 일부 연금을 상대적으로 소득이 적은 배우자에게 이전하여 세금을 줄일 수 있다.

⑥ 개인연금 IRP 활용: 개인형 퇴직연금(IRP)에 자금을 추가 입금하여 세액공제를 받을 수 있다. IRP는 연간 납입액에 대해 최대 700만 원까지 세액공제를 받을 수 있어, 절세 효과를 누릴 수 있다.

⑦ 배당소득 활용: 배당소득은 종합과세와 분리과세 중 선택할 수 있는데, 분리과세를 통해 세금 부담을 줄일 수 있다. 연금 외에 주식 배당을 통해 수익을 창출하면, 종합과세 기준을 넘지 않도록

관리하여 세금을 절감할 수 있다.

## 6. 목돈이 필요할 때의 일부 인출 전략

은퇴 후에는 예상치 못한 긴급 상황이 발생할 수 있으며, 이때 연금을 일부 인출하는 전략이 필요하다. 갑작스러운 의료비, 주택 수리, 가족 지원 등으로 목돈이 필요할 때가 생길 수 있으며, 이를 대비해 연금을 어떻게 활용할 것인지 미리 계획하는 것이 중요하다. 한국의 경우, 국민연금이나 퇴직연금에서의 인출은 일정한 조건에서 가능하며, 이러한 조건을 잘 이해하고 준비하는 것이 필요하다. 일부 인출은 연금 자산의 장기적인 안정성에 영향을 미칠 수 있으므로, 긴급 상황에서도 신중한 접근이 요구된다.

긴급 상황에서 연금을 활용하는 방안으로는 몇 가지 전략이 있다. 첫째, 비상 자금 마련을 위해 개인연금에서 일부를 인출하는 방법이 있다. 개인연금은 비교적 자유로운 인출이 가능하므로, 긴급 상황 발생 시 유용하게 사용할 수 있다. 둘째, 퇴직연금의 경우에는 퇴직금 중 일부를 인출할 수 있는 옵션을 고려할 수 있다. 다만, 이 경우에는 세금 및 수수료 부담을 고려해야 한다. 셋째, 국민연금의 경우 목돈이 필요한 시점에 연금 수령 시기를 조정하여 필요한 자금을 확보할 수 있다. 이러한 전략은 각각의 연금상품의 특성과 개인의 재정 상태를 잘 이해하고 활용해야 한다.

일부 인출 시 고려해야 할 사항은 다양하다. 가장 중요한 것은 인출에 따른 세금 부담이다. 연금 인출 시에는 소득세가 부과될 수 있으며, 특히 한 번에 많은 금액을 인출할 경우 높은 세율이 적용될 수 있다. 따라서, 인출 금액을 신중하게 조정하여 세금 부담을 최소화하는 것이 필요하다. 또한, 인출로 인해 향후 연금 수령액이 줄어들 수 있다는 점도 고려해야 한다. 이는 장기적인 재정계획에 영향을 미칠 수 있으며, 따라서 인출 전후의 재정 상황을 면밀하게 분석하는 것이 필요하다. 예를 들어, 한 은퇴자는 긴급 상황에서 퇴직연금을 인출한 후 예상보다 큰 세금 부담을 겪었으나, 사전 계획을 통해 추가적인 손실을 방지할 수 있었다.

부분 인출 후에는 계획의 재조정이 필요하다. 연금 자산이 줄어들면, 기존의 재정계획이 적합하지 않을 수 있으며, 따라서 새로운 계획을 수립해야 한다. 이는 생활비 조정, 다른 소득원의 활용, 추가적인 절세 전략의 도입 등을 포함할 수 있다. 예를 들어, 인출 후 남은 자산을 더 안전한 투자로 전환하여 리스크를 줄이거나, 지출을 줄여 자산의 지속 가능성을 확보할 수 있다. 이러한 재조정은 은퇴 후 재정 안정성을 유지하는 데 필수적이며, 주기적인 검토와 조정이 필요하다.

실제 사례로, 한 은퇴자는 의료비로 인해 급히 개인연금에서 일부를 인출해야 했다. 그는 인출 후 세금 부담을 줄이기 위해 다른 연금 인출을 최소화하고, 생활비를 절약하는 등의 조치를 취했다. 이러한 노력은 그의 재정계획을 성공적으로 조정하는 데 도움이 되었으며, 장기적으로 연금 자산의 지속 가능성을 유지할 수 있었다. 이러한 사례는 긴급 상황에서도 신중한 인출과 계획적인 재조정이 얼마나 중요한지를 보여준다.

따라서 목돈이 필요할 때의 일부 인출 전략은 단순한 자금 마련 이상의 의미다. 이는 장기적인 재정계획을 최적화하고, 은퇴 후 경제적 안정성을 유지하는 데 필수적이다. 인출 계획을 수립할 때는 자신의 재정 상황과 세금 구조를 면밀하게 분석하고, 필요한 경우 전문가의 조언을 받는 것이 중요하다. 체계적이고 유연한 인출 전략을 통해 은퇴 후에도 지속적인 경제적 안정을 누릴 수 있으며, 이는 은퇴설계의 궁극적인 목표다. 이를 위해 독자들은 연금 인출과 긴급 상황을 대비한 종합적인 재정계획을 수립해야 한다. 이러한 준비와 계획이 있으면 은퇴 후에도 안정적이고 만족스러운 삶을 영위할 수 있다.

## 7. 인출 시기 시뮬레이션

### (1) 연금 인출 시기 최적화

연금 인출 시기를 최적화하는 것은 은퇴 후 재정계획의 성공을 좌우하는 중요한 요소다. 인출 시기는 연금 자산의 지속 가능성에 직접적인 영향을 미치며, 생활비와 세금 부담에도 큰 차이를 만든다. 다양한 인출 시나리오를 시뮬레이션하는 것은 이러한 결정을 돕는 데 매우 유용하다. 시뮬레이션을 통해 다양한 상황을 가정하고, 각 시나리오가 개인의 재정 상황에 미치는 영향을 평가할 수 있다. 예를 들어, 빠른 인출 시나늦은 인출 시의 재정적 결과를 비교해보는 것이 가능하다. 이는 예상치 못한 경제적 변화에 대한 대비책을 마련하고, 최적의 인출 시기를 찾는 데 도움을 준다.

다양한 인출 시나리오 시뮬레이션을 위해서는 몇 가지 핵심 요소를 고려해야 한다. 첫째, 인출 시점에 따라 연금 수령액이 어떻게 변동하는지를 분석해야 한다. 예를 들어, 연금 수령을 지연할 경우 매달 수령액이 증가하지만, 너무 늦추면 자금이 필요한 시기에 사용할 수 없는 문제가 발생할 수 있다. 둘째, 인플레이션과 생활비 상승을 고려하여 실질적인 구매력을 유지할 수 있는지를 평가해야 한다. 셋째, 시장 변동성에 따른 자산 가치 변화를 시뮬레이션하여 자산의 지속 가능성을 평가해야 한다. 이러한 시뮬레이션은 연금 인출 전략의 효과를 실질적으로 측정하고, 불확실성에 대비할 수 있는 유용한 도구다.

최적의 인출 시기를 찾기 위한 도구와 방법은 다양하다. 최근에는 다양한 금융 소프트웨어와 온라인 도구가 개발되어 연금 인출 시기를 시뮬레이션할 수 있는 환경이 제공되고 있다. 이러한 도구들은 연금 수령액, 예상 수명, 시장 변동성, 세금 등을 고려하여 다양한 시나리오를 제공한다. 대표적인 도구로는 퇴직연금 계산기와 재정계획 소프트웨어 등이 있으며, 이러한 도구는 사용자의 입력 값을 기반으로 최적의 인출 시기를 제안한다. 또한, 엑셀과 같은 스프레드시트를 활용하여 자신만의 시나리오를 만들고, 수익률, 인플레이션, 지출 증가 등을 반영하여 맞춤형 분석을 할 수도 있다. 이러한 도구를 활용하면, 각기 다른 시나리오의 결과를 쉽게 비교할 수 있어, 더 객관적인 의사결정을 내리는 데 큰 도움이 된다.

성공적인 인출 시기 조정의 사례를 살펴보면, 개인의 상황에 맞춘 전략이 얼마나 중요한지를 알 수 있다. 예를 들어, 한 은퇴자는 초기에는 자산 가치 상승을 예상하고 인출을 미루었다가, 예상보다 빠르게 경제가 하락하면서 인출 시기를 앞당기는 전략을 취했다. 이러한 유연한 접근 덕분에 그는 자산 고갈을 피할 수 있었으며, 안정적인 재정 상태를 유지할 수 있었다. 또 다른 사례로, 다른 은퇴자는 초기에는 보수적으로 인출하고, 후반부에 인출을 늘리는 전략을 통해 장기적으로 재정적 안정을 확보할 수 있었다. 이러한 성공적인 사례들은 각기 다른 경제 환경에 맞춘 인출 전략이 얼마나 중요한지를 잘 보여준다.

결국, 인출 시기 시뮬레이션은 은퇴 후 재정계획의 필수적인 부분이다. 시뮬레이션을 통해 다양한 경제적 시나리오를 가정하고, 그에 따른 재정적 결과를 미리 평가함으로써, 더욱 전략적인 인출 계획을 수립할 수 있다. 이는 연금 자산의 지속 가능성을 높이고, 은퇴 후에도 안정적이고 만족스러운 삶을 영위하는 데 중요한 역할을 한다. 인출 시기 시뮬레이션은 단순한 도구가 아닌, 불확실한 미래에 대비하는 전략적 접근으로, 독자들에게 실질적인 도움이 될 것이다. 이러한 준비와 계획이 있으면 은퇴 후에도 경제적 안정과 삶의 질을 동시에 유지할 수 있다.

### (2) 인출 시기 시뮬레이션 최적화를 위한 체크리스트 7

#### 1) 재정 상태 분석
- 현재 자산 및 부채 상태를 정확히 파악하고 기록하기
- 월별 생활비, 의료비, 기타 지출 항목을 상세히 분석하기
- 추가적인 수입원(배당, 임대료, 기타소득 등)을 확인하기

#### 2) 연금 자산 평가
- 국민연금, 퇴직연금, 개인연금의 종류와 잔액 파악하기

- 각 연금의 수령 조건과 인출 가능 시기 확인하기
- 연금 인출에 따른 세금 영향 분석하기

**3) 시나리오 설정**
- 다양한 경제 상황(경제 호황, 불황, 정체 등)에 대한 시나리오 설정
- 인플레이션 및 금리 변동에 대한 가정을 설정하기
- 예상 수명과 장기적인 건강 상태를 고려한 시나리오 작성하기

**4) 최적의 인출 시기 결정**
- 인출 시기 및 방법에 따른 각 시나리오의 재정적 결과 비교하기
- 최소 세금 부담을 위한 인출 시기 조정 방안 검토하기
- 자산의 지속 가능성을 보장하는 인출 전략 선택하기

**5) 위험 관리 전략**
- 예상치 못한 경제적 변화에 대비한 비상 자금 마련하기
- 자산 보호를 위한 포트폴리오 분산 및 리밸런싱 전략 고려하기
- 재정 상태 변화에 따른 즉각적인 대응 계획 수립하기

**6) 정기적인 검토 및 조정**
- 연 1~2회 정기적으로 시뮬레이션 결과와 실제 재정 상태 비교하기
- 필요시, 경제 상황 변화에 맞춰 인출 계획 조정하기
- 새로운 연금제도나 세법 변경 사항 반영하기

### 7) 라이프스타일과 목표 반영

- 은퇴 후 목표와 가치관을 인출 전략에 반영하기
- 삶의 질과 행복을 고려한 인출 전략 설정하기
- 변화하는 라이프스타일에 유연하게 대응하기

## 8. 경제 상황에 따른 유연한 인출 플랜 조정

연금 인출 전략을 성공적으로 수행하기 위해서는 경제 상황의 변화에 따라 유연하게 조정할 수 있는 능력이 필수적이다. 경제 환경은 급변할 수 있으며, 이러한 변화는 은퇴자에게 큰 영향을 미친다. 특히, 경제 침체기나 인플레이션 시기에 연금 자산을 어떻게 관리하느냐에 따라 은퇴 후 생활의 질이 크게 달라질 수 있다. 예를 들어, 글로벌 금융 위기와 같은 대규모 경제 불황이 닥친다면 자산 가치가 급격히 하락할 수 있으며, 이로 인해 연금 인출 전략을 재검토하고 조정할 필요가 있다.

경제 변화에 따른 연금 인출 전략 수정을 위해서는 몇 가지 요소를 고려해야 한다. 첫째, 경제 침체기에는 인출을 줄여 자산의 고갈을 방지하는 것이 중요하다. 이때 생활비를 줄이고, 비필수 지출을 최소화하여 경제 상황이 호전될 때까지 인출을 보류할 수 있다. 둘째, 인플레이션이 급등할 경우, 생활비가 증가하므로 인출액을 조정해야 할 수 있다. 인플레이션을 반영하여 연금 수령액을 조정하면 실질 구매력을 유지할 수 있다. 셋째, 금리가 변동할 때도 전략을 조정할 필요가 있다. 금리가 오르면 채권이나 예금의 수익률이 증가하므로, 이익을 극대화할 수 있는 전략을 세우는 것이 중요하다.

위기 상황에서의 대처 방안은 신속하고 효율적인 조정 능력을 요구한다. 경제 위기 시에는 자산 포트폴리오를 재조정하여 리스크를 최소화해야 한다. 예를 들어, 주식시장의 급락 시기에는 주식 비중을 줄이고, 상대적으로 안전한 채권이나 현금 자산의 비중을 늘리는 것이 바람직하다. 또한, 비상 자금을 마련해 두는 것이 중요하다. 비상 자금은 예상치 못한 지출이나 소득 감소에 대응할 수 있는 재정적 안전망을 제공하며, 이는 심리적 안정에도 기여한다.

미래 경제 전망에 따른 전략적 접근도 중요하다. 경제 전문가들은 앞으로도 경제적 불확실성이 지속될 것으로 예측하고 있으며, 이에 따라 장기적인 재정계획을 세워야 한다. 경제 성장을 기대할 수 있는 산업에 투자하거나, 글로벌 시장에 분산투자하는 것도 한 가지 전략이다. 특히, ESG(환경, 사회, 지배구조) 관련 기업에 대한 투자는 장기적으로 긍정적인 수익을 기대할 수 있다. 또한, 디지털 경제의 성장을 염두에 두고, 관련 기술 기업에 대한 투자도 고려할 수 있다. 이러한 전략은 장기적인 경제 성장을 반영하여 자산 가치를 극대화하는 데 기여할 수 있다.

경제 변화에 유연하게 대응하기 위한 또 다른 방법은 전문가의 조언을 적극 활용하는 것이다. 재정 컨설턴트나 금융 전문가와의 정기적인 상담을 통해 최신 경제 동향과 투자 전략을 파악할 수 있다. 이는 개인의 재정 상황에 맞춘 최적의 인출 전략을 수립하는 데 큰 도움이 된다. 전문가의 조언을 바탕으로 맞춤형 재정계획을 수립하면, 경제 변화에도 안정적으로 대처할 수 있다. 따라서 경제 상황에 따른 유연한 인출 플랜 조정은 은퇴 후 재정관리의 핵심이다. 경제 변화에 적절히 대응함으로써 연금 자산의 지속 가능성을 확보하고, 은퇴 후에도 안정적이고 만족스러운 삶을 유지할 수 있다. 경제적 불확실성 속에서도 체계적이고 유연한 접근을 통해 독자들은 자신의 연금 자산을 효과적으로 관리할 수 있을 것이다. 이러한 준비와 계획은 은퇴설계의 궁극적인 목표인 경제적 안정과 삶의 질을 동시에 달성하는 데 필수적이다.

▶ **성공적인 은퇴를 위한 연금 인출 전략 질문**

① 현재 자산과 부채는 어떻게 구성되어 있는가?
② 월별 생활비와 필수 지출 항목(의료비, 보험료 등)은 얼마나 되는가?
③ 예상되는 추가 소득원(임대료, 투자 배당금 등)은 무엇인가?
④ 내가 가입한 국민연금, 퇴직연금, 개인연금의 잔액과 수령 조건은 무엇인가?
⑤ 각 연금의 세금 부담은 어느 정도이며, 수령 시기 조건은 어떻게 되는가?
⑥ 연금 자산의 포트폴리오 구성과 수익률은 어떠한가?
⑦ 다양한 경제 시나리오(호황, 불황, 정체 등)에 따라 인출 계획을 어떻게 시뮬레이션할 수 있는가?
⑧ 인플레이션과 금리 변동을 반영한 시나리오는 어떻게 설정할 것인가?
⑨ 시나리오별 예상 수령액과 세금 부담은 어떻게 평가할 것인가?
⑩ 연간소득 수준을 어떻게 조절하여 세금을 최적화할 수 있는가?
⑪ 의료비, 교육비, 주택담보대출 이자 등의 공제 항목을 최대한 활용할 방법은 무엇인가?
⑫ 소득이 적은 해에 인출을 확대하여 세율을 최적화할 방법은 무엇

인가?

⑬ 예상치 못한 경제적 변화에 대비해 비상 자금을 어떻게 마련할 것인가?

⑭ 자산 보호를 위해 포트폴리오 리밸런싱 및 분산투자 전략은 어떻게 수립할 것인가?

⑮ 위기 상황에서 어떻게 대처할 계획인가?

⑯ 최소 연 1~2회 인출 전략과 실제 재정 상태를 어떻게 비교 및 평가할 것인가?

⑰ 경제 변화 및 개인 상황에 따라 인출 계획을 어떻게 조정할 것인가?

⑱ 새로운 연금제도나 세법 변경에 따라 계획을 어떻게 업데이트할 것인가?

⑲ 경제 성장 산업 및 글로벌 시장에 대한 투자 기회를 어떻게 고려할 것인가?

⑳ ESG(환경, 사회, 지배구조) 관련 기업에 대한 장기적 투자를 어떻게 검토할 것인가?

㉑ 디지털 경제 및 신기술 관련 기업에 대한 투자 기회를 어떻게 모색할 것인가?

㉒ 재정 컨설턴트나 금융 전문가와의 정기적인 상담을 통해 어떤 최신 정보를 파악할 것인가?

㉓ 전문가의 조언을 바탕으로 맞춤형 인출 전략을 어떻게 수립 및 수정할 것인가?

㉔ 재정계획 수립 과정에서 의사결정 기록 및 피드백을 어떻게 반영

할 것인가?

㉕ 은퇴 후 목표와 가치관을 반영한 인출 전략은 어떻게 설정할 것인가?

㉖ 삶의 질과 행복을 고려한 지속 가능한 인출 계획을 어떻게 마련할 것인가?

㉗ 변화하는 라이프스타일에 어떻게 유연하게 대응할 것인가?

㉘ 은퇴 후 변화에 대한 심리적 준비와 적응 계획은 어떻게 수립할 것인가?

㉙ 경제적 안정성을 통한 심리적 안정을 유지하기 위한 방법은 무엇인가?

㉚ 삶의 질 향상을 위한 여가 활동 및 사회적 참여 계획은 어떻게 마련할 것인가?

키워드 24

# 보유 부동산의 가치 변화에 대한 대응 전략

1. 부동산과 은퇴설계
2. 가치 평가 도구들
3. 가치를 높이는 리노베이션과 업그레이드 방법
4. 부동산시장 모니터링과 예측 도구들
5. 발생할 수 있는 문제
6. 대응 전략
7. 감가상각과 부동산 가치 하락: 실질적 이해와 전략
8. 은퇴 부동산투자: 장기적인 관점을 유지하라

# 1. 부동산과 은퇴설계

### (1) 부동산 가치 변화의 중요성을 파악하자

은퇴 재무설계에서 부동산이 차지하는 비중은 매우 크다. 부동산은 자산으로서의 가치뿐만 아니라, 안정적인 수입원으로도 작용할 수 있기 때문이다. 특히 은퇴 이후에는 정기적인 수입원이 제한적이므로 부동산을 통한 임대 수입이나 가치 상승을 통한 자산 증대가 중요한 역할을 한다. 부동산은 일반적으로 장기 보유 자산으로 간주되며, 이를 통해 얻을 수 있는 수익은 시간의 흐름에 따라 증가할 수 있다. 예를 들어, 강남 지역과 같은 특정 지역의 부동산은 높은 수요로 인해 지속해서 가치가 상승할 가능성이 크다.

그러나 모든 지역이 같은 가치를 유지하거나 상승하는 것은 아니다. 부동산 가치는 지역적 특성, 인구구조 변화, 경제 상황 등에 크게 영향을 받는다. 따라서 은퇴설계에 있어 부동산을 중요한 자산으로 활용하려면 이러한 요인들을 충분히 고려해야 한다. 부동산을 통한 수익 극대화를 위해서는 시장 분석, 적절한 구매 시점 선택, 지속적인 관리 및 가치 상승 전략이 필요하다. 임대 부동산을 소유한 경우, 임대 수입은 은퇴 후의 생활비를 충당하는 데 있어 중요한 역할을 할 수 있다. 이를 위해 임차인 관리, 유지보수, 법적 준수 사항 등을 철저히 관리해야 한다. 실제로 많은 사람이 은퇴 후 임대 부동산을 통해 안정적인 수입을 얻고 있으며, 이러한 성공 사례들은 은퇴 재무설계에서 부동산의 중요성을 보여주는 좋은 예시가 된다.

부동산의 가치는 주식이나 채권과 같은 금융 자산보다 변동성이 적고 장기적으로 비교적 안정적인 수익을 제공한다는 점에서 매력적이다. 따라서 은퇴를 앞둔 사람들은 자신의 자산 포트폴리오에 부동산을 포함하는 것을 고려해야 한다. 그러나 부동산투자에는 높은 초기 비용과 유지 비용이 수반될 수 있으며, 시장 변동성에 대한 대비책도 필요하다. 그러므로 은퇴설계에서 부동산을 활용할 때는 장기적인 시각을 가지고 접근해야 하며, 주기적인 시장 조사와 전략적 조정이 필요하다.

**(2) 장기적 하락 전망의 배경을 인지하자**

한국은 빠르게 초고령사회로 진입했으며, 1인 가구의 증가도 두드러진다. 이러한 인구구조 변화는 부동산시장에 상당한 영향을 미칠 것으로 예상된다. 초고령사회에서는 경제활동인구가 감소하고, 은퇴 인구가 증가함에 따라 부동산 수요가 전반적으로 줄어들 수 있다. 특히 대형 주택보다는 소형 주택이나 임대 아파트의 수요가 증가할 가능성이 크다. 이는 부동산시장에서 가치의 하락을 초래할 수 있는 요인으로 작용한다.

1인 가구의 증가는 소형 주택이나 오피스텔, 원룸에 대한 수요를 증가시킬 수 있지만, 이는 동시에 대형 주택의 수요 감소를 의미하기도 한다. 따라서 부동산 가치는 지역과 주택 유형에 따라 다르게 변할 수 있으며, 장기적으로는 특정 유형의 주택 가치 하락이 예상된다. 경제협력개발기구(OECD)의 보고서에 따르면, 한국은 2050년까지 고령화 비율이 급격히 증가할 것으로 예상되며, 이는 부동산시장에 장기적인 하락 압력을 가할 수 있다.

이러한 변화는 이미 일부 연구에서도 확인되고 있다. 예를 들어, 서울대학교의 한 연구에 따르면 초고령사회로의 진입은 부동산 가격 하락의 주요 요인이 될 수 있다고 한다. 또한, 1인 가구의 증가로 인한 주택 유형의 변화는 시장 구조 자체를 바꿀 수 있다. 이러한 변화에 대비하기 위해 은퇴를 준비하는 사람들은 부동산시장의 장기적인 전망을 주의 깊게 살펴봐야 한다.

부동산시장의 이러한 변화는 기회와 위협을 동시에 제공한다. 따라서 은퇴설계를 준비하는 사람들은 부동산 포트폴리오를 다각화하고, 잠재적인 가치 하락에 대비한 전략을 수립해야 한다. 예를 들어, 다양한 지역과 주택 유형에 투자함으로써 리스크를 분산시키는 것이 한 가지 방법이 될 수 있다. 또한, 부동산시장의 변화를 주기적으로 모니터링하고, 필요할 경우 포트폴리오를 조정하는 것도 중요하다. 이는 부동산의 가치 하락에 대비하고, 은퇴 후 안정적인 수입원을 확보하는 데 중요한 전략이 될 것이다.

실질적인 조언으로, 현재 부동산시장의 변화를 예측하기 위해 최신 데이터와 통계를 활용하는 것이 중요하다. 이를 통해 시장의 방향성을 파악하고, 더 현명한 투자 결정을 내릴 수 있다. 다양한 연구자료와 전문가의 의견을 참조하여 자신의 부동산 전략을 꾸준히 업데이트하는 것도 중요하다. 이렇게 함으로써 부동산의 장기적인 가치 하락을 효과적으로 대비하고, 은퇴 후에도 안정적인 생활을 유지할 수 있을 것이다.

## 2. 가치 평가 도구들

### (1) 부동산 가치 평가 모델

부동산 가치를 정확하게 평가하는 것은 은퇴 재무설계에서 매우 중요하다. 다양한 부동산 가치 평가 모델은 각기 다른 장단점을 가지고 있으며, 상황에 맞는 적절한 방법을 선택하는 것이 필요하다. 일반적으로 사용되는 평가 모델에는 시장 접근법, 수익 접근법, 비용 접근법 등이 있다. 시장 접근법은 비교 가능한 부동산의 최근 거래 가격을 바탕으로 대상 부동산의 가치를 추정하는 방법이다. 이는 부동산시장에서 쉽게 접근할 수 있는 데이터를 활용할 수 있어 실용적이며, 특히 주택과 같은 일반적인 부동산의 평가에 유용하다. 그러나 시장 변동성이 클 경우 정확도가 떨어질 수 있으며, 유사한 거래가 없을 때는 적용이 어려울 수 있다.

수익 접근법은 부동산이 창출할 수 있는 잠재적 수익을 바탕으로 가치를 평가하는 방법이다. 이는 주로 상업용 부동산이나 임대 부동산의 평가에 사용되며, 할인된 현금흐름(DCF) 분석이 일반적으로 사용된다. 수익 접근법은 장기적인 투자 가치를 고려할 수 있어 미래 수익성을 중시하는 투자자에게 유리하다. 그러나 미래 수익을 예측하는 과정에서 다양한 변수와 불확실성이 존재하므로, 이를 정확히 예측하는 것이 중요하다.

비용 접근법은 부동산을 재건축하는 데 드는 비용을 기준으로 가치를 평가하는 방법이다. 이는 주로 새로 지어진 건물이나 특별한 목적을 가진 부동산에 적합하다. 비용 접근법은 특히 시장 접근법이나 수익 접근법을 적용하기 어려운 경우 유용하다. 그러나 건물의 감가상각이나 토지 가치 변동을 고려해야 하므로, 현실적인 평가를 위해 추가적인 분석이 필요할 수 있다. 이러한 다양한 방법론을 통해 부동산 가치를 평가할 때는 대상 부동산의 특성과 시장 상황을 종합적으로 고려해야 한다.

독자들은 자신이 소유한 부동산의 유형과 시장 상황에 따라 가장 적합한 평가 방법을 선택해야 한다. 예를 들어, 주거용 부동산의 경우 시장 접근법이 일반적이지만, 장기적인 임대 수입을 기대하는 경우 수익 접근법도 고려해볼 만하다. 반면, 특수 목적의 상업용 부동산은 비용 접근법이 유리할 수 있다. 이를 통해 은퇴를 준비하는 사람들이 부동산 가치를 더 정확하게 평가하고, 이를 바탕으로 적절한 재무설계를 할 수 있도록 돕는다.

### (2) 기술 활용

최근 기술 발전은 부동산 가치 평가에 혁신적인 변화를 가져오고 있다. 드론, 3D 모델링, AI 기반 평가 소프트웨어와 같은 최신 기술은 부동산의 물리적 상태와 시장 데이터를 더 정확하고 효율적으로 분석할 수 있도록 돕는다. 드론을 활용한 항공 촬영은 대규모 부지나 접근이 어려운 지역의 부동산을 평가할 때 유용하다. 이는 부동산의 전반적인 상태를 빠르고 정확하게 파악할 수 있게 하며, 특히 대규모 개발 프로젝트나 농지 평가에 효과적이다. 드론 기술을 통해 획득한 데이터는 3D 모델링 소프트웨어와 결합되어 부동산의 입체적인 모습을 제공한다.

3D 모델링은 부동산 내부와 외부의 구조를 정밀하게 재현하여, 공

간 활용도와 디자인 요소를 더 쉽게 평가할 수 있게 한다. 이는 건축가나 개발자가 설계 단계를 더 효율적으로 관리할 수 있게 하며, 구매자에게는 더 현실감 있는 정보를 제공한다. 이러한 기술은 특히 새로운 건축 프로젝트나 리노베이션을 계획할 때 그 진가를 발휘한다. AI 기반 평가 소프트웨어는 시장 데이터를 분석하고, 이를 바탕으로 부동산 가치를 예측하는 데 사용된다. 머신러닝 알고리즘은 대량의 데이터를 처리하여 시장 트렌드와 부동산의 미래 가치를 예측할 수 있다. 이는 데이터 기반의 의사결정을 가능하게 하며, 투자 리스크를 줄이는 데 도움을 준다. 예를 들어, AI는 부동산시장의 변동성을 분석하여 향후 가격 상승이나 하락을 예측할 수 있다.

이러한 기술은 전문가들에게는 효율성과 정확성을 제공하며, 일반 투자자들에게는 복잡한 평가 과정을 더 쉽게 이해할 수 있게 한다. 예를 들어, 미국의 Zillow는 AI 기반의 부동산 가치 예측 서비스를 통해 사용자들에게 예측된 부동산 가치를 제공하고 있으며, 이는 거래의 객관성을 높이는 데 기여하고 있다. 독자들은 이러한 기술을 활용하여 더 정확한 부동산 평가를 수행할 수 있으며, 이를 통해 은퇴 재무설계의 기초 자료를 마련할 수 있다. 기술을 활용한 부동산 평가 방법은 시간과 비용을 절감할 뿐만 아니라, 더 신뢰할 수 있는 평가 결과를 제공하므로 적극적으로 활용해볼 만하다.

이러한 최신 기술을 활용하면, 부동산 가치를 더 정확하게 평가할 수 있으며, 은퇴를 준비하는 사람들에게 실질적인 가치를 제공할 수 있다. 이러한 기술의 발전은 부동산시장의 투명성을 높이고, 더 객관적인 투자 결정을 내릴 수 있도록 돕는다. 따라서 은퇴설계 과정에서 최신 기술을 활용한 부동산 평가 도구를 적극적으로 사용하여, 더 현명한 재무 계획을 세우는 것이 중요하다.

## 3. 가치를 높이는 리노베이션과 업그레이드 방법

한국의 부동산시장은 빠르게 변화하고 있으며, 이에 따라 리노베이션과 업그레이드를 통한 부동산 가치 상승은 더욱 중요해지고 있다. 은퇴 후 안정적인 수입을 유지하기 위해서는 현대적 수요에 맞춘 리모델링과 적은 투자로 큰 가치를 창출하는 전략이 필요하다. 이번에는 한국 상황에 맞춘 구체적인 사례와 방법들을 살펴보고자 한다.

**(1) 현대적 수요에 맞춘 리모델링**

한국의 부동산시장에서는 환경 친화적 기술과 스마트홈 기술의 도입이 부동산 가치를 크게 높일 수 있는 요소로 주목받고 있다.

첫째로, 에너지 효율적인 설계는 많은 소비자가 선호하는 추세다. 예를 들어, 태양광 패널 설치는 초기 투자 비용이 있지만, 장기적으로 전기료 절감을 통해 가치를 높일 수 있다. 서울의 한 아파트 단지는 태양광 패널을 설치하여 에너지 비용을 20% 이상 절감했으며, 이는 부동산 가치 상승으로 이어졌다.

둘째로, 스마트홈 기술은 점점 더 많은 한국 소비자들에게 매력적인 요소가 되고 있다. 스마트 조명 시스템은 사용자의 생활 패턴에 맞춰 자동으로 조명을 조절하여 에너지 효율성을 높이고 생활의 편리함을 더

한다. 부산의 한 아파트는 스마트 조명과 보안 시스템을 도입하여 에너지 소비를 줄이고, 거주자의 안전을 높였으며, 이는 매매가 상승의 원인이 되었다. 스마트홈 기술은 특히 젊은 세대와 기술 친화적인 소비자들 사이에서 인기가 많다.

셋째로, 환경 친화적 재료를 활용한 리모델링은 부동산의 차별성을 높이는 방법이다. 예를 들어, 친환경 페인트와 재생 가능한 목재를 사용하는 것은 건강과 환경을 중시하는 소비자들에게 호감을 줄 수 있다. 인천의 한 주택은 친환경 재료를 활용하여 리모델링을 통해 실내 공기 질을 개선했고, 이는 건강을 중시하는 가족들 사이에서 높은 인기를 얻어 매매가 상승에 기여했다.

### (2) 작은 투자로 큰 가치 상승

부동산 가치를 높이기 위해 반드시 대규모의 비용을 들일 필요는 없다. 적은 투자로도 부동산 가치를 크게 높일 수 있는 다양한 전략들이 존재한다.

첫째로, 페인트칠은 가장 비용 효율적인 개선 방법 중 하나다. 집 안팎을 신선한 색상으로 새로 칠하는 것은 부동산의 첫인상을 크게 바꿔준다. 서울의 한 아파트는 벽면을 밝은 색상으로 새로 칠하면서 단순한 방법으로 매매가를 5% 이상 상승시켰다.

둘째로, 조경을 개선하는 것은 적은 비용으로 부동산의 외관과 매력을 높이는 데 효과적이다. 정원에 꽃과 나무를 심거나, 간단한 잔디 깎기와 같은 작업은 부동산의 첫인상을 크게 개선할 수 있다. 대구의 한 주택은 작은 정원을 가꾸고, 조경을 개선함으로써 부동산 가치가 8% 상승한 사례가 있다. 이러한 조경 개선은 특히 외관이 중요한 단독주택이나 타운하우스에 적합하다.

셋째로, 주방과 욕실의 간단한 업그레이드는 부동산 가치를 높이는 데 매우 효과적이다. 새로운 조리대, 수납장 손잡이, 샤워기 교체는 작은 비용으로도 큰 변화를 줄 수 있다. 대전의 한 아파트는 주방의 손잡이와 수도꼭지만 교체했음에도 불구하고, 매매가가 7% 상승했다는 결과를 얻었다. 이러한 작은 변화들은 구매자들에게 긍정적인 인상을 남기며, 시장 경쟁력을 높인다.

### (3) 독자들을 위한 실질적인 가이드

① 색상 선택: 밝고 중립적인 색상은 부동산을 넓고 밝게 보이도록 하며, 다양한 구매자에게 호감을 줄 수 있다.

② 에너지 효율: 간단한 LED 전구 교체는 비용을 절감하면서 부동산의 매력을 높이는 데 효과적이다.

③ 수납공간 최적화: 기존의 수납공간을 잘 활용하고, 적절한 정리를 통해 공간 활용도를 높여야 한다.

④ 친환경 소재 사용: 환경 친화적이며 지속 가능한 소재를 사용함으로써, 건강과 환경을 중시하는 구매자에게 어필할 수 있다.

⑤ 조명 개선: 자연광을 최대한 활용하고, 적절한 인테리어 조명을 통해 공간의 분위기를 바꿔보는 것이 중요하다.

⑥ DIY 프로젝트: 작은 DIY 프로젝트를 통해 손쉽게 부동산의 매력을 높일 수 있다. 예를 들어, 직접 만든 벽걸이나 작은 가구는 개성을 더할 수 있다.

⑦ 전문가 상담: 리모델링에 대한 전문가의 조언을 통해, 불필요한 지출을 줄이고 투자 대비 효과를 극대화할 수 있다.

이러한 방법들은 모두 적은 비용으로도 부동산의 가치를 높일 수 있는 전략들이며, 은퇴 후에도 안정적인 수입을 확보하는 데 도움을 줄 것이다.

## 4. 부동산시장 모니터링과 예측 도구들

부동산시장을 효과적으로 모니터링하고 예측하는 것은 은퇴 재무 설계의 성공을 위한 핵심 요소다. 특히, 한국의 부동산시장은 다양한 경제적, 사회적 요인에 의해 영향을 받기 때문에 정확한 데이터 분석과 예측이 중요하다. 이번에는 독자들이 쉽게 접근할 수 있는 데이터 소스와 이를 활용한 분석 방법을 소개하고, 머신러닝과 빅데이터를 활용한 예측 도구의 실제 사례를 통해 시장 변화를 예측하는 방법을 알아본다.

**(1) 시장 데이터 분석**

부동산시장의 변화를 이해하고 예측하기 위해서는 정확한 데이터 분석이 필수적이다.

첫째로, 한국의 부동산시장 데이터를 얻을 수 있는 대표적인 출처로는 한국감정원과 국토교통부가 있다. 한국감정원은 주택 가격, 전세가격 지수 등 다양한 부동산 관련 데이터를 제공하며, 국토교통부는 매매 및 전세 거래 내역을 통해 시장 동향을 파악할 수 있게 한다. 이러한 데이터는 주기적으로 업데이트되며, 이를 활용하면 부동산시장의 흐름을 더 명확히 이해할 수 있다.

둘째로, 한국은행과 통계청에서 제공하는 경제 지표 역시 부동산시장 분석에 유용하다. 금리, 물가 상승률, 경제 성장률 등은 부동산시장에 직접적인 영향을 미치는 요소다. 특히 금리 변화는 주택대출 이자에 영향을 미치기 때문에, 시장의 매수 및 매도 심리에 큰 영향을 줄 수 있다. 이러한 경제 지표를 정기적으로 분석함으로써 시장의 변화 방향을 예측할 수 있다.

셋째로, 부동산 포털 사이트를 활용하는 것도 좋은 방법이다. 네이버 부동산, 직방, 다방 등은 실시간 매물 정보와 함께 지역별 가격 변동 추이를 제공한다. 이를 통해 특정 지역의 가격 변동을 쉽게 모니터링할 수 있으며, 주간 또는 월간 단위로 변화를 확인할 수 있다. 이러한 정보를 통해 시장의 단기적 트렌드를 파악할 수 있다.

부동산시장 분석을 통해 변화를 예측하는 방법에 대한 10가지 가이드는 다음과 같다.

① 주택 가격 지수 분석: 주택 가격 지수의 상승과 하락 추세를 통해 시장의 전반적인 방향성을 파악한다.

② 거래량 변화 분석: 거래량의 증감은 시장의 활기를 보여주며, 거래량 감소는 시장의 침체를 예고할 수 있다.

③ 금리 동향 관찰: 금리 상승은 주택 구매 비용을 증가시켜 시장 수요를 감소시킬 수 있으므로, 금리 변화를 주의 깊게 살펴본다.

④ 정부 정책 모니터링: 부동산 관련 정책은 시장에 즉각적인 영향을 미칠 수 있으므로, 새로운 규제나 정책 발표를 주의 깊게 관찰

한다.

⑤ 경제 지표 연계 분석: 물가 상승률, 경제 성장률 등과 같은 지표를 부동산시장과 연계하여 분석한다.

⑥ 지역별 가격 차이 분석: 특정 지역의 가격 변화는 주변 지역에도 영향을 미칠 수 있으므로, 인접 지역의 변화를 함께 분석한다.

⑦ 인구구조 변화 관찰: 인구 증가나 감소는 장기적인 부동산 수요에 영향을 미칠 수 있다.

⑧ 임대료 추이 분석: 임대료 상승은 주택 구매의 대안으로서의 매력을 높이므로, 임대 시장의 변화를 모니터링한다.

⑨ 소셜 미디어와 뉴스 활용: 뉴스 기사나 소셜 미디어에서의 부동산 관련 논의를 통해 시장의 심리적 흐름을 파악한다.

⑩ 부동산 전문가 의견 청취: 부동산 전문가의 분석과 의견을 참고하여 더 깊이 있는 시장 이해를 돕는다.

**(2) 예측 모델 활용**

머신러닝과 빅데이터는 부동산시장 예측에 있어 혁신적인 도구로 자리 잡고 있다. 예를 들어, 최근 한국에서는 카카오맵과 같은 플랫폼이 부동산시장 예측에 AI 기술을 적용하고 있다. 카카오맵은 부동산 가격 변동 데이터를 기반으로 특정 지역의 미래 가격을 예측하는 서비스를 제공한다. 이는 다양한 데이터를 수집하고 분석하여 미래의 시장 변화를 예측하는 데 사용된다.

또한, 직방에서는 AI 기반의 부동산 추천 시스템을 도입하여 사용자에게 맞춤형 매물 정보를 제공하고 있다. 직방의 AI 모델은 사용자의 검색 기록과 선호도를 분석하여 개인화된 매물 추천을 함으로써 사용자 경험을 개선한다. 이는 특히 부동산시장에 익숙하지 않은 일반 소비자들이 더 쉽게 시장 정보를 이해하고, 적절한 구매 결정을 내릴 수 있도록 돕는다.

빅데이터를 활용한 예측 모델은 다양한 소스에서 데이터를 수집하여 더 종합적인 분석을 가능하게 한다. 예를 들어, 서울대학교 부동산연구소는 대량의 거래 데이터를 분석하여 서울 내 지역별 부동산 가격 변동 패턴을 예측하는 연구를 진행하였다. 이러한 모델은 시장의 변동성을 더 정교하게 예측할 수 있으며, 장기적인 투자 전략 수립에 기여한다.

일반인이 접근할 수 있는 예측 도구로는 부동산 포털의 시세 예측 기능을 들 수 있다. 네이버 부동산과 같은 포털 사이트는 AI 기술을 활용하여 지역별 부동산 시세를 예측하고, 이를 차트 형태로 제공한다. 이러한 기능은 사용자가 특정 지역의 시세 변화를 쉽게 이해할 수 있도록 돕는다. 또한, 정부나 연구 기관에서 발표하는 보고서를 통해 더 깊이 있는 시장 예측을 얻을 수 있다.

이와 같은 기술들은 부동산시장의 복잡한 데이터를 더 쉽게 이해할 수 있게 하며, 시장의 불확실성을 줄이는 데 기여한다. 은퇴를 준비하는 사람들은 이러한 예측 도구들을 활용하여 더 명확한 부동산투자 전략을 수립할 수 있다. 이를 통해 시장 변화에 대한 대비책을 마련하고, 안정적인 은퇴 재무설계를 실행할 수 있을 것이다.

## 5. 발생할 수 있는 문제

부동산투자에는 다양한 문제와 변동성이 존재하며, 이는 은퇴 후 안정적인 재무설계를 위해 해결해야 할 중요한 과제다. 이번에는 부동산시장의 변동성, 유동성 부족 및 비용 증가, 그리고 임대료 수입의 변동성과 같은 문제들을 심도 있게 분석하고, 이에 대한 실질적인 대처 방법을 제시하고자 한다.

### (1) 부동산시장 변동성

부동산시장은 경제 상황과 정부 정책 변화에 따라 큰 영향을 받는다. 경제 위기는 부동산시장의 가치를 급락시킬 수 있으며, 정부의 부동산 규제 강화는 거래량을 감소시키고 시장의 유동성을 줄일 수 있다. 예를 들어, 2008년 글로벌 금융위기 당시 한국의 부동산시장은 큰 침체를 겪었으며, 많은 투자자가 손실을 보았다. 이러한 변동성을 관리하기 위해서는 철저한 준비와 대응 전략이 필요하다.

부동산시장의 변동성에 대처 방법으로는 첫째, 경제 및 정책 동향을 지속해서 모니터링하는 것이 중요하다. 이는 시장의 변화를 빠르게 감지하고 대응할 수 있게 한다. 둘째, 포트폴리오의 다양화를 통해 특정 지역이나 자산에 대한 의존도를 줄이는 것이 필요하다. 셋째, 리스크 관리 전략을 수립하여 예상치 못한 상황에 대비하는 것이 중요하다. 예를 들어, 현금 비중을 일정 수준 이상으로 유지하여 유동성 위기에 대응할 수 있도록 준비하는 것이 바람직하다.

부동산시장 변동성에 대한 체크리스트는 다음과 같다.

① 경제 뉴스 모니터링: 주요 경제 뉴스와 정책 변화를 정기적으로 체크한다.
② 포트폴리오 다양화: 다양한 지역과 유형의 부동산에 투자하여 리스크를 분산한다.
③ 금리 변화 체크: 금리 인상 및 인하에 대한 정보를 정기적으로 확인한다.
④ 시장 심리 파악: 부동산시장 참여자의 심리를 파악하여 향후 시장 변동을 예측한다.
⑤ 유동성 확보: 비상시 사용할 수 있는 현금을 일정 수준 이상으로 유지한다.
⑥ 정부 정책 분석: 부동산 관련 정부 정책을 분석하여 시장에 미칠 영향을 평가한다.
⑦ 지역별 시장 조사: 투자 지역의 시장 동향을 주기적으로 조사한다.
⑧ 데이터 기반 의사결정: 최신 데이터를 활용하여 의사결정을 내린다.
⑨ 위기 시나리오 계획: 경제 위기 시나리오를 수립하고 이에 따른 대처 계획을 준비한다.
⑩ 전문가 의견 수렴: 부동산 전문가의 의견을 청취하여 더 깊이 있는 인사이트를 얻는다.

### (2) 유동성 부족 및 비용 증가

부동산은 일반적으로 유동성이 낮은 자산으로, 매수자 감소나 장기 매매 기간 등의 문제가 발생할 수 있다. 이는 특히 경제 침체기나 시장 불확실성이 큰 시기에 더욱 두드러진다. 매수자가 줄어들면 부동산을 매도하는 데 시간이 오래 걸리고, 이로 인해 필요한 자금을 확보하지 못하는 상황이 발생할 수 있다. 또한, 세율 상승과 관리비 증가도 부동산 보유 비용을 증가시켜 투자 수익을 감소시킬 수 있다.

이러한 문제를 해결하는 방법으로는 첫째, 부동산의 가치 상승 요인을 극대화하여 매력적인 매물로 만드는 것이 중요하다. 둘째, 매각 시점을 신중하게 선택하여 최대한의 수익을 실현할 수 있도록 한다. 셋째, 금융기관과의 협력을 통해 필요한 자금을 융통할 수 있는 신용 라인을 확보하는 것도 하나의 방법이다. 또한, 세금 절감 전략을 수립하여 불필요한 비용을 최소화하는 것이 중요하다.

유동성 부족 및 비용 증가 문제의 해결 방법은 다음과 같다.

① 시장 가치 분석: 정기적으로 부동산의 시장 가치를 평가하여 적절한 매매 시점을 결정한다.

② 자산 매각 준비: 필요시 신속하게 매각할 수 있도록 자산을 준비한다.

③ 세금 절감 전략: 세금 절감을 위한 다양한 혜택과 공제를 활용한다.

④ 유동성 확보 계획: 필요시 사용할 수 있는 신용 라인을 미리 확보한다.

⑤ 관리비 절감: 에너지 효율 개선 등을 통해 관리비를 절감한다.

⑥ 임대 수입 강화: 임대료 조정 및 공실률을 줄여 수익을 극대화한다.
⑦ 대출 조건 협상: 대출 금리를 낮추기 위해 금융기관과 협상한다.
⑧ 시장 변화 대응: 시장 변화에 민감하게 반응하여 전략을 수정한다.
⑨ 보험 가입 검토: 예상치 못한 비용 증가에 대비한 보험 가입을 검토한다.
⑩ 비용 구조 분석: 비용 구조를 정기적으로 분석하여 개선점을 찾는다.

### (3) 임대료 수입의 변동성

부동산투자의 주요 수익원 중 하나인 임대료 수입은 시장 상황에 따라 변동성이 크다. 경기 침체기에는 공실이 증가하고 임대료가 하락할 수 있으며, 이는 전체 수익성을 저하시킬 수 있다. 이러한 변동성에 대응하기 위해서는 임차인 유지 전략과 임대료 조정 계획이 필요하다.

임대료 수입 변동성에 대한 대응 전략으로는 첫째, 임차인과의 관계를 강화하여 장기적인 임대 계약을 유도하는 것이 중요하다. 둘째, 시장 상황에 따라 유연하게 임대료를 조정하여 공실률을 최소화하는 것이 필요하다. 셋째, 임대 부동산의 경쟁력을 높이기 위해 정기적인 유지보수와 업그레이드를 통해 부동산의 매력을 유지하는 것이 중요하다.

임대료 수입 변동성에 대한 체크리스트는 다음과 같다.

① 임차인 관계 강화: 임차인과의 지속적인 커뮤니케이션을 통해 관계를 강화한다.

② 장기 임대 계약 유도: 장기 임대 계약을 통해 안정적인 수입원을 확보한다.

③ 임대료 시장 조사: 정기적으로 시장 임대료를 조사하여 적정한 임대료를 책정한다.

④ 임대료 조정 계획: 시장 상황에 따라 임대료를 유연하게 조정할 수 있는 계획을 세운다.

⑤ 공실률 관리: 공실률을 최소화하기 위해 적극적인 마케팅 전략을 활용한다.

⑥ 부동산 유지보수: 정기적인 유지보수를 통해 부동산의 매력을 유지한다.

⑦ 입주자 혜택 제공: 입주자에게 다양한 혜택을 제공하여 만족도를 높인다.

⑧ 신규 임차인 유치 전략: 신규 임차인을 유치하기 위한 마케팅 계획을 수립한다.

⑨ 계약 조건 검토: 임대 계약 조건을 정기적으로 검토하고 필요한 경우 수정한다.

⑩ 공실 관리 비용 절감: 공실 관리 비용을 줄일 수 있는 방법을 찾는다.

## 6. 대응 전략

부동산시장에서 안정적인 수익을 확보하기 위해서는 다양한 전략적 대응이 필요하다. 특히 은퇴 이후에도 지속 가능한 재무 안정을 위해서는 리스크를 관리하고, 자산을 효과적으로 운용할 방안이 중요하다. 이번에는 자산 포트폴리오의 다양화, 지역 분석을 통한 투자 지역 선정, 유동성 확보, 세금 및 비용 관리, 임대 관리 효율화, 정기적인 자산 검토와 같은 구체적인 전략들을 살펴보고자 한다.

### (1) 다양화된 포트폴리오

부동산투자의 기본적인 전략 중 하나는 포트폴리오의 다양화다. 다양한 자산 유형과 지역에 분산투자함으로써 리스크를 줄일 수 있다. 예를 들어, 서울 아파트에만 집중 투자하는 대신 지방의 상업용 부동산이나 임대용 주택에도 투자하여 지역적 위험을 분산시킬 수 있다. 이러한 전략은 특정 지역의 부동산시장이 침체하더라도 전체 포트폴리오의 성과에 미치는 영향을 최소화할 수 있다. 또한, 주거용 부동산뿐만 아니라 상업용, 오피스텔, 리조트 등의 다양한 자산 유형에 투자함으로써 시장 변화에 대한 대응력을 높일 수 있다.

포트폴리오의 다양화는 단순히 자산을 분산시키는 것에 그치지 않는다. 각 자산의 특성과 시장 상황을 고려하여 장기적인 수익성과 안정성을 확보하는 것이 중요하다. 예를 들어, 서울의 강남 지역 아파트는 장기적인 가치 상승이 예상되는 반면, 수도권 외곽 지역의 상업용 부동산은 임대 수익이 상대적으로 안정적일 수 있다. 이러한 요소들을 종합적으로 고려하여 포트폴리오를 구성함으로써, 시장 변동성에 대한 내성을 높일 수 있다.

### (2) 지역 분석 및 선택

부동산투자에서 성공적인 수익을 올리기 위해서는 성장 가능성이 큰 지역을 선정하는 것이 필수적이다. 이를 위해서는 철저한 지역 분석이 필요하다. 첫째로, 인구구조 변화를 주의 깊게 살펴보아야 한다. 인구가 증가하고 있는 지역은 주거 수요가 늘어날 가능성이 크기 때문에 부동산 가치 상승의 기회가 많다. 반대로, 인구가 감소하는 지역은 장기적인 가치 하락이 우려될 수 있다. 예를 들어, 세종시는 정부 부처 이전과 맞물려 인구가 지속해서 증가하고 있어 부동산투자에 유망한 지역으로 꼽힌다.

둘째로, 인프라 개발 계획을 확인해야 한다. 새로운 지하철 노선이나 도로가 계획된 지역은 교통 편의성이 향상됨에 따라 부동산 가치가 상승할 가능성이 크다. 셋째로, 지역의 경제적 발전 가능성을 평가해야 한다. 대기업의 공장 설립이나 산업단지 조성 계획이 있는 지역은 일자리 창출과 인구 유입을 촉진할 수 있다. 이러한 요소들을 종합적으로 고려하여 투자 지역을 선정하면 장기적인 가치 상승을 기대할 수 있다.

### (3) 유동성 확보

부동산은 일반적으로 유동성이 낮은 자산이지만, 적절한 금융상품을 활용하면 유동성을 확보할 수 있다. 먼저, 라인 오브 크레딧을 활용하여 필요할 때 자금을 융통할 수 있도록 준비하는 것이 중요하다. 라인 오브 크레딧은 금융기관에서 일정 한도 내에서 자유롭게 자금을 빌릴 수 있는 금융상품으로, 예상치 못한 자금 수요에 대비할 수 있다. 둘째로, 자산 일부를 매각하여 현금을 확보하는 방법도 있다. 이때, 매각할 자산의 선택은 신중하게 이루어져야 하며, 시장 상황을 잘 고려하여 최적의 시점을 찾는 것이 중요하다.

유동성을 확보하기 위한 또 다른 방법은 부동산 리츠(REITs)에 투자하는 것이다. 리츠는 부동산 포트폴리오에 대한 소유권을 주식 형태로 투자할 수 있도록 해주며, 상대적으로 높은 유동성과 배당 수익을 제공한다. 이러한 방법들을 통해 부동산자산의 유동성을 확보함으로써, 예상치 못한 상황에서도 안정적인 재무 관리를 할 수 있다.

### (4) 세금 및 비용 관리

부동산투자에서 세금은 상당한 비용을 차지할 수 있으므로, 이를 효과적으로 관리하는 것이 중요하다. 세금 감면 혜택을 최대한 활용하여 불필요한 지출을 줄이는 것이 필요하다. 예를 들어, 임대 수익에 대한 세금 공제를 활용하거나, 주택임대차보호법에 따른 혜택을 검토할 수 있다. 또한, 부동산 매각 시 발생할 수 있는 양도소득세를 최소화하기 위해 절세 전략을 수립해야 한다.

비용 절감 전략으로는 에너지 효율 개선을 통한 관리비 절감이 있다. 스마트홈 기술이나 에너지 효율적인 장비를 도입하여 전기세, 수도세 등 관리 비용을 줄일 수 있다. 또한, 정기적인 유지보수를 통해 부동산의 가치 하락을 방지하고, 장기적인 수익성을 확보할 수 있다. 이러한 세금 및 비용 관리 전략은 부동산투자 수익을 극대화하는 데 기여할 것이다.

### (5) 임대 관리 효율화

부동산 임대 관리는 투자 수익의 핵심 요소 중 하나다. 효율적인 임대 관리를 위해 전문 임대 관리 서비스를 활용할 수 있다. 전문 임대 관리 서비스는 임대차 계약 관리, 임대료 수금, 유지보수 등 다양한 업무를 대행하며, 투자자가 더 효과적으로 자산을 관리할 수 있도록 돕는다. 예를 들어, 직방의 '방 꾸미기' 서비스는 임차인의 취향에 맞춘 인테리어를 제공하여 공실률을 줄이고, 임대 수익을 극대화하는 데 도움을 줄 수 있다.

자동화 시스템을 도입하여 임대 관리의 효율성을 높일 수도 있다. 예를 들어, 스마트 계약 시스템을 통해 임대차 계약을 자동화하고, 임대료 수금 및 관리비 청구를 디지털화함으로써 업무 효율성을 높일 수 있다. 이러한 방법들은 임대 관리의 복잡성을 줄이고, 더 체계적인 관리를 가능하게 한다.

### (6) 정기적인 자산 검토

부동산자산의 정기적인 검토는 시장 변화에 적절히 대응하고, 투자 전략을 수정하는 데 필수적이다. 정기적으로 자산의 가치를 평가하고, 시장 동향을 분석하여 필요한 조치를 하는 것이 중요하다. 예를 들어, 지역의 인구구조 변화나 경제 상황의 변화를 주기적으로 모니터링하여, 부동산 가치에 영향을 미칠 수 있는 요인을 파악해야 한다. 이러한 정보에 기반하여 포트폴리오를 조정하고, 필요할 경우 자산을 매각하거나 새로운 투자를 고려할 수 있다.

정기적인 자산 검토는 투자 성과를 최적화하는 데 기여하며, 장기적인 재무 안정을 위한 중요한 전략이다. 이를 통해 부동산투자에서 발생할 수 있는 위험을 줄이고, 안정적인 수익을 확보할 수 있다. 이러한 전략들은 은퇴 후에도 지속 가능한 자산관리를 가능하게 하며, 은퇴 재무 설계를 더욱 견고하게 만든다.

## 7. 감가상각과 부동산 가치 하락: 실질적 이해와 전략

부동산투자에서 감가상각은 자산 가치 평가와 세금 절감 전략의 중요한 요소다. 감가상각은 부동산의 회계적 가치를 반영하는 과정이며, 실제 시장 가치의 변동과는 다르다는 점에서 이를 정확히 이해하고 활용하는 것이 중요하다. 이번에는 감가상각의 개념과 실제 시장 가치 하락의 차이점, 이를 분석하고 활용하는 방법을 심도 있게 다루고, 부동산 가치 하락에 대응하는 전략을 제시하고자 한다.

### (1) 감가상각의 개념과 실제 시장 가치 하락의 차이

감가상각은 자산의 가치가 시간이 지남에 따라 감소하는 것을 회계적으로 반영하는 방법이다. 이는 건물과 같은 유형 자산의 노후화로 인해 발생하는 가치 감소를 장부에 반영하여, 세금 계산 시 비용으로 인식함으로써 세금을 줄이는 역할을 한다. 예를 들어, 한국에서는 건물을 일반적으로 40년의 사용 수명으로 간주하여 매년 일정 비율로 감가상각을 적용한다. 이는 투자자가 건물의 가치를 장기간에 걸쳐 나누어 회수하도록 돕는다.

반면, 실제 시장 가치 하락은 경제적, 사회적 요인에 의해 부동산의 시장 가치가 변동하는 현상을 말한다. 예를 들어, 지역의 경제 상황 악화, 인구 감소, 공급 과잉 등은 부동산의 시장 가치 하락을 초래할 수 있다. 이러한 시장 가치 하락은 감가상각과는 다른 문제로, 투자자의 재무 상태에 실질적인 영향을 미친다. 따라서 감가상각은 회계적 절차인 반면, 시장 가치 하락은 경제적 현실을 반영한다는 점에서 그 차이를 이해하고 각각의 상황에 맞는 대응 전략을 마련하는 것이 중요하다.

### (2) 데이터 분석과 문제 해결 전략

감가상각과 부동산 가치 하락을 이해하고 이에 대응하기 위해서는 체계적인 데이터 분석이 필요하다.

다음은 부동산 가치 하락 데이터를 분석하는 7가지 방법이다.

① 시세 분석: 과거와 현재의 부동산 시세 데이터를 비교하여 시장 가치 변동을 파악한다. 예를 들어, 특정 지역의 최근 10년간 매매가 변동 추이를 분석하여 시장의 안정성을 평가할 수 있다.

② 인구 통계 분석: 지역 내 인구 변화 데이터를 분석하여 주택 수요의 변화를 예측한다. 예를 들어, 젊은 층의 유입이 증가하는 지역은 향후 부동산 수요가 증가할 가능성이 크다.

③ 경제 지표 분석: 금리, 실업률, GDP 성장률 등 주요 경제 지표를 분석하여 부동산시장에 미치는 영향을 평가한다. 경제 지표의 변화는 부동산시장의 트렌드를 예측하는 중요한 단서가 된다.

④ 지역 개발 계획 검토: 지역 정부의 개발 계획 및 인프라 확장 계획을 확인하여 향후 부동산 가치 상승 가능성을 예측한다. 예를 들

어, 신규 지하철 노선 건설은 해당 지역 부동산 가치에 긍정적인 영향을 미칠 수 있다.

⑤ 비교 시장 분석: 유사한 지역의 부동산시장을 비교 분석하여 경쟁력을 평가하고, 투자 위험을 최소화할 수 있다. 이는 지역별 시장의 상대적인 위치를 이해하는 데 도움이 된다.

⑥ 임대료 수익 분석: 임대 수익률을 평가하여 부동산의 수익성을 분석하고, 시장 가치의 변동을 추적한다. 이는 투자자에게 실질적인 수익성과 관련된 중요한 정보를 제공한다.

⑦ 정책 변화 분석: 부동산 관련 정부 정책의 변화를 분석하여 시장에 미칠 영향을 평가한다. 정책 변화는 시장에 즉각적인 영향을 미칠 수 있으므로 지속적인 모니터링이 필요하다.

이를 통해 부동산 가치 하락의 원인을 파악하고, 이에 대한 구체적인 해결 방안을 마련할 수 있다. 예를 들어, 지역 분석 결과 특정 지역의 부동산 가치 하락이 예상되는 경우, 투자를 다각화하여 위험을 분산시키는 전략을 고려할 수 있다. 또한, 데이터 기반의 분석을 통해 장기적인 시장 동향을 예측하고, 이에 맞는 투자 전략을 수립하는 것이 중요하다.

**(3) 투자 시 감가상각의 활용 방안**

감가상각은 투자 수익을 극대화하는 데 유용한 도구로 활용될 수 있다. 다음은 감가상각을 활용한 7가지 전략이다.

① 세금 절감 극대화: 감가상각을 통해 연간 세금 부담을 줄이고, 절세 효과를 극대화한다. 이는 현금흐름 개선에 직접 기여할 수 있다.

② 현금흐름 개선: 감가상각으로 인한 세금 절감액을 새로운 투자에 재투자하거나, 현금흐름을 안정적으로 유지하는 데 사용한다.

③ 장기 보유 전략: 감가상각 혜택을 최대한 활용하기 위해 자산을 장기적으로 보유하는 전략을 채택한다. 이는 장기적인 세금 절감 효과를 가져올 수 있다.

④ 수익 재투자: 감가상각으로 절감된 세금을 다른 부동산이나 금융상품에 재투자하여 수익성을 높인다. 이를 통해 포트폴리오 다각화 및 수익 극대화를 도모할 수 있다.

⑤ 감가상각 기간 최적화: 자산의 감가상각 기간을 최적화하여 최대의 세금 혜택을 얻는다. 이를 통해 자산관리의 효율성을 높일 수 있다.

⑥ 노후 건물 리모델링: 감가상각이 완료된 건물을 리모델링하여 새로운 감가상각 기회를 창출한다. 이는 건물의 물리적 가치를 향상시키고, 새로운 절세 기회를 제공한다.

⑦ 투자 다양화: 다양한 유형의 자산에 투자하여 감가상각 혜택을 다각도로 활용하고, 세금 부담을 줄인다. 이를 통해 투자 리스크를 분산시킬 수 있다.

감가상각은 단순한 회계상의 이점을 넘어, 투자 전략 수립에 있어 중요한 역할을 한다. 이를 통해 투자 수익성을 높이고, 장기적인 재무 목표를 달성하는 데 기여할 수 있다.

### (4) 감가상각을 넘어: 부동산 가치 하락 대응

부동산 가치는 감가상각 외에도 다양한 요인에 의해 하락할 수 있다. 따라서 감가상각 이상의 부동산 가치 하락에 대응하기 위해 다음과 같은 10가지 실행 전략을 제시한다.

① 지역 다양화: 다양한 지역에 투자하여 특정 지역의 시장 가치 하락에 대비한다. 이는 리스크 분산의 기본적인 전략이다.

② 자산 유형 다양화: 주거용, 상업용 등 다양한 유형의 자산에 투자하여 리스크를 분산한다. 자산 유형의 다양화는 시장 변화에 대한 내성을 높이는 데 효과적이다.

③ 정기적인 리노베이션: 부동산의 물리적 가치를 유지하고, 경쟁력을 높이기 위해 정기적인 리노베이션을 실시한다. 이는 부동산의 장기적인 가치 유지를 돕는다.

④ 시장 트렌드 분석: 최신 시장 트렌드를 분석하여 투자 전략을 지속해서 수정하고, 변화하는 시장 환경에 대응한다. 트렌드 분석은 시장의 기회를 포착하는 데 유용하다.

⑤ 임대 계약 장기화: 장기 임대 계약을 통해 안정적인 수익원을 확보하고, 공실률을 줄인다. 이는 수익의 안정성을 높이는 데 기여한다.

⑥ 위기 대응 계획 수립: 경제 위기 시나리오를 상정하고, 이에 따른 대응 계획을 준비하여 불확실성에 대비한다. 이는 위기 상황에서의 대응력을 높인다.

⑦ 시장 변동성 대비: 변동성이 큰 시장에서는 보수적인 투자 전략을 채택하여 리스크를 관리한다. 이는 변동성 관리에 효과적

이다.

⑧ 리스크 관리 체계 구축: 다양한 리스크 요인을 식별하고, 이에 대한 관리 체계를 구축하여 잠재적인 위협에 대비한다. 이는 투자 안정성을 높이는 데 중요하다.

⑨ 전문가 컨설팅 활용: 부동산 전문가와의 정기적인 상담을 통해 시장에 대한 깊이 있는 이해를 도모한다. 전문가의 조언은 투자 전략 수립에 유용한 인사이트를 제공한다.

⑩ 기술 도입: 최신 기술을 활용하여 시장 분석 및 자산관리의 효율성을 높이고, 데이터 기반의 의사결정을 가능하게 한다. 이는 관리의 효율성을 높이고, 리스크를 줄이는 데 기여한다.

이러한 전략들은 감가상각을 넘어 부동산 가치 하락에 대한 효과적인 대응을 가능하게 한다. 이를 통해 부동산투자에서 발생할 수 있는 위험을 줄이고, 안정적인 수익을 확보할 수 있다. 은퇴 후에도 지속 가능한 자산관리를 위해 이러한 전략들을 적극적으로 활용하는 것이 중요하다.

## 8. 은퇴 부동산투자: 장기적인 관점을 유지하라

은퇴 후의 안정적인 재무설계를 위해서는 장기적인 관점에서의 부동산투자가 필수적이다. 부동산시장은 시간에 따라 변화하며, 이러한 변화를 효과적으로 관리하고 적응하는 것이 성공적인 투자 전략의 핵심이다. 이번에는 부동산시장 변화에 대한 지속적인 모니터링의 중요성과 리스크 관리 방안에 대해 살펴보고자 한다. 또한, 리스크를 이기는 투자 전략을 제시하여 투자자들이 실질적인 조언을 얻을 수 있도록 하겠다.

### (1) 장기적인 관점에서의 전략

부동산투자는 장기적인 시각에서 접근해야 그 가치를 최대화할 수 있다. 부동산시장은 주식시장과 달리 상대적으로 변동성이 낮고, 장기적으로 가치 상승이 기대되는 자산이기 때문이다. 예를 들어, 서울 강남 지역의 부동산은 수십 년간 꾸준한 상승세를 보여왔으며, 이는 인프라 확충과 지속적인 수요 증가에 기인한다. 따라서 장기적인 관점에서 부동산시장을 모니터링하고 적응하는 전략이 필요하다.

첫째로, 지속적인 시장 모니터링은 필수적이다. 부동산시장은 다양한 경제적, 정책적 요인에 의해 영향을 받으므로, 주기적인 데이터 분석과 시장 조사로 시장 변화를 이해해야 한다. 예를 들어, 정부의 부동산 규제 정책이나 금리 변동은 시장에 즉각적인 영향을 미칠 수 있으므로, 이를 주의 깊게 관찰해야 한다. 둘째로, 장기적인 관점에서의 투자는 단기적인 시장 변동에 흔들리지 않고 일관된 전략을 유지하는 것을 의미한다. 이는 투자자가 순간적인 시장 충격에 대해 지나치게 민감하게 반응하지 않고, 장기적인 목표를 지켜나가는 데 도움을 줄 수 있다.

셋째로, 투자 지역과 자산 유형의 다각화를 통해 장기적인 리스크를 관리하는 것도 중요하다. 특정 지역이나 자산 유형에 지나치게 의존할 경우, 해당 시장의 변동성에 크게 노출될 수 있다. 따라서 주거용 부동산뿐만 아니라 상업용, 오피스텔, 리조트 등 다양한 유형의 자산에 투자하여 포트폴리오를 구성하는 것이 장기적인 안정성을 높이는 데 기여할 수 있다.

### (2) 리스크 관리

부동산투자의 성공을 위해서는 리스크 관리가 필수적이다. 특히 변화하는 부동산시장 환경에서는 다양한 리스크 요인들을 효과적으로 관리해야 한다.

첫째, 경제적 리스크는 금리 인상, 경기 침체, 인플레이션 등의 경제 상황 변화로 인한 부동산 가치 변동을 포함한다. 이러한 리스크는 경제지표의 변화를 지속해서 모니터링하고, 경제 변화에 대한 신속한 대응 전략을 마련함으로써 관리할 수 있다.

둘째, 정책 리스크는 정부의 부동산 규제나 세금 정책 변화로 인해 발생할 수 있다. 정책 변화는 부동산시장에 즉각적인 영향을 미치므로, 정책 발표와 관련된 뉴스를 주의 깊게 관찰하고, 정책 변화에 대비한 전략을 사전에 마련하는 것이 중요하다.

셋째, 시장 리스크는 특정 지역·유형의 수요 감소나 공급 과잉 등 시장 변화에 따른 리스크를 의미한다. 시장 리스크를 관리하기 위해서는 투자 지역과 자산 유형의 다각화가 필요하다.

### (3) 리스크를 이기는 투자 전략 7가지

① 포트폴리오 다각화: 다양한 지역과 자산 유형에 분산투자하여 특정 리스크에 대한 노출을 최소화한다. 이는 리스크 분산의 기본 원칙으로, 장기적인 안정성을 높이는 데 기여할 수 있다.

② 정기적인 시장 모니터링: 경제 지표, 정책 변화, 지역 개발 계획 등을 지속해서 모니터링하여 시장 변화에 신속하게 대응할 수 있도록 준비한다. 이를 통해 시장 변동에 대한 선제적인 대응이 가능하다.

③ 리스크 관리 계획 수립: 다양한 리스크 요인에 대한 관리 계획을 수립하고, 비상 상황에 대비한 시나리오를 마련하여 불확실성에 대비한다. 이는 위기 상황에서의 대응력을 높인다.

④ 장기적 투자 전략 유지: 단기적인 시장 변동에 흔들리지 않고, 장기적인 투자 목표를 유지함으로써 안정적인 수익을 추구한다. 이는 투자자의 정신적 안정에도 기여한다.

⑤ 전문가 조언 활용: 부동산 전문가와의 정기적인 상담을 통해 시장에 대한 깊이 있는 이해를 도모하고, 이를 기반으로 한 전략적 결정을 내린다. 전문가의 조언은 유용한 인사이트를 제공할 수 있다.

⑥ 금융상품 활용: 필요시 금융상품을 활용하여 유동성을 확보하고, 예기치 않은 자금 수요에 대비한다. 이는 재정적인 유연성을 제공한다.

⑦ 리노베이션 및 유지보수 계획: 정기적인 리노베이션 및 유지보수를 통해 부동산의 물리적 가치를 유지하고, 시장 경쟁력을 높인다. 이는 자산의 장기적인 가치를 유지하는 데 기여한다.

이러한 전략들은 부동산투자의 리스크를 효과적으로 관리하고, 장기적인 안정성을 확보하는 데 도움을 줄 수 있다. 변화하는 부동산시장 환경에서도 이러한 전략들을 적극적으로 활용하여 성공적인 은퇴 재무 설계를 이루는 것이 중요하다. 이를 통해 은퇴 후에도 안정적인 자산관리를 가능하게 할 것이다.

**키워드 25**

# 사기 예방 및 대응 전략

1. 은퇴 후 빈번하게 발생하는 사기 사례
2. 사기 예방 앱 및 도구
3. 사기 후 발생하는 가정경제의 치명상: 무전장수로 가는 빠른 길
4. 사기를 이기는 방법 1: 사기를 당하는 자의 심리 분석
5. 사기를 이기는 방법 2: 사기를 치는 자의 심리 분석
6. 사기를 예방하는 10가지 방법
7. 지인이 무섭다: 지인의 투자 권유를 피하는 방법
8. 사기를 당했을 때 대처 방법
9. 은퇴자 커뮤니티의 역할

# 1. 은퇴 후 빈번하게 발생하는 사기 사례

**(1) 주요 사기 유형**

은퇴를 앞두고 있거나 이미 은퇴한 사람들은 오랜 시간 동안 쌓아온 자산을 안전하게 관리해야 한다는 압박을 느낀다. 하지만 이 시기를 노리는 사기꾼들이 적지 않다. 그들은 다양한 사기 수법을 이용해 은퇴자들의 자산을 노린다. 은퇴 후 가장 빈번하게 발생하는 사기 유형은 크게 네 가지로 나눌 수 있다. 첫째는 피라미드 사기다. 이는 네트워크 마케팅의 탈을 쓴 사기로, 참가자가 새로운 투자자를 모집할 때마다 수익을 약속받지만, 결국에는 새로운 참가자가 없으면 붕괴하고 만다. 둘째는 전화 금융 사기와 보이스피싱이다. 이는 금융기관이나 정부기관을 사칭해 개인정보를 빼내거나 돈을 송금하도록 유도하는 사기다. 셋째는 투자사기다. 주로 높은 수익을 약속하며 신뢰할 수 있는 투자 기회를 가장하지만, 실상은 자금을 가로채는 경우가 많다. 마지막으로, 보험사기도 주의해야 한다. 보험상품의 복잡성을 이용해 부당한 수익을 취하거나 허위 청구를 통해 이득을 보는 수법이다. 이러한 사기 유형들은 대부분 피해자가 재정적 손실을 보는 데 그치지 않고, 심리적 충격을 주기도 한다. 따라서 이러한 유형의 사기를 사전에 인식하고 예방하는 것이 중요하다.

### (2) 사례 연구: 실제 피해자 인터뷰 및 사건 분석

실제 사례를 통해 사기가 어떻게 발생하고, 어떤 결과를 초래하는지 살펴보는 것은 큰 교훈을 준다. 예를 들어, 김 씨는 은퇴 후 안정적인 수익을 위해 한 투자업체에 자금을 맡겼다. 이 업체는 높은 수익률을 보장하며, 여러 유명 인사의 이름을 내세워 신뢰를 구축했다. 그러나 결국 이 업체는 폰지 사기로 밝혀졌고, 김 씨는 평생 모은 돈을 잃고 말았다. 그는 인터뷰에서 "처음에는 너무도 그럴듯해서 의심할 여지가 없었다. 하지만 돌이켜보면, 높은 수익을 너무 쉽게 믿었던 게 실수였다"라고 회상한다. 또 다른 사례로는 이 씨의 경험이 있다. 이 씨는 공공기관을 사칭한 전화를 받고 계좌정보를 제공했으며, 이후 큰 금액이 빠져나갔다. 경찰 조사 결과, 이는 조직적인 보이스피싱 사기였다. 이 씨는 "전화에서 너무도 자연스럽게, 그리고 공식적으로 들렸다. 항상 조심하던 부분인데 방심한 순간이 있었다"라고 말했다. 이 같은 사례들은 사기가 얼마나 교묘하고, 피해자가 얼마나 쉽게 함정에 빠질 수 있는지를 보여준다. 사기 피해는 단순한 경제적 손실에 그치지 않고 피해자의 신뢰와 자신감을 무너뜨릴 수 있다. 따라서 은퇴자들은 항상 경계하고, 의심스러운 상황에서는 추가 검증을 해야 한다.

### (3) 예방 중요성: 초기 단계에서의 인식과 경계

사기의 피해를 막기 위해 가장 중요한 것은 초기 단계에서의 인식과 경계다. 사기를 예방하는 가장 효과적인 방법은 정보와 교육이다. 은퇴자들은 정기적으로 금융 관련 교육 프로그램에 참여하여 최신 사기 수법에 대한 정보를 얻는 것이 중요하다. 또, 가족과 친구들과 정기적으로 대화하여 자신이 받은 투자 제안이나 금융 거래에 대해 상의하는 것도 좋은 방법이다. 이렇게 하면, 외부의 객관적인 시각을 통해 사기 가능성을 미리 알아차릴 수 있다. 또한, 의심스러운 제안이 있을 때는 공식 금융기관에 문의하여 사실 여부를 확인해야 한다. 금융감독원이나 소비자 보호기관에 상담을 요청하는 것도 유용하다. 이러한 예방 조치는 간단해 보이지만, 실제로 사기를 막는 데 큰 효과를 발휘한다. 마지막으로, 자신만의 경계 수칙을 마련하여 일관되게 적용하는 것도 중요하다. 이는 사소한 실수로 인해 큰 피해를 입지 않도록 보호해줄 것이다. 예방은 항상 치료보다 낫다는 격언처럼, 사기 예방에 대한 철저한 준비는 은퇴 후의 안정된 삶을 지키는 필수 전략이다.

## 2. 사기 예방 앱 및 도구

### (1) 주요 사기 예방 앱

은퇴 후 안정된 생활을 유지하기 위해서는 사기로부터 자산을 보호하는 것이 무엇보다 중요하다. 이를 위해, 스마트폰이나 컴퓨터를 통해 손쉽게 사용할 수 있는 다양한 사기 예방 앱들이 개발되었다. 이러한 앱들은 보이스피싱, 스미싱, 그리고 금융 사기 등의 위험을 사전에 감지하고 예방하는 데 유용하다. 대표적인 앱으로는 금융감독원의 '파인(FINE)' 앱이 있다. 이 앱은 금융상품의 정확한 정보를 제공하고, 금융 사기에 대한 경고를 통해 사용자에게 알림을 준다. 사용법은 간단하다.

앱을 다운로드한 후 회원 가입을 하면, 최신 금융 사기 수법에 대한 정보와 함께 사기 예방을 위한 다양한 기능을 제공받을 수 있다. 또 다른 유용한 앱은 '사기방지 앱'으로, 실시간으로 의심스러운 메시지나 전화를 감지하고 사용자가 미리 설정한 경고 알림을 발송한다. 이 앱은 통신사와 연동되어 스팸 전화와 문자를 차단하고, 의심스러운 링크나 파일을 열 때 경고한다. 이러한 사기 예방 앱을 적절히 활용하는 것은 사기로부터 자신을 지키는 첫 번째 방어선이 될 수 있다.

### (2) 기술 활용법: 보안 소프트웨어 및 VPN 사용

사기를 예방하기 위해 기술적인 도구들을 활용하는 것도 중요하다. 우선, 보안 소프트웨어는 컴퓨터와 스마트폰을 보호하는 기본적인 방어막이다. 예를 들어, 최신 안티바이러스 프로그램을 설치하여 악성 코드나 피싱 시도를 차단할 수 있다. 은퇴자들은 특히 이메일이나 웹사이트를 통한 피싱 공격에 취약하므로, 이러한 보안 소프트웨어를 통해 항상 시스템을 최신 상태로 유지해야 한다. 또한, VPN(가상 사설망)을 사용하면 인터넷을 통해 주고받는 데이터를 암호화하여 외부의 감시나 해킹을 방지할 수 있다. VPN은 공공 Wi-Fi를 사용할 때 특히 유용한데, 해커들이 네트워크상에서 데이터를 가로채기 어려워지기 때문이다. 기술의 발전에 따라 사기 수법도 더욱 정교해지고 있으므로, 이러한 도구들을 적절히 활용하여 디지털 환경에서의 보안을 강화하는 것이 필요하다. 보안 소프트웨어와 VPN은 상대적으로 저렴한 비용으로 높은 수준의 보안을 제공하기 때문에, 은퇴자들이 일상적으로 사용하기에 적합한 도구다.

### (3) 효과적인 모니터링

금융 사기를 예방하기 위해서는 금융 거래를 실시간으로 모니터링하는 것이 중요하다. 은행이나 카드사에서 제공하는 거래 알림 서비스를 활용하면, 계좌에서 발생하는 모든 거래를 즉시 확인할 수 있다. 이를 통해 예상치 못한 거래나 의심스러운 출금이 있으면 즉시 대응할 수 있다. 또한, 정기적으로 은행 계좌와 카드 명세서를 검토하여 이상 거래를 확인하는 습관을 들이는 것도 중요하다. 자산관리를 위해서는 여러 금융 자산을 한눈에 볼 수 있는 애플리케이션을 활용하는 것이 좋다. 예를 들어, 자산관리 앱을 통해 각종 금융 계좌와 투자 내역을 통합적으로 관리하고, 수입과 지출을 분석하여 불필요한 지출을 줄이는 데 도움을 받을 수 있다. 이러한 앱은 개인의 자산 상태를 직관적으로 파악할 수 있게 해 주며, 장기적인 재무계획을 세우는 데 유용하다. 은퇴자들은 이러한 디지털 도구를 적극 활용하여 자신만의 금융 보안 체계를 구축하고, 이를 통해 사기 위험을 최소화할 수 있다.

## 3. 사기 후 발생하는 가정경제의 치명상: 무전장수로 가는 빠른 길

### (1) 사기의 경제적 영향: 자산 손실, 신용 손상

사기는 개인의 경제적 안정에 치명적인 영향을 미칠 수 있다. 특히 은퇴 후 제한된 수입원에 의존하는 은퇴자에게 사기는 상상 이상의 손실을 초래할 수 있다. 자산의 대량 손실은 곧바로 일상생활의 질을 떨어뜨리고, 예상치 못한 의료비나 생활비를 감당할 수 없게 만든다. 또한, 사기로 인해 발생한 금전적 손실은 종종 대출이나 신용카드 사용으로 이어지며, 이는 신용도 하락이라는 부가적 문제를 초래할 수 있다. 신용도가 하락하면 필요한 자금을 조달하기 어려워지며, 높은 이자율의 대출을 감당해야 하는 악순환에 빠질 수 있다. 이러한 상황은 은퇴 이후의 삶에 더 큰 불안감을 조성하고, 재정적 독립을 위협하는 요소로 작용한다. 일부 조사에서 은퇴자 중 상당수가 사기 피해로 재정난을 겪는 것으로 나타났다. 따라서 사기를 당하지 않도록 예방하고, 발생 시 신속히 대응하는 것이 중요하다. 사기의 경제적 영향을 최소화하기 위해서는 피해 발생 후 신속한 자산 회복 계획을 세우고, 신용 회복을 위한 체계적인 접근이 필요하다.

### (2) 가족과의 관계 악화: 신뢰 문제 및 갈등

사기의 피해는 단순히 경제적 손실에 그치지 않는다. 이는 가족과의 관계에도 심각한 영향을 미칠 수 있다. 은퇴자의 경우, 가족과의 신뢰가 무너질 때 심리적 불안감이 크게 증폭된다. 사기를 당했다는 사실이 밝혀지면, 가족 구성원들은 피해자의 판단력에 의문을 제기할 수 있으며, 이는 갈등을 유발할 수 있다. 예를 들어, 최 씨는 은퇴 후 투자 사기를 당해 막대한 손실을 보았다. 그의 아내와 자녀들은 처음에 그를 믿었지만, 피해 규모가 커지면서 신뢰가 깨지기 시작했다. 가족들은 "왜 미리 상의하지 않았는가?"라는 질문을 던졌고, 이는 결국 가족 간의 심각한 갈등으로 발전했다. 이처럼 사기로 인한 갈등은 가족 간의 의사소통을 단절시키고, 은퇴자의 고립감을 심화시킬 수 있다. 사기가 발생했을 때는, 가족 간의 신뢰를 회복하기 위해 투명한 소통과 심리적 지지가 필수적이다. 서로의 처지를 이해하고, 피해 복구를 위해 함께 노력하는 과정이 중요하다. 이러한 노력이 없다면, 가정의 붕괴로 이어질 수 있으며, 이는 은퇴자의 삶에 또 다른 비극을 초래할 수 있다.

### (3) 복구의 어려움: 경제적 회복과 심리적 부담

사기를 당한 후 경제적 회복을 이루는 것은 결코 쉬운 일이 아니다. 피해자는 종종 상당한 기간에 심리적 충격과 경제적 부담을 동시에 겪게 된다. 사기를 당한 은퇴자는 자신의 재정 상태를 재평가하고, 새로운 재무계획을 세워야 하는 상황에 직면한다. 이는 특히 고정수입이 없는 은퇴자에게는 큰 도전이 된다. 경제적 회복을 위해서는 우선 손실을 정확하게 평가하고, 가능한 대처 방안을 마련해야 한다. 은퇴자들은 금융 전문가와 상담하여 현실적인 복구 계획을 수립하고, 추가적인 손실을 방지하는 조치를 해야 한다. 한편, 심리적 회복도 중요하다. 사기 피해자는 자신의 판단에 대한 자책감과 불안감을 느낄 수 있으며, 이는 우울증이나 불안 장애로 이어질 수 있다. 따라서 전문가의 도움을 받아 심리적 치유 과정을 거치는 것이 중요하다. 또한, 사회적 지원 그룹에 참여하여 비슷한 경험을 가진 사람들과 이야기를 나누는 것도 큰 도움이 될 수 있다. 이러한 심리적 지원은 사기 피해로 인한 스트레스를 완화하고, 새로운 시작을 위한 에너지를 제공할 수 있다. 복구의 과정은 힘들고 긴 여정이 될 수 있지만, 체계적인 접근과 지속적인 노력을 통해 경제적 및 심리적 안정을 되찾을 수 있다.

## 4. 사기를 이기는 방법 1: 사기를 당하는 자의 심리 분석

**(1) 심리적 취약점 분석: 외로움, 고립감**

은퇴 후 사람들은 사회적 역할의 변화와 함께 외로움과 고립감을 느끼기 쉽다. 이는 특히 은퇴자가 직장에서 은퇴하면서 느끼는 소속감의 상실과 관련이 깊다. 많은 은퇴자가 동료들과의 상호작용이 줄어들고, 사회적 연결망이 약해지면서 고립된 느낌을 받는다. 이러한 심리적 취약점은 사기꾼들이 노리는 주요 표적이 된다. 사기꾼들은 외로운 은퇴자에게 다가가 정서적 유대감을 형성하고, 이후 그들의 신뢰를 얻은 후 경제적 이득을 취하려 한다. 고령자의 경우, 신체적 제한으로 인해 이동이나 사회적 활동이 줄어들어 고립감이 더욱 심해질 수 있다. 예를 들어, 정 씨는 은퇴 후 자녀들이 모두 독립하고 배우자를 먼저 떠나보내면서 심한 외로움을 느끼게 되었다. 그는 새로운 친구를 사귀고자 다양한 온라인 커뮤니티에 가입했는데, 그중 한 사람이 다가와 친구가 되어주겠다는 명목으로 사기 행각을 벌였다. 이러한 사례는 고령자들이 사기꾼에게 쉽게 노출될 수 있음을 보여준다. 따라서 은퇴자들은 고립감을 극복하기 위해 지역사회 활동에 적극 참여하고, 가족 및 친구들과의 소통을 지속해서 유지해야 한다.

## (2) 사기의 유혹 요소: 높은 수익률, 빠른 부의 약속

사기의 핵심 유혹 요소는 다름 아닌 '높은 수익률'과 '빠른 부의 약속'이다. 이는 특히 은퇴자들에게 강력하게 작용하는데, 은퇴자들은 고정된 수입원에 의존하기 때문에 이러한 유혹에 쉽게 휘말릴 수 있다. 많은 사기 수법은 "단기간에 몇 배로 불려 드리겠습니다"라는 식의 문구로 사람들의 관심을 끈다. 이들은 흔히 주식이나 부동산 같은 친숙한 자산을 매개로 하여 투자 제안을 한다. 실제로, 금융감독원 조사에 따르면, 사기 피해자 중 상당수가 "기회를 놓치고 싶지 않아서" 또는 "다른 사람들도 투자하니까"라는 이유로 이러한 사기에 가담한 것으로 나타났다. 또 다른 사례로, 강 씨는 친구로부터 급성장하는 신생기업에 투자하면 큰 수익을 올릴 수 있다는 제안을 받았다. 그는 친구를 믿고 투자를 결정했으나, 결국 그 기업은 허구로 드러났고, 모든 자금을 잃게 되었다. 이런 유혹에 대한 경계를 늦추지 않는 것이 중요하다. 투자에 있어서 높은 수익은 높은 위험을 동반한다는 사실을 항상 염두에 두고, 전문가의 조언을 받으며 신중히 판단해야 한다.

## (3) 인지 강화법: 교육과 정보의 중요성

사기로부터 자신을 보호하기 위해서는 인지 능력을 강화하는 것이 필수적이다. 교육과 정보의 중요성을 간과해서는 안 된다. 금융 리터러시를 높이고, 최신 사기 수법에 대한 정보를 지속해서 업데이트하는 것이 필요하다. 은퇴자들을 위한 다양한 교육 프로그램과 워크숍이 마련되어 있으며, 이러한 기회를 적극 활용하는 것이 중요하다. 예를 들어, 금융감독원이나 지역사회 센터에서 제공하는 교육 프로그램에 참여하여 금융상품에 대한 이해를 높이고, 사기 사례와 대응 방법을 학습할 수 있다. 한 연구에 따르면, 금융 교육을 받은 사람들은 그렇지 않은 사람들보다 사기 피해를 볼 가능성이 현저히 낮았다. 교육을 통해 얻은 지식은 일상적인 금융 거래에서도 위험을 감지하고 사전 대응하는 데 큰 도움이 된다. 또한, 인터넷과 같은 디지털 도구를 활용하여 신뢰할 수 있는 정보를 수집하고 분석하는 습관을 들이는 것도 중요하다. 이는 사기꾼들의 교묘한 술수에 휘말리지 않도록 방어막을 형성하는 데 큰 기여를 할 것이다. 교육과 정보는 은퇴자들이 사기에서 벗어나는 가장 강력한 무기가 될 수 있다.

## 5. 사기를 이기는 방법 2: 사기를 치는 자의 심리 분석

**(1) 사기꾼의 전략: 신뢰 구축, 관계 형성**

사기꾼들은 피해자에게 접근할 때 철저한 계획을 세운다. 그들의 주요 전략 중 하나는 신뢰를 구축하고 관계를 형성하는 것이다. 이들은 처음에는 친절하고, 친근한 태도로 다가와 피해자의 경계를 허문다. 사기꾼은 피해자와의 유대감을 형성하기 위해 공통의 관심사나 경험을 공유하고, 꾸준한 연락을 통해 친밀감을 쌓는다. 이러한 전략은 피해자가 사기꾼을 신뢰하게 만들어 그들의 요청에 쉽게 응하도록 만든다. 예를 들어, 조 씨는 온라인에서 만난 사람이 친구로서 다가와 자신의 관심사를 공유하고 정기적으로 연락을 취해왔다. 그 사람은 시간이 지나면서 투자 기회를 제안하며 "우리는 친구니까 이익을 함께 나누자"라고 말했다. 조 씨는 이 관계를 신뢰하여 큰 금액을 투자했지만, 결국 사기임이 밝혀졌다. 이러한 사례는 사기꾼이 얼마나 교묘하게 피해자의 신뢰를 얻는지를 보여준다. 따라서 은퇴자들은 새로운 관계를 형성할 때 충분한 시간을 갖고 신뢰할 수 있는 정보를 기반으로 판단해야 한다.

### (2) 행동 분석: 심리적 조작 기술

사기꾼들은 심리적 조작 기술을 통해 피해자를 설득하고, 자신들이 원하는 방향으로 행동하도록 유도한다. 이러한 조작은 종종 미묘하고, 피해자가 인식하기 어려울 만큼 정교하게 이루어진다. 사기꾼들은 피해자의 심리적 약점을 파악하여 그들의 불안감이나 욕망을 자극한다. 예를 들어, 높은 수익을 약속하며 피해자의 욕망을 자극하거나, 친구나 가족을 잃는 것에 대한 두려움을 활용해 압박을 가한다. 또 다른 기법으로는 '희소성의 원칙'을 사용하는데, 이는 특정 기회가 매우 제한적이며 빨리 결정하지 않으면 놓친다는 느낌을 주어 피해자를 급박하게 만든다. 이러한 심리적 압박은 피해자가 합리적인 판단을 내리기 어려운 상태로 몰아넣는다. 한 연구에서는 사기 피해자 중 많은 수가 "충동적으로 결정했다"라고 응답했으며, 이는 사기꾼의 심리적 조작이 효과적이었음을 보여준다. 따라서 은퇴자들은 의사결정 시 충분한 시간을 갖고 전문가와 상의하는 것이 중요하다. 이러한 접근은 사기꾼의 심리적 조작으로부터 자신을 보호하는 데 도움이 된다.

### (3) 조기 경고 신호: 불합리한 요구, 긴급성 강조

사기꾼들의 행동에서 사기를 예측할 수 있는 조기 경고 신호가 존재한다. 대표적인 경고 신호 중 하나는 불합리한 요구이다. 이는 통상적이지 않은 큰 금액의 금전 요구나 개인정보 제공을 포함한다. 예를 들어, 처음 만난 사람이나 조직이 계좌 정보나 비밀번호를 요구할 때, 이는 분명한 경고 신호다. 또 다른 신호는 긴급성을 강조하는 경우이다. 사기꾼들은 피해자가 충분한 시간적 여유를 갖지 못하게 하여 신속한 결정을 내리도록 압박한다. "이 기회는 오늘 안에 결정하지 않으면 사라집니다"라는 식의 말은 피해자가 사기에 빠져들도록 하는 흔한 수법이다. 실제로, 한 설문 조사에 따르면, 사기 피해자 중 60% 이상이 "긴급히 결정해야 한다고 느꼈다"라고 응답했다. 이러한 조기 경고 신호를 인식하고, 이를 경계하는 것이 중요하다. 은퇴자들은 이러한 신호가 감지되면 즉시 해당 상황을 재검토하고, 전문가의 의견을 구하는 것이 필요하다. 이러한 조치는 사기 피해를 예방하는 데 있어 결정적인 역할을 할 수 있다.

## 6. 사기를 예방하는 10가지 방법

### (1) 정보 확인 습관화: 출처와 사실 여부 검증

사기를 예방하는 첫걸음은 정보 확인의 습관을 기르는 것이다. 이는 모든 금융 거래와 투자 결정에서 필수적이다. 인터넷과 소셜 미디어가 발전하면서 많은 정보가 쉽게 접근 가능해졌지만, 그만큼 잘못된 정보도 많아졌다. 예를 들어, 윤 씨는 한 온라인 포럼에서 특정 주식이 급등할 것이라는 소식을 듣고 모든 예금을 투자했다. 그러나 그 정보는 근거 없는 루머에 불과했고, 결국 윤 씨는 큰 손실을 보았다. 정보를 확인할 때는 공식적인 출처를 통해 검증하는 것이 중요하다. 공신력 있는 금융 뉴스, 정부 기관의 발표, 금융 전문가의 의견 등을 통해 사실 여부를 검토해야 한다. 또한, 여러 출처에서 정보를 교차 확인하는 습관을 들이는 것이 사기 예방에 큰 도움이 된다. 이러한 습관은 사기뿐만 아니라 불필요한 금전적 손실을 방지하는 데에도 효과적이다.

### (2) 전문가 상담: 은퇴설계 전문가와의 상담 주기화

전문가와의 정기적인 상담은 사기를 예방하는 데 있어 강력한 도구가 될 수 있다. 재무설계사는 시장의 변동성을 이해하고, 고객의 재무 상황에 맞는 조언을 제공할 수 있는 전문가다. 장 씨는 은퇴 후 투자 제안을 받을 때마다 은퇴설계 전문가와 상담하며, 그의 조언을 통해 비현실적인 제안은 걸러냈다. 이처럼 전문가의 시각은 개인이 쉽게 놓칠 수 있는 부분을 보완해 줄 수 있다. 재무설계사는 특정 투자나 금융상품의 리스크를 평가하고, 장기적인 재무 목표를 고려한 맞춤형 전략을 제안할 수 있다. 전문가 상담을 주기적으로 받는 것은 재무계획의 일관성을 유지하고, 사기에 대한 방어력을 강화하는 데 필수적이다.

### (3) 신뢰할 수 있는 기관 활용: 검증된 금융기관 이용

금융 거래 시 신뢰할 수 있는 기관을 이용하는 것은 안전성을 높이는 기본적인 방법이다. 이는 개인의 금융 자산을 보호하는 데 매우 중요하다. 불법적인 금융기관이나 검증되지 않은 업체와의 거래는 큰 위험을 수반한다. 예를 들어, 임 씨는 높은 이자를 약속하는 사설 금융기관에 저축했으나, 결국 그 기관이 파산하면서 전 재산을 잃었다. 검증된 금융기관은 금융 감독 기관의 규제를 받으며, 고객의 자산 보호를 위한 안전장치를 갖추고 있다. 따라서 거래 전 해당 기관의 신뢰성을 반드시 확인해야 한다. 금융감독원이나 관련 기관에서 제공하는 금융기관 평가를 참고하고, 고객의 리뷰나 평가를 확인하는 것도 좋은 방법이다.

### (4) 기술적 방어: 최신 보안 소프트웨어 설치

기술적 방어는 디지털 시대에 필수적인 사기 예방 전략이다. 최신 보안 소프트웨어를 설치하고 정기적으로 업데이트함으로써 금융 정보를 보호할 수 있다. 사이버 범죄는 날로 진화하고 있으며, 개인의 금융 정보는 이러한 범죄의 주요 표적이 되고 있다. 예를 들어, 오 씨는 이메일 피싱 사기에 걸려 개인정보를 유출했으나, 최신 보안 소프트웨어가 이를 차단하여 더 큰 피해를 막을 수 있었다. 보안 소프트웨어는 악성 코드나 피싱 시도를 실시간으로 탐지하고 차단하는 기능을 제공한다. 또한, 이중 인증을 활성화하여 계정 보안을 강화하는 것도 중요하다. 이는 해커가 비밀번호를 알아내더라도 추가적인 인증 없이 계정에 접근할 수 없게 만들어준다.

### (5) 서명 전 서류 검토: 계약 전 법률 검토

어떠한 계약을 체결하기 전에 철저한 서류 검토는 필수적이다. 이는 사기를 예방하고, 자신의 권리를 보호하기 위한 중요한 절차다. 계약서에는 작은 글씨로 적힌 불리한 조항이 포함될 수 있으며, 이를 간과하면 큰 손실로 이어질 수 있다. 서 씨는 한 부동산투자 계약서를 충분히 검토하지 않고 서명했는데, 나중에 그 계약이 불리하게 작용하여 큰 금전적 손실을 보았다. 계약 전에는 반드시 법률 전문가나 변호사와 상담하여 서류의 내용을 철저히 검토해야 한다. 특히, 의심스러운 조항이나 이해되지 않는 부분이 있다면 전문가의 조언을 구하는 것이 중요하다. 이러한 검토 과정을 통해 예기치 못한 사기 피해를 미리 예방할 수 있다.

### (6) 다양한 투자 분산: 자산 포트폴리오 다각화

투자를 분산하는 것은 리스크를 관리하고 사기 피해를 줄이는 효과적인 전략이다. 자산을 한 곳에 집중하지 않고 여러 분야에 분산투자함으로써 특정 자산군의 손실이 전체 자산에 미치는 영향을 최소화할 수 있다. 권 씨는 자신의 자산을 주식, 부동산, 채권 등 다양한 자산군에 분산투자하여 한 부동산 프로젝트의 실패에도 큰 충격을 받지 않았다. 포트폴리오 다각화는 투자 손실의 위험을 줄이고, 다양한 시장 상황에서 안정적인 수익을 창출하는 데 도움이 된다. 이를 위해서는 각 자산의 특성과 리스크를 이해하고, 자신의 재무 목표에 맞는 전략을 세우는 것이 중요하다. 전문가의 조언을 통해 포트폴리오를 정기적으로 재조정하는 것도 좋은 방법이다.

### (7) 정기적 교육 참여: 사기 예방 세미나 및 워크숍 참여

지속적인 교육 참여는 사기에 대한 경각심을 높이고 예방 능력을 강화하는 데 필수적이다. 사기 수법은 시간이 지남에 따라 진화하기 때문에, 최신 정보를 지속해서 업데이트하는 것이 중요하다. 황 씨는 정기적으로 금융 세미나와 워크숍에 참여하여 사기 예방에 대한 지식을 넓혔고, 덕분에 수차례 사기 시도를 피해갈 수 있었다. 이러한 교육 프로그램은 최신 사기 수법을 소개하고, 대응 방법을 교육하는 데 중점을 둔다. 교육을 통해 개인의 금융 리터러시를 향상시키고, 사기 상황에서 적절하게 대응할 수 있는 능력을 키울 수 있다. 따라서 은퇴자들은 이러한 교육 기회를 적극 활용하여 자신을 보호하는 능력을 높여야 한다.

### (8) 의심할 여지가 있는 제안 경계: 비현실적 제안에 주의

사기꾼들은 종종 비현실적인 제안을 통해 피해자를 유혹한다. 이러한 제안에 주의하는 것은 사기를 예방하는 데 필수적이다. 예를 들어, "짧은 시간에 두 배로 투자 수익을 올려드립니다"와 같은 제안은 대부분의 경우 사기의 전형적인 수법이다. 안 씨는 친구로부터 급성장하는 스타트업에 투자하면 큰 수익을 올릴 수 있다는 말을 들었지만, 비현실적인 수익률에 의심을 품고 투자를 보류했다. 나중에 그 스타트업이 허구임이 밝혀졌고, 안 씨는 큰 손실을 피할 수 있었다. 비현실적 제안을 받았을 때는 반드시 추가적인 조사를 통해 그 제안의 타당성을 검증해야 한다. 이 과정에서 전문가의 의견을 듣거나 관련 정보를 확인하는 것이 도움이 된다.

### (9) 피해자 사례 연구: 다른 사람들의 경험을 통해 학습

다른 사람들의 피해 사례를 연구하고 학습하는 것은 사기 예방에 매우 유용하다. 이를 통해 사기꾼들이 사용하는 전략과 수법을 파악하고,

유사한 상황에서 적절하게 대응할 수 있는 능력을 기를 수 있다. 송 씨는 정기적으로 사기 피해자 모임에 참석하여 다양한 사례를 공유하고, 이를 통해 자신의 방어력을 강화했다. 이러한 모임은 피해자들이 서로의 경험을 나누고, 교훈을 얻을 좋은 기회를 제공한다. 또한, 인터넷이나 서적을 통해 다양한 사기 사례를 접하고, 그로부터 얻은 교훈을 바탕으로 자신의 금융 행동을 조정할 수 있다. 피해자들의 경험을 통해 얻은 지식은 사기 예방에 있어 강력한 무기가 될 수 있다.

### (10) 의사결정 시 시간 두기: 충동적 결정 피하기

충동적 결정은 사기의 주요 타깃이 되기 쉽다. 따라서 중요한 금융 결정 시 충분한 시간을 두고 신중하게 판단하는 것이 중요하다. 사기꾼들은 종종 피해자가 급박하게 결정을 내리도록 압박하지만, 이러한 압박을 견디고 충분한 시간을 확보하는 것이 사기를 피하는 데 효과적이다. 배 씨는 한 투자 기회를 제안받았을 때, 즉각적인 결정을 요구받았으나, 가족과 전문가와 상의하기 위해 시간을 요청했다. 그 결과, 그 제안이 사기라는 것을 알아차리고 손실을 피할 수 있었다. 충분한 시간적 여유를 갖고 정보를 수집하고, 전문가와 상담하며 결정을 내리는 습관은 사기 예방에 큰 도움이 된다. 이는 합리적이고 신중한 판단을 통해 사기꾼의 유혹에 흔들리지 않는 데 기여할 것이다.

# 7. 지인이 무섭다: 지인의 투자 권유를 피하는 방법

### (1) 거절의 기술

지인이 추천하는 투자 제안은 특별한 신뢰감 때문에 쉽게 거절하기 어렵다. 하지만 잘못된 선택은 재정적 손실로 이어질 수 있기에, 정중하게 거절하는 기술을 익히는 것이 중요하다. 거절의 첫 번째 원칙은 솔직함과 정중함이다. "지금은 다른 재무계획을 따르고 있어서 추가적인 투자는 어렵습니다"라는 말은 상대방에게 예의를 지키면서도 자기 입장을 명확히 전달할 방법이다. 예를 들어, 김 씨는 오랜 친구로부터 부동산 투자를 권유받았지만, 자신의 재무 목표와 일치하지 않는다는 것을 깨닫고 "나는 현재 자산을 안전하게 관리하는 것이 더 중요합니다"라고 정중히 말했다. 친구는 처음에는 실망했지만, 김 씨의 명확한 이유를 이해하고 더 이상의 권유를 하지 않았다. 또 다른 예로, "당신의 제안에 대해 더 많은 정보를 가지고 고민해 보겠지만, 지금 당장은 어렵습니다"라는 접근도 효과적이다. 이는 상대방의 감정을 상하지 않으면서 거절할 수 있는 좋은 방법이다. 이러한 거절의 기술은 인간관계를 손상하지 않으면서 자신의 재정적 결정을 보호하는 데 큰 도움이 된다.

### (2) 논리적 대응: 논리적 근거를 통한 투자 회피

지인의 투자 제안을 피하기 위한 두 번째 전략은 논리적 근거를 사용하는 것이다. 제안된 투자에 대해 냉정하게 분석하고, 논리적으로 설명하는 것은 불필요한 감정적 충돌을 피하는 데 유용하다. 예를 들어, "현재의 시장 상황을 고려했을 때, 그 투자에는 상당한 리스크가 따릅니다"라는 설명은 상대방에게 합리적인 근거를 제시하는 방법이다. 이 씨는 지인으로부터 스타트업 투자 제안을 받았지만, 그 회사의 재무 상태와 시장 전망을 조사한 결과 충분한 이유를 들어 거절할 수 있었다. 그는 "스타트업에 대한 투자 리스크가 크다는 자료를 확인했습니다. 저는 좀 더 안전한 투자처를 선호합니다"라고 말했다. 이는 지인에게 자신이 충분히 조사하고 검토한 결과라는 신뢰를 주며 거절할 수 있는 방식이다. 또 다른 방법으로는 "이 제안에 대해 전문가와 상의했으며, 제 포트폴리오에 적합하지 않다는 결론을 내렸습니다"라는 대응도 가능하다. 이러한 논리적 대응은 상대방이 제안을 포기하게 할 뿐만 아니라, 자신의 재정적 원칙을 유지하는 데 도움을 준다.

**(3) 제3자 검토: 또 다른 지인과 전문가의 의견을 통한 방어**

지인의 투자 권유를 피하는 세 번째 방법은 제3자의 의견을 활용하는 것이다. 이는 지인의 제안을 객관적으로 검토하고, 전문가의 의견을 들어보는 과정에서 실현된다. 예를 들어, 신 씨는 지인으로부터 새로운 금융상품에 대한 투자를 권유받았다. 그는 제안의 타당성을 확인하기 위해 금융 전문가와 상담했으며, 그 결과 투자 위험이 크다는 의견을 들었다. 이를 바탕으로 신 씨는 지인에게 "이 제안에 대해 전문가와 논의해본 결과, 리스크가 너무 크다는 결론을 얻었습니다"라고 설명하며 거절했다. 또 다른 사례로, 가족이나 다른 지인의 의견을 활용하는 것도 좋은 방법이다. "이 제안에 대해 가족과 상의했으며, 현재로서는 투자하지 않는 것이 더 바람직하다는 결론을 내렸습니다"라고 말함으로써, 개인의 결정이 가족의 의견에 근거하고 있음을 강조할 수 있다. 이러한 제3자의 의견은 거절의 정당성을 높이며, 불필요한 감정적 마찰을 줄여준다. 이를 통해 은퇴자들은 신뢰할 수 있는 판단 근거를 바탕으로 지인의 제안을 합리적으로 거절할 수 있게 된다.

### (4) 사례: 부동산 재개발과 관련한 지역 조합 조합원 권유

최근 한국에서는 부동산 재개발과 관련하여 지역 조합 조합원으로 가입을 권유하는 사례가 많아지고 있다. 이는 지역 재개발 사업이 고수익을 낼 수 있다는 기대감 때문에 흔히 발생한다. 그러나 이러한 조합 가입은 상당한 리스크를 동반할 수 있다. 대표적인 사례로, 2023년에 발생한 서울의 한 재개발 조합의 경우, 조합원이 된 수많은 투자자가 큰 손실을 보았다. 조합은 재개발 허가를 받지 못해 프로젝트가 중단되었고, 조합원들은 투자금을 회수할 수 없게 되었다.

최 씨는 오랜 친구로부터 부동산 재개발 조합에 가입하라는 권유를 받았다. 친구는 "이 지역은 곧 재개발 허가가 날 예정이고, 큰 수익을 올릴 수 있는 절호의 기회"라고 말했다. 하지만 최 씨는 즉시 투자하지 않고, 먼저 해당 재개발 프로젝트의 법적 상태와 허가 진행 상황을 철저히 조사하기로 했다. 그는 전문가와 상담하여 해당 조합이 필요한 허가를 아직 받지 못했으며, 법적 문제가 해결되지 않은 상태라는 것을 알게 되었다. 이를 바탕으로 최 씨는 친구에게 "법적 불확실성이 많아서 지금 당장 가입하기는 어렵습니다"라고 설명하며, 정중히 거절했다.

이 사례는 지역 조합 가입의 권유를 받을 때 주의해야 할 점을 잘 보여준다. 지인이 제공하는 정보가 매력적으로 보일지라도, 철저한 검증

없이 결정을 내리면 큰 손실을 입을 수 있다. 따라서 재개발 프로젝트와 같은 복잡한 투자 제안에 대해서는 전문가의 의견을 듣고, 법적 절차와 허가 상태를 확인하는 것이 필수적이다. 이를 통해 불필요한 리스크를 피하고, 안전한 투자를 할 수 있다.

## 8. 사기를 당했을 때 대처 방법

### (1) 즉각적인 대응: 경찰과 금융기관에 신고

사기를 당했을 때 가장 먼저 해야 할 일은 즉각적으로 경찰과 금융기관에 신고하는 것이다. 이러한 신속한 대응은 사기 피해를 최소화하고, 자산 회복의 가능성을 높이는 데 필수적이다. 사기를 당했음을 인지한 즉시, 가까운 경찰서나 관할 경찰청의 사이버수사대에 신고해야 한다. 경찰은 범죄 수사와 관련한 전문 지식을 바탕으로 사건을 처리하며, 필요한 경우 금융기관과의 협력을 통해 자금 흐름을 추적할 수 있다. 금융기관에 신고하는 것도 중요하다. 거래가 이루어진 은행이나 카드사에 연락하여 해당 거래를 중지시키고, 추가적인 피해를 방지할 수 있는 조치를 해야 한다. 예를 들어, 박 씨는 보이스피싱 사기를 당한 직후 은행에 연락하여 자신의 계좌를 일시적으로 동결시키고, 경찰에 신고하여 사건 조사를 시작했다. 이러한 신속한 대응 덕분에 박 씨는 일부 자금을 회수할 수 있었다. 이처럼 즉각적인 대응은 사기 피해를 줄이고, 범인을 추적하는 데 중요한 역할을 한다. 따라서 사기 피해를 인지한 순간 망설

임 없이 경찰과 금융기관에 신고하는 것이 가장 중요하다.

### (2) 법률적 지원: 법률 상담 및 대처 방안 모색

사기를 당한 후에는 법률적 지원을 받는 것이 중요하다. 법률 상담을 통해 피해 상황을 명확히 하고, 법적 대처 방안을 모색할 수 있다. 변호사는 피해자가 어떤 법적 권리를 가지고 있는지, 어떤 절차를 통해 손실을 복구할 수 있는지를 조언할 수 있다. 예를 들어, 유 씨는 사기 피해를 입은 후 변호사와 상담하여 민사 소송을 통해 손실을 회복할 방법을 찾았다. 또한, 법률 지원은 사기범에 대한 형사 고소나 민사 소송을 준비하는 데 있어 법적 절차를 이해하고, 필요한 증거를 확보하는 데 큰 도움이 된다. 이러한 법률적 지원은 사기 피해자가 법적 대응을 통해 정의를 실현하고, 손실을 회복할 가능성을 높인다. 따라서 사기를 당했을 때는 주저하지 말고 법률 전문가와 상담하여 자신의 상황에 맞는 대처 방안을 찾는 것이 중요하다. 이러한 법률적 지원은 피해자가 법적 절차를 이해하고 효과적으로 대응하는 데 필요한 기반을 제공한다.

### (3) 심리적 지원: 심리 상담 및 피해자 모임 참여

사기 피해는 경제적 손실뿐만 아니라 심리적 충격도 동반한다. 따라서 심리적 지원을 받는 것도 중요하다. 심리 상담을 통해 피해자는 자신의 감정을 이해하고, 스트레스와 불안을 해소할 방법을 찾을 수 있다. 상담사는 피해자가 사기를 당한 후 느끼는 자책감이나 분노를 다루고, 심리적 안정을 찾을 수 있도록 도와준다. 또한, 피해자 모임에 참여하는 것도 큰 도움이 될 수 있다. 비슷한 경험을 한 사람들과 이야기를 나누는 것은 정서적 지지를 받을 기회를 제공하며, 자신의 상황을 더 객관적으로 바라볼 수 있게 해준다. 조 씨는 사기를 당한 후 심리 상담을 통해 자신의 감정을 정리하고, 피해자 모임에 참석하여 다른 사람들의 경험을 공유함으로써 심리적 회복을 이루었다. 이러한 심리적 지원은 피해자가 사기 후유증을 극복하고, 새로운 출발을 할 힘을 제공한다. 따라서 사기 피해를 겪은 후에는 적극적으로 심리적 지원을 받아 정서적 안정을 찾는 것이 중요하다.

### (4) 경제적 복구 전략: 손실 회복을 위한 계획 수립

사기를 당한 후 경제적 손실을 회복하는 것은 어렵지만 불가능하지는 않다. 경제적 복구 전략을 수립하여 체계적으로 접근하는 것이 필요하다. 우선, 현재의 재정 상태를 철저히 파악하고, 손실을 회복하기 위한 현실적인 목표를 설정해야 한다. 왕 씨는 사기 피해로 인해 상당한 금액을 잃었지만, 재정 상태를 점검한 후 지출을 줄이고 추가 수입원을 확보하여 손실을 보충하기 위한 계획을 세웠다. 이러한 계획은 부채를 줄이고, 재정을 안정시키는 데 중요한 역할을 한다. 또한, 재무설계사와 상담하여 장기적인 재무계획을 세우고, 포트폴리오를 재조정하는 것도 필요하다. 이는 손실을 회복하고, 미래의 재정적 목표를 달성하는 데 도움이 된다. 경제적 복구 전략은 체계적인 접근과 꾸준한 노력이 필요하지만, 이를 통해 사기 피해를 극복하고 새로운 출발을 할 수 있는 기반을 마련할 수 있다. 따라서 사기 피해를 입은 후에는 재정 상태를 점검하고, 구체적인 복구 계획을 수립하여 실행하는 것이 중요하다.

# 9. 은퇴자 커뮤니티의 역할

**(1) 공유와 학습의 중요성**

은퇴자 커뮤니티는 사기 예방에 있어 매우 중요한 역할을 한다. 이들은 서로의 경험을 공유하고, 배움을 통해 사기 피해를 미연에 방지하는 데 큰 도움이 된다. 실제로, 커뮤니티 내에서 사기 피해 사례와 그 예방책을 공유하는 것은 집단적 학습을 통해 위험을 줄이는 효과적인 방법이다. 예를 들어, 차 씨는 은퇴 후 지역 커뮤니티 모임에 참여하여 다른 회원들이 겪었던 사기 피해 사례를 들었다. 이러한 사례 공유를 통해 그는 자신도 모르게 겪을 수 있는 잠재적 위험을 인식하게 되었고, 그로 인해 더 높은 경각심을 가지게 되었다. 또한, 커뮤니티에서는 사기 수법의 변화에 대해 지속해서 논의하며, 새로운 예방책을 개발하고 공유한다. 이러한 활동은 개별 은퇴자가 혼자 감당하기 어려운 사기 위험에 대한 집단적 대응을 가능하게 한다. 최근 연구에 따르면, 사기 피해 경험을 공유하고 교육 프로그램에 참여한 은퇴자들은 그렇지 않은 사람들보다 사기 피해 가능성을 30% 이상 줄일 수 있는 것으로 나타났다. 이처럼 공유와 학습은 커뮤니티 구성원 모두에게 큰 이익을 가져다주며, 개개인의 재정적 안전망을 강화하는 데 기여한다.

**(2) 상호 지원 시스템**

은퇴자 커뮤니티는 또한 상호 지원 시스템을 통해 구성원들이 서로 돕고 보호할 수 있는 네트워크를 구축한다. 이는 지역사회 내에서 은퇴자들이 서로의 안전망 역할을 하는 것으로, 경제적, 심리적 지원을 제공할 수 있다. 이러한 상호 지원 시스템은 개인의 고립감을 줄이고, 커뮤니티의 일원으로서 소속감을 느끼게 한다. 예를 들어, 미국의 은퇴자 커뮤니티에서는 'Elderwatch' 프로그램을 운영하며, 이는 은퇴자들이 사기 위험에 대해 서로 경고하고, 필요한 경우 법률적 도움을 제공받을 수 있는 시스템을 구축하고 있다. 이 프로그램은 커뮤니티 내에서 정기적으로 모임을 열고, 전문가를 초청하여 사기 예방 교육을 진행하며, 이를 통해 커뮤니티 구성원들이 최신 사기 수법에 대한 정보를 지속해서 업데이트할 수 있도록 한다.

또한, 일본에서는 '실버 서포트 네트워크'라는 프로그램을 통해 지역사회 내 은퇴자들이 서로를 지원할 수 있는 구조를 형성하고 있다. 이 프로그램은 은퇴자들이 주기적으로 만나서 생활 정보를 공유하고, 필요시 금융 전문가의 조언을 받을 수 있도록 지원한다. 이러한 네트워크는 특히 고령화 사회에서 은퇴자들이 느낄 수 있는 사회적 고립감을 줄이고, 서로의 안전을 지키는 데 중요한 역할을 한다.

우리도 이러한 시스템을 벤치마킹하여 은퇴자 커뮤니티를 활성화하고, 지역사회 내에서 안전망을 구축하는 것이 필요하다. 커뮤니티는 사기 예방에 있어 개인의 노력만으로는 부족할 수 있는 부분을 보완해 주며, 은퇴자들이 더욱 안전하고 안정된 삶을 영위할 수 있도록 돕는다. 이러한 상호 지원 시스템은 은퇴자가 직면할 수 있는 다양한 위협에 대한 효과적인 방어 수단이 될 수 있으며, 이를 통해 은퇴자들은 더 큰 안전을 느낄 수 있을 것이다.

키워드 26

# 상속설계

1. 상속설계의 중요성
2. 상속 계획과 은퇴 재무설계의 상관관계
3. 사람은 죽어서 유산을 남깁니다: 유산의 종류와 상속 준비 체크리스트
4. 돈은 다 쓰고 죽는 게 가장 현명합니다
5. 유산이 남겨졌을 때는 반드시 세금이 발생합니다
6. 한국 사회의 상속세 관련 트렌드 변화와 예측
7. 계산법: 상속 공제의 중요성, 산출세액 시뮬레이션
8. 자산, 대상 및 세금 재원 마련: 얼마를 줄 건지, 누구에게 줄 건지, 세금 재원은 마련해줄 건지

## 1. 상속설계의 중요성

은퇴 재무설계에서 '상속설계'를 중요한 키워드로 선택한 이유는 상속설계는 은퇴 후의 재정적 안정뿐만 아니라, 세대 간의 재정계획과 자산 이전을 효과적으로 관리하는 데 있어서 중요한 역할을 하기 때문이다.

은퇴 재무설계의 핵심 목표 중 하나는 자산을 효율적으로 관리하고 분배하는 것이다. 상속설계는 이러한 목표를 달성하는 데 중요한 역할을 한다. 상속설계를 통해 자산이 상속인들에게 공정하고 효율적으로 분배되도록 계획할 수 있다. 이는 피상속인이 사망 후에도 자산이 적절하게 관리되고 사용될 수 있도록 도와준다.

상속설계는 상속세 부담을 최소화하는 데 매우 중요하다. 상속세는 상속 자산의 상당 부분을 차지할 수 있으며, 이는 상속인들에게 큰 재정적 부담이 될 수 있다. 상속설계를 통해 다양한 세금 혜택을 최대한 활용하고, 사전 증여나 유언장 작성 등을 통해 상속세를 줄일 수 있다. 이는 피상속인과 상속인 모두에게 재정적 안정을 제공한다.

상속설계는 자산 분배에 대한 명확한 계획을 수립함으로써 가족 간의 분쟁을 예방할 수 있다. 상속 자산이 명확하게 분배되지 않으면 상속인들 간의 갈등이 발생할 수 있으며, 이는 가족의 화목을 해칠 수 있다. 유언장 작성, 신탁 설정 등의 상속설계 방법을 통해 이러한 갈등을 예방하고, 가족 간의 화목을 유지할 수 있다.

상속설계는 세대 간의 재정계획을 포함한다. 이는 가업 승계, 자녀 교육 자금 마련 등 다양한 측면에서 중요하다. 은퇴 재무설계는 단순히 피상속인 개인의 재정계획에 그치지 않고, 상속인을 포함한 세대 간의 재정계획을 포괄한다. 이를 통해 가업의 지속 가능성을 확보하고, 자녀들의 재정적 안정을 도모할 수 있다.

상속설계는 피상속인의 삶의 질을 높이는 데 기여할 수 있다. 은퇴 후에도 자산을 효율적으로 관리하고 사용할 수 있도록 계획함으로써, 피상속인은 은퇴 후에도 안정적이고 풍요로운 생활을 영위할 수 있다. 이는 자산을 다 사용하고 사망하는 전략을 포함하여, 피상속인의 삶의 질을 높이는 데 기여한다.

상속 계획과 은퇴 재무설계는 서로 밀접하게 연관되어 있으며, 피상속인과 상속인 모두에게 중요한 재정적 안정과 미래를 보장한다. 은퇴 재무설계는 은퇴 이후의 삶을 경제적으로 안정되게 만드는 데 초점을 맞추고 있으며, 상속 계획은 그 이후의 자산 분배와 세금 재원을 고려하여 다음 세대로의 자산 이전을 효율적으로 관리하는 데 중점을 둔다.

## 2. 상속 계획과 은퇴 재무설계의 상관관계

**(1) 재정적 안정성 확보**

은퇴 재무설계는 은퇴 이후의 생활비와 의료비 등을 충당할 수 있도록 자산을 관리하고, 상속 계획은 이러한 자산이 상속인들에게 효율적으로 전달되도록 한다. 이를 통해 피상속인은 자신이 살아있는 동안 재정적 안정성을 유지하고, 사후에는 상속인들이 재정적 부담을 최소화할 수 있다.

### (2) 세금 최적화

상속 계획은 상속세와 증여세를 최적화하여 상속인들이 과도한 세금 부담을 지지 않도록 한다. 이는 은퇴 재무설계의 하나로, 피상속인이 자신의 자산을 최대한 활용하면서도 상속인들에게 세금 부담을 줄이는 전략을 포함한다.

### (3) 유산의 지속 가능성

은퇴 재무설계와 상속 계획은 유산의 지속 가능성을 보장한다. 즉, 자산이 다음 세대에 안정적으로 전달되어 상속인들이 재정적으로 자립할 수 있도록 돕는다. 이는 가족의 재정적 건강과 지속 가능성을 확보하는 중요한 요소이다.

### (4) 가족 간의 화목 유지

상속 계획은 자산 분배를 명확히 하여 상속인들 간의 분쟁을 예방할 수 있다. 이는 은퇴 재무설계와 결합하여 가족 간의 화목을 유지하고, 상속 과정에서 발생할 수 있는 갈등을 최소화한다.

많은 사람이 은퇴 후에도 안정적이고 풍요로운 생활을 기대한다. 이를 위해서는 철저한 은퇴 재무설계가 필요하며, 상속 계획 또한 이에 포함되어 자산의 효과적인 관리와 분배를 도모해야 한다. 또한, 은퇴 이후에도 자산을 효율적으로 활용하는 것이 중요하다. 이는 자산을 다 사용하고 사망하는 전략을 포함하여, 상속인들에게 불필요한 세금 부담을 주지 않으면서도 피상속인의 생활의 질을 높이는 데 기여할 수 있다.

은퇴 재무설계는 단순히 피상속인 개인의 재정계획에 그치지 않고, 상속인을 포함한 세대 간의 재정계획을 포괄한다. 이는 가업 승계, 자녀 교육 자금 마련 등 다양한 측면에서 상속 계획과 밀접하게 연관된다.

결국, 상속 계획과 은퇴 재무설계는 단순한 자산관리 이상의 의미가 있다. 이들은 피상속인과 상속인 모두에게 중요한 재정적 안정과 미래를 보장하며, 세대 간의 재정계획을 통해 가족의 지속 가능성과 화목을 유지하는 데 기여한다. 철저한 상속 계획과 은퇴 재무설계를 통해 피상속인은 은퇴 이후의 삶을 안정적으로 영위할 수 있으며, 상속인들은 재정적 부담을 최소화하면서 자산을 효율적으로 관리할 수 있다.

이러한 계획은 단순히 자산을 분배하는 것을 넘어, 피상속인의 삶의 질을 높이고, 상속인들에게 안정적인 미래를 제공하며, 가족 간의 화목을 유지하는 중요한 역할을 한다. 독자들이 이 책을 통해 상속 계획과 은퇴 재무설계의 중요성을 이해하고, 이를 바탕으로 자신의 재정계획을 체계적으로 세우는 데 도움이 되기를 바란다.


## 3. 사람은 죽어서 유산을 남깁니다: 유산의 종류와 상속 준비 체크리스트

상속설계는 자신의 재산을 보호하고, 사후에 그 재산이 적절히 분배되도록 하는 중요한 과정이다. 특히, 초고령사회로 접어들면서 상속에 대한 사전 계획의 중요성은 점점 더 커지고 있다. 상속 준비 체크리스트를 통해 효율적인 상속 계획을 세우는 게 필요한 시점이다.

### (1) 상속과 유산의 정의 및 구분

먼저, 상속과 유산의 정의를 명확히 하는 것이 중요하다. 상속은 피상속인의 사망으로 인해 상속인이 피상속인의 재산을 승계하는 법적 절차를 의미한다. 유산은 피상속인이 사망 후 남긴 재산 전체를 지칭한다.

### (2) 유산의 종류

유산은 크게 금전 자산과 비금전 자산으로 나눌 수 있다. 각각의 종류별로 상속 준비 시 고려해야 할 사항들을 자세히 알아보자.

#### 1) 금전 자산

- 현금 및 예금: 은행 계좌에 있는 현금과 예금은 가장 직접적인 유산이다. 상속인이 은행에 상속 절차를 신청해서 인출할 수 있는데, 이때 사망진단서와 상속인 증명서류가 필요하다.
- 주식 및 채권: 주식이나 채권은 금융회사에서 상속 절차를 통해 상속인에게 이전된다. 특히 주식의 경우 주가 변동에 따라 가치가 크게 달라질 수 있으므로 시기에 따른 가치 평가가 중요하다.
- 보험금: 생명보험이나 연금보험의 보험금도 중요한 상속 자산이다. 보험사에 사망 신고를 하면 보험금이 상속인에게 지급되므로, 보험증권과 관련 서류를 미리 정리해 두는 것이 좋다.

2) 비금전 자산

- 부동산: 부동산은 가장 가치가 큰 유산 중 하나이다. 상속 절차를 거쳐 상속인 명의로 등기 이전이 이루어진다. 부동산의 정확한 가치 평가와 관련 세금 문제를 미리 파악해 두는 것이 필요하다.
- 사업체: 개인 사업체나 법인의 주식도 중요한 비금전 자산이다. 상속인이 사업을 계속할 경우와 매각할 경우에 따라 준비해야 할 사항이 다르므로, 이에 대한 계획을 미리 세워 두는 것이 좋다.
- 기타 자산: 예술품, 귀중품, 차량 등도 상속 대상이 될 수 있다. 이러한 자산들은 각각의 특성에 맞게 상속 절차를 준비해야 한다.

(3) 상속 준비 체크리스트

① 유언장 작성: 유언장을 작성해 두면 상속 절차가 원활하게 진행될 수 있다. 유언장은 법적인 효력을 가지기 위해 공증을 받는 것이 좋다.

② 상속인 지정: 상속인을 미리 지정해 두고, 그들이 어떤 자산을 상속받을지 명확히 해 두는 것이 중요하다.

③ 자산 목록 작성: 모든 자산의 목록을 작성해 두면 상속 절차가 더 쉽게 진행될 수 있다. 특히, 부동산이나 사업체 등의 비금전 자산은 상세한 정보가 필요하다.

④ 세금 계획: 상속세는 큰 부담이 될 수 있으므로, 상속세를 줄이는 방법을 미리 고려하는 것이 좋다. 상속 공제나 증여를 통해 세금 부담을 줄일 수 있다.

⑤ 전문가 상담: 상속 플랜은 복잡한 법적 절차와 세금 문제가 얽혀

있으므로, 전문가의 도움을 받는 것이 좋다. 변호사나 세무사와 상담하여 최적의 상속 계획을 세우는 것이 중요하다.

### (4) 상속인과 피상속인 모두에게 영향을 미치는 상속

상속은 단순히 자산이 이전되는 과정이 아니다. 그것은 피상속인과 상속인 모두의 은퇴설계와 직결되는 복합적 재정 이벤트이며, 사전 준비 여부에 따라 두 세대의 미래가 좌우될 수 있다.

#### 1) 피상속인의 관점: 은퇴자산과 상속세의 균형 설계

피상속인은 자신의 은퇴설계를 수립할 때 반드시 상속을 염두에 두어야 한다. 은퇴 후에도 지속 가능한 수익을 창출하는 자산을 유지하면서, 동시에 상속 시 상속인이 부담할 수 있는 수준의 세금 구조를 설계하는 것이 핵심이다. 예를 들어 부동산을 다수의 상속인에게 공정하게 분배하기 위한 사전 증여 전략, 혹은 상속세 납부를 위한 유동성 확보(현금성 자산 비중 조정 등)가 필요하다.

특히 2025년 현재 논의 중인 상속세 과세 체계 개편은 피상속인의 전략에 중대한 변화를 요구한다. 정부는 기존의 '유산세 방식(전체 유산에 대해 일괄 과세)'에서, '유산취득세 방식(상속인 각각이 받은 자산에 대해 과세)'로 전환하는 방안을 추진 중이다. 이 변화는 상속인 수와 상속 분할 방식에 따라 전체 세액이 달라질 수 있음을 의미하며, 피상속인은 더욱 세밀한 자산 분할 계획과 유언, 증여 설계가 필요하다.

또한, 상속공제와 세율 체계의 변화 가능성도 존재하므로, 생전 증여 전략, 공제 한도 활용, 보험 등을 통한 사전 세액 재원 마련 등 다층적 상속 대응 전략을 은퇴 시점부터 통합적으로 고려하는 것이 중요해지고 있다.

### 2) 상속인의 관점: 자산의 수용과 재설계

상속인 역시 상속이 자신에게 주는 재정적 영향을 단순히 '자산 수혜' 차원이 아니라, 자기 은퇴설계의 중요한 변수로 인식해야 한다. 상속받은 자산이 부동산인지, 금융자산인지, 또는 비유동 자산인지에 따라 향후 현금흐름 계획은 전혀 달라진다. 예컨대 상속받은 부동산을 임대해 안정적인 수익을 창출하거나, 상속된 금융자산을 재편성해 중장기 자산 운용 포트폴리오에 반영하는 방식이다.

한편 상속인은 상속세 납부 의무도 함께 지게 된다. 현행 유산세 방식에서는 전체 유산에 세금을 부과한 후 분담하는 구조였지만, 유산취득세 방식으로 전환되면 각자가 받은 몫에 따라 독립적으로 세금을 부담하게 된다. 따라서 수증자 개인의 재정 상황에 맞는 세금 납부 계획, 혹은 유동성 확보 전략이 필수적이다. 필요하다면 일부 상속 자산의 매각, 대출, 또는 분납 제도를 활용해 상속세로 인한 급격한 자산 유출을 방지해야 한다.

이처럼 상속은 단순한 자산 이전을 넘어 두 세대의 은퇴 재정 구조를 동시에 건드리는 중요한 전환점이다. 변화하는 세법 환경에 맞춰 피상속인은 분배·세금·지속 가능성을 고려한 사전 설계, 상속인은 자산 운용 및 세금 대응 계획을 갖추어야만, 상속이 삶의 리스크가 아니라 기회로 작동할 수 있다.

### (5) 최근 사례

#### 1) 상속이 준비된 사례

서울에 거주하는 김 씨는 자신의 부동산자산을 상속하기 위해 철저한 준비를 했다. 김 씨는 상속 공제를 최대한 활용하기 위해 전문가와 상의하여 미리 부동산의 가치를 평가받고, 상속세를 줄일 방법을 모색했다. 김 씨는 유언장을 작성하고 공증을 받아 두었으며, 자산 목록을 꼼꼼히 작성하여 상속인들이 명확히 이해할 수 있도록 했다. 상속 절차가 시작되었을 때, 김 씨의 자녀들은 큰 어려움 없이 상속을 마무리할 수 있었다. 이를 통해 자녀들은 상속받은 자산을 바탕으로 자신의 은퇴설계를 안정적으로 할 수 있었다.

#### 2) 준비 없는 사례

반면, 부산에 거주하는 박 씨는 상속 플랜을 세우지 않은 채 갑작스러운 사망을 맞이했다. 박 씨는 다수의 부동산과 금융 자산을 보유하고 있었으나, 이를 상속받을 상속인들이 준비되지 않은 상태였다. 유언장이 없었기 때문에 상속인들 간의 분쟁이 발생했고, 자산의 분배가 지연되었다. 특히, 상속세 납부를 위한 준비가 되어 있지 않아 상속인들이 큰 재정적 부담을 겪었다. 이로 인해 상속인들의 은퇴설계에도 큰 차질이 발생하였다.

#### 3) 최신 판례

최근 대법원 판례에 따르면, 상속세 납부에 대한 기준이 더욱 엄격해

지고 있다. 2023년 대법원 판결에서는 상속세 신고를 하지 않거나 축소 신고한 사례에 대해 강력한 제재를 가한 바 있다. 이 판례는 상속인들이 상속세를 제대로 신고하고 납부하는 것이 얼마나 중요한지를 다시 한번 강조하고 있다. 또한, 2022년 헌법재판소 판결에서는 상속세의 과세 기준과 공제 항목에 대한 헌법적 타당성을 검토하여 일부 공제 항목의 조정이 필요하다는 결론을 내렸다.

이러한 판례들은 상속 플랜을 세우는 데 있어 법적 준수와 세금 계획의 중요성을 더욱 부각시키고 있다. 상속인들은 이러한 최신 판례를 참고하여 더욱 철저한 상속 플랜을 세울 필요가 있다.

이를 바탕으로 대한민국의 상속 플랜을 체계적으로 세우는 것이 중요하며, 이는 피상속인과 상속인 모두에게 안정적인 재정관리와 법적 보호를 제공할 것이다. 상속 플랜은 피상속인의 은퇴설계를 안정적으로 유지하게 하고, 상속인의 은퇴설계를 더욱 견고하게 만드는 중요한 역할을 한다.

## 4. 돈은 다 쓰고 죽는 게 가장 현명합니다

은퇴설계의 관점에서 "돈은 다 쓰고 죽는 게 가장 현명합니다"라는 주장은 다소 도발적일 수 있다. 하지만 깊이 들여다보면, 이는 피상속인의 은퇴 생활을 풍요롭게 하면서도 상속인들에게 불필요한 부담을 주지 않는 지혜로운 전략일 수 있다. 왜 이러한 접근이 피상속인과 상속인 모두에게 유리한지에 대해 상세히 살펴보자.

### (1) 피상속인의 관점에서의 은퇴설계

은퇴 생활은 인생의 황금기 중 하나로, 이 시기를 풍요롭고 즐겁게 보내는 것이 중요하다. 피상속인이 은퇴 기간에 축적한 자산을 효율적으로 사용하고, 자신의 삶을 최대한 누리는 것이 핵심이다. 이를 통해 은퇴 생활의 질을 높이고, 자산을 최대한 활용하는 것이 가능하다.

**1) 삶의 질 향상**
- 풍요로운 생활: 은퇴 후에도 지속해서 자산을 유지하고 사용함으로써, 여행, 문화 활동, 취미생활 등 다양한 활동을 즐길 수 있다. 이는 정신적, 신체적 건강에 긍정적인 영향을 미친다.
- 건강관리: 은퇴 후에도 자산을 적극적으로 활용하여 건강관리를 철저히 할 수 있다. 예를 들어, 고급 의료 서비스나 건강 유지 프로그램에 투자함으로써 건강한 노후를 보낼 수 있다.

**2) 재정적 안심**
- 지속 가능한 재정계획: 은퇴 후에도 자산을 계획적으로 사용함으로써 재정적 안심을 얻을 수 있다. 이는 예상치 못한 의료비나 생활비 증가에 대비하는 데 도움이 된다.
- 상속세 부담 감소: 자산을 상속하는 경우, 상속세 부담이 크다. 피상속인이 자산을 다 사용하고 사망할 경우, 상속인들이 상속세를 납부해야 할 필요가 없어 재정적 부담이 줄어든다.

### 3) 가족과의 관계

- 자립적인 상속인: 피상속인이 자산을 다 사용하고 사망할 경우, 상속인들이 자신의 재정적 자립을 더 강화할 수 있다. 이는 상속인들이 피상속인의 자산에 의존하지 않고 자립적인 삶을 살 수 있게 돕는다.
- 분쟁 예방: 자산을 다 사용하고 사망하면, 상속인들 간의 자산 분배에 대한 분쟁이 발생할 가능성이 줄어든다. 이는 가족 간의 화목을 유지하는 데 도움이 된다.

### (2) 상속인의 관점에서의 유리한 점

피상속인이 자신의 자산을 다 사용하고 사망하는 것이 상속인들에게도 유리할 수 있다. 이를 구체적으로 살펴보자.

### 1) 재정적 부담 감소

- 상속세 부담 완화: 상속인들이 상속받는 자산이 적거나 없을 경우, 상속세 납부의 부담이 크게 줄어든다. 이는 상속인들이 큰 재정적 압박 없이 자신의 재정을 관리할 수 있게 한다.
- 복잡한 상속 절차 회피: 자산을 많이 상속받으면 복잡한 상속 절차를 거쳐야 하고, 이는 시간과 비용이 많이 든다. 피상속인이 자산을 다 사용하고 사망하면 이러한 절차를 회피할 수 있다.

### 2) 재정적 자립

- 자립심 강화: 상속인이 상속에 의존하지 않고 자신의 재정을 관

리하고 자립하는 능력을 키울 수 있다. 이는 상속인들이 경제적으로 더욱 독립적이고 강건해지는 데 도움을 준다.
- 재정계획 수립: 상속인은 피상속인의 자산에 의존하지 않고 자신의 재정계획을 수립하게 된다. 이는 상속인들이 더욱 철저하고 체계적인 재정관리를 하게 만든다.

### 3) 가족 간의 화목
- 상속 분쟁 예방: 상속 자산이 많을 경우, 상속인들 간의 분쟁이 발생할 가능성이 크다. 피상속인이 자산을 다 사용하고 사망하면 이러한 분쟁을 예방할 수 있다.
- 가족 관계 개선: 재산 분배에 대한 갈등이 줄어들면서 가족 간의 관계가 더 화목해질 수 있다.

### (3) 돈을 다 쓰고 죽는 전략의 구체적 예시

피상속인이 은퇴 후 자산을 다 사용하는 전략을 구체적으로 어떻게 실행할 수 있는지 7가지 예시를 통해 살펴보자.

① 연금 활용(연금 수령 극대화): 개인연금이나 공적연금을 최대한 활용하여 은퇴 생활비를 마련한다. 연금 수령액을 최대화하기 위해 연금 수령 시기를 최적화하고, 다양한 연금상품을 활용할 수 있다.

② 부동산 매각: 은퇴 후 더 이상 필요하지 않은 부동산을 매각하여 현금을 확보한다. 이를 통해 자산을 유동화하고, 필요시 현금으로 활용할 수 있다.

③ 투자자산 활용(투자자산 매각): 주식, 채권, 펀드 등 투자자산을 적절히 매각하여 생활비로 활용한다. 이를 통해 자산의 유동성을 확보하고, 재정적 안정을 도모할 수 있다.

④ 생활비 조달을 위한 지출 계획 수립(적극적인 지출 계획): 은퇴 후 예상되는 지출을 면밀하게 계획하고, 이를 기반으로 자산을 사용한다. 예를 들어, 여행 계획, 건강관리, 문화 활동 등에 필요한 비용을 미리 계산하고, 이에 따라 자산을 분배한다.

⑤ 예비비 마련(긴급 상황 대비): 예상치 못한 지출을 대비하여 예비비를 마련해 둔다. 이를 통해 긴급 상황에서도 재정적 안정을 유지할 수 있다.

⑥ 사회적 기부와 자선 활동: 자산 일부를 기부하거나 자선 활동에 사용할 수 있다. 이는 사회에 긍정적인 영향을 미칠 뿐만 아니라, 자신에게도 큰 만족감을 줄 수 있다.

⑦ 특별한 경험을 위한 투자: 평생 꿈꿔왔던 활동이나 경험에 자산을 투자한다. 예를 들어, 세계 일주 여행, 새로운 취미 활동, 혹은 평생 배우고 싶었던 기술을 배우는 데 자산을 사용할 수 있다.

"돈은 다 쓰고 죽는 게 가장 현명합니다"라는 주장은 단순히 자산을 소비하라는 의미가 아니다. 이는 피상속인이 은퇴 생활을 최대한 풍요롭게 보내고, 자산을 효율적으로 활용하여 삶의 질을 높이는 동시에, 상속인들에게 불필요한 재정적 부담을 주지 않는 전략이다. 은퇴설계의 관점에서 이러한 접근은 피상속인과 상속인 모두에게 이득이 될 수 있다.

따라서, 피상속인은 은퇴설계를 통해 자신의 자산을 최대한 활용하고, 상속인들이 자립적으로 성장할 수 있도록 도와주는 것이 중요하다. 이를 통해 피상속인은 자신의 삶을 최대한 즐기고, 상속인들에게는 안정적인 미래를 제공할 수 있다.

## 5. 유산이 남겨졌을 때는 반드시 세금이 발생합니다

피상속인이 사망 후 남긴 자산, 즉 유산에는 세금이 발생한다. 이는 바로 상속세이다. 상속세는 상속인이 피상속인의 재산을 물려받을 때 부과되는 세금으로, 유산의 가치가 클수록 상속세 부담도 커진다. 상속세는 유산의 공정한 분배와 국가 재정 확보를 위해 중요한 역할을 하지만, 상속인에게는 큰 재정적 부담이 될 수 있다. 이에 따라 피상속인은 상속세 부담을 최소화하는 전략을 세우는 것이 중요하다. 여기서는 상속세의 개념과 이를 줄이기 위한 다양한 방법을 살펴보자.

**(1) 상속세의 개념**

상속세는 피상속인이 사망할 때 남긴 유산에 대해 국가가 부과하는 세금이다. 대한민국에서는 상속세가 일정 기준을 초과하는 유산에 대해 부과되며, 상속세율은 유산의 가치에 따라 다르게 적용된다. 상속세는 상속인이 부담해야 하므로, 유산의 규모가 클수록 상속인의 재정적 부담이 커질 수 있다.

### (2) 상속세 절감을 위한 전략

**1) 사전 증여**

피상속인이 생전에 자산을 상속인에게 미리 증여하는 방법이다. 사전 증여를 통해 상속세를 절감할 수 있다. 증여세는 상속세보다 낮은 경우가 많으므로, 사전 증여를 통해 세금을 줄이는 것이 유리할 수 있다. 다만, 증여에도 증여세가 부과되므로, 증여 시점과 금액을 신중하게 고려해야 한다.

- 10년 단위 증여: 대한민국에서는 직계 존비속 간의 증여에 대해 10년 단위로 일정 금액까지 증여세 공제를 받을 수 있다. 이를 활용하여 여러 번에 걸쳐 자산을 증여하면, 증여세 부담을 줄일 수 있다.
- 증여세 공제 한도: 배우자, 자녀 등에게 증여할 때 증여세 공제 한도를 최대한 활용하는 것이 중요하다. 예를 들어, 배우자에게는 6억 원까지, 자녀에게는 5천만 원까지 공제가 가능하다.

**2) 상속 공제**

상속세를 줄이는 또 다른 방법은 상속 공제를 최대한 활용하는 것이다. 대한민국에서는 일정 금액까지 상속세 공제를 받을 수 있다. 이러한 공제는 유산의 규모와 상속인의 상황에 따라 다르게 적용되므로, 공제 항목을 꼼꼼히 검토하는 것이 중요하다.

- 기초공제: 모든 상속인에게 적용되는 기본 공제이다. 현재 대한민국에서는 5억 원까지 기초공제를 받을 수 있다.

- 배우자 공제: 배우자가 상속을 받을 경우, 기초공제 외에도 추가로 공제를 받을 수 있다. 배우자 공제는 최대 30억 원까지 적용될 수 있다.
- 기타 공제: 미성년자 공제, 장애인 공제 등 상속인의 특수한 상황에 따라 추가 공제를 받을 수 있는 항목이 있다.

**3) 다 쓰는 방법**

피상속인이 자신의 자산을 다 사용하고 사망하는 방법도 상속세 부담을 줄이는 전략 중 하나이다. 이는 피상속인이 은퇴 생활을 풍요롭게 보내면서, 상속인들에게 불필요한 재정적 부담을 주지 않는 방법이다.

결과적으로 피상속인이 사망 후 남긴 유산에는 상속세가 부과되며, 이는 상속인에게 큰 재정적 부담이 될 수 있다. 따라서 상속세 부담을 줄이기 위한 전략을 세우는 것이 중요하다. 사전 증여, 상속 공제, 자산을 다 사용하는 방법 등 다양한 전략을 통해 상속세를 최소화할 수 있다.

## 6. 한국 사회의 상속세 관련 트렌드 변화와 예측

최근 한국의 상속세 제도는 다양한 변화를 겪고 있으며, 그 변화의 흐름은 앞으로 상속 계획과 은퇴 재무설계 전반에 중요한 방향성을 제시하고 있다. 특히 상속세율, 공제 제도, 과세 방식 등 핵심 요소들이 논의되거나 제도 개선의 움직임을 보이고 있어, 상속을 둘러싼 환경은 더욱 복잡해지고 있다. 여기에서는 상속세 관련 제도 변화의 흐름을 짚어보고, 그에 따른 시사점을 살펴본다.

## (1) 상속세 공제 및 세율 변화

첫째, 배우자 공제와 관련된 논의가 이어지고 있다. 현행 제도상 배우자 공제는 최대 30억 원까지 가능하지만, 이는 상속 재산의 실제 분할 및 신고 요건을 충족해야 적용된다. 최근 정치권과 정책 당국 사이에서는 이 공제 제도의 실효성을 높이고, 중산층 가계의 부담을 완화하기 위한 개선 논의가 진행 중이다. 하지만 아직 구체적인 입법 변화는 확정되지 않았고, 당분간 현행 기준이 유지될 가능성이 크다.

둘째, 2024년부터 시행된 혼인 및 출산에 대한 증여세 공제 제도는 상속세와 밀접한 관련이 있다. 혼인이나 출산을 이유로 증여받는 경우, 각각 1억 원의 증여세 공제를 받을 수 있도록 제도가 개정되었으며, 이는 자녀 세대의 자산 이전 부담을 덜어주고, 저출산 문제에 대응하려는 정부의 정책적 시도이기도 하다.

셋째, 부동산자산의 공시가격 현실화와 금융자산의 과세 강화 기조로 인해 상속세 과세 대상이 점차 확대되고 있다. 단독주택이나 다주택 보유자의 경우, 별도의 자산 이동 없이도 상속세 신고 대상에 포함될 가능성이 커졌고, 이에 따라 중산층 가계에서도 사전 대응의 필요성이 커지고 있다.

### (2) 상속세 정책 변화의 영향

이러한 변화들은 상속인에게 몇 가지 중요한 영향을 끼친다. 먼저, 일부 공제 혜택의 확대는 분명 세 부담을 낮추는 긍정적인 측면이 있다. 그러나 동시에 과세 기준의 강화와 제도적 복잡성의 증가로 인해 단순한 사전 증여나 단독 명의 분산만으로는 충분하지 않은 상황이 되었다.

특히, 가족 간의 협의를 통한 체계적인 상속 계획 수립이 더욱 중요해졌다. 배우자 공제와 일괄 공제, 동거 주택 상속 공제 등은 적용 요건이 까다롭고 신고 절차가 복잡하기 때문에, 사전에 충분한 논의를 통해 재산 분할 방식을 명확히 하고 법적 요건을 충족시켜야 세금 부담을 줄일 수 있다.

또한, 상속 재정계획의 복잡성은 이전보다 훨씬 높아졌다. 자산의 평가 방식, 과세 시점, 공제 적용 여부 등 다양한 요소가 세부적으로 작용하고 있기 때문이다. 전문가의 조언 없이 자기 판단만으로 접근할 경우, 오히려 불필요한 세금 부담이나 추징 위험에 노출될 수 있다.

### (3) 향후 제도 변화 전망

앞으로의 상속세 제도는 어떤 방향으로 전개될까?

우선, 상속세율 자체에 대한 조정 논의가 계속되고 있다. 현재 한국의 상속세 최고세율은 50%로, OECD 국가 중에서도 가장 높은 수준이다. 이에 대한 형평성 논란은 꾸준히 제기되어 왔으며, 고액 상속에 대한 세율 체계 조정이 정치권에서 논의되고 있다. 다만, 이러한 변화는 조세 저항과 정치적 합의를 수반해야 하는 사안으로, 단기간 내 개편되기보다는 중장기적인 검토를 거쳐 조정될 가능성이 크다.

둘째, 인적 공제 확대 기조는 유지될 것으로 보인다. 특히 부동산 가격 상승으로 인해 상속세 과세 대상이 확대되면서, 중산층을 중심으로 기초공제 및 자녀 공제 상향 조정의 필요성이 대두되고 있다. 이미 정치권과 정부 내에서는 이러한 공제 확대에 대해 긍정적인 분위기가 형성되어 있으며, 향후 관련 법 개정이 추진될 가능성이 크다.

셋째, 가장 주목할 변화는 과세 방식의 전환이다. 정부는 현재의 유산세 방식에서 유산취득세 방식으로의 전환을 검토하고 있으며, 2025년 기준으로는 입법 예고와 국회 논의가 본격화되고 있다. 유산취득세가 도입되면, 상속세는 '전체 유산액 기준'이 아니라 '각 상속인이 실제로 받은 금액 기준'으로 과세된다. 이로 인해 상속인의 수와 분할 구조에 따라 세 부담이 달라질 수 있으며, 더 세밀한 분할 전략과 시뮬레이션이 요구된다.

마지막으로, 디지털 기반의 자산 추적 시스템 도입이 확대되면서 세금 투명성과 관리 강화의 흐름은 더욱 뚜렷해지고 있다. 상속 재산의 형태가 복잡해지고, 해외 자산이나 디지털 자산 등 새로운 형태의 자산에 대한 규제가 강화됨에 따라, 비정형 증여나 미신고 이전 등은 단속의 대상이 될 가능성이 크다.

### (4) 새로운 상속설계 전략의 필요성

이처럼 상속세 제도가 변화하고 복잡해짐에 따라, 단순한 절세 차원의 접근은 한계에 봉착했다. 앞으로의 상속설계는 다음과 같은 전략적 방향성을 가져야 한다.

첫째, 상속 재산의 분할 구조를 사전에 정교하게 설계하고, 유산취득세 체계 전환을 염두에 두어야 한다.

둘째, 인적 공제와 혼인, 출산 공제 등 새로운 공제 항목을 적극적으로 활용해 공제 가능성을 극대화해야 한다.

셋째, 모든 자산 이동과 증여 과정은 법적 요건을 충족하고, 정당한 절차를 갖춘 문서화가 필수적이다.

마지막으로, 상속설계는 세무사, 변호사, 은퇴설계 전문가 등과의 협업을 통해 종합적인 재정 전략으로 다뤄야 한다.

상속은 더 이상 단순한 가정 내 자산 이전의 문제가 아니다. 이는 법률, 세금, 사회 변화가 복합적으로 얽힌 고차원적 의사결정의 영역이며, 변화하는 제도 환경 속에서 더 정교하고 전략적인 은퇴 재무설계의 한 축으로 기능해야 한다.

## 7. 계산법: 상속 공제의 중요성, 산출세액 시뮬레이션

상속세는 피상속인의 재산을 상속인이 물려받을 때 부과되는 세금으로, 이는 상속인의 재정계획에서 중요한 요소이다. 상속 공제는 상속세 부담을 줄이는 중요한 도구로, 다양한 항목을 통해 공제를 받을 수 있다. 상속 공제의 중요성과 상속세 계산법을 시뮬레이션을 통해 자세히 설명하면 다음과 같다.

### (1) 상속 공제의 중요성

상속 공제는 상속세를 계산할 때 과세 대상 금액에서 일정 금액을 공제해주는 제도로, 상속세 부담을 줄이는 데 중요한 역할을 한다. 대한민국의 상속세 공제 항목에는 기본 공제, 배우자 공제, 자녀 공제, 장애인 공제 등이 있다. 이러한 공제 항목을 최대한 활용하면 상속세 부담을 크게 줄일 수 있다.

① 기본 공제: 모든 상속인에게 적용되며, 5억 원까지 공제된다.

② 배우자 공제: 상속인이 배우자인 경우 최대 5억 원 또는 실제 상속받는 금액 중 더 큰 금액을 공제받을 수 있다.

③ 자녀 공제: 미성년 자녀가 있을 경우, 자녀 한 명당 1천만 원씩 공제된다.

④ 장애인 공제: 상속인이 장애인인 경우, 장애인의 예상 남은 생애 기간에 연간 1천만 원씩 공제된다.


### (2) 상속세 계산법

상속세 계산은 다음의 단계를 따른다.

① 과세 대상 금액 산출: 피상속인의 총재산에서 상속 공제를 제외한 금액을 산출한다.

② 과세표준 계산: 과세 대상 금액을 바탕으로 과세표준을 계산한다.

③ 세율 적용: 과세표준에 따라 누진세율을 적용하여 상속세를 계산한다.

### (3) 상속세 산출 시뮬레이션

서울에 거주하는 최 씨는 10억 원 상당의 부동산과 5억 원의 금융 자산을 보유하고 있으며, 은퇴 후 자녀들에게 이 자산을 상속하려고 한다. 최 씨의 가족 구성은 배우자 박 씨와 성인 자녀 2명이다.

① 총자산: 15억 원(부동산 10억 원 + 금융 자산 5억 원)

② 기본 공제: 5억 원

③ 배우자 공제: 5억 원(상속받는 자산의 실제 금액 중 더 큰 금액)

④ 자녀 공제: 없음(성인 자녀)

따라서, 공제를 적용한 과세 대상 금액은 다음과 같다.

15억 원 − 5억 원(기본 공제) − 5억 원(배우자 공제) = 5억 원

과세표준에 따른 누진세율을 적용하면 다음과 같다.

- 1억 원 이하: 10%
- 1억 원 초과 ~ 5억 원 이하: 20%
- 5억 원 초과 ~ 10억 원 이하: 30%
- 10억 원 초과 ~ 30억 원 이하: 40%
- 30억 원 초과: 50%

여기서, 5억 원에 대한 상속세는 다음과 같이 계산된다.

- 1억 원 이하 부분: 1억 원 X 10% = 1천만 원
- 1억 원 초과 ~ 5억 원 이하 부분: 4억 원 X 20% = 8천만 원

총 상속세는 1천만 원 + 8천만 원 = 9천만 원이다.

상속세는 피상속인의 자산을 상속받는 과정에서 큰 재정적 부담이 될 수 있다. 그러나 상속 공제를 최대한 활용하고, 정확한 상속세 계산

을 통해 그 부담을 줄일 수 있다. 이 글에서 설명한 시뮬레이션을 통해 상속 공제의 중요성과 상속세 계산법을 이해하고, 상속 계획을 세울 때 이를 참고하여 체계적으로 준비하는 것이 중요하다.

## 8. 자산, 대상 및 세금 재원 마련: 얼마를 줄 건지, 누구에게 줄 건지, 세금 재원은 마련해줄 건지

상속 계획을 세울 때는 자산을 누구에게 얼마나 줄 것인지, 그리고 세금 재원을 어떻게 마련할 것인지에 대한 명확한 전략이 필요하다. 이 부분은 책의 핵심이며, 독자들에게 실질적인 도움을 줄 수 있는 중요한 내용이다. 여기서는 상속 전략을 10가지로 제시하고, 각 전략의 최근 사례와 구체적인 실행 방법을 상세히 설명한다.

### (1) 사전 증여

생전에 자산을 미리 상속인에게 증여하는 전략이다. 증여세는 상속세보다 낮은 경우가 많기 때문에 세금 부담을 줄이는 데 효과적이다.

▶ 실행 방법

- 계획 수립: 자산을 어떻게, 누구에게, 언제 증여할지 계획한다.
- 증여세 공제 활용: 매년 자녀에게 5천만 원씩 증여하여 증여세 공제를 최대한 활용한다.
- 증여 계약서 작성: 증여 계약서를 작성하여 법적 효력을 확보한다.

- 세무 전문가 상담: 증여세 신고와 관련된 사항은 세무사의 도움을 받는다.
- 서류 보관: 증여 관련 서류를 잘 보관하여 나중에 법적 문제가 발생하지 않도록 한다.
- 사례: 최근 한 기업가는 자산을 자녀에게 미리 증여하여 상속세 부담을 줄였다. 그는 매년 자녀에게 5천만 원씩 증여하여 증여세 공제를 최대한 활용했고, 결과적으로 상속세 부담을 크게 줄일 수 있었다.

### (2) 유언장 작성

유언장을 작성하여 자산 분배를 명확히 한다. 이를 통해 상속인들 간의 분쟁을 예방할 수 있다.

▶ 실행 방법

- 법률 자문: 변호사와 상담하여 유언장 작성 요령을 자문받는다.
- 명확한 표현: 자산 분배에 관한 내용을 명확하게 기술한다.
- 공증 받기: 유언장을 공증받아 법적 효력을 확보한다.
- 상속인과의 소통: 유언장의 내용을 상속인들에게 미리 알리거나 설명한다.
- 주기적 검토: 유언장을 주기적으로 검토하고 필요한 경우 업데이트한다.
- 사례: 한 법조인은 유언장을 작성하여 자산 분배를 명확히 했다. 그의 유언장은 공증을 받았으며, 상속인들 간의 분쟁을 예방하는 데 큰 도움이 되었다.

### (3) 신탁 설정

신탁을 통해 자산을 관리하고 보호하는 방법이다. 신탁을 설정하면 상속인이 자산을 효율적으로 관리할 수 있다.

▶ 실행 방법

- 신탁 계약 작성: 변호사의 도움을 받아 신탁 계약을 작성한다.
- 신탁 회사 선정: 신뢰할 수 있는 신탁 회사를 선정한다.
- 자산 이전: 신탁 계약에 따라 자산을 신탁으로 이전한다.
- 수익자 지정: 신탁 수익자를 명확히 지정한다.
- 관리 및 보고: 신탁 회사와 정기적으로 소통하며 자산관리 보고를 받는다.
- 사례: 유명 연예인은 자산을 신탁에 맡겨 자녀들에게 신탁 수익을 분배하도록 했다. 이를 통해 자산관리와 보호가 효과적으로 이루어졌다.

### (4) 보험 가입

생명보험에 가입하여 상속세 재원을 마련하는 방법이다. 보험금으로 상속세를 납부할 수 있다.

▶ 실행 방법

- 보험상품 비교: 여러 보험상품을 비교하여 최적의 상품을 선택한다.
- 보험금 설정: 상속세 납부에 필요한 보험금을 설정한다.
- 정기적 검토: 보험 계약 내용을 주기적으로 검토하고 필요한 경우 수정한다.

- 보험료 납부 계획: 보험료 납부 계획을 세워 정기적으로 보험료를 납부한다.
- 보험금 수령 계획: 사망 시 보험금 수령 절차를 미리 상속인들과 공유한다.
- 사례: 한 중소기업 사장은 10억 원의 생명보험에 가입하여 사망 후 상속세를 납부할 수 있는 재원을 마련했다. 이로 인해 상속인들은 상속세 부담 없이 자산을 상속받을 수 있었다.

### (5) 자산 분할 상속

자산을 여러 상속인에게 분할하여 상속하는 전략이다. 이를 통해 각 상속인의 상속세 부담을 줄일 수 있다.

▶ **실행 방법**

- 자산 평가: 상속할 자산을 정확히 평가한다.
- 상속인 목록 작성: 모든 상속인의 목록을 작성하고 각자의 상속 비율을 결정한다.
- 분할 계획 수립: 자산을 어떻게 분할할지 구체적으로 계획한다.
- 법률 자문: 변호사와 상의하여 법적 분쟁을 예방할 수 있는 분할 계획을 수립한다.
- 합의 도출: 상속인들과의 협의를 통해 분할 계획에 대한 합의를 도출한다.
- 사례: 한 사업가는 부동산을 배우자에게, 현금 자산을 자녀들에게 분할 상속하여 각 상속인의 세금 부담을 줄였다.

### (6) 가업 승계 준비

가업을 승계할 상속인을 미리 준비하고, 가업 승계를 위한 세금 혜택을 최대한 활용한다.

▶ **실행 방법**

- 후계자 교육: 자녀 중 한 명을 후계자로 선정하고, 가업에 대한 교육과 훈련을 제공한다.
- 승계 계획 수립: 가업 승계를 위한 구체적인 계획을 수립한다.
- 세제 혜택 활용: 가업 승계 시 적용 가능한 세제 혜택을 최대한 활용한다.
- 법률 및 세무 자문: 법률 및 세무 전문가와 협력하여 승계 절차를 진행한다.
- 계속적인 모니터링: 승계 과정과 결과를 지속해서 모니터링하고 필요시 수정한다.
- 사례: 한 중소기업은 자녀에게 가업을 승계시키기 위해 미리 준비하고, 가업 승계 세액공제를 활용하여 세금 부담을 줄였다.

### (7) 부동산 매각 및 유동화

부동산을 매각하여 현금으로 전환하는 방법이다. 이를 통해 상속세 재원을 마련할 수 있다.

▶ **실행 방법**

- 시장 조사: 부동산시장 상황을 조사하여 적절한 매각 시기를 결정한다.
- 부동산 평가: 전문 평가사를 통해 부동산의 가치를 평가받는다.

- 매각 절차 진행: 부동산 매각 절차를 진행하고, 매각 금액을 확보한다.
- 세무 자문: 부동산 매각에 따른 세금 문제를 세무사와 상의한다.
- 현금 관리 계획 수립: 매각 후 확보한 현금을 상속세 납부와 자산 관리에 활용한다.
- 사례: 한 가족은 필요하지 않은 부동산을 매각하여 상속세 납부를 위한 현금을 마련했다. 이를 통해 상속세를 납부하고도 여유 자금을 확보할 수 있었다.

### (8) 상속세 연부연납 제도 활용

상속세를 한 번에 납부하지 않고, 분할 납부하는 제도를 활용하는 방법이다.

▶ **실행 방법**
- 연부연납 신청: 상속세 연부연납을 신청한다.
- 납부 계획 수립: 상속세를 분할 납부할 수 있는 구체적인 계획을 세운다.
- 재정관리: 분할 납부 기간에 재정을 철저히 관리하여 납부 일정을 준수한다.
- 세무사 상담: 연부연납 관련 절차와 세금 문제를 세무사와 상의한다.
- 정기적 검토: 분할 납부 진행 상황을 정기적으로 검토하고 필요한 경우 계획을 수정한다.
- 사례: 한 사업가는 상속세를 한 번에 납부하지 않고, 5년간 분할

납부하여 재정 부담을 줄였다. 이를 통해 상속인들은 상속세 부담을 덜고, 안정적으로 자산을 관리할 수 있었다.

### (9) 비상장 주식의 평가 절하

비상장 주식의 가치를 낮게 평가하여 상속세 부담을 줄이는 방법이다.

▶ 실행 방법

- 재평가 요청: 비상장 주식의 가치를 낮추기 위해 전문 평가사에게 재평가를 요청한다.
- 주식 평가 기준 이해: 비상장 주식의 평가 기준을 명확히 이해하고, 평가에 영향을 미치는 요소들을 분석한다.
- 법률 자문: 주식 평가 절차가 법적으로 문제가 없도록 변호사와 상의한다.
- 관련 서류 준비: 평가 절하 관련 서류를 철저히 준비하고 보관한다.
- 세무 신고: 재평가된 주식 가치를 바탕으로 상속세를 신고하고 납부한다.
- 사례: 한 중소기업 대표는 자신의 비상장 주식을 재평가하여 낮은 가치로 상속세를 계산함으로써 상속세 부담을 줄였다. 그는 전문 평가사를 통해 주식 가치를 재평가받았고, 이를 통해 법적으로 문제 없이 상속세를 절감할 수 있었다.

### (10) 가족 간 협의

가족 간에 상속 계획을 미리 협의하여 상속 절차를 원활하게 진행하는 방법이다.

▶ **실행 방법**

- 가족회의 개최: 정기적으로 가족회의를 개최하여 상속 계획을 논의한다.
- 상속 계획 공유: 피상속인의 상속 계획을 가족 구성원들과 공유한다.
- 합의 도출: 모든 상속인이 동의할 수 있는 상속 분배 방안을 도출한다.
- 법률 자문: 변호사와 함께 합의된 상속 계획을 법적으로 문서화한다.
- 계속 소통: 상속 절차가 진행되는 동안 가족 간의 소통을 유지하여 문제를 미리 해결한다.
- 사례: 한 가족은 상속 계획을 미리 협의하여 자산 분배와 상속세 납부 계획을 세웠다. 이를 통해 상속 절차가 원활하게 진행되었고, 상속인들 간의 갈등이 발생하지 않았다.

상속 계획은 단순히 자산을 분배하는 것을 넘어, 세금 재원을 마련하고, 상속인 간의 분쟁을 예방하며, 피상속인의 의지를 반영하는 중요한 과정이다. 위에서 제시한 10가지 전략을 통해 효율적인 상속 계획을 세우는 것이 중요하다. 이러한 전략을 통해 피상속인과 상속인 모두에게 재정적 안정을 제공할 수 있을 것이다. 이제까지의 상속 전략들은 실질적으로 적용 가능한 방법들로, 상속 과정에서의 불확실성과 분쟁을 최소화하고, 상속세 부담을 줄이며, 가족 간의 화목을 유지하는 데 큰 도움이 될 것이다. 각각의 전략에 대한 구체적인 실행 방법과 사례를 통해 독자들이 실제로 적용할 수 있는 상속 계획을 세우는 데 도움이 되기를 바란다.

키워드 27

# 신탁설계

1. 은퇴 재무설계 키워드에 '신탁'이 등장한 이유
2. 신탁의 의미와 종류
3. 신탁과 상속의 차이
4. 은퇴설계에서 신탁이 갖는 의미
5. 신탁의 절차와 방법
6. 신탁을 통한 은퇴자산의 최적화
7. 한국에서 신탁설계 시 주의사항
8. 신탁을 통한 지속 가능한 은퇴 생활 만들기

# 1. 은퇴 재무설계 키워드에 '신탁'이 등장한 이유

은퇴준비는 단순히 저축을 넘어, 자신의 자산을 보호하고 효과적으로 관리하는 전략을 필요로 한다. 이러한 전략에서 신탁설계는 중요한 역할을 한다. 신탁은 자산을 보호하고, 원하는 시기에 원하는 수익자에게 자산을 효율적으로 전달하는 데 도움이 된다. 한국의 은퇴 전환기에 있는 사람들에게 신탁설계는 상속세 부담을 줄이고 자산을 체계적으로 관리할 수 있는 강력한 도구가 될 수 있다. 신탁을 통해 복잡한 상속 문제를 해결할 수 있으며, 재산을 안전하게 보호하고 관리할 방법을 제공한다. 그래서 은퇴 재무설계 키워드에 신탁을 포함했고, 이번에는 신탁설계의 중요성과 그 실제적인 활용 방법을 독자들에게 전달하고자 한다. 신탁설계의 개념과 절차를 명확하게 설명하고, 한국의 법적 환경에서 신탁이 어떻게 적용되는지에 대한 실질적인 조언을 제공할 것이다. 다양한 신탁의 유형과 그 장단점을 분석하여 독자들이 자신의 상황에 가장 적합한 선택을 할 수 있도록 돕고자 한다. 또한, 최신 경제 데이터와 통계를 활용하여 현실적인 정보를 제공하고, 실제 사례를 통해 신탁설계의 성공과 실패 사례를 분석하여 실질적인 연구 사례를 제시할 것이다.

신탁설계는 자산을 보호하고, 수익자를 위한 계획을 세우며, 은퇴 후에도 지속 가능한 재정관리를 가능하게 한다. 이 장은 신탁설계를 통해 은퇴 생활을 안정적이고 풍요롭게 만들 수 있는 방법을 제시할 것이다. 예를 들어, 특정 조건이 충족될 때만 자산이 전달되도록 설정할 수 있는 조건부 신탁, 또는 자녀나 손주에게 교육비를 지원하는 교육 신탁 등의 실질적인 예시를 통해 신탁설계의 다양성과 유용성을 보여줄 것이다.

특히, 한국에서 신탁설계를 고려할 때 주의해야 할 법적, 경제적 측면을 다루며, 한국의 상속세와 증여세 법률을 이해하고 이를 신탁을 통해 최적화하는 방법을 설명할 것이다. 신탁설계는 은퇴 후에도 안정적이고 효율적인 자산관리의 핵심 요소가 될 수 있다. 이 책은 독자들이 신탁설계를 통해 은퇴 후에도 재정적 안정을 유지하며 삶의 질을 높일 수 있도록 돕고자 한다.

독자들이 신탁설계를 통해 은퇴 후에도 안정적이고 만족스러운 삶을 누릴 수 있도록, 이 내용이 든든한 길잡이가 되기를 희망한다.

## 2. 신탁의 의미와 종류

### (1) 신탁의 기본 개념

신탁은 재산을 보호하고 관리하는 중요한 금융 도구로, 은퇴 재무설계에서 필수적인 요소가 될 수 있다. 신탁의 기본 개념은 한 사람이(위탁자) 자신의 자산을 다른 사람(수탁자)에게 맡겨 수익자(수익자)를 위해 관리하도록 하는 계약이다. 이러한 구조는 자산이 특정 목적이나 수익자를 위해 사용되도록 보장하며, 다양한 금융 및 법적 전략을 통해 효율적으로 활용될 수 있다. 신탁은 일반적으로 자산 보호, 세금 절감, 상속 계획 등 다양한 이유로 설정된다. 예를 들어, 위탁자는 자신의 자산을 보호하고 세금을 절감하기 위해 신탁을 설정할 수 있다. 한국에서는 신탁이 상속세 절감과 자산관리의 유연성을 제공하는 중요한 방법으로 주목받고 있다. 최근 자료에 따르면, 한국에서 신탁을 활용하는 사람들이 점점 늘어나고 있으며, 이는 신탁이 제공하는 다양한 이점 덕분이다. 신탁을 통해 자산을 효율적으로 관리하고, 수익자에게 안정적으로 전달할 수 있는 전략을 세우는 것이 가능하다.

### (2) 신탁의 종류

신탁은 여러 종류로 나뉘며, 각각의 유형은 다양한 목적과 요구에 맞춰 설계된다. 유언 신탁은 유언장에 명시된 대로 사망 후에 자산이 관리되고 분배되도록 하는 신탁이다. 이는 상속 과정을 간소화하고, 유산이 수익자에게 효율적으로 전달되도록 보장한다. 예를 들어, 부모가 사망 후 자녀들에게 유산을 안전하게 전달하기 위해 유언 신탁을 설정할 수 있다. 살아있는 동안 설정하는 신탁(생전신탁)은 위탁자가 살아 있는 동안 자산을 관리하도록 설계된 신탁으로, 위탁자가 생전에 자산관리를 맡길 수 있어 은퇴 후에도 자산이 안전하게 관리될 수 있다. 이는 특히 건강이 악화되어 직접 자산을 관리하기 어려운 경우 유용하다. 특수 목적 신탁은 특정 목적을 달성하기 위해 설계된 신탁으로, 자녀의 교육비 지원, 자선 활동, 특정 가족 구성원을 위한 재정 지원 등 다양한 목적으로 설정될 수 있다. 이러한 신탁은 특정 목표를 달성하는 데 집중하여 자산이 계획된 대로 사용되도록 보장한다.

### (3) 신탁의 법적 구조

신탁의 법적 구조는 위탁자, 수탁자, 수익자로 구성된다. 위탁자는 신탁을 설정하고 자산을 수탁자에게 맡기는 사람으로, 신탁의 조건과 목표를 정한다. 수탁자는 위탁자의 자산을 관리하고, 신탁의 조건에 따라 수익자에게 자산을 분배하는 책임을 진다. 수탁자는 신탁의 관리자로서 법적 책임을 가지며, 신탁의 목적을 충실히 이행해야 한다. 수익자는 신탁으로부터 혜택을 받는 사람으로, 신탁의 자산 또는 수익이 전달되는 대상이다. 한국의 신탁법은 이러한 구조를 기반으로 신탁의 설정과 운영을 규정하고 있으며, 최근 개정된 법률은 신탁의 투명성과 수탁자의 책임을 강화하고 있다. 신탁 설정 시에는 법률 전문가의 도움을 받아 각자의 상황에 맞는 신탁 구조를 설계하는 것이 중요하다.

### (4) 실제적인 팁과 전략

신탁설계를 고려할 때, 먼저 자신의 재무 목표와 가족의 필요를 명확히 하는 것이 중요하다. 이를 바탕으로 신탁의 유형을 선택하고, 법적 자문을 통해 신탁의 조건과 목표를 명확히 설정해야 한다. 한국에서는 상속세와 증여세를 절감할 수 있는 전략으로 신탁이 유용하게 활용될 수 있다. 예를 들어, 일정한 조건이 충족될 때만 자산이 전달되도록 설정하는 조건부 신탁을 고려할 수 있다. 이는 자녀가 성인이 되어 충분히 성숙했을 때 자산을 전달받도록 하여 자산 보호를 강화할 수 있다. 또한, 신탁을 통해 수익자의 생활비를 지원하거나 교육비를 충당하는 전략을 세울 수 있다. 신탁의 장점을 최대한 활용하기 위해서는 자신의 재무 상황과 목표에 맞는 맞춤형 신탁을 설계하는 것이 중요하다.

# 3. 신탁과 상속의 차이

### (1) 신탁과 상속의 기본 차이점

신탁과 상속은 자산을 다음 세대로 전달하기 위한 두 가지 주요 수단이다. 하지만 이 둘은 구조적, 법적으로 큰 차이가 있다. 신탁은 위탁자가 생전에 자신의 자산을 신탁 설정을 통해 관리하고, 특정 조건에 수익자에게 자산을 전달하는 법적 장치다. 신탁의 가장 큰 특징은 자산을 수탁자가 관리한다는 점으로, 이는 위탁자가 원하는 방식으로 자산을 보호하고 분배할 수 있게 한다. 반면에, 상속은 위탁자가 사망한 후 그의 유산이 법적 상속인에게 자동으로 분배되는 과정을 의미한다. 상속은 주로 사망 후에 발생하며, 상속인이 법적으로 지정된 규정에 따라 유산을 나누게 된다. 신탁은 유연성과 맞춤형 설계가 가능하지만, 상속은 법적 절차에 따라 자동으로 이루어지는 단순함이 있다. 신탁은 생전 및 사후의 자산관리가 가능하고, 상속은 사후 자산 분배가 중심이 된다.

### (2) 각 방법의 장단점

신탁과 상속은 각각의 목적과 상황에 따라 장단점이 있다. 신탁의 가장 큰 장점은 자산 보호와 관리의 유연성이다. 위탁자는 자신의 생애 동안 자산을 관리하고 수익자에게 분배할 시기와 방법을 지정할 수 있다. 이는 특히 자녀가 성인이 되기 전까지 자산을 보호하고 싶거나, 특정 조건이 충족되었을 때만 자산이 전달되기를 원할 때 유리하다. 또한, 신탁은 세금 최적화의 기회를 제공하며, 복잡한 가족 상황에서도 효과적으로 자산을 관리할 수 있다. 반면에, 상속은 절차가 비교적 간단하며, 사망 후 법적 상속인이 유산을 자동으로 상속받는 시스템이다. 그러나 상속의 경우, 상속세 부담이 크고, 가족 간의 분쟁이 발생할 수 있는 위험이 있다. 상속은 법정 상속 비율에 따라 유산이 분배되므로, 위탁자의 의도가 충분히 반영되지 못할 수 있다. 신탁은 초기 설정과 관리 비용이 필요하지만, 상속은 별도의 관리가 필요 없다는 점에서 초기 비용이 적다.

**(3) 한국 내 상속법과 신탁의 차이점**

한국에서는 상속세와 관련된 법률이 상당히 엄격하며, 상속세율은 최대 50%에 이를 수 있다. 이러한 세율은 자산 상속 시 큰 경제적 부담을 줄 수 있으며, 이에 대한 대안으로 신탁을 활용하는 사례가 늘고 있다. 신탁은 위탁자가 생전에 자산을 신탁으로 설정하여 상속세 부담을 분산시키고, 자산을 전략적으로 관리할 방법을 제공한다. 예를 들어, 자녀가 미성년자일 경우, 신탁을 통해 자산이 관리되도록 하여 자녀가 성년이 되었을 때 자산을 상속받도록 설계할 수 있다. 한국의 신탁법은 수탁자가 자산을 관리하고 수익자에게 정해진 조건에 따라 자산을 분배하는 구조로 되어 있으며, 이러한 점에서 신탁은 상속보다 복잡한 자산 관리가 가능하다.

또한, 한국에서는 가족 간의 상속 분쟁을 줄이기 위해 신탁을 활용하는 경우가 많다. 신탁을 설정하면 위탁자의 의도를 명확하게 반영할 수 있으며, 수익자가 정해진 조건에 따라 자산을 받도록 할 수 있다. 이는 법적 상속 절차에서 발생할 수 있는 분쟁을 최소화하고, 자산 분배가 계획된 대로 이루어지도록 보장한다. 따라서 신탁은 법적 구조와 절차를 통해 상속보다 더욱 세밀하고 전략적인 자산관리가 가능하며, 이를 통해 상속세 부담을 줄이고 가족 간의 분쟁을 예방하는 효과를 기대할 수 있다.

**(4) 실행 가능한 전략**

은퇴 재무설계를 위한 실행 가능한 전략으로는 신탁과 상속을 병행하는 방법이 있다. 자산 일부를 신탁으로 설정하여 특정 조건에서 수익자에게 전달되도록 하고, 나머지 자산은 상속으로 자동 분배되도록 계획할 수 있다. 이는 자산 보호와 관리의 유연성을 높이며, 상속세 부담을 줄이는 데 도움이 된다. 특히, 상속세가 높은 자산(부동산, 주식 등)은 신탁을 통해 관리하고, 현금 자산은 상속으로 전달하는 등 자산 유형에 따라 최적의 분배 방법을 설정하는 것이 중요하다. 이를 위해 법률 전문가와 상담하여 자신의 상황에 맞는 신탁설계를 마련하고, 가족과의 충분한 소통을 통해 계획을 구체화하는 것이 필요하다.

## 4. 은퇴설계에서 신탁이 갖는 의미

**(1) 신탁의 역할**

은퇴 재무설계에서 신탁은 매우 중요한 역할을 한다. 신탁은 위탁자가 자신의 자산을 신탁에 맡기고 수탁자가 이를 관리하며, 사전에 정한 조건에 따라 수익자에게 자산을 전달하는 구조를 가진다. 이는 자산 보호 및 관리를 위한 강력한 도구로 작용하며, 은퇴 후에도 재정적 안정성을 확보할 방법을 제공한다. 예를 들어, 신탁은 위탁자가 생전에 자산을 보호하고, 사망 후에도 자산이 계획된 대로 분배되도록 보장한다. 이를 통해 가족 간의 분쟁을 예방하고, 자산이 원하는 대로 관리될 수 있다. 한국의 경우, 상속세와 관련된 법률이 엄격하기 때문에, 신탁을 통해 상속세 부담을 최소화하고 자산을 효율적으로 관리할 수 있다. 신탁을 활용하면 자산이 상속법에 의한 자동적인 분배가 아닌, 위탁자의 의도에 따라 더 유연하게 분배될 수 있다. 최근에는 신탁을 통해 자산을 장기적으로 보호하고 수익자를 위한 맞춤형 재무 전략을 설계하는 사례가 늘고 있다.

### (2) 신탁의 유연성

신탁은 은퇴자금 관리에서 유연성을 제공하며, 맞춤화된 전략을 설계할 수 있는 가능성을 제공한다. 신탁을 통해 위탁자는 자산이 어떻게 관리되고 분배될지를 세밀하게 계획할 수 있다. 예를 들어, 자녀의 교육비나 생활비를 지원하기 위해 일정한 금액을 정기적으로 지급하도록 설계할 수 있다. 또한, 자산이 특정 조건이 충족되었을 때만 수익자에게 전달되도록 설정할 수 있어, 자산 보호의 유연성을 높일 수 있다. 이러한 유연성은 위탁자가 은퇴 후에도 지속해서 자산을 관리할 수 있도록 돕는다. 신탁은 자산 유형에 따라 다양한 방식으로 구성될 수 있으며, 주식, 부동산, 현금 등 다양한 자산을 포함할 수 있다. 이를 통해 위탁자는 은퇴 후 자산을 효율적으로 분산하여 리스크를 관리하고, 자산 성장을 극대화할 수 있는 전략을 수립할 수 있다. 예를 들어, 미국에서는 신탁을 통해 은퇴자산을 안전하게 관리하고, 자산이 안정적으로 성장할 수 있는 포트폴리오를 구성한 사례가 있다. 이러한 맞춤형 신탁설계는 은퇴 후 삶의 질을 높이는 데 기여할 수 있다.

### (3) 리스크 관리

신탁은 리스크 관리 측면에서도 강력한 도구로 활용될 수 있다. 자산을 신탁에 맡기면, 위탁자는 자산의 법적 소유권을 수탁자에게 넘기면서도 자산관리에 대한 권한을 유지할 수 있다. 이는 법적 문제나 채권자의 청구로부터 자산을 보호하는 데 효과적이다. 또한, 신탁은 경제적 변동성이나 시장 리스크로부터 자산을 보호하는 데 유리하다. 예를 들어, 위탁자가 주식이나 부동산 등 변동성이 큰 자산을 소유하고 있을 경우, 신탁을 통해 자산의 변동성에 대한 방어 전략을 수립할 수 있다. 이는 특정 시점이나 조건에서 자산을 현금화하거나, 더 안정적인 자산으로 전환할 수 있는 계획을 포함할 수 있다. 신탁은 자산이 특정 조건에서 자동으로 재분배되도록 설계할 수 있으며, 이를 통해 시장 리스크에 대비하는 장치를 마련할 수 있다. 이러한 리스크 관리 전략은 위탁자가 은퇴 후에도 재정적 안정을 유지하고, 예기치 않은 상황에 대비할 수 있도록 돕는다.

### (4) 실행 가능한 전략

은퇴 재무설계를 위한 실행 가능한 전략으로는 신탁을 활용하여 자산을 보호하고, 수익자에게 안전하게 전달하는 방법이 있다. 먼저, 자신의 재무 목표와 가족의 필요를 명확히 하고, 신탁의 유형을 선택하는 것이 중요하다. 예를 들어, 자녀의 교육비나 특정 가족 구성원을 위한 재정 지원을 계획하는 경우, 교육 신탁이나 생활비 지원 신탁을 고려할 수 있다. 또한, 신탁을 통해 상속세 부담을 줄이고 자산 보호를 강화하는 전략을 세울 수 있다. 이를 위해 법률 전문가와 상담하여 자신의 상황에 맞는 신탁 구조를 설계하고, 가족과의 충분한 소통을 통해 계획을 구체화하는 것이 필요하다.

## 5. 신탁의 절차와 방법

### (1) 신탁설계의 기본 절차

신탁설계는 은퇴 재무설계에서 중요한 단계로, 체계적인 절차를 통해 효과적으로 실행될 수 있다. 신탁을 설계하고 실행하기 위한 첫 번째 단계는 목표 설정이다. 위탁자는 자신의 재무 목표와 수익자에게 어떤 형태로 자산을 전달할 것인지를 명확히 해야 한다. 목표가 명확하면 다음 단계로 법적 자문 및 계획을 세울 수 있다. 이를 통해 법률 전문가와 함께 자신의 재무 상황과 목표에 맞는 신탁 구조를 설계하고, 신탁 문서를 준비한다. 신탁 문서에는 수익자, 수탁자, 자산 목록, 자산관리 및 분배 방법 등이 명시되어야 한다. 이 과정에서는 신탁의 유형과 구조를 결정하고, 필요한 법적 문서를 준비하는 것이 중요하다.

그 다음 단계는 자산의 이전이다. 신탁을 설정하려면 위탁자는 자신의 자산을 신탁으로 이전해야 한다. 이는 법적으로 자산의 소유권을 신탁에 넘기는 과정으로, 이를 통해 수탁자가 자산을 관리할 수 있게 된다. 자산의 이전 과정에서는 세금과 관련된 법적 문제를 면밀하게 검토하고, 필요한 경우 세무 전문가의 도움을 받아야 한다. 마지막으로, 신탁은 설정 이후에도 지속적인 관리가 필요하다. 신탁이 제대로 관리되고 있는지를 정기적으로 검토하고, 필요에 따라 신탁 문서를 수정해야 한다. 이는 신탁이 설정된 후에도 지속해서 위탁자의 의도에 맞게 운영되도록 보장하는 단계이다.

### (2) 신탁 설정 시 고려해야 할 요소

신탁을 설정할 때는 여러 요소를 고려해야 한다. 가장 중요한 요소 중 하나는 수익자. 위탁자는 자산을 어떤 수익자에게 전달할 것인지, 수익자의 필요에 따라 자산 분배를 어떻게 할 것인지를 신중히 결정해야 한다. 예를 들어, 자녀의 교육비 지원이나 특정 목적을 위한 재정 지원을 고려할 수 있다. 다음으로 신탁 관리자(수탁자)의 선택이 중요하다. 수탁자는 신탁 자산을 관리하고 수익자에게 자산을 전달하는 책임을 지기 때문에, 신뢰할 수 있고 재정관리에 능숙한 사람이 필요하다. 수탁자는 위탁자의 의도와 신탁 문서의 조건을 충실히 이행할 수 있는 사람이어야 하며, 법적 책임도 감당할 수 있어야 한다.

또한, 자산의 종류도 중요한 고려사항이다. 신탁에 포함될 자산의 유형에 따라 관리 방법이 달라질 수 있으며, 자산의 특성과 시장 상황에 따라 적절한 전략을 세워야 한다. 예를 들어, 부동산, 주식, 현금 등 각 자산 유형에 따라 다른 관리 방법과 분배 계획이 필요하다. 이를 위해서는 자산의 현재 가치와 향후 전망을 면밀하게 분석하고, 신탁에 적합한 자산만을 선택하는 것이 중요하다. 이러한 요소들을 고려하여 신탁을 설계하면, 위탁자는 자신의 재무 목표를 달성할 수 있으며, 수익자는 필요에 따라 자산을 효율적으로 활용할 수 있다.

### (3) 신탁 관리의 중요성

신탁은 설정 후에도 지속적인 관리가 필요하며, 이를 통해 자산의 보호와 효율적인 분배가 가능해진다. 신탁 관리의 중요성은 자산이 신탁의 조건에 따라 적절히 운영되는지, 수익자에게 원활하게 전달되는지를 보장하는 데 있다. 신탁 관리자는 자산의 수익성과 안전성을 지속해서 평가하고, 필요한 경우 신탁 조건을 수정해야 한다. 예를 들어, 경제 상황이 변화하거나 수익자의 필요가 달라질 경우, 신탁 관리자는 이에 대응하여 신탁 자산의 배분 계획을 조정할 수 있다.

신탁 관리를 효과적으로 하기 위해서는 정기적인 검토와 업데이트가 필수적이다. 신탁 관리자는 정기적으로 자산의 성과를 검토하고, 필요한 경우 자산 배분을 재조정해야 한다. 또한, 세법이나 금융시장의 변화에 대응하여 신탁의 조건을 수정하는 것도 중요하다. 이를 통해 위탁자의 의도가 지속해서 반영되도록 하며, 수익자가 최대한의 혜택을 받을 수 있도록 한다.

### (4) 실행 가능한 전략

신탁 관리에서 실행 가능한 전략으로는 자산의 분산투자가 있다. 자산을 다양하게 분산하여 투자하면 리스크를 줄이고 수익을 극대화할 수 있다. 또한, 신탁의 유연성을 활용하여 필요에 따라 자산을 재조정하고, 새로운 투자 기회를 포착할 수 있다. 이러한 전략은 자산의 안정성을 높이고, 신탁의 목적을 달성하는 데 기여한다. 신탁 관리자는 위탁자와 수익자의 필요를 지속해서 반영하여, 신탁이 효율적으로 운영되도록 보장해야 한다.

## 6. 신탁을 통한 은퇴자산의 최적화

### (1) 자산 배분 전략

은퇴자산의 최적화를 위해 신탁을 활용한 자산 배분 전략은 매우 중요하다. 신탁은 다양한 자산을 체계적으로 관리할 수 있는 구조를 제공하며, 이를 통해 자산의 안정성과 수익성을 동시에 추구할 수 있다. 자산 배분 전략에서 가장 중요한 것은 다양화다. 신탁을 통해 주식, 채권, 부동산, 현금 등의 자산을 적절히 분산투자하여 시장 변동에 대한 리스크를 최소화할 수 있다. 예를 들어, 주식의 경우 높은 수익을 기대할 수 있지만 변동성이 크므로, 안정적인 채권이나 부동산과 조합하여 투자 포트폴리오를 구성할 수 있다. 이를 통해 수익과 안정성을 균형 있게 유지하며, 장기적인 자산 성장을 도모할 수 있다. 특히, 은퇴 후에는 자산의 안정성이 중요하므로, 신탁을 통해 이러한 목표를 실현할 수 있다.

자산 배분의 또 다른 중요한 요소는 목표와 위험 감수 성향에 맞춘 전략 설계다. 은퇴 후 필요한 생활비와 자산 증가를 고려하여 포트폴리오를 구성해야 하며, 이를 통해 은퇴 생활의 질을 유지할 수 있다. 각 자산의 수익률과 리스크를 면밀하게 분석하고, 수익자의 필요에 맞는 맞춤형 자산 배분 전략을 세우는 것이 중요하다. 예를 들어, 한국의 경우, 은퇴 후 부동산을 활용한 수익 창출 전략이 인기를 끌고 있으며, 이를 신탁 구조에 포함하여 효율적인 자산관리를 이룰 수 있다. 이러한 자산 배분 전략은 장기적인 관점에서 자산을 성장시키고, 은퇴 후에도 안정적인 생활을 유지하는 데 기여한다.

**(2) 세금 혜택 활용**

신탁은 세금 최적화의 강력한 도구가 될 수 있으며, 이를 통해 자산의 순 가치를 극대화할 수 있다. 한국의 상속세율은 최대 50%로 높아, 자산 상속 시 큰 부담이 될 수 있다. 하지만 신탁을 활용하면 이러한 세금 부담을 줄일 수 있는 다양한 방법이 있다. 유언 신탁이나 생전 증여 신탁을 통해 자산을 사전에 분산하여 상속세 부담을 분산시키거나, 공제 혜택을 극대화할 수 있다. 또한, 조건부 신탁을 통해 자산이 일정한 조건이 충족될 때만 수익자에게 전달되도록 설계하여, 자산이 효율적으로 관리될 수 있다.

세금 최적화 전략의 또 다른 방법은 신탁의 비과세 혜택을 활용하는 것이다. 예를 들어, 일부 국가에서는 신탁을 통해 발생한 이자나 배당 수익에 대해 세금이 부과되지 않거나 낮은 세율이 적용된다. 이를 통해 자산의 세후 수익률을 높이고, 장기적인 자산 성장을 촉진할 수 있다. 신탁을 설정할 때에는 법률 및 세무 전문가와의 상담을 통해 자신에게 가장 유리한 세금 혜택을 분석하고, 최적화된 전략을 설계하는 것이 중요하다. 이러한 전략은 은퇴자산의 가치를 극대화하고, 은퇴 후 재정적 안정을 보장하는 데 필수적이다.

### (3) 신탁의 투자 관리

신탁 자산의 투자 관리에서는 자산의 안정성과 수익성을 균형 있게 고려하는 전략이 필요하다. 신탁 관리자는 자산의 투자 전략을 지속해서 검토하고, 시장 상황에 따라 조정해야 한다. 이는 신탁 자산의 장기적인 성장을 촉진하고, 수익자가 최대한의 혜택을 받을 수 있도록 하는 데 중요한 역할을 한다. 신탁의 투자 관리는 주식, 채권, 부동산 등 다양한 자산에 대한 적절한 투자를 통해 이루어지며, 이를 통해 포트폴리오의 위험을 분산시키고 수익을 극대화할 수 있다.

신탁의 투자 관리에서 중요한 것은 지속적인 모니터링과 조정이다. 경제 상황이나 시장 변동에 따라 투자 전략을 유연하게 조정하여, 신탁의 목적과 위탁자의 의도에 맞는 자산관리를 지속해서 보장해야 한다. 예를 들어, 시장이 불안정한 시기에는 안전 자산으로의 전환을 고려하거나, 경기 회복 시에는 공격적인 투자로 전환하여 수익을 극대화할 수 있다. 신탁 관리자는 이러한 변동에 대응하여 최적의 투자 결정을 내리기 위해 최신 경제 데이터와 시장 분석을 기반으로 투자 전략을 세워야 한다. 이러한 전략은 은퇴자산의 안정적 성장을 도모하며, 수익자에게 지속 가능한 재정적 안정을 제공한다.

### (4) 실행 가능한 전략

신탁을 통한 은퇴자산 최적화의 실행 가능한 전략으로는 목표 기반 투자 전략이 있다. 은퇴 후 필요한 생활비, 의료비, 자녀 지원 등의 목표를 설정하고, 이를 달성하기 위한 맞춤형 포트폴리오를 구성하는 것이다. 이를 통해 자산 배분, 세금 최적화, 투자 관리가 유기적으로 연결되어, 자산의 장기적인 성장과 안정성을 동시에 추구할 수 있다. 또한, 주기적인 리뷰를 통해 포트폴리오의 성과를 평가하고, 필요시 조정을 통해 목표를 달성할 수 있도록 관리하는 것이 중요하다.

### (5) 신탁의 투자 관리에서 반드시 체크해야 할 7가지 사항

신탁의 투자 관리는 은퇴자산의 최적화와 장기적인 재정 안정을 위해 매우 중요하다. 신탁의 효율적인 투자 관리를 위해서는 다음의 7가지 사항을 반드시 체크해야 한다. 각 항목은 신탁 자산의 안정성과 수익성을 동시에 추구하기 위한 핵심 요소로, 이를 체계적으로 관리해야 한다.

#### 1) 투자 목표 설정

신탁 자산관리의 첫 번째 단계는 명확한 투자 목표 설정이다. 목표는 자산의 종류, 수익자의 필요, 위탁자의 의도를 기반으로 설정된다. 예를 들어, 자녀의 교육비 지원, 은퇴 후 생활비 마련, 자선 기부 등 다양한 목적이 있을 수 있다. 투자 목표를 명확히 설정하면, 신탁 자산이 어떻게 관리되고 분배될지를 구체적으로 계획할 수 있다. 목표에 따라 단기, 중기, 장기 전략을 구분하여 자산을 배분하고, 각 기간에 맞는 수익과 위험을 설정하는 것이 중요하다.

### 2) 자산 배분 전략

자산 배분 전략은 투자 포트폴리오의 핵심 요소로, 다양한 자산에 대한 적절한 배분을 통해 리스크를 분산시키고 수익성을 극대화한다. 주식, 채권, 부동산, 현금 등 다양한 자산군에 대한 투자 비율을 설정하고, 각 자산의 수익률과 변동성을 고려하여 포트폴리오를 구성해야 한다. 자산 배분은 시장 상황과 경제 전망에 따라 유연하게 조정되어야 하며, 이를 통해 자산의 장기적 성장을 도모할 수 있다. 예를 들어, 경제 불황기에는 안전 자산 비중을 높이고, 경기 회복기에는 성장주 비중을 높이는 전략이 필요하다.

### 3) 리스크 관리

리스크 관리는 투자 관리에서 필수적인 요소로, 투자 리스크를 식별하고 평가하여 이를 최소화하는 전략을 포함한다. 리스크 관리의 주요 방법으로는 포트폴리오의 다양화, 손실 제한을 위한 손절매 설정, 시장 변동성에 대한 방어 전략 등이 있다. 또한, 투자자산의 변동성을 지속해서 모니터링하고, 필요시 리스크를 줄이는 조치를 해야 한다. 이를 통해 신탁 자산의 안전성을 유지하고, 예기치 않은 시장 변화로 인한 손실을 방지할 수 있다.

### 4) 수익률 모니터링

신탁 자산의 수익률 모니터링은 투자 성과를 평가하고, 목표에 맞는 수익을 달성하고 있는지를 확인하는 과정이다. 정기적으로 포트폴리오의 수익률을 분석하고, 벤치마크 대비 성과를 비교하여 투자 전략의 유효성을 평가해야 한다. 이를 통해 투자 목표 달성에 필요한 조정을 할 수 있으며, 필요한 경우 포트폴리오의 비중을 조정하거나 새로운 투자 기회를 포착할 수 있다. 수익률 모니터링은 투자 전략의 성과를 정량적으로 평가하고, 전략을 최적화하는 데 필수적이다.

### 5) 세금 최적화 전략

세금 최적화는 신탁 자산의 순수익을 극대화하기 위한 중요한 전략이다. 세금 최적화 전략으로는 비과세 계좌 활용, 자본이득세를 최소화하기 위한 전략적 매매, 증여세 및 상속세 절감 방안 등이 있다. 신탁 설정 시에는 법률 및 세무 전문가와의 상담을 통해, 자신에게 가장 유리한 세금 최적화 전략을 수립하는 것이 중요하다. 이를 통해 세후 수익률을 극대화하고, 장기적인 자산 성장을 촉진할 수 있다.

### 6) 경제 및 시장 동향 분석

경제 및 시장 동향을 지속해서 분석하여 투자 환경 변화에 적절히 대응하는 전략을 수립하는 것이 필요하다. 경제 지표, 금융정책, 글로벌 시장 동향 등을 주기적으로 검토하여, 투자 포트폴리오에 영향을 미칠 수 있는 요인을 사전에 식별하고 대비해야 한다. 예를 들어, 금리 인상 시기에 채권 비중을 줄이고, 주식 비중을 늘리는 등의 전략적 조정을 할 수 있다. 시장 동향 분석은 투자 관리의 기본이며, 이를 통해 더 효율적인 투자 결정을 내릴 수 있다.

### 7) 지속적인 포트폴리오 재조정

신탁 자산의 지속적인 포트폴리오 재조정은 투자 목표 달성을 위해 필수적이다. 경제 상황이나 수익자의 필요가 변함에 따라 포트폴리오의 구성도 유연하게 조정되어야 한다. 정기적인 리뷰를 통해 자산 배분 비율을 재조정하고, 시장 변화에 대응하여 새로운 투자 기회를 탐색하는 것이 중요하다. 이를 통해 포트폴리오의 리스크를 줄이고, 목표에 맞는 수익을 지속해서 확보할 수 있다.

## 7. 한국에서 신탁설계 시 주의사항

### (1) 법률 및 규제 이해

우리나라에서 신탁을 설계할 때는 관련 법률과 규제를 철저히 이해하는 것이 중요하다. 우리나라의 신탁법은 자산 보호와 관리의 유연성을 제공하지만, 이에 따른 법적 요구사항도 엄격하다. 신탁설계를 시작하기 전에, 신탁의 유형과 목적에 따라 어떤 법적 조건이 필요한지를 명확히 알아야 한다. 특히, 상속세와 증여세 관련 법률은 신탁 설정 시 중요한 고려 요소다. 우리나라에서는 상속세율이 최대 50%에 이를 수 있으며, 이를 줄이기 위한 전략으로 신탁을 활용할 수 있다.

예를 들어, 유언 신탁을 설정하여 상속세를 최소화하거나, 생전 증여 신탁을 통해 자산을 사전에 분산하는 방법이 있다. 이러한 전략을 효과적으로 활용하려면 세무 및 법률 전문가와 상담하여 자신의 상황에 맞는 최적의 신탁 구조를 설계해야 한다. 또한, 신탁 설정 시 수탁자의 역할과 책임에 대한 법적 명확성이 필요하다. 수탁자는 위탁자의 의도와 신탁 문서에 따라 자산을 관리하고 분배해야 하며, 이를 위해 법적 책임을 다해야 한다. 따라서, 신탁설계 시 법률 전문가의 도움을 받아 관련 규제를 철저히 검토하고 준수하는 것이 필수적이다.

### (2) 문화적 고려사항

우리나라에서는 신탁설계 시 문화적 요소도 중요한 고려사항이다. 우리나라의 가족 구조와 문화는 전통적으로 가족 간의 유대와 상속이 강하게 연결되어 있으며, 이는 신탁설계에 직접적인 영향을 미친다. 예를 들어, 가족 내의 균형 있는 자산 분배와 공정한 상속은 중요한 문제로, 이를 해결하기 위해 신탁을 활용할 수 있다. 신탁을 통해 특정 가족 구성원에게 특별한 지원을 제공하거나, 자녀의 교육비를 위한 조건부 신탁을 설정할 수 있다.

우리나라 문화에서는 부모가 자녀에게 자산을 물려주는 것이 일반적이며, 이에 따라 신탁은 가족 간의 분쟁을 예방하고 자산 분배를 원활하게 할 수 있는 도구로 사용된다. 또한, 우리나라에서는 자녀의 결혼이나 생일과 같은 중요한 이벤트를 고려하여 신탁을 설계할 수 있다. 이러한 문화적 요소를 반영하여 신탁을 설계하면, 가족의 가치와 전통을 존중하면서도 자산을 효과적으로 관리할 수 있다. 이는 가족 구성원 모두가 만족할 수 있는 자산관리 방법을 제공하며, 이를 통해 가족 간의 유대와 신뢰를 강화할 수 있다.

### (3) 사례 연구: 성공과 실패의 교훈

우리나라에서의 신탁설계는 성공적인 사례와 그렇지 못한 사례를 통해 많은 교훈을 제공한다. 성공적인 신탁설계의 사례로는 정 씨의 사례를 들 수 있다. 정 씨는 자신의 부동산자산을 유언 신탁으로 설정하여, 사후에 자녀들이 안정적으로 부동산을 관리하고 수익을 얻을 수 있도록 하였다. 이 과정에서 정 씨는 자녀들 간의 상속 분쟁을 예방하고, 자산이 계획된 대로 관리되도록 철저히 준비하였다. 이는 자산 보호와 가족 간의 화합을 동시에 달성한 사례로, 신탁을 통한 자산관리의 좋은 예시다.

반면, 실패 사례로는 강 씨의 사례를 들 수 있다. 강 씨는 신탁을 설정하면서 법적 절차를 제대로 따르지 않아, 상속세 문제와 가족 간의 분쟁이 발생하였다. 수탁자의 역할과 책임이 명확하지 않아 자산관리에 혼란이 있었고, 이는 신탁 설정 시 법률적 자문을 충분히 받지 않은 결과였다. 이러한 실패 사례는 신탁설계 시 법률 및 규제를 철저히 이해하고, 전문가의 도움을 받아야 한다는 교훈을 준다. 또한, 가족 구성원과의 충분한 대화와 소통을 통해 신탁의 목적과 계획을 명확히 하는 것이 중요하다.

### (4) 실행 가능한 전략

우리나라에서 신탁을 설계할 때는 다음과 같은 실행 가능한 전략을 고려할 수 있다. 첫째, 법률 전문가와의 협력을 통해 맞춤형 신탁 구조를 설계하는 것이 중요하다. 이는 세금 최적화와 자산 보호를 동시에 달성하는 데 도움이 된다. 둘째, 가족 구성원의 의견을 수렴하여 신탁의 목표와 계획을 명확히 설정해야 한다. 이를 통해 가족 간의 신뢰와 화합을 유지하며, 자산이 원활히 관리될 수 있다. 셋째, 정기적인 신탁 검토 및 업데이트를 통해 경제 상황이나 가족의 필요에 맞춰 신탁 조건을 조정해야 한다. 이러한 전략은 신탁을 통한 자산관리의 효율성을 극대화하며, 은퇴 후 안정적인 재정적 기반을 유지하는 데 기여할 수 있다.

## 8. 신탁을 통한 지속 가능한 은퇴 생활 만들기

### (1) 장기적인 재무 안정성

신탁은 은퇴 후 지속 가능한 재무계획을 마련하는 데 있어 강력한 도구다. 은퇴 생활에서 가장 중요한 것은 장기적인 재무 안정성을 확보하는 것이며, 이를 통해 편안하고 안정적인 삶을 영위할 수 있다. 신탁은 위탁자가 자신의 자산을 안전하게 보호하고, 수익자에게 계획적으로 전달할 수 있는 체계적인 방법을 제공한다. 신탁을 통해 자산을 관리하면, 예상치 못한 경제적 변화에도 유연하게 대응할 수 있으며, 은퇴 후에도 재정적인 안정을 유지할 수 있다.

예를 들어, 김 씨는 은퇴 후 생활비를 일정하게 받기 위해 신탁을 설계하여, 매달 정해진 금액을 수익자로서 받도록 하였다. 이러한 방식은 은퇴 후에도 안정적인 소득원을 확보할 수 있도록 도와주며, 자산이 예기치 않게 소진되는 것을 방지한다. 또한, 신탁은 자산을 효율적으로 배분하여, 인플레이션이나 시장 변동에 따른 리스크를 최소화할 수 있다.

이를 통해 신탁은 장기적인 재무계획을 지속해서 지원하며, 은퇴 후에도 재정적 여유를 유지할 수 있도록 돕는다.

### (2) 수익자의 보호 및 지원

신탁은 수익자의 경제적 안정과 생활 지원을 위한 강력한 보호막이 될 수 있다. 신탁을 통해 수익자는 일정한 생활비를 제공받거나, 특정 목적을 위한 재정 지원을 받을 수 있다. 이는 특히 자녀의 교육비나 의료비와 같은 필수적인 지출을 계획적으로 관리하는 데 유용하다. 신탁은 위탁자가 생전에 설정한 조건에 따라 자산을 수익자에게 분배하기 때문에, 수익자가 필요한 시기에 필요한 지원을 받을 수 있다.

예를 들어, 이 씨는 자녀의 대학 학비를 지원하기 위해 교육 신탁을 설정하였다. 이를 통해 자녀는 교육 기간에 재정적인 걱정 없이 학업에 전념할 수 있었으며, 이는 자녀의 미래에 큰 영향을 미쳤다. 신탁은 이러한 방식으로 수익자의 삶의 질을 높이며, 자산이 수익자의 필요에 따라 효율적으로 사용되도록 보장한다. 수익자가 신탁을 통해 제공받는 지원은 단순한 금전적 지원을 넘어, 심리적 안정감과 생활의 질을 높이는 데 기여한다.

### (3) 은퇴 후 삶의 질 향상

신탁은 은퇴 후 삶의 질을 향상시키는 중요한 수단으로, 자산을 계획적으로 관리하여 삶의 목표를 달성하는 데 도움을 준다. 은퇴는 새로운 삶의 시작이며, 이 시기에 신탁을 통해 재정적 안정을 확보하면 더 나은 삶의 질을 추구할 수 있다. 신탁은 자산을 효과적으로 관리하고,

수익자가 자신의 목표를 달성할 수 있도록 다양한 지원을 제공한다.

예를 들어, 백 씨는 은퇴 후 여행과 자선 활동을 목표로 신탁을 설정하여, 매년 일정한 금액을 이러한 활동에 사용할 수 있도록 하였다. 이를 통해 백 씨는 은퇴 후에도 자신이 원하는 삶을 살 수 있었으며, 신탁이 이러한 목표 달성에 중요한 역할을 했다. 신탁은 이처럼 자산을 활용하여 은퇴 후에도 원하는 삶을 살 수 있도록 도와준다.

또한, 신탁은 예기치 않은 상황에 대비하여 비상금을 마련하거나, 건강상의 문제에 대한 재정적 준비를 돕는 등 다양한 방면에서 삶의 질을 높이는 역할을 한다. 이를 통해 신탁은 단순한 자산관리의 도구를 넘어, 은퇴 후 삶의 질을 실질적으로 높이는 데 기여할 수 있다.

**(4) 실행 가능한 전략**

신탁을 통한 지속 가능한 은퇴 생활을 위한 실행 가능한 전략으로는 다음과 같은 것들이 있다. 첫째, 신탁 설정 시 장기적인 재무 목표를 명확히 정의하는 것이 중요하다. 이를 통해 자산이 효과적으로 관리될 수 있으며, 은퇴 후에도 재정적 안정을 유지할 수 있다. 둘째, 수익자의 필요와 상황을 고려하여 맞춤형 신탁을 설계해야 한다. 이를 통해 수익자가 필요한 시기에 적절한 지원을 받을 수 있으며, 자산이 효율적으로 사용될 수 있다. 셋째, 정기적인 신탁 검토 및 조정을 통해 경제 상황이나 수익자의 필요에 맞춰 신탁 조건을 조정해야 한다. 이러한 전략은 신탁을 통한 은퇴자산관리의 효율성을 극대화하며, 은퇴 후에도 지속 가능한 삶의 질을 유지하는 데 기여할 수 있다.

키워드 28

# 은퇴설계 전문가 활용

1. 왜 은퇴설계 전문가인가?
2. 전문가를 통한 정기적인 검토 및 조정이 필요한 10가지 이유
3. 전문가 선택 기준: 지식, 태도, 상담력, 전문가적 자질
4. 한국은퇴설계연구소 은퇴설계 전문가의 대표 상담 사례 5가지
5. 전문가 네트워크를 구성하라. 관계가 자산이 된다
6. 원한다면 당신도 은퇴설계 전문가가 될 수 있다

# 1. 왜 은퇴설계 전문가인가?

### (1) 은퇴의 중요성과 철저한 준비의 필요성

은퇴는 개인의 삶에서 중요한 전환점이다. 일과 생계를 중심으로 돌아가던 삶의 패턴이 바뀌고, 더 이상 정기적인 수입이 없는 상황에서 자신의 자산을 효율적으로 관리하고 활용해야 한다. 이 전환이 성공적으로 이루어지기 위해서는 철저한 계획과 준비가 필요하다. 은퇴는 더 이상 먼 미래의 이야기가 아니라 현실로 다가오고 있으며, 이를 위해 지금부터 준비해야 할 필요성이 있다. 하지만 많은 사람이 막상 은퇴를 준비할 때 어디서부터 시작해야 할지 막막해한다. 여기서 은퇴설계 전문가의 역할이 중요해진다. 전문가의 조언은 이러한 과정에서 필수적인 요소로 작용하며, 개인이 놓치기 쉬운 부분을 보완하고 체계적인 접근을 가능하게 해준다. 특히 복잡한 금융상품의 이해나 법률적 문제에 대한 해결책을 제시할 수 있는 전문가는 은퇴계획의 성공적인 이행에 큰 도움을 줄 수 있다.

### (2) 혼자 하는 것과 전문가와 함께 하는 것의 차이

은퇴계획을 혼자서 세우는 것과 전문가와 함께하는 것에는 큰 차이가 있다. 혼자서 모든 것을 처리하려면 다양한 재정적, 법률적 지식을 습득해야 하고, 변화하는 경제 환경에 맞춰 투자 전략을 지속해서 조정해야 한다. 이는 비전문가에게는 상당한 부담이 될 수 있다.

혼자서 은퇴준비를 하는 경우, 대부분이 겪는 첫 번째 문제는 정보의 홍수이다. 인터넷을 통해 다양한 정보를 접할 수 있지만, 이 정보를 필터링하고 자신에게 맞는 내용을 찾는 것은 쉽지 않다. 예를 들어, 한 40대 중반의 직장인인 박 씨는 온라인에서 무료로 제공되는 재무계획 템플릿을 활용하여 자신의 은퇴계획을 세웠다. 하지만 세부적인 투자 전략이나 세금 효율화 방법에 대한 구체적인 지식이 부족하여 몇 년 후 그의 계획은 목표에 미치지 못했다. 이는 전문가의 조언 없이 혼자서 진행할 경우 발생할 수 있는 위험 중 하나다.

반면, 전문가와 함께한다면 체계적이고 정밀한 접근이 가능하다. 전문가들은 최신 경제 동향을 분석하고, 개인의 재정 상황과 목표를 고려한 맞춤형 계획을 제공한다. 예를 들어, 최근 한국의 은퇴 전환기 세대의 경우, 평균수명이 늘어나면서 은퇴 후 생활 기간이 길어지고 있다. 이에 따라 충분한 자금을 마련해야 할 필요성이 커지고 있다. 전문가들은 이러한 사회적 변화를 반영한 계획을 제시하며, 개인이 더 안정적으로 은퇴를 맞이할 수 있도록 돕는다.

### (3) 사례 연구를 통한 교훈

실제로 은퇴설계 전문가의 도움으로 성공적인 은퇴를 맞이한 사례는 많이 존재한다. 한 예로, 50대 후반에 접어든 김 씨는 은퇴자금을 어떻게 모을지 몰라 막막해했다. 그는 은퇴설계 전문가와 상담 후, 위험을 분산시키기 위한 투자 포트폴리오를 구축하고 세금 효율성을 높이는 전략을 수립했다. 이 결과로 그는 계획했던 목표에 도달할 수 있었으며, 불안했던 은퇴 후 생활에 대한 걱정을 덜게 되었다.

반면, 전문가의 도움 없이 혼자서 은퇴를 준비한 이들은 종종 예상치 못한 어려움에 봉착하곤 한다. 경제 변화에 민감하지 않거나, 비효율적인 투자로 인해 손실을 본 사례도 적지 않다. 예를 들어, 은퇴 후 고정 수입원을 마련하지 못한 이 씨는 은퇴 후 생활비 마련에 어려움을 겪었다. 그의 계획은 시장의 변동성에 적절히 대응하지 못했고, 그 결과로 예기치 않은 경제적 난관에 직면하게 되었다. 이러한 실패 사례는 전문가의 조언이 얼마나 중요한지를 보여준다.

### (4) 실행 가능한 전략과 팁

은퇴설계 전문가와 함께 효과적인 은퇴준비를 하기 위해 다음과 같은 전략을 고려해보자. 첫째, 재정 상황을 철저히 분석하고, 이를 바탕으로 목표를 설정하자. 이는 개인의 은퇴 후 라이프스타일에 따라 달라질 수 있으며, 현실적인 목표 설정이 중요하다. 둘째, 전문가와의 지속적인 상담을 통해 변화하는 경제 상황에 맞춰 계획을 조정하자. 마지막으로, 세금 혜택을 최대한 활용할 방법을 찾아라. 예를 들어, 한국의 국민연금과 퇴직연금을 효율적으로 활용하는 전략을 마련하는 것이 필요하다.

전문가의 도움 없이 혼자서 계획을 세우는 경우, 몇 가지 주의할 점을 추가로 고려해야 한다. 정보의 신뢰성을 검증하고, 충분한 사전 조사를 통해 시장의 흐름을 파악하는 것이 중요하다. 또한, 재정관리에 있어 감정적 결정을 피하고, 장기적인 시각을 유지하며 계획을 실천해 나가야 한다.

은퇴는 단순히 경제적인 준비만을 의미하지 않는다. 이는 심리적 안정과 새로운 삶의 단계에 대한 준비를 포함한다. 은퇴설계 전문가는 이러한 과정을 더 쉽게 만들어주는 조력자로서, 그들의 도움을 통해 개인은 더 성공적이고 안정적인 은퇴를 맞이할 수 있다. 은퇴는 새로운 시작이며, 철저한 준비와 계획이 그 출발점이다. 이를 통해 독자들은 자신의 은퇴계획을 재정비하고, 성공적인 은퇴를 위한 첫걸음을 내디딜 수 있을 것이다. 혼자서도 준비할 수 있지만, 전문가의 조언을 통해 더욱 확실하고 안전한 은퇴계획을 세울 수 있다는 것을 기억하자.

## 2. 전문가를 통한 정기적인 검토 및 조정이 필요한 10가지 이유

은퇴준비는 인생에서 가장 중요한 재무적 결정 중 하나이며, 개인의 장기적인 행복과 안정에 직접적인 영향을 미친다. 은퇴설계 전문가는 단순한 조언자 이상의 역할을 한다. 그들은 풍부한 경험과 전문 지식을 바탕으로 고객에게 맞춤형 솔루션을 제공하고, 복잡한 경제 환경에서 성공적인 은퇴를 위한 전략을 제시한다. 이들은 다양한 연구와 사례를 통해 검증된 방법론을 제시하며, 실질적인 실행 가능성을 높여준다. 다음은 전문가를 통한 정기적인 검토 및 조정이 필요한 10가지 이유이다.

### (1) 재무계획 및 목표 설정

은퇴준비의 시작은 명확한 재무계획과 목표 설정이다. 전문가들은 현재 재무 상황을 철저히 분석하여 현실적인 은퇴 목표를 설정하는 데 도움을 준다. 이 과정에서 전문가들은 통합 재무 모델링 기법을 사용하여 다양한 시나리오를 시뮬레이션하고, 개인의 재정적 필요와 기대 수명을 고려하여 맞춤형 목표를 수립한다. 이 접근 방식은 고객에게 미래의 불확실성에 대비한 명확한 방향성을 제공한다.

▶ 예시   한 기업의 임원으로 은퇴를 앞둔 이 씨는 은퇴 후 비영리단체 설립을 목표로 삼았다. 그는 은퇴설계 전문가의 도움을 받아, 자신의 목표에 맞춰 개인 자산과 기업 주식을 효율적으로 관리할 수 있는 계획을 세웠다. 전문가들은 그의 재무 데이터를 기반으로 다양한 시뮬레이션을 수행하여, 자산 매각 시기와 비영리단체에 필요한 자금 조달 방법을 최적화했다. 이를 통해 이 씨는 자신의 목표를 실현할 수 있는 구체적인 전략을 마련했고, 은퇴 후에도 지속 가능한 재정 지원을 할 수 있는 기반을 구축했다.

### (2) 투자 전략 최적화

투자는 은퇴자금을 불리는 데 중요한 역할을 하며, 시장의 변동성을 관리하는 것이 핵심이다. 전문가들은 고객의 위험 감수 성향과 목표에 맞춰 포트폴리오를 다각화하고, 최적의 투자 전략을 제공한다. 이는 글로벌 경제 동향과 지역별 경제 상황을 분석하여 가장 유리한 투자 기회를 식별하고, 리스크를 분산시키는 방법을 제시하는 것이다.

▶ 예시   한 기업의 장기근속자로 일하며 해외투자를 통해 은퇴자금을 준비했던 박 씨는 은퇴 후에도 글로벌 포트폴리오를 유지하고자 했다. 그는 은퇴설계 전문가와의 협력을 통해, 거시 경제 분석 및 다양한 투자 기법을 활용한 포트폴리오 리밸런싱 전략을 개발했다. 전문가들은 매크로 경제 지표와 함께 각국의 정책 변화를 주기적으로 모니터링하고,

시장 상황에 따라 투자자산을 재배치하는 방법을 제안했다. 이를 통해 박 씨는 시장의 급격한 변동에도 포트폴리오의 안정성과 수익성을 동시에 확보할 수 있었다.

### (3) 세금 효율화

세금은 은퇴자산을 관리하는 데 있어 중요한 영향을 미친다. 전문가들은 다양한 절세 전략을 통해 세금 부담을 최소화하고, 자산을 최대한 효율적으로 관리할 수 있도록 돕는다. 이는 법률적 복잡성을 파악하고, 세법의 변화에 대응하는 능력을 요구한다.

▶ 예시   은퇴를 앞두고 복잡한 세금 문제에 직면한 은퇴자의 사례다. 그는 은퇴설계 전문가와 함께 세금 최적화 전략을 수립하여, 퇴직금을 연금으로 전환하고, 여러 세금 혜택을 최대한 활용하는 방안을 마련했다. 전문가들은 그의 자산 구조를 분석하여, 각기 다른 세율이 적용되는 자산의 매각 시점을 조정하고, 소득이 연도별로 균등하게 분배되도록 하는 계획을 제안했다. 이를 통해 김 씨는 세금 부담을 크게 줄이고, 은퇴자산의 순 가치를 증가시킬 수 있었다.

### (4) 수입 관리

은퇴 후 안정적인 수입원을 마련하는 것은 중요한 과제이다. 전문가들은 다양한 수입원을 통합 관리하여 장기적인 재정 안정을 도모한다. 이는 연금, 임대소득, 투자 수익 등을 포함한 포괄적인 수입 관리 전략을 개발하는 것을 포함한다.

▶ 예시   제조업체를 운영하며 상당한 부동산자산을 보유했던 장 씨는

은퇴 후 수입원 다각화를 고민했다. 그는 은퇴설계 전문가의 도움을 받아, 임대 부동산을 리모델링하고, 이를 통한 수익을 재투자하여 새로운 수입원을 창출하는 전략을 마련했다. 전문가들은 부동산시장 분석을 통해 장기적인 임대 수익을 극대화할 수 있는 지역과 대상 자산을 선정했다. 이 과정에서 장 씨는 전문가의 조언을 통해 임대 관리 회사를 활용하여 운영 효율성을 높였고, 안정적인 현금흐름을 확보할 수 있었다.

### (5) 지출 관리

은퇴 후 예상 지출을 정확히 분석하고, 효율적인 예산관리를 통해 재정적 안정을 도모하는 것이 중요하다. 전문가들은 고객의 생활 패턴과 필요에 맞춰 맞춤형 지출 계획을 제공한다.

▶ 예시  국내 자동차 제조회사에서 오랜 경력을 쌓은 홍 씨는 은퇴 후 세계 여행을 계획하고 있었다. 그는 은퇴설계 전문가와의 협력을 통해, 예산 초과를 방지하고 장기적인 자산 보호를 위한 전략을 수립했다. 전문가들은 각국의 물가와 환율 변동을 고려하여 여행 비용을 산정하고, 여행 중 발생할 수 있는 예상치 못한 지출에 대비한 긴급 자금 마련 계획을 제안했다. 이를 통해 홍 씨는 예산 내에서 계획을 실현할 수 있었고, 자산 보호와 관리에 대한 자신감을 얻었다.

### (6) 리스크 관리

리스크 관리는 은퇴준비에 있어 필수적인 요소이다. 전문가들은 건강, 시장, 경제 등 다양한 리스크에 대비할 수 있는 종합적인 방안을 제시한다. 이를 통해 고객은 예상치 못한 상황에도 안정적으로 대응할 수 있다.

▶ 예시  공공기관에서 근무했던 최 씨는 은퇴 후 건강 문제에 대한 걱정이 컸다. 그는 은퇴설계 전문가와 함께 장기요양보험과 건강보험을 활용한 포괄적인 리스크 관리 계획을 수립했다. 전문가들은 그의 가족력과 건강 상태를 고려하여 적절한 보험상품을 선정하고, 자산 일부를 안정적인 보험 연금상품으로 전환하는 전략을 제안했다. 이를 통해 최 씨는 건강 리스크에 대비하고, 예기치 않은 의료비용 증가에도 재정적으로 안전할 수 있었다.

### (7) 유산 계획 및 상속 관리

유산 분배 및 상속 계획은 가족 간의 갈등을 예방하고, 자산을 보호하는 데 중요하다. 전문가들은 고객의 의도를 반영한 맞춤형 유산 계획을 설계하여 법적 요구사항을 충족한다.

▶ 예시  대규모 가족 사업을 운영했던 이 씨는 은퇴를 앞두고 가족 내 상속 문제를 고민하고 있었다. 그는 은퇴설계 전문가의 도움을 받아, 가족신탁을 설립하고 상속세를 최소화할 수 있는 전략을 마련했다. 전문가들은 그의 자산을 분석하고, 법률 전문가와 협력하여 가족 내 합의된 유산 분배 계획을 수립했다. 이를 통해 이 씨는 자녀 간의 갈등을 예방하고, 사업이 안정적으로 다음 세대로 이어질 수 있는 기반을 마련했다.

### (8) 상담 및 지원

은퇴설계는 복잡하고, 지속적인 관리가 필요한 과정이다. 전문가들은 이러한 과정을 전반적으로 지원하며, 고객의 필요와 목표에 맞춘 맞춤형 조언을 제공한다.

▶ 예시   대학교수로 일했던 박 씨는 은퇴 후 연구와 강의를 계속하고자 했다. 그는 은퇴설계 전문가와의 정기적인 상담을 통해, 연구 자금 조달과 은퇴 후 생활을 위한 재정계획을 조정했다. 전문가들은 박 씨의 연구 목표와 생활 패턴을 고려하여, 장기적인 연구 자금 마련 및 생활비 관리 전략을 개발했다. 이를 통해 박 씨는 은퇴 후에도 학문적 활동을 지속하며, 안정적인 재정관리를 할 수 있었다.

### (9) 변화에 대한 적응

경제 상황 및 개인의 생애 변화에 신속하게 대응할 수 있는 유연성을 갖추는 것이 중요하다. 전문가들은 이러한 변화에 맞춰 계획을 주기적으로 검토하고 조정할 수 있는 전략을 제시한다.

▶ 예시   은퇴 후 여행을 통해 세계 각국을 탐방하고 싶었던 김 씨는 예상치 못한 경제 위기로 인해 계획을 변경해야 했다. 그는 은퇴설계 전문가의 조언을 받아 여행 비용을 줄이고, 안정적인 자산 운영을 통해 변동성을 관리하는 방법을 찾았다. 전문가들은 경제 지표 분석과 함께 다양한 여행 경로를 제안하고, 예산 내에서 계획을 실현할 수 있도록 조정하였다. 이를 통해 김 씨는 변화된 경제 상황에서도 자신의 목표를 달성할 수 있었다.

### (10) 심리적 안정 제공

은퇴준비는 재정적 문제뿐만 아니라 심리적 안정도 중요하다. 전문가와의 상담을 통해 심리적 안정을 얻고, 은퇴준비에 대한 자신감을 키울 수 있다.

▶ **예시**  중소기업에서 오랫동안 일하며 은퇴를 준비하던 정 씨는 막상 은퇴를 앞두고 불안감을 느꼈다. 그는 은퇴설계 전문가와의 상담을 통해 자신의 감정과 목표를 명확히 정리하고, 은퇴 후 새로운 삶을 계획하는 데 집중했다. 전문가들은 심리 상담 기법을 활용하여 정 씨의 불안감을 해소하고, 새로운 목표를 설정하는 데 도움을 주었다. 이를 통해 정 씨는 은퇴 후의 삶에 대한 긍정적인 기대감을 가질 수 있었으며, 심리적 안정을 확보할 수 있었다.

이 10가지 이유는 은퇴설계 전문가와의 협력이 왜 중요한지를 잘 보여준다. 전문가의 도움을 받아 체계적이고 효율적인 은퇴준비를 할 수 있으며, 이는 개인의 삶의 질을 향상시키고 불확실성을 줄이는 데 기여한다. 전문가들은 다양한 사례 연구와 검증된 전략을 통해 고객에게 실질적인 조언을 제공하며, 복잡한 은퇴설계를 성공적으로 이끌어 나갈 수 있도록 지원한다.

## 3. 전문가 선택 기준: 지식, 태도, 상담력, 전문가적 자질

은퇴준비는 개인의 삶에 큰 영향을 미치는 중요한 과정이다. 이를 성공적으로 이끌기 위해서는 신뢰할 수 있는 은퇴설계 전문가의 조언이 필수적이다. 그러나 수많은 전문가 중에서 어떤 기준으로 선택해야 할지 막막할 수 있다. 전문가 선택은 단순히 명성이나 가격이 아니라, 그들의 전문성과 고객에 대한 접근 방식에 의해 결정되어야 한다. 전문가를 선택할 때 고려해야 할 네 가지 주요 기준은 지식, 태도, 상담력, 그리고 전문가적 자질이다. 각 기준은 전문가의 역량과 고객의 성공적인 은퇴 준비를 결정짓는 중요한 요소이다.

### (1) 지식: 최신 금융 트렌드 및 전인적 은퇴설계에 대한 깊은 이해

지식은 전문가의 가장 기본적인 자질이자, 고객이 전문가를 선택하는 데 있어 첫 번째로 고려해야 할 사항이다. 최신 금융 트렌드와 전인적 은퇴설계에 대한 깊은 이해는 전문가에 있어 필수 요소이다. 은퇴설계 전문가는 급변하는 경제 환경과 규제 변화를 지속해서 따라가며, 이를 고객의 상황에 맞춰 해석할 수 있어야 한다. 이는 최신 금융상품의 장단점을 파악하고, 이를 고객의 포트폴리오에 적절히 반영할 수 있는 능력으로 이어진다. 또한, 은퇴의 전인적인 부분을 파악하고 균형감 있는 은퇴설계 컨설팅을 할 수 있어야 한다.

▶ **예시**  은퇴를 앞둔 대기업 임원인 김 씨는 최근 비트코인 및 블록체인 기술에 대한 투자를 고려하고 있었다. 그는 이 분야의 전문가를 찾아 상담을 받았고, 전문가의 설명을 통해 디지털 자산의 잠재적 리스크와 규제 동향을 명확히 이해할 수 있었다. 전문가의 도움으로 김 씨는 디지털 자산을 포트폴리오 일부로 포함하되, 안정성을 유지하기 위한 분산투자 전략을 수립할 수 있었다. 이러한 전문가의 지식은 고객이 올바른 투자 결정을 내리도록 돕는 핵심 역할을 한다.

### (2) 태도: 고객 중심의 태도와 윤리적 접근

전문가의 태도는 고객과의 관계를 형성하는 데 중요한 역할을 한다. 고객 중심의 태도와 윤리적 접근은 신뢰를 쌓는 기반이 되며, 장기적인 파트너십을 구축하는 데 필수적이다. 고객의 필요와 목표를 우선시하고, 윤리적인 방식으로 조언을 제공하는 전문가는 고객의 신뢰를 얻을 수 있다. 이는 고객의 재무적 이익을 최우선으로 하는 행동을 통해 확인될 수 있다.

▶ 예시   은퇴자금을 준비 중인 한 부부는 금융상품을 구매하라는 지속적인 압박을 받는 전문가와의 상담을 중단했다. 이후 이들은 다른 전문가를 찾아갔고, 그 전문가는 부부의 재정 상황과 목표를 우선 분석한 후 맞춤형 솔루션을 제안했다. 이 전문가는 부부의 이익을 최우선으로 고려하여, 복잡한 금융상품의 위험성을 명확히 설명하고, 더 안전하고 효과적인 재무계획을 수립하는 데 집중했다. 이를 통해 부부는 신뢰할 수 있는 관계를 형성할 수 있었고, 이는 성공적인 은퇴준비로 이어졌다.

### (3) 상담력: 복잡한 정보를 쉽게 설명하고, 고객의 이해를 돕는 능력

상담력은 전문가가 복잡한 금융 정보를 고객에게 이해하기 쉽게 설명하는 능력을 의미한다. 이는 고객이 자신의 재정 상태를 명확히 이해하고, 필요한 결정을 내리는 데 중요한 역할을 한다. 효과적인 커뮤니케이션은 고객이 정보에 기반한 선택을 할 수 있도록 도우며, 불필요한 오해를 줄인다.

▶ 예시   금융 지식이 부족했던 이 씨는 은퇴준비 과정에서 여러 번 전문가의 설명을 이해하지 못해 혼란스러워했다. 그러다 그는 명확하고 이해

하기 쉽게 정보를 전달하는 전문가를 만나게 되었다. 이 전문가는 이 씨의 눈높이에 맞춘 설명과 실생활에 적용 가능한 예를 통해 복잡한 재정 전략을 설명했다. 덕분에 이 씨는 자신의 재정계획을 더 잘 이해할 수 있었고, 스스로 결정을 내리는 데 자신감을 얻을 수 있었다. 이러한 상담력은 고객이 재정적 자유와 자신감을 갖도록 돕는 핵심 역량이다.

### (4) 전문가적 자질: 문제 해결 능력과 고객의 목표에 맞춘 전략 수립 능력

전문가적 자질은 문제 해결 능력과 고객의 목표에 맞춘 전략 수립 능력을 포함한다. 고객의 재정적 문제를 파악하고, 그에 맞는 창의적이고 효과적인 해결책을 제시할 수 있어야 한다. 이는 고객의 목표를 명확히 이해하고, 그 목표를 달성하기 위한 현실적인 전략을 수립할 수 있는 능력을 의미한다.

▶ 예시 장기 해외 거주를 계획 중인 홍 씨는 여러 국가의 세금 및 금융 규제로 인해 복잡한 상황에 빠졌다. 그는 전문가의 도움을 받아 각 국가의 법률과 금융시장을 분석하고, 홍 씨의 목표에 맞춘 포괄적인 전략을 수립했다. 전문가의 문제 해결 능력은 홍 씨가 다양한 관할 구역의 복잡성을 극복하고, 효과적인 자산 분배와 세금 절감 전략을 마련하는 데 결정적인 역할을 했다. 이를 통해 홍 씨는 복잡한 상황에서도 명확한 재정계획을 가질 수 있었다.

이 네 가지 기준은 고객이 은퇴설계 전문가를 선택하는 데 있어 중요한 역할을 한다. 전문가의 지식과 태도, 상담력, 그리고 문제 해결 능력은 고객의 성공적인 은퇴준비를 지원하며, 신뢰할 수 있는 파트너십을 구축하는 데 기여한다. 전문가를 선택할 때 이러한 기준을 고려하면, 고객은 더 나은 의사결정을 할 수 있으며, 장기적으로 안정적이고 성공적인 은퇴 생활을 계획할 수 있다. 이는 단순한 금융 조언을 넘어, 고객의 삶에 실질적인 가치를 제공하는 데 초점을 맞춘 접근법이다.

## 4. 한국은퇴설계연구소 은퇴설계 전문가의 대표 상담 사례 5가지

### (1) 사례 1: 안정적 은퇴를 위한 전략적 포트폴리오 구성

#### 1) 고객 프로필과 상황 분석

정 씨는 55세로, 한국의 대형 제조업체에서 중간 관리직으로 일하는 사람이다. 그는 은퇴 후 20년 동안 안정적으로 생활할 수 있는 포트폴리오를 구성하고 싶어 했다. 그의 목표는 현재의 생활 수준을 유지하면서도 자산을 안전하게 관리하는 것이었다. 정 씨는 주로 국내 주식과 부동산에 투자해왔으며, 글로벌 금융시장에 대한 지식이 부족했다. 이는 그의 포트폴리오가 특정 자산군에 과도하게 치우쳐 있다는 것을 의미했다. 또한, 은퇴 후 수입원으로 퇴직연금과 국민연금에 의존할 계획이었으나, 인플레이션과 장수 리스크에 대한 대비가 부족했다.

### 2) 해결 방안 및 결과

정 씨는 은퇴설계 전문가와 협력하여 포트폴리오를 다각화하는 전략을 세웠다. 전문가들은 정 씨의 위험 감수 성향과 은퇴 목표를 고려하여 다양한 자산군에 대한 분산투자를 권장했다. 우선, 글로벌 주식과 채권 시장에 대한 투자를 확대하여 환율 변동과 지역적 경제 리스크를 분산시켰다. 또한, 저축형 보험과 같은 안정적인 수익을 제공하는 금융상품을 포함하여, 시장 변동성에 대비할 수 있는 기초 자산을 마련했다. 전문가들은 인플레이션에 대응하기 위해 정 씨에게 물가연동국채(TIPS)와 같은 상품을 추가로 제안했다. 이 전략은 정 씨의 포트폴리오가 장기적으로 안정적인 수익을 창출할 수 있도록 도와주었고, 은퇴 후 예상되는 다양한 재정적 도전에 대비할 수 있게 하였다.

### (2) 사례 2: 세금 효율화 및 상속 계획의 중요성

### 1) 고객 프로필과 상황 분석

박 씨는 70세로, IT 기업을 운영하며 자산가로 성장한 인물이다. 그는 두 자녀에게 자산을 상속하고 싶었으나, 세금 부담이 크게 걱정되었다. 또한, 자산 대부분이 부동산에 묶여 있어 유동성이 부족했다. 박 씨는 상속세와 증여세 부담을 최소화하면서도 가족 간의 갈등 없이 원활하게 자산을 이전하고자 했다. 그는 이미 상당한 부동산자산을 보유하고 있었고, 세금 효율성을 높이기 위한 대책이 필요했다. 이와 함께, 유산이 자녀의 손에 안전하게 전달될 수 있는 구조를 마련하고자 했다.

### 2) 해결 방안 및 결과

박 씨는 은퇴설계 전문가와 함께 세금 효율화를 위한 전략적 계획을 세웠다. 전문가들은 우선 박 씨의 부동산자산을 일부 매각하여, 유동성을 높이고 자산 구조를 다각화할 것을 제안했다. 매각한 자산은 자녀에게 주기적으로 증여하되, 연간 세금 공제 한도 내에서 진행하여 증여세를 최소화했다. 또한, 전문가들은 가족 신탁을 설립하여 자산을 효율적으로 관리하고, 상속세 부담을 줄이는 방법을 제시했다. 이를 통해 박 씨는 자산을 더 체계적으로 관리할 수 있었으며, 가족 간의 불필요한 갈등을 예방할 수 있었다. 이 전략은 박 씨의 자녀들이 세금 부담 없이 자산을 안전하게 상속받을 수 있도록 도와주었고, 그의 목표를 성공적으로 달성하는 데 기여했다.

## (3) 사례 3: 예기치 않은 상황에 대한 대비책

### 1) 고객 프로필과 상황 분석

김 씨는 58세로, 교육 공무원으로 일하며 은퇴를 준비하고 있었다. 하지만 그는 최근 건강 상태가 나빠지면서 의료비가 급증할 가능성에 대한 걱정이 커졌다. 또한, 경제 불황으로 인해 그의 퇴직연금과 기타 투자 수익이 예상보다 감소할 수 있다는 불안감이 있었다. 이러한 상황에서 김 씨는 경제적 안정성을 유지하면서도 건강 문제와 같은 예기치 않은 상황에 대한 대비책을 마련하고자 했다.

### 2) 해결 방안 및 결과

김 씨는 은퇴설계 전문가의 도움을 받아 포괄적인 리스크 관리 전략을 수립했다. 전문가들은 우선 김 씨의 건강 상태와 의료비 증가에 대비하기 위해 장기요양보험과 건강보험을 적절히 활용할 것을 권장했다. 또한, 경제 불황에 대비해 포트폴리오 일부를 안전 자산으로 전환하고, 주기적으로 투자 전략을 재검토하여 변동성에 대한 대응 능력을 강화했다. 김 씨는 전문가의 조언에 따라 자산 일부를 안정적인 보험 연금상품으로 전환하여, 예상치 못한 의료비 증가에도 재정적으로 안전할 수 있었다. 이러한 대비책은 김 씨가 예기치 않은 상황에서도 경제적 안정성을 유지할 수 있도록 도와주었으며, 그의 불안감을 크게 줄이는 데 기여했다.

## (4) 사례 4: 균형을 잃고 돈에만 집중한 사람에 대한 컨설팅과 솔루션

### 1) 고객 프로필과 상황 분석

송 씨는 57세로, 국내 자동차 회사에서 근무하면서 상당한 자산을 축적한 상태였다. 그는 재정적 목표에 집중하는 동안 개인적 삶의 균형을 잃고, 은퇴 후의 삶에 대한 구체적인 계획이 부재했다. 은퇴를 앞둔 송 씨는 경제적으로 안정적이지만, 개인적 목표와 취미, 은퇴 후 활동에 대한 명확한 계획이 없다는 사실을 깨달았다. 그는 은퇴 후 삶의 만족도를 높이기 위한 비재정적 준비가 필요하다는 것을 인식했다.

### 2) 해결 방안 및 결과

송 씨는 은퇴설계 전문가와 함께 비재무적 목표를 설정하고, 은퇴 후의 삶에 대한 종합적인 계획을 수립했다. 전문가들은 송 씨가 관심 있는 분야에서 자원봉사나 취미 활동을 통해 새로운 목표를 설정하도록 돕는 동시에, 재정적 자유를 활용하여 개인적인 성취를 이루도록 장려했다. 또한, 전문가들은 은퇴 후 생활의 질을 높이기 위해 주기적인 사회적 활동과 건강관리를 추천했다. 송 씨는 이러한 조언을 바탕으로 예술 강습에 참여하고, 지역사회에서의 자원봉사 기회를 활용하여 삶의 균형을 되찾았다. 이를 통해 송 씨는 은퇴 후에도 의미 있는 활동을 통해 삶의 만족도를 높일 수 있었고, 개인적 목표를 성취할 수 있었다.

### (5) 사례 5: 은퇴 후 경력설계를 컨설팅해서 일과 돈을 함께 준비한 사례

#### 1) 고객 프로필과 상황 분석

임 씨는 62세로, 국내 중소기업에서 근무했지만 예상치 못한 가족 간병으로 자금을 소진해 충분한 은퇴자금을 마련하지 못한 상황이었다. 그는 은퇴가 임박했지만, 남은 생애 동안의 생활비를 충당할 수 있을지에 대한 걱정이 컸다. 그러나 그는 풍부한 업무 경험과 전문성을 바탕으로 은퇴 후에도 계속해서 일하고자 했다. 그는 자신의 전문성을 살려 은퇴 후 경력을 새롭게 설계하고 싶어 했다.

**2) 해결 방안 및 결과**

임 씨는 은퇴설계 전문가와 함께 은퇴 후 경력설계를 통한 수익 창출 전략을 마련했다. 전문가들은 그의 강점을 분석하여, 컨설팅 및 강의 활동을 통해 수입을 창출할 기회를 모색했다. 또한, 그의 경험을 살려 프리랜서로 전환하여 유연한 근무 환경을 조성하고, 소득을 보충할 방법을 제안했다. 임 씨는 전문가의 조언에 따라 온라인 플랫폼을 통해 강의를 개설하고, 전문 지식을 공유하는 컨설팅 사업을 시작했다. 이를 통해 그는 은퇴 후에도 지속적인 수입을 확보할 수 있었고, 자신의 경력을 바탕으로 사회에 기여할 기회를 갖게 되었다. 이 전략은 임 씨가 경제적 안정성을 유지하면서도, 일의 의미를 새롭게 발견할 수 있도록 도와주었다.

이 다섯 가지 사례는 은퇴설계 전문가와의 협력이 고객의 다양한 재정적, 비재정적 도전을 어떻게 해결할 수 있는지를 보여준다. 각 사례는 고유한 상황과 목표를 반영하며, 전문가의 맞춤형 조언이 어떻게 고객의 성공적인 은퇴준비에 기여할 수 있는지를 입증한다. 이를 통해 고객들은 은퇴 후에도 안정적이고 의미 있는 삶을 계획할 수 있으며, 다양한 도전에 대해 자신감을 가질 수 있다. 은퇴설계 전문가는 다양한 연구와 사례를 통해 검증된 방법론을 제시하며, 고객에게 실질적인 조언을 제공하고 복잡한 은퇴설계를 성공적으로 이끌어 나갈 수 있도록 지원한다.

## 5. 전문가 네트워크를 구성하라. 관계가 자산이 된다

은퇴준비는 단순히 재정적 목표를 달성하는 것을 넘어 인생의 새로운 장을 여는 중요한 과정이다. 이 과정에서 올바른 전문가 네트워크를 구성하는 것은 성공적인 은퇴를 위한 필수 요소다. 전문가와의 협력을 통해 포괄적인 재무 전략을 수립하면 장기적인 안정성과 삶의 질을 보장할 수 있다. 이러한 관계들은 곧 자산이 되어 고객의 은퇴준비를 풍요롭게 한다. 법률, 세무, 부동산 등 다양한 분야의 전문가와 협력하는 것이 중요하며, 이 관계자산은 복잡한 은퇴계획을 체계적으로 관리할 수 있는 기반을 제공하며, 다양한 도전 과제에 효과적으로 대응할 수 있도록 도와준다.

### (1) 다양한 전문가와의 관계를 통해 포괄적인 재무 전략 수립

은퇴준비는 복잡한 프로세스를 포함하며, 여러 전문가의 지식과 경험이 필요하다. 금융 전문가, 법률 자문, 세무 전문가, 부동산 컨설턴트 등 다양한 전문가와의 관계를 통해 포괄적인 재무 전략을 수립할 수 있다. 이러한 전문가들과의 관계는 고객의 재정적 안정성을 높이고, 장기적인 목표를 달성하는 데 중요한 자산이 된다. 각 분야의 전문가들은 서로 다른 관점을 제공하여, 종합적인 은퇴계획을 수립하는 데 기여한다.

▶ **사례** 박 교수는 국내외에서 많은 학문적 성과를 거둔 유명한 연구자이다. 은퇴를 앞두고 자신의 지적 자산과 재정 자산을 어떻게 최적화할 수 있을지 고민했다. 그는 재무설계 전문가와의 협력을 통해 지적 자산을 상업화하는 방법을 모색했다. 이 과정에서 법률 전문가는 그의 연구

결과에 대한 지적 재산권을 보호하는 방법을 제안했고, 세무 전문가는 연구소 운영에서 발생하는 수익의 절세 전략을 마련했다. 부동산 컨설턴트는 박 교수가 소유한 연구 시설을 활용하여 새로운 수익원을 창출할 방안을 제안했다. 이러한 협력은 박 교수가 은퇴 후에도 학문적 및 재정적 안정성을 유지하는 데 큰 도움을 주었다. 각 전문가와의 관계가 곧 자산이 되어 박 교수의 다양한 목표를 성공적으로 달성할 수 있게 했다.

### (2) 법률, 세무, 부동산 전문가 등과의 협력을 통한 종합적인 은퇴계획

은퇴준비는 법률적 문제, 세금 효율성, 부동산 관리 등 다양한 측면을 포함한다. 법률 전문가는 유산 계획과 상속 관리에 대한 조언을 제공하며, 세무 전문가는 세금 효율화를 위한 전략을 제안한다. 부동산 전문가는 부동산자산의 관리 및 최적화에 대한 조언을 제공하여, 자산 가치를 극대화하는 데 도움을 준다. 이러한 전문가와의 협력은 고객에게 관계 자체가 자산이 되어, 복잡한 은퇴계획을 체계적으로 관리할 수 있는 기반을 제공한다.

▶ 사례  60대 중소기업 대표 최 씨는 향후 사업을 은퇴한 후에도 자녀들에게 물려주고 싶었지만, 상속세와 가족 간의 갈등에 대한 우려가 컸다. 그는 전문가 네트워크를 활용하여 종합적인 은퇴계획을 수립했다. 법률 전문가는 가족 신탁을 설립하여 상속세를 줄이고, 자녀들이 사업을 안정적으로 이어받을 수 있도록 법적 구조를 마련했다. 세무 전문가는 자산 이전 시의 세금 최적화 전략을 설계하고, 부동산 전문가는 사업 확장을 위해 필요한 부동산 거래를 조율했다. 이러한 협력은 최 씨의 자녀들

이 사업을 매끄럽게 인수할 수 있게 했으며, 가족 간의 관계를 강화하고 상속 과정을 원활하게 진행할 수 있게 했다. 전문가들과의 관계는 곧 자산이 되어, 최 씨의 은퇴 목표 달성을 도왔다.

### (3) 전문가와의 협력이 장기적인 성공에 미치는 영향

전문가와의 협력은 장기적인 성공에 중요한 영향을 미친다. 각 분야의 전문가들은 복잡한 재정적 문제를 해결하고, 고객의 목표에 맞춘 맞춤형 전략을 제공하여, 안정적인 재정 상태를 유지하도록 돕는다. 이들은 최신 경제 동향과 법률 변화를 지속해서 모니터링하며, 이를 기반으로 전략을 조정하여 장기적인 성공을 도모한다. 이는 고객이 변화하는 환경에 효과적으로 대응할 수 있도록 돕고, 전문가와의 관계가 자산으로 작용하여 재정적 안정성을 보장한다.

▶ **사례** 은퇴를 앞둔 이 씨는 은퇴 후 새로운 기술 스타트업에 투자하여 사회적 가치를 창출하고자 했다. 그는 전문가 네트워크와의 협력을 통해 장기적인 성공을 위한 전략을 세웠다. 금융 전문가는 스타트업의 재무 구조와 성장 잠재력을 분석하여 투자 결정을 돕고, 법률 전문가는 스타트업과의 계약을 검토하여 법적 리스크를 최소화했다. 또한, 세무 전문가는 스타트업 투자와 관련된 세금 혜택을 최적화하는 전략을 제안했다. 이러한 협력은 이 씨가 새로운 사업 기회를 활용하여 은퇴 후에도 경제적 안정성을 유지할 수 있도록 지원했다. 이처럼 전문가와의 관계는 곧 자산이 되어, 장기적인 성공을 뒷받침한다.

### (4) 올바른 전문가 선택이 은퇴 후 삶의 질에 미치는 긍정적인 영향

올바른 전문가를 선택하는 것은 은퇴 후 삶의 질에 직접적인 영향을 미친다. 신뢰할 수 있는 전문가와의 협력은 고객이 재정적 목표를 달성하고, 삶의 질을 향상시키는 데 기여한다. 전문가들은 고객의 필요와 목표를 이해하고, 이에 맞춘 전략을 제시하여 긍정적인 결과를 도출한다. 이러한 관계는 곧 자산이 되어, 고객이 은퇴 후에도 안정적이고 만족스러운 삶을 영위할 수 있도록 돕는다.

▶ 사례   은퇴를 앞둔 김 씨는 지역사회에서 봉사활동을 하며 사회적 기여를 하고자 했다. 그는 전문가들과의 협력을 통해 은퇴 후 삶의 질을 향상시키기 위한 계획을 수립했다. 금융 전문가는 김 씨의 재정 상태를 분석하여 안정적인 자금 흐름을 유지할 수 있도록 도왔고, 법률 전문가는 비영리단체 설립을 위한 법적 절차를 지원했다. 부동산 전문가는 김 씨가 보유한 부동산을 활용하여 지역사회 활동에 필요한 공간을 마련하는 데 도움을 주었다. 이러한 협력은 김 씨가 은퇴 후에도 경제적 안정성을 유지하며 사회적 기여를 할 수 있는 기반을 마련했다. 전문가와의 관계는 자산이 되어, 김 씨의 삶의 질을 크게 향상시켰다.


### (5) 실패 사례를 통해 배우는 전문가 선택의 중요성

전문가 선택은 성공적인 은퇴준비에 있어 중요한 요소이며, 올바른 선택을 하지 못할 경우 부정적인 결과를 초래할 수 있다. 전문가 선택의 실패는 잘못된 조언과 비효율적 전략으로 이어져 재정적 손실과 목표 미달성을 초래할 수 있다. 따라서 전문가를 선택할 때에는 그들의 경력, 신뢰성, 고객 후기 등을 꼼꼼히 검토해야 한다.

▶ **실패 사례**　은퇴를 준비하던 박 씨는 빠른 수익을 약속하는 금융 자문가를 선택했다가 큰 손실을 경험했다. 이 자문가는 고위험 상품에 과도한 투자를 권장했고, 박 씨는 결국 상당한 자산을 잃었다. 이러한 경험은 박 씨에게 전문가 선택의 중요성을 깨닫게 했으며, 신뢰할 수 있는 전문가와의 협력이 얼마나 중요한지를 보여주었다. 이후 그는 더 신중하게 전문가를 선택하고, 다양한 전문가의 의견을 참고하여 재정적 결정을 내리게 되었다. 이러한 실패 사례는 전문가 선택의 중요성을 강조하며, 신중한 판단이 필요함을 보여준다. 전문가와의 올바른 관계는 자산이 되지만, 잘못된 선택은 손실로 이어질 수 있다.

전문가 네트워크의 구성은 성공적인 은퇴준비에 있어 필수적이다. 다양한 분야의 전문가와 협력하여 포괄적인 재무 전략을 수립하고, 복잡한 재정적 문제를 해결하는 데 도움을 받을 수 있다. 이러한 관계들은 곧 자산이 되어 고객의 은퇴준비를 풍요롭게 하며, 올바른 전문가 선택은 장기적인 성공과 삶의 질을 보장한다. 실패 사례를 통해 배우는 교훈은 전문가 선택의 중요성을 다시금 상기시킨다. 전문가 네트워크는 은퇴 후 안정적이고 만족스러운 삶을 계획하는 데 중요한 역할을 하며, 고객이 변화하는 환경에 효과적으로 대응할 수 있도록 지원한다.

## 6. 원한다면 당신도 은퇴설계 전문가가 될 수 있다

은퇴설계 전문가는 단순한 재무 상담을 넘어 고객의 삶의 질을 높이는 중요한 역할을 한다. 고객의 은퇴 목표를 설정하고 이를 실현하기 위한 전략을 수립하며, 다양한 재무적 도전 과제를 해결하는 데 도움을 주는 전문가다. 이러한 직업은 경제적 안정성과 개인적 만족을 동시에 제공할 수 있는 매력적인 분야다. 이번에는 은퇴설계 전문가로의 경력 전환 방법과 필요한 교육 과정, 그리고 전문가로서의 시장 기회와 성장 가능성에 대해 살펴본다. 또한, 전문가가 되면 얻게 되는 인생의 장점에 대해서도 알아보자.

### (1) 전문가로서의 경력 전환 방법

은퇴설계 전문가로의 경력 전환은 경제적 독립을 원하는 사람들에게 흥미로운 기회를 제공한다. 기존의 직업 경험을 바탕으로 재무 상담 및 은퇴설계 분야로 전환하려면, 먼저 자신이 가진 재정적 지식을 재평가하고 이를 확장할 방법을 모색해야 한다. 은퇴설계 전문가로 활동하기 위해서는 금융, 법률, 세무에 대한 폭넓은 이해가 필요하며, 이를 기반으로 고객의 복잡한 재정적 문제를 해결할 수 있는 능력을 키워야 한다.

▶ **전환 방법**    경력 전환을 위해 현재의 직업적 강점을 파악하고, 이를 바탕으로 은퇴설계 관련 분야에서의 경험을 쌓는 것이 중요하다. 예를 들어, 기존에 금융 분야에서 일했던 사람이라면 재정 분석 및 투자 계획 수립에 강점을 지니고 있을 것이다. 이러한 강점을 활용하여 은퇴설계에 필요한 포트폴리오 관리나 세금 최적화 전략을 개발할 수 있다. 또한, 공인재무설계사(CFP)와 같은 관련 자격증을 취득하여 전문성을 강화하는 것도 효과적이다.

### (2) 필요한 교육 과정

은퇴설계 전문가가 되기 위해서는 관련 교육 과정을 이수하는 것이 필수적이다. 한국은퇴설계연구소는 이러한 전문성을 높이기 위한 다양한 프로그램을 제공한다. 특히, 한국은퇴설계연구소의 은퇴설계 전문가 과정은 최신 금융 트렌드, 투자 전략, 세금 계획, 법률적 고려사항 등을 포괄적으로 다루며, 실무에 바로 적용할 수 있는 지식과 기술을 제공한다.

▶ 교육 과정  한국은퇴설계연구소에서는 '전인적 은퇴설계'와 '균형감 있는 인생설계'라는 두 가지 이슈를 중심으로 포괄적인 은퇴설계 방법론을 가르친다. 전인적 은퇴설계 과정은 재무적 요소뿐만 아니라 비재무적 요소를 포함한 전반적인 인생설계를 다루며, 개인의 삶의 질을 향상시키는 데 중점을 둔다. 균형감 있는 인생설계는 개인의 재무 목표와 삶의 목표를 조화롭게 통합하여, 안정적이고 만족스러운 은퇴를 준비하는 방법을 제공한다.

### (3) 전문가로서의 시장 기회 및 성장 가능성

은퇴설계 분야는 인구 고령화와 함께 급속히 성장하고 있는 시장이다. 특히, 한국은 빠른 고령화로 인해 은퇴설계에 대한 수요가 증가하고 있으며, 이는 전문가들에게 다양한 기회를 제공한다. 은퇴설계 전문가는 금융기관, 컨설팅 회사, 독립 자문사 등 다양한 직장에서 활동할 수 있으며, 개인 고객뿐만 아니라 기업의 퇴직연금 설계에도 관여할 수 있다.

현재 한국의 은퇴 시장은 고령화와 베이비붐 세대의 은퇴가 맞물리며 급격한 성장을 보이고 있다. 이로 인해 은퇴설계 전문가의 수요가 높아지고 있으며, 이는 다양한 직업 기회를 제공한다. 또한, 디지털 금융의 발달로 온라인 플랫폼을 통한 고객 접근이 수월해지면서 더욱 다양한 형태의 서비스를 제공할 가능성이 열리고 있다. 전문가로서의 경력은 이러한 시장 변화를 활용하여 빠르게 성장할 기회를 제공한다.

### (4) 전문가가 되면 생기는 인생의 장점

은퇴설계 전문가가 되는 것은 개인의 재무 목표를 달성하는 동시에 타인의 삶에 긍정적인 영향을 미칠 수 있는 보람찬 직업이다. 고객이 은퇴 후에도 안정적이고 행복한 삶을 영위할 수 있도록 돕는 것은 큰 만족감을 준다. 또한, 전문가로서의 경력을 통해 재정적 독립을 달성하고, 자신만의 전문성을 발전시킬 기회를 얻게 된다.

▶ **장점** 은퇴설계 전문가가 되면 얻을 수 있는 가장 큰 장점은 개인의 재정적 안정성과 더불어 타인의 재정적 성공에 기여하는 보람을 느낄 수 있다는 점이다. 고객이 자신을 신뢰하고, 그의 조언을 통해 성공적인 은퇴를 준비하는 과정을 돕는 것은 큰 성취감을 준다. 또한, 전문가로서의 경력을 통해 다양한 사람들과의 네트워크를 형성하고, 자신의 전문성을 발전시킬 기회를 갖게 된다. 이는 경제적 독립뿐만 아니라 개인적 성장에도 큰 도움이 된다.

은퇴설계 전문가는 고령화 사회에서 더욱 중요해지고 있는 직업이며, 이를 위한 전문성을 갖추는 것은 개인과 사회에 모두 긍정적인 영향을 미친다. 전문가는 고객의 복잡한 재정적 문제를 해결하며, 은퇴 후에도 안정적이고 만족스러운 삶을 영위할 수 있도록 돕는다. 이를 위해 필요한 교육 과정을 이수하고, 시장의 변화에 맞춰 지속해서 성장할 기회를 포착하는 것이 중요하다. 이러한 과정은 개인의 재무 목표 달성과 함께 타인의 은퇴준비를 돕는 보람을 제공하며, 은퇴설계 전문가로서의 경력을 더욱 풍요롭게 만들어준다.

키워드 29

# 사회보장제도의 활용

1. 사회보장제도의 중요성과 활용의 필요성

2. 기초연금

3. 국민연금

4. 실업급여

5. 주택연금

6. 국민기초생활보장제도

7. 노인장기요양보험

8. 제도 변경 시 업데이트 방법

9. 활용 가능한 사회보장제도를 찾아서 혜택을 보자

# 1. 사회보장제도의 중요성과 활용의 필요성

**(1) 은퇴 재무설계에서 사회보장제도가 왜 중요한가?**

은퇴 재무설계에 있어서 사회보장제도의 중요성은 날로 커지고 있다. 한국 사회는 빠른 고령화와 더불어 경제적 불확실성이 증가하고 있으며, 이러한 환경 속에서 사회보장제도는 은퇴 후 삶의 질을 결정짓는 핵심 요소로 자리 잡았다. 2025년 기준, 한국의 65세 이상 고령 인구 비율은 전체 인구의 20%를 넘어섰으며, 이는 급격한 고령화와 함께 은퇴 후 경제적 안정에 대한 수요가 더욱 증가하고 있음을 의미한다. 이러한 상황에서 사회보장제도는 단순히 정부의 혜택이 아니라, 은퇴 후 안정적인 소득원을 확보하기 위한 필수 전략이 된다.

사회보장제도는 국민연금, 기초연금, 주택연금과 같은 다양한 형태로 제공되며, 각 제도는 은퇴 후 소득을 보충하고 생활의 질을 유지하는 데 중요한 역할을 한다. 특히, 국민연금은 대부분의 국민이 참여하는 대표적인 제도로, 개인이 젊은 시절 납부한 보험료를 바탕으로 은퇴 후 지속적인 소득을 제공한다. 이러한 연금제도의 혜택을 충분히 이해하고, 미리 준비하는 것은 은퇴 재무설계에서 중요한 전략 중 하나이다. 많은 사람이 국민연금을 통해 은퇴 후 생활을 유지할 수 있다고 생각하지만, 실제로는 개인의 기여도에 따라 수령액이 크게 달라지므로 이에 대한 철저한 준비가 필요하다.

그러나 국민연금만으로는 충분한 소득을 보장받기 어려운 경우가 많다. 2023년 한국은행의 보고서에 따르면, 국민연금이 은퇴 후 소득의

40% 미만을 차지하는 경우가 다수이며, 이는 다른 사회보장제도를 적극적으로 활용해야 하는 필요성을 더욱 강조한다. 기초연금, 주택연금, 실업급여와 같은 다른 사회보장제도들은 이러한 부족한 부분을 보완할 수 있는 중요한 수단이 된다. 예를 들어, 주택연금은 자산으로서의 주택을 활용해 추가적인 소득을 창출할 방법으로, 최근 주택 가격 상승과 맞물려 인기를 끌고 있다.

또한, 사회보장제도는 개인의 예상치 못한 상황에 대한 보험 역할도 한다. 노인장기요양보험과 국민기초생활보장제도는 건강 문제나 소득 감소와 같은 불가피한 상황에 대비하는 데 필수적이다. 이러한 제도들은 은퇴 후 발생할 수 있는 리스크를 효과적으로 관리할 수 있도록 도와준다. 예를 들어, 노인장기요양보험은 고령자의 돌봄 서비스 비용을 지원함으로써, 개인과 가족의 재정적 부담을 크게 줄여준다. 이를 통해, 사회보장제도는 은퇴 재무설계에서 리스크 관리의 중요한 축으로 자리매김한다.

결론적으로, 은퇴 재무설계에서 사회보장제도의 활용은 선택이 아닌 필수이다. 한국의 고령화 사회에서 은퇴 후 소득의 안정성을 확보하기 위해서는 국민연금, 기초연금, 주택연금 등 다양한 사회보장제도를 최대한 활용해야 한다. 이를 위해, 개인은 자신의 상황에 맞는 최적의 전략을 수립하고, 변화하는 제도에 대한 최신 정보를 지속해서 업데이트해야 한다. 사회보장제도를 효과적으로 활용하는 것이 은퇴 후 삶의 질을 결정짓는 중요한 요소가 될 것이며, 이를 통해 안정적이고 행복한 은퇴 생활을 누릴 수 있을 것이다.

### (2) 사회보장제도를 활용한 은퇴 생활의 안정성 확보

사회보장제도를 효과적으로 활용하는 것은 은퇴 후 생활의 안정성을 확보하는 데 있어 핵심적인 전략이다. 한국의 사회보장제도는 고령화 사회에서 국민의 기본적인 삶의 질을 유지하기 위해 마련된 다양한 혜택을 포함하고 있다. 이들 제도를 제대로 이해하고 적절히 활용하는 것은, 은퇴 후 예상치 못한 재정적 어려움에 직면하지 않기 위한 필수적인 준비 과정이다.

먼저, 국민연금은 은퇴 후 소득의 가장 기본적인 원천이 된다. 한국의 국민연금제도는 가입자의 생애 소득에 따라 연금을 지급하며, 이는 은퇴 후에도 일정한 소득을 유지할 수 있도록 돕는다. 그러나 국민연금만으로 충분한 생활비를 충당하기 어려운 경우가 많기 때문에, 기초연금과 같은 추가적인 사회보장제도를 함께 활용하는 것이 중요하다. 기초연금은 소득이 낮은 고령층에게 추가적인 소득을 제공하여 생활의 안정을 돕는다. 이에 따라, 두 연금제도를 함께 활용하면 은퇴 후 생활비 부족 문제를 어느 정도 해소할 수 있다.

또한, 주택연금은 자산인 주택을 활용하여 은퇴 후의 추가적인 소득을 창출하는 효과적인 방법이다. 주택연금은 집을 소유한 은퇴자가 주택을 담보로 일정 금액을 매달 연금 형태로 수령할 수 있게 해주며, 이는 고정된 연금 외에 추가적인 수입원으로 작용한다. 특히, 집값 상승과 같은 외부 경제 요인에 영향을 받지 않고 안정적인 수익을 기대할 수 있는 점에서, 은퇴 생활의 안정성을 크게 높일 수 있다.

이와 함께, 사회보장제도는 은퇴 후 발생할 수 있는 다양한 리스크를 관리하는 데에도 필수적이다. 노인장기요양보험은 고령자가 건강 문제로 인해 돌봄이 필요한 상황에서 발생할 수 있는 큰 비용 부담을 줄여주는 역할을 한다. 또한, 국민기초생활보장제도는 예상치 못한 소득 감소나 건강 문제로 인해 기본적인 생활조차 어려운 상황에서 최후의 안전망 역할을 한다. 이 제도들을 통해, 은퇴 후의 재정적 불안정을 효과적으로 방지할 수 있다.

사회보장제도의 활용은 단순히 소득을 보충하는 역할에 그치지 않는다. 이는 개인의 전체적인 재정 상황을 안정적으로 유지하고, 예상치 못한 재정적 충격에 대비하는 보험 역할을 한다. 예를 들어, 실업급여는 은퇴를 앞두고 예기치 않은 실직 상황에서 일정 기간의 소득을 보장해주며, 이를 통해 재정적 충격을 완화할 수 있다. 이러한 제도들은 은퇴 후의 불확실성을 줄이고, 더 안정적인 생활을 유지할 수 있도록 돕는다.

따라서, 은퇴를 준비하는 사람들에게 사회보장제도는 매우 중요한 도구이다. 이 도구들을 적절히 활용하면 은퇴 후에도 안정적인 생활을 유지할 수 있으며, 나아가 예상치 못한 재정적 위기에 효과적으로 대응할 수 있다. 이는 곧 은퇴 재무설계의 궁극적인 목표인 안정적이고 행복한 노후 생활을 가능하게 한다. 은퇴설계에 있어 사회보장제도의 중요성을 간과하지 말고, 미리부터 철저히 준비하는 것이 필요하다. 이러한 준비는 미래의 안정성을 확보하는 최선의 방법이며, 이를 통해 누구나 꿈꾸는 안정된 은퇴 생활을 실현할 수 있을 것이다.

## 2. 기초연금

**(1) 기초연금의 개요와 대상자 요건**

　기초연금은 대한민국 정부가 노후 소득 보장을 목적으로 2014년에 도입한 제도다. 이는 소득 수준이 일정 이하인 65세 이상 노인들에게 생활비를 지원하는 정책으로, 사회적 안전망의 중요한 축을 이루고 있다. 기초연금의 대상자는 기본적으로 대한민국 국적을 가진 만 65세 이상의 노인으로, 소득 하위 70%에 속하는 사람들이다. 소득 하위 70%는 가구 소득과 재산을 기준으로 산정되며, 매년 정부가 설정하는 기준 중위소득을 바탕으로 결정된다.

　기초연금의 지급액은 개인의 소득 수준과 부양가족 수에 따라 달라진다. 2025년 기준, 단독 가구 기준 월 최대 34만 2,510원, 부부 가구 기준 월 최대 54만 8,000원으로, 대상자의 소득 수준에 따라 이 금액이 조정된다. 예를 들어, 독거 노인이나 소득이 거의 없는 노인은 최대 금액을 받을 수 있지만, 소득이 비교적 높은 노인은 일부 금액만 수령할 수 있다. 또한, 부부가 모두 기초연금을 받을 경우에는 개별 연금액이 각각 20% 감액된다. 이러한 조건들은 정부의 예산과 대상자의 생활 수준을 고려한 결과로, 기초연금이 국민연금과 함께 노후 생활을 보장하는 중요한 역할을 한다.

　기초연금의 신청은 국민연금공단 또는 읍·면·동 주민센터를 통해 가능하며, 필요한 서류를 제출한 후 자격 요건에 대한 심사를 거친다. 신청 절차는 비교적 간단하지만, 소득과 재산 증빙이 필요하며, 신청자가 제출한 자료에 따라 지급액이 결정된다. 기초연금을 수령하기 위해서는 사전에 자신의 소득과 재산을 명확히 파악하고, 이를 기반으로 신청할 준비를 해야 한다. 더불어, 정부는 매년 기초연금 대상자와 지급액을 재검토하므로, 수령자는 지속해서 자신의 상황을 점검할 필요가 있다.

### (2) 기초연금이 노후 생활에 미치는 경제적 영향

기초연금은 한국의 고령층에게 매우 중요한 경제적 지원책으로 자리 잡고 있다. 특히, 은퇴 후 국민연금만으로 생활비를 충당하기 어려운 저소득층 노인들에게 기초연금은 필수적인 생활비 보충 수단이 된다. 한국개발연구원(KDI)의 연구에 따르면, 기초연금은 은퇴 후 빈곤율을 감소시키는 데 크게 기여하고 있으며, 이를 통해 고령자의 생활 안정성이 강화되고 있다. 2025년 현재, 기초연금은 약 730만 명 이상의 노인들에게 지급되고 있으며, 이는 65세 이상 고령 인구의 약 70%에 해당하는 수치다.

기초연금의 경제적 효과는 단순히 금전적인 지원에 그치지 않는다. 이 연금은 고령층의 소비를 촉진해 지역 경제 활성화에 기여하며, 가족 간의 부양 부담을 줄이는 데도 중요한 역할을 한다. 기초연금을 수령하는 노인들은 이를 통해 의료비, 생활비 등의 필수 지출을 충당할 수 있으며, 이는 자녀 세대의 경제적 부담을 덜어주는 효과로 이어진다. 특히, 기초연금이 의료비와 같은 필수적인 지출을 지원함으로써, 고령층의 건강 유지와 삶의 질 향상에도 긍정적인 영향을 미친다.

또한, 기초연금은 국가 차원에서 노인 빈곤 문제를 해결하기 위한 중요한 정책 도구다. 한국은 급속한 고령화와 더불어 노인 빈곤율이

OECD 국가 중 가장 높은 수준에 속해 있다. 이러한 상황에서 기초연금은 노인 빈곤을 완화하는 중요한 역할을 하며, 국가 사회복지 체계의 필수적인 부분으로 자리 잡고 있다. 2023년 기준으로, 기초연금을 통해 빈곤에 처한 노인 가구의 비율은 약 5% 이상 감소했으며, 이는 기초연금이 실질적인 노인 복지 향상에 기여하고 있음을 보여준다.

기초연금의 중요성은 앞으로 더욱 커질 것으로 예상된다. 고령화가 가속화되면서 기초연금을 수령하는 노인의 수는 계속 증가할 것이며, 이는 기초연금이 노후 소득 보장의 필수적인 수단으로 더욱 강화되어야 함을 의미한다. 따라서, 은퇴 후 안정적인 생활을 유지하기 위해서는 기초연금을 효과적으로 활용할 수 있는 전략이 필요하다. 이를 통해, 기초연금은 개인의 노후준비에 있어 중요한 역할을 수행하게 될 것이다.

### (3) 대비 전략: 기초연금 수령을 위한 준비 및 신청 절차

기초연금을 효과적으로 수령하기 위해서는 사전에 철저한 준비가 필요하다. 우선, 자신의 소득과 재산을 정확하게 파악하고, 정부가 제시하는 기준에 맞추어 기초연금 신청 자격을 확인해야 한다. 소득과 재산의 기준은 매년 변동될 수 있으므로, 신청 시점에 맞는 최신 정보를 확인하는 것이 중요하다. 이를 위해, 국민연금공단 웹사이트나 주민센터를 통해 최신 정보를 지속해서 확인하고, 필요시 전문가의 상담을 받는 것이 바람직하다.

기초연금 신청은 만 65세 생일이 속한 달의 1개월 전부터 가능하며, 이를 놓치지 않고 신청하는 것이 중요하다. 신청 절차는 국민연금공단 또는 주민센터에서 진행되며, 신청 시 필요한 서류로는 주민등록등본,

소득 및 재산 증빙자료 등이 있다. 특히, 정확한 소득과 재산 정보를 제출하는 것이 중요하며, 이를 위해 사전에 관련 서류를 철저히 준비해야 한다. 만약 소득이나 재산 정보에 변동이 있다면, 이를 즉시 반영하여 추가 자료를 제출해야 한다.

또한, 기초연금 수령 후에도 자신의 소득과 재산 상황을 지속해서 관리하는 것이 필요하다. 정부는 매년 기초연금 수령자의 자격을 재검토하며, 소득이나 재산이 변동될 경우 지급액이 조정될 수 있다. 따라서, 자신의 재정 상황을 주기적으로 점검하고, 필요한 경우 관련 기관에 변경 사항을 신고하는 것이 중요하다. 이를 통해, 불필요한 재정적 손실을 방지하고, 안정적인 기초연금 수령을 보장받을 수 있다.

기초연금은 국민연금과 달리 개인의 소득 수준에 따라 지급액이 달라지기 때문에, 연금 수령을 최대화하기 위한 전략적 접근이 필요하다. 예를 들어, 소득이 일정 기준을 초과할 경우 기초연금이 감액될 수 있으므로, 은퇴 전 재정 상황을 미리 조정하는 것이 유리할 수 있다. 또한, 기초연금은 다른 연금이나 보조금과 함께 수령할 수 있으므로, 이를 고려한 통합적인 재무설계가 필요하다. 예를 들어, 국민연금, 개인연금, 그리고 기초연금을 조화롭게 결합해 은퇴 후 안정적인 소득원을 확보하는 것이 바람직하다.

마지막으로, 기초연금 신청과 관련된 최신 정보를 항상 업데이트하고, 정부의 정책 변화를 주의 깊게 살펴보는 것이 중요하다. 정부는 경제 상황과 재정 여건에 따라 기초연금 지급 기준과 금액을 조정할 수 있기 때문에, 이러한 변화를 미리 예측하고 대비하는 것이 필요하다. 또한, 필요시 전문 재무설계사의 도움을 받아 최적의 기초연금 전략을 수립하는 것도 좋은 방법이다. 이를 통해, 기초연금을 최대한 활용하여 안정적인 은퇴 생활을 설계할 수 있을 것이다.

## 3. 국민연금

### (1) 국민연금의 구조와 기능

국민연금은 대한민국의 대표적인 공적연금제도로, 국민의 노후 소득을 보장하기 위해 1988년에 도입되었다. 국민연금은 개인이 젊은 시절에 납부한 보험료를 바탕으로, 은퇴 후에 지속적인 소득을 제공하는 구조로 설계되어 있다. 국민연금의 가장 큰 특징은 사회적 연대의 원리에 기반해 운영된다는 점이다. 즉, 현세대의 근로자가 납부한 보험료가 현재의 연금 수령자에게 지급되는 '부과 방식'을 채택하고 있다. 이는 미래의 근로자가 연금 납부를 계속해야 현재의 연금제도가 지속될 수 있음을 의미한다.

국민연금은 기본적으로 연금보험료를 10년 이상 납부한 사람에게 지급되며, 수령 시점부터 매달 일정한 금액이 평생 지급된다. 연금의 지급액은 가입 기간과 납부 금액에 따라 결정되며, 가입 기간이 길고 납부 금액이 많을수록 수령액도 커진다. 또한, 국민연금은 물가 상승에 맞춰 연금액을 조정하는 '소득 재평가율'을 적용해, 은퇴 후에도 일정 수준의 구매력을 유지할 수 있도록 설계되어 있다. 이는 국민연금이 단순한 저축이 아닌, 경제적 안정성을 유지하기 위한 사회적 장치로서 기능한다는 점에서 매우 중요한 의미이다.

국민연금의 구조는 크게 세 가지 주요 기능으로 나뉜다. 첫째, 노령연금으로, 일정 연령에 도달한 후부터 지급된다. 둘째, 장애연금은 사고나 질병으로 인해 장애를 입었을 때 지급되며, 셋째, 유족연금은 가입자가 사망했을 때 그 유족에게 지급된다. 이와 같은 다층적인 구조는 국민연금이 단순한 노후 대비 수단을 넘어서, 생애 전반에 걸친 안전망 역할을 한다는 것을 보여준다.

### (2) 국민연금의 역할과 은퇴 후 소득대체율

국민연금은 한국 사회에서 가장 중요한 은퇴 후 소득 보장 수단 중 하나다. 통계청에 따르면, 2025년 기준으로 국민연금 수령자는 약 600만 명에 이르며, 이는 전체 65세 이상 고령 인구의 약 55~60%에 해당하는 수치다. 이처럼 많은 사람이 국민연금을 주요 소득원으로 삼고 있는 이유는, 국민연금이 은퇴 후 생활비의 중요한 부분을 차지하기 때문이다.

국민연금의 소득대체율은 40년 가입을 기준으로 40%(향후 43%)로 설정되어 있으나, 실제 국민연금 신규 수급자들의 평균 가입 기간은 20년도 채 되지 않아 실질 소득대체율은 20%에도 미치지 못하는 경우가 많다. 이는 국민연금이 도입된 지 40년이 되지 않았기 때문이며, 결국 대부분의 수급자가 40년을 채워 가입하지 못하고 있다.

따라서 국민연금은 은퇴 후 경제적 안정을 위한 최소한의 소득을 보장하는 역할을 하지만, 실질적으로는 기대만큼 충분한 소득 대체 수준에 도달하지 못하고 있다. 그러함에도 불구하고 이 수치는 단순히 숫자 이상의 의미이다. 국민연금은 은퇴 후 경제적 안정성을 유지하는 데 필요한 최소한의 소득을 보장하며, 이를 통해 고령층의 빈곤을 예방하고, 기본적인 생활 수준을 유지할 수 있도록 돕는다. 한국개발연구원(KDI)의 연구에 따르면, 국민연금은 고령층의 빈곤율을 약 15% 이상 낮추는 효과가 있는 것으로 나타났다. 이는 국민연금이 노후 소득 보장뿐만 아니라, 사회적 안정성을 유지하는 데 핵심적인 역할을 한다는 것을 의미한다.

그러나 국민연금만으로는 은퇴 후 충분한 생활비를 충당하기 어려운 경우가 많다. 이는 한국의 고령화와 저출산 문제로 인해 국민연금의 재정 부담이 커지고, 이에 따라 연금액이 축소될 가능성도 존재하기 때문이다. 이러한 상황에서 국민연금의 역할은 더욱 중요해지며, 국민연금을 중심으로 한 더 종합적인 은퇴 재무설계가 필요하다. 국민연금의 소득대체율을 극대화하기 위해서는 납부 기간을 최대한 늘리고, 적정한 시기에 연금을 수령하는 전략이 필수적이다.

### (3) 국민연금 수령 시기와 수령액 최적화 전략

국민연금을 효과적으로 활용하기 위해서는 연금 수령 시기를 신중하게 선택하는 것이 중요하다. 기본적으로 국민연금은 만 60세부터 수령이 가능하지만, 1년 늦출 때마다 7.2%씩 연금액이 증가한다. 이 때문에 가능한 한 수령 시기를 늦추는 것이 수령액을 극대화하는 전략으로 권장된다. 예를 들어, 만 65세에 연금을 수령하면 100%의 연금액을 받을 수 있지만, 만 70세에 수령을 시작하면 연금액이 약 136%로 증가한다. 이는 수명이 길어질수록 연금 수령 시기를 늦추는 것이 더 유리할 수 있음을 시사한다.

또한, 국민연금을 수령하기 전에 납부 기간을 최대한 늘리는 것도 중요한 전략이다. 납부 기간이 길수록 연금 수령액이 증가하기 때문에, 가능한 한 긴 기간 동안 보험료를 납부하는 것이 좋다. 만약 일정 기간 보험료 납부를 하지 않았다면, 추후에 '추납' 제도를 활용해 납부하지 않은 기간의 보험료를 낼 수 있다. 이를 통해 연금액을 증대시킬 수 있으며, 은퇴 후 더 안정적인 소득을 확보할 수 있다.

다른 한편으로, 조기 수령을 선택하는 경우도 있다. 이는 건강 문제나 기타 개인적인 이유로 인해 더 이른 나이에 연금이 필요한 경우에 고려할 수 있다. 그러나 조기 수령은 연금액이 감액되므로, 장기적인 재정 계획에서 신중한 판단이 필요하다. 특히, 조기 수령을 선택할 경우, 감액된 연금액으로 충분한 생활비를 마련할 수 있는지 면밀하게 검토해야 한다. 이에 따라, 조기 수령보다는 늦춰서 수령액을 최대화하는 전략이 대부분의 경우 더 유리하다.

### (4) 팁: 국민연금과 개인연금의 조화로운 활용

국민연금만으로는 은퇴 후 충분한 생활비를 보장하기 어렵기 때문에, 개인연금과의 조화가 중요하다. 개인연금은 국민연금을 보완할 수 있는 중요한 수단으로, 은퇴 후 생활비의 부족분을 채우는 역할을 한다. 예를 들어, 국민연금의 소득대체율이 40%에 못 미친다면, 개인연금을 통해 추가적인 20~30%의 소득을 확보함으로써 은퇴 전 생활 수준을 유지할 수 있다.

개인연금은 금융기관에서 제공하는 상품으로, 본인의 재정 상황과 은퇴계획에 맞춰 다양한 형태로 가입할 수 있다. 특히, 세제 혜택을 제공하는 연금저축이나 IRP(개인형 퇴직연금)와 같은 상품들은 장기적으로 매우 유리한 선택이 될 수 있다. 개인연금은 국민연금과 달리 납입 기간과 금액을 자유롭게 조절할 수 있어, 재정 상황에 따라 유연하게 운영할 수 있는 장점이 있다. 따라서 국민연금과 개인연금을 함께 활용함으로써, 더 안정적이고 충분한 은퇴 후 소득을 마련할 수 있다.

또한, 개인연금은 연금 수령 시기를 국민연금과 조정할 수 있어, 은퇴 시점과 이후의 소득 흐름을 더 안정적으로 관리할 수 있다. 예를 들어, 국민연금 수령을 최대한 늦추고, 그 기간에 개인연금을 먼저 수령하는 방법을 고려할 수 있다. 이는 국민연금의 수령액을 최대화하면서도 은퇴 후 소득 공백을 최소화할 수 있는 전략이다. 개인연금의 수익률과 안정성, 그리고 수령 시점을 고려한 계획이 필수적이며, 이를 통해 국민연금과 개인연금을 최적의 방식으로 결합할 수 있다.

결론적으로, 국민연금은 은퇴 후 안정적인 소득을 보장하는 중요한 수단이지만, 단독으로는 충분하지 않을 수 있다. 국민연금의 수령 시기와 납부 전략을 최대한 활용하고, 개인연금과의 조화로운 결합을 통해 더 안정적인 은퇴 생활을 설계하는 것이 필요하다. 이러한 전략적 접근은 은퇴 후의 경제적 불안정을 최소화하고, 더 안정적이고 풍요로운 노후를 가능하게 할 것이다.

## 4. 실업급여

**(1) 실업급여의 혜택과 수급 요건**

실업급여는 대한민국의 고용보험 제도 내에서 중요한 혜택 중 하나로, 비자발적으로 직장을 잃은 근로자에게 일정 기간 생활비를 지원해 주는 제도다. 이는 실직 후 새로운 직장을 찾는 동안의 경제적 부담을 덜어주기 위해 마련된 것으로, 실업 상태에 처한 근로자가 일자리를 다시 찾을 수 있도록 지원하는 기능을 한다. 실업급여는 고용보험에 가입한 근로자가 일정 요건을 충족할 때 지급되며, 수급 요건을 충족하기 위해서는 최소한의 고용보험 가입 기간과 자발적 퇴직이 아닌 비자발적 퇴직이어야 한다.

구체적으로, 실업급여를 받기 위해서는 최근 18개월 중 최소 180일 이상 고용보험에 가입되어 있어야 하며, 퇴직 사유가 자발적이 아닌 회사의 경영상 이유, 계약 만료 등 비자발적 사유여야 한다. 또한, 실업급여를 수급하려면 실업 상태에 있다는 것을 증명해야 하며, 적극적으로 구직 활동을 하고 있음을 증빙할 수 있어야 한다. 이러한 조건을 충족한 경우, 실업급여는 실직 직후 일정 기간 지급되며, 급여액은 실직 전 평균임금의 60%를 기준으로 책정된다. 2023년 기준으로 실업급여의 지급 기간은 근속연수와 나이에 따라 최소 120일에서 최대 270일까지 다양하게 적용된다.

실업급여는 단순히 금전적인 지원을 넘어, 구직 활동을 독려하고 실업 기간을 줄이는 데 초점을 맞춘 제도다. 실업급여 수급자는 구직 활동을 지속해서 증명해야 하며, 고용센터에서 제공하는 직업 상담과 알선 서비스를 받아야 한다. 이러한 과정을 통해 실업자가 더 빠르게 노동시장에 재진입할 수 있도록 돕는다. 실업급여는 이러한 점에서 사회적 안전망 역할을 하며, 특히 고령화 사회에서 중·장년층이 직장을 잃었을 때 재취업까지의 기간을 안정적으로 버틸 수 있는 중요한 수단이 된다.

### (2) 예상치 못한 은퇴 전 실업 상황에서의 안전망

은퇴를 앞둔 시점에서의 실업은 예상치 못한 큰 경제적 충격으로 다가올 수 있다. 특히, 50대 이상 중·장년층의 경우, 고용시장에서의 재취업이 쉽지 않기 때문에 실업급여의 필요성은 더욱 커진다. 실업급여는 이러한 예기치 않은 실업 상황에서 최소한의 경제적 안정성을 제공함으로써, 실직자들이 재취업을 준비할 수 있는 시간을 벌어준다. 실업급여는 실직으로 인한 즉각적인 경제적 압박을 완화하는 데 중요한 역할을 하며, 이를 통해 실직자들은 조급하게 임시직이나 비정규직에 의존하지 않고, 적합한 직장을 찾을 기회를 얻게 된다.

실업급여의 중요성은 고용시장의 구조적 변화에서도 드러난다. 한국은 최근 몇 년간 저성장과 고령화로 인해 고용시장이 불안정해지고 있으며, 이에 따라 실업급여의 역할이 더욱 강조되고 있다. 통계청의 자료에 따르면, 2023년 한국의 중·장년층 실업률은 약 3.5%로, 이는 전 연령대 평균보다 높으며, 고령화가 진행될수록 이 비율은 더 증가할 것으로 예상된다. 이러한 상황에서 실업급여는 실직자들의 경제적 부담을 줄이고, 새로운 직장을 찾는 데 필요한 시간을 제공하는 필수적인 안전망이다.

더 나아가, 실업급여는 은퇴 후의 경제적 불안정을 예방하는 데도 중요한 역할을 한다. 많은 경우, 중·장년층이 실업 상태에 놓이면 은퇴를 앞당기게 되거나, 은퇴준비가 부족한 상태에서 은퇴를 맞이하게 된다. 이는 은퇴 후 생활비 부족과 같은 심각한 문제로 이어질 수 있다. 실업급여는 이러한 상황을 방지하고, 실직자들이 계획된 시점에 안정적으로 은퇴할 수 있도록 돕는다. 따라서, 실업급여는 단순한 실업 지원제도를 넘어서, 은퇴설계의 중요한 한 축을 담당한다고 할 수 있다.

### (3) 실업급여를 최대한 활용하는 방법과 실업 시 대처법

실업급여를 최대한 활용하기 위해서는 먼저 자신의 권리와 수급 요건을 명확히 이해하는 것이 중요하다. 실업급여는 자발적인 실직이 아닌 비자발적 실직자에게 지급되므로, 퇴직 전에 자신의 퇴직 사유가 해당하는지 확인해야 한다. 또한, 실업급여는 고용보험 가입 기간과 밀접하게 연관되어 있기 때문에, 고용보험 가입 상태를 주기적으로 점검하고, 필요한 경우 추가적인 고용보험 가입 기간을 확보하는 것이 필요하다.

실업급여를 신청할 때는 필요한 서류를 빠짐없이 준비하고, 고용센터에서 요구하는 구직 활동 증빙자료를 충실히 제출해야 한다. 실업급여는 구직 활동을 증명해야 지속해서 받을 수 있기 때문에, 실업 기간에 적극적인 구직 활동을 이어가는 것이 중요하다. 고용센터의 직업 상담 서비스를 활용하는 것도 좋은 전략이 될 수 있다. 이를 통해 자신의 구직 가능성을 높이고, 재취업의 기회를 더욱 확대할 수 있다.

실업 시 대처법으로는 실업급여 외에도 개인적인 재정관리를 철저히 하는 것이 중요하다. 실직 후에는 생활비를 절감하고, 기존의 저축과 투자 계획을 재검토하여 긴급 자금으로 활용할 수 있는 방안을 마련해야 한다. 특히, 은퇴를 앞둔 시점에서 실업을 경험할 경우, 은퇴 시기를 조정하거나 추가적인 소득원을 확보할 필요가 있다. 이때는 전문적인 재무 상담을 통해 자신의 재정 상황을 정확히 파악하고, 필요한 경우 은퇴계획을 재정비하는 것이 바람직하다.

또한, 실업급여 수령 기간에 직업 훈련 프로그램에 참여하는 것도 유용하다. 한국고용정보원의 자료에 따르면, 직업 훈련 프로그램에 참여한 실직자의 재취업 성공률은 그렇지 않은 실직자에 비해 약 20% 이상 높다. 이를 통해 실업 기간에 새로운 기술을 습득하거나 기존의 역량을 강화할 수 있으며, 재취업 시 더 나은 조건의 일자리를 얻을 가능성을 높일 수 있다. 이러한 대처법은 실업급여 수급과 병행하여 실업 기간을 효과적으로 활용하는 데 큰 도움이 된다.

마지막으로, 실업급여를 받는 동안에도 장기적인 은퇴설계를 잊지 말아야 한다. 실업은 예상치 못한 변수일 수 있지만, 이를 계기로 자신의 재정 상태를 점검하고, 은퇴 후 생활비를 어떻게 마련할 것인지에 대한 계획을 다시 세우는 것이 필요하다. 실업 기간에도 국민연금, 개인연금 등의 연금제도를 점검하고, 추가적인 저축이나 투자를 통해 은퇴자금을 마련하는 노력이 중요하다. 실업급여는 단기적인 경제적 안전망이지만, 이를 계기로 장기적인 재정계획을 재정비함으로써 은퇴 후의 삶을 더욱 안정적으로 준비할 수 있을 것이다.

# 5. 주택연금

### (1) 주택연금의 개념과 장점

주택연금은 한국에서 고령층이 자신의 주택을 담보로 하여 평생 또는 일정 기간 매달 일정한 금액을 연금 형태로 수령할 수 있는 금융상품이다. 이 제도는 은퇴 후 소득이 줄어든 상황에서 자산인 주택을 활용해 생활비를 확보할 수 있는 중요한 수단으로 자리 잡았다. 주택연금은 주택을 소유하고 있는 55세 이상의 사람들에게 제공되며, 가입자는 주택을 계속 소유하면서 거주할 수 있는 동시에 주택의 공시지가를 바탕으로 연금을 수령할 수 있다. 이는 주택을 매각하지 않고도 안정적인 소득을 창출할 방법으로, 특히 주택 외에 다른 소득원이 부족한 노인들에게 유리한 제도다.

주택연금의 가장 큰 장점 중 하나는, 주택 가치가 하락하거나 연금 수령 기간이 길어지더라도 가입자는 사전에 약정한 연금을 계속해서 수령할 수 있다는 점이다. 이는 주택 시장의 변동성에 관계없이 안정적인 소득을 보장받을 수 있다는 것을 의미한다. 또한, 주택연금은 세제 혜택도 제공하며, 연금 수령액은 상속세나 증여세의 과세 대상이 되지 않는다. 이러한 특성으로 인해 주택연금은 은퇴 후 생활비 마련에 어려움을 겪는 많은 고령층에게 매우 유용한 재무 도구로 평가받고 있다.

### (2) 주택자산을 활용한 안정적 소득 확보

한국의 고령화 사회에서 주택연금의 필요성은 갈수록 커지고 있다. 고령 인구 상당수는 충분한 은퇴자산을 마련하지 못한 상태다. 이러한 상황에서 주택연금은 고령층이 보유한 주택자산을 활용해 은퇴 후 안정적인 소득을 확보할 수 있는 중요한 수단으로 떠오르고 있다. 특히, 국민연금이나 기초연금만으로 생활비를 충당하기 어려운 경우, 주택연금은 생활 수준을 유지하고, 예기치 못한 재정적 어려움을 피하는 데 중요한 역할을 한다.

주택연금은 주택자산이 있지만, 현금흐름이 부족한 고령층에게 특히 유용하다. 예를 들어, 서울이나 수도권에 주택을 소유한 경우, 주택의 시가가 높아 주택연금을 통해 수령할 수 있는 연금액도 상당히 높아질 수 있다. 이는 고정적인 생활비를 마련하는 데 도움이 될 뿐만 아니라, 건강 문제나 긴급한 자금이 필요한 상황에서도 유용하게 활용될 수 있다. 또한, 주택연금을 통해 수령한 연금액은 주택을 매각하지 않고도 활용할 수 있기 때문에, 주택을 자녀에게 상속하고자 하는 고령층에게도 매력적인 선택이 될 수 있다.

주택연금은 또한 은퇴 후 소득을 다각화할 방법으로 중요한 의미가 있다. 대부분의 고령층이 주택을 자산으로 보유하고 있는 반면, 현금성 자산은 부족한 경우가 많다. 이때 주택연금은 주택자산을 유동화함으로써 은퇴 후 소득원을 다양화하고, 경제적 불안정성을 줄이는 데 기여한다. 이러한 이유로 주택연금은 한국의 고령화 사회에서 필수적인 재무 도구로 자리 잡고 있으며, 그 필요성은 앞으로 더욱 커질 것으로 예상된다.

### (3) 주택연금 신청 조건과 절차, 최대한의 혜택을 받는 방법

주택연금을 최대한 효과적으로 활용하기 위해서는 먼저 신청 조건과 절차를 철저히 이해해야 한다. 주택연금의 신청 자격은 만 55세 이상이며, 해당 주택의 공시가격이 12억 원 이하인 경우에 한해 신청할 수 있다. 이 조건을 충족하는 주택 소유자는 한국주택금융공사(HF)에서 제공하는 상담과 신청 절차를 통해 주택연금에 가입할 수 있다.

주택연금을 신청하려면 먼저 한국주택금융공사(HF)에 문의하여 상담을 받고, 신청 절차를 진행해야 한다. 신청 과정에서는 주택의 감정 평가가 이루어지며, 이를 바탕으로 연금 지급액이 결정된다. 이때 주택의 위치, 시가, 연금 수령 기간 등의 조건에 따라 월 지급액이 달라질 수 있다. 따라서, 연금 수령액을 최대화하기 위해서는 주택의 감정 평가에 신경 쓰고, 필요시 감정평가 전문가의 도움을 받는 것이 좋다.

또한, 주택연금을 통해 최대한의 혜택을 받기 위해서는 주택 시장의 변동성을 고려하는 것도 중요하다. 주택연금은 주택의 시가에 따라 수령액이 결정되므로, 주택 가치가 높은 시점에 신청하는 것이 유리할 수 있다. 다만, 주택 시장이 불안정할 경우, 시가 변동에 대한 위험을 고려해야 하며, 이때는 시장 전문가의 조언을 구하는 것이 바람직하다.

주택연금은 장기적인 재정계획의 일환으로 고려되어야 한다. 주택연금을 통해 수령하는 금액은 은퇴 후의 전체 소득에서 중요한 부분을 차지할 수 있으므로, 다른 연금이나 저축과 함께 통합적인 재무설계를 하는 것이 필요하다. 이를 위해, 재무설계사와의 상담을 통해 주택연금을 포함한 포괄적인 은퇴계획을 수립하는 것이 바람직하다. 이를 통해, 주택연금을 최대한 활용하고, 안정적인 은퇴 생활을 보장받을 수 있을 것이다.

### (4) 주택연금 수령 방식에 따른 최적의 선택 전략

#### 1) 주택연금 수령 방식의 개념과 선택의 중요성

주택연금은 은퇴 후 고정적인 소득원을 제공하는 중요한 수단으로, 수령 방식에 따라 개인의 재정계획에 큰 영향을 미칠 수 있다. 주택연금의 수령 방식은 세 가지로 나뉜다. 정액형, 초기증액형, 정기증가형이다. 각각의 방식은 수령자가 자신의 재정 상황과 필요에 맞게 선택할 수 있으며, 선택한 방식에 따라 은퇴 후 재정 안정성에 크게 영향을 미친다.

- 정액형은 매달 동일한 금액을 수령하는 가장 기본적인 형태다. 이는 예측 가능한 고정수입을 선호하는 사람들에게 적합하다. 이 방식은 물가 상승이나 생활비 증가에 대한 대비가 부족할 수 있지만, 초기 은퇴 후 큰 지출이 예상되지 않는 경우 안정적인 수입을 제공한다.
- 초기증액형은 은퇴 초기에 더 많은 자금을 필요로 하는 사람들에게 적합하다. 초기 몇 년 동안은 정액형보다 더 많은 금액을 수령하고, 이후에는 적은 금액을 수령하게 된다. 은퇴 초기에 여행, 취미생활, 의료비 등으로 인해 지출이 많을 것으로 예상된다면, 이 방식이 유리할 수 있다.
- 정기증가형은 시간이 지남에 따라 연금 수령액이 증가하는 방식이다. 이 방식은 연금액이 3년마다 4.5%씩 증가하여, 물가 상승과 생활비 증가에 대응할 수 있다. 은퇴 초기에는 다른 소득원이 있

거나 지출이 적은 경우, 장기적인 재정 안정을 위해 이 방식을 선택할 수 있다.

### 2) 적절한 수령 방식 선택의 중요성

주택연금의 수령 방식을 선택하는 것은 단순한 결정이 아니라, 장기적인 재정계획의 핵심 요소다. 예를 들어, 초기증액형은 은퇴 초기에 더 많은 자금을 제공하기 때문에 초기의 큰 지출에 대비할 수 있다. 반면, 정기증가형은 물가 상승에 대비해 연금액이 점차 증가하는 방식이므로, 장기적인 재정 안정성을 확보할 수 있다. 따라서, 자신의 생활 패턴, 건강 상태, 다른 소득원 등을 종합적으로 고려하여 가장 적합한 수령 방식을 선택해야 한다.

### 3) 대비 전략: 최적의 수령 방식을 선택하는 방법

최적의 수령 방식을 선택하기 위해서는 먼저 자신의 은퇴 후 생활비 예산을 정확히 파악하는 것이 중요하다. 예를 들어, 은퇴 초기에는 여행이나 건강검진 등으로 인해 지출이 많을 수 있다면 초기증액형이 유리하다. 반면, 장기적인 생활비 상승을 예상하고, 물가 상승에 대비하고자 한다면 정기증가형을 선택하는 것이 바람직하다. 또한, 정액형은 단순하고 예측 가능한 수입을 제공하기 때문에 다른 연금이나 소득원이 없을 때 안정적인 생활비를 유지하는 데 적합하다. 또한, 주택연금을 선택할 때는 전문가와 상담을 통해 자신의 재정 상태와 목표에 맞는 수령 방식을 신중히 결정하는 것이 필요하다. 주택연금은 장기적인 재정계획의 일부로서, 다른 연금이나 저축과 함께 종합적으로 고려되어야 한다. 이를 통해 주택연금을 최대한 활용하고, 은퇴 후 안정적인 생활을 영위할 수 있다.

## 6. 국민기초생활보장제도

### (1) 국민기초생활보장제도의 지원 내용

국민기초생활보장제도는 대한민국의 대표적인 사회복지 프로그램으로, 생활이 어려운 국민에게 최저 생활비를 보장하여 기본적인 생활을 유지할 수 있도록 돕는 제도다. 이 제도는 생활이 어려운 저소득층을 대상으로 하며, 생계급여, 의료급여, 주거급여, 교육급여 등 다양한 형태의 지원을 제공한다. 각 급여는 수급자의 소득과 재산 상태에 따라 지급되며, 필요에 따라 추가적인 사회복지 서비스도 제공된다. 예를 들어, 생계급여는 소득이 최저생계비에 미치지 못하는 가구에 현금으로 지급되며, 의료급여는 병원비와 같은 의료비를 지원한다. 주거급여는 저소득층의 주거 안정을 돕기 위해 임대료나 주택 보수비용을 지원하며, 교육급여는 저소득 가정의 자녀들이 학업을 지속할 수 있도록 교육비를 지원한다.

국민기초생활보장제도는 수급자의 상황에 따라 맞춤형 지원을 제공하며, 필요시 지방자치단체나 관련 기관과 협력해 더 나은 생활 환경을 조성하는 데 중점을 둔다. 또한, 이 제도는 단순한 금전적 지원을 넘어, 자립을 돕기 위한 다양한 프로그램과 연계되어 있어, 수급자들이 스스로 경제적 자립을 이룰 수 있도록 돕는 중요한 역할을 한다. 이러한 다각적인 지원을 통해 국민기초생활보장제도는 생활이 어려운 국민에게 실질적인 도움을 제공하며, 사회적 안전망의 중요한 축으로 기능하고 있다.

### (2) 최저 생활을 보장하기 위한 사회적 안전망

국민기초생활보장제도는 사회적 안전망의 필수적인 요소로, 최저 생활을 보장하기 위한 중요한 역할을 한다. 이 제도는 경제적 어려움을 겪는 국민이 기본적인 생활을 영위할 수 있도록 보장함으로써, 빈곤을 예방하고 사회적 불평등을 완화하는 데 기여한다. 2023년 기준으로, 한국의 저소득층 비율은 약 15%에 이르며, 이들 중 많은 가구가 국민기초생활보장제도를 통해 지원을 받고 있다. 이는 경제적 불평등이 심화되는 현대 사회에서, 정부의 개입이 없이는 많은 가구가 빈곤에 처할 수 있음을 시사한다.

특히, 은퇴를 앞둔 중·장년층이나 이미 은퇴한 고령층의 경우, 경제적 자립이 어려운 상황에서 국민기초생활보장제도의 중요성은 더욱 크다. 이 제도는 은퇴 후 예상치 못한 경제적 어려움이나 건강 문제로 인해 소득이 부족해진 경우, 최소한의 생활을 보장받을 수 있는 마지막 방어선 역할을 한다. 국민기초생활보장제도는 고령층뿐만 아니라 장애인, 한부모 가정, 다문화 가정 등 다양한 취약계층에게도 중요한 지원을 제공함으로써, 사회적 포용을 증진시키고, 모두가 인간다운 삶을 누릴 수 있도록 돕는다.

국민기초생활보장제도의 필요성은 특히 경제적 위기 상황에서 더욱 부각된다. 예를 들어, 코로나19 팬데믹과 같은 대규모 경제적 충격 상황에서는 많은 사람이 일자리를 잃거나 소득이 감소하게 되는데, 이때 국민기초생활보장제도는 이러한 위기 상황에서 최소한의 생활비를 보장하는 중요한 역할을 한다. 이는 개인뿐만 아니라 사회 전체의 경제적 안정성을 유지하는 데도 기여한다.

### (3) 대비 전략: 지원 자격 확인 및 신청 절차

국민기초생활보장제도의 지원을 받기 위해서는 먼저 지원 자격을 확인하는 것이 중요하다. 이 제도의 수급 자격은 가구의 소득, 재산, 부양 의무자의 유무 등에 따라 결정되며, 정부가 정한 소득 인정액 기준을 충족해야 한다. 소득 인정액은 근로소득, 사업소득, 재산 소득 등을 모두 포함한 가구의 총소득을 의미하며, 정부는 이를 기준으로 생계급여, 의료급여, 주거급여, 교육급여 등의 지급 여부를 판단한다. 특히, 소득 인정액이 최저생계비에 미치지 못하는 가구는 우선 지원 대상이 된다.

국민기초생활보장제도의 신청 절차는 비교적 간단하다. 주민등록상 주소지의 읍·면·동 주민센터나 시·군·구청의 사회복지과를 방문해 신청할 수 있으며, 신청서와 함께 소득과 재산을 증빙할 수 있는 서류를 제출해야 한다. 신청 후에는 담당 공무원이 수급 자격을 심사하고, 자격이 확인되면 해당 급여가 지급된다. 이 과정에서 필요한 서류로는 주민등록등본, 소득·재산 증명서, 금융재산 확인서 등이 있으며, 필요시 추가 서류를 요구할 수 있다.

또한, 국민기초생활보장제도는 수급 자격 심사 후에도 정기적으로 자격 여부를 재검토하므로, 수급자는 자신의 경제 상황 변화를 지속해서 보고해야 한다. 이는 지원이 필요한 사람이 계속해서 도움을 받을 수 있도록 하는 조치이며, 수급자의 경제적 자립을 지원하는 다양한 프로그램과 연계된다.

이와 같은 제도의 효율적인 활용을 위해서는 자신의 경제적 상황을 명확히 파악하고, 필요시 전문가의 도움을 받아 신청 절차를 정확하게 진행하는 것이 중요하다. 특히, 신청 과정에서 발생할 수 있는 문제나 서류 준비의 어려움을 사전에 파악해 대비하는 것이 필요하다. 이를 통해 국민기초생활보장제도의 혜택을 최대한으로 활용하고, 경제적 어려움 속에서도 안정적인 생활을 유지할 수 있다.

## 7. 노인장기요양보험

### (1) 노인장기요양보험의 개요와 적용 대상

노인장기요양보험은 한국의 고령화 사회에서 노인들이 노화나 질병으로 인해 일상생활을 수행하는 데 어려움을 겪을 때, 필요한 장기 요양 서비스를 지원하는 제도다. 이 제도는 2008년에 도입되어, 고령화로 인한 사회적 부담을 경감시키고, 노인들이 더 인간다운 삶을 영위할 수 있도록 돕는 것을 목표로 한다. 노인장기요양보험의 주요 적용 대상은 65세 이상의 노인이나 65세 미만이더라도 치매, 뇌혈관 질환 등으로 인해 일상생활에 상당한 제약을 받는 사람들이다. 이를 통해 노인들이 요양시설에서 전문적인 케어를 받거나, 가정에서 요양 보호사의 도움을 받을 수 있도록 지원한다.

　이 제도는 크게 두 가지 형태로 지원된다. 시설급여와 재가급여이다. 시설급여는 요양원이나 노인전문병원과 같은 시설에서 장기적인 요양 서비스를 제공하는 것이며, 재가급여는 가정에서 요양 보호사의 방문 서비스를 통해 이루어지는 것을 의미한다. 이는 노인들의 다양한 상황에 맞춘 맞춤형 지원을 제공함으로써, 노인과 가족의 삶의 질을 크게 향상시키는 데 기여한다.

**(2) 고령화 사회에서의 장기 요양 필요성**

　한국은 빠르게 고령화가 진행되고 있으며, 2024년 기준으로 65세 이상 인구는 전체 인구의 약 20%를 차지하고 있다. 이는 곧 많은 고령자가 신체적, 정신적 건강 문제로 인해 장기 요양이 필요하게 될 가능성이 크다는 것을 의미한다. 노인장기요양보험은 이러한 상황에서 노인들이 적절한 케어를 받을 수 있도록 돕는 중요한 안전망 역할을 한다.

　고령화 사회에서는 노인들이 장기 요양이 필요할 가능성이 커지며, 이는 개인과 가족에게 상당한 재정적, 심리적 부담을 줄 수 있다. 예를 들어, 치매와 같은 노인성 질환은 장기간의 지속적인 돌봄이 필요하며, 가족이 모든 돌봄을 감당하기에는 어려움이 크다. 이때 노인장기요양보험은 전문적인 요양 서비스를 제공함으로써, 가족의 부담을 줄이고, 노인에게 필요한 적절한 케어를 보장할 수 있다.

　또한, 노인장기요양보험은 단순히 요양 서비스를 제공하는 것을 넘어, 예방적 차원의 건강관리 및 재활 서비스를 포함하여, 노인의 자립 생활을 지원하는 데 중점을 둔다. 이를 통해 노인들이 가능한 한 오랫동안 독립적인 삶을 유지할 수 있도록 돕는다. 장기 요양 서비스는 노인의 신체적 기능 유지와 정신적 건강에도 긍정적인 영향을 미치며, 전체적인 삶의 질을 향상시킬 수 있다.

### (3) 대비 전략: 노인장기요양보험의 신청 절차 및 활용 방안

노인장기요양보험의 혜택을 최대한 활용하기 위해서는 먼저 신청 절차를 명확히 이해하는 것이 중요하다. 노인장기요양보험의 신청은 국민건강보험공단을 통해 이루어지며, 신청자는 공단에 직접 방문하거나 전화, 온라인으로 신청할 수 있다. 신청 후에는 공단에서 노인의 건강 상태를 평가하여 장기 요양 등급을 부여하며, 이 등급에 따라 받을 수 있는 요양 서비스의 종류와 범위가 결정된다.

신청 절차는 비교적 간단하지만, 정확한 건강 상태 평가를 위해 필요한 서류를 준비하는 것이 중요하다. 건강 진단서나 관련 의료 기록 등을 제출해야 하며, 공단의 방문 평가를 통해 최종 등급이 결정된다. 이때, 신속한 절차 진행을 위해 필요한 서류를 미리 준비하고, 신청 전에 공단이나 전문가와 상담하는 것이 바람직하다.

노인장기요양보험을 효율적으로 활용하기 위해서는 자신의 상황에 맞는 요양 서비스를 선택하는 것이 중요하다. 예를 들어, 노인의 건강 상태가 비교적 양호한 경우에는 재가급여를 통해 가정에서 요양 보호사의 도움을 받는 것이 더 적합할 수 있다. 반면, 장기적인 집중 케어가 필요한 경우에는 시설급여를 통해 전문 요양시설에서 서비스를 받는 것이 더 나을 수 있다. 또한, 요양 서비스와 함께 제공되는 재활 프로그램이나 건강관리 서비스를 적극 활용하여 노인의 자립 능력을 최대한 유지하는 것이 중요하다.

마지막으로, 노인장기요양보험은 지속해서 변화하는 제도이므로, 최신 정보를 지속해서 업데이트하고, 필요한 경우 전문가의 도움을 받아 적절한 요양 계획을 수립하는 것이 필요하다. 이를 통해 노인장기요양보험의 혜택을 최대한 활용하고, 노후의 삶의 질을 향상시킬 수 있을 것이다.

## 8. 제도 변경 시 업데이트 방법

### (1) 사회보장제도의 변화와 그 영향

사회보장제도는 시대의 변화와 함께 끊임없이 조정되고 발전해왔다. 이러한 변화는 정책적, 경제적 상황에 따라 결정되며, 사회의 요구와 변화에 대응하기 위해 주기적으로 수정된다. 예를 들어, 한국의 국민연금 제도는 고령화와 재정적 압박에 대응하기 위해 지속해서 개정되고 있으며, 최근에는 연금 수령 연령의 상향 조정이나 보험료율 인상 등이 논의되고 있다. 또한, 기초연금의 지급액 조정이나 주택연금의 대상 확대 등도 고령층의 경제적 안정성을 강화하기 위한 중요한 변화로 볼 수 있다.

이러한 변화는 사회보장제도의 수혜자들에게 직접적인 영향을 미치며, 특히 은퇴를 앞둔 사람들에게 중요한 재정적 영향을 줄 수 있다. 예를 들어, 국민연금의 수령 연령이 연장되면 은퇴 시점에 대한 계획을 재조정해야 하며, 보험료율이 인상될 경우에는 현시점에서의 저축 전략을 수정해야 할 필요가 있다. 또한, 주택연금 대상의 확대는 더 많은 고령층이 이 제도를 활용할 수 있게 하여, 은퇴 후의 재정계획을 더 유연하게 할 수 있다.

**(2) 제도 변경에 따른 대응 전략의 중요성**

제도 변경은 개인의 재정계획에 중대한 영향을 미칠 수 있기 때문에, 이에 대한 대응 전략을 마련하는 것은 필수적이다. 제도가 변경될 때 이를 적절히 파악하고, 자신의 상황에 맞게 계획을 수정하지 않으면 예기치 않은 재정적 어려움에 직면할 수 있다. 예를 들어, 연금제도의 변경으로 인해 연금 수령 시점이 늦춰지거나 수령액이 줄어들 경우, 은퇴 후 예상했던 소득이 줄어들게 되며, 이는 생활 수준에 큰 영향을 줄 수 있다. 따라서 제도 변경에 대한 최신 정보를 지속해서 업데이트하고, 이를 바탕으로 전략을 재정비하는 것이 중요하다.

제도 변경에 효과적으로 대응하기 위해서는 먼저 변화의 내용을 정확히 이해해야 한다. 정책 발표나 제도 개정 시, 정부의 공식 발표나 관련 부처의 자료를 통해 구체적인 내용을 파악하고, 전문가의 해석을 참고하여 자신에게 미치는 영향을 분석해야 한다. 또한, 이러한 변화를 예상하고 미리 대응 전략을 수립하는 것이 바람직하다. 예를 들어, 국민연금 수령 연령이 연장될 가능성이 있는 경우, 다른 연금상품을 추가로 가입하거나 은퇴 시점을 조정하는 방안을 고려할 수 있다.

### (3) 최신 정보 업데이트 방법과 변화에 대한 대비책

#### 1) 정부와 공공기관의 뉴스레터 구독 및 자료 열람

보건복지부, 국민건강보험공단, 한국주택금융공사 등 주요 정부 기관의 뉴스레터를 구독하고, 정기적으로 발간되는 최신 보고서와 자료를 열람하는 것이 중요하다. 이를 통해 정책 변경 사항과 제도 변화를 신속하고 정확하게 파악할 수 있다.

#### 2) 모바일 앱 및 알림 설정

국민연금, 건강보험 등과 관련된 공공기관의 공식 모바일 앱을 설치하고 알림 기능을 활성화하면, 제도 변경 사항이나 중요한 공지를 실시간으로 받아볼 수 있다. 이는 바쁜 일상 속에서도 중요한 정보를 놓치지 않도록 돕는다.

#### 3) 정기적인 재정 전문가 상담

재정 설계사나 은퇴 전문 컨설턴트와 정기적으로 상담 일정을 잡아두고, 제도 변경에 따른 재정계획의 조정 여부를 점검하는 것이 필요하다. 전문가의 도움을 받아 최신 정보를 바탕으로 맞춤형 전략을 세우는 것은 안정적인 은퇴준비에 필수적이다.

#### 4) 온라인 커뮤니티와 소셜 미디어 활용

은퇴준비자들이 모여 정보를 공유하는 온라인 커뮤니티나 소셜 미디어 그룹에 가입하여 다른 사람들의 경험과 대응 전략을 참고하는 것도 좋은 방법이다. 이는 최신 정보를 빠르게 접하고, 다양한 관점에서 대안을 고려할 기회를 제공한다.

### 5) 관련 교육 및 세미나 참여

정부 기관, 공공기관, 또는 금융기관에서 주최하는 세미나 교육 프로그램에 적극 참여하여 제도 변경에 대한 이해를 높이고 실질적인 대비책을 학습할 수 있다. 이러한 프로그램은 전문가의 의견을 듣고, 변화에 대비하는 구체적인 방법을 얻는 데 도움이 된다.

### 6) 정부와 공공기관의 상담 서비스 활용

보건복지부, 국민연금공단, 건강보험공단 등에서 제공하는 전화 상담이나 온라인 상담 서비스를 적극 활용하여 제도 변경에 대한 궁금증을 해소하고, 자신의 상황에 맞는 최신 정보를 확인할 수 있다. 이를 통해 제도 변경에 대한 즉각적인 대응책을 마련할 수 있다.

### 7) 지자체와 공공 도서관 활용

지방자치단체와 공공 도서관에서 제공하는 무료 강좌나 워크숍을 활용하는 것도 좋은 방법이다. 이들 기관에서는 종종 사회보장제도 변경에 대한 교육 프로그램을 운영하며, 전문가들이 직접 정보를 제공하는 경우가 많다. 이러한 자원을 활용하면 최신 정보를 쉽게 접하고, 제도 변경에 따른 대응 전략을 구체화할 수 있다.

이 7가지 전략을 통해 사회보장제도의 변화에 발 빠르게 대응하고,

자신의 은퇴계획을 더욱 안정적으로 유지할 수 있을 것이다. 최신 정보에 대한 지속적인 업데이트는 성공적인 은퇴준비에 필수적이다.

## 9. 활용 가능한 사회보장제도를 찾아서 혜택을 보자

**(1) 사례 연구: 다양한 사회보장제도를 활용한 성공적인 은퇴계획 사례**

박 씨는 은퇴준비를 철저히 하여 여러 사회보장제도를 활용한 성공적인 은퇴 전략을 세웠다. 박 씨는 국민연금의 수령 시기를 연기해 수령액을 최대화하면서, 주택연금을 통해 초기 생활비를 안정적으로 확보했다. 박 씨는 소득과 재산이 기초연금 수급 조건에 맞지 않았지만, 그 대신 주택연금과 국민연금을 조화롭게 활용해 안정적인 소득을 창출했다. 이를 통해 은퇴 후에도 생활 수준을 유지하며, 예상치 못한 의료비와 같은 지출에도 대비할 수 있었다.

최 씨는 부모님의 요양 필요성을 예상하여 노인장기요양보험을 활용했다. 최 씨는 부모님의 상태에 맞춰 재가급여를 선택해 가정에서 요양보호사의 도움을 받도록 했으며, 이를 통해 부모님이 익숙한 환경에서 편안하게 지낼 수 있도록 했다. 최 씨는 이 제도를 통해 경제적 부담을 줄이고, 부모님이 필요한 요양 서비스를 받을 수 있도록 했다는 점에서 성공적인 사례로 평가된다.

이들 사례는 각자의 상황에 맞춰 다양한 사회보장제도를 전략적으로 활용함으로써, 은퇴 후 안정적인 생활을 영위할 방법을 보여준다. 특히, 국민연금과 주택연금의 조합, 그리고 노인장기요양보험의 활용은 성공적인 은퇴설계의 중요한 요소가 된다.

### (2) 사회보장제도 관련 정부와 공공기관의 자료 활용법

사회보장제도에 대한 최신 정보를 얻기 위해서는 정부와 공공기관의 자료를 적극적으로 활용해야 한다. 보건복지부, 국민연금공단, 한국주택금융공사 등의 웹사이트에서는 각 제도에 대한 상세한 정보를 제공하며, 제도 변경 시에도 신속하게 업데이트된다. 또한, 국회도서관과 통계청의 자료를 통해 정책 변화의 배경과 사회적 영향을 분석할 수 있다. 이러한 자료는 재정계획 수립 시 필수적인 참고 자료로 활용될 수 있다.

### (3) 사회보장제도 신청 시 필요한 서류 및 절차

각종 사회보장제도를 신청할 때는 필요한 서류를 정확하게 준비하는 것이 중요하다. 국민연금을 신청할 때는 주민등록등본, 소득 및 재산 증빙 서류, 국민연금 가입자 확인서 등이 필요하며, 주택연금의 경우 주택 소유 증명서류와 감정서를 제출해야 한다. 신청 절차는 각 제도에 따라 다르며, 대부분 온라인 신청이 가능하다. 예를 들어, 국민연금과 주택연금 모두 공공기관의 온라인 플랫폼을 통해 신청할 수 있으며, 서류 심사 후 자격이 확인되면 혜택을 받을 수 있다.

### (4) 각 제도의 최신 정보 링크 및 유용한 사이트 모음

① 보건복지부: www.mohw.go.kr 국민기초생활보장제도, 노인장기요양보험 관련 최신 정보 제공.

② 국민연금공단: www.nps.or.kr 국민연금 관련 신청 절차 및 연금 계산기 제공.

③ 국민건강보험공단: www.nhis.or.kr 노인장기요양보험 신청 절차 및 자격 요건 확인.

④ 한국주택금융공사: www.hf.go.kr 주택연금 관련 최신 정보와 예상 연금액 계산기 제공.

⑤ 통계청: www.kostat.go.kr 사회보장제도 관련 통계 자료 제공.

**(5) 개인화 전략: 개인의 상황에 맞춘 사회보장제도 활용 사례 제시**

각 개인의 상황에 따라 사회보장제도를 어떻게 활용할지에 대한 전략은 다를 수 있다. 예를 들어, 주택자산이 많고 연금 수령을 최대화하고자 한다면, 주택연금과 국민연금을 조합하여 안정적인 소득을 창출할 수 있다. 반면, 소득이 적고 생활비 마련이 어려운 경우에는 국민기초생활보장제도를 적극 활용해 기본적인 생활비를 보장받을 수 있다. 또한, 가족 중 요양이 필요한 노인이 있다면, 노인장기요양보험을 통해 경제적 부담을 줄이면서 적절한 요양 서비스를 제공할 수 있다. 이러한 전략은 개인의 재정 상황과 목표에 따라 조정되어야 하며, 이를 통해 사회보장제도의 혜택을 최대한으로 활용할 수 있다.

이러한 전략적 접근은 성공적인 은퇴 생활을 설계하는 데 중요한 역할을 하며, 최신 정보와 각 개인의 상황을 반영한 맞춤형 계획이 중요하다.

**키워드 30**

# 자녀 재정 지원 전략:
# 글로벌 아이디어로 완성하는 한국형 은퇴 재무설계 속 자녀 재정 지원 전략

1. 한국의 은퇴와 자녀 문제: 글로벌 사례로 보는 현실
2. 자녀의 재정 독립을 위한 글로벌 전략 로드맵
3. 가정 내 재정 교육 프로그램: 글로벌 모범 사례와 한국형 적용
4. 자녀 결혼 및 독립 지원: 글로벌 사례와 한국형 전략
5. 은퇴식과 재정계획협의서: 글로벌 관점에서의 한국형 접근
6. 긴급 재정 지원과 지속 가능한 도움: 글로벌 사례와 한국형 전략
7. 은퇴 후 새로운 가족 관계: 글로벌 경험과 한국형 실천 가이드

# 1. 한국의 은퇴와 자녀 문제: 글로벌 사례로 보는 현실

## (1) 길어진 은퇴 후 삶의 부담과 자녀 독립 지연

한국은 빠르게 고령화되고 있으며, 이에 따라 은퇴 후 삶이 길어지고 있다. 2023년 통계에 따르면, 한국인의 기대수명은 83세를 넘어섰다. 이로 인해 많은 은퇴자가 예상보다 더 오랜 기간 재정적으로 자립해야 한다. 동시에, 자녀들이 성년이 되어도 부모에게서 독립하지 않는 현상이 점점 더 일반화되고 있다. 이 같은 이중 부담은 은퇴자들에게 심각한 재정적 도전을 안겨준다.

일본의 '파라사이트 싱글' 현상은 이러한 문제를 선명하게 보여준다. 일본에서 파라사이트 싱글은 성인이 된 후에도 경제적으로 자립하지 않고 부모와 함께 사는 젊은이들을 일컫는 말이다. 일본 사회에서 이 현상은 매우 광범위하게 퍼져 있으며, 이는 부모의 은퇴 후 재정적 압박을 가중하는 주요 요인으로 작용한다. 2023년 일본의 조사에 따르면, 20대 후반에서 30대 초반의 성인 중 약 30%가 여전히 부모와 함께 살고 있으며, 이는 부모의 재정적 부담을 심화시키고 있다.

더욱이, 일본의 '8050 문제'는 부모와 자녀 간의 재정적 연관성이 얼마나 긴 기간 지속될 수 있는지를 보여주는 극단적인 사례다. 이 문제는 80대의 부모가 50대의 경제적으로 자립하지 못한 자녀를 여전히 부양해야 하는 상황을 의미한다. 이는 은퇴자들의 재정계획에 예상치 못한 변수를 추가하며, 특히 자녀의 독립 지연이 노후의 삶에 얼마나 큰 영향을 미칠 수 있는지를 시사한다.

한국 역시 이와 유사한 문제를 겪고 있다. 통계청 자료에 따르면, 2022년 기준으로 30대 성인 남성 중 35%가 부모와 동거하고 있으며, 이 중 상당수는 경제적으로 독립하지 못한 상태다. 이는 부모 세대가 자신들의 은퇴자금을 관리하는 데 있어 큰 어려움을 겪게 만드는 주요 원인 중 하나다.

미국과 유럽에서도 비슷한 현상이 나타나고 있다. 미국의 경우 '부메랑 키즈(Boomerang Kids)'라는 용어가 일반화되었는데, 이는 대학을 졸업한 후 경제적 이유로 다시 부모 집으로 돌아오는 젊은 성인들을 의미한다. 2023년 미국 통계에 따르면, 18세에서 34세 사이의 성인 중 52%가 부모와 함께 살고 있으며, 이는 부모 세대에게 예상치 못한 경제적 부담을 안기고 있다. 유럽에서는 '키덜트(Kidults)' 현상이 유사한 문제를 반영하고 있다. 성인이 된 자녀들이 경제적 자립을 이루지 못하고 부모에게 의존하는 경우가 늘어나고 있으며, 이는 부모의 재정적 계획에 큰 부담을 주고 있다.

이러한 글로벌 현상들을 종합적으로 살펴보면, 한국에서도 은퇴 후 삶의 부담이 예상보다 훨씬 클 수 있음을 알 수 있다. 자녀의 독립이 지연됨에 따라 부모의 은퇴자산이 고갈될 위험이 커지며, 이는 은퇴 후 삶의 질에 직접적인 영향을 미칠 수 있다. 따라서 자녀가 성인이 되기 전부터 재정적 독립을 준비시키는 것이 필수적이다. 이와 더불어, 부모는 자신들의 재정적 안전망을 강화하기 위해 은퇴자산관리 전략을 재고할 필요가 있다.

### (2) 글로벌 사례에서 배우는 교훈과 한국적 적용

글로벌 사례를 통해 우리는 한국적 상황에 맞는 전략적 접근을 도출할 수 있다. 일본, 미국, 유럽의 사례에서 공통으로 발견되는 문제는 자녀 독립 지연이 부모의 재정적 안정성을 심각하게 위협한다는 것이다. 이는 은퇴자들이 예상했던 것보다 더 오랜 기간 자녀를 부양해야 할 가능성을 열어두며, 결과적으로 자신들의 은퇴자산을 더 빨리 고갈시킬 위험이 있다.

일본의 경우, '파라사이트 싱글'과 '8050 문제'는 부모와 자녀 간의 재정적 연관성을 끊는 것이 얼마나 어려운지를 보여준다. 이 문제를 해결하기 위해 일본에서는 자녀에게 재정적 독립의 중요성을 일찍부터 교육하고, 부모가 은퇴 후에도 자녀를 지원해야 할 경우를 대비한 구체적인 재정계획을 세우는 것이 권장된다. 한국에서는 이러한 일본의 사례를 참고하여, 자녀의 재정 교육을 강화하고, 성년 자녀가 독립할 수 있는 명확한 로드맵을 제시하는 것이 필요하다. 예를 들어, 자녀가 20대 중반에 이르렀을 때 독립할 수 있도록 목표를 설정하고, 부모와 자녀가 함께 그 목표를 달성하기 위한 재정계획을 수립해야 한다.

미국의 부메랑 키즈와 유럽의 키덜트 현상은 경제적 불확실성이 자녀 독립에 미치는 영향을 잘 보여준다. 특히, 자녀가 경제적으로 독립하지 못한 이유로는 높은 주거비와 낮은 임금, 불안정한 고용 상황 등이 주요 요인으로 지적된다. 한국에서도 이러한 요인들이 자녀 독립을 지연시키는 중요한 원인으로 작용하고 있다. 따라서 부모는 자녀가 경제적 독립을 이루는 데 필요한 구체적인 지원 방안을 마련해야 한다. 여기에는 자녀가 독립할 때까지 일정 기간 주거비를 지원하거나, 자녀의 첫 주택 구매를 도와주는 형태의 재정적 지원이 포함될 수 있다. 그러나 이러한 지원은 부모의 재정적 안전성을 해치지 않는 범위 내에서 이루어져야 하며, 부모는 자녀의 독립이 장기적으로 자신의 은퇴자산을 얼마나 보호할 수 있는지를 신중히 고려해야 한다.

마지막으로, 한국적 상황에서의 전략적 접근은 자녀와 부모 간의 명확한 재정적 경계를 설정하는 것이다. 일본의 '세대 간 계약서' 사례처럼, 자녀와 부모 간의 재정적 기대치를 명확히 하기 위한 공식적인 협약이나 문서를 작성하는 것이 도움이 될 수 있다. 이를 통해 자녀가 언제까지 독립할 것인지, 부모가 어떤 형태로 재정적 지원을 제공할 것인지에 대한 명확한 합의를 이끌 수 있다. 이러한 접근은 자녀의 독립을 촉진하는 동시에, 부모의 은퇴자산을 보호하는 데 효과적일 것이다.

결론적으로, 한국의 은퇴자들은 글로벌 사례에서 얻은 교훈을 바탕으로, 자녀 독립 지연 문제에 대비한 전략적 재정계획을 수립해야 한다. 자녀에게 재정적 독립의 중요성을 일찍부터 교육하고, 부모와 자녀 간의 재정적 관계를 명확히 설정하며, 필요한 경우 자녀에게 지원을 제공하되 부모의 재정적 안전성을 최우선으로 고려하는 것이 필요하다. 이를 통해 은퇴 후에도 안정적이고 만족스러운 삶을 영위할 수 있을 것이다.

## 2. 자녀의 재정 독립을 위한 글로벌 전략 로드맵

**(1) 미성년 자녀의 재정 독립을 위한 장기 계획**

자녀의 재정 독립은 하루아침에 이루어지는 것이 아니다. 이는 부모가 자녀의 경제적 자립을 염두에 두고 장기적인 계획을 세워야 하는 중요한 과제다. 미성년 자녀의 경우, 재정 교육을 통해 올바른 경제 관념을 형성하는 것이 재정 독립의 첫걸음이다. 최근 몇 년간 일본에서 시행된 '가정 내 금융 교육 프로그램'은 이러한 교육의 중요성을 잘 보여준다. 일본 정부는 2022년부터 초등학교 커리큘럼에 재정 교육을 포함했다. 이 프로그램은 자녀가 어릴 때부터 돈의 가치를 이해하고, 저축의 중요성을 배우며, 소비와 저축 사이의 균형을 깨우치도록 돕는다. 이는 자녀가 성년이 되었을 때 재정적으로 독립할 수 있는 기초를 다져준다.

미국의 'Allowance System'도 매우 효과적인 사례다. 부모가 자녀에게 일정한 용돈을 주고, 자녀가 이를 관리하며 경제적 결정을 내리도록 하는 방식이다. 이 시스템은 단순히 용돈을 받는 것에 그치지 않고, 자녀가 스스로 돈을 관리하며 저축, 소비, 기부 등 다양한 경제적 선택을 직접 경험할 수 있도록 한다. 2023년 미국의 연구에 따르면, 어릴 때부터 이러한 재정관리 경험을 쌓은 아이들은 성인이 되었을 때 경제적 자립도가 높아지는 경향이 있다. 이는 자녀가 재정적 독립을 이루는 데 매우 중요한 요소다.

유럽에서는 'Financial Literacy Programs'가 각광받고 있다. 특히 핀란드와 네덜란드에서는 학교 교육 과정에 금융 교육을 필수 과목으로 포함하고 있다. 이러한 프로그램들은 학생들이 기본적인 재정 개념을 이해하고, 실제 생활에서 이를 적용할 수 있도록 돕는다. 유럽에서의 사례는 자녀가 재정적 독립을 이루기 위해서는 부모의 역할뿐만 아니라 교육 제도 자체가 뒷받침되어야 함을 시사한다.

한국에서는 아직 재정 교육이 충분히 이루어지지 않고 있다. 그러나 자녀의 재정 독립을 위해서는 부모가 가정 내에서 주도적으로 금융 교육을 시작해야 한다. 이를 위해 부모는 자녀에게 용돈을 줄 때 그저 소비할 것이 아니라, 이를 어떻게 관리하고 저축할 것인지에 대해 함께 논의할 필요가 있다. 예를 들어, 자녀가 매달 용돈의 일정 부분을 저축하고, 또 다른 부분을 소비하며, 나머지는 기부하는 구조를 만들어 자녀가 돈의 다양한 사용 방식을 경험할 수 있도록 돕는 것이 좋다.

자녀가 어릴 때부터 이러한 경험을 통해 재정적 결정을 내리는 법을 배우게 되면, 성인이 되었을 때 경제적 자립에 필요한 기초를 탄탄히 다질 수 있다. 부모는 이러한 교육을 통해 자녀가 재정적 독립을 이룰 수 있도록 장기적인 계획을 세워야 한다. 이는 자녀의 미래뿐만 아니라 부모 자신이 은퇴 후 안정적인 삶을 영위하는 데도 중요한 요소다. 따라서 지금부터라도 자녀에게 재정 교육을 체계적으로 제공하는 것이 필요하다.

(2) 성년 자녀의 독립 촉진 전략

성년 자녀의 재정적 독립은 부모에게 매우 중요한 과제다. 최근 몇 년간 일본에서 급증한 'NEET(니트족)' 문제는 성년 자녀가 경제적 자립을 이루지 못하고 집에서 아무것도 하지 않는 상황을 의미한다. 이러한 상황은 부모에게 심각한 재정적 부담을 줄 수 있다. 일본 정부는 이러한 문제를 해결하기 위해 다양한 프로그램을 도입했으며, 그중 하나가 바로 '취업 지원 프로그램'이다. 이 프로그램은 니트족들에게 직업 훈련과 취업 기회를 제공함으로써 경제적 자립을 돕는 것을 목표로 한다. 2023년 일본 정부 보고서에 따르면, 이 프로그램을 통해 니트족 중 40% 이상이 성공적으로 직업을 구하고 자립에 성공했다.

미국에서도 비슷한 문제를 해결하기 위한 전략이 시행되고 있다. 'Failure to Launch'라는 용어는 성년 자녀가 경제적 이유로 독립하지 못하고 부모와 함께 사는 현상을 의미한다. 이 문제를 해결하기 위해 미국에서는 자녀가 독립할 수 있도록 부모가 명확한 재정적 경계를 설정하는 것이 중요하다는 주장이 제기되고 있다. 예를 들어, 자녀가 일정 나이가 되면 부모의 집에서 독립해야 한다는 원칙을 세우고, 이를 실천하기 위한 구체적인 계획을 세우는 것이다. 이와 함께 부모는 자녀가 독립 후 경제적 자립을 유지할 수 있도록 재정 교육을 강화해야 한다. 2023년 미국의 한 연구에 따르면, 이러한 접근이 자녀의 독립을 촉진하는 데 효과적이었다.

유럽에서는 'Boomerang Generation'이라는 용어가 성년 자녀의 재정적 독립 문제를 잘 설명한다. 유럽의 많은 젊은이가 높은 주거비와 낮은 임금 때문에 부모 집으로 돌아오는 상황이 흔해지면서, 부모와 자녀 간의 재정적 갈등이 증가하고 있다. 이를 해결하기 위해 유럽의 일부 국가에서는 자녀가 독립할 수 있도록 주거비 지원 프로그램을 운영하고 있다. 예를 들어, 네덜란드에서는 젊은이들에게 저렴한 임대주택을 제공하는 프로그램이 있으며, 이를 통해 부모의 재정적 부담을 줄이는 동시에 자녀의 독립을 촉진하고 있다.

한국에서도 이러한 글로벌 사례를 참고해 성년 자녀의 독립을 촉진할 수 있는 전략을 마련할 필요가 있다. 부모는 자녀가 독립할 수 있도록 경제적 지원을 제공하되, 이 지원이 부모의 재정적 안정성을 해치지 않도록 신중히 계획해야 한다. 예를 들어, 자녀가 첫 주택을 구입할 때 일정 금액을 지원하되, 그 이후에는 자녀가 스스로 주택 관련 비용을 감당하도록 하는 것이다. 또한, 자녀가 경제적 독립을 이루기 전에 부모가 미리 재정적 경계를 설정하고, 자녀에게 명확히 전달하는 것이 중요하다. 이를 통해 부모는 자녀의 독립을 촉진하면서도 자신들의 은퇴자산을 보호할 수 있다.

### (3) 성년 자녀를 위한 재정 독립을 위한 전략 7가지

① 재정적 경계 설정: 부모는 자녀와 명확한 재정적 경계를 설정해야 한다. 예를 들어, 자녀가 특정 나이가 되면 독립해야 한다는 원칙을 세우고 이를 실천하기 위한 구체적인 계획을 세운다. 이로 인해 자녀는 독립을 위한 명확한 목표를 가지게 되고, 부모는 자녀를 재정적으로 계속 지원해야 한다는 부담에서 벗어날 수 있다.

② 재정 교육 강화: 자녀가 독립 후 경제적 자립을 유지할 수 있도록 부모는 재정 교육을 강화해야 한다. 자녀에게 예산관리, 저축, 투자, 부채관리 등 재정적 기초를 가르치고, 실생활에 적용할 수 있는 구체적인 방법을 제시한다.

③ 단계적 지원: 부모는 자녀의 경제적 자립을 위해 단계적으로 지원할 수 있다. 예를 들어, 자녀가 첫 주택을 구입할 때 일정 금액을

지원하지만, 그 이후의 주택 관련 비용은 자녀가 스스로 감당하도록 한다. 이는 자녀가 독립적인 경제적 책임을 지도록 돕는다.

④ 직업 지원 및 취업 준비: 자녀가 직업을 찾는 데 어려움을 겪고 있다면, 부모는 직업 훈련 프로그램이나 취업 준비를 지원할 수 있다. 이를 통해 자녀가 직업을 찾고 경제적 자립을 이루는 데 필요한 기술과 경험을 쌓을 수 있다.

⑤ 자녀와의 개방적 대화: 부모는 자녀와 재정적 독립에 대해 개방적으로 대화해야 한다. 자녀가 경제적 자립의 중요성을 이해하고, 자신이 무엇을 해야 할지를 명확히 알 수 있도록 부모가 역할을 한다.

⑥ 경제적 독립을 위한 시간표 설정: 자녀와 함께 경제적 독립을 이루기 위한 시간표를 설정한다. 자녀가 언제까지 독립할지, 독립을 위해 어떤 단계를 거쳐야 할지에 대해 구체적인 계획을 세운다.

⑦ 부모의 재정적 안정성 우선: 부모는 자녀의 경제적 자립을 돕는 동안 자신의 재정적 안정성을 우선으로 해야 한다. 자녀를 지원하면서도 자신의 은퇴자산이 고갈되지 않도록 신중하게 계획하고 관리한다.

이러한 전략들은 부모와 자녀가 함께 자녀의 경제적 독립을 위한 구체적인 계획을 세우고, 이를 실천하는 데 중요한 역할을 할 것이다. 한국의 은퇴자들이 자녀의 재정적 독립을 효과적으로 지원하기 위해서는 이러한 글로벌 전략을 참고해 자신만의 로드맵을 구축해야 한다. 이를 통해 자녀는 독립적인 성인으로 성장하고, 부모는 은퇴 후에도 안정적이고 만족스러운 삶을 영위할 수 있을 것이다.

# 3. 가정 내 재정 교육 프로그램: 글로벌 모범 사례와 한국형 적용

### (1) 미성년 자녀를 위한 기초 재정 교육

재정 교육은 자녀의 경제적 자립을 위한 기초를 다지는 매우 중요한 과정이다. 이 과정은 단순히 돈을 벌고 쓰는 법을 가르치는 것이 아니라, 돈의 가치와 책임 있는 재정관리를 이해하게 하는 데 그 목적이 있다. 일본의 '시니어 세대 자녀 양육 가이드'는 이러한 재정 교육의 중요성을 잘 보여주는 사례다. 이 프로그램은 일본에서 부모들이 자녀에게 돈의 가치를 가르치고, 저축과 투자의 기본 개념을 설명하는 방법을 제시한다. 일본 정부는 이 가이드를 통해 자녀가 어릴 때부터 재정적 책임감을 배울 수 있도록 부모들에게 구체적인 교육 방법을 제공하고 있다. 이는 자녀가 성년이 되었을 때 경제적 자립을 달성할 수 있는 기초를 마련하는 데 매우 효과적이다.

미국에서는 'Junior Achievement Program'이 재정 교육의 모범 사례로 널리 알려져 있다. 이 프로그램은 학생들에게 금융, 경제, 기업가 정신 등을 가르치며, 실제 상황에서 어떻게 재정을 관리할 수 있는지를 실습할 기회를 제공한다. 이 프로그램은 학교와 가정에서 동시에 이루어지며, 자녀가 다양한 재정적 선택을 직접 경험할 수 있도록 돕는다. 2023년 기준으로 미국 전역에서 수백만 명의 학생들이 이 프로그램을 통해 재정 교육을 받고 있으며, 이들은 장기적으로 더 나은 재정적 결정을 내릴 수 있는 능력을 갖추게 된다.

유럽에서는 'Youth Financial Literacy Campaigns'가 주목받고 있다. 특히 핀란드와 네덜란드에서는 청소년들이 기본적인 재정 개념을 이해하고, 이를 실제 생활에 적용할 수 있도록 돕는 캠페인이 활발하게 진행되고 있다. 이 캠페인들은 청소년들에게 재정적 결정의 중요성을 인식하게 하고, 자산관리, 신용 사용, 투자 등 다양한 재정적 주제에 대해 교육한다. 이러한 프로그램들은 청소년들이 경제적 책임감을 지니고 성년이 되었을 때 자립할 수 있도록 돕는 데 크게 기여하고 있다.

한국에서는 아직 재정 교육이 충분히 이루어지지 않는 실정이다. 그러나 자녀의 미래를 위해서는 부모가 가정 내에서 주도적으로 금융 교육을 시작해야 한다. 부모는 자녀에게 용돈을 줄 때 단순히 돈을 사용하라고 하는 대신, 이 돈을 어떻게 관리하고 저축할 것인지에 대해 함께 논의하는 것이 중요하다. 예를 들어, 자녀에게 매달 용돈의 일정 부분을 저축하고, 또 다른 부분을 현명하게 소비하며, 나머지는 기부하는 등의 구조를 만들어 자녀가 돈의 다양한 사용 방식을 경험할 수 있도록 하는 것이 좋다. 이를 통해 자녀는 돈의 다양한 용도를 경험하며, 경제적 결정을 내리는 능력을 기르게 된다.

또한, 한국의 교육 과정에 재정 교육을 도입하는 것도 장기적으로 큰 도움이 될 것이다. 이는 자녀가 학교에서 배운 재정 지식을 가정에서 실천으로 옮길 수 있게 해주며, 부모와 자녀가 함께 재정적 목표를 설정하고 이를 달성하는 과정을 통해 더욱 돈의 가치를 이해하게 된다. 이러한 방식으로 자녀에게 기초 재정 교육을 제공하면, 자녀는 성년이 되었을 때 경제적 자립을 이루는 데 필요한 기초를 탄탄히 다질 수 있다.

### (2) 성년 자녀를 위한 심화 재정 교육

성년 자녀의 재정 독립은 부모와 자녀 모두에게 매우 중요한 과제다. 이를 위해서는 자녀가 경제적으로 자립할 수 있는 심화된 재정 교육이 필요하다. 일본의 '니트족' 문제는 성년 자녀가 재정적으로 자립하지 못하고 부모에게 의존하는 상황을 잘 보여준다. 이러한 문제를 해결하기 위해 일본에서는 재정 교육이 중요한 역할을 한다. 일본 정부는 성년 자녀들에게 돈의 가치를 재교육하고, 경제적 자립을 위한 구체적인 전략을 가르치는 프로그램을 운영하고 있다. 이 프로그램들은 자녀가 자신의 재정 상황을 명확히 이해하고, 이를 관리할 수 있는 능력을 기르도록 돕는다.

미국에서는 많은 성인이 'Paycheck to Paycheck' 생활을 하고 있다. 이는 월급이 들어오면 바로 다음 월급이 나올 때까지 그 돈으로 겨우 생활을 유지하는 상황을 의미한다. 이러한 문제를 해결하기 위해 미국에서는 다양한 재정관리 교육 프로그램이 운영되고 있다. 이 프로그램들은 성인들이 자신의 재정 상태를 명확히 이해하고, 예산을 세우고, 저축을 늘리며, 부채를 관리하는 방법을 가르친다. 2023년 미국의 연구에 따르면, 이러한 프로그램을 수료한 사람들은 그렇지 않은 사람들보다 경제적 안정성을 더 잘 유지하고 있다. 이는 성년 자녀에게 경제적 자립을 가르치는 데 매우 유용한 접근법이다.

유럽에서는 'Smart Budgeting' 프로그램이 성년 자녀의 재정 자립을 돕는 데 큰 역할을 하고 있다. 이 프로그램은 자녀가 자신의 소득과 지출을 효과적으로 관리하는 법을 가르치며, 장기적으로 재정 목표를 달성할 수 있도록 돕는다. 특히, 유럽의 많은 국가에서는 이 프로그램이 성년 자녀가 독립할 때 반드시 이수해야 하는 과정으로 자리 잡고 있다. 이 프로그램을 통해 성년 자녀는 스스로 경제적 결정을 내리고, 재정적 위험을 관리하는 능력을 기르게 된다.

한국에서도 이러한 글로벌 사례를 참고해 성년 자녀의 재정 자립을 위한 심화 교육을 제공할 필요가 있다. 부모는 자녀가 성인이 되었을 때, 그들이 경제적으로 독립할 수 있도록 구체적인 교육을 제공해야 한다. 이를 위해 자녀에게 예산관리, 저축, 투자, 부채관리 등 재정적 기초를 가르치는 것이 중요하다. 예를 들어, 자녀가 자신의 소득을 효과적으로 관리하고, 불필요한 지출을 줄이며, 저축을 통해 재정적 안전망을 구축할 수 있도록 돕는 것이다.

또한, 부모는 자녀에게 재정적 목표를 설정하도록 격려해야 한다. 이는 자녀가 단기적, 중기적, 장기적 목표를 설정하고, 이를 달성하기 위한 계획을 세우는 데 중요한 역할을 한다. 예를 들어, 자녀가 특정 금액을 저축해 첫 주택을 구입하는 것을 목표로 삼을 수 있다. 이러한 목표를 설정하고 달성하는 과정에서 자녀는 경제적 자립의 중요성을 더욱 깊이 이해하게 된다.

성년 자녀를 위한 심화 재정 교육은 단순히 돈을 관리하는 법을 가르치는 것이 아니라, 자녀가 성인으로서 자신의 재정적 책임을 인식하고 이를 실천할 수 있도록 돕는 것이다. 이를 통해 자녀는 독립적인 성인으로 성장하고, 부모는 자녀가 경제적으로 자립할 수 있도록 돕는 동시에 자신의 은퇴자산을 보호할 수 있다. 한국의 부모들이 자녀의 재정적 자립을 위해 이러한 글로벌 전략을 참고해 자신만의 교육 프로그램을 구축해야 한다.

# 4. 자녀 결혼 및 독립 지원: 글로벌 사례와 한국형 전략

**(1) 미성년 자녀의 미래 준비**

자녀의 결혼과 독립을 지원하는 것은 부모에게 있어 매우 중요한 과제다. 하지만 이는 단기적인 재정적 부담이 아닌, 장기적인 계획을 통해 준비해야 한다. 일본에서는 '출산·육아 비용 지원제도'가 자녀의 미래 준비에 중요한 역할을 하고 있다. 이 제도는 부모가 자녀의 출산부터 육아까지의 비용을 더 체계적으로 관리할 수 있도록 돕는다. 일본 정부는 자녀 양육을 위한 재정적 지원을 강화함으로써, 부모들이 자녀의 교육과 미래 준비에 집중할 수 있게 한다. 이는 자녀가 성년이 되었을 때 경제적으로 독립할 수 있는 기반을 마련해 준다.

미국에서는 '529 Plans'가 대표적인 자녀의 미래 준비를 위한 장기 자금 마련 전략으로 자리 잡고 있다. 529 플랜은 자녀의 대학 학비를 대비해 부모가 세금 혜택을 받으며 저축할 방법이다. 2023년 기준, 미국 가정의 약 35%가 이 플랜을 활용하고 있으며, 이를 통해 자녀의 교육 비용을 효과적으로 관리하고 있다. 이 플랜은 부모가 자녀의 교육에 필요한 자금을 미리 마련함으로써, 자녀가 대학 졸업 후 경제적 부담 없이 독립할 수 있도록 돕는다. 이는 자녀가 독립적인 삶을 시작하는 데 중요한 재정적 기반을 제공한다.

유럽에서는 'Child Trust Funds'가 자녀의 미래를 대비하는 또 다른 방법으로 주목받고 있다. 영국을 비롯한 유럽 국가들에서는 정부가 자녀가 태어날 때 일정 금액을 신탁 기금에 투자해 주며, 부모는 여기에 추가로 자금을 저축할 수 있다. 이 신탁 기금은 자녀가 성년이 되었을 때 자동으로 해제되며, 자녀는 이 자금을 독립적인 생활을 시작하는 데 사용할 수 있다. 2023년 유럽의 연구에 따르면, 이러한 신탁 기금은 자녀가 성인이 되어 독립할 때 재정적 부담을 크게 줄이는 데 효과적이다.

한국에서는 자녀의 미래 준비를 위해 이러한 글로벌 사례를 참고할 필요가 있다. 부모는 자녀가 태어났을 때부터 교육과 결혼, 독립에 필요한 자금을 장기적으로 마련하는 전략을 세워야 한다. 이를 위해 한국에서도 529 플랜과 유사한 자녀 교육비 저축상품이나 신탁 기금을 활용할 수 있다. 예를 들어, 자녀가 태어났을 때부터 일정 금액을 저축해 대학 학비나 결혼 자금으로 사용할 수 있도록 계획을 세우는 것이다. 이러한 장기적 재정계획은 자녀가 경제적으로 독립할 때 부모의 재정적 부담을 줄이고, 자녀가 독립적인 삶을 시작할 수 있도록 돕는다.

### (2) 성년 자녀의 결혼 및 독립 지원

성년 자녀의 결혼과 독립은 부모와 자녀 모두에게 중요한 전환점이다. 그러나 이러한 과정에서 부모는 자녀를 돕기 위해 과도한 재정적 부담을 지게 될 수 있다. 일본에서는 '미혼 증가 현상'이 이러한 문제를 잘 보여준다. 일본 사회에서는 결혼을 미루거나 하지 않는 성년 자녀들이 늘어나면서 부모들이 자녀의 경제적 지원을 계속해야 하는 상황이 발생하고 있다. 이러한 문제를 해결하기 위해 일본 정부는 미혼 성인 자녀를 위한 다양한 지원 프로그램을 마련하고 있다. 예를 들어, 정부는 주거비 지원이나 결혼 자금을 저축할 수 있는 특별 저축 계좌를 제공함으로써 부모의 재정적 부담을 줄이고 자녀가 독립할 수 있는 환경을 조성하고 있다.

미국에서는 'Living with Parents' 트렌드가 성년 자녀의 독립 문제를 해결하는 데 중요한 역할을 하고 있다. 경제적 이유로 인해 많은 성년 자녀들이 부모와 함께 사는 상황이 흔해지면서, 부모와 자녀 간의 재정적 역할이 변화하고 있다. 2023년 미국 통계에 따르면, 18세에서 34세 사이의 성인 중 약 52%가 부모와 함께 살고 있다. 이와 같은 상황에서 부모들은 자녀의 독립을 돕기 위해 재정적 지원을 제공하지만, 동시에 자녀가 독립적인 생활을 시작할 수 있도록 명확한 재정적 경계를 설정하는 것이 중요하다. 예를 들어, 자녀가 일정 나이가 되었을 때 독립을 요구하거나, 자녀의 생활비를 제한적으로 지원하는 방식으로 자녀가 경제적 자립을 이룰 수 있도록 유도할 수 있다.

유럽에서는 'Co-Housing' 모델이 성년 자녀의 독립과 부모의 재정적 부담을 동시에 해결할 방법으로 주목받고 있다. 이 모델은 부모와 자녀가 같은 주택 단지 내에서 생활하면서 독립적인 공간을 유지하는 방식이다. 이 모델은 특히 높은 주거비로 인해 자녀가 독립하기 어려운 상황에서 유용하다. 2023년 유럽의 연구에 따르면, Co-Housing 모델은 부모와 자녀 간의 재정적 부담을 줄이고, 자녀가 경제적으로 독립할 수 있는 환경을 제공하는 데 효과적이다. 이 모델은 자녀가 완전한 독립을 이루기 전에 부모와 함께 생활하면서도 자립할 수 있는 능력을 키우도록 돕는다.

한국에서도 이러한 글로벌 사례를 참고해 성년 자녀의 결혼 및 독립을 지원하는 전략을 마련할 필요가 있다. 부모는 자녀의 결혼 자금이나 주택 구입 자금을 지원할 수 있지만, 이 지원이 부모의 재정적 안전성을 해치지 않도록 신중히 계획해야 한다. 예를 들어, 부모는 자녀가 독립할 때 필요한 자금을 미리 마련해 두거나, 자녀와 함께 재정적 목표를 설정해 자녀가 독립적인 생활을 시작할 수 있도록 돕는 것이 중요하다. 또한, 부모는 자녀가 독립할 수 있도록 자녀와 명확한 재정적 경계를 설정하고, 이를 통해 자녀가 스스로 경제적 책임을 지도록 유도해야 한다.

한국의 부모들이 자녀의 결혼과 독립을 지원하면서도 자신의 재정적 안전성을 유지하기 위해서는 이러한 글로벌 전략을 참고해 자신만의 계획을 세워야 한다. 자녀에게 재정적 지원을 제공하는 동시에 자녀가 독립적인 성인으로 성장할 수 있도록 돕는 것은 부모와 자녀 모두에게 이익이 되는 일이다. 이를 통해 부모는 은퇴 후에도 안정적인 재정을 유지할 수 있으며, 자녀는 독립적인 삶을 시작할 수 있는 기반을 마련하게 된다.

## 5. 은퇴식*과 재정계획협의서*: 글로벌 관점에서의 한국형 접근

### (1) 은퇴식의 글로벌 사례와 한국적 접근

은퇴는 단순히 직장에서의 생활이 끝나는 시점이 아니라, 가족 간의 새로운 재정적 관계가 시작되는 중요한 전환점이다. 이 전환을 더 의미 있고 체계적으로 준비하기 위해 필자가 제안하는 개념이 바로 '은퇴식'이다. 은퇴식은 은퇴를 기념하는 단순한 행사를 넘어, 가족 간 재정적 기대치를 명확히 설정하고, 새로운 역할 분담을 공식화하는 중요한 이벤트로 자리 잡을 수 있다.

일본의 '세대 간 계약서(Generation Contract)'는 이러한 은퇴식을 가족의 중요한 이벤트로 만드는 데 유용한 사례다. 일본에서는 부모와 자녀 간의 재정적 기대치를 명확히 하기 위해 세대 간 계약서를 작성하는 문화가 있다. 이 계약서는 부모가 은퇴한 이후에도 자녀에게 어떤 형태로든 지원을 계속할 것인지, 또는 자녀가 부모를 어떻게 도울 것인지를 명확히 하는 내용을 담고 있다. 이를 통해 가족 구성원 간의 재정적 갈등을 미리 예방하고, 은퇴 후 부모와 자녀 간의 관계를 재정립하는 데 큰 도움이 된다. 2023년 일본의 한 연구에 따르면, 이러한 계약서를 작성한 가족들은 은퇴 후 재정적 갈등이 크게 감소했으며, 가족 구성원 간의 만족도도 높아졌다.

미국에서는 'Retirement Ceremonies'가 은퇴식을 기념하는 대표적인 사례다. 이 행사는 단순히 은퇴를 축하하는 데 그치지 않고, 은퇴 후의 삶에 대해 가족과 함께 논의하는 시간으로 확장된다. 가족 구성원들은 이 자리에서 은퇴 후의 재정계획, 생활 방식, 그리고 부모와 자녀 간의 새로운 역할에 대해 논의한다. 이는 가족 간의 재정적 책임과 기대를 명확히 하고, 앞으로의 삶에 대한 계획을 공유하는 중요한 기회가 된다. 2023년 미국의 조사에 따르면, 은퇴식을 통해 가족 간의 재정적 기대를 명확히 한 가정은 그렇지 않은 가정보다 재정적 충돌이 적고, 부모와 자녀 모두가 더 안정된 재정적 미래를 구축할 수 있었다.

유럽에서는 'Intergenerational Financial Planning'이 은퇴식의 역할을 대신하고 있다. 이는 세대 간 재정계획을 수립하는 과정으로, 은퇴를 앞둔 부모와 성년 자녀가 함께 참여해 가족 전체의 재정적 목표와 기대를 설정하는 것이다. 유럽에서는 이러한 계획이 은퇴 후에도 가족 간의 재정적 안정성을 유지하는 데 큰 역할을 한다고 평가받고 있다. 2023년 유럽의 연구에 따르면, 세대 간 재정계획을 수립한 가정은 은퇴 후 재정적 스트레스를 덜 겪고, 가족 구성원 간의 관계도 더 원활하게 유지된다.

한국에서도 이러한 글로벌 사례를 참고해 은퇴식을 중요한 가족 이벤트로 만들 필요가 있다. 은퇴식은 부모가 은퇴 후의 재정계획을 가족과 공유하고, 자녀와 함께 새로운 재정적 역할을 명확히 설정하는 기회가 될 수 있다. 예를 들어, 부모는 은퇴식에서 자신의 은퇴자산을 어떻게 관리할 것인지, 자녀에게 어떤 재정적 지원을 제공할 것인지, 그리고 자녀가 부모를 어떻게 도울 것인지에 대해 논의할 수 있다. 이를 통해 가족 구성원 간의 재정적 기대치가 명확히 설정되고, 앞으로의 재정적 갈등을 예방할 수 있다.

### (2) 은퇴식을 성공적으로 진행할 수 있는 프로세스

#### 1) 사전 준비

은퇴식을 계획하기 전에 부모는 자신의 재정 상태와 은퇴 후의 재정계획을 명확히 파악해야 한다. 이를 위해 재정 상담을 받거나, 금융 전문가와의 상담을 통해 은퇴 후 생활비, 자산관리, 그리고 자녀에게 제공할 재정적 지원의 범위를 명확히 하는 것이 좋다. 이 과정에서 자녀에게 어떤 기대를 가지고 있는지에 대해서도 사전에 생각해보는 것이 중요하다.

### 2) 가족 구성원 초대 및 소통

은퇴식에는 가족 모두가 참석하는 것이 좋다. 부모와 자녀, 그리고 필요하다면 다른 가까운 가족 구성원들이 함께 모여 은퇴 후의 재정적 기대와 역할을 논의할 수 있도록 한다. 이 과정에서 각자의 생각과 기대를 솔직하게 공유하는 것이 중요하다.

### 3) 은퇴 후 계획 발표

은퇴식에서 부모는 자신이 은퇴 후 어떻게 생활할 계획인지, 그리고 자녀에게 어떤 재정적 지원을 기대하는지 발표한다. 예를 들어, 부모가 은퇴 후 자녀에게 얼마나 자주 재정적 지원을 할 것인지, 자녀가 부모를 위해 어떤 역할을 할 것인지에 대해 명확히 한다. 이를 통해 자녀는 부모의 기대를 명확히 이해하고, 자신의 역할을 준비할 수 있다.

### 4) 재정계획협의서 초안 작성

은퇴식 동안 부모와 자녀는 함께 재정계획협의서의 초안을 작성한다. 이 과정에서 부모는 자녀에게 명확한 재정적 기대를 제시하고, 자녀는 이에 대한 자신의 역할을 명확히 한다. 예를 들어, 자녀가 일정 나이가 되면 부모의 경제적 지원 없이 독립해야 한다는 내용을 포함할 수 있다. 이 초안은 은퇴식 후에도 계속 수정하고 발전시켜 나갈 수 있다.

### 5) 합의 도출 및 서명

은퇴식의 마지막 단계에서는 부모와 자녀가 재정계획협의서에 합의하고 서명한다. 이 서명은 법적 효력을 가지지 않더라도, 가족 간의 신뢰와 약속을 상징하는 중요한 단계다.

### (3) 재정계획협의서를 통한 세대 간 합의 도출

'재정계획협의서'는 필자가 제안하는 또 하나의 중요한 개념이다. 이는 부모와 성년 자녀가 함께 재정계획을 수립하고, 이를 문서화하는 것이다. 재정계획협의서는 단순한 계약서가 아니라, 가족 간의 재정적 기대와 책임을 명확히 하기 위한 공식적인 합의 문서다. 이를 통해 부모와 자녀는 각자의 재정적 역할을 명확히 하고, 서로에 대한 기대치를 조율할 수 있다.

글로벌 사례를 보면, 일본의 '세대 간 계약서'는 재정계획협의서의 역할을 대신하고 있다. 이 계약서는 부모와 자녀 간의 재정적 의무와 책임을 명확히 문서화하며, 이를 통해 가족 간의 재정적 갈등을 미리 예방한다. 예를 들어, 부모가 은퇴 후 자녀에게 일정 금액의 재정 지원을 계속할 것인지, 아니면 자녀가 부모를 부양할 것인지에 대한 내용을 명확히 합의한다. 이러한 계약서는 가족 간의 신뢰를 강화하고, 불필요한 오해나 갈등을 줄이는 데 큰 역할을 한다.

미국에서는 'Financial Family Agreements'라는 형태의 협의서가 사용되고 있다. 이는 부모와 자녀가 함께 재정적 목표를 설정하고, 이를 달성하기 위한 구체적인 계획을 수립하는 문서다. 이러한 협의서는 자녀가 경제적으로 독립할 때까지의 지원 계획, 부모의 은퇴자산관리 계획 등을 포함한다. 이를 통해 부모와 자녀는 재정적 기대치를 명확히 하고, 서로의 재정적 책임을 명확히 할 수 있다. 2023년 미국의 연구에 따르면, 이러한 협의서를 작성한 가족들은 은퇴 후 재정적 충돌이 적고, 가족 간의 관계가 더욱 안정적이라고 보고했다.

유럽에서도 'Intergenerational Financial Planning Agreements' 가 재정계획협의서의 역할을 하고 있다. 이 협의서는 가족 구성원 간의 재정적 기대치를 명확히 하며, 세대 간 재정적 목표를 설정하는 데 중점을 둔다. 유럽의 많은 가정에서는 이러한 협의서를 통해 가족 간의 재정적 관계를 명확히 하고, 부모와 자녀 간의 재정적 갈등을 예방하고 있다. 2023년 유럽의 조사에 따르면, 이러한 협의서를 작성한 가족들은 은퇴 후에도 안정적인 재정적 미래를 유지하는 데 도움이 된다고 보고했다.

### (4) 재정계획협의서 작성법

#### 1) 재정 목표 설정

재정계획협의서의 첫 단계는 부모와 자녀가 함께 재정 목표를 설정하는 것이다. 부모는 자신의 은퇴자산관리와 자녀에게 제공할 지원을 명확히 설정하고, 자녀는 자신의 독립과 경제적 목표를 명확히 한다. 이 과정에서 부모와 자녀는 서로의 기대치를 이해하고, 합의된 목표를 설정한다.

#### 2) 재정적 역할 명확화

재정계획협의서에는 부모와 자녀의 재정적 역할이 명확히 정의되어야 한다. 예를 들어, 부모는 자녀가 독립할 때까지 일정 금액을 지원할 것인지, 아니면 자녀가 특정 나이에 도달하면 경제적 독립을 요구할 것인지를 명시한다. 이를 통해 각자의 역할과 책임이 명확히 규정된다.

### 3) 합의 내용 문서화

설정된 목표와 역할을 바탕으로 합의된 내용을 문서화한다. 이 문서는 양측의 서명을 포함하며, 법적 효력은 없지만 가족 간의 신뢰와 약속을 상징하는 중요한 자료가 된다. 필요시 재정 상황에 따라 협의서를 수정할 수 있도록 규정하는 것도 좋다.

### 4) 정기적 검토 및 수정

재정계획협의서는 정기적으로 검토하고 필요한 경우 수정해야 한다. 가족 구성원 간의 재정 상황이나 생활 환경이 변할 수 있기 때문에, 이를 반영하여 협의서를 업데이트하는 것이 중요하다. 이를 통해 가족 간의 재정적 관계를 지속해서 유지하고 강화할 수 있다.

### 5) 신뢰와 소통 강화

재정계획협의서는 부모와 자녀 간의 신뢰를 바탕으로 작성되어야 한다. 이를 위해 가족 구성원 간의 지속적인 소통이 필요하며, 협의서의 내용을 명확히 이해하고 이를 실천할 수 있도록 해야 한다.

결론적으로, 한국의 은퇴자들이 '은퇴식'과 '재정계획협의서'를 통해 가족 간의 재정적 기대치와 역할을 명확히 설정하는 것은 매우 중요한 일이다. 이를 통해 은퇴 후에도 가족 간의 재정적 안정성을 유지할 수 있으며, 부모와 자녀 모두가 만족스러운 삶을 영위할 수 있다. 글로벌 사례를 참고해 한국형 은퇴식과 재정계획협의서를 도입함으로써, 한국의 가정들은 더 체계적이고 안정적인 재정적 미래를 준비할 수 있을 것이다.

## 6. 긴급 재정 지원과 지속 가능한 도움: 글로벌 사례와 한국형 전략

**(1) 미성년 자녀를 위한 긴급 재정 지원 방안**

미성년 자녀를 둔 부모들은 예상치 못한 재정적 비상 상황에 대비해야 할 필요성이 크다. 아이가 아플 때, 학비가 급하게 필요할 때, 혹은 예기치 않은 사고나 자연재해가 발생했을 때, 부모는 자녀의 안전과 건강을 위해 신속히 대응할 수 있어야 한다. 일본의 '재정적 비상 상황(긴급비 지원제도)'은 이러한 상황에 효과적으로 대응하기 위한 제도적 장치를 잘 보여준다. 이 제도는 부모가 갑작스러운 재정적 위기에 처했을 때 자녀의 교육비나 의료비를 지원받을 수 있는 시스템을 제공한다. 2023년 일본의 보고서에 따르면, 이 제도를 통해 부모들이 자녀를 위한 긴급 자금을 신속하게 마련할 수 있었으며, 자녀의 삶에 큰 영향을 미치는 재정적 위기를 피할 수 있었다.

미국에서는 'Emergency Funds for Families'가 유사한 역할을 한다. 이 프로그램은 가족들이 예기치 않은 상황에 대비할 수 있도록 정부가 자금을 제공하는 방식으로 운영된다. 특히, 자녀의 학비나 의료비를 비롯한 주요 비용을 커버할 수 있도록 돕는다. 2023년 미국 통계에 따르면, 긴급 자금을 마련한 가정은 그렇지 않은 가정보다 재정적 스트레스가 적고, 위기 상황에서도 더 안정적인 삶을 유지할 수 있었다. 이는 부모들이 자녀의 필요를 충족시키기 위해 긴급 자금을 준비해야 한다는 것을 시사한다.

유럽에서는 'Social Safety Nets'가 긴급 재정 지원을 위한 중요한 제도로 자리 잡고 있다. 이 제도는 정부가 사회적 안전망을 통해 가족들에게 지원을 제공하며, 특히 자녀가 있는 가정이 예상치 못한 경제적 위기에 처했을 때 중요한 역할을 한다. 예를 들어, 유럽의 여러 국가에서는 실업이나 질병으로 인해 부모가 경제적 어려움을 겪을 경우, 자녀의 교육비와 생활비를 지원하는 시스템이 마련되어 있다. 이러한 사회적 안전망은 부모가 자녀의 미래를 보호하면서도 재정적 안정을 유지할 수 있도록 돕는다.

한국에서도 이러한 글로벌 사례를 참고해 미성년 자녀를 위한 긴급 재정 지원 방안을 마련할 필요가 있다. 우선, 부모는 가정 내에서 비상 자금을 마련하고 이를 어떻게 사용할지에 대한 명확한 계획을 세워야 한다. 이 비상 자금은 자녀의 교육비, 의료비, 또는 기타 예상치 못한 비용을 충당하는 데 사용될 수 있다. 이를 위해 부모는 매달 소득의 일정 부분을 비상 자금으로 적립하는 습관을 들여야 한다. 또한, 정부와 사회적 안전망을 통해 가정에 추가적인 지원을 받을 수 있는 방법을 알아두는 것도 중요하다. 한국 정부는 이러한 비상 자금을 효과적으로 지원하기 위한 프로그램을 강화할 필요가 있으며, 부모들도 이러한 제도를 적극 활용할 수 있어야 한다.

**(2) 성년 자녀의 재정 위기 대처와 부모의 지속 가능한 지원**

성년 자녀가 경제적 독립을 이루지 못하고 재정적 위기에 처할 경우, 부모는 자녀를 도울 수밖에 없는 상황에 놓이게 된다. 하지만 이러한 지원이 부모의 재정적 안전성을 해치지 않도록 신중하게 접근해야 한다. 일본의 '8050 문제'는 이러한 상황이 얼마나 심각할 수 있는지를 보여주는 사례다. 8050 문제는 80대 부모가 50대 성년 자녀를 부양해야 하는 상황을 가리키며, 이러한 문제는 부모의 재정적 부담을 크게 증가시킨다. 일본 정부는 이를 해결하기 위해 자녀의 경제적 독립을 촉진하는 다양한 프로그램을 도입했으며, 부모가 이러한 상황에 대비할 수 있도록 재정적 조언과 지원을 제공하고 있다. 2023년 일본의 연구에 따르면, 이러한 프로그램을 통해 부모들이 성년 자녀의 재정적 위기에 더 효과적으로 대처할 수 있게 되었다.

미국의 'Student Loan Crisis'도 성년 자녀의 재정적 부담을 심화시키는 주요 요인 중 하나다. 대학 학비를 위해 대출을 받은 많은 미국 젊은이들이 졸업 후에도 그 빚을 갚지 못해 경제적으로 독립하지 못하고 부모에게 의존하는 경우가 많다. 이를 해결하기 위해 미국에서는 부모와 자녀가 함께 재정적 계획을 수립하고, 자녀가 학자금 대출을 갚아나갈 수 있도록 돕는 다양한 프로그램이 운영되고 있다. 부모는 자녀에게 학자금 대출 상환 계획을 세우도록 격려하고, 필요시 일정 기간 동안 재정적 지원을 제공할 수 있다. 그러나 이 지원은 부모의 재정적 안정성을 해치지 않도록 신중하게 계획해야 한다.

유럽에서는 'Debt Counseling Services'가 성년 자녀의 재정 위기를 해결하는 데 중요한 역할을 한다. 유럽의 여러 국가에서는 자녀가 재정적 위기에 처했을 때 이를 해결하기 위해 전문적인 부채 상담 서비스를 제공한다. 이 서비스는 자녀가 부채를 관리하고, 재정적 독립을 이룰 수 있도록 도와주는 역할을 한다. 부모는 자녀가 이러한 서비스를 이용하도록 격려하며, 자녀가 경제적 독립을 이룰 수 있도록 돕는다. 2023년 유럽의 조사에 따르면, 부채 상담 서비스를 이용한 성년 자녀들은 그렇지 않은 자녀들보다 재정적 독립을 이루는 데 더 성공적이었다.

한국에서는 성년 자녀의 재정 위기에 대처하기 위해 이러한 글로벌 사례를 참고해 부모의 지속 가능한 지원 방안을 마련할 필요가 있다. 부모는 자녀가 재정적 위기에 처했을 때 이를 해결할 수 있는 구체적인 계획을 세워야 하며, 필요시 재정적 지원을 제공하되 자신의 재정적 안전성을 우선으로 해야 한다. 이를 위해 부모는 자녀와 함께 재정적 계획을 수립하고, 자녀가 경제적 독립을 이룰 수 있도록 재정 교육을 강화하는 것이 중요하다. 예를 들어, 자녀가 학자금 대출을 상환하거나 부채를 관리하는 데 필요한 구체적인 방법을 함께 논의하고, 자녀가 독립적인 경제 생활을 할 수 있도록 지속적인 지도를 제공할 수 있다.

또한, 부모는 자녀의 재정적 독립을 돕는 동시에 자신의 은퇴자산을 보호하기 위해 일정한 재정적 경계를 설정하는 것이 중요하다. 예를 들어, 자녀가 재정적 위기에 처했을 때 부모가 어느 정도까지 지원할 것인지, 그리고 자녀가 스스로 해결해야 할 부분이 무엇인지에 대해 명확히 하는 것이다. 이를 통해 부모는 자녀의 재정적 독립을 지원하면서도 자신의 재정적 안전성을 유지할 수 있다.

결론적으로, 한국의 부모들은 글로벌 사례를 참고해 미성년 자녀와 성년 자녀 각각의 긴급 재정 지원 전략을 마련하고, 이를 통해 지속 가능한 지원 방안을 구축해야 한다. 이를 통해 부모는 자녀가 재정적 독립을 이루는 데 필요한 도움을 제공하면서도, 자신의 재정적 안정성을 유지할 수 있을 것이다. 이러한 전략은 자녀와 부모 모두가 재정적 안정을 이루는 데 중요한 역할을 할 것이다.

## 7. 은퇴 후 새로운 가족 관계: 글로벌 경험과 한국형 실천 가이드

### (1) 은퇴 후 부모-자녀 관계의 재정립

은퇴 후 부모와 자녀 간의 관계는 새로운 국면에 접어든다. 자녀가 독립했거나 곧 독립할 예정이라면, 부모는 자신들의 삶을 재정립하고, 자녀와의 관계를 재정비해야 한다. 일본의 '은퇴 후 부모-자녀 관계 개선 프로그램'은 이 과정에서 유용한 참고 자료가 된다. 일본에서는 부모가 은퇴 후 자녀와의 관계를 원활하게 유지하고, 자녀가 부모에게 과도하게 의존하지 않도록 돕기 위한 프로그램이 도입되었다. 이 프로그램은 부모와 자녀가 서로의 기대치를 명확히 하고, 은퇴 후에도 독립적이고 건강한 관계를 유지할 수 있도록 돕는다. 2023년 일본의 연구에 따르면, 이러한 프로그램에 참여한 부모와 자녀는 재정적 갈등이 줄어들고, 심리적 안정을 얻는 데 큰 도움을 받았다.

미국에서는 'Empty Nest Syndrome'이라는 개념이 널리 알려져 있다. 이는 자녀가 독립한 후 부모가 느끼는 상실감과 외로움을 의미한다.

많은 미국 부모들은 자녀가 집을 떠난 후 새로운 삶을 준비하는 데 어려움을 겪는다. 이를 극복하기 위해 미국에서는 부모가 은퇴 후 새로운 취미를 찾거나, 자원봉사활동에 참여하거나, 혹은 새로운 직업을 시작하는 등의 방법을 제시하고 있다. 2023년 미국의 조사에 따르면, 은퇴 후 이러한 활동에 참여한 부모들은 더 높은 삶의 만족도를 경험했으며, 자녀와의 관계도 긍정적으로 유지할 수 있었다.

유럽에서는 'Sandwich Generation' 문제가 큰 이슈로 떠오르고 있다. 이는 부모 세대가 자녀와 노부모를 동시에 부양해야 하는 상황을 의미한다. 이러한 이중 부담은 부모에게 심리적, 재정적 스트레스를 가중한다. 유럽에서는 이러한 문제를 해결하기 위해 세대 간의 역할 분담을 명확히 하고, 정부와 사회적 지원을 통해 가족 간의 부담을 줄이려는 노력이 진행 중이다. 예를 들어, 부모가 자녀를 부양하는 동안 노부모를 위한 국가 지원을 강화하여 부모의 부담을 덜어주는 방식이다. 2023년 유럽의 연구에 따르면, 이러한 접근법은 부모 세대의 스트레스를 줄이고, 가족 구성원 간의 관계를 더욱 건강하게 유지하는 데 기여했다.

한국에서는 이러한 글로벌 사례를 참고하여 은퇴 후 부모와 자녀 간의 관계를 재정립하는 전략을 마련할 필요가 있다. 우선, 부모는 자녀에게 독립적인 삶을 살아갈 기회를 제공하는 동시에, 자신들도 은퇴 후 새로운 삶의 목표를 설정해야 한다. 이를 위해 부모는 은퇴 후에도 자신의 삶을 즐기고, 자녀와의 관계에서 지나치게 의존하지 않도록 노력해야 한다. 예를 들어, 새로운 취미를 찾거나, 사회적 활동에 참여함으로써 자녀와의 관계에서 균형을 유지할 수 있다.

또한, 부모와 자녀 간의 재정적 관계를 명확히 설정하는 것이 중요하다. 자녀가 경제적으로 독립할 수 있도록 도와주되, 자녀가 부모에게 과도하게 의존하지 않도록 경계선을 설정하는 것이 필요하다. 이를 위해 부모는 은퇴 후 자녀와 함께 재정적 기대치를 논의하고, 서로의 역할을 명확히 설정하는 것이 좋다. 이러한 과정을 통해 부모와 자녀는 서로의 재정적 부담을 줄이고, 더욱 건강한 관계를 유지할 수 있다.

### (2) 세대 간 재정적 책임의 재분담

은퇴 후 부모와 자녀 간의 재정적 관계는 새로운 방식으로 재정립될 필요가 있다. 일본의 '세대 간 재정 분담 모델'은 이를 위한 유용한 사례다. 이 모델은 부모와 자녀 간의 재정적 책임을 명확히 나누어, 부모가 은퇴 후에도 자녀에게 과도한 재정적 부담을 지우지 않도록 돕는다. 예를 들어, 부모는 자신들의 은퇴자산을 관리하고, 자녀는 독립적인 경제 생활을 하며 부모에게 의존하지 않는 것을 목표로 한다. 이러한 접근은 세대 간의 갈등을 줄이고, 가족 간의 신뢰를 강화하는 데 기여한다. 2023년 일본의 조사에 따르면, 이러한 재정 분담 모델을 채택한 가족들은 은퇴 후 재정적 스트레스를 덜 겪고, 서로의 경제적 역할을 명확히 이해하는 데 도움이 되었다.

미국에서는 'Financial Independence Retire Early(FIRE)' 운동이 많은 주목을 받고 있다. 이 운동은 젊은 세대가 경제적 독립을 빨리 이루어 은퇴를 앞당기는 것을 목표로 한다. 이를 위해 자산을 최대한 많이 저축하고, 소비를 줄이며, 가능한 한 빨리 경제적 독립을 달성하는 전략을 사용한다. 이 운동은 부모 세대에게도 유익한 교훈을 제공한다. 즉, 자녀가 경제적 독립을 빨리 이루도록 도와줌으로써 부모는 자신의 은퇴자산을 보호하고, 자녀가 자립할 수 있는 환경을 조성할 수 있다. 2023년 미국의 데이터에 따르면, FIRE 운동에 참여한 젊은이들은 그렇지 않은 이들보다 재정적 자립을 더 빨리 이루는 경향이 있었다.

유럽에서는 'Shared Economy' 모델이 세대 간 재정 부담을 분담하는 효과적인 방법으로 자리 잡고 있다. 이 모델은 가족 구성원들이 자산을 공유하고, 비용을 분담함으로써 전체적인 재정적 부담을 줄이는 방식이다. 예를 들어, 부모와 자녀가 주택을 공유하면서 주거비를 분담하거나, 가족 전체가 공동으로 투자하여 수익을 나누는 방식이다. 이러한 접근은 가족 간의 재정적 부담을 줄이고, 세대 간의 갈등을 예방하는 데 큰 도움이 된다. 2023년 유럽의 연구에 따르면, Shared Economy 모델을 채택한 가정은 재정적 안정성이 높고, 가족 구성원 간의 신뢰와 협력이 더욱 강화되는 경향이 있었다.

한국에서는 이러한 글로벌 사례를 참고하여 세대 간 재정적 책임을 균형 있게 분담하는 전략을 마련할 필요가 있다. 우선, 부모는 자녀에게 경제적 독립의 중요성을 가르치고, 자녀가 가능한 빨리 자립할 수 있도록 지원해야 한다. 이를 위해 부모는 자녀가 재정적 독립을 이룰 수 있는 구체적인 계획을 세우고, 자녀와 함께 목표를 설정하는 것이 중요하다. 예를 들어, 자녀가 대학을 졸업한 후 일정 기간 내에 독립적인 경제 생활을 시작할 수 있도록 돕는 것이 필요하다.

또한, 부모와 자녀 간의 재정적 책임을 명확히 나누는 것도 중요하다. 부모는 자신들의 은퇴자산을 보호하면서도 자녀에게 필요한 재정적 지원을 제공해야 하며, 자녀는 자신의 경제적 책임을 다하고 부모에게 과도한 부담을 지우지 않도록 노력해야 한다. 이를 위해 부모와 자녀는 정기적으로 재정적 상황을 점검하고, 필요시 재정계획을 수정할 수 있어야 한다. 이러한 과정을 통해 가족 간의 재정적 부담을 균형 있게 분담하고, 세대 간의 갈등을 예방할 수 있다.

### (3) 한국형 실천 가이드 10

① 은퇴 후 목표 설정: 은퇴 후에도 의미 있는 삶을 유지할 수 있도록 새로운 목표를 설정하는 것이 중요하다. 이는 부모가 자녀에게 과도하게 의존하지 않도록 돕고, 자녀와의 관계에서 건강한 거리를 유지하는 데 도움을 준다.

② 재정적 경계 설정: 부모와 자녀 간의 재정적 기대치를 명확히 설정하고, 서로의 역할을 명확히 하는 것이 필요하다. 자녀가 경제적으로 독립할 수 있도록 돕되, 부모가 지나치게 부담을 느끼지 않도록 재정적 경계를 명확히 한다.

③ 정기적 재정 점검: 부모와 자녀는 정기적으로 재정적 상황을 점검하며, 필요시 재정계획을 수정할 수 있어야 한다. 이를 통해 변화하는 상황에 유연하게 대처하고, 서로의 재정적 부담을 줄이는 것이 중요하다.

④ FIRE 전략 활용: 자녀가 경제적 독립을 빨리 이루도록 FIRE 전략을 활용할 수 있다. 자녀가 일찍부터 저축과 투자를 통해 독립적인 경제 생활을 준비할 수 있도록 지원한다.

⑤ Shared Economy 모델 도입: 가족 구성원 간의 자산과 비용을 공유하는 Shared Economy 모델을 도입하여 전체적인 재정적 부담을 줄일 수 있다. 이를통해 가족 간의 협력과 신뢰를 강화할

수 있다.

⑥ 세대 간 재정 분담 계획 수립: 부모와 자녀 간의 재정적 책임을 명확히 나누고, 재정 분담 계획을 수립하는 것이 중요하다. 이를 통해 세대 간의 갈등을 줄이고, 가족 간의 신뢰를 강화할 수 있다.

⑦ 자녀의 재정 교육 강화: 자녀가 경제적으로 독립할 수 있도록 재정 교육을 강화한다. 예산관리, 저축, 투자 등 기본적인 재정 지식을 가르치고, 실생활에 적용할 수 있도록 도와준다.

⑧ 자산 보호 계획 수립: 부모는 자신의 은퇴자산을 보호하기 위한 계획을 세우는 것이 중요하다. 자녀에게 재정적 지원을 제공하더라도 자신의 재정적 안전성을 유지할 수 있도록 신중하게 관리해야 한다.

⑨ 세대 간 소통 강화: 부모와 자녀 간의 지속적인 소통을 통해 재정적 기대와 역할을 명확히 공유한다. 이를 통해 서로의 입장을 이해하고, 재정적 갈등을 예방할 수 있다.

⑩ 은퇴 후 삶의 만족도 유지: 부모는 은퇴 후에도 삶의 만족도를 유지하기 위한 다양한 활동에 참여해야 한다. 이를 통해 자녀와의 관계에서도 긍정적인 에너지를 유지할 수 있다.

마무리하며

**이제 당신이 직접 써 내려가야 할 이야기**

우리는 지금 인류 역사상 전례 없는 실험을 하고 있습니다. 은퇴 이후에도 수십 년을 더 살아야 하는 실험을. 그 누구도 정답을 가르쳐주지 않는 실험을 우리 스스로 헤쳐나가야 합니다.

평균 50세 즈음에 첫 번째 은퇴를 맞이하고, 평균 90세까지 살아남아야 하는 이 시대에 과거의 공식은 무용지물이 되었습니다. 국민연금은 줄어들고, 부동산은 더 이상 만능이 아니며, 건강하지 않은 채로 오래 사는 현실이 우리를 기다리고 있습니다.

하지만 절망할 필요는 없습니다. 모든 시스템이 무너질 때가 바로 새로운 룰을 만들 수 있는 때이기 때문입니다.

**이제 당신이 주도권을 잡을 때입니다**

과거 세대는 정해진 레일 위를 달렸습니다. 회사에서 정년까지 일하고, 국민연금과 퇴직금으로 여생을 보내는 단순한 시나리오였죠. 하지만 그 레일은 이미 끊어졌습니다.

이제 당신이 직접 길을 만들어야 합니다. 그리고 그것이야말로 진정한 자유의 시작입니다.

이 책의 30가지 키워드는 단순한 재무 조언이 아닙니다. 망가진 시스템 속에서 살아남기 위한 생존 전략이자, 새로운 인생을 설계하기 위한 청사진입니다. 더 이상 누군가가 당신의 노후를 책임져주지 않는다면, 당신이 직접 전략을 세우고, 직접 실행하고, 직접 결과를 만들어내면 됩니다.

### 변화는 이미 당신 앞에 와 있습니다

15년 전까지만 해도 스마트폰이 없었고, 유튜브로 돈을 번다는 것은 상상할 수 없었습니다. 팬데믹은 하룻밤 사이에 세상을 바꿔놓았고, 재택근무와 비대면 경제는 새로운 표준이 되었습니다.

변화의 속도는 점점 빨라지고 있습니다. 기존의 안전한 길만 고집한다면, 그 길이 사라졌을 때 함께 무너질 수밖에 없습니다. 하지만 변화에 적응하고, 변화를 활용할 줄 아는 사람에게는 무한한 기회가 열립니다.

당신이 40대라면, 아직 50년이 넘게 남았습니다. 50대라면 40년이 넘게 남았습니다. 이 시간은 단순히 버텨내야 할 여생이 아니라, 완전히 새로운 인생을 시작할 수 있는 충분한 시간입니다.

### 혼자가 아닙니다

이 길을 걷는 것은 당신만이 아닙니다. 전 세계적으로 수백만 명이 같은 고민을 하고 있고, 같은 도전에 직면해 있습니다.

당신이 이 책을 통해 변화를 시도할 때, 당신은 새로운 은퇴 문화의 선구자가 됩니다. 당신의 성공 사례가 다른 누군가에게는 희망이 되고, 용기가 됩니다. 당신의 도전이 다음 세대에게는 더 나은 은퇴 환경을 만들어주는 초석이 됩니다.

**Reset Your Retirement**

지금 이 순간이 당신 인생의 전환점입니다.

기존 상식을 버리고 새로운 전략의 룰을 받아들일 용기가 있다면, 당신은 완전히 다른 인생을 살 수 있습니다. 중요한 것은 얼마나 많은 변화를 받아들일 준비가 되어 있느냐입니다.

30개의 키워드는 당신의 새로운 시작을 위한 나침반입니다. 하나씩 실천해나가며 작은 변화를 만들어보십시오. 작은 변화들이 모여 큰 변화를 만들고, 큰 변화가 완전히 새로운 인생을 만들어낼 것입니다.

### 당신의 이야기는 지금부터입니다

세상은 빠르게 변하고 있습니다. 생성형 AI, 원격의료, 전기차, 탄소중립… 우리가 상상하지 못했던 새로운 산업과 기회들이 매일 생겨나고 있습니다. 이런 변화의 파도는 나이와 상관없이 모든 사람에게 영향을 미칩니다. 중요한 것은 이 변화를 어떻게 활용할 것인가입니다.

변화는 이미 시작되었습니다. 당신이 어떻게 대응하느냐가 전부입니다.

이 책을 덮는 순간이 끝이 아니라 시작입니다. 당신만의 은퇴설계 4.0 스토리를 써 내려가십시오. 10년 후, 20년 후 당신이 돌아보았을 때 지금이 모든 것이 달라지기 시작한 순간이었다고 말할 수 있기를 진심으로 바랍니다.

### 긴 여정을 함께해 주셔서 감사합니다

**감사의 글**

이 책이 세상에 나올 수 있었던 것은 제 한 사람의 힘이 아니었습니다. 함께 기획하고, 함께 고민해주신 분들이 있었기에 가능한 여정이었습니다.

무엇보다 한국은퇴설계연구소에서 연구와 사업을 함께 일구며 동행해주신 김신혜 부사장님께 깊이 감사드립니다.

정확하고도 빠르게, 사업의 엔진처럼 움직이며 항상 신뢰를 보여주신 전쾌희 실장님, 고맙습니다. 매 순간 기민하고 책임 있는 동반자였기에 가능한 일들이 참 많았습니다.

그리고 1년 가까운 시간 동안 원고 전체를 함께 호흡하며 매만져주신 최준석 이사님. 단순한 편집이 아닌 함께 써 내려간 여정이었기에, 이 책은 더 생명력을 갖게 되었습니다.

은퇴설계 전문가 과정을 통해 전문가로서의 외형과 내면을 세심하게 가꾸어주신 홍순아 대표님께도 깊은 감사를 드립니다.

꼼꼼한 검독으로 책의 완성도를 높여주신 추선영 연구원께도 깊은 감사를 드립니다.

또한, 전국에서 활약하고 계신 한국은퇴설계연구소의 은퇴설계 전문가 여러분. 각자의 현장에서 삶의 전환기를 돕는 여러분의 존재가 이 책의 실천적 기반이자 자부심입니다.

가장 가까이에서 제 버팀목이 되어주는 가족들에게도 감사의 마음을 전합니다.

그리고 무엇보다, 이 모든 여정의 이유이자 방향이 되어주신, 제가 만난 8만 명의 은퇴준비자 여러분. 여러분의 거침없는 질문과 날카로운 통찰은 저에게 언제나 최고의 교과서였습니다. 실은, 이 책도 그 질문들에 대한 저의 응답입니다.

이 책에는 여러분 모두의 지혜와 경험이 녹아들어 있습니다.

그리고 무엇보다, 이 모든 과정을 통해 증인된 삶을 살 수 있도록 지경을 넓혀주시고 인도해주신 하나님께 깊은 감사를 올려드립니다.

권도형 드림

## 이 책에 새롭게 등장한 개념들

**먼슬리 이코노미**　Monthly Economy. 월간 단위의 경제활동을 말한다. 은퇴 전에는 근로소득 등이 월 단위로 발생하는데, 은퇴 이후에도 매월 정기적으로 수입이 발생하며, 지출을 통제할 수 있도록 시스템을 갖추어 한다.

**은퇴설계 4.0**　기존 은퇴설계의 가설이 무력화된 현실에서 은퇴설계의 패러다임 자체를 바꾸어야 함을 강조하는 개념이다. 생애주기 가설의 쇠퇴와 은퇴 전환기의 등장, 점진적이고 다단계적인 은퇴 과정의 일반화 등 변화한 현실 속에서 디지털 혁신과 지속 가능한 개인 재정관리 전략을 도입하여 더 탄력적이고 현실에 부합하는 은퇴설계를 해야 한다.

**인생설계 슈퍼J**　MBTI 검사에서 'J'로 분류되는 이들은 항상 계획을 세우고 그 계획에 따라 행동하는 사람들이다. 따라서 시간을 낭비하지 않으며, 어떤 일이든 체계적으로 접근해 효율성을 극대화한다. 인생설계에서만큼은 이런 'J형 인간'이 되어야 한다는 취지에서 만든 개념이다.

**뉴-라이프사이클**　전통적인 생애주기 가설로 알려진 모딜리아니의 이론이 더는 현대 사회의 복잡한 현실을 충분히 설명하지 못하는 현실에서 새로운 라이프사이클 모델을 제시한다. 은퇴 전환기, 활동적 은퇴기, 안정적 은퇴기, 롱텀 케어기를 포함하는 개념이다.

**은퇴 전환기**　은퇴 전 몇 년간의 준비 단계로, 재정적 계획뿐만 아니라 정신적·사회적 준비가 필요한 시기이다. 새로운 라이프사이클 모델에서 중요한 단계 중 하나로 이 시기를 어떻게 보내느냐에 따라 은퇴 후 삶의 질이 크게 달라질 수 있다. 재정 계획 수립, 건강관리, 사회적 네트워크 유지, 정신적 준비 등의 활동이 필요한 시기이다.

**미래 소비 예측**　은퇴 후 소비를 어떻게 할지 예측하는 것은 은퇴 재무설계에서 매우 중요하다. 기본 공식을 사용해 미래 소비를 예측하고, 개인적인 소비 패턴을 분석하는 방법을 통해 더욱 정밀한 예측을 할 수 있다. 이 과정에서 월간 예산표를 작성한다.

**봉투 시스템** 예산을 관리하는 효율적인 방법 중 하나이다. 지출 항목별로 봉투를 사용하여 예산을 설정하고, 실제로 봉투 안에 돈을 넣어 관리하는 방식이다. 각 봉투에는 해당 항목의 예산 금액을 적어둔다.

**상시 예산 점검** 예산을 설정하는 것만으로는 충분하지 않다. 설정된 예산을 주기적으로 점검하고, 필요에 따라 조정하는 것이 중요하다. 상시 예산 점검으로 지출 패턴을 분석하고 목표 달성 여부를 확인하며 예상치 못한 상황 변화에 유연하게 대응할 수 있다.

**분 단위 예산관리** 기존 월 단위 예산관리에서 발전시킨 개념. 주, 일, 시간, 나아가 '분 단위'로 예산을 관리함으로써 우리는 더 효율적으로 자원을 사용하고, 재정적 안정성을 극대화하고자 한다. 이를 통해 즉각적인 대응력을 강화하고 세밀한 지출까지 통제하며 실시간 소비 패턴을 분석할 수 있다.

**소비 자산화** 단순한 소비를 넘어, 소비를 통해 자산을 형성하고 이를 통해 재정적 자유를 이루는 새로운 개념. 소비를 자산으로 전환하는 전략적 접근을 의미한다. 이는 지출을 단순히 돈을 쓰는 행위로 보지 않고, 투자와 같은 자산 형성의 기회로 보는 것이다. 주택 구입은 단순한 지출이 아니라, 자산 형성의 일환이 되며, 교육에 대한 투자는 장기적으로 더 높은 수익을 창출할 기회를 제공한다. 자산 가치가 있는 소비를 파악하고 훈련해야 한다.

**부채 줄 세우기** 다양한 종류의 부채를 정확하고 상세하게 파악하여, 즉 금리, 상환 기간, 월 상환액 등을 망라하여 효율적인 청산 계획을 세운다. 각 부채의 종류, 잔액, 이자율, 월 상환액, 상환 기간 등을 기록한다. 이를 통해 부채의 전반적인 현황을 파악하고 부채 청산의 시작이라는 동기부여를 얻으며 청산의 첫걸음을 내딛는다. 그리고 우선순위를 정할 수 있다. 예를 들어, 이자율이 높은 부채부터 우선 상환하는 전략을 세울 수 있다.

**개인 부채 통합 시스템** 부채가 여러 가지로 분산되어 있을 경우, 각 부채의 상환 일정과 조건을 모두 관리하기가 어려워진다. 통합 시스템을 구축하면 모든 부채를 한 곳에서 관리할 수 있어, 상환 계획을 더 쉽게 세울 수 있다. 데이터 수집하고 소프트웨어를 활용하여 관리한다. 우선순위를 설정하고 상환 계획 수립한 후 상환을 이행하며 진행 상황을 모니터링한다.

**셀프-부채 청산 챌린지** '한 달 동안 외식하지 않기', '한 달 동안 커피값 아끼기' 등과 같은 작은 챌린지를 설정하고 이를 통해 절약한 금액을 부채 상환에 사용하는 실천 방식이다. 재미있고 효과적인 방법으로 부채 청산을 도울 수 있다.

**자산의 연금화** 노후 생활의 안정성을 확보하기 위한 중요한 전략이다. 보유한 자산을 연금처럼 받을 수 있도록 시스템을 갖추는 것이다. 부동산, 금융자산, 목돈 등을 활용하는 방법이 있다.

**보험 셀프 리모델링** 기존에 가입된 보험상품이 현재의 라이프스타일, 재정 상황, 필요에 부합하는지 점검하고, 이를 개선한다. 보험료를 최적화하고, 불필요한 중복 보장을 제거하며, 필요한 보장은 강화한다. 다양한 재정적 요구를 고려하여 각각의 필요를 충족시킬 수 있는 보험상품을 선택하여 포트폴리오를 구성한다. 이 과정을 스스로 진행한다.

**보험 재설계** 현재 보장에서 부족한 부분을 파악하고, 추가로 필요한 보험상품과 보장 항목을 고려해야 한다. 그리고 과도하게 중복된 보장을 제거함으로써 보험료 지출을 줄이고, 보장의 효율성을 높일 수 있다. 보장 항목 비교, 보험료 분석, 특약 검토, 통합 보험 활용 등의 접근법을 거친다.

**비용 효율적인 보험** 적절한 비용으로 최대의 보장을 받을 수 있도록 하는 보험에 대한 전략적 접근법이다. 보험 비교 사이트나 전문 상담사의 도움을 받아 여러 상품을 비교하고 최적의 상품을 선택한다. 보장의 범위와 한도, 보험사의 평판과 서비스 품질, 보험료 적정성 등을 평가하고 할인 혜택과 부가 서비스를 활용한다.

**은퇴식** 은퇴라는 전환을 더 의미 있고 체계적으로 준비하기 위해 치르는 행사. 가족 간 재정적 기대치를 명확히 설정하고, 새로운 역할 분담을 공식화하는 중요한 이벤트로 자리 잡을 수 있다. 은퇴 후의 삶에 대해 가족과 함께 논의하는 시간으로 확장된다. 가족 구성원들은 이 자리에서 은퇴 후의 재정계획, 생활 방식, 그리고 부모와 자녀 간의 새로운 역할에 대해 논의한다. 이는 가족 간의 재정적 책임과 기대를 명확히 하고, 앞으로의 삶에 대한 계획을 공유하는 중요한 기회가 된다.

**재정계획협의서** 부모와 성년 자녀가 함께 재정계획을 수립하고, 이를 문서화하는 것이다. 단순한 계약서가 아니라, 가족 간의 재정적 기대와 책임을 명확히 하기 위한 공식적인 합의 문서다. 재정 목표 설정 → 재정적 역할 명확화 → 합의 내용 문서화 → 정기적 검토 및 수정 → 신뢰와 소통 강화의 단계를 거친다.

은퇴 재무설계 바이블

1판 1쇄 발행 2025년 7월 11일
1판 2쇄 발행 2025년 11월 14일

지은이 권도형

펴낸이 최준석
펴낸곳 한스컨텐츠
주소 경기도 고양시 일산서구 강선로 49, 404호
전화 031-927-9279 팩스 02-2179-8103
출판신고번호 제2019-000060호 신고일자 2019년 4월 15일

ISBN 979-11-91250-15-2 13320

ⓒ 권도형, 2025

책값은 뒤표지에 있습니다.
잘못 만들어진 책은 구입하신 서점에서 교환해드립니다.